제주특별자치도법을 둘러싼 여러 논의들을 알기 쉽게 정리한 책

2011년판 쟁점으로 보는
제주특별자치도법

제주특별자치도법을 둘러싼 여러 논의들을 알기 쉽게 정리한 책

2011년판 쟁점으로 보는
제주특별자치도법

박영욱 지음

KSi 한국학술정보㈜

개정판 서문

쟁점으로 보는 제주특별자치도법을 출간한 지도 3년이 넘었다. 그사이 「제주특별자치도 설치 및 국제자유도시 조성을 위한 특별법」은 제2차 개정(2009. 3. 25.)과 제3차 개정(2011. 5. 23.)이 있었고, 내용에도 많은 변화가 있었다. 특히, 제3차 개정에서는 "개별 단위 사무 이양"에서 "법률 단위 일괄이양"으로 전환됨에 따라 많은 권한을 이양하게 되었다.

개인적으로도 2007년 12월 3일 법제처에 복귀하여 2년 1개월간 농림수산식품부 담당 법제관을 거쳐 2010년 1월 1일부터 국회 법제사법위원회에 입법조사관으로 파견 와서 정치적 감각과 국회에 대하여 배우고 있다.

제주를 떠나온 지 벌써 4년이 가까워 오지만 제주에 대한 관심을 한시라도 두지 않은 적이 없다. 그러나 언제나 바쁘다는 핑계 아닌 핑계로 개정판을 내지 못하다가 이제야 큰 마음을 먹게 되었다.

뒤돌아보면 초판에 대한 아쉬운 부분도 많고, 제주특별자치도 공무원 등에게 조금이나마 도움이 됐는지 자성해 본다.

이번 개정판에서는 개정 내용에 맞게 내용을 수정하는 한편, 그동안 논의되었던 제주특별자치도법 분법화 문제, 법률안 의견 제출권과 관련된 문제, 자체감사기구 일원화 문제, 제주특별자치도법과 「공공감사에 관한 법률」과의 관계, 다른 법률을 개정하면서 부칙으로 제주특별자치도법을 고칠 수 있는 한계, 다른 법률에서 조문이 개정되었음에도 불구하고 제주특별자치도법의 해당 조문을 개정하지 아니한 경우 적용방법 등에 대하여 추가하였고, 특히 부록에는 지금까지 제주특별자치도법과 관련된 헌법재판소 결정례, 대법원 판례와 법제처 유권해석을 실어 제주특별자치도법의 이해를 높이도록 하였다.

사랑을 표현하지 못해 늘 미안한 마음을 갖고 있다고 아내 민수에게 전해 주고 싶고 그리고 이제 중학생이 된 딸 채원이와 초등학교 6학년이 된 아들 원식이에게도 잘 자라고 있어 고맙다는 말을 전한다.

끝으로 아직도 잊지 않고 질문과 격려를 해 주고 계신 제주특별자치도 공무원 분들에

게 감사를 전하며, 이 책의 출판을 승낙해 주시고 잘 출판될 수 있도록 노력해 주신 한국
학술정보(주) 임직원 여러분께도 깊이 감사드린다.

2011년 8월
한강이 보이는 국회사무실에서

서 문

「제주특별자치도 설치 및 국제자유도시 조성을 위한 특별법」은 제명 그대로 획기적인 자치권을 확대하는 제주특별자치도를 설치하고, 4+1 핵심산업 육성을 통한 국제자유도시를 조성하여 국가발전의 원동력이 되도록 하기 위한 법이다.

이 법은 2006년 2월 21일 공포하여 2006년 7월 1일부터 시행하였다. 그러나 이 법은 단순히 제주도를 제주특별자치도로 바꾸어 제주의 미래를 제주인들이 자율적으로 결정하도록 하는 제주만의 발전 및 개발전략만이 아니라 우리나라의 지방자치사를 새로 쓰는 역사적인 사건이고 국가발전의 틀을 세우는 의미도 강하다고 할 수 있다.

다시 말하면, 외교, 국방, 사법 등 국가존립을 제외한 사무에 대하여 제주특별자치도에 대폭적으로 이양하는 한편, 그동안 학계 등에서 논의해 왔던 주민소환제, 인사청문회제, 감사위원회제, 교육감 및 교육의원 직선제, 교육위원회의 도의회 상임위원회로 일원화, 정책자문위원제도, 자치경찰제, 특별지방행정기관 이관 등 많은 제도들을 이 법에 규정하게 되었는데, 이는 제주특별자치도에 실험적으로 실시해 보고 점차 다른 지방자치단체로 확대 시행될 것이기 때문이다.

전국 최초로 제주특별자치도에 실시하는 제도들이 많기 때문에 처음에는 어려움이 있었지만 많이 좋아지고 있고, 제주특별자치도에서 많은 제도들이 문제없이 정착되어야 하루라도 빨리 전국적으로 확대되어 시행될 수 있을 것이라는 믿음을 갖고 제주특별자치도에서도 더욱 열심히 노력하고 있다.

이 책은 「제주특별자치도 설치 및 국제자유도시 조성을 위한 특별법」에 대한 이론서가 아니라 제주특별자치도에 파견 근무하면서 제주특별자치도 공무원 분들이 질문을 해 주거나 제주특별자치도 연구모임인 '특별법아 놀자'에서 논의한 내용들을 실무자 관점에서 정리한 것이다.

아무쪼록, 제주특별자치도 공무원 등이 이 책을 통하여 제주특별자치도에 대하여 조금이나마 알게 되었으면 바라고, 하루빨리 다른 지방자치단체에서도 많은 제도들이 시행되

어 자기 지역의 일은 자기 지역 사람이 자율을 갖고 처리하고 책임도 지는 진정한 지방자
치가 되기를 빌며, 이때에 제주특별자치도의 선례가 제도를 정착하는 데 밑거름이 되었으
면 하는 마음이 간절하다.

　법제처에서 2006년 4월 11일부터 2007년 12월 2일까지 1년 8개월 동안을 획기적인 자
치권을 갖는 제주특별자치도에 파견 근무하게 되어 역사적인 시간과 자리에 함께할 수
있는 것만으로도 감사할 따름이다. 또한, 세계자연유산의 빛나는 아름다운 제주에 같이
와 생활한 아내 민수와 제주에서 잘 적응하고 재미있게 지낸 딸 채원과 아들 원식이에게
도 고맙다는 말을 전한다.

　끝으로 질문을 해 준 제주특별자치도 공무원 분들과 '특별법아 놀자' 팀원들에게 감사
를 전하며, 이 책의 출판을 승낙해 주시고 잘 출판될 수 있도록 노력해 주신 한국학술정
보(주) 임·직원 여러분께도 깊이 감사드린다.

2007년 12월
한라산이 보이는 사무실에서

VI. 자치경찰 ⊃ 247

VII. 국제자유도시 ⊃ 263

VIII. 기 타 ➲ 331

I. 총 칙

1. 제주특별자치도 행정체계는 어떻게 변하였는가?

1) 제주특별자치도 행정체계

(1) 제주특별자치도의 설치

종전의 제주도는 광역지방자치단체로 제주도 안에는 기초지방자치단체인 2개의 시(제주시, 서귀포시)와 2개의 군(북제주군, 남제주군)이 있었으나, 2005년 7월 27일 주민투표를 거쳐 4개 시·군을 폐지하고 기초지방자치단체와 광역지방자치단체의 역할을 수행하는 제주특별자치도[1]로 2006년 7월 1일 개편되었다.

「제주특별자치도 설치 및 국제자유도시 조성을 위한 특별법」(이하 "제주특별자치도법"이라 한다) 제10조 및 부칙 제4조에서는 종전의 제주도를 폐지하고, 제주특별자치도를 설치하여 이 법이 정하는 특수한 지위를 부여하였다. 이로써 제주특별자치도는 단순히 광역지방자치단체인 기존의 제주도가 그 명칭만 변경된 것이 아니라 지방자치단체의 성격까지 바뀌게 되었고, 기존의 지방자치단체의 종류와 그 성격이 다르기 때문에 2006년 1월 11일 「지방자치법」을 개정하여 제2조 제1항 제1호에서 지방자치단체의 종류에 "특별자치도"[2]를 추가하고, 같은 법 제174조 제2항에서는 서울특별시와 같이 제주특별자치도의 지위·조직 및 행정·재정 등의 운영에 있어서 행정체제의 특수성을 고려하여 법률이 정하는 바에 따라 특례를 둘 수 있도록 하였다.[3][4]

---

1) 기초지방자치단체들을 모두 폐지하여 도 단위 지방자치단체만을 남김으로써 지방자치단체를 단층화하고, 두 개의 통합시를 만들되 그 행정을 담당하는 시장을 임명제로 하며, 시·군의 의회를 폐지하고 대신 도의회의 규모를 확대한 것이 중요한 변화이다.

2) 특별자치도가 다른 시·도와 무엇이 다른지에 대해서는 명확한 설명이 없으나, 제주특별자치도를 추진하면서 특별자치도를 자치권의 획기적인 확대와 분권의 특례를 통하여 일반 지방자치단체와는 다른 특별한 지위를 가지고 책임행정을 수행하는 선도적 지방자치단체를 의미하는 것으로 보고 있다(제주도, 제주특별자치도 추진계획, 2004. 11.).

3) 일부에서는 제주특별자치도의 특별한 권한과 충분한 재정을 확보할 수 있도록 헌법에 규정할 필요가 있다고 주장하고 있다.

4) 지방자치법 개정(2011. 5. 30. 공포, 2012. 7. 1. 시행)으로 광역지방자치단체 종류로 특별자치시가 추가되고, 세종특별자치시도 제주특별자치도와 같이 특례가 인정되었다.

제주특별자치도와 다른 시·도를 비교해 보면 다음과 같다.

〈표 1〉 제주특별자치도와 다른 지방자치단체와의 비교

구 분	제주특별자치도	도	특별시	광역시
근거법	지방자치법(특별자치도, 특례부여) 제주특별자치도 설치 및 국제자유도시 조성을 위한 특별법	지방자치법	지방자치법(특별시, 특례부여) 서울특별시 행정특례에 관한 법률	지방자치법
행정체제	1계층(행정시)	2계층(시·군)	2계층(자치구)	2계층(자치구, 군)
지자체 종 류	광역지자체 ※ 기초지자체 기능포함	광역지자체	광역지자체	광역지자체
법적 지위	특별법이 부여하는 특수한 지위 보장		수도로서의 특수한 지위 보장	
행정기능	광역기능의 전면적 수행(기초지자체 기능 동시 수행) ※ 광역기능 가장 强	광역기능수행	광역기능수행 (자치구 사무에 대한 특례로 도보다 광역기능 强)	광역기능수행 (자치구 사무에 대한 특례로 도보다 광역기능 强)
정부의 간 섭 및 통제	정부의 간섭 최소화 (자치제도에 대한 자율성 부여) 감사위원회 설치를 통한 자체감사 실시	행정안전부장관의 통제 중앙행정기관의 감사	행정안전부장관의 통제 다만, 감사(국무총리 조정) 및 지방채발행승인 등에서 행정특례 인정	행정안전부장관의 통제 중앙행정기관의 감사
자치권 범 위	특별법에 따른 각종 권한이양 및 자율성 부여로 다른 광역지자체보다 광범위한 자치권 부여	현행 개별법령상 부여된 범위 내에서 자치권 행사	현행 개별법령상 부여된 범위 내에서 자치권 행사	현행 법령상 부여된 범위 내에서 자치권 행사
재 정 및 세 재	제주특별자치도세 도입(11개 세목) 교부세의 법정화 지방채한도초과발행 (지방의회 의결)	6개 세목 － 지방채한도초과발행 (행안부 승인)	9개 세목 － 지방채한도초과발행 (국무총리 승인)	9개 세목 － 지방채한도초과발행 (행안부 승인)
선거제도	도의원 정수 및 선거구의 조례위임(자율성 부여)	공직선거법 적용	공직선거법 적용	공직선거법 적용
각 종 행 정 특 례	각종 특례를 통한 대폭적 권한이양과 규제완화 －의료·교육·관광·청정 및 첨단산업 특례 －규제자유지역화	－	서울특별시 행정체제에 관한 특별법에 따른 일부 행정특례	－

<표 2> 제주특별자치도와 기타 도의 행정체제 등 비교

구 분		제주특별자치도	기타 도
①법적 지위		광역지방자치단체 ※ 광역과 기초지자체 지위를 동시에 가짐	광역지방자치단체
②시·군		시·군 미설치 ※ 자치1계층	시·군 설치 ※ 자치2계층
③행정시	설치	행정시 설치	행정시 미설치
	명칭	행정시는 법적 용어	일반구는 법적 용어 아님
	시장	도지사 임명 예고제(정무직)·개방형 직위	일반구 구청장은 시장 임명
	부시장	부시장 직제 인정	일반구의 부구청장 없음
④읍면동		행정시에 읍면동 설치	시·군 및 일반구에 읍면동 설치
⑤주민자치센터 및 주민자치위원회		법률에 따라 설치·운영	조례에 따라 설치·운영
⑥의 회		·도의회(의원수 확대) ·도의회의원 정수 및 선거구를 조례로 규정 ·시·군 의회 없음	·도의회 ·도의회의원 정수 및 선거구는 공직선거법에 규정 ·시·군 의회
⑦사 무		특별자치도 사무(사무특례) 시·군 사무 없음	도 사무 시·군 사무
⑧자치입법권		특별자치도조례·규칙 시·군 조례·규칙 없음	도 조례·규칙 시·군 조례·규칙
⑧지방세		특별자치도세(11개 세목) 시·군세 없음	도세(6개 세목) 시·군세
⑨공무원		특별자치도 공무원 시·군 공무원 없음	도 공무원 시·군 공무원

제주특별자치도를 설치한 목적은 제주특별자치도를 설치하여 실질적인 지방분권을 보장하고, 행정규제의 폭넓은 완화 및 국제적 기준의 적용 등을 통한 국제자유도시를 조성함으로써 국가발전에 이바지하고자 하는 것이다(제주특별자치도법 제1조).

한편, 제주특별자치도가 설치됨에 따라, 다른 시·도에서도 특별자치도에 대하여 관심을 갖게 되어 동남권특별자치도(부산+울산+경남)를 추진하려고 움직임이 있다.

또한, 행복도시(세종)에서도 광역지방자치단체, 기초지방자치단체, 제주특별자치도 형태(광역+기초) 등 다양하게 법적 지위를 검토한 후 세종특별자치시로 하기로 결정하여 국회에 제출하였으나, 2008. 5. 29. 국회의원 임기만료로 폐기되었다.

다시 세종특별자치시에 대한 법률안이 「세종특별자치시 설치 등에 관한 법률안」(노영민 의원 등 10인), 「세종특별자치시 설치 및 행정특례 등에 관한 법률안」(양승조 의원 외 82인) 및 「세종특별자치시 설치 및 운영·지원에 관한 특별법안」(심대평 의원 등 28인) 등 3건이 의원발의되어 대안으로 2010. 12. 27. 「세종특별자치시 설치 등에 관한 특별법」이 제정되었고, 2012. 7. 1.부터 시행된다.

「세종특별자치시 설치 등에 관한 특별법」의 주요 내용은 ① 현재 건설 중인 '행정중심복합도시'의 법적 지위에 대하여 기초지방자치단체를 두지 않는 중앙정부 직할의 특별자치시로 할 것으로 규정하고,5) ② 관할구역은 충청북도 청원군 부용면 산수리 등 일원, 충청남도 공주시 의당면 태산리 등 일원 및 충청남도 연기군 일원으로 하며, ③ 세종특별자치시가 지역발전과 국토균형발전에 기여할 수 있도록 세종특별자치시의 중장기적 발전방안 등에 관한 사항을 심의하기 위하여 국무총리 소속으로 세종특별자치시지원위원회를 두도록 한 점이다.

(2) 제주특별자치도의 설치과정

제주도지사 소속으로 설치된 제주도행정개혁추진위원회는 제주도의 행정체제를 제주도와 시·군의 자치계층 유지, 지방자치단체장 및 지방의회 의원의 직접 선출, 도와 시·군의 기능과 역할 조정을 내용으로 하는 안("점진적 대안" 또는 "현행유지안"이라고 칭함)과, 제주도를 하나의 광역자치단체로 개편하고 제주시와 북제주군, 서귀포시와 남제주군을 통합한 2개 시 체제구축, 시장 임명, 시·군 의회 폐지 및 도의회 확대를 내용으로 하는 안("혁신적 대안" 또는 "단일광역자치안"이라고 칭함)의 두 가지 안을 주민투표를 거쳐 최종 확정할 것을 결의하였다.

이에 따라 제주도지사는 행정자치부장관에게 제주도 전역에서 주민투표를 실시할 것을 건의하였고, 행정자치부장관은 2005. 6. 21. 제주도지사에게 제주도 행정구조개편을 위한 주민투표실시를 요구하고, 제주도지사는 2005. 7. 5. 주민투표일은 2005. 7. 27.로, 투표실시구역은 제주도 전역으로, 투표형식은 "점진적 대안(현행유지안)"과, "혁신적 대안(단일광역자치안)"의 두 가지 안 중 하나를 선택하는 방식으로 실시하는 것을 내용으로 하는 주민투표발의공고를 하였다.

주민투표 결과 제주도 내 유권자 40만 2,003명 중 36.73%인 14만 7,656명이 참여한 가운데 실시된 계층구조 개편 주민투표 개표 결과 유효투표 중 "혁신적 대안(단일광역자치안)"이 8만 2,919표(57%)로 6만 2,469표(42.3%)를 얻은 "점진적 대안(현행유지안)"보다 14.7% 포인트 앞서 제주도의 새로운 행정체제로 선택되었다.

---

5) 세종특별자치시는 특수한 법적 지위를 가지고, 지방자치단체인 시·군을 두지 아니하며, 읍·면·동을 두는 점에서 제주특별자치도와 매우 유사하나, 행정시를 두지 아니하는 점이 제주특별자치도와는 다르다고 할 것이다.

그러나 제주특별자치도의 설치과정에서 헌법재판소에 권한쟁의심판과 위헌확인소송이 제기되는 우여곡절도 있었다.

제주시 등과 행정자치부장관 등 간의 권한쟁의
(헌법재판소 2005. 12. 22, 2005헌라5 전원재판부)

주민투표법 제8조는 국가정책의 수립에 참고하기 위한 주민투표에 대해 규정하고 있는데 규정의 문언으로 볼 때 중앙행정기관의 장은 실시 여부 및 구체적 실시구역에 관해 상당한 범위의 재량을 가진다고 볼 수 있다. 이를 감안할 때 중앙행정기관의 장으로부터 실시요구를 받은 지방자치단체 내지 지방자치단체장으로서는 주민투표 발의에 관한 결정권한, 의회의 의견표명을 비롯하여 투표시행에 관련되는 권한을 가지게 된다고 하더라도, 나아가 <u>지방자치단체가 중앙행정기관장으로부터 제8조의 주민투표실시요구를 받지 않은 상태에서 일정한 경우 중앙행정기관에 실시요구를 해 줄 것을 요구할 수 있는 권한까지 가지고 있다고 보기는 어렵다.</u> 그렇다면 피청구인 행정자치부장관이 청구인들(제주시장 등)에게 주민투표실시요구를 하지 않은 상태에서 청구인들에게 실시권한이 발생하였다고 볼 수는 없으므로 그 권한의 발생을 전제로 하는 침해 여지도 없어서 이를 다투는 청구는 부적법하다.

제주특별자치도의 설치 및 국제자유도시 조성을 위한 특별법안
제15조 제1항 등 위헌확인(2006. 4. 27, 2005헌마1190)

<u>헌법 제117조 제2항은 지방자치단체의 종류를 법률로 정하도록 규정하고 있을 뿐 지방자치단체의 종류 및 구조를 명시하고 있지 않으므로 이에 관한 사항은 기본적으로 입법자에게 위임된 것으로 볼 수 있다.</u> 헌법상 지방자치제도 보장의 핵심영역 내지 본질적 부분이 특정 지방자치단체의 존속을 보장하는 것이 아니며 지방자치단체에 의한 자치행정을 일반적으로 보장하는 것이므로, 현행법에 따른 지방자치단체의 중층구조 또는 지방자치단체로서 특별시·광역시 및 도와 함께 시·군 및 구를 계속하여 존속하도록 할지 여부는 결국 입법자의 입법형성권의 범위에 들어가는 것으로 보아야 한다. 같은 이유로 일정구역에 한하여 당해 지역 내의 지방자치단체인 시·군을 모두 폐지하여 중층구조를 단층화하는 <u>것 역시 입법자의 선택범위에 들어가는 것이다.</u>

---

(3) 행정시 및 읍·면·동의 설치

제주특별자치도법 제15조에서는 제주특별자치도에는 지방자치단체인 시와 군을 두지 않고, 지방자치단체가 아닌 시, 즉 행정시를 설치하도록 하고 있다. 이러한 행정시는 다른 시·도에서는 볼 수 없는 제주특별자치도만의 특수한 행정체제라고 할 수 있다.[6]

제주특별자치도법 제15조 제4항에서는 다른 법령에서 시를 인용하는 경우 해당 법령에 특별한 규정이 있는 경우를 제외하고는 행정시를 포함되지 아니한다고 하고 있다. 이 규정은 다른 법령에서 시라고 되어 있으면 행정시가 포함되는지 논란이 있을 수 있으므로

---

6) 행정시는 기존 시·도의 일부가 특별자치도가 되는 경우에는 대안이 될 가능성이 있으나, 기존 시·도가 전부 특별자치도가 되는 경우에는 지역이 넓고, 기초자치단체가 강하고 많기 때문에 탄생하기가 매우 어렵다고 생각한다. 따라서 앞으로 특별자치도가 탄생할 가능성은 있지만 기초 및 광역자치단체의 역할을 동시에 수행하는 지방자치단체로 한정하지 아니하는 한(현재 「지방자치법」 제3조 제2항에서는 특별시, 광역시와 도 및 특별자치도는 정부의 직할하에 두고, 시는 도의 관할구역 안에, 군은 광역시 또는 도의 관할구역 안에 두며, 자치구는 특별시와 광역시의 관할구역 안에 둔다고 규정하고 있다.) 많지 않을 것이고, 특별자치도마다 역할이 다르다면(기초+광역, 광역) 지방자치 입장에서는 바람직할 수 있으나, 개별법에서 특별자치도를 규정할 때에는 각각 다르게 하여야 하는 입법기술상의 어려움이 나타날 수도 있을 것이다.

이를 명확히 한 것이나, 제주특별자치도법 제11조 제1항에서 다른 법령에서 지방자치단체, 도 또는 시·군을 인용하고 있는 경우에는 각각 제주자치도를 포함한 것으로 보아 당해 법령을 적용한다는 규정을 다시 한 번 규정한 것에 지나지 아니한다 할 것이다.

한편, 행정시가 지방자치단체가 아닌 시인 것은 분명한데[7] 행정시의 성격에 대하여 제주특별자치도법에 명시되어 있지 아니하여 행정시가 보조기관인지, 하부행정기관인지 아니면 다른 어떤 기관인지 논란이 있을 수 있다.

즉, "행정시"가 "행정구[8]"와 아무리 유사하다고 하더라도 "행정시"를 「지방자치법」에 의한 "행정구"로 본다는 명문의 규정을 특별법에서는 찾아볼 수 없으므로, 입법적 불비라고 하지 않을 수 없고, 따라서 "행정시"를 제주특별자치도의 보조기관으로 보아야 할 것인지, 소속기관으로 보아야 할 것인지, 아니면 특별기관 또는 하부기관으로 보아야 할지 애매한 면이 있다.[9]

결론적으로, 행정시에 대하여 제주특별자치도법에 명문규정이 없어 애매한 면이 있는 것은 사실이지만, 행정안전부에서도 하부행정기관으로 보고 있고, 하부행정기관이 아닌 다른 기관으로 보기도 곤란(예를 들면, 자치경찰단은 도에 설치하고, 자치경찰대는 행정시에 설치[10]하게 되는데 만약 보조기관이나 직속기관이라면 체계가 이상하게 됨)하며, 「제주특별자치도 행정기구 설치 조례」 제6장에서도 행정시와 읍·면·동을 하부행정기관으로 명시하고 있기 때문에, 제주특별자치도의 "하부행정기관"이라고 보면 될 것이다.

다시 말하면, 행정시는 제주특별자치도의 "하부행정기관"으로, 자치구가 아닌 구(일반구)와 매우 유사한 기관이라 할 것이다.

---

7) 「공공기록물 관리에 관한 법률 시행령」 제10조에서는 공공기관(국가기관, 지방자치단체 그 밖에 대통령령이 정하는 기관)에 기록관을 설치하도록 하고 있는데, "그 밖에 대통령령이 정하는 기관"에 "행정시"가 포함되지 아니함에도 불구하고 공공기관에 "행정시"를 포함시키고 있어 "행정시"를 지방자치단체에 준하는 것으로 보고 있는 것으로 보인다.

8) 행정구는 자치구가 아닌 구인 일반구를 말하는 것으로 보인다.

9) 오용식, 제주특별자치법상의 "행정시"의 성격과 입법불비, 법제처 지식관리시스템, 2006. 3. 23.

10) 제3차 개정(2011. 5. 23. 법률 제10701호로 개정된 것)으로 행정시의 자치경찰대가 폐지됨.

<표 3> 시·행정시 및 일반구의 비교

구 분	시	행 정 시	일 반 구
①법적 지위	지방자치단체	제주특별자치도의 하부행정기관(지자체 아님)	시의 하부행정기관 (지자체 아님)
②설치	도 관할구역 내에 설치	제주특별자치도에 설치	50만 이상 시에 설치
③구역	자치구역 (구역고권)	행정구역 (행정편의를 의해 설정)	행정구역 (행정편의를 의해 설정)
④기능·사무	법령에 의해 부여된 자치사무· 위임사무 수행	제주특별자치도조례·규칙에 의해 위임된 사무를 처리	시 조례·규칙에 의해 위임된 사무를 처리
⑤주민	시의 주민 (각종 참여제도는 시의 행정에 참여)	제주특별자치도 주민 (각종 참여제도는 제주특별자치도의 행정에 참여)	시의 주민 (각종 참여제도는 시의 행정에 참여)
⑥자치입법권	조례·규칙제정권	없음(제주특별자치도조례· 규칙 적용)	없음 (시조례·규칙 적용)
⑦지방의회	구성(주민직선)	구성불가[11]	구성불가
⑧단체장 또는 기관장	주민직선 (정무직)	도지사 임명 (제주특별자치도 공무원)	시장 임명 (시 공무원)
⑧부단체장	1명	조례로 정수 규정	없음
⑨공무원 신분	시 공무원	제주특별자치도 공무원	시 공무원
⑩예산권	시의회 의결	제주특별자치도의회 의결	시의회 의결

한편, 행정시의 폐치·분합, 명칭 및 구역은 도조례로 정하되, 도지사는 그 결과를 행정안전부장관에게 보고하여야 한다(제주특별자치도법 제16조 제1항). 그러나 행정시를 폐지하는 것[12][13]을 도조례로 할 수 있는지 여부에 대하여 논란이 있다.

왜냐하면, 제주특별자치도법 제15조 제2항에서는 제주특별자치도의 관할구역 안에 지방자치단체가 아닌 시(행정시)를 둔다고 규정하고 있는 데 반해, 제주특별자치도법 제16조 제1항에서는 행정시의 폐치·분합, 명칭 및 구역은 도조례로 정한다고 규정하고 있어 서로 상충되는 조항으로 보일 수 있기 때문이다.

물론, 제주특별자치도법 제16조 제1항이 「지방자치법」 제4조의2 제1항과 같이 자치구

---

11) 「대한민국 헌법」 제118조 제1항에 따르면, 지방자치단체에는 의회를 두도록 규정되어 있으므로, 의회를 두는 순간에 지방자치단체가 된다고 할 수 있을 것이다. 따라서 의회를 둘 수 없기 때문에 지방자치단체가 아니라는 결론도 나온다.

12) 법인격을 부여받지 못한 행정시가 기초지방정부의 조정 및 보완의 역할을 제대로 수행하지 못하고 있고, 특별자치도 실시 이전과 비교해 행정계층을 축소하지 못하고 비효율적이며, 오히려 기초지방선거에 참여할 참정권만 상실시켜 버린 결과를 초래하므로, 행정시를 폐지하여야 한다는 주장과 특별자치도 출범 초기 잡음이 많았지만 몇 년 정도가 지나면서 점차 안정화 단계에 접어들고 있고, 특별자치도 출범으로 인해 행정의 효율성이 확실히 종전보다 나아지고 있으며, 다시 개편 논쟁을 거론하는 것은 도민사회에 혼란만 가중시킬 뿐 아니라 국제자유도시 건설에 걸림돌로 작용할 소지가 많으므로, 당분간 행정시를 존치하여야 한다는 주장이 팽팽히 맞서고 있다.

13) 제주특별자치도에서 논의 중인 제주형 기초자치모형도 행정시의 폐지 여부와 관련을 맺고 있다고 볼 수 있는데, 제주형 기초자치모형으로는 ① 행정시장을 직선으로 선출하되 기초의회는 설치하지 않는 방안, ② 행정시장 직선과 함께 기초의회를 설치하는 방안, ③ 행정시를 폐지하고 읍·면·동을 준 자치단체화하는 방안, ④ 행정시를 기초자치단체로 전환하는 방안(기초자치단체 부활) 등 다양한 방안을 검토되고 있다.

가 아닌 구(일반구)를 폐지하거나 설치하거나 나누거나 합칠 때 행정안전부장관의 승인을 받아 도조례로 정하도록 하는 것에서 나온 것으로 보이지만, 자치구가 아닌 구와 다른 것은 자치구가 아닌 구는 도조례로 설치하지만 행정시는 제주특별자치도법에 두도록 하고 있는 것에 차이가 있다.

결론적으로, 약간의 상호 모순은 있지만 제주특별자치도법 제16조 제1항에서 조례로 행정시를 폐지하도록 하고 있으므로 도조례로 행정시를 폐지할 수는 있다 할 것이다. 다만, 행정시를 폐지한다는 것은 제주특별자치도, 행정시, 읍·면·동의 행정체계 변화와 주민소환 등 선거체계 등의 변화가 수반되어야 하는 중요한 사안이고, 개별법에 규정된 행정시(장)도 다른 것으로 개정하는 것이 필요하다 할 것이므로, 제주특별자치도법 개정이 불가피할 것으로 판단된다. 따라서 실제적으로는 도조례로 행정시를 폐지하더라도 제주특별자치도법을 개정하여야 할 것이므로, 논의의 실익이 거의 없다 할 것이다.

한편, 제주특별자치도법 제15조에서는 행정시에는 도시 지역에 동, 그 밖의 지역에 읍·면을 두고, 행정시의 읍·면·동은 「지방자치법」상 읍·면·동과 같되, 행정시에 두는 읍·면·동의 폐치·분합은 「지방자치법」 제4조의2 제1항에도 불구하고 행정안전부장관의 승인을 요하지 아니하고, 도지사가 그 결과를 행정안전부장관에게 보고하도록 하고 있으므로,[14] 행정시에 두는 읍·면·동은 종전의 읍·면·동 지역과 역할이 동일하다고 보면 될 것이다.

(4) 요 약

지금까지 논의한 것을 표로 표시하면 다음과 같다.

---

14) 「제주도 행정체제 등에 관한 특별법」(2009. 3. 25. 제2차 개정 제주특별자치도법 부칙으로 폐지되기 전의 것) 부칙 제4조 제1항에서도 이 법 시행 당시 폐지시·군에 설치된 읍·면·동은 각각 이 법에 의하여 설치되는 행정시의 읍·면·동으로 보도록 하고 있었다.

〈표 4〉 행정체제 변화

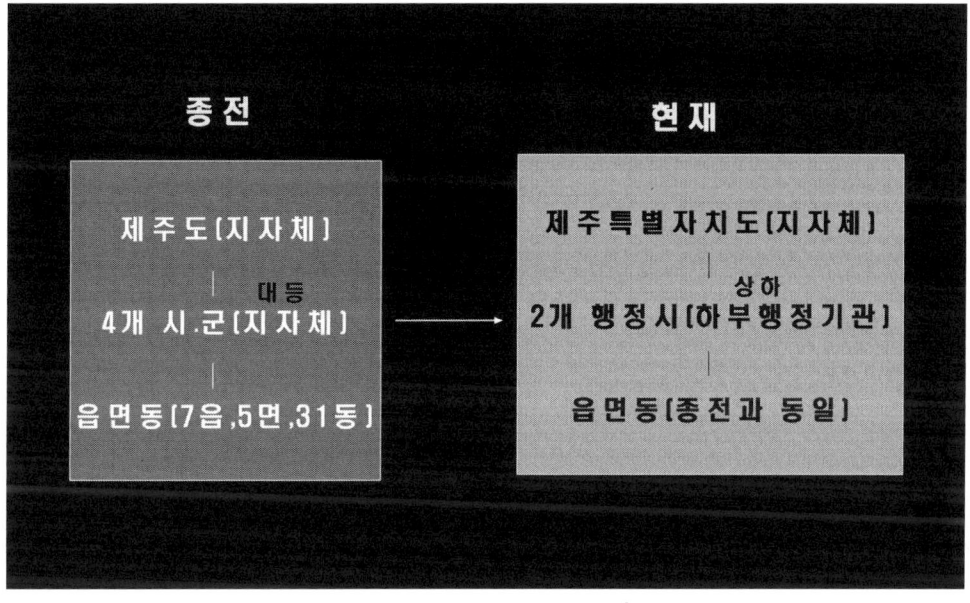

2) 제주특별자치도 행정체계(행정시)에 대한 오해

제주특별자치도에는 종전의 북제주군과 남제주군은 없어지고 종전의 제주시와 서귀포시는 살아 있다고 생각하는 국민과 공무원이 의외로 많이 있다.

이렇게 오해를 하고 있는 이유는 첫째는, 종전의 제주시와 서귀포시의 명칭과 현재의 제주시와 서귀포시의 명칭이 같기 때문일 것이다.

둘째는, 현재 제주시의 관할구역은 종전의 제주시와 종전의 북제주군의 관할구역을 합친 것이고, 현재 서귀포시의 관할구역은 종전의 서귀포시와 종전의 남제주군의 관할구역을 합친 것이기 때문이다. 이 때문에 공무원 중에서는 제주시가 북제주군을 흡수 통합하고, 서귀포시는 남제주군을 흡수 통합한 것으로 생각하여 기득권을 주장한 적도 있다.

셋째는, "행정시"도 "시"이고, "행정시장"도 "시장"이므로 각종 개별법령상 "시"에는 "행정시", "시장"에는 "행정시장"도 당연히 포함되는 것으로 생각하기 때문이다.

그러나 종전의 제주시, 서귀포시와 현재의 제주시, 서귀포시는 명칭은 같을지 몰라도 종전의 지방자치단체인 제주시와 서귀포시는 없어지고(2009. 3. 25. 제2차 개정 제주특별자치도법 부칙으로 폐지되기 전의 「제주도 행정체제 등에 관한 특별법」 제3조), 현재는 성격, 기능 등에서 엄격히 다른 지방자치단체가 아닌 행정시로서의 제주시와 서귀포시(「제주도 행정체제 등에 관한 특별법」 제4조, 제주특별자치도법 제15조)이고, 또한, 각종 개별법령에 "시"나 "시장"은 지방자치단체인 시나 시장을 의미하므로, 제주특별자치도의 경우에는 "행정시"나 "행정시장"이 아니라 "제주특별자치도"나 "제주특별자치도지사"라 할 것이고(제주특별자치도법 제11조 제1항·제3항), 더욱이 제2차 개정(2009. 3. 25. 법률 제9577호로 개정된 것)으로 다른 법령에서 시를 인용하는 경우 해당 법령에 특별한 규정이 있는 경우를 제외하고는 행정시는 포함되지 아니한다는 조항(제주특별자치도법 제15조 제4항)을 신설하고, 다른 법령에서 시장을 인용하는 경우 해당 법령에 특별한 규정이 있는 경우를 제외하고는 행정시장은 포함되지 아니한다는 조항(제주특별자치도법 제17조 제6항)을 신설하였다.

따라서 종전의 북제주군과 남제주군만 없어지고 종전의 제주시와 서귀포시는 살아 있다고 하는 말은 명백히 잘못된 것이다.

3) 제주특별자치도 행정체계에 따른 변화

제주특별자치도 행정체계, 즉 종전의 제주도와 4개 시·군이 폐지되고 지방자치단체인 제주특별자치도와 하부행정기관인 2개 행정시 체계로 됨에 따라 많은 변화가 있는데, 변화의 대표적인 특징은 다음과 같다.

첫째는, 행정시장에게 위임하는 것이 종전보다 매우 중요하게 되었다는 점이다. 왜냐하면, 종전에는 제주도와 4개 시·군이 각자가 지방자치단체였으므로 제주도에서 시·군에 위임하는 것이 매우 적었으나, 제주특별자치도 출범 후에는 거의 모든 권한이 제주특별자치도지사의 권한이고 하부행정기관인 행정시장에게 위임을 주지 아니하면 모두 도지사가 집행하여야 하기 때문에 제주특별자치도지사는 행정시장에게 신속하고 적정하게 위임해 주어야 하는 문제가 발생하였다.

둘째는, 행정시장 소속하에 위원회를 설치할 수 있는지에 대하여 관심을 갖게 되었다는 점이다. 왜냐하면, 개별법상 행정시장 소속하에 위원회(협의회, 심의회, 센터 등)를 설치할 수 있도록 한 것은 당연히 행정시장 소속하에 설치할 수 있으나, 개별법상 "시장" 소속으로 되어 있는 경우에는 제주특별자치도법 제11조에 따라 "시장"은 "행정시장"을 의미하는 것이 아니라 "제주특별자치도지사"를 의미하므로 도지사 소속으로 위원회를 두어야 한다. 그러나 「제주특별자치도 사무위임 조례」나 「제주특별자치도 사무위임 규칙」에 따라 많은 업무들이 행정시장에게 위임되었고, 위임된 사무와 관련된 위원회도 위임되어야 함에도 불구하고 위원회는 소속이 변경되므로 행정시장에게 위임할 수 없기 때문에, 어떻게 하면 위원회를 효율적으로 운영할 수 있을지 더 나아가 개별법이든 제주특별자치도법이든 위원회를 행정시장 소속하에 설치하여야 하는지에 대하여 진지하게 생각하게 되었다.

셋째는, 개별법에서 행정시장이 추가되는 것에 대하여 어떻게 대처를 하여야 하는지 중요하게 되었다는 점이다. 왜냐하면, 행정시(지역적 의미는 제외)나 행정시장이 개별법에 등장하는 것을 단순한 문제로 생각할 수도 있겠으나, 작게는 사무위임이나 행정기구 설치 등 조례나 규칙의 제・개정과 밀접한 관련을 맺고 있고, 크게는 제주특별자치도 행정체제에까지 연결될 수 있는 매우 중요한 문제이기 때문이다.

넷째는, 종전의 시장・군수의 행위를 어디까지 인정하여야 하는지 관심을 갖게 되었다는 점이다. 왜냐하면, 2009. 3. 25. 제2차 개정 제주특별자치도법 부칙으로 폐지되기 전의 「제주도 행정체제 등에 관한 특별법」 부칙 제4조 제4항에 따르면, 이 법 시행 전에 폐지 시・군의 시장 또는 군수가 행한 처분 그 밖의 행위는 제주도지사가 행한 처분 그 밖의 행위로 보도록 되어 있어 일반적인 시장・군수의 처분 등은 제주도지사의 처분 등으로 보아야 한다. 그러나 예를 들면, 시립박물관, 시립미술관, 군립공원 등이 자동적으로 도립박물관, 도립미술관, 도립공원 등으로 되는지에 대하여 논란이 있었다. 즉, 시립박물관이나 미술관과 도립박물관이나 미술관은 요건에 차이가 있는 것이 아니라 주체만 차이가 있는 반면, 군립공원과 도립공원은 주체뿐만 아니라 요건에도 차이가 있기 때문이다.

<제주특별자치도법>

제1조(목적) 이 법은 종전의 제주도의 지역적·역사적·인문적 특성을 살리고 자율과 책임, 창의성과 다양성을 바탕으로 고도의 자치권이 보장되는 제주특별자치도를 설치하여 실질적인 지방분권을 보장하고, 행정규제의 폭넓은 완화 및 국제적 기준의 적용 등을 통하여 국제자유도시를 조성함으로써 국가발전에 이바지함을 목적으로 한다.

제10조(제주특별자치도의 설치 등)

① 정부의 직할하에 제주특별자치도(이하 "제주자치도"라 한다)를 설치한다.

② 제주자치도의 관할구역은 종전의 제주도의 관할구역으로 한다.

③ 제주자치도는 이 법이 정하는 범위 안에서 특수한 지위를 가진다.

제11조(제주자치도의 설치에 따른 법령 적용상의 특례)

① 다른 법령에서 지방자치단체, 도 또는 시·군을 인용하고 있는 경우에는 각각 제주자치도를 포함한 것으로 보아 당해 법령을 적용한다.

② 다른 법령에서 지방의회의원, 도의회의원 또는 시·군의회의원을 인용하고 있는 경우에는 각각 제주특별자치도의 회의원을 포함한 것으로 보아 당해 법령을 적용한다.

③ 다른 법령에서 지방자치단체의 장, 도지사 또는 시장·군수를 인용하고 있는 경우에는 각각 제주특별자치도지사를 포함한 것으로 보아 당해 법령을 적용한다.

④ 다른 법령에서 지방의회, 도의회 또는 시·군의회를 인용하고 있는 경우에는 각각 제주특별자치도의회를 포함한 것으로 보아 당해 법령을 적용한다.

⑤ 다른 법령에서 지방자치단체의 조례·규칙, 도의 조례·규칙 또는 시·군의 조례·규칙을 인용하고 있는 경우에는 각각 제주자치도의 조례·규칙을 포함한 것으로 보아 당해 법령을 적용한다.

⑥ 다른 법령에서 교육위원회 또는 교육의원을 인용하고 있는 경우에는 각각 제주자치도의 교육위원회 또는 교육의원을 포함한 것으로 보아 당해 법령을 적용한다. <개정 2006.12.20>

⑦ 다른 법령에서 교육감을 인용하고 있는 경우에는 제주특별자치도교육감을 포함한 것으로 보아 당해 법령을 적용한다.

⑧ 다른 법령에서 지방자치단체인 시·의 전부 또는 일부를 구역 또는 관할구역으로 하여 두고 있는 교육청, 경찰서 등 행정기관은 종전의 구역 또는 관할구역에 둔 것으로 보아 당해 법령을 적용한다.

⑨ 「지방세기본법」 그 밖의 다른 법령에서 지방세, 도세 또는 시·군세를 인용하고 있는 경우에는 제주특별자치도세를 포함한 것으로 보아 당해 법령을 적용한다. <개정 2010.3.31>

제15조(지방자치단체가 아닌 시 및 읍·면·동의 설치)

① 제주자치도는 「지방자치법」 제2조 제1항 및 제3조 제2항의 규정에 불구하고 그 관할구역 안에 지방자치단체인 시와 군을 두지 아니한다.

② 제주자치도의 관할구역 안에 지방자치단체가 아닌 시(이하 "행정시"라 한다)를 두고, 행정시에는 도시의 형태를 갖춘 지역에는 동을, 그 밖의 지역에는 읍·면을 둔다.

③ 「지방자치법」의 규정 중 읍·면·동에 관한 사항은 행정시에 두는 읍·면·동에 대하여 적용한다. 다만, 행정시에 두는 읍·면·동의 폐치·분합은 「지방자치법」 제4조의2 제1항에도 불구하고 행정안전부장관의 승인을 요하지 아니하되, 도지사는 그 결과를 행정안전부장관에게 보고하여야 한다. <개정 2008.2.29, 2009.4.1>

④ 다른 법령에서 시를 인용하는 경우 해당 법령에 특별한 규정이 있는 경우를 제외하고는 행정시는 포함되지 아니한다. <신설 2009.3.25>

제16조(행정시의 폐치·분합, 명칭 및 구역 등)

① 행정시의 폐치·분합, 명칭 및 구역은 도조례로 정한다. 이 경우 도지사는 그 결과를 행정안전부장관에게 보고하여야 한다. <개정 2008.2.29>

② 행정시의 사무소 소재지는 도조례로 정하되, 제주특별자치도의회(이하 "도의회"라 한다) 재적의원 과반수의 찬성을 얻어야 한다.

부칙

제4조(종전 제주도의 폐지) 종전의 제주도는 이를 폐지한다.

<제주도 행정체제 등에 관한 특별법(2009. 3. 25. 제2차 개정 제주특별자치도법 부칙으로 폐지되기 전의 것)>

부칙

제4조(일반적 경과조치)

① 이 법 시행 당시 폐지 시·군에 설치된 읍·면·동은 각각 이 법에 의하여 설치되는 행정시의 읍·면·동으로 본다.

④ 이 법 시행 전에 폐지시·군의 시장 또는 군수나 그 소속 기관의 장이 행한 처분 그 밖의 행위는 제주도지사나 그 소속기관의 장이 행한 처분 그 밖의 행위로 본다.

<지방자치법>
제2조(지방자치단체의 종류)
　① 지방자치단체는 다음의 두 가지 종류로 구분한다. <개정 2011.5.30>
　1. 특별시, 광역시, 특별자치시, 도, 특별자치도
　2. 시, 군, 구
　② 지방자치단체인 구(이하 "자치구"라 한다)는 특별시와 광역시의 관할 구역 안의 구만을 말하며, 자치구의 자치권의
　　범위는 법령으로 정하는 바에 따라 시·군과 다르게 할 수 있다.
　③ 제1항의 지방자치단체 외에 특정한 목적을 수행하기 위하여 필요하면 따로 특별지방자치단체를 설치할 수 있다.
　④ 특별지방자치단체의 설치·운영에 관하여 필요한 사항은 대통령령으로 정한다.
　[시행일: 2012.7.1] 제2조
제174조(특례의 인정)
　① 서울특별시의 지위·조직 및 운영에 대하여는 수도로서의 특수성을 고려하여 법률로 정하는 바에 따라 특례를 둘
　　수 있다.
　② 세종특별자치시와 제주특별자치도의 지위·조직 및 행정·재정 등의 운영에 대하여는 행정체제의 특수성을 고려
　　하여 법률로 정하는 바에 따라 특례를 둘 수 있다. <개정 2011.5.30>
　[시행일: 2012.7.1] 제174조

2. 권한위임이 왜 중요하게 되었는가?

1) 권한위임의 중요성 증대

　2006. 7. 1. 제주특별자치도가 출범함에 따라, 행정체계의 변화로 인하여 제주특별자치
도지사가 행정시장에게 위임하는 것이 종전보다 많아지고, 그 중요성도 증가하였다.

　왜냐하면, 종전에는 제주도와 4개 시·군이 각자가 지방자치단체였기 때문에 제주도지사
가 시장·군수에게 위임하는 것이 적었으나, 제주특별자치도가 출범한 후에는 제주특별자
치도만 지방자치단체이고, 행정시는 하부행정기관, 즉 제주특별자치도가 광역지방자치단체
와 기초지방자치단체의 역할을 수행함에 따라, 개별법에서 행정시장의 권한으로 한 것을
제외한 권한은 모두 제주특별자치도지사의 권한[15]이 되고(제주특별자치도법 제11조), 하부
행정기관인 행정시장에게 위임을 해주지 아니하면 모두 제주특별자치도지사가 집행하여야
하므로, 제주특별자치도지사 입장에서는 행정시장에게 어떻게 하면 신속하게 위임해 줄 수
있는지와 제주특별자치도는 기획·정책을 하고, 행정시는 집행을 하는 업무 역할을 배분하
면서 행정시장에게 적정한 업무를 위임해 줄 것인가[16]에 문제가 발생하였기 때문이다.

---

15) 제주특별자치도에 있어서는 개별법상의 도지사 권한은 당연히 제주특별자치도지사의 권한이 되고, 개별법상의 시장·군수의 권한도 제주
　　특별자치도지사의 권한이 된다.

16) 현재 행정시의 경우, 종전의 시·군과 비교하여 권한위임을 받아야 하고, 제주특별자치도의 지도·감독을 받아야 하며, 예산편성권이 제
　　주특별자치도에 있어 업무하는 과정에서는 차이가 있지만, 개별법에 시장·군수로 규정되어 있는 업무를 대부분 위임받았기 때문에 업무

다른 한편으로는, 최근 개별법의 제·개정이 많아지면서 더욱 권한위임이 중요하게 되었다.[17]

2) 권한위임의 특징

2006. 7. 1. 제주특별자치도가 출범함에 따라, 종전과 비교하거나 다른 시·도와 비교하여 나타난 권한위임의 특징은 다음과 같다.

(1) 행정기구와 밀접한 연관을 맺게 되었다.

종전 제주도에서는 시장·군수에게 위임을 할 때에는 시·군의 행정기구(조직)에 신경을 쓰지 아니하였으나, 제주특별자치도 출범 후에는 권한위임은 행정기구 설치 조례나 규칙과 밀접한 연관을 맺고 있으므로, 어느 권한을 위임할 때에는 권한위임에 관해서만 살펴볼 것이 아니라 제주특별자치도와 행정시 등의 행정기구도 함께 생각을 하여야 한다.

다시 말하면, 행정시의 설치로 인하여 제주특별자치도지사의 권한을 행정시장에게 위임하는 경우가 많은데, 모든 업무가 업무분장에 나오지는 않겠지만 제주특별자치도의 업무분장뿐만 아니라 행정시의 업무분장을 면밀히 살펴볼 필요가 생기게 되었다.[18]

(2) 법령이 제·개정되는 경우 신속히 위임여부와 위임방법을 결정하여야 한다.

제주특별자치도가 출범한 후에는 법령이 제·개정되어 도지사나 시장·군수의 권한으로 된 것은 제주특별자치도에 있어서 제주특별자치도지사의 권한으로 되기 때문에 행정시장 등에게 위임할 것인지 여부와 어떤 형식(조례, 규칙)으로 할 것인지[19] 등을 신속히 결정할 필요성이 높아졌고, 개별법의 제·개정이 증가함에 따라 상대적으로 사무위임 조례나 규칙의 개정이 빈번하게 일어나게 되었다.

왜냐하면, 위에서 설명한 바와 같이 종전의 경우에는 제주특별자치도지사의 업무로 하

량에서는 큰 차이가 없다고 한다.

17) 개별법의 제·개정이 많아진 것은 다른 시·도에서도 마찬가지지만, 다른 시·도에서는 시·도지사로 되어 있는 것만 생각하면 되는 반면, 제주특별자치도에서는 시·도지사로 되어 있는 것뿐만 아니라 시장·군수로 되어 있는 것까지도 생각하여 행정시장에게 위임을 해주어야 할지 검토하여야 하기 때문이다.

18) 「제주특별자치도 행정기구 설치 조례」 및 같은 조례 시행규칙에 따라 사무분장은 되어 있으나, 「제주특별자치도 사무위임 조례」나 「제주특별자치도 사무위임 규칙」에서는 위임이 되지 아니한 경우에 행정시장이 업무를 처리하는 경우에는 무권한자의 행위가 된다 할 것이다.

19) 제주특별자치도의 경우에도 다른 시·도와 마찬가지로, 자치사무는 사무위임 조례로, 기관위임사무는 중앙행정기관의 승인을 받은 후 사무위임 규칙으로 위임하여야 한다.

는 것은 많지 않았고, 시장·군수에게 위임을 해 줄 것도 많지 않았기 때문에 별문제가 없었을 수도 있으나, 제주특별자치도가 출범한 후에는 위임을 해 주지 아니하면 모든 권한을 제주특별자치도지사가 수행하여야 하기 때문이다.

한편, 조례로 위임하는 경우에는 조례를 개정하기 위하여 입안, 관계부서 협의, 입법예고, 법제부서 심사, 조례·규칙심의회, 도의회 의결 등 많은 시간이 필요하고,[20] 규칙으로 위임하는 경우에는 중앙행정기관의 승인을 거쳐야 하므로, 법령의 제·개정을 예의 주시하면서 신속히 위임을 할 필요가 많아지게 되었기 때문이다.

(3) 행정시장은 읍·면·동장에게 권한을 위임할 수 없다.

「지방자치법」 제104조[21] 및 「행정권한의 위임 및 위탁에 관한 규정」 제4조[22]에 따른 위임은 "지방자치단체의 장"이 할 수 있는 것으로 규정하고 있을 뿐 하부행정기관에서 할 수 있는 것으로 규정하고 있지 아니하고 있으므로, 종전의 지방자치단체의 장인 시장·군수와는 달리 위임을 받은 행정시장[23]은 읍·면·동장에게 권한을 위임할 수 없다.

다시 말하면, 제주특별자치도지사가 행정시장에게 위임한 사무에 대해서는 행정시장이 읍·면·동장에게 다시 위임할 수 없기 때문에 제주특별자치도지사(기관위임사무의 경우에는 중앙행정기관의 승인을 얻어)가 직접 읍·면·동장에게 위임하여야 한다는 것이다.

---

20) 조례는 법률과 비교하여 분량이 많지 아니하고, 복잡하지도 아니하며, 관계부서 협의나 법제부서 심사시간이 짧고, 도의회 의결도 이번 달에 제출하면 특별한 쟁점이 없는 한 다음 달에 처리되는 등 비교적 수월한 편이다.

21) 제104조(사무의 위임 등) ① 지방자치단체의 장은 조례나 규칙으로 정하는 바에 따라 그 권한에 속하는 사무의 일부를 보조기관, 소속 행정기관 또는 하부행정기관에 위임할 수 있다.
   ② 지방자치단체의 장은 조례나 규칙으로 정하는 바에 따라 그 권한에 속하는 사무의 일부를 관할 지방자치단체나 공공단체 또는 그 기관(사업소·출장소를 포함한다)에 위임하거나 위탁할 수 있다.
   ③ 지방자치단체의 장은 조례나 규칙으로 정하는 바에 따라 그 권한에 속하는 사무 중 조사·검사·검정·관리업무 등 주민의 권리·의무와 직접 관련되지 아니하는 사무를 법인·단체 또는 그 기관이나 개인에게 위탁할 수 있다.
   ④ 지방자치단체의 장이 위임하거나 위탁받은 사무의 일부를 제1항부터 제3항까지의 규정에 따라 다시 위임하거나 위탁하려면 미리 그 사무를 위임하거나 위탁한 기관의 장의 승인을 받아야 한다.

22) 제4조(재위임) 특별시장·광역시장·도지사 또는 특별자치도지사(특별시·광역시·도 또는 특별자치도의 교육감을 포함한다. 이하 같다)나 시장·군수 또는 구청장(자치구의 구청장을 말한다. 이하 같다)은 행정의 능률향상과 주민의 편의를 위하여 필요하다고 인정될 때에는 수임사무의 일부를 그 위임기관의 장의 승인을 받아 규칙으로 정하는 바에 따라 시장·군수·구청장(교육장을 포함한다) 또는 읍·면·동장, 그 밖의 소속기관의 장에게 다시 위임할 수 있다.

23) 개별법상 행정시장의 권한도 개별법에 읍·면·동장에게 위임할 수 있다는 특별한 규정이 없으면 읍·면·동장에게 위임할 수 없다고 할 것이다.

<대법원 2000. 11. 10. 선고 2000추36 판결>
【인천광역시동구주민자치센터설치및운영조례안재의결무효확인청구】

동장이 주민자치센터의 운영을 다시 민간에 위탁하는 것은 그 수임사무의 재위탁에 해당하는 것이므로 그에 관해서는 별도의 법령상 근거가 필요하다고 할 것인데, 지방자치법 제95조 제3항은 소정 사무의 민간위탁은 지방자치단체의 장이 할 수 있는 것으로 규정하고 있을 뿐 동장과 같은 하부행정기관이 할 수 있는 것으로는 규정하고 있지 아니하고, 행정권한의위임및위탁에관한규정 제4조 역시 동장이 자치사무에 관한 수임권한을 재위임 또는 재위탁할 수 있는 근거가 될 수 없음은 그 규정 내용상 분명하며, 달리 동장이 그 수임권한을 재위임 또는 재위탁할 수 있도록 규정하고 있는 근거 법령이 없으므로, 지방의회가 재의결한 조례안에서 동장이 주민자치센터의 운영을 다시 민간에 위탁할 수 있는 것으로 규정하고 있는 것은 결국 법령상의 근거 없이 동장이 그 수임사무를 재위탁할 수 있는 것으로 규정하고 있는 것이어서 법령에 위반된 규정이다.

(4) 위원회 등 합의제행정기관에 대해서는 행정시에 위임할 수 없다.

종전에는 개별법상의 시장·군수 소속으로 설치하도록 한 위원회는 당연히 시장·군수 소속으로 설치할 수 있었으나, 제주특별자치도가 출범한 후에는 개별법상 행정시장 소속으로 위원회(협의회, 심의회, 센터 등)를 설치할 수 있도록 한 것은 당연히 행정시장 소속으로 설치할 수 있으나, 개별법상 "시장"으로 되어 있는 경우에는 제주특별자치도법 제11조 제3항에 따라 "시장"은 "제주특별자치도지사"를 의미하므로 도지사 소속으로 위원회를 두어야 한다.

그러나 많은 업무들이 행정시장에게 위임됨에 따라, 위임된 사무와 관련된 위원회도 위임되어야 함에도 불구하고 법령에 규정된 위원회 소속을 조례 등으로 변경하게 되므로 위원회를 행정시장에게 위임할 수 없다.

따라서 위원회 설치·운영은 제주특별자치도에서 하고, 위원회를 제외한 업무는 행정시에서 각각 수행하면서 하나의 업무를 효율적으로 수행할 것인지, 즉 어떻게 하면 위원회를 효율적으로 운영할 것인지와 행정시에 개별법이나 제주특별자치도법을 개정하여 위원회를 설치하여야만 할 것인지에 대하여 진지한 고민이 필요하다 할 것이다.

<제주특별자치도법>

제11조(제주자치도의 설치에 따른 법령 적용상의 특례)
① 다른 법령에서 지방자치단체, 도 또는 시·군을 인용하고 있는 경우에는 각각 제주자치도를 포함한 것으로 보아 당해 법령을 적용한다.
③ 다른 법령에서 지방자치단체의 장, 도지사 또는 시장·군수를 인용하고 있는 경우에는 각각 제주특별자치도지사를 포함한 것으로 보아 당해 법령을 적용한다.

3. 위원회에는 어떤 변화가 생겼는가?

1) 검토배경

2006. 7. 1. 제주특별자치도의 출범으로 종전의 시·군이 폐지되고 제주특별자치도로 통합됨에 따라, 개별법령에 따른 위원회를 어떻게 하여야 하는지 여부, 종전의 시·군에 두던 위원회를 행정시에 설치할 수 있는지 여부, 행정시에 위원회를 설치할 수 없다면 어떻게 운영하는 것이 바람직한지 여부, 나아가 앞으로는 행정시에 위원회를 둘 것인지 안 둘 것인지 둔다면 어떻게 하여야 할지 등에 대한 검토가 필요하게 되었다.

2) 유형별 위원회 설치 방안

지방에 두는 위원회는 「지방자치법」 제116조의2[24]에 따라, 개별법령에 따라 두는 위원회[25]와 조례에 따라 두는 위원회[26]로 나눌 수 있고, 후자는 별다른 문제가 없으므로, 여기에서는 개별법령에 따라 두는 위원회에 대하여 알아보고자 한다.

(1) 시·도에 두는 위원회 중 시·군·자치구를 조정하거나 시장·군수·구청장의 처분을 처리하는 위원회

시·도에 두는 위원회 중에는 시·군자치구를 조정하거나 시장·군수·구청장의 처분을 처리하는 위원회가 있는데, 제주특별자치도법 제11조[27]에 따라 제주특별자치도에서는 시·군이나 시장·군수는 제주특별자치도나 제주특별자치도지사로 보게 되어 있으므로 이러한 위원회는 제주특별자치도에는 둘 필요가 없다 할 것이다. 다만, 앞으로, 이러한 위원회는

---

24) 제116조의2(자문기관의 설치 등) ① 지방자치단체는 그 소관 사무의 범위에서 법령이나 그 지방자치단체의 조례로 정하는 바에 따라 심의회·위원회 등의 자문기관을 설치·운영할 수 있다.
　② 제1항에 따라 설치되는 자문기관은 해당 지방자치단체의 조례로 정하는 바에 따라 성격과 기능이 유사한 다른 자문기관의 기능을 포함하여 운영할 수 있다.

25) 이러한 경우에도 대부분 위원회의 구성, 운영 등에 관하여는 조례로 정하도록 위임되어 있다.

26) 자문위원회는 조례로 규정하는 것이 원칙이나, 실제로는 훈령으로 위원회를 설치하는 경우[위원회 설치(도지사의 지시, 중앙행정기관의 준칙 등)에 긴급을 요하거나, 한시적으로 구성하는 등 특별한 사유가 있거나, 주민의 생활과 관련이 없는 행정의 내부처리에 관련된 경우]도 있다.

27) 제11조(제주자치도의 설치에 따른 법령 적용상의 특례) ① 다른 법령에서 지방자치단체, 도 또는 시·군을 인용하고 있는 경우에는 각각 제주자치도를 포함한 것으로 보아 당해 법령을 적용한다.
　③ 다른 법령에서 지방자치단체의 장, 도지사 또는 시장·군수를 인용하고 있는 경우에는 각각 제주특별자치도지사를 포함한 것으로 보아 당해 법령을 적용한다.

제주특별자치도에 대하여는 설치하지 아니한다는 특례를 두어 명확하게 할 필요는 있을 것이다.

여기에 해당하는 위원회는 지방자치단체지방분쟁조정위원회(「지방자치법」 제149조), 지방건축분쟁전문위원회(「건축법」 제88조) 등이다.

(2) 시·도와 시·군·자치구 동시에 두는 위원회(지방자치단체에 두는 위원회)

시·도와 시·군자치구에 동시에 두는 위원회 중 시·도와 시·군·구의 기능이 동일한 경우에는 제주특별자치도에만 위원회를 두면 될 것이다.

여기에 해당하는 위원회는 생활보장위원회(「국민기초생활 보장법」 제20조), 건축위원회(「건축법」 제4조), 공직자윤리위원회(「공직자윤리법」 제9조), 농어업·농어촌및식품산업정책심의회(「농어업·농어촌 및 식품산업 기본법」 제15조), 지방세심의위원회(「지방세기본법」 제141조), 보육정책위원회(「영유아보육법」 제6조), 광고물관리및디자인심의위원회(「옥외광고물 등 관리법」 제7조), 지역보건의료심의위원회(「지역보건법 시행령」 제2조), 조례·규칙심의회(「지방자치법 시행령」 제28조), 통합방위협의회(「통합방위법」 제5조), 지명위원회(「측량수로조사 및 지적에 관한 법률」 제91조) 등이다.

그러나, 시·도와 시·군자치구에 동시에 두는 위원회 중 시·도와 시·군·구의 기능이 다르거나 시·군·구에 두는 위원회의 심의를 거쳐 시·도에 두는 위원회의 재심의 등 의결을 거치도록 하는 경우에도 제주특별자치도에만 두고, 동시에 모든 기능을 수행하여야 하거나 재심의가 없는 것으로 처리하여야 한다. 다만, 추후 "행정시"에 이러한 위원회를 둘 필요성이 있는지 여부에 대하여 검토가 필요하다 할 것이다.

여기에 해당하는 위원회는 수산조정위원회(「산업법」 제88조 및 제89조) 등이 있다.

(3) 시·도, 시·군·자치구 및 읍·면·동에 두는 위원회

제제주특별자치도와 읍·면·동에 위원회를 두어야 할 것이다. 제주특별자치도법 제15조 제3항[28])에 따라 개별법의 읍·면·동은 행정시의 읍·면·동과 같기 때문이다.

여기에 해당하는 위원회는 통합방위 지원본부(「통합방위법」 제9조), 민방위협의회(「민

---

28) 제15조(지방자치단체가 아닌 시 및 읍·면·동의 설치) ③ 「지방자치법」의 규정 중 읍·면·동에 관한 사항은 행정시에 두는 읍·면·동에 대하여 적용한다. 다만, 행정시에 두는 읍·면·동의 폐치·분합은 「지방자치법」 제4조의2 제1항에도 불구하고 행정안전부장관의 승인을 요하지 아니하되, 도지사는 그 결과를 행정안전부장관에게 보고하여야 한다.

방위기본법」 제7조) 등이 있다.

(4) 시·군·자치구에만 두는 위원회

제주특별자치도에만 위원회를 두어야 할 것이다. 다만, 업무의 성격에 따라서는 "행정시"에 둘 필요성이 있는지 여부를 검토하여 개별법에 반영하여야 할 것이다.

여기에 해당하는 위원회는 긴급지원심의위원회(「긴급지원복지법」 제12조)[29], 부동산평가위원회(「부공산 가격공시 및 감정평가에 관한 법률」 제20조), 임대주택분쟁조정위원회(「임대주택법」 제33조) 등이 있다.

(5) 시·도에 두는 위원회와 시·군에 두는 위원회가 명칭과 기능이 약간 다른 경우

제주특별자치도에만 위원회를 두되, 명칭과 기능을 다르게 두고 운영하여야 한다. 그러나 이렇게 하는 경우 매우 불합리적이므로, 앞으로, 하나의 위원회에서 모든 역할과 기능을 수행하도록 개별법에 특례를 두도록 하는 방안을 강구하여야 할 것이다.

여기에 해당하는 위원회는 「사회복지사업법」 제7조 및 제7조의2[30][31]에 따른 사회복지위원회(시·도), 사회복지협의체(시·군구) 등이 있다.

(6) 시·도에는 반드시 두고, 시·군·구에는 둘 수 있도록 한 위원회

제주특별자치도에만 위원회를 두면 될 것이고, 여기에 해당하는 위원회는 사회복지협의회(「사회복지사업법」 제33조)[32] 등이 있다.

(7) 시·도에만 두는 위원회

당연히 제주특별자치도에 위원회를 두면 될 것이고, 여기에 해당하는 위원회는 건강가정위원회(「건강가정기본법」 제14조), 도시재정비위원회(「도시재정비 촉진을 위한 특별법」

---

29) 2009. 5. 28. 「긴급지원복지법」 개정으로 행정시에 두도록 변경되었다.

30) 제7조(사회복지위원회) ① 사회복지사업에 관한 중요사항과 제15조의3 제2항의 규정에 의한 지역사회복지계획을 심의 또는 건의하기 위하여 특별시·광역시·도(이하 "시·도"라 한다)에 사회복지위원회를 둔다.
제7조의2(지역사회복지협의체) ① 관할지역 안의 사회복지사업에 관한 중요사항과 제15조의3 제1항의 규정에 의한 지역사회복지계획을 심의 또는 건의하고, 사회복지·보건의료 관련 기관·단체가 제공하는 사회복지서비스 및 보건의료서비스의 연계·협력을 강화하기 위하여 시·군·구(자치구를 말한다. 이하 같다)에 지역사회복지협의체를 둔다.

31) 사회복지협의체를 제주특별자치도 출범 이후에도 제주특별자치도에 두지 아니하고 행정시에 두고 있었으나, 2011. 8. 4. 「사회복지사업법」 개정으로 행정시에 두도록 되었다.

32) 2011. 8. 4. 「사회복지사업법」 개정으로 행정시에 두도록 되었다.

제34조) 등이 있다.

(8) 특별시 · 광역시 · 특별자치도·시 · 군에만 두는 위원회

당연히 제주특별자치도에 위원회를 두면 될 것이고, 여기에 해당하는 위원회는 수돗물 평가위원회(「수도법」 제30조) 등이 있다.

(9) 시 · 구 · 읍 · 면에 두는 위원회

당연히 제주특별자치도와 읍·면에 위원회를 두면 될 것이다.

3) 개별법상 시 · 군에 설치하도록 한 위원회를 행정시에 설치할 수 있는지 여부

종전에는 개별법상 시장 · 군수 소속으로 설치하도록 한 위원회는 당연히 시장 · 군수 (제주시장, 서귀포시장, 북제주군수, 남제주군수) 소속으로 설치할 수 있었으나, 제주특별 자치도가 출범한 후에는 개별법상 행정시장 소속으로 위원회를 설치할 수 있도록 한 것 은 당연히 행정시장 소속으로 설치할 수 있지만,[33] 개별법상 "시장"으로 되어 있는 경우 에는 제주특별자치도법 제11조에 따라 "시장"은 "제주특별자치도지사"를 의미하므로 제 주특별자치도지사 소속으로 위원회를 설치하여야 한다.

그러나 위원회 성격상 행정시에 두는 것이 바람직한 위원회도 있을 수 있는데, 이러한 위 원회의 구성 및 운영을 행정시에 위임할 수 있는지에 대하여 검토가 필요하다 할 것이다.

현재 개별법에는 부처나 장관 소속하에 설치하도록 한 위원회 구성 및 운영권한을 소 속기관장 등에게 위임하거나 위탁한 사례는 있으나<별첨 1>, 이렇게 위임할 수 있는지 는 의문이다.

왜냐하면, 개별법령에 설치하도록 한 위원회를 소속기관장 등에 설치하도록 하는 경우 에는 위원회 소속이 변경되어 법률 내용을 변경 또는 법률을 사실상 폐지하는 결과를 가 져오고(위임해 줄 것이면 원래 위임받은 자로 법률에 규정할 필요가 있음), 결정권은 위임 이 되지 아니하더라도 중요한 부분을 위임하는 것이 되며, 위임이 가능하다면 특히 지방 자치단체에 설치하도록 한 위원회는 설치된 기관이 다르게 되어 전국적인 통일도 기할

---

33) 「도로명 주소 등 표기에 관한 법률 시행령」 제7조에 따른 시 · 군 · 구새주소위원회 등

수 없으므로, 위원회의 구성 및 운영권한을 위임하는 것은 법령에 위배되고 바람직하지도 않다고 할 것이다.

참고로, 법제처에서도 개별법상 위원회는 위임이 안 되는 것으로 해석하고 있다<별첨 2>.

한편, 제주특별자치도에 있어서도 제주특별자치도법의 취지에도 맞지 아니하여 행정시장에게 위원회를 위임하지 아니하는 것을 원칙으로 하고 있다.[34]

4) 도에 위원회를 두되, 행정시에 설치된 것처럼 운영하는 방안

행정시에 개별법상 위원회를 위임할 수 없다면, 제주특별자치도에 위원회를 두되, 행정시에 설치된 위원회처럼 운영하는 것도 검토할 필요가 있다.

이렇게 하기 위해서는 다음과 같은 것들을 고려할 필요가 있다. 제주특별자치도에 위원회가 설치되어 불편한 이유, 개별법령에 제한규정이 있는지 여부, 사무가 위임되었는지 여부, 본청에도 설치하여야 하는지 여부, 도에서 통계 등을 관리하는 방안 강구 여부 등이다.

제주특별자치도에 위원회를 두되, 행정시에 설치된 것처럼 운영하는 방안으로는

첫째, 위원 위촉 시 행정시장 추천, 행정시 근무 공무원 임명, 지역별 위원들이 많이 들어 갈 수 있도록 위원을 인재풀로 확대 등을 생각할 수 있을 것이다.

둘째, 행정시장을 위원장 또는 부위원장에 지정 등을 생각할 수 있을 것이다.

셋째, 행정시장이 회의를 주재하도록 하는 것도 생각할 수 있다.

넷째, 간사를 행정시 근무 공무원으로 지정하는 방안[35]을 강구할 필요가 있다.

다섯째, 특정안건이나 특정지역에 한정되어 있는 경우 위원 중 일부 위원만 참석(참석위원 수와 의결위원 수를 정함)하도록 하는 방안[36]을 강구할 필요가 있다.

---

34) 그러나 일부 위원회는 행정시에 두고 있는데, 여기에 해당하는 위원회로는 자원봉사센터 등이 있다. 자원봉사센터의 경우, 「자원봉사활동 기본법」 제19조 제1항은 지방자치단체에서 설치할 수 있는 자원봉사센터의 수를 한정하고 있지 않고 있어 자원봉사센터의 설치권자인 제주특별자치도지사가 도민 자원봉사활동의 원활한 지원과 활성화를 위하여 필요하다고 판단되는 경우 센터설치의 수와 위치, 형태를 재량으로 정할 수 있되, 자원봉사센터의 기능 및 관리범위를 고려할 때 도 및 행정시 단위에 최소한 1개소 이상씩은 설치되어야 할 것이라고 하는 중앙부처의 회신에 따라, 행정시에 설치하였다.

35) 〈공직선거법 시행령〉
제2조(자치구・시・군의원선거구획정위원회의 구성 및 운영 등) ⑧ 위원회의 사무를 처리하기 위하여 위원회에 간사 1인을 두되, 간사는 해당 시・도 소속공무원 중에서 당해 시・도지사가 지정하는 공무원이 된다.

36) 〈공익사업을 위한 토지 등의 취득 및 보상에 관한 법률〉
제53조(지방토지수용위원회) ④ 지방토지수용위원회의 회의는 위원장이 소집하며, 위원장을 포함한 위원 5인 이상의 출석과 출석위원 과반수의 찬성으로 의결한다.

5) 향후 대응방안

위에서 살펴본 제주특별자치도에 위원회를 두되, 행정시에 설치된 것처럼 운영하는 방안은 여러 가지 제약요인으로 한계가 있기 때문에 근본적으로 개별법령에 두는 위원회를 행정시에도 두도록 하는 방안을 검토할 필요가 있을 것이다. 물론, 개별법령으로 규정되기 때문에 제주특별자치도 입장에서 할 수 있는 방법이 많지는 않을 것이지만, 행정시에 위원회를 설치하려면 제주특별자치도에서는 먼저 다음과 같은 입장을 정리할 필요가 있을 것이다.

첫째는, 행정시에 위원회를 두어야 하는 기준을 설정할 필요가 있다. 위원회 유형에 따른 대처, 일반구에 설치하도록 한 위원회에 대하여 행정시에도 설치하여야 하는지 여부, 도와 읍·면에 두도록 한 위원회는 어떻게 설치할 것인지 여부, ▲▲협의회 등 시·군·구에 1개소만 설치하도록 할 때, 제주특별자치도에는 어떻게 특례를 두어야 하는지 결정하여야 할 필요가 있다.

둘째는, 행정시에도 위원회를 두기로 하였다면, 어떤 방안이 가장 효율적인지 선택할 필요가 있다.

위원회를 행정시에 설치하는 방안은 두 가지가 있을 수 있다. ① 행정시에 설치 여부 등을 검토하여 개별법 제·개정 시 반영하는 방안과 ② 포괄적 특례로 논란이 있을 수 있겠지만, 개별법의 위원회 규정에도 불구하고 제주특별자치도에는 제주특별자치도지사가 제주특별자치도나 행정시 소속 중 하나를 선택할 수 있도록 제주특별자치도법 개정 시 반영하는 방안[37]이 있을 수 있다.

---

[37] 제○조(위원회 설치에 특례) ① 제주특별자치도지사는 개별법령에서 설치하도록 하거나 설치할 수 있도록 한 위원회에 대하여 제주특별자치도조례로 제주특별자치도지사 나 제주특별자치도지사가 위임한 자 소속하에 설치할 수 있다.
② 제1항에 따라 제주특별자치도지사가 위임한 자 소속하에 설치하는 경우에는 제주특별자치도지사의 권한은 제주특별자치도지사가 위임한 자의 권한으로 본다.

〈별첨 1〉

〈별첨 2〉

질의제목:「국토의 계획 및 이용에 관한 법률」 제139조 및 동법 시행령 제57조 제3항(권한 위임된 사항에 대한 심의기
관) 관련
해석일자: 2006. 6. 29.

1. 질의요지

울산광역시장이 「국토의 계획 및 이용에 관한 법률」 제139조 제2항 및 제3항의 규정에 의하여 「울산광역시도시계획조
례」로 동법 제56조·제57조 및 제59조에 규정된 개발행위허가에 관한 사무를 군수 또는 구청장에게 위임하였음에도 동
법 시행령 제57조 제2항 제3호 가목에 해당하는 사항을 「주택법」 제17조에 따라 군수 또는 구청장과 협의한 후 사업계
획승인을 하고자 하는 경우 「국토의 계획 및 이용에 관한 법률 시행령」 제57조 제3항의 규정에 따라 시·도도시계획위
원회의 심의를 거쳐야 하는지 여부

2. 회 답

울산광역시장이 「국토의 계획 및 이용에 관한 법률」 제56조 등에 규정된 개발행위허가에 관한 사무를 군수 또는 구청
장에게 위임하였더라도 동법 시행령 제57조 제2항 제3호 가목에 해당하는 사항을 「주택법」 제17조에 따라 군수 또는
구청장과 협의한 후 사업계획승인을 하고자 하는 경우에는 「국토의 계획 및 이용에 관한 법률 시행령」 제57조 제3항의
규정에 따라 시·도도시계획위원회의 심의를 거쳐야 합니다.

3. 이 유

○ 「울산광역시도시계획조례」 제58조 및 별표 25에 의하면, 울산광역시장이 구청장·군수에게 위임한 사무는 "개발행
위 허가에 관한 사무 및 이에 부수되는 사무"로서 「국토의 계획 및 이용에 관한 법률」 제56조·제57조 및 제59조의 규
정을 근거로 한 것인바, 동법 제59조 제1항 및 동법 시행령 제57조 제1항의 규정을 살펴보면, 건축물의 건축 또는 공작
물의 설치를 목적으로 하는 토지의 형질변경으로서 그 면적이 동법 시행령 제55조 제1항 각 호의 1에 해당하는 규모
이상인 경우 등을 이 법에 의하여 허가하거나 다른 법률에 의하여 인가·허가·승인 또는 협의를 하고자 하는 경우에
는 대통령령이 정하는 바에 따라 중앙 또는 지방도시계획위원회의 심의를 거치도록 하고, 동법 시행령 제57조 제2항에
서는 토지의 형질변경면적에 따라 제1호에는 중앙도시계획위원회의 심의사항(1제곱킬로미터 이상)을, 제2호에서는 시·
도도시계획위원회의 심의사항(30만 제곱미터 이상 1제곱킬로미터 미만)을, 제3호에서는 시·군·구도시계획위원회의
심의사항(동법 시행령 제55조 제1항 각 호의 1에 해당하는 규모 이상 30만 제곱미터 미만인 경우)을 규정하는 한편, 동
법 시행령 제57조 제3항에서는 동 조 제2항에도 불구하고 중앙행정기관의 장이 동 조 제2항 제2호 각 목의 1 또는 동
조 제2항 제3호 각 목의 1에 해당하는 사항을 동법에 의하여 허가하거나 다른 법률에 의하여 허가 등을 하는 경우 중앙
도시계획위원회의 심의를 거치도록 하고 시·도지사가 동 조 제2항제3호 각 목의 1에 해당하는 사항을 동법에 의하여
허가하거나 다른 법률에 의하여 허가 등을 하고자 하는 경우 시·도도시계획위원회의 심의를 거치도록 하고 있는바, 동
법 제59조 및 동법 시행령
제57조는 다른 법률에 의하여 시행되는 토지형질변경의 규모가 동법 시행령 제55조 제1항 각 호의 1에 해당되는 규모 이상
인 경우 도시계획위원회의 심의를 거치도록 함으로써 당해 개발행위가 도시계획에서 정하는 도시의 발전 및 관리방향에 부
합하도록 하려는 절차적 통제조항으로서, 동법 시행령 제57조 제2항에서는 토지의 형질변경규모에 따라 각급 도시계획위원
회의 심의사항을 구분하고, 동 조 제3항은 동 조 제2항에 대한 특칙으로 중앙행정기관의 장이 시·도 또는 시·군·구도시
계획위원회의 심의사항에 대하여 허가 등을 하는 경우 중앙도시계획위원회의 심의를, 시·도지사가 시·군·구도시계획위
원회의 심의사항에 대하여 허가 등을 하는 경우 시·도도시계획위원회의 심의를 거치도록 하고 있습니다.

○ 따라서 「국토의 계획 및 이용에 관한 법률」 제59조 및 동법 시행령 제57조의 규정은 대규모 개발행위와 관련된 도시계획위원회의 심의대상과 각급 도시계획위원회의 소관 사항을 규정한 것으로서 개발행위허가권자 및 동 권한의 위임 등과는 관계가 없다고 할 것인바, 이 건에서 울산광역시장이 군수 또는 구청장에게 개발행위허가에 관한 사항을 위임하면서 그 근거규정으로 동법 제56조·제57조 및 제59조를 들고 있다고 하더라도 동법 제59조 및 동법 시행령 제57조 제2항·제3항에 규정된 각급 도시계획위원회의 심의사항이 변경되는 것은 아니므로, 울산광역시장이 「국토의 계획 및 이용에 관한 법률 시행령」 제57조 제2항 제3호 가목에 해당되는 사항을 「주택법」 제17조에 따라 관계 행정기관의 장과 협의하여 주택건설사업계획 또는 대지조성사업계획을 승인하고자 하는 경우에는 「국토의 계획 및 이용에 관한 법률 시행령」 제57조 제3항의 규정에 의하여 시·도도시계획위원회의 심의를 거쳐야 합니다.

<참고 1> 개별법상 2개 위원회를 조례로 통합운영 가능 여부에 대하여

1. 「뉴스통신 진흥에 관한 법률」제9조의4에 따른 등록취소심의위원회와 「신문 등의 진흥에 관한 법률」제24조에 따른 등록취소심의위원회의 통합 운영 가능 여부

○ 법제처 유권해석<별첨 3>에 따르면,「지방자치법」제116조의2 제2항은 사문화되었다고 볼 수 있어 법률에서 두어야 하는 위원회의 명칭, 기능 등이 유사하더라도 해당 법률에서 유사 위원회와 통합 운영할 수 있다는 등 특별한 규정이 없다면 조례로 통합 운영할 수 없습니다.

○ 따라서 제주특별자치도법 제215조의5 제1항(「뉴스통신 진흥에 관한 법률」제9조의4 제1항 관련)과 「신문 등의 진흥에 관한 법률」제24조 제1항에 등록취소심의위원회는 조례로 통합 운영할 수는 없다 할 것입니다.

2. 관련법 시행령에서는 위원의 임기를 3년으로 하는 상설위원회를 두도록 하고 있으나, 조례로 등록 취소 사유 발생 시 해당 안건 심의를 위하여 일시적으로 위원회를 구성(비상설 위원회) 운영 가능한지 여부

○ 제주특별자치도법 제215조의5 제2항 및 제215조의6 제2항에 따라 "등록취소심의위원회의 구성, 심의 절차, 그 밖에 필요한 사항"에 대하여 대통령령으로 정하도록 한 사항을 도 조례로 정할 수 있도록 되어 있습니다.

○ 따라서 "등록취소심의위원회의 구성, 심의 절차, 그 밖에 필요한 사항"에 대하여는 대통령령으로 정한 것과는 달리 위원 임기를 3년보다 길게 정하는 등 도조례로 마음대로 할 수 있습니다.

○ 한편, 위원의 임기를 3년으로 하였다고 하여 상설위원회가 되는 것이 아니라, 제주특별자치도법 제215조의5 제1항(「뉴스통신 진흥에 관한 법률」제9조의4 제1항 관련)과 「신문 등의 진흥에 관한 법률」제24조 제1항에 등록취소심의위원회를 "둔다"라고 되어 있기 때문에 반드시 두어야 하는 상설위원회입니다.

○ 반드시 두어야 한다는 것은 일단 위원회를 조례로 두고(설치), 등록취소심의위원회의 기능에 해당 하는 사건이 발생하면 위원회의 회의를 개최하는 것이고, 이렇게 하

려면 해당 사건이 발생할 때 위원을 임명하거나 위촉하여 위원회 회의를 개최하는 것이 아니라 미리 위원을 임명하거나 위촉하고 해당 사건이 발생하면 회의를 개최하는 것이 일반적인 것입니다.

○ 물론, 위원회를 두고 위원을 천천히 임명이나 위촉하여 사실상 위원회를 두지 아니하는 효과를 나타낼 수 있으나, 이는 바람직하지 않으므로 조례로 등록 취소 사유 발생 시[38] 해당 안건 심의를 위하여 일시적으로 위원회를 구성하는 것도 바람직하지 아니합니다.

○ 제주특별자치도의 경우 해당 안건이 없다면 실제 위원회를 두고 위원을 임명하거나 위촉하더라도 사실상 비상설 위원회처럼 운영될 가능성이 많을 것이고, 또한, 임명이나 위촉이 부담스럽다면 위원 임기를 3년보다 훨씬 길게 하거나 연임할 수 있도록 하는 등 다양한 방법을 선택한다면 많은 부분이 해소될 것입니다.

○ 따라서 조례로 등록취소심의위원회를 두는 이상 실제 안건이 없더라도 언제 역할을 수행할지 모르므로 위원을 임명 또는 위촉해 놓고 있어야지, 안건이 발생하면 위원을 임명 또는 위촉하여 회의를 개최하는 비상설 위원회로 운영하여서는 아니 된다고 판단됩니다.

---

38) 실제 등록취소심의위원회는 이러한 기능 외에도 많은 기능이 있고, 그렇다면 언제든지 위원회를 개최하여야 할 사항이 발생할지 모르는 상황임.

제주특별자치도 - 지방자치단체의 조례로 법령에 따라 설치된 자문기관에 해당 자문기관과 성격과 기능이 유사하고 다른 법령에 따라 설치된 자문기관의 기능을 포함하여 운영할 수 있는지(「지방자치법」 제116조의2 제2항 관련)

안건번호 09-0395 회신일자 2010.02.01 1. 질의요지

지방자치단체의 조례로 법령에 따라 설치된 자문기관에 해당 자문기관과 성격과 기능이 유사하고 다른 법령에 따라 설치된 자문기관의 기능을 포함하여 운영할 수 있는지?

2. 회답

법령에서 자문기관의 명칭, 기능, 운영방법 등 세부적인 내용을 정하고 있는 지방자치단체의 자문기관 간에는 그 성격과 기능이 유사하다고 하여 지방자치단체의 조례로 각각의 기능을 포함하여 운영할 수 없습니다.

3. 이유

「지방자치법」 및 같은 법 시행령에 따르면 지방자치단체는 그 소관 사무의 범위에서 법령이나 그 지방자치단체의 조례로 정하는 바에 따라 심의회·위원회 등의 자문기관(이하 "자문기관"이라 한다)을 설치·운영할 수 있고(법 제116조의2 제1항), 이렇게 설치되는 자문기관은 해당 지방자치단체의 조례로 정하는 바에 따라 성격과 기능이 유사한 다른 자문기관의 기능을 포함하여 운영할 수 있으며(법 제116조의2 제2항), 해당 지방자치단체에 설치된 다른 자문기관과 심의사항이 유사하거나 중복되는 자문기관을 설치·운영할 수 없습니다(영 제80조 제2항).

그런데, 「지방자치법」 제116조의2 제2항 및 같은 법 시행령 제80조 제2항에 따라 한 자문기관에 다른 자문기관의 기능을 포함하여 운영하는 것과 관련하여 조례로 법령에 따라 설치되는 둘 이상의 자문기관 중 어느 하나의 자문기관에 다른 자문기관의 기능을 포함하여 운영하게 하거나, 조례로 설치한 자문기관으로 하여금 법령에서 정하는 자문기관의 기능을 수행하게 하여 결국 법령에서 정하는 자문기관의 명칭·심의사항 또는 구성방법 등을 조례로 달리 정하고 이를 근거로 자문기관을 통합하여 운영하는 것이 문제가 될 것입니다.

한편, 「지방자치법」에 따르면 지방자치단체는 법령의 범위 안에서 그 사무에 관하여 조례를 정할 수 있고(제22조), 이 경우 "법령의 범위 안에서"란 '법령에 위반되지 아니하는 범위 내에서'를 말하므로(대법원 2009. 4. 9. 선고 2007추103 판결), 법령에서 정한 둘 이상의 자문기관의 명칭·심의사항·구성방법 등에 관한 규정 등을 조례로 하나의 자문기관에 포함시킬 수 있는지를 판단하기 위해서는 그 전제로 이러한 조례가 「지방자치법」 제22조에서 정하는 조례의 제정·개정 한계에 위배되지 않아야 할 것입니다.

먼저, 법령에서 지방자치단체에 두는 자문기관의 설치를 정하고 있는 경우 이러한 법령의 규정은 그 자문기관의 명칭·심의사항·구성방법 등에 대하여 지방자치단체의 권한에 일정한 제한을 부과하고 있다고 볼 것이고, 해당 지방자치단체는 그 자문기관을 법령에서 정한 명칭과 형태로 조직·운영할 의무가 있다고 할 것입니다. 즉, 지방자치단체의 장은 명시적인 규정이 없는 한 법령에서 설치하도록 한 자문기관을 반드시 해당 법령의 규정에 따라 설치해야 합니다.

다음으로, 「지방자치법 시행령」 제80조 제2항에 따르면 지방자치단체는 해당 지방자치단체에 설치된 다른 자문기관과 심의사항이 유사하거나 중복되는 자문기관을 설치·운영할 수 없도록 규정하고 있어서, 「지방자치법」 제116조의2 제2항에 따라 하나의 자문기관에 다른 자문기관의 기능이 포함되는 경우 기능을 포함한 자문기관은 존속하고 기능이 포함된 자문기관은 「지방자치법 시행령」 제80조 제2항에 따라 폐지해야 하는 결과가 발생하는데, 법령에 따라 설치된 자문기관의 경우 그 설치·운영을 지방자치단체가 임의적으로 변경할 수 없고, 또 조례를 통해 법령에서 정하고 있는 내용을 침해할 수도 없으므로(「지방자치법」 제22조), 같은 법 제116조의2 제2항에 따라 지방자치단체가 어떠한 자문기관에 그 기능을 포함하여 운영할 수 있는 자문기관에는 개별 법령에 따라 설치된 지방자치단체의 자문기관은 제외된다고 보아야 할 것입니다.

따라서, 법령에서 자문기관의 명칭, 기능, 운영방법 등 세부적인 내용을 정하고 있는 지방자치단체의 자문기관은 지방자치단체의 조례로 해당 자문기관에 성격과 기능이 유사한 다른 자문기관의 기능을 포함하여 운영하거나 해당 자문기관의 기능을 성격과 기능이 유사한 다른 자문기관에 포함하여 운영할 수 없습니다.

4. 개별법에 "행정시"나 "행정시장"이 나오면 어떻게 되는가?

2006. 7. 1. 제주특별자치도 출범에 따라, 변화된 것 중에 하나가 지방자치단체가 아닌 시, 즉 "행정시"가 탄생한 것이다.

"행정시"는 제주특별자치도법 제15조 제2항에 따라 지방자치단체가 아닌 시로, 제주특별자치도의 하부행정기관이며, 지방자치단체인 시에 가까운 것이 아니고 오히려 자치구가 아닌 구(일반구)에 가깝다.

"행정시"의 출현은 한편으로는 행정시장 임명제, 행정시장 러닝메이트 등 많은 영향이 있겠지만, 또 다른 한편으로는, 제주특별자치도에 새로운 과제를 안겨 줄 가능성이 많다 할 것이다.

왜냐하면, 개별법에서 시·군이나 시장·군수는 모두 제주특별자치도나 제주특별자치도지사의 권한이 되겠지만(제주특별자치도법 제11조 제1항·제3항, 제15조 제4항, 제17조 제6항), 앞으로는 개별법의 제·개정으로 행정시장에게 권한을 주거나, 행정시에 위원회·협의회·센터 등을 설치하는 등 어떠한 형태로든지 행정시나 행정시장이 개별법에 등장할 가능성이 많아졌고, 이에 따라 제주특별자치도의 위임 및 행정체제 등에도 영향을 미치기 때문이다.

주무부처, 국회의원, 제주특별자치도나 행정시에서 필요하다고 주장하거나, 해당 위원회·협의회·센터 등에서 로비하는 경우 등 다양한 방법을 통하여 개별법에 등장할 수 있을 것이다.

실제로, 2009. 4. 1. 공포·시행되기 전의 「도로명 주소 등 표기에 관한 법률」 제8조, 제14조 등 및 같은 법 시행령 제26조 등에 따르면,[39] 도로명 부여 등에 대한 일부 권한을

---

39) 〈도로명 주소 등 표기에 관한 법률〉
　　제5조(종합계획의 수립·확정) ② 행정자치부장관은 제1항의 규정에 따라 수립된 지침을 특별시장·광역시장·도지사 및 특별자치도지사(이하 "시·도지사"라 한다)에게 통보하여야 하며, 시·도지사는 지침에 따라 특별시·광역시·도 및 특별자치도(이하 "시·도"라 한다) 집행계획을 수립하여 행정자치부장관에게 제출하여야 한다. 이 경우 시·도지사가 시·집행계획을 수립할 때에는 시장·군수·자치구청장 및 「제주특별자치도 설치 및 국제자유도시 조성을 위한 특별법」 제17조 제2항의 규정에 따른 행정시장(이하 "시장 등"이라 한다)의 의견을 들어야 한다.
　　제8조(도로명 부여 등) ① 시장 등은 사업계획에 따라 다음 각 호의 사항을 시행하여야 한다.
　　1.·2. (생 략)
　　3. 도로명의 부여방법의 결정 및 부여
　　4. ~ 10. (생 략)
　　제14조(도로명 시설의 광고) ① 시장 등은 도로명 시설의 설치와 유지관리 비용에 충당하기 위하여 필요한 경우에는 조례가 정하는 바에 따라 도로명 시설에 광고를 하게 할 수 있다.
　　〈도로명 주소 등 표기에 관한 법률 시행령〉
　　제25조(시·도새주소위원회의 설치 등) ① 법 제5조·제6조 및 제8조에 따른 시·도 집행계획의 수립, 연도별 사업계획의 수립 및 도로명 부여에 관한 내용 등을 심의하고 도로명 주소의 활용을 촉진하기 위하여 시·도지사 소속하에 시·도새주소위원회(이하 "시·도위원

행정시장에게 직접 부여하고 행정시에 새주소위원회를 설치하도록 규정하고 있었다. 그러나 「도로명주소법」으로 개정(2009. 4. 1. 공포·시행)으로 행정시가 아닌 제주특별자치도에 도로명주소위원회가 설치되게 되었다.[40]

한편, 법제처에서는 제주특별자치도 설치 관련 법령정비 기준에서 "행정시장의 추가문제"를 다음과 같이 하고 있습니다.

<행정시장의 추가문제>

○ 행정시장은 단순한 행정기구에 지나지 않으므로 원칙적으로 특별히 고려할 필요는 없음.
○ 그러나 주무부처가 특별한 정책적 판단에 의해 시장·군수·구청장에 준하여 행정시장의 권한으로 하는 것은 무방함.
  ※ 특히 시·도와 시·군·구 간에 권한이 분배되어 있는 경우, 제주도를 어떻게 취급할 것인지에 관해 반드시 주무부처의 의사를 확인함.
  ※ 법제처가 단순히 법령심사 차원에서 행정시장을 추가하는 것은 삼가야 할 것임.
  - 제주도에서는 일단 법령에서는 특별자치도의 권한으로 해 주면 나머지는 자기들이 판단해서 필요하면 도지사 규칙 등으로 권한을 위임(또는 내부위임)할 예정이라고 하는데, 이와 같이 제주특별자치도의 판단에 맡기는 것이 제주특별자치도 설치법의 취지에 부합하는 것으로 보임.

따라서 법제처에서는 주무부처가 특별한 정책적 판단에 의하여 시장·군수·구청장에 준하여 행정시장의 권한으로 하는 것은 무방하다고 하여 개별법상에 행정시장이 등장하는 것을 예정하고 있다.

행정시나 행정시장이 개별법에 등장하는 것에 대하여 무관심하거나 단순한 문제로 생각할 수도 있겠으나, 제주특별자치도 입장에서는 작게는 행정기구 설치 조례·규칙과 사무위임 조례·규칙의 개정과 밀접한 관련을 맺고 있고, 크게는 제주특별자치도 행정체제에까지 연결될 수 있는 매우 중요한 문제라 할 것이다.

따라서 제주특별자치도에서는 행정시나 행정시장이 개별법에 등장하는 것에 대하여 각과이든지 총괄하는 과이든지 이 문제에 대하여 관심을 갖고 대처할 필요가 있으나,[41]

회"라 한다)를 둔다.
제26조(시·군·구새주소위원회의 설치 등) ① 법 제8조 및 제20조에 따른 도로명의 부여, 도로명 주소의 고시 및 안내도의 작성 등에 관한 사항을 심의하기 위하여 시장 등 소속하에 시·군·구새주소위원회(이하 "시·군·구위원회"라 한다)를 둔다.
40) 제22조의2(도로명주소위원회) ① 도로명의 부여·변경, 그 밖에 도로명주소에 관한 중요 사항을 심의하기 위하여 행정안전부에 중앙도로명주소위원회를, 시·도에 시·도도로명주소위원회를, 시·군·자치구에 시·군·구도로명주소위원회를 둔다.
41) 대처하기 위하여 고려하여야 할 사항은 첫째는, 개별법에 행정시나 행정시장이 등장하는 것에 대하여 이를 허용할 것인지 허용하지 아니할 것인지 제주특별자치도가 먼저 입장을 결정할 필요가 있다. 물론, 제주특별자치도가 결정한다고 하여 그렇게 될 수도 있고, 다르게 될 수도 있는 것은 사실이지만 제주특별자치도가 분명한 입장을 가질 필요가 있다. 왜냐하면, 개별법에 행정시나 행정시장이 등장할 경우에는 업무를 처리하는 데 혼란이 생길 수도 있고, 제주특별자치도 전체적 체계가 흔들릴 수 있기 때문이다. 또 다른 한편으로는 개별법상 행정시나 행정시장의 등장여부가 제주특별자치도 입장에서가 아니라 주무부처의 입장에 의하여 좌우되기 때문이다. 따라서 제주특별자치도 입장을 결정하는 데에는 행정시나 행정시장에게 권한 부여 등의 필요성, 다른 권한과의 관계, 제주특별자치도 출범취지, 앞으로의 제주특별자치도 행정체계 구성 등을 종합적으로 고려하여야 할 것이다.

제주특별자치도에서는 별다른 관심이 없다고 할 수 있다. 그러나 앞서 언급한 2009. 4. 1. 공포·시행되기 전의 「도로명 주소 등 표기에 관한 법률」 및 같은 법 시행령에서 행정시와 행정시장이 등장함에 따라 관심을 갖기 시작하였다.

앞으로 제주특별자치도에서 어떠한 입장을 정리할지 모르겠지만, 첫째는, 개별법에서 시·군·구(일반구 포함)의 "지역적 의미"나 "기초지방자치단체"로 규정할 경우에는, 제주특별자치도에서는 제주특별자치도 전체를 기초지방자치단체로 보기 곤란하거나 합리적이지 않기 때문에 개별법에서 "행정시"나 "행정시장"이 등장하는 것은 불가피할 것이다.[42] 둘째는, 제주특별자치도법 취지로 보면, 제주특별자치도는 광역지방자치단체이지만 기초지방자치단체의 역할도 수행하여야 하므로, 특별한 이유가 없다면 제주특별자치도지사[43]에게 모든 권한을 부여하는 것이 좋을 것이다.[44] 셋째는, 제주특별자치도법에 개별법에서 행정시나 행정시장에 권한을 부여할 때에는 제주특별자치도와 협의하라는 규정은 없지만, 주무부처에서는 반드시 제주특별자치도의 의견을 듣도록 할 필요가 있다.[45]

둘째는, 개별법에 행정시나 행정시장이 등장하는 것을 허용하기로 하든 안 하기로 하든 결정하였다면, 누가 어떻게 이를 관철시킬지에 대한 대책을 강구하여야 한다. 만약, 허용하기로 하였다면, 자유방임을 할 것인지, 각 과에서 개별적으로 대처하든지, 아니면 총괄과에서 총합적으로 하든지 등을 결정하여야 하고, 만약 허용하지 않기로 하였다면, 각 과나 총괄과에서 국무총리실(제주특별자치도지원위원회사무처)과 협력하여 부처나 국회를 상대로 공문을 보내는 등 적절한 대책을 강구하여야 한다.

42) 〈도로명주소법 시행령〉
제3조(도로명주소의 구성 및 표기방법 등) ① 도로명주소는 다음 각 호의 순서에 따라 표기한다. 〈개정 2010.4.7.〉
1. 특별시·광역시·도·특별자치도(이하 "시·도"라 한다)의 이름
2. 시·군·자치구[「제주특별자치도 설치 및 국제자유도시 조성을 위한 특별법」 제15조 제2항에 따른 행정시(이하 이 항에서 "행정시"라 한다)를 포함한다. 이하 "시·군·구"라 한다]의 이름
3. 행정구(자치구가 아닌 구를 말한다)·읍·면의 이름
4. 도로명
5. 건물번호
6. 상세주소(상세주소가 있는 경우에만 표기한다)
7. 참고항목: 도로명주소의 끝 부분에 괄호를 하고 그 괄호 안에 다음 각 목의 구분에 따른 사항을 표기할 수 있다.
  가. 특별시·광역시와 시(행정시를 포함한다)의 동(洞) 지역에 있는 공동주택이 아닌 건물 등: 법정동(法定洞)의 이름
  나. 특별시·광역시와 시(행정시를 포함한다)의 동(洞) 지역에 있는 공동주택: 법정동(法定洞)의 이름과 건축물대장에 적혀 있는 공동주택의 이름. 이 경우 법정동의 이름과 공동주택의 이름 사이에는 쉼표를 넣어 표기한다.
  다. 읍·면 지역에 있는 공동주택: 건축물대장에 적혀 있는 공동주택의 이름
〈전자금융거래법 시행령〉
제15조(허가 또는 등록면제 등) ④ 법 제28조 제3항 제1호 가목에서 "대통령령이 정하는 기준"이라 함은 다음 각 호의 어느 하나에 해당하는 것을 말한다.
1. 가맹점이 1개의 기초자치단체(「지방자치법」 제2조 제1항 제2호에 따른 지방자치단체를 말하며, 제주특별자치도의 경우에는 행정시를 말한다) 안에만 위치할 것
〈주한미군 공여구역주변지역 등 지원 특별법 시행령〉
제3조(지원도시사업구역의 범위) 법 제2조 제6호에서 "대통령령이 정하는 바에 따라 지정·고시하는 구역"이라 함은 별표 2에서 정한 읍·면·동이 소재한 기초지방자치단체(특별자치도의 경우에는 행정시를 말한다. 이하 이 조에서 같다)의 지역 또는 이에 연접한 기초지방자치단체의 지역에 대하여 국토해양부장관이 법 제20조 제3항에 따라 관계 중앙행정기관의 장 및 관할 지방자치단체의 장과 협의를 거쳐 330만 제곱미터 이상의 면적으로 지정·고시하는 구역을 말한다.

43) 제주특별자치도지사는 두 가지 의미가 있는데, 첫째는, 시·도지사와 같은 광역지방자치단체의 장으로서의 의미가 있고, 둘째는, 시장·군수·구청장과 같은 기초지방자치단체의 장으로서의 의미가 있다.

44) 제주특별자치도지사에게 권한을 부여하면, 법제처 정비기준과 같이 제주특별자치도지사가 판단하여 행정시장에게 위임을 해 주면 될 것이다.

넷째는, 제주특별자치도는 기초지방자치단체와 광역지방자치단체의 역할을 수행하고 행정시는 지방자치단체가 아닌 하부행정기관에 불과하므로, 행정시를 지방자치단체인 시·군·자치구에 준하기[46]보다는 일반구(지방자치단체가 아닌 구를 말한다)처럼, 행정시장도 지방자치단체장인 시장·군수·구청장에 준하기보다 일반구의 구청장처럼 취급하여야 하는 것은 아닌지 진지하게 검토할 필요가 있다고 할 것이다.

5. 군립공원은 자동적으로 도립공원이 되는가?

종전의 제주도는 광역지방자치단체로 제주도 안에는 기초지방자치단체인 2개의 시(제주시, 서귀포시)와 2개의 군(북제주군, 남제주군)이 있었으나, 기초지방자치단체가 폐지되고 기초지방자치단체와 광역지방자치단체의 역할을 수행하는 제주특별자치도와 그 하부행정기관인 2개 행정시(제주시, 서귀포시)로 2006년 7월 1일 개편되었다.

제주특별자치도 행정체계 변화에 따라 나타난 특징 중의 하나는, 종전의 시장·군수의 행위를 제주도지사의 행위로 보는데 어디까지 인정하여야 하는지 관심을 갖게 되었다는 점이다.

왜냐하면, 2009. 3. 25. 제2차 개정 제주특별자치도법 부칙으로 폐지되기 전의 「제주도 행정체제 등에 관한 특별법」 부칙 제4조 제4항에 따르면, 이 법 시행 전에 폐지 시·군의 시장 또는 군수가 행한 처분 그 밖의 행위는 제주도지사가 행한 처분 그 밖의 행위로 보도록 하고 있고, 제정 제주특별자치도법(2006. 2. 21. 법률 제7849호로 제정된 것) 부칙 제13조 제2항에 따르면, 이 법 시행 전에 종전의 제주도지사가 행한 인가·허가 등의 행위는 제주특별자치도지사가 행한 행위로 보도록 하고 있으므로, 일반적인 시장·군수의 처분 등은 제주특별자치도지사의 처분 등으로 보아야 한다.

그러나 예를 들면, 시·군립박물관, 시·군립미술관, 시·군립공원 등이 자동적으로 도립박물관, 도립미술관, 도립공원 등으로 되는지와 된다면 그 근거 및 이유는 무엇인지에 대하여 논란이 있었다.

---

45) 주무부처에서는 아직까지 행정시의 성격에 대하여 자세히 알고 있지 못하는 경우가 많으며, 심지어 행정시를 종전보다 확대된 지방자치단체로 보는 경우까지도 있다. 따라서 제주특별자치도에서 "행정시"에 대하여 주무부처에 적극적으로 설명하고 홍보할 필요가 있다.

46) 앞에서 말한 바와 같이, 제주특별자치도 전체를 기초지방자치단체로 보기 곤란한 때에는 "행정시"를 기초지방자치단체와 준한 것으로 볼 수도 있을 것이다.

즉, 시・군립박물관이나 미술관과 도립박물관이나 미술관은 요건에 차이가 있는 것이 아니라 주체만 차이가 있어[47] 시・군립박물관이나 미술관과 도립박물관이나 미술관으로 보는 데에는 군립공원을 도립공원으로 보는 것보다 큰 문제가 없다 할 것이다.

그러나 군립공원[48]을 당연히 도립공원으로 보는 데에는 주체뿐만 아니라 요건 등에도 차이가 있기 때문에 제주특별자치도 출범에 따라 어떤 조치 없이도 당연히 군립공원이 도립공원으로 되는지 논란이 있을 수 있다.

첫 번째 견해는, 군립공원이 당연히 도립공원이 된다는 견해로, 2009. 3. 25. 제2차 개정 제주특별자치도법 부칙으로 폐지되기 전의「제주도 행정체제 등에 관한 특별법」부칙 제4조 제4항 및 제정 제주특별자치도법(2006. 2. 21. 법률 제7849호로 제정된 것) 부칙 제13조 제2항에 따라, 시장・군수가 한 처분 등은 제주특별자치도지사가 한 처분 등으로 보게 되고, 제주특별자치도지사가 군립공원을 지정할 수 없으므로 당연히 제주특별자치도지사가 한 처분 등이 되면; 당연히 군립공원도 도립공원으로 된다고 주장한다.

두 번째 견해는, 군립공원은 당연히 도립공원이 될 수 없다는 견해로, 군립공원과 도립공원은 각 지역의 자연생태계나 경관을 대표할 만한 지역이지만, 지정권자(시장・군수 vs 도지사), 대표성(시・군 vs 도)[49], 지정절차(관계행정기관의 장과 협의 vs 관계중앙행정기관의 장과 협의), 공원위원회(군립공원위원회 vs 도립공원위원회) 등에서 차이가 있고, 2009. 3. 25. 제2차 개정 제주특별자치도법 부칙으로 폐지되기 전의「제주도 행정체제 등에 관한 특별법」부칙 제4조 제4항에 따르면, 이 법 시행 전에 폐지 시・군의 시장 또는 군수나 그 소속기관의 장이 행한 처분 그 밖의 행위는 제주도지사나 그 소속기관의 장이 행한 처분 그 밖의 행위로 본다고 되어 있고, 제정 제주특별자치도법(2006. 2. 21. 법률 제

---

47) 〈박물관 및 미술관 진흥법〉
   제12조(설립과 운영) ① 지방자치단체는 지역사회의 박물관자료 및 미술관자료의 구입・관리・보존・전시 및 지역문화 발전과 지역주민의 문화향유권 증진을 위하여 대통령령으로 정하는 절차와 기준에 따라 박물관과 미술관을 설립할 수 있다.
   ② 제1항에 따른 박물관과 미술관 운영에 필요한 사항은 지방자치단체의 조례로 정한다.
   〈박물관 및 미술관 진흥법 시행령〉
   제7조(협의) ① 중앙행정기관의 장은 법 제11조 제2항의 규정에 의하여 국립박물관 또는 국립미술관을 설립하고자 하는 경우에는 다음 각 호의 서류를 첨부하여 문화체육관광부장관에게 협의를 요청하여야 한다.
   1. 사업계획서
   2. 시설의 명세서 및 평면도
   3. 박물관자료 또는 미술관자료 내역서
   4. 조직 및 정원
   ② 지방자치단체의 장은 법 제12조 제1항에 따라 공립박물관 또는 공립미술관을 설립하려면 제1항 각 호의 서류를 첨부하여 문화체육관광부장관에게 협의를 요청하여야 한다.
48) 서귀포군립해양공원, 추자해양군립공원, 우도해양군립공원, 마라해양군립공원, 성산일출해양군립공원, 제주조각군립공원 등
49) 시・군을 대표한다고 하여 반드시 도를 대표한다고는 볼 수 없다.

7849호로 제정된 것) 부칙 제13조 제2항에 따르면, 이 법 시행 전에 종전의 제주도지사가 행한 인가·허가 등의 행위는 제주특별자치도지사가 행한 행위로 보도록 하고 있으나, 이는 "처분 그 밖의 행위"나 "인가·허가 등의 행위"의 권한자가 변경됨에 따라 규정한 일반적인 조치에 지나지 아니하고, "처분 그 밖의 행위"나 "인가·허가 등의 행위"의 권한자가 변경되면서 내용까지 바뀌는 경우는 포함할 수 없다고 주장한다.

따라서 제주특별자치도에서는 위와 같이 논란이 있을 수 있어 제주특별자치도 출범에 따라 군립공원이 자동적으로 도립공원이 되는지 여부에 대하여 중앙부처에 질의하였으나, 중앙부처에서는 별다른 답변을 하지 아니하였다.

결국, 제주특별자치도에서는 제주특별자치도 출범에 따라 별도의 절차 없이 군립공원이 자동적으로 도립공원으로 된다고 가정하여(도립공원으로 지정·고시 없이) 업무를 처리하였다.

앞으로 이러한 논란을 없애기 위하여 법률에 특례, 경과조치 등으로 명시하는 것을 검토할 필요가 있을 것이다.

<제주도 행정체제 등에 관한 특별법(2009. 3. 25. 제2차 개정 제주특별자치도법 부칙으로 폐지되기 전의 것)>
부칙
제4조(일반적 경과조치) ④ 이 법 시행 전에 폐지 시·군의 시장 또는 군수나 그 소속기관의 장이 행한 처분 그 밖의 행위는 제주도지사나 그 소속기관의 장이 행한 처분 그 밖의 행위로 본다.

<제주특별자치도법>
부칙 <법률 제7849호, 2006. 2. 21.>
제13조(종전의 제주도 폐지에 따른 일반적 경과조치) ② 이 법 시행 전에 종전의 제주도지사 또는 교육감이나 그 소속기관의 장이 행한 인가·허가 등의 행위 및 그에 대하여 행한 신고·신청 등의 행위는 각각 도지사나 그 소속기관의 장이 행한 행위 및 그에 대한 행위로 본다.

<자연공원법>
제2조(정의) 이 법에서 사용하는 용어의 뜻은 다음과 같다.
3. "도립공원"이란 특별시·광역시·도 및 특별자치도(이하 "시·도"라 한다)의 자연생태계나 경관을 대표할 만한 지역으로서 제4조 및 제4조의3에 따라 지정된 공원을 말한다.
4. "군립공원"이란 시·군 및 자치구(이하 "군"이라 한다)의 자연생태계나 경관을 대표할 만한 지역으로서 제4조 및 제4조의4에 따라 지정된 공원을 말한다.
제4조(자연공원의 지정 등) ① 국립공원은 환경부장관이 지정·관리하고, 도립공원은 특별시장·광역시장·도지사 또는 특별자치도지사(이하 "시·도지사"라 한다)가 지정·관리하며, 군립공원은 시장·군수 또는 자치구의 구청장(이하 "군수"라 한다)이 지정·관리한다.

제4조의3(도립공원의 지정 절차) ① 시·도지사는 도립공원을 지정하려는 경우에는 제4조 제2항에 따른 조사 결과 등을 토대로 도립공원 지정에 필요한 서류를 작성하여 다음 각 호의 절차를 차례대로 거쳐야 한다. 도립공원구역을 변경하는 등 대통령령으로 정하는 중요 사항을 변경하는 경우에도 또한 같다.
1. 해당 지역주민과 관할 군수의 의견 청취
2. 관계 중앙행정기관의 장과의 협의
3. 제9조에 따른 도립공원위원회의 심의
② 시·도지사는 지정된 도립공원을 폐지하거나 대통령령으로 정하는 규모 이상을 축소하려는 경우에는 제1항의 절차를 거친 후 환경부장관의 승인을 받아야 한다.
③ 제1항에 따라 의견의 제시를 요청받은 군수 및 협의를 요청받은 관계 중앙행정기관의 장은 특별한 사유가 없으면 그 요청을 받은 날부터 30일 이내에 시·도지사에게 의견을 제시하여야 한다.
④ 제1항에 따른 도립공원 지정에 필요한 서류는 대통령령으로 정한다.
제4조의4(군립공원의 지정 절차) ① 군수는 군립공원을 지정하려는 경우에는 제4조 제2항에 따른 조사 결과 등을 토대로 군립공원 지정에 필요한 서류를 작성하여 다음 각 호의 절차를 차례대로 거쳐야 한다. 군립공원구역을 변경하는 등 대통령령으로 정하는 중요 사항을 변경하는 경우에도 또한 같다.
1. 해당 지역주민의 의견 청취
2. 관계 행정기관의 장과의 협의
3. 제9조에 따른 군립공원위원회의 심의
② 군수는 지정된 군립공원을 폐지하거나 대통령령으로 정하는 규모 이상을 축소하려는 경우에는 제1항의 절차를 거친 후 시·도지사의 승인을 받아야 한다.
③ 제1항에 따라 협의를 요청받은 관계 행정기관의 장은 특별한 사유가 없으면 그 요청을 받은 날부터 30일 이내에 군수에게 의견을 제시하여야 한다.
④ 제1항에 따른 군립공원 지정에 필요한 서류는 대통령령으로 정한다.
제6조(자연공원 지정의 고시) 공원관리청은 자연공원을 지정한 때에는 환경부령으로 정하는 바에 따라 자연공원의 명칭, 종류, 구역, 면적, 지정 연월일 및 공원관리청과 그 밖에 필요한 사항을 고시하여야 한다.
[전문개정 2008.12.31]
제7조(자연공원의 지정기준) 자연공원의 지정기준은 자연생태계, 경관 등을 고려하여 대통령령으로 정한다.
제9조(공원위원회의 설치 및 구성 등) ① 제10조에 따른 사항을 심의하기 위하여 환경부에 국립공원위원회를 두고, 시·도에 도립공원위원회를 두며, 군에 군립공원위원회를 둔다.
② 제1항에 따른 각 공원위원회의 구성·운영과 그 밖에 필요한 사항은 국립공원위원회의 경우 대통령령으로 정하고, 도립공원위원회 및 군립공원위원회의 경우 대통령령으로 정하는 기준에 따라 그 지방자치단체의 조례로 정한다.
③ 공원관리청은 자연공원으로 지정되는 것을 목적으로 대통령령으로 정하는 기준 이상의 토지를 기증한 자 또는 그 포괄승계인(包括承繼人)을 해당 공원위원회의 위원으로 위촉할 수 있다.
제10조(공원위원회의 심의 사항) 각 공원위원회는 다음 각 호의 사항을 심의한다.
1. 자연공원의 지정·폐지 및 구역 변경에 관한 사항
2. 공원기본계획의 수립에 관한 사항(국립공원위원회만 해당한다)
3. 공원계획의 결정·변경에 관한 사항
4. 자연공원의 환경에 중대한 영향을 미치는 사업에 관한 사항
5. 그 밖에 자연공원의 관리에 관한 중요 사항
[전문개정 2008.12.31]

<자연공원법 시행령>
제3조(지정기준) 법 제7조의 규정에 의한 자연공원의 지정기준은 별표 1과 같다.
[별표 1]

자연공원의 지정기준(제3조 관련)

구 분	기 준
자연생태계	자연생태계의 보전상태가 양호하거나 멸종위기 야생동식물·천연기념물·보호야생동식물 등이 서식할 것
자연경관	자연경관의 보전상태가 양호하여 훼손 또는 오염이 적으며 경관이 수려할 것
문화경관	문화재 또는 역사적 유물이 있으며, 자연경관과 조화되어 보전의 가치가 있을 것
지형보존	각종 산업개발로 경관이 파괴될 우려가 없을 것
위치 및 이용편의	국토의 보전·이용·관리측면에서 균형적인 자연공원의 배치가 될 수 있을 것

<自연공원법 시행규칙>
제3조(공원지정 등의 고시) ① 법 제6조에 따른 공원지정의 고시에는 다음 각 호의 사항이 포함되어야 한다.
  1. 자연공원의 명칭 및 종류
  2. 자연공원의 위치 또는 범위
  3. 공원구역의 면적
  4. 공원지정의 목적 및 근거법령
  5. 공원구역 안의 주요자원의 명칭, 위치 또는 범위와 규모
  6. 공원구역 안의 토지의 소유구분(국·공유 및 사유로 구분한다)에 따른 면적을 표시한 서류. 이 경우 사유토지 중
     공원구역 면적의 10퍼센트 이상의 면적에 해당하는 토지를 하나의 종교단체법인 등 사인이 소유하고 있을 때에는
     그 소유자를 구체적으로 표시한다.
  7. 공원관리청(법 제80조의 규정에 의하여 공원관리청의 직무를 위임 또는 위탁하는 경우에는 그 수임자 또는 수탁자)
  8. 지정연월일
  9. 공원지정에 따른 관계도서의 열람에 관한 사항

6. 제주특별자치도와 국제자유도시는 상반된 개념인가?

제주특별자치도법 제1조에서는 "이 법은 종전의 제주도의 지역적·역사적·인문적 특성을 살리고 자율과 책임, 창의성과 다양성을 바탕으로 고도의 자치권이 보장되는 제주특별자치도를 설치하여 실질적인 지방분권을 보장하고, 행정규제의 폭넓은 완화 및 국제적 기준의 적용 등을 통하여 국제자유도시를 조성함으로써 국가발전에 이바지함을 목적으로 한다."고 하여 제주특별자치도법의 입법목적을 밝히고 있다. 즉, 제주특별자치도법의 두 가지 큰 틀은 제주특별자치도의 설치와 국제자유도시의 조성이라고 할 수 있다.

그런데 현재 "제주특별자치도"와 "국제자유도시" 간의 관계에 대하여 양자가 상반된다는 견해와 그렇지 않다는 견해가 대립되고 있다.

첫째, "제주특별자치도"와 "국제자유도시"는 상반된 개념이라는 견해로, "국제자유도시"는 제주특별자치도법 제2조에서 "사람·상품·자본의 국제적 이동과 기업활동의 편의가 최대한 보장되도록 규제의 완화 및 국제적 기준이 적용되는 지역적 단위"이므로 "행정규제의 완화"라는 지향점을 가지고 있지만, "제주특별자치도"는 고도의 자치권이 보장되는 것이므로 규제를 완화할 것인지 강화할 것인지에 대해서도 자율적 선택권을 가지는 개념이라 할 것이어서 상반된 개념이라고 주장한다.[50]

또한, 제주도의 지역적·역사적·사회적 특성을 살린다는 특별자치도 지향점에 의하면, 그러한 제주도의 특성을 보존하고 살리기 위해 행정규제의 강화가 될 수도 있고, 실제

---

50) 하승수, 제주특별자치도 법제의 문제점과 개선방안에 대한 소고, 제주특별자치도의회 법·제도개선연구모임 발표 자료, 2007, 10-13쪽.

로 제주특별자치도법 내에서도 다른 지방자치단체보다 행정규제를 강화했다고 볼 수 있는 내용들도 존재(제주특별자치도법 제296조 및 제310조부터 제323조까지)한다고 한다.[51]

둘째, "제주특별자치도"와 "국제자유도시" 간에는 상반되지 아니한다는 견해로, 제주도의 국제자유도시 조성은 1991년 제주도개발특별법, 2002년 제주국제자유도시특별법에 기초하여 추진되었던 정책과제였는데, 2006년 제주특별자치도를 설치함에 있어서 제주특별자치도와 국제자유도시의 조성을 하나의 법률로 통합한 데에는 양자 간의 인과관계가 있기 때문이라고 주장한다.

또한, 제주특별자치도를 지방분권의 선도적인 자치제도를 정비하여 국내법상의 지위를 제고하는 것이라고 한다면, 국제자유도시는 사람, 물자, 상품이 자유롭게 이동하는 국제법 내지는 국제경제상의 지위를 조성하는 것이다. 바꾸어 표현하면 제주특별자치도는 국제자유도시의 건설을 위한 정책 수단적인 법적 지위를 지니고 있다고 할 수 있다고 한다.[52]

그러나 다음과 같은 이유로 "제주특별자치도"와 "국제자유도시"는 상반된 개념이 아니고, 제주특별자치도란 국제자유도시를 완성하기 위한 법제도적 실천전략이며,[53] 양자는 모두 국가발전에 이바지하는 하나의 수단으로 볼 수 있다.[54]

첫째, 제주특별자치도법의 입법취지를 보면, "제주특별자치도"와 "국제자유도시" 간에 상관관계를 그리고 있다. 즉, 제주도를 국제자유도시로 육성·발전시키는 데 한계가 있으므로, 제주특별자치도를 통하여 국제자유도시를 육성·발전시키고자 하는 것이다.

제주도는 2002년부터 시행된 「제주국제자유도시특별법」[55]에 의해 사람·상품·자본의 국제적 이동과 기업활동의 편의가 최대한 보장되도록 규제완화 및 국가적 지원의 특례가 인정되는 국제자유도시를 추진하여 왔으나, 법제도적 기반취약, 정부예산 지원 미흡, 제주도의 자체역량 미흡 등의 사유로 가시적인 성과를 나타내지 못하였고, 이에 참여

---

51) 하승수 제주대 교수는 더 나아가 앞의 논문에서 "국제자유도시"로 인해 특별자치도의 자치권은 실제로 상당부분 제약되고 있다고 하면서 제주국제자유도시 개발사업의 효율적 추진을 위해 제주국제자유도시개발센터를 설립하고 이를 건설교통부 산하법인으로 하고 있는 것이 대표적인 예라고 하고 있다.

52) 김순은, 특별자치도의 법적 지위와 향후 전망, 2007 국회 공동토론회집, 33쪽.

53) 제주특별자치도, 특별자치 출범, 그 간의 성과와 과제, 2007, 5쪽.

54) 제주특별자치도에서는 제주의 미래를 제주인들이 자율적으로 결정하도록 하고 있으므로 제주만의 발전 및 개발전략이라고 생각하기 쉬우나, 제주특별자치도는 정부의 지방분권 일환이며, 우리나라 지방자치 수준을 높이는 모델케이스로, 학계 등에서 계속적으로 논의해 온 지방자치에 대하여 제주에 먼저 시행하고, 이를 전국적으로 확산하여 우리나라의 지방자치를 실현하고 나아가 국가발전의 틀을 세우기 위한 것이라 할 것이다.

55) 1991. 12. 31. 제주도에 대한 국내외의 관광수요가 급격히 증가함에 따라 부족한 관광기반시설을 대폭 확충하고 제주도 특유의 수려한 자연경관과 향토문화를 적정하게 보존·관리함으로써 제주도를 국제적인 관광휴양지로 육성함과 동시에 도민의 생활환경개선과 지역경제의 활성화를 도모하기 위하여 「제주도개발특별법」이 제정되고, 2002. 1. 26. 제주도를 국제적인 관광·휴양도시, 첨단지식산업도시 등의 복합적인 기능을 갖춘 국제자유도시로 육성·발전시키기 위하여 제명을 「제주도국제자유도시특별법」으로 변경하였다.

정부가 출범하면서 지식정보화 사회와 세계화 추세에 효과적으로 대응하기 위해 독자성이 강한 제주도를 획기적이고 선진화된 분권모델로 삼는 한편, 규제완화 및 핵심산업 육성을 통해 국제자유도시로 지속적으로 발전할 수 있는 토대를 구축하기 위하여 제주특별자치도를 추진하게 되었으며, 이를 뒷받침할 제주특별자치도법을 제정하게 되었다.[56)]

즉, 제주특별자치도를 통해 제주도를 싱가포르, 홍콩, 포르투갈의 마데이라와 같은 경쟁력 있는 진정한 국제자유도시로 발전시켜 '국부의 전진기지'로 만들고 권한과 자율권이 최대한 부여된 이상적인 분권모델로 자치도를 만들겠다는 것이다.[57)]

둘째, "국제자유도시"는 "행정규제의 완화"라는 지향점을 가지고 있지만, "제주특별자치도"는 "고도의 자치권이 보장"되어 규제를 완화·강화를 자율적으로 선택할 수 있으므로 상반된다고 주장하나, 현행 법체계에서의 "고도의 자치권 보장"[58)]이란 결국 법률에 정하는 바에 따른 자치권의 보장을 의미하는 것이지 법률을 위반하여 자치권을 행사할 수는 없는 것이고, "행정규제의 완화"도 역시 법률로 할 수밖에 없는 것이며, 국제자유도시는 사람·상품·자본의 국제적 이동과 기업활동의 편의를 최대한 보장하기 위하여 규제를 완화한다는 것이지 모든 규제를 완화한다는 것도 아니라 할 것이므로, 양자가 상반된다고는 할 수 없을 것이다.

참고로, "제주특별자치도"와 "국제자유도시"가 상반된 개념은 아닐지라도 제주특별자치도 설치와 제주국제자유도시 조성과의 관계가 아직도 명확하게 정립되지 못하여 혼란이 가중되고, 제주특별자치도가 어디로 가야 할지에 대하여 방향성을 잡지 못하고 있다.

따라서 목표의 일관성, 효율성, 추진력 확보 등을 고려할 때, "제주특별자치도"나 "제주국제자유도시"라는 하나의 개념으로 나가는 것도 고려할 필요가 있다고 생각된다.

---

56) 서보경, 제주특별자치 설치 및 국제자유도시 조성을 위한 특별법의 해설 및 주요 심사사항, 법제 2006. 4, 119-120쪽.

57) 김부찬·양덕순, 참여정부 지방분권의 평가와 과제, 제주특별자치도법 시행 1주년의 경험과 과제 발표 논문, 2007, 208쪽.

58) 제주특별자치도법에서는 고도의 자치권을 보장하기 위하여 권한이양방법과 도조례 위임방법을 사용하고 있다. 도조례 위임방법은 도조례로 법률과 달리 정할 수 있도록 하는 경우도 있으나, 대부분은 대통령이나 총리령·부령을 도조례로 정할 수 있도록 하는 경우이다.

7. 제주특별자치도법상 권한이양에 따른 입법체계상 과제 및 향후 정비방안은?

1) 들어가기

제주특별자치도를 설치한 목적은 실질적인 지방분권 보장하고, 행정규제의 폭넓은 완화 및 국제적 기준의 적용 등을 통한 국제자유도시를 조성함으로써 국가발전에 이바지하고자 하는 것이다(제주특별자치도법 제1조).

이러한 제주특별자치도의 완성과 국제자유도시 조성의 핵심은 지속적인 권한이양(특례)[59]을 통하여 이루어질 수밖에 없다 할 것이다.

제3단계 제도개선(제2차 개정) 전 제주특별자치도법에서 하고 있는 "개별 단위 사무" 중심의 권한이양은 단순집행사무 중심의 건수에 치중한 이양으로 핵심 제도개선 미흡하고, 권한이양과 연계한 재정 지원이 미흡하며, 종합성과 연계성이 결여되어 권한이양의 효과를 극대화하는 데 미흡하는 등의 문제가 있다.

물론, 제3단계 제도개선(제2차 개정) 시 관광 3법(「관광진흥법」, 「관광진흥개발기금법」, 「국제회의산업 육성에 관한 법률」)에 대하여 일괄이양을 시범적으로 실시한 적은 있다. 관광 3법의 일괄이양 방식은 그동안 문제점으로 지적됐던 "개별 단위 사무" 중심의 권한이양 방식에서 벗어나 포괄적인 기능이양 방식으로 바뀌는 전환점을 마련했다는 긍정적인 평가를 받고 있다.

한편, 제주특별자치도지원위원회(이하 "지원위원회"라 함)의 4단계 제도개선계획(제3차 개정)에 따라 권한이양을 "개별 단위 사무 이양"에서 "법률 단위 일괄이양"으로 전환하되, 2009년도부터 제주특별자치도 완성 및 핵심산업 육성과 직결되는 법률 일체[제주특별자치도법 기반영 법률(167개) + α(규제개선·특례과제 등)]에 대하여 일괄이양을 추진하였다.

지원위원회가 "법률 단위 일괄이양"을 추진한 것은 종합성과 연계성을 확보할 수 있는 등 바람직한 방향이라고 평가할 수 있을 것이다. 다만, "개별 단위 사무 이양"하에서도 중앙부처의 반대로 인하여 제주특별자치도가 원하던 사무에 대하여 모두 이양하지 못하였는데, "법률 단위 일괄이양"을 한다면 중앙부처의 핵심사무까지도 제주특별자치도에 이

---

[59] "권한이양"이란 원래 권한의 변경을 가져오고 업무의 실질이 이전되는 것을 말하지만, 여기서는 주로 "(광의의) 특례"의 용어와 같은 의미로 사용하고, 이 "(광의의) 특례"는 ① 권한이양, ② 도조례 위임, ③ 협의의 특례로 세분할 수 있다.

양하여야 하기 때문에 중앙부처에서 더욱 반대할 가능성이 많고 반대도 또한 강할 것이므로, 중앙부처의 협조를 구할 수 있는 강력한 대책 등을 강구하여야 할 것이다.

어쨌든, 4단계 제도개선계획에 따라, "법률 단위 일괄이양"을 추진하여 제주특별자치도법이 지금까지와는 다른 상황에 직면할 수밖에 없고, 이에 따라 권한이양(특례) 조문의 정비에 더욱 관심을 기울이며, 조문 구성 방법 문제, 분법화 문제 등에 대한 논란이 더욱 가속화될 수밖에 없을 것이다.

2) 현행 제주특별자치도법상 특례 현황과 문제점

(1) 특례 현황

제정 제주특별자치도법(2006. 2. 21. 법률 제7849호로 제정된 것)에서는 1,062건의 특례를 두었는데, 이 중 688건은 권한의 직접적인 이양 형식(권한이양)으로, 나머지 374건은 대통령령 또는 부령으로 정하도록 한 사항 등을 도조례로 정할 수 있도록 위임(도조례 위임)하였다.

또한, 제1차 개정(2007. 8. 3. 법률 제8586호로 개정된 것) 시에는 278건, 제2차 개정(2009. 3. 25. 법률 제9526호로 개정된 것) 시에는 365건, 제3차 개정(2011. 5. 23. 법률 제10701호로 개정된 것) 시에는 2,134건의 특례를 받아 왔다.

그리하여 제주특별자치도는 제3차 개정까지 총 3,839건의 특례를 받아 왔다고 할 수 있다.

앞으로도, 지원위원회는 더 많은 특례를 받기 위하여 매년 제주특별자치도법 개정을 추진할 계획을 가지고 있는데, 이는 외교, 국방, 사법 등 국가존립사무를 제외한 사무에 대하여 제주특별자치도 지역 여건, 역량, 재정능력 등을 고려하여 단계적 이양하고(제주특별자치도법 제12조), 제주특별자치도를 국가발전을 선도하는 규제자유화 지역으로 발전시키기 위하여 관계 법령상의 규제를 우선적으로 정비하도록 노력하는 규정(제주특별자치도법 제345조)에 근거를 두고 있다고 할 것이다.

(2) 현행 특례 규정방법

가) 권한이양

"「○○법」 제□조에 의한 ◇◇장관의 권한은 도지사의 권한으로 한다."고 하여 중앙행정기관의 권한을 도지사의 권한으로 하는 대표적인 방법이라고 할 수 있다.

이러한 예로는 제주특별자치도법 제171조의2 제1항으로, "「관광진흥법」 제19조 제1항[60])에 따른 문화체육관광부장관의 권한은 도지사의 권한으로 한다."고 하고 있다.

나) 도조례 위임

다음 세 가지 방법이 일반적으로 사용하고 있고, 그중 첫 번째 방법을 가장 많이 사용하고 있다.

첫 번째는, "「○○법」 제□조에서 대통령령 또는 ◇◇부령으로 정하도록 한 사항은 도조례로 정할 수 있다."는 방법이다.

이러한 예로는, 제주특별자치도법 제327조 제1항 본문으로, "「식품위생법」 제36조 제1항 각 호 외의 부분(제3호의 식품접객업에 한정한다) -------- 제101조 제4항(도지사의 권한에 관한 과태료의 부과·징수에 한정한다)에서 대통령령 또는 보건복지부령이 정하도록 한 사항은 도조례로 정할 수 있다."고 하고 있고, 이에 따라 「제주특별자치도 식품접객업 운영기준에 관한 조례」를 제정·운영하고 있다.

두 번째는, "「○○법」 제□조에 불구하고 도조례가 정하는 바에 따라 ☆☆할 수 있다."는 방법이다.

이러한 예로는, 제주특별자치도법 제308조로, "「농지법」 제21조 제2항의 규정에 불구하고 도조례가 정하는 바에 따라 농지를 분할할 수 있다. 다만, 「농지법」 제28조의 규정에 의하여 농업진흥지역으로 지정된 경우에는 그러하지 아니하다."라고 하고 있고, 이에 따라 「제주특별자치도 보전지역관리에 관한 조례」를 제정·운영하고 있다.

세 번째는, "「○○법」 제□조에 불구하고 ☆☆ 사항은 도조례로 정할 수 있다."는 방법이다.

이러한 예로는, 제주특별자치도법 제14조로, "「지방자치법」 제90조 제3항 및 제91조 제2항(「지방공무원법」 제2조 제2항 제1호의 일반직공무원은 제외한다)--- 제113조부터 제115조까지의 규정에 불구하고 제주자치도의회사무처에 두는 사무직원의 임용 및 절차, ----에 관하여 필요한 사항은 도조례로 정할 수 있다."고 하고 있고, 이에 따라 「제주특별자치도의회 사무처 직원의 임용등에 관한 조례」를 제정·운영하고 있다.

---

60) 제19조(관광숙박업의 등급) ① 문화체육관광부장관은 관광숙박시설 이용자의 편의를 돕고, 관광숙박시설 및 서비스의 수준을 효율적으로 유지 · 관리하기 위하여 관광숙박업에 대한 등급을 정할 수 있다.

다) 협의의 특례

제주특별자치도법에서 직접 개별법의 해당 조문과는 달리 규정하는 것으로서 "「○○법」 제□조에 불구하고 ☆☆한다."는 방법을 주로 사용한다.

이러한 예로는, 제주특별자치도법 제171조의7 제1항으로, "「관광진흥법」 제30조 제1항에도 불구하고 카지노사업자는 총 매출액의 100분의 10의 범위에서 일정 비율에 해당하는 금액을 제172조에 따른 제주관광진흥기금에 납부하여야 한다."고 하고 있다.

이러한 협의의 특례에는 개별법의 제도를 다른 제도로 변경하는 것, 개별법이나 조항을 적용 배제하는 것[61]뿐만 아니라 개별법에 없는 것을 새로 만드는 것[62]까지도 포함된다 할 것이다.

라) 소결

결국, 중앙행정기관장의 권한을 도지사가 이양만 받는 경우(권한이양)에는 권한을 도지사가 행사하기 때문에 좋지만, 대통령령이나 총리령·부령으로 중앙부처에서 통제할 수 있으므로 이것만으로는 부족하고, 대통령령이나 총리령·부령에 규정된 내용을 도조례로 정할 수 있도록 하는 것(도조례 위임)은 제주특별자치도의 여건 등을 고려하여 도조례로 정할 수 있어 좋지만, 권한 행사는 여전히 중앙행정기관장이 하기 때문에 이 역시 부족하다 할 것이므로, 진정한 의미에서 제주특별자치도가 권한을 행사하려면, 권한이양과 도조례 위임을 동시에 규정하여야 할 것이다.

더 나아가 제주실정에 맞는 제도를 만들기 위하여는 해당 법률에서 권한이양과 도조례 위임만을 가져올 것이 아니라, 해당 법률과는 다른 제도를 만들 수 있도록 하는 등 "협의의 특례"도 규정하여야 한다는 것을 명심하여야 하고, 이러한 "협의의 특례"를 가져올 수 있도록 더욱 노력하여야 할 것이다.

---

61) 제168조(외국인투자기업에 대한 다른 법률 적용배제) 제주자치도 안의 외국인투자기업(「외국인투자촉진법」 제2조 제1항 제1호 및 제6호의 규정에 의한 외국인 및 외국인투자기업을 말한다. 이하 이 조에서 같다)에 대하여는 「국가유공자 등 예우 및 지원에 관한 법률」 제33조의2, 「고령자고용촉진법」 제12조의 규정을 적용하지 아니한다. 이 경우 도지사는 외국인투자기업이 국가유공자 및 고령자를 채용하는 경우 도조례가 정하는 바에 따라 예산의 범위 안에서 고용보조금을 지원할 수 있다.
제173조(관광진흥 관련 지방공사의 설립) ① 제주자치도는 관광정책의 추진 및 관광사업의 활성화를 위하여 「지방공기업법」에 따른 지방공사를 설립할 수 있다.
② 제주자치도는 제1항에 따른 지방공사를 설립할 때에는 「지방공기업법」 제49조 제3항을 적용하지 아니한다.
제189조의5(다른 법률과의 관계) 이 법에 따라 설립되는 국제학교는 이 법에서 따로 정한 경우를 제외하고는 「초·중등교육법」 및 「사립학교법」을 적용하지 아니한다.
62) 제325조(자동차 관리에 관한 특례) ① 「자동차관리법」 제8조, 제11조 및 제12조의 규정에 의하여 자동차를 신규·변경 또는 이전 등록하고자 하는 자는 그 등록을 신청하는 때에 그 자동차의 차고지(주차장·주차시설 및 공지 등 자동차의 보관에 적합한 장소를 말한다. 이하 같다)를 확보하고 있음을 증명할 수 있는 서류(이하 "차고지증명서"라 한다)를 도지사에게 제출하여야 한다.

어쨌든, 특례의 궁극적인 목표는 다른 시·도와는 달리 제주특별자치도에만 적용하는 법체계[63]를 구축하는 것이라고 할 수 있을 것이다.

(3) 현행 특례 규정의 문제점

현행과 같이 특례를 규정하는 경우 여러 가지 문제가 발생할 수 있는데, 첫 번째는, 개별적으로 권한이양이나 도조례 위임을 받아야 함에 따라, 현행 제주특별자치도법은 장수와 조문수가 많고[64], 앞으로도 제주특별자치도법을 개정하는 경우에는 개정할 때마다 조문수나 분량이 많아질 수밖에 없는 구조라는 점이다.

두 번째는, 다른 개별법의 제정이나 개정 시에 무용지물이 될 가능성이 있다는 점이다.[65] 왜냐하면, 제주특별자치도법에 두는 대부분의 특례들은 각 부처 장관이 주관하는 개별법의 조문에 근거를 두고 있기 때문에 개별법의 조문이 삭제되거나 신설되는 경우 제주특별자치도법도 이에 따라 개정을 하여야 하는데, 제주특별자치도법의 개정이 쉽게 되는 것이 아니고, 또한, 개별법이 제정되게 되면 제정된 개별법의 조문에 대한 특례를 새로 두어야 하기 때문이다.

세 번째는, 법률에 불구하고 도조례로 정할 수 있도록 하지 아니하는 한 단지 대통령령이나 총리령·부령을 도조례로 정할 수 있도록 위임하는 것[66]은 도조례로 정하는 경우 도조례에서 대통령령이나 총리령·부령과 다른 규정을 할 수 있으나, 그렇다고 하여도 법률을 위반할 수 없는 한계가 있다. 다시 말하면, 아무리 제주특별자치도의 여건에 맞는 도조례를 만들려고 하여도 법률에 위반된 내용은 만들 수 없다는 내재적 한계가 있다.

3) 법률단위 일괄이양에 따른 제주특별자치도법 체계상의 변화

제주특별자치도법은 위에서 설명한 바와 같이 특례 규정을 핵심으로 하고 있기 때문에,

---

63) 제주특별자치도에만 적용하는 법체계를 쉽게 만들려면, 첫째, 현행 전국적으로 적용하고 있는 개별법 중에서 제주특별자치도에 적용하지 아니할 개별법을 제외하고, 둘째, 남은 개별법마다 적용하지 아니할 조문을 제외하고 ① 권한이양, ② 도조례 위임, ③ 협의의 특례를 만들어 제주특별자치도에만 적용될 하나의 개별법을 제정하거나, 셋째, 현행 개별법이 없으면 하나의 법률을 새로 제정하며, 넷째, 이들 법률을 제주특별자치도법에 포함(어떻게 포함시킬지에 대하여는 조문 구성 방법으로 결정)시키면 된다고 할 것이다.

64) 하승수 제주대 교수는 「자치입법권 확대와 국회와의 협력방안」(2007. 5)에서 제정 제주특별자치도법이 363개의 조문에 달하는 복잡하고 방대한 법률이 된 핵심적인 이유도 개별이양, 개별위임방식을 취하고 있기 때문이라고 한다.

65) 김부찬, "제주특별자치도의 의의 및 자치입법권에 관한 고찰", 「지방자치법연구」 제6권 제1호, 한국지방자치법학회, 2006. 6. 37쪽.

66) 제주특별자치도법에는 법률에 불구하고 도조례로 정할 수 있도록 하는 규정은 많지 않고, 대통령령이나 총리령·부령을 도조례로 정할 수 있도록 위임하는 규정이 대부분이다.

특례 조문은 ① 권한이양, ② 도조례 위임, ③ 협의의 특례로 세분화할 수밖에 없고, 이 특례 조문들은 거의 모두 개별법의 해당 조문과 관련하여 규정할 수밖에 없다고 할 것이다. 이것을 다른 말로 말하면, 조문수나 분량이 많아질 수밖에 없고, 특례 조문은 이질적인 내용이 많아 이해하기 어려운 내재적인 한계를 갖고 있다는 것이다.

그리하여 현재에도 제주특별자치도법의 조문수가 460조문으로, 조문의 수나 분량이 많아지면 질수록 제주특별자치도법을 이해하기도 더욱더 곤란해질 것이다.

결국, 제주특별자치도법 조문의 수나 분량이 많아지고 이해도가 떨어지게 되면, 입법체계상 과제, 즉 조문의 수나 분량을 줄이거나 이해도를 높일 수 있도록 현행 제주특별자치도법을 체계화하고, 특례 조문을 정비하며, 새로운 특례의 규정 방식을 검토하도록 압력을 받는 한편, 제주특별자치도법을 분법화하자는 주장도 더욱 강하게 나올 것이다.

4) 법 체계화와 특례 조문의 정비 문제

(1) 법 체계화

제주특별자치도의 외국교육기관에 대하여는 「경제자유구역 및 제주국제자유도시의 외국교육기관 설립·운영에 관한 특별법」[67]과 제주특별자치도법이 동시에 적용되고 있는데, 현행 제주특별자치도법 제182조(외국교육기관 설립·운영에 관한 특례)[68]에서는 「경제

---

[67] 제1조(목적) 이 법은 「경제자유구역의 지정 및 운영에 관한 법률」 제22조의 규정에 의하여 경제자유구역에 설립하는 외국교육기관과 「제주국제자유도시 특별법」 제22조의 규정에 의하여 제주도에 설립하는 외국대학의 설립·운영 등에 관하여 필요한 사항을 규정함으로써 경제자유구역 및 제주도에 거주하는 외국인의 교육여건을 향상시키는 것을 목적으로 한다.

[68] 제182조(외국교육기관 설립·운영에 관한 특례) ① 「경제자유구역의 지정 및 운영에 관한 특별법」 제22조의 규정은 외국학교법인이 제주자치도에 동법 제2조 제5호의 규정에 의한 외국교육기관을 설립·운영하는 경우에 이를 준용한다. 이 경우 "경제자유구역"은 "제주자치도"로, "경제자유구역위원회의 심의·의결"은 "제6항에 따른 위원회의 심의·의결"로, "지방자치단체"는 "제주자치도"로 본다.
② 제1항에 따라 설립되는 외국교육기관으로서 고등학교 이하 각급 학교에 해당하는 외국교육기관에 입학할 수 있는 내국인의 수는 대통령령으로 정하는 비율의 범위에서 외국교육기관의 장이 정한다.
③ 「경제자유구역 및 제주국제자유도시의 외국교육기관 설립·운영에 관한 특별법」 제5조 제1항·제2항·제4항 및 제5항에도 불구하고 고등학교 이하 각급 학교에 해당하는 외국교육기관의 설립기준 및 설립승인 절차 등에 필요한 사항은 제6항에 따른 위원회의 심의를 거쳐 도조례로 정할 수 있다.
④ 제1항의 규정에 의한 외국교육기관의 설립·운영에 관하여는 제1항부터 제3항까지에 규정된 사항을 제외하고는 「경제자유구역 및 제주국제자유도시의 외국교육기관 설립·운영에 관한 특별법」을 준용한다.
⑤ 「경제자유구역 및 제주국제자유도시의 외국교육기관 설립·운영에 관한 특별법」 제2조 제2호의 규정에 의한 외국교육기관 중 고등학교 이하의 각급 학교에 해당하는 외국교육기관에 관한 동법 제5조, 제6조 제4항, 제9조, 제11조 제1항, 제16조, 제17조 제1항·제2항(이양된 권한에 관한 시정명령 또는 필요조치에 한한다)·제3항, 제18조, 제19조 및 제24조의 규정에 의한 교육과학기술부장관의 권한은 이를 도교육감의 권한으로 한다.
⑥ 제1항부터 제5항까지의 규정에 따른 외국교육기관 설립·운영 등의 사항을 심의하기 위하여 도교육감 소속으로 외국교육기관설립운영심의위원회(이하 이 조에서 "위원회"라 한다)를 두되, 위원회의 기능·구성 및 운영에 필요한 사항은 도조례로 정한다.
⑦ 외국학교법인 또는 외국교육기관이 「경제자유구역 및 제주국제자유도시의 외국교육기관 설립·운영에 관한 특별법」 제13조 또는 제14조에 따라 제주자치도의 지원을 받았을 때에는 같은 법 제15조 제1항 제1호에도 불구하고 의사결정기구에 참여 여부 및 참여 방법을 도조례로 달리 정할 수 있다.

자유구역 및 제주국제자유도시의 외국교육기관 설립·운영에 관한 특별법」에 대한 특별법으로 규정되어 있어, 제주특별자치도법이 특별법에 대한 특별법 형태로 이루어져 입법적으로도 문제가 있고, 법률을 체계적으로 이해하기가 더욱 곤란하다 할 것이므로, 하나의 법률에서 통합하여 규정하는 등 정비가 필요할 것이다.

한편, 제주특별자치도법 제14장(국제자유도시의 개발에 관한 계획) 제2절(개발사업의 시행)의 제243조(국토의 계획 및 이용에 관한 특례)부터 제259조(건설기계 관리에 관한 특례)까지는 제2절의 개발사업의 시행과는 밀접한 관련이 없다 할 것이므로, 정비가 필요하다고 할 것이다.

(2) 특례 조문의 정비[69]

가) 새로운 법률의 제정에 따른 조문의 정비

제주특별자치도법 제·개정 당시에 제주특별자치도법의 일부 내용이 전국 최초로 규정되었으나, 그 후 새로운 법률이 제정되어 다른 시·도에도 적용되게 되어 제주특별자치도법의 일부 내용을 정리해 줄 필요가 생기게 된다. 다만, 이와 같은 경우에도 제주특별자치도법에서 모두 삭제하여야 하는 것이 아니라 제주특별자치도에는 다른 시·도와 다른 것만 규정할 필요가 있고, 다른 시·도와 같은 것에 대하여는 새로운 법률을 적용하도록 하는 조치하여야 한다.

이와 같은 예로는, 주민소환제도를 들 수 있는데, 제주특별자치도법 제정 당시 제주특별자치도에 주민소환제도를 전국 최초로 도입하였으나, 「주민소환에 관한 법률」이 2006. 5. 24. 제정·공포되었고, 2007. 5. 25. 시행하게 되어 전국적으로 도입됨에 따라 제주특별자치도의 경우 전국 제도와 달리 운영할 실익이 있는지에 대하여 검토를 하게 되면서 제1차 개정(2007. 8. 3. 법률 제8586호로 개정된 것)으로 제주지역 특색이 있는 것을 제외하고는 주민소환제의 일반법인 「주민소환에 관한 법률」에 따르도록 하였다.

종전 주민소환과 같이 제10장 교육자치의 교육위원회, 교육의원, 도교육감 등에 대하여도 「지방교육자치에 관한 법률」이 2006. 12. 20. 전부 개정되었으므로, 이 법률과 다른 내용만 제주특별자치도법에서 규정하고, 그 밖의 것에 대하여는 「지방교육자치에 관한 법률」을 적용하여 조문을 정비하여야 할 것이다.

---

69) 현행 제주특별자치도법의 특례 조문을 정비할 때뿐만 아니라 특례 조문을 새로 규정할 때에도 사용할 수 있을 것이다.

더 나아가 제11장 자치경찰에 대하여도 자치경찰에 관한 법률안이 국회에 제출·통과되면 지방교육자치와 같은 형식으로 정비를 할 수 있을 것이다.

나) 준용 규정 활용을 통한 조문 정비

제주특별자치도법에서 새로운 제도를 신설하는 경우, 유사한 법률을 준용을 통하여 조문을 정비하는 노력을 기울일 필요가 있다. 준용은 어떤 사항에 대하여 규율하고 있는 법(조문)을 그와 유사한 다른 사항에 대하여 약간의 변경을 가하여 적용시키는 것을 말한다. 준용은 어떤 사항을 규율하기 위해 만들어진 조문을 그와 성질이 같은 다른 규율 대상에 조금도 수정하지 않고 사용하는 '적용'과는 차이가 있다.70) 유사한 사항에 대하여 일일이 규정을 만드는 것은 오히려 법령이 복잡하게 된다는 점에서 준용은 입법기술상 법규를 간결하게 하려고 사용하는 방법이지만, 준용 규정을 사용하는 경우에는 다른 법(조문)을 참고하지 아니하면 법(조문)의 내용을 알 수 없어 법(조문) 이해도가 떨어지고, 어느 범위까지 변용해야 할 것인지 의문을 일으키는 등 명확성이 떨어질 수 있는 단점이 있다고 할 수 있다.

이와 같은 예로는, 「관광진흥개발기금법」의 관광진흥개발기금에도 불구하고 제주특별자치도에 제주관광진흥기금을 신설함에 따라, 제주특별자치도법 제172조의4에서는 이 제주관광진흥기금에 관하여 이 법 및 도조례로 규정된 사항을 제외하고는 「관광진흥개발기금법」을 준용하도록 하되, 이 경우 "문화체육관광부장관"은 "도지사"로, "대통령령"은 "도조례"로 각각 보도록 하고 있다.71)

다) 특례의 의미가 소멸한 조문 정비

제주특별자치도법 제·개정 당시에는 특례의 의미가 있었으나, 그 후 개별법이 개정되어 특례의 의미가 소멸한 조문에 대하여 정비를 할 필요가 있다.

이와 같은 예로는, 제주특별자치도법 제47조를 들 수 있는데, 제주특별자치도법 제47조(도의회의 연간 회의총일수에 관한 특례)에서는 「지방자치법」 제47조 제2항의 규정에 불

---

70) 현실적으로는 준용인지 적용인지 알 수 없을 만큼 애매한 경우도 있다. 규율 대상의 유사성의 정도에 따라서는 준용과 적용의 구별이 쉽지 않을 수도 있을 것이고 이러한 경우 구태여 준용과 적용을 구분하여 규정할 실익도 없을 것이다(방기호, 월간 법제 2009. 7. 65쪽).

71) 새로운 제도를 신설하지 아니하고 제주특별자치도법에 『이 법에 규정된 사항을 제외하고는 「○○법」을 준용한다. 이 경우 "◇◇부장관"은 "도지사"로, "대통령령 또는 ◇◇부령"을 "도조례"로 각각 본다.』고 규정할 수는 없을 것이다. 왜냐하면, 새로운 제도가 신설되지 아니하면 준용하는 것이 아니라 당연히 기존의 법률이 적용되기 때문이다.

구하고 도의회의 연간 회의총일수는 도조례로 정할 수 있도록 하여 지방의회의 회기 운영을 자율화할 수 있는 근거를 두고 있다.

제정 제주특별자치도법(2006. 2. 21. 법률 제7849호로 제정된 것) 당시에는「지방자치법」(2006. 4. 28. 공포되어 2006. 7. 1. 시행되기 이전의 것) 제41조 제3항에는 지방의회의 연간 회의총일수는 정례회 및 임시회를 합하여 시·도에 있어서는 120일을 초과할 수 없도록 규정되어 있었으므로 특례를 두는 의미가 있었으나, 2006. 4. 28.「지방자치법」이 개정 (2006. 7. 1. 시행)되어 지방의회의 회의총일수와 정례회 및 임시회의 회기를 당해 지방자치단체의 조례로 정하도록 함에 따라 특례를 두는 의미가 상실되었다. 따라서 이 조문을 제3차 개정(2011. 5. 23. 법률 제10701호로 개정된 것) 시 삭제하였다.

라) 특례의 의미가 불명확한 조문 정비

제주특별자치도법 제·개정 당시에는 특례의 의미가 있었으나, 그 후 새로운 법률이 제정되어 특례의 의미가 불명확한 조문에 대하여 정비를 할 필요가 있다.[72]

이와 같은 예로는, 제주특별자치도법 제256조를 들 수 있는데, 제주특별자치도법 제256조(도시경관의 관리에 관한 특례) 제1항 및 제2항에서는 도지사는 제주자치도의 지리적 특수성과 특유의 생활 형태 및 정주 환경을 고려하여 지역별로 특색 있는 경관을 조성하고, 이를 관광자원으로 활용할 수 있도록 경관관리계획을 수립·시행할 수 있도록 하고, 그 경관관리계획의 수립·시행 등에 관하여 필요한 사항은 도조례로 정하도록 하고 있으나, 그 후「경관법」이 2007. 5. 17. 공포되어 2007. 11. 18. 시행되었으므로「경관법」과의 유사점과 차이점을 분석하여 이 조문과「경관법」과의 관계를 명확히 하는 방향으로 정비를 하여야 할 것이다.

참고로, 제주특별자치도법에서 전국 최초로 규정된 조항은 개별법의 제정과 개정에 따라 제주특별자치도법도 정비할 필요가 있으므로, 지원위원회와 제주특별자치도에서 개별법의 제정과 개정에 대하여 예의주시할 필요가 있다 할 것이다.

---

72) 개별법과 유사한 규정을 하면서도 제주특별자치도법에 개별법에 대한 특례를 명시하지 아니하는 경우(「친환경농업육성법」제7조의 친환경농업 실천계획과 제주특별자치도법 제204조의 친환경농업육성계획 등)도 있는데, 이러한 경우에는 제주특별자치도법만 배타적으로 적용된다고 할 수 없고, 제주특별자치도법이 우선하여 적용되지만 개별법도 제주특별자치도법과 모순·저촉이 되지 아니하는 범위에서 동시에 적용받아야 하므로, 집행하는 공무원뿐만 아니라 제주특별자치도법과 개별법을 적용받는 자 입장에서는 혼란을 느낄 수밖에 없을 것이다. 따라서 개별법과 제주특별자치도법의 규정이 유사한 경우에는 제주특별자치도법만 적용되도록 개별법의 계획 등에 불구하고 제주특별자치도법의 계획 등이 할 수 있도록 명시적으로 특례를 두는 것이 바람직하다고 할 것이다.

5) 특례의 규정 방식 문제

(1) 포지티브 대 네거티브 방식

특례 조문을 규정하는 방식은 포지티브(positive) 방식과 네거티브(negative) 방식으로 나눌 수 있다.

현행 특례 조문을 규정하는 방식은 포지티브 방식으로, 권한이양이나 도조례 위임을 하는 조문이나 조항을 나열하고 여기에 나열되어 있지 아니한 조문이나 조항에 대하여는 권한이양이나 도조례 위임이 안 된 것으로 규정하는 방식을 채택하고 있다.

이러한 방식은 어떤 조문이나 조항이 이양된 것인지 명확한 장점이 있지만, 개정 조문이나 분량이 많아지고 개별법의 조문이나 조항이 신설되거나 개별법이 제정되면 제주특별자치도법에 이를 즉각 반영시키지 못하는 단점이 있다.

반면에 개별법상 중앙행정기관의 장을 도지사로, 대통령령이나 부령·총리령을 도조례로 일일이 열거하는 현행의 포지티브 방식는 달리, 개별법상의 중앙행정기관의 장의 권한을 도지사로 이양하지 아니하거나 대통령령이나 부령·총리령을 도조례로 위임하지 않을 조문이나 조항만을 나열하고 이 외의 모든 조문이나 조항은 도지사에 이양하거나 도조례로 위임하는 방식, 즉 네거티브 방식이 있다.

이 네거티브 방식은 개정 조문이 적어지고, 개별법의 개정이나 조문 또는 조항의 신설에 영향을 적게 받는 장점이 있다. 다만, 법령상 권한배분은 명확하여야 하는데 어떤 조문이나 조항이 이양되었는지 불명확하고, 추후 개별법이 개정되어 조문이 신설되면 중앙부처나 도지사 등의 의지와는 상관없이 도지사로 이양되거나 도조례로 위임되는 문제가 있을 수 있으며,[73][74] 개별법이 제정되면 이를 즉각 반영시키지 못하는 문제는 그대로 남는 단점이 있다고 할 것이다.

위에서 말한 포지티브 방식은 현재 사용하고 있기 때문에 입법기술상 가능한지 여부에 대하여 논란이 없지만, 네거티브 방식은 현행 입법례가 없는 등의 이유로 입법기술상 가능

---

73) 네거티브 방식으로 규정되면 개별법에서 신설된 조항의 권한은 제주특별자치도법에 넘기지 아니하는 권한으로 규정되어 있지 아니하기 때문에 일단 도지사나 도조례로 넘어가게 되고, 만약 넘기지 않도록 하기 위해서는 제주특별자치도법을 개정하여야만 하는데, 이는 주무 부처 입장에서 보면 자기 소관 법률의 권한을 박탈당하고 그 뒤에 다른 부처 소관인 제주특별자치도법을 개정하여야만 자기들의 권한을 되찾는다는 것을 의미하므로, 다른 사람들이 이해하기도 어렵고 다른 사람들을 설득하기도 곤란해질 수밖에 없으며, 이것이 네거티브 방식을 도입하는 데 꺼리는 중요한 이유가 될 것이다.

74) 이러한 문제점을 다소나마 해결하기 위하여 개별법이 개정되어 조문이 신설되면 신설조문이 자치사무의 성질에 반하지 아니하는 한 도지사로 권한을 이양하거나 도조례로 정할 수 있도록 할 필요도 있을 것이다.

한지 여부에 논란이 있을 수도 있으나 입법기술상 불가능하다고는 할 수 없다 할 것이다.

앞으로, 두 가지 방식 중 제주특별자치도법에서 어느 방식을 사용하는 것이 유리한 지에 대하여 입법의 가능성, 장단점 및 경제성, 법률의 체계성, 이해도 등을 종합적으로 고려하여 결정할 필요가 있다 할 것이다.

참고로, 네거티브 방식을 채택할 경우에는 현재와는 완전히 다른 규정방식이고 우리나라 현행법 체계에서는 처음으로 도입하는 방식이라 할 것이므로, 국회, 법제처 등에 대하여 이러한 방식의 도입이 반드시 필요하고 입법론적으로도 가능하다는 것을 미리 적극적으로 설명과 설득을 한 후 추진하는 것이 좋을 것이고, 또한, 당장에 이러한 방식을 채택하지 않더라도 앞으로 이러한 방식을 채택하고자 한다면 미리미리 분위기를 조성하는 것이 좋을 것이다.

(2) 조문 구성 형식

특례 조문은 ① 권한이양, ② 도조례 위임, ③ 협의의 특례로 세분화할 수 있고, 모든 특례 조문이 이러한 형태를 갖게 되겠지만, 일부 특례 조문의 경우에서는 셋 중의 하나나 두 가지가 없는 경우도 있을 수 있을 것이다.

특례 조문 중 권한이양과 도조례 위임의 경우, <별표>와 같이 별표로 처리하는 방법[75]을 적극적으로 강구해 볼 필요도 있다 할 것이다. 왜냐하면, 별표로 처리하는 방법은 본문에 규정하는 것과 법률의 효력면에서는 차이가 없지만 조문의 수와 분량을 줄일 수 있고, 일목요연하게 권한이양과 도조례 위임 사항을 파악할 수 있는 장점은 있기 때문이다. 물론, 하나의 개별법에 대하여 협의의 특례는 제주특별자치도법 본문에서 규정하고, 권한이양과 도조례 위임은 제주특별자치도법 별표에서 규정하게 되어 이해하기 곤란한 단점도 있다.

한편, 협의의 특례도 별표로 처리하는 방법을 생각해 볼 수는 있으나, 별표로 처리하는 방법을 사용하기는 권한이양과 도조례 위임의 경우보다는 곤란할 것이다. 왜냐하면, 권한이양과 도조례 위임의 경우는 단순한 사항을 열거한 것이지만, 협의의 특례의 경우는 개별법과는 다른 새로운 규정을 창출하는 것이고, 조문의 수와 분량도 줄일 수 없는 등 별표로 처리하는 장점을 발휘할 수 없기 때문이다.

참고로, <별표>와 같이 별표로 처리하는 방법을 채택할 경우에도 현재 조문 구성 형

---

75) 포지티브 방식뿐만 아니라 네거티브 방식에도 사용할 수 있다.

식과는 전혀 다른 방식이고 처음으로 도입하는 것이라 할 것이므로, 위에서 말한 네거티브 방식을 채택하는 것보다는 좀 더 쉬울 수 있겠지만, 그래도 국회, 법제처 등에 미리미리 설명하는 등 적극적으로 대처하여야 할 것이다.

6) 분법화 문제

(1) 분법화의 필요성

일반적으로 법체계의 통일성 확보를 의미하는 "체계성"과 법규내용이 되도록이면 활용에 편리하고 간편하고 명료하다는 "실용성"에 있어서는 통일법(단일법)체계가 우수하고, 제도의 변경에 관하여 즉각적으로 대체할 수 있는 "즉응성 또는 적응성"에 있어서는 개별법 체계(분법화)가 우수하다고 일반적으로 평가받고 있다.[76] 그러나 이러한 장단점은 절대적인 것이 아니라 상대적인 것에 지나지 아니한다고 할 것이다.

제주특별자치도법을 분법화하여야 하는지 여부는 체계성, 실용성, 즉응성 또는 적응성 간의 우선순위, 조문의 수와 분량의 증가 추이, 특례의 규정 방식(포지티브 vs 네거티브), 별표 처리 가능 여부, 국회 등의 상황, 분법화에 대한 사회적 분위기[77] 등에 따라 결정되어질 것이다.

현재 제주특별자치도법의 분법화에 대하여 제주특별자치도법이 조문수도 많고 다양한 내용이 포함되어 있어 복잡하여 제주특별자치도에 대한 법률을 체계적으로 분리하여 조문수를 적게 하면 이해도를 높이는 등의 장점이 있기 때문에 적극적으로 추진하여야 한다는 입장이 있는가 하면, 또 다른 한편에서는 어떻게 분법화를 할지는 모르겠지만 제주특별자치도법을 분법화하면, 제주특별자치도법 제정 당시 법체계를 단순화하기 위하여 제주특별자치도법이라는 단일법으로 한 이유가 퇴색되고, 각종 특례 등을 받기 위하여는 여러 법률을 개정하여야 하므로 오히려 복잡하고 제주특별자치도법 개정을 어렵게 할 것이라고 반대하는 입장이 있을 수 있을 것이다.

따라서, 미리미리 이에 대한 연구·검토가 있어야 분법화에 대하여 적극적으로 대처할 수 있을 것이다.

---

76) 박훈, "지방세 분법 및 알기 쉬운 법제화방안", 한국지방재정공제회, 2008. 참조.
77) 국가 전체적으로 분법화에 대한 분위기에 대하여 명확하게 말할 수는 없지만, 국가경쟁력강화위원회에서는 법제도 선진화계획의 일환으로 유사한 법률들의 통·폐합을 추진하고 있다.

(2) 분법화의 정도(분법 개수)

가) 제1안[78]

이 안은 현행 제주특별자치도법을 제주특별자치도 설치 부분은 「제주기본법」과 「제주도의 지방자치 및 행정에 관한 특례법」으로 나누고, 제주국제자유도시 조성 부분은 「제주도의 사회경제 권한 및 규제에 관한 특례법」[79]으로 하며, 제주특별자치도 성공과 국제자유도시 완성을 위하여 재원이 필요하기 때문에 조세와 재정 부분을 독립시켜 「제주도의 조세제도에 관한 특례법」과 「제주도의 재정지원에 관한 특례법」으로 분법화하는 것이다.

이 안은 전체적인 체계 내에서 사무와 제주특별자치도의 성공 등을 위한 역점 사항에 따라 분법화함으로써 체계적인 이해와 재정 확보 등이 용이할 수 있으나, 「제주도의 조세제도에 관한 특례법」과 「제주도의 재정지원에 관한 특례법」은 조문수가 너무 적고, 특히, 「제주도의 조세제도에 관한 특례법」의 지방세 신설 등 일부 내용이 헌법 개정을 전제하고 있는 것이며, 「제주도의 사회경제 권한 및 규제에 관한 특례법」의 경우, 조문수가 너무 많은 단점이 있다.

---

① 제주기본법
 - 기본철학과 원리, 목표수준, 지역의 의무와 책임, 지방자치 및 행정, 사회경제의 권한과 규제 이양, 조세특례의 범위와 원칙, 재정특례의 범위와 원칙, 대외 교섭의 원칙과 범위, 국가와 제주와의 관계 등 규정
② 제주도의 지방자치 및 행정에 관한 특례법
 - 자치입법기관, 집행기관, 공무원, 행정에 관한 권한, 제한적 대외교섭의 구체적 범위와 방법 등 규정
③ 제주도의 사회경제 권한 및 규제에 관한 특례법
 - 국가기능 중 제주이양 기능·국가존치기능 구분 정리, 이양기능별 권한과 규제 설정, 국제적·국가적 통일을 요하는 규제기준, 벌칙 등을 규정
④ 제주도의 조세제도에 관한 특례법
 - 지방세 종류, 신설 및 폐지, 법정외세 근거, 제주지역 징수 국세 및 부과금의 지방정부 귀속 및 감면특례 등 규정
⑤ 제주도의 재정지원에 관한 특례법
 - 국가와 제주 간 재정협약, 재정협약에 의한 특별재정지원 방법, 제주의 재정구조, 재정총액 포괄지원제도의 구체적 운영방법 등 규정

나) 제2안

이 안은 현행 제주특별자치도법의 제주특별자치도 설치 부분을 「제주특별자치도기본법」과 「제주특별자치도 조직 및 행정에 관한 법률」로 분리하고, 제주국제자유도시 부분

---

78) 이 안은 제주특별자치도에서 "연방주 수준 특별자치도 실현방안"의 하나로 구상했던 안이다(2008. 8). 여기에서 이상적인 안은 헌법에 특별자치 근거 마련한 후 「제주기본법」에서 특별자치에 대한 철학과 원리, 자치의 내용의 대강을 규정하고, 세부사항은 법률적 효과를 갖는 조례에 규정하는 것이라고 한다.

79) 2006. 7. 1. 폐지된 제주국제자유도시특별법과 유사하다 할 것이다.

은「제주국제자유도시 조성법」과「제주국제자유도시 규제 특례법」으로 분리하여 분법화하는 것이다.

이 안은 조문수가 상대적으로 많은 제주국제자유도시 부분을「제주국제자유도시 조성법」과「제주국제자유도시 규제 특례법」으로 분리하여 조문수를 줄일 수 있는 장점이 있는 반면에, 제주국제자유도시 부분은 종전과 같이 단일법으로 되어 있어야 체계적으로 이해할 수 있는데, 단지 조문수를 줄이기 위하여 분법화하는 것이라는 단점이 있다.

---

① <u>제주특별자치도 기본법</u>
 - 제주특별자치도 설치와 법적 지위(행정시장, 행정시 등 포함)
 - 기본이념이나 방향에 관한 사항(지자체의 자율성, 네거티브 규제 및 규제자유화, 규제완화방향, 권한이양과 권한위임의 방향, 조례 위임 방향 등)
 - 공통사항(지원위원회와 사무처, 공무원 불이익 방지, 지자체 책무, 국가와 자치도 교류, 법률안 제출 등)
② <u>제주특별자치도 조직 및 행정에 관한 법률</u>
 - 자치조직, 자치인사, 자치감사, 교육자치, 자치재정, 자치경찰, 특별지방행정기관 이관 등
③ <u>제주국제자유도시 조성법</u>
 - 정의, 사회협약, 해외협력 등 총칙 사항
 - 외국인의 자유왕래 및 의사소통의 촉진 등
 - 국제자유도시의 개발에 관한 계획(개발계획의 수립, 개발사업의 시행, 국제자유도시개발센터) 등
④ <u>제주국제자유도시 규제 특례법</u>
 - 제주국제자유도시 조성을 위한 규제특례사항

다) 제3안

이 안은 현행 제주특별자치도법의 제주특별자치도 설치 부분을「제주특별자치도에 관한 기본법」과「제주특별자치도 지방자치에 관한 법률」로 분리하고, 제주국제자유도시 부분은「제주국제자유도시 조성 및 특례법」으로 분법화하는 것이다.

이 안은 제주특별자치도법을 내용별로 명확하게 구분하는 장점이 있으나, 제주국제자유도시 부분의 경우, 조문수가 너무 많은 단점이 있다.

---

① <u>제주특별자치도에 관한 기본법</u>
 - 제주특별자치도 설치와 법적 지위(행정시장, 행정시 등 포함)
 - 기본이념이나 방향에 관한 사항(지자체의 자율성, 네거티브 규제 및 규제자유화, 규제완화방향, 권한이양과 권한위임의 방향, 조례 위임 방향 등)
 - 공통사항(지원위원회와 사무처, 공무원 불이익 방지, 지자체 책무, 국가와 자치도 교류, 법률안 제출, 사회협약 등)
② <u>제주특별자치도 지방자치에 관한 법률</u>
 - 자치조직, 자치인사, 자치감사, 교육자치, 자치재정, 자치경찰, 특별지방행정기관 이관 등
③ <u>제주국제자유도시 조성 및 규제특례법</u>
 - 국제자유도시 여건 조성, 개발센터, 각 분야별 과제
 - 국제자유화를 위한 규제특례사항

라) 제4안

이 안은 현행 제주특별자치도법을 「제주특별자치도 설치법」과 「국제자유도시 특별법」
으로 분법화하는 것이다.

이 안은 목적과 내용별로 분리함으로써 단순명료화가 가능한 장점이 있으나, 분법화의
정도(분법 개수)가 많지 아니하여 분법화하는 의미가 퇴색되고, 제주국제자유도시 부분의
경우, 조문수가 너무 많은 단점이 있다.

---

① 제주특별자치도 설치법
 − 제주특별자치도 설치와 법적 지위(행정시장, 행정시 등 포함)
 − 기본이념이나 방향에 관한 사항(지자체의 자율성, 네거티브 규제 및 규제자유화, 규제완화방향, 권한이양과 권한위
   임의 방향, 조례 위임 방향 등)
 − 공통사항(지원위원회와 사무처, 공무원 불이익 방지, 지자체 책무, 국가와 자치도 교류, 법률안 제출 등)
 − 자치조직, 자치인사, 자치감사, 교육자치, 자치재정, 자치경찰, 특별지방행정기관 이관 등
② 제주국제자유도시 특별법
 − 국제자유도시 여건 조성, 개발센터, 각 분야별 과제
 − 국제자유화를 위한 규제특례사항

마) 소결

제주특별자치도법의 분법화 정도, 즉 몇 개로 분법화할 것인가는 체계성, 실용성, 즉응
성 또는 적응성 간의 우선순위, 분법화되는 개별 법률의 조문수, 분법화 추진시간, 대통령
및 국회의원 선거, 지원위원회 사무처 존속기한, 국회 등의 상황, 분법화에 대한 사회적
분위기, 도지사의 분법화 추진의지, 제주형 기초자치모형의 추진 등을 종합적으로 고려하
여 결정하여야 할 것이다.[80]

위 안들은 분법화되는 법률의 제명은 약간 다르지만, 제주특별자치도 설치 부분과 제
주국제자유도시 조성 부분으로 나누는 것에 대하여는 어느 정도 일치를 보인다고 할 수
있고, 다만, 기본법을 만들 것인가, 제주특별자치도 설치 부분과 제주국제자유도시 조성
부분을 더 세분할 것인가 등에 관해서만 이론이 있다고 할 것이다.

개인적인 생각으로는 궁극적으로는 3개로 분법화하되, 기본법을 만들고, 제주특별자치
도 설치와 제주국제자유도시 조성을 분리하는 방안이 좀 더 타당하다고 판단된다. 다만,

---

80) 한국법제연구원의 2010. 11. 「제주특별자치도 설치 및 국제자유도시 조성을 위한 특별법 입법체계 개선방안」에 따르면, 제1안(① 제주특
   별자치도 기본법, ② 제주특별자치도 지방자치에 관한 특별법, ③ 제주국제자유도시 조성에 관한 특례법)과 제2안(① 제주특별자치도의
   설치 및 자치행정에 관한 특례법, ② 제주국제자유도시 조성에 관한 특례법, ③ 제주국제자유도시 개발사업에 관한 특별법)을 제시하고
   있다.

기본법을 만들 때에는 현행 있는 조문으로만 구성할 것이 아니라 제주특별자치도와 제주국제자유도시 조성을 둘 다 아우르고 제주특별자치도가 나아갈 방향 등을 제시할 수 있는 조문을 추가하여야 할 것이다.

(3) 분법화 시기

제주특별자치도법의 분법화 시기는 분법화 정도(분법 개수), 조문의 수 및 분량의 증가 추이, 특례 조문 구성 방식, 알기 쉬운 법령 만들기에 따른 조문 정비 추진, 지원위원회 및 국회 등의 상황, 제주특별자치도법 개정 추진일정과 추진상황, 2011년 국회의원 및 대통령 선거, 지원위원회사무처 존속기한(2014. 6. 30.) 등을 종합적으로 고려하여 판단하여야 할 것이다.

제주특별자치도에서는 제4차 개정 시(제5단계 제도개선) 시 분법화를 추진하려는 계획을 가지고 있다.

(4) 분법화 전략

분법화 추진 시 변수들은 보는 시각이나 시간 등에 따라 강점이 될 수도 있고, 단점이 될 수도 있으므로 강점은 극대화하고, 단점은 극소화할 필요가 있다.

또한, 분법화는 제주특별자치도 공무원을 위한 것이 아니라 제주특별자치도 주민을 위한 것이어야 강한 추진력이 발생하고, 분법화 변수들 중에서 가장 중요한 것은 제주특별자치도지사와 지원위원회의 강력한 추진의지라고 할 것이다.

제주특별자치도법 분법화 전략으로는

첫째, 분법화의 필요성, 개수 및 내용, 시기 등에 대하여 다양한 의견수렴을 통한 분법화를 구체화하는 것이 선결과제이다.

둘째, 다른 법률의 분법화 과정을 살펴볼 때, 장기적 전략을 갖고 분법화 분위기의 조성부터 출발하여야 할 것이다.

셋째, 분법화에 대한 세미나, 학술대회 등을 개최하여 학계에 대하여 분법화의 공감대를 형성하여야 할 것이다.

넷째, 도의회에 사전 설명하는 등 도의회에 대하여 분법화의 공감대를 형성하고, 적극적으로 지원할 수 있는 체계를 마련하여야 할 것이다.

다섯째, 행정부 및 입법부에 대한 맞춤형 전략을 추진하여야 할 것이다. 분법화는 의원

입법이 아닌 정부입법으로 추진될 가능성이 많으므로 법제처 담당 법제관 등을 설득할 필요가 있고, 국회 심의 단계에서는 행정안전위원회 및 법제사법위원회 위원(특히, 위원장, 여야 간사, 법안심사소위원장, 법안심사소위원회 위원), 전문위원 및 입법조사관에게 사전 설명을 할 필요가 있으며, 나아가 제주특별자치도, 국회, 법제처, 학계 등과 합동 세미나를 개최할 필요가 있을 것이다.

7) 끝내기

제4단계 제도개선부터 추진하고 있는 "법률 단위 일괄이양"은 제주특별자치도법과 제주특별자치도에는 기회이자 새로운 도전이라고 할 것이므로, 이에 철저히 대비하기 위하여 제주특별자치도법상 특례 조문 구성 방식과 분법화 등에 연구와 검토가 이루어져야 한다.

또한, 법률 단위 일괄이양으로 인한 많은 도조례 위임에 따른 도조례에 특례를 규정하는 문제, 4단계 제도개선 시 처리하지 못한 법률 이양 문제, 지금까지 권한이양된 법률의 신설 조항 처리 문제, 기관위임사무를 어떻게 처리하여야 하는 문제(물론, 정부의 계획대로 2012년도에 기관위임사무가 폐지되면, 기관위임사무 중 국가사무로 된 것에 대하여 법률 단위 일괄이양으로 권한이양을 하면 될 것인데, 이 역시 작업량이 상당히 많을 것임) 등에 대하여 관심을 갖고 노력하여야 할 것이다.

더 나아가 제주특별자치도가 지역 형평성 논리에 적용받지 아니하고 근본적으로 다른 지역과 달리 특수한 지위를 인정받고, 제주특별자치도 완성을 위하여 안정적으로 재정을 확보하며, 자치입법의 범위를 확대하는 등 제주특별자치도의 법적 지위와 자치권 확보를 위해서 헌법을 개정하는 문제에 대하여도 더욱 관심을 갖고 연구검토하여야 할 것이다.

〈별표〉

별표로 처리하는 방법

1. 포지티브 방식을 사용할 때

해당 법률	장관 등의 권한을 도지사의 권한으로 하는 조항	대통령령·총리령 또는 부령으로 정하도록 한 사항을 도조례로 정할 수 있는 조항	비 고
1. 산지관리법	제13조 제1항, ----	제15조 제2항, -----	제△조를 도조례로 정할 때 장관과의 협의, 승인 등 필요한 사항 적시[81]
· · ·			

2. 네거티브 방식을 사용할 때

해당 법률	장관 등의 권한 중 도지사의 권한으로 하지 아니하는 조항	대통령령·총리령 또는 부령으로 정하도록 한 사항을 도조례로 정할 수 없는 조항	비 고
1. 산지관리법	제11조 제1항, ----	제14조 제2항, -----	제○조를 도조례로 정할 때 장관과의 협의, 승인 등 필요한 사항 적시
· · ·			

8. 특례와 관련하여 어떤 논의가 있는가?

1) 특례는 제주특별자치도만이 독점적으로 누리는 것인가?

현재 제주특별자치도만이 다른 지역과는 달리 제주특별자치도법에서 많은 특례를 누리고 있다. 이러한 특례가 제주특별자치도만이 누리는 독점적인 것인지 아니면 제주특별자치도가 우선적으로 누리는 것인지 논란이 있다.

일부 제주특별자치도민들은 제주특별자치도가 누리는 특례에 대하여 "특별자치도"를

---

81) 비고란으로 처리하기 곤란한 경우에는 예외적으로 본문에 규정하여 명확하게 할 필요가 있을 것이다.

만든 취지와 "제주"가 전국에서 유일하게 "특별자치도"이므로 다른 지역과 차별화되고 독점적인 것처럼 생각하는 경향이 있다.

그러나 현재는 "제주"만이 전국에서 최초이면서 유일한 "특별자치도"이지만, "특별자치도"는 「지방자치법」 제2조에 광역지방자치단체 종류의 하나이므로, 앞으로는 다른 지역에서도 "특별자치도"가 탄생할 가능성이 열려 있다.

따라서 현재 제주특별자치도가 누리는 특례는 독점적인 것이 아니라 다른 지역보다 먼저 누리는 선도적·시범적·선점적인 특례에 지나지 아니한다고 할 것이다.

현재 제주특별자치도가 누리고 있는 선도적·시범적·선점적인 특례에도 두 가지 어려움에 직면해 있다고 할 수 있다. 첫째는, 앞에서 언급한 바와 같이 「지방자치법」에 광역지방자치단체의 종류로 "특별자치도"가 열거되어 있기 때문에 언제든지 제주특별자치도와 유사한 "특별자치도"가 탄생할 수 있고, 다른 "특별자치도"의 탄생으로 제주특별자치도가 누리는 선점적 효과도 축소되거나 사라질 수밖에 없다는 것이다.

최근 지방자치가 점차 정착되면서 그 지역의 특성에 맞는 발전을 위하여 노력하고 있는데, 이런 노력의 일환으로 부산, 경기도, 강원도, 인천광역시, 광주광역시, 울산광역시 등에서도 "특별자치도"나 "특별자치시"[82]를 설치하려는 움직임이 있다. 특히, 부산의 경우 「부산해양특별자치시 설치 및 발전 등에 관한 특별법안」이 2005. 4. 6. 발의되어 2008. 5. 29. 임기만료로 폐기되었고, 부산뿐만 아니라 울산과 경남을 포함한 동남권특별자치도를 구상 중에 있고, 세종의 경우 「세종특별자치시의 설치 등에 관한 법률안」이 2007. 5. 21. 입법 예고되었고, 2007. 6. 22. 국회에 제출되었으나, 2008. 5. 29. 임기만료로 폐기되었으며, 2008. 6. 3. 노영민 의원 등 10인 발의한 「세종특별자치시 설치 등에 관한 법률안」등 4건이 통합되어 대안으로 2010. 12. 27. 「세종특별자치시 설치 등에 관한 특별법」이 공포되었다(표 5: 세종특별자치시와 서울특별시·광역시, 제주특별자치도 비교). 세종의 경우는 현재 제주특별자치도와는 특례의 종류와 수 등이 다르지만 앞으로 제주특별자치도와 같거나 많은 특례를 요구할 수밖에 없어 제주특별자치도만의 특례는 줄어들 수밖에 없는 형국이라 할 것이다.

둘째는, 우리나라에는 국가균형발전, 지역발전, 지역형평성 등을 위하여 각종 특례를

---

82) 특별자치도(특별자치시)의 설치가 지방자치라는 관점에서는 바람직하나, 특별자치도(특별자치시)의 설치로 특별자치도(특별자치시)라는 명칭은 같지만 특별자치도(특별자치시) 간에도 행정체제가 다르게 되는 경우 개별법에서 다르게 취급하여야 하는 경우가 발생할 우려가 많으므로, 「지방자치법」상 지방자치단체의 종류에 대해서도 많은 연구가 이루어져야 할 것이다.

인정받는 특별법83)이 많이 있고, 앞으로도 계속 제정될 예정이기 때문에 제주특별자치도 특례의 선점 효과는 점점 줄어들 수밖에 없다. 물론 현재까지 각종 특례를 인정받고 있는 특별법이 제주특별자치도법보다 상대적으로 적은 특례를 인정받고 있는 것은 사실이지만, 제주특별자치도법을 벤치마킹하여 더 많은 특례를 인정받기 위하여 노력하고 있는 것도 사실이다. 이렇게 되는 경우 상대적으로 제주특별자치도가 누리는 선점적 효과도 역시 축소될 수밖에 없고, 이는 "특별자치도"에 걸맞은 파격적인 지원을 기대하는 제주특별자치도에는 걸림돌이 되고, 다른 시·도와 경쟁을 할 수밖에 없을 것이다.

따라서 제주특별자치도가 누리는 특례의 선점적 효과를 지속적으로 유지하기 위하여 단기적으로는, 다른 지방자치단체나 다른 특별법의 특례보다 더 빨리 더 많은 특례를 받을 수 있도록 앞서 나갈 수밖에 없고, 이를 위하여 제주특별자치도가 주체적으로 끊임없이 블루오션을 찾아내는 등 혁신과 도전정신이 필요하다 할 것이다.84) 장기적으로는, 특례를 포괄적으로 인정받는 문제와 연결되겠지만 제주특별자치도가 지역형평성 논리에 적용받지 아니하고 근본적으로 다른 지역과 달리 특수한 지위를 인정받을 수 있도록 현행 법률에서 헌법으로 격상시키는 노력도 필요하다 할 것이다.

---

83) 「경제자유구역의 지정 및 운영에 관한 특별법」, 「기업도시개발 특별법」, 「국가균형발전 특별법」, 「주한미군기지 이전에 따른 평택시 등의 지원 등에 관한 특별법」, 「주한미군 공여구역주변지역 등 지원 특별법」, 「아시아문화중심도시 조성에 관한 특별법」, 「신행정수도 후속대책을 위한 연기·공주지역 행정중심복합도시 건설을 위한 특별법」, 「대덕연구개발특구 등의 육성에 관한 특별법」, 「폐광지역개발 지원에 관한 특별법」, 「용산공원 조성 특별법」, 「새만금사업 촉진을 위한 특별법」, 「동·서·남해안 및 내륙권 발전 특별법」「공공기관 지방이전에 따른 혁신도시 건설 및 지원에 관한 특별법」, 「서해 5도 지원 특별법」 등.

84) 제주특별자치도, 특별자치도 출범, 그 간의 성과와 과제, 2007. 5, 36쪽.

〈표 5〉 세종특별자치시와 서울특별시·광역시, 제주특별자치도 비교

구 분	세종특별자치시	서울특별시	광 역 시	제주특별자치도
근거법	지방자치법(특별자치시, 특례부여) (가칭)세종특별자치시 설치에 관한 법률	지방자치법(특별시, 특례부여) 서울특별시행정특례에 관한 법률	지방자치법	지방자치법(특별자치도, 특례부여) 제주도행정체제 등에 관한 특별법(2차 개정 시 폐지) 제주특별자치도 설치 및 국제자유도시 조성을 위한 특별법
행정체제	1계층	2계층(자치구)	2계층(자치구, 군)	1계층(행정시)
지자체 종 류	광역지자체 ※ 기초지자체 기능 포함	광역지자체	광역지자체	광역지자체 ※ 기초지자체 기능 포함
법적 지위	정부의 직할로 설치하며, 관할구역 안에 자치단체를 두지 않음.	수도로서 특수한 지위 보장	–	정부의 직할로 설치하며, 관할구역 안에 자치단체를 두지 않음.
행정기능	광역+기초 기능수행	광역기능수행 (자치구 사무에 대한 특례로 도보다 광역 기능 强)	광역기능수행 (자치구 사무에 대한 특례로 도보다 광역기능 强)	광역기능의 전면적 수행 (기초지자체 기능 동시 수행) ※ 광역기능 가장 强
정부의 지도 및 감독	행정안전부장관의 감독 중앙행정기관의 감사	행정안전부장관의 감독 다만, 국무총리 조정을 거쳐 자치사무에 대한 감사 실시	행정안전부장관의 감독 중앙행정기관의 감사	정부의 간섭 최소화 (자치제도에 대한 자율성 부여) 감사위원회 설치를 통한 자체감사 실시
자치권 범 위		현행 개별법령상 부여된 범위 내에서 자치권 행사	현행 법령상 부여된 범위 내에서 자치권 행사	특별법에 의한 각종 권한 이양 및 자율성 부여로 다른 광역지자체보다 광범위한 자치권 부여
재 정 및 세 재	세종특별자치시세 도입 –	9개 세목 – 지방채한도초과발행 (국무총리 보고)	9개 세목 – 지방채한도초과발행 (행안부승인)	제주특별자치도세 도입 교부세의 법정화 지방채한도초과발행 (지방의회의결)
선거 제도	공직선거 특례	공직선거법 적용	공직선거법 적용	도의원 정수 및 선거구를 도조례로 규정 (자율성 부여)
각 종 행 정 특 례	사무위탁, 재정, 조직 등 일부 특례 규정	「서울특별시행정특례에 관한법률」에 따른 일부 행정특례 –감사 조정 및 지방채발행 승인, 서훈 추천에서 행정특례 인정	–	각종 특례를 통한 대폭적 권한이양과 규제완화 – 의료·교육·관광·청정 및 첨단산업 특례 – 규제자유지역화

〈출처: 행정안전부〉

2) 특례를 포괄적으로 인정받을 수는 없는가?

제주특별자치도가 출범하면서 다른 지방자치단체와 비교하여 제주특별자치도가 가지는 특례는 제주특별자치도법상에 두 가지 방법으로 규정되어 있다. 첫 번째는, 권한을 이

양하는 방법으로, 중앙행정기관의 권한(국가사무)을 제주특별자치도지사의 권한으로 이양(자치사무)한 것이고, 두 번째는 도조례로 위임하는 방법으로, 대통령령이나 총리령·부령 등을 도조례로 정할 수 있도록 위임하는 것이다. 다른 어떤 법률보다 이처럼 도조례로 정할 수 있도록 위임한 것은 제주의 지역적·사회적·문화적인 여건과 사정 등을 감안하여 다른 지역에서의 기준과 차별성 있는 내용의 기준을 정할 수 있도록 하기 위한 것이라고 할 수 있다.[85]

그러나 이렇게 두 가지 방법으로 특례를 규정하는 경우 위에서 말한 바와 같이 문제가 발생할 수 있는데, 첫 번째는, 개별적으로 권한이양이나 도조례로 위임을 받아야 한다는 것이고, 두 번째는, 다른 개별법의 제정이나 개정 시에 무용지물이 될 가능성이 있다는 점이며, 세 번째는, 법률에도 불구하고 도조례로 정할 수 있도록 하지 아니하는 한 단지 대통령령이나 총리령·부령을 도조례로 정할 수 있도록 위임하는 것은 도조례로 정하는 경우 도조례에서 대통령령이나 총리령·부령과 다른 규정을 할 수 있으나, 그렇다고 하여도 법률을 위반할 수 없는 한계가 있다. 다시 말하면, 아무리 지역의 여건에 맞는 도조례를 만들려고 하여도 법률에 위반된 내용으로 만들 수 없다는 것이다.

따라서 단기적으로는, 개별적이라고 하더라도 더욱 많은 권한을 이양받거나 도조례로 위임받아야 할 것이고(특례를 많이 규정하여야 한다)[86], 장기적으로는, 헌법을 개정[87][88]하여 권한을 개별적으로가 아닌 포괄적으로 이양받아 올 수 있도록[89]하여 노력하여야 할 것이다.

한편, 세종을 특별자치시로 하는 법률안이 우여곡절 끝에 통과되어 2012. 7. 1.부터 시행되므로 제주특별자치도에 미치는 영향이 어떤 것인지도 검토해 볼 필요가 있다. 일단 "제주"만이 전국에서 최초이면서 유일하게 "특별자치도"라는 상징적이고 역사적인 의미

---

85) 윤양수, 「지방자치법과 제주특별자치도법」, 온누리, 2007, 200쪽.

86) 실제로 제주특별자치도와 제주특별자치도지원위원회사무처에서는 매년 제주특별자치도법을 개정할 계획을 갖고 있다.

87) 일부에서는 헌법에 의해 자치입법권의 특례가 인정되기 이전에는 제주특별자치도의 경우에는 내부조직과 행정기구, 주민참여, 사회복지, 청소년 등 지역적 특성을 인정하여도 국가적인 혼선이 생기지 않는 분야부터 원칙적으로 법률(법령이 아니라)에 위반되지 않는 범위 내에서 조례를 제정할 수 있도록 하는 특례를 인정할 필요가 있다고 주장하고 있으나, 이는 헌법학자나 헌법재판소에서 「지방자치법」 제15조(현행 제22조)는 헌법 제37조를 단순히 확인하는 것이라는 견해에 비추어 보면, 현실적으로 불가능한 일이라 할 것이다.

88) 앞으로 국회에서 헌법 개정에 대하여 논의가 있을 가능성이 많겠지만, 제주 등의 특례나 더 나아가 조례를 법률과 비슷한 효과를 주기 위한 개헌은 일부에서 주장하는 것처럼 쉽게 반영되기는 곤란할 것이다. 따라서 국민의 공감대 형성과 학계나 정치계에 많은 노력이 필요하다 할 것이다.

89) 이기우, "지방자치 활성화를 위한 헌법 개정안의 제안", "헌법 다시보기", 창작과 비평, 2007 참조. 윗글에서는 구체적으로는 제주도의 조직과 행정기구 및 그 운용에 관한 사항에 대해서는 제주도가 조례로 정할 수 있도록 하고, 국방, 외교, 통일, 화폐, 금융, 검찰, 사법 등 국가 전체의 통일성을 기하기 위하여 필요한 영역을 제외하고는 국제자유도시와 지방분권의 선도적인 실현에 필요한 경우에 제주도는 법률과 다른 규정을 조례로 정할 수 있도록 규정하고 있다.

에서 지방자치단체의 종류는 다르지만 전국에서 "유일"하게 라는 부분의 의미는 퇴색할 수밖에 없을 것이고, 또한, 제주특별자치도의 지위에 대하여 헌법상 특례를 받고자 할 경우[90], 세종특별자치시도 당연히 헌법상 특례를 받고자 할 것이 확실하므로 제주특별자치도만의 지위에 대한 헌법상 특례는 규정되기 곤란하다고 보아야 할 것이다. 다만, 제주특별자치도, 세종특별자치시 등이 그 지위에 대하여 동시에 헌법상 특례를 받고자 할 경우 서로가 협조하면 제주특별자치도에도 유리한 면이 있을 수 있으므로, 세종특별자치시 더 나아가 서울특별시의 헌법 개정 시 움직임에 대하여 예의 주시할 필요가 있다 할 것이다.

3) 특례는 누가, 어떤 방법으로 하는 것이 좋은가?

제주특별자치도법 제12조에 따르면, 제주특별자치도지원위원회는 제주자치도에 있어서는 외교, 국방, 사법 등 국가존립사무를 제외한 사무에 대하여 제주자치도의 지역 여건, 역량 및 재정능력 등을 고려하여 단계별로 제주자치도에 이양하기 위한 계획을 수립하여야 한다고 되어 있다.

이 조문의 핵심은 제주특별자치도지원위원회가 주체가 되어 중앙행정기관의 권한을 제주특별자치도로 이양하고, 그 권한이양 방법은 단계적으로 하겠다는 것이다.

그러나 여기에는 다음과 같은 논란이 있다. 첫 번째는, 주체에 대한 논란으로, 중앙행정기관 권한의 단계적 이양계획을 제주특별자치도지원위원회[91]가 수립하는 것이 맞느냐

---

90) 제주, 세종 더 나아가 서울 등에서 헌법에 특례를 인정해 달라고 하는 경우에는 오히려 다른 지방자치단체의 견제를 더 받게 되어 반영하기 곤란한 가능성도 많다고 할 것이다.

91) 〈제주특별자치도법〉
제7조(제주특별자치도지원위원회의 설치 등) ① 제주특별자치도가 이 법의 목적을 달성할 수 있도록 제주특별자치도의 성과목표 및 평가와 국제자유도시의 조성에 관한 다음 각 호의 사항을 심의하기 위하여 국무총리 소속하에 제주특별자치도지원위원회(이하 "지원위원회"라 한다)를 둔다. 〈개정 2007.8.3, 2009.3.25, 2011.5.23〉
  1. 제주특별자치도의 조직 및 운영에 관한 기본계획의 수립 및 시행에 관한 사항
  2. 제주특별자치도의 행정 및 재정자주권 제고와 제4조 제3항의 규정에 의한 행정·재정적 우대 부여 방안 마련에 관한 사항
  3. 제5조 제3항의 규정에 의한 협약체결 및 그 평가결과 활용에 관한 사항
  4. 제9조의 규정에 의하여 제출된 법률안의 검토 등에 관한 사항
  5. 제12조의 규정에 의한 중앙행정기관 권한의 단계적 이양에 관한 사항
  6. 특별지방행정기관의 이관 및 그에 따른 조치에 관한 사항
  7. 제주첨단과학기술단지의 지정·해제 및 개발에 관한 사항
  8. 제주국제자유도시개발센터의 사업추진 및 발전방안, 제주국제자유도시개발센터와 지방자치단체 간 업무조정 등에 관한 사항
  9. 제주특별자치도의 행정규제자유화의 추진에 관한 사항
  10. 외국교육기관 및 외국의료기관의 유치 및 설립 지원에 관한 사항
  11. 국제적 교육환경 조성에 관한 사항
  12. 제주특별자치도의 경관관리에 관한 사항
  13. 제1호부터 제12호까지와 관련하여 제주특별자치도지사와 관계중앙행정기관의 장과의 협의 및 조정에 관한 사항
  14. 그 밖에 지원위원회의 위원장 또는 제주특별자치도지사가 필요하다고 인정하여 부의하는 사항
② 지원위원회는 위원장 1인을 포함한 30인 이내의 위원으로 구성한다.

하는 것이다. 현재 제주특별자치도법 제7조 및 제12조에서는 제주특별자치도지원위원회에서 단계적 이양계획을 수립하고 심의하도록 하고 있는데 자기가 수립하고 심의하는 것은 이론상 맞지 아니하고, 심의기구에 지나지 아니하는 제주특별자치도지원위원회가 단계적 이양계획을 수립하도록 하는 것은 타당하지 아니하므로, 제주특별자치도지원위원회에서 단계적 이양계획을 심의하는 것은 몰라도 수립하는 것은 맞지 아니하다는 것이다.

그러면 단계적 이양계획을 누가 수립하는 것이 좋은지에 대해서는 국무총리나 제주특별자치도지사를 생각할 수 있을 것인데, 단계적 이양계획의 실효성 등을 고려할 때 국무총리가 수립하는 것이 좋다고 판단된다.

한편, 누가 단계적 이양계획을 수립하든지 간에 국무총리, 제주특별자치도지원위원회, 제주특별자치도, 중앙행정기관 간에는 적절한 역할 분담이 이루어져야 할 것이다.

두 번째는, 이양방법에 대한 논란으로, 단계적으로 중앙행정기관의 권한을 이양한다고 하였는데 그 세부적인 방법은 무엇인지에 대하여 논란이 있다. 다시 말하면, 건별로 이양할 것인지 아니면 덩어리(분야별)로 이양할 것인지 논란이 되고 있다.

먼저, 제주특별자치도지원위원회사무처가 2007. 3. 14. 제주특별자치도지원위원회에 보고한 "권한이양 계획"에 따르면, 지방이양추진위원회에서 발굴한 지방이양 대상 중 미처리된 사무와 제주특별자치도 이양건의 사무 중심으로 이양대상 사무를 조사하여 선정하고, 연도별 분배 기준을 적용하여 다음과 같이 분배하고 있다.

〈표 6〉 권한이양 계획

(단위: 건)

사무유형	계	2008	2009	2010	2011 이후
계	4,107	1,578	912	993	624
자치역량강화	493	63	67	289	74
핵심산업육성	672	295	245	129	3
지역균형발전	436	263	165	4	4
규제업무개선	1,064	594	152	145	173
기타사무개선	1,442	363	283	426	370

③ 지원위원회 위원장은 국무총리가 되며, 위원은 관계 중앙행정기관의 장 및 학식과 경험이 풍부한 자 중에서 국무총리가 임명 또는 위촉한다.
④ 지원위원회에서 심의할 안건에 대한 검토 및 지원위원회로부터 위임받은 사항을 처리하기 위하여 실무위원회를 둔다.
⑤ 제4항의 규정에 의한 실무위원회는 위원장 1인을 포함한 25인 이내의 위원으로 구성하되, 위원장은 국무총리실장이 된다. 〈개정 2008.2.29〉
⑥ 제1항 제3호의 규정에 의한 협약체결과 그 평가결과의 활용에 관한 세부적인 사항은 지원위원회의 심의를 거쳐 지원위원회의 위원장이 정한다.
⑦ 이 법에서 규정한 사항 외에 지원위원회 및 실무위원회의 구성 및 운영 등에 관하여 필요한 사항은 대통령령으로 정한다.

이는 의결안건이 아니지만 큰 카테고리 없이 이양대상 사무 기준에 따라 단지 연도별만 분배하고 있다.

다음으로, 양영철 제주대 교수는 단계별 권한이양 방법을 다음과 같이 덩어리로 이양할 것을 주장하고 있다.[92]

<표 7> 단계별 권한이양 방법

단 계	제1단계	제2단계	제3단계
이관대상 권한	행정자치권, 지역개발관련권한	재정기반구축권한	국방·외교 이외의 권한
제도개선	− 국회의 제주특별자치도특별위원회 신설 − 제주특별자치청신설	− 제주특별자치도 일관이양법 제정	− 헌법 개정
기 한	2008년도 한	2010년도 한	헌법 개정 시

외교, 국방, 사법 등 국가존립사무를 제외한 사무[93]에 대하여 연도별로 제주특별자치도에서 이양을 원하는 것부터 이양받을 수밖에 없을 것이고, 양영철 교수가 주장하는 덩어리로는 이양할 수 없을지라도 관광, 농업 등 세부 분야별로는 나름대로 단계를 가지고 이양받아야 할 것이다.[94] 다만, 이렇게 하는 경우에도 두 가지를 먼저 생각하여야 할 것이다.

첫 번째는, 권한이양 방법을 논의하기 전에 언제까지 권한을 이양받을 것인가에 대하여 진지하게 논의를 하여야 할 것이다. 왜냐하면, 현재의 논의가 국방, 외교, 사법 등 국가존립을 제외한 사무를 제주특별자치도지원위원회사무처의 존속기한인 2011년까지 이양받는다[95]는 가정하에 출발하고 있다는 느낌을 지울 수 없기 때문이다. 이는 제주특별자치도에서 가능한 한 빠른 시간 내에 중앙행정권한을 이양받기 원하고, 중앙행정권한의 지방이양업무가 제주특별자치도지원위원회의 사무로 되어 있어 이를 제주특별자치도지원위원회사무처에서 수행할 수밖에 없을 것이므로 이해할 수 있으나, 다른 한편으로는, 홍콩, 싱가포르, 포르투갈의 마데이라 등에서 알 수 있듯이 30년 이상은 소요될 것이므로, 4~5년 만에 모든 권한을 이양받는다는 것은 불가능에 가깝다고 생각된다. 물론 제3차 개

---

92) 양영철, 단계별 제도개선과 효율적인 권한이양 방안, 2007 국회 공동토론회 자료집, 68쪽.

93) 외교, 국방, 사법 등 국가존립사무를 제외한 모든 사무를 이양받는 것이 과연 맞는지와 효율적인지 의문을 제기하는 분도 있다.

94) 4단계 제도개선부터 법률단위로 이양받는 것으로 전환하였다.

95) 〈제주특별자치도법〉
    제8조(사무기구의 설치) ① 지원위원회의 사무를 처리하기 위하여 지원위원회에 필요한 사무기구를 둔다.
    ② 사무기구의 설치 및 운영에 관한 사항은 대통령령으로 정한다.
    부칙 제2조(유효기간) 제8조의 규정은 2011년 6월 30일까지 효력을 가진다.

정(2011. 5. 23. 법률 제10701호로 개정된 것)으로 2014. 6. 30.까지 연장되었지만 이 기간 안에 권한이양을 받을 수 있는 것인지에 대하여 진지하게 다시 논의를 할 필요가 있다는 것이다. 만약 권한이양을 받기 위하여 더 많은 시간이 필요하다면, 제주특별자치도지원위원회사무처의 존속기한 연장 등을 검토하여야 할 것이다.

두 번째는, 제주특별자치도법 제12조와 제345조[96] 간의 관계를 분명히 할 필요가 있다. 왜냐하면, 현재까지는 두 조문의 관계가 명확하게 설정되어 있지 않아 보이기 때문이다. 권한이양과 규제자유화의 관계가 완전히 일치할 수는 없지만, 규제가 법률로 정해지므로 규제자유화와 권한이양이 밀접한 연관을 갖고 추진할 수 있도록 관계를 설정하여야 할 것이다.

9. 특례와 관련하여 문제점은 없는가?

1) 관련된 권한의 미이양 문제

제주특별자치도법에서는 특례를 두어 중앙행정기관의 권한(업무)을 이양하고 있는데, 대부분의 경우 이양되는 권한과 관련된 권한까지도 이양되고 있으나, 일부 조항에서는 이양되는 권한과 관련된 권한을 이양하지 아니하여(권한이양 조항에서 빠져) 누가 이양되는 권한과 관련된 권한을 행사하여야 하는지 혼란이 발생할 우려가 있고, 업무의 효율성 측면에서도 문제가 발생할 우려가 있다.

예를 들면, 제주특별자치도법 제259조 제1항[97])에 따르면, 「건설기계관리법」 제13조 제1항 제4호의 수시검사와 관련하여 같은 조 제1항부터 제3항까지의 국토해양부장관의 권

---

96) 〈제주특별자치도법〉
　　제345조(규제자유화의 추진) ① 중앙행정기관의 장은 제주자치도를 국가발전을 선도하는 규제자유화 지역으로 발전시키기 위하여 관계 법령상의 규제를 제주자치도에 대하여 우선적으로 정비하도록 노력하여야 한다.
　　② 제주자치도는 국제자유도시 조성에 필요한 규제정비를 위하여 규제정비에 관한 기본적인 사항을 도조례로 정하여야 한다.
　　③ 제2항에 따른 도조례는 자치법규에 규정된 규제의 등록 및 공표, 규제의 신설 또는 강화에 대한 심사, 기존 규제의 정비 및 규제심사기구의 설치 등에 관한 사항을 포함하여야 한다.
　　④ 제주자치도는 자치법규로 정하는 규제에 대하여는 도조례로 5년 이내의 기한을 설정하여 재검토하고, 규제의 내용 및 절차개선 등의 규제개혁 조치를 하여야 한다. 이 경우 도조례로 정하는 규제개혁 수단을 활용할 수 있다.
　　⑤ 도지사는 제4항에 따른 재검토 결과 및 규제개혁 방안을 지원위원회에 제출하여야 한다.
　　⑥ 지원위원회는 제2항부터 제5항까지의 사항과 관련하여 필요한 경우에는 심의를 거쳐 도지사에게 의견을 제시할 수 있다.
　　[전문개정 2011.5.23]
97) 제259조(건설기계 관리에 관한 특례) ① 「건설기계관리법」 제13조 제1항부터 제3항까지에 따른 국토해양부장관의 권한 중 같은 조 제1항 제4호의 수시검사에 관한 권한은 도지사의 권한으로 한다.

한을 제주특별자치도지사의 권한으로 한다고 하고 있을 뿐 「건설기계관리법」 제14조 제1항[98])의 수시검사에 대한 대행권은 국토해양부장관의 권한에서 제주특별자치도지사의 권한으로 한다는 명시적인 규정이 없다. 따라서 수시검사에 대한 대행권을 국토해양부장관과 제주특별자치도지사 중 누가 행사하는지에 대하여 논란이 일어날 가능성이 있다. 그러나 이러한 경우에는 제주특별자치도법 제6조 제2항[99])에 따라 제주특별자치도지사의 권한으로 적용할 수 있을 것이지만, 집행상 혼란이 일어나지 않도록 명시적으로 권한을 이양받을 필요가 있다고 할 것이다.

그러나 제2차 개정(2009. 3. 25. 법률 제9526호로 개정된 것) 전의 제주특별자치도법 제327조[100])에 따르면, 「식품위생법」 제31조 제1항에서 보건복지부령이 정하도록 한 사항은 도조례로 정할 수 있도록 하고 있는데, 「식품위생법」 제31조 제1항은 영업자의 준수사항으로 이를 위반하는 경우에는 영업 정지, 취소, 과징금 등과 밀접한 관련이 있고, 또한, 영업자의 준수사항별로도 영업 정지, 취소, 과징금 등에 차이가 발생하도록 되어 있으므로, 영업자의 준수사항뿐만 아니라 이와 관련된 영업 정지, 취소, 과징금 등도 이양받아야 한다.

왜냐하면, 도조례를 정하지 아니한 경우에는 제주특별자치도에도 보건복지부령을 적용하면 되므로 문제가 발생하지 아니하나, 보건복지부령으로 정하는 것을 도조례로 정하는 경우, 새로운 도조례에 따른 기준 등에 맞도록 관련된 권한도 도조례로 새롭게 규정하여야 함에도 불구하고, 관련된 권한은 이양받지 못하였기 때문에 도조례로 관련된 권한을 정할 수 없어 실제 집행상 어려움이 있었다.

이러한 문제를 인식하여 제2차 개정(2009. 3. 25. 법률 제9526호로 개정된 것) 시 영업 정지, 취소, 과징금을 추가 이양을 받아[101]) 어느 정도는 보완하였다가, 제3차 개정(2011. 5. 23. 법률 제10701호로 개정된 것)[102])에 이르렀다. 다만, 제주특별자치도법 제350조(조례

---

98) 제14조(검사대행 등) ① 국토해양부장관은 필요하다고 인정하면 건설기계의 검사에 관한 시설과 기술능력을 갖춘 자를 지정하여 제13조에 따른 검사의 전부 또는 일부를 대행하게 할 수 있다.

99) 제6조(다른 법률과의 관계 등) ② 이 법에 의하여 중앙행정기관의 장 등의 권한을 제주특별자치도지사의 권한으로 한 경우(이양되는 권한과 관련된 의무·원칙·기준 및 절차 등을 포함한다. 이하 같다) 제주특별자치도지사의 권한은 해당 법령에 규정된 중앙행정기관의 장 등의 권한으로 보아 해당 법령을 적용한다. 중앙행정기관의 장 등에 해당하는 사항을 제주특별자치도지사에 해당하는 것으로 한 경우에도 또한 같다.

100) 제327조(식품접객영업자에 대한 특례) 「식품위생법」 제21조 제1항(제3호의 식품접객업에 한한다) 및 제31조 제1항의 규정에서 보건복지부령이 정하도록 한 사항은 도조례로 정할 수 있다.

101) 제327조(식품접객영업자에 대한 특례) ① 「식품위생법」 제21조 제1항(제3호의 식품접객업만 해당한다), 제31조 제1항, 제40조 제2항, 제58조 제4항 및 제65조 제1항·제2항에서 대통령령 또는 보건복지가족부령으로 정하도록 한 사항은 도조례로 정할 수 있다. 다만, 같은 법 제58조 제4항 및 제65조 제1항·제2항에 관하여는 보건복지가족부령으로 정하도록 한 사항을 포함하여야 한다.

102) 제327조(식품위생에 대한 특례) 「식품위생법」 제36조 제1항 각 호 외의 부분(제3호의 식품접객업에 한정한다), 제37조 제1항 전단 및 후단·제4항 전단 및 후단, 제39조 제3항, 제41조 제1항·제6항, 제43조 제2항, 제44조 제1항, 제47조 제1항·제2항·제4항, 제51조 본문, 제52조 본문, 제56조 제2항, 제75조 제4항, 제82조 제1항 본문 및 단서·제2항·제4항 각 호 외의 부분 본문·제5항 후단·제6

제정사항의 최소 기준)에 따라 도조례로 정할 수 있더라도 각종 행정처분 등의 규제기준이 「식품위생법」의 기준보다 완화되지 못하게 되어 있으므로, 제주특별자치도법 제327조 제1항 단서(다만, 같은 법 제75조 제4항 및 제82조 제1항 본문 및 단서·제2항에 관하여는 보건복지부령으로 정하도록 한 사항을 포함하여야 한다)는 사족에 불과하다고 판단된다.

따라서 제주특별자치도법에서 어느 권한을 이양받으려면, 이양받으려는 권한과 관련된 권한까지도 당연히 이양받음으로써 집행상 문제가 발생하지 않도록 신경을 써야 할 것이다. 더 나아가 관련된 권한은 아니라 할지라도 어느 권한과 관련하여 처리하는 것이 효율적인 권한에 대해서도 적극적으로 이양받도록 노력하여야 할 것이다.

항, 제89조 제2항 제4호·제3항 제8호, 같은 조 제4항, 제90조 제2항, 제92조 각 호 외의 부분(도지사의 권한에 관한 수수료에 관한 사항에 한정한다) 및 제101조 제4항(도지사의 권한에 관한 과태료의 부과·징수에 한정한다)에서 대통령령 또는 보건복지부령으로 정하도록 한 사항은 도조례로 정할 수 있다. 다만, 「식품위생법」 제75조 제4항 및 제82조 제1항 단서·제2항에 대하여 도조례를 정할 경우에는 대통령령 또는 보건복지부령으로 정하도록 한 사항을 포함하여야 한다.
[전문개정 2011.5.23]

<식품위생법>

제44조(영업자 등의 준수사항) ① 식품접객영업자 등 대통령령으로 정하는 영업자와 그 종업원은 영업의 위생관리와 질서유지, 국민의 보건위생 증진을 위하여 보건복지부령으로 정하는 사항을 지켜야 한다.

제75조(허가취소 등) ① 식품의약품안전청장 또는 특별자치도지사·시장·군수·구청장은 영업자가 다음 각 호의 어느 하나에 해당하는 경우에는 대통령령으로 정하는 바에 따라 영업허가를 취소하거나 6개월 이내의 기간을 정하여 그 영업의 전부 또는 일부를 정지하거나 영업소 폐쇄(제37조 제4항에 따라 신고한 영업만 해당한다. 이하 이 조에서 같다)를 명할 수 있다. <개정 2010.2.4>

  13. 제44조 제1항·제2항 및 제4항을 위반한 경우

제82조(영업정지 등의 처분에 갈음하여 부과하는 과징금 처분) ① 식품의약품안전청장, 시·도지사 또는 시장·군수·구청장은 영업자가 제75조 제1항 각 호 또는 제76조 제1항 각 호의 어느 하나에 해당하는 경우에는 대통령령으로 정하는 바에 따라 영업정지, 품목 제조정지 또는 품목류 제조정지 처분을 갈음하여 2억 원 이하의 과징금을 부과할 수 있다. 다만, 제6조를 위반하여 제75조 제1항에 해당하는 경우와 제4조, 제5조, 제7조, 제10조, 제13조, 제37조 및 제42조부터 제44조까지의 규정을 위반하여 제75조 제1항 또는 제76조 제1항에 해당하는 중대한 사항으로서 보건복지부령으로 정하는 경우는 제외한다. <개정 2010.1.18>

  ② 제1항에 따른 과징금을 부과하는 위반 행위의 종류·정도 등에 따른 과징금의 금액과 그 밖에 필요한 사항은 대통령령으로 정한다.

  ③ 식품의약품안전청장, 시·도지사 또는 시장·군수·구청장은 과징금을 징수하기 위하여 필요한 경우에는 다음 각 호의 사항을 적은 문서로 관할 세무관서의 장에게 과세 정보 제공을 요청할 수 있다.

  1. 납세자의 인적 사항

  2. 사용 목적

  3. 과징금 부과기준이 되는 매출금액

  ④ 식품의약품안전청장, 시·도지사 또는 시장·군수·구청장은 제1항에 따른 과징금을 기한 내에 납부하지 아니하는 때에는 대통령령으로 정하는 바에 따라 제1항에 따른 과징금 부과처분을 취소하고 제27조에 따른 식품위생검사 업무정지, 제75조 제1항 또는 제76조 제1항에 따른 영업정지 또는 제조정지 처분을 하여야 한다. 다만, 다음 각 호의 어느 하나에 해당하는 경우에는 국세 또는 지방세 체납처분의 예에 따라 이를 징수한다.

  1. 제25조 제1항 및 제2항에 따른 식품위생검사기관의 유효기간이 지났거나 제27조에 따른 지정취소 등으로 식품위생검사업무 정지처분을 할 수 없는 경우

  2. 제37조 제3항 및 제4항에 따른 폐업 등으로 제75조 제1항 또는 제76조 제1항에 따른 영업정지 또는 제조정지 처분을 할 수 없는 경우

  ⑤ 제1항 및 제4항 단서에 따라 징수한 과징금 중 식품의약품안전청장이 부과·징수한 과징금은 국가에 귀속되고, 시·도지사가 부과·징수한 과징금은 시·도의 식품진흥기금(제89조에 따른 식품진흥기금을 말한다. 이하 이 항에서 같다)에 귀속되며, 시장·군수·구청장이 부과·징수한 과징금은 시·도와 시·군·구의 식품진흥기금에 귀속된다. 이 경우 시·도 및 시·군·구에 귀속시키는 방법 등은 대통령령으로 정한다.

  ⑥ 시·도지사는 제91조에 따라 제1항에 따른 과징금을 부과·징수할 권한을 시장·군수·구청장에게 위임한 경우에는 그에 필요한 경비를 대통령령으로 정하는 바에 따라 시장·군수·구청장에게 교부할 수 있다.

<식품위생법 시행령>

제52조(허가취소 등) ① 다음 각 호의 처분은 처분 사유 및 처분 내용 등이 기재된 서면으로 하여야 한다.

  1. 법 제75조에 따른 영업허가 취소, 영업정지 또는 영업폐쇄 처분

  ② 제1항에 따른 처분을 하기 위하여 법 제81조에 따른 청문을 하거나 「행정절차법」 제27조에 따른 의견제출을 받았을 때에는 특별한 사유가 없으면 그 절차를 마친 날부터 14일 이내에 처분을 하여야 한다.

제53조(영업정지 등의 처분에 갈음하여 부과하는 과징금의 산정기준) 법 제82조 제1항 본문에 따라 부과하는 과징금의 금액은 위반행위의 종류와 위반 정도 등을 고려하여 보건복지부령으로 정하는 영업정지, 품목·품목류 제조정지 처분 기준에 따라 별표 1의 기준을 적용하여 산정한다. <개정 2010.3.15>

<**식품위생법 시행규칙**>
제89조(행정처분의 기준) 법 제71조, 법 제72조, 법 제74조부터 법 제76조까지 및 법 제80조에 따른 행정처분의 기준은 별표 23과 같다.

〔별표 23〕 일부 발췌

Ⅱ. 개별기준

1. 식품제조·가공업 등

11. 법 제42조 제1항 또는 법 제44조 제1항을 위반한 경우	법 제71조 및 법 제75조			
가. 식품 및 식품첨가물의 제조·가공영업자의 준수사항 중				
1) 별표 16 제1호를 위반한 경우				
가) 생산 및 작업기록에 관한 서류를 작성하지 아니하거나 거짓으로 작성한 경우 또는 이를 보관하지 아니한 경우		영업정지 15일	영업정지 1개월	영업정지 3개월
나) 원료수불 관계 서류를 작성하지 아니하거나 거짓으로 작성한 경우 또는 이를 보관하지 아니한 경우		영업정지 5일	영업정지 10일	영업정지 20일
2) 별표 16 제3호 또는 제11호를 위반한 경우		영업정지 15일	영업정지 1개월	영업정지 3개월
3) 별표 16 제8호 또는 제10호를 위반한 경우		영업정지 7일	영업정지 15일	영업정지 1개월

〔별표 16〕

식품 및 식품첨가물 제조·가공영업자 및 종업원의 준수사항(제55조 관련)

1. 생산 및 작업기록에 관한 서류와 원료의 입고·출고·사용에 대한 원료수불 관계서류를 작성하여야 하고, 최종 기재일부터 3년간 보관하여야 한다.
2. 식품제조·가공영업자는 제품의 거래기록을 작성하여야 하고, 최종 기재일부터 3년간 보관하여야 한다.
3. 유통기한이 경과된 제품은 판매목적으로 진열·판매(대리점 또는 직접 진열·판매하는 경우만 해당한다)하거나 이를 식품 등의 제조·가공에 사용하지 아니하여야 한다.
4. 식품을 텔레비전·인쇄물 등으로 광고하는 경우에는 제품명 및 업소명을 포함하여야 하고, 유통기한을 확인하여 제품을 구입하도록 권장하는 내용을 포함시켜야 한다. 다만, 유통기한과 제조연월일이 따로 표시되지 아니한 제품에 대한 광고의 경우에는 그러하지 아니하다.
5. 식품제조·가공영업자는 장난감 등을 식품과 함께 포장하여 판매하는 경우 장난감 등이 식품의 보관·섭취에 사용되는 경우를 제외하고는 식품과 구분하여 별도로 포장하여야 한다. 이 경우 장난감 등은 「품질경영 및 공산품안전관리법」 제14조 제3항에 따른 제품검사의 안전기준에 적합한 것이어야 한다.
6. 식품제조·가공업자는 별표 14 제1호 아목 2)에 따라 식품제조·가공업의 영업신고를 한 자에게 위탁하여 식품을 제조·가공하는 경우에는 위탁한 그 제조·가공업자에 대하여 식품의약품안전청장이 정하는 절차와 방법에 따라 분기별 1회 이상 위생관리상태 등을 점검하여야 한다.
7. 식품제조·가공영업자 및 식품첨가물제조·가공업자는 이물이 검출되지 아니하도록 필요한 조치를 하여야 하고 소비자로부터 이물 검출 등 불만사례 등을 신고받은 경우 그 내용을 기록하여 2년간 보관하여야 하며 이 경우 소비자가 제시한 이물 등의 증거품은 6개월간 보관하여야 한다.
8. 식품제조·가공영업자는 「축산물가공처리법」 제12조에 따라 검사를 받지 아니한 축산물 또는 실험 등의 용도로 사용한 동물을 식품의 제조 또는 가공에 사용하여서는 아니 된다.
9. 수돗물이 아닌 지하수 등을 먹는 물 또는 식품의 제조·가공 등에 사용하는 경우에는 「먹는물관리법」 제43조에 따른 먹는 물 수질검사기관에서 1년(음료류 등 마시는 용도의 식품인 경우에는 6개월)마다 「먹는물관리법」 제5조에 따른 먹는 물의 수질기준에 따라 검사를 받아 마시기에 적합하다고 인정된 물을 사용하여야 한다.
10. 모유대용으로 사용하는 식품, 영·유아의 이유 또는 영양보충의 목적으로 제조·가공한 식품(이하 "이유식 등"이라 한다)을 신문·잡지·라디오 또는 텔레비전을 통하여 광고하는 경우에는 조제분유와 동일한 명칭 또는 유사한 명칭을 사용하여 소비자가 혼동할 우려가 있는 광고를 하여서는 아니 된다.
11. 법 제15조 제2항에 따라 위해평가가 완료되기 전까지 일시적으로 금지된 제품에 대하여는 이를 제조·가공·유통·판매하여서는 아니 된다.

2) 개별법과 유사한 조항에 대한 특례 미부여 문제

제주특별자치도법에 있는 규정들의 대부분은 개별법에 대한 특례를 인정하여 개별법이 적용되지 아니하고 제주특별자치도법만 배타적으로 적용되고 있으나, 일부 조항의 경우에는 개별법과 비슷한 규정을 하면서도 개별법에 대한 특례를 명시적으로 규정하지 아니한 경우가 있다.

이러한 경우, 개별법과 제주특별자치도법 중 어느 법을 적용받아야 하는지 혼란이 있을 수 있으나, 제주특별자치도법 제6조 제1항[103)]에서 중앙행정기관의 권한이양 및 규제완화 등에 있어서 다른 법률의 규정에 우선하여 적용한다고 되어 있으므로, 제주특별자치

---

103) 제6조(다른 법률과의 관계 등) ① 이 법은 제주특별자치도의 조직·운영, 중앙행정기관의 권한이양 및 규제완화 등에 있어서 다른 법률의 규정에 우선하여 적용한다. 다만, 다른 법률에서 제주특별자치도에 관하여 특별한 규정이 있는 경우에는 그러하지 아니하다.

도법과 개별법과 관련하여 특별한 문제는 발생하지 아니한다.

왜냐하면, 개별법(일반법)과 특별법 관계에서는 특별법이 규율하고 있는 사항에 관한 특별법의 규정이 우선적으로 적용되고, 일반법의 규정은 특별법 규정에 모순·저촉하지 아니하는 범위 안에서 2차적으로 적용되기 때문이다.

예를 들면, 「주민소환에 관한 법률」 제6조[104]에서 제주특별자치도법에 특별한 규정이 있는 경우를 제외하고 이 법이 정하는 바에 따른다고 하고 있고, 제주특별자치도법 제6조 제1항에서는 다른 법률의 규정에 우선하여 적용한다고 하고 있으므로, 주민소환에 관해서는 제주특별자치도법에 특별한 규정이 있으므로 제주특별자치도법이 적용되고, 「주민소환에 관한 법률」을 적용할 수 없다.

〈표 8〉 개별법과 특별법의 유사한 규정

개별법	특별법	특례 여부
시·도 농어업·농어촌 및 식품산업 발전계획 (농어업·농어촌 및 식품산업 기본법 §14)	농·임·축·수산업 발전계획 (§201)	없음
친환경농업육성계획 (친환경농업육성법 §6, 7)	친환경농업육성실천계획 (§204)	있음
시·도 환경보전계획 (환경정책기본법 §14의3)	환경보전기본계획 (§291)	없음
지역지하수관리계획 (지하수법 §6의2)	수자원관리종합계획 (§311)	없음
지하수보전구역 (지하수법 §12)	지하수자원특별관리구역 (§312)	없음
유통조절명령 (농수산물유통및가격안정에 관한법률 §10)	농·임·축·수산물의 수급 안정(§202)	없음
빗물이용시설 설치[105] (물의 재이용 촉진 및 지원에 관한 법률 §8)	빗물이용시설 등의 설치·운영[106] (§316)	없음

---

104) 제6조(다른 법률과의 관계) 주민소환에 관하여 「제주특별자치도 설치 및 국제자유도시 조성을 위한 특별법」 등 다른 법률에 특별한 규정이 있는 경우를 제외하고는 이 법이 정하는 바에 따른다.

105) 「수도법」 제16조에 규정되어 있었으나, 2010. 6. 8. 공포, 2011. 6. 9. 시행된 「물의 재이용 촉진 및 지원에 관한 법률」 제8조가 되었다.

106) 「수도법」의 빗물이용시설의 시설기준 및 관리기준과 서로 상이하여 업무혼선을 있어 제2차 개정(2009. 3. 25. 법률 제9526호로 개정된 것) 시 「수도법」 제16조 제1항에도 불구하고’ 라고 특례를 두어 이 문제를 해결하였으나, 제3차 개정(2011. 5. 23. 법률 제10701호로 개정된 것) 시 다시 ‘「수도법」 제16조 제1항에도 불구하고’를 삭제하여 또다시 업무혼선을 만들게 되었다.
〈제2차 개정 시〉
제316조(빗물이용시설 등의 설치·관리 등) ① 「수도법」 제16조 제1항에도 불구하고 도조례로 정하는 일정규모 이상의 종합경기장, 실내체육관, 공공청사, 골프장, 관광단지 또는 토지의 형질변경이 수반되는 시설물 등을 설치하고자 하는 자는 빗물의 효율적 활용과 지하수 함양량의 증대를 위하여 빗물이용시설 또는 지하수인공함양시설(이하 “빗물이용시설 등”이라 한다)을 설치·운영하여야 한다.
〈제3차 개정 시〉
제316조(빗물이용시설 등의 설치·관리 등) ① 도조례로 정하는 일정규모 이상의 종합경기장, 실내체육관, 공공청사, 골프장, 관광단지 또는 토지의 형질변경이 수반되는 시설물 등을 설치하고자 하는 자는 빗물의 효율적 활용과 지하수 함양량의 증대를 위하여 빗물이용시설 또는 지하수인공함양시설(이하 “빗물이용시설 등”이라 한다)을 설치·운영하여야 한다.

그러나 개별법과 유사한 규정을 하면서도 제주특별자치도법에 개별법에 대한 특례를 명시하지 아니하는 경우, 제주특별자치도법만 배타적으로 적용된다고 할 수 없고, 제주특별자치도법이 우선하여 적용되지만 개별법도 제주특별자치도법과 모순·저촉이 되지 아니하는 범위 안에서 동시에 적용받아야 하므로, 집행자뿐만 아니라 제주특별자치도법과 개별법을 적용받는 자 입장에서는 혼란을 느낄 수밖에 없을 것이다.

따라서 각종 계획, 지구 등에 대하여 개별법과 제주특별자치도법의 규정이 유사한 경우에는 제주특별자치도법만 적용받도록 제주특별자치도법의 계획 등이 개별법의 계획 등에도 불구하고 할 수 있도록 명시적으로 특례를 두는 것을 검토할 필요가 있다 할 것이다.

3) 도조례 제정 범위와 관련된 문제

제주특별자치도법에서 위임을 받지 아니하고 도조례에서 허가 등을 규정하는 경우, 제주특별자치도법에 근거가 없는 조항으로 무효가 될 가능성이 있고, 설사 효력이 있다고 하더라도 허가 등을 위반한 때에는 제주특별자치도법에 따른 벌칙을 정하기 곤란하고, 벌칙을 정하지 못하면 실효성 확보에 애로사항이 발생할 우려가 있다.

예를 들면, 「제주특별자치도 지하수 기본조례」 제38조 제1항[107])에서는 지하수 인공함양정에 대하여 설치허가를 받도록 하고 있는데, 인공함양정의 설치허가가 제주특별자치도법에 근거가 있는 것인지와 인공함양정의 설치허가를 받지 아니한 자에 대하여 처벌할 수 있는지는 의문이 있을 수 있다.

왜냐하면, 제주특별자치도법 제316조[108])에 따르면, 빗물이용시설 등을 설치, 운영하지 아니한 자에 대하여 제주특별자치도법 제362조 제1항 제4호에서 2천만 원 이하의 과태료에 처하도록 되어 있으나, 제주특별자치도법 제316조에는 지하수 인공함양정 등의 설치허가를 받으라는 내용이 없기 때문이다.

---

107) 제38조(지하수 인공함양정의 설치허가 신청 등) ① 특별법 제316조 제1항의 규정에 의한 지하수 인공함양정(이하 "인공함양정"이라 한다)을 설치·운영하고자 하는 자는 별지 제29호 서식의 허가신청서에 다음 각 호의 서류를 첨부하여 도지사의 허가를 받아야 한다. 허가받은 인공함양정의 굴착깊이 또는 굴착지름을 변경하고자 하는 경우에도 또한 같다.

108) 제316조(빗물이용시설 등의 설치·관리 등) ① 도조례로 정하는 일정규모 이상의 종합경기장, 실내체육관, 공공청사, 골프장, 관광단지 또는 토지의 형질변경이 수반되는 시설물 등을 설치하고자 하는 자는 빗물의 효율적 활용과 지하수 함양량의 증대를 위하여 빗물이용시설 또는 지하수인공함양시설(이하 "빗물이용시설 등"이라 한다)을 설치·운영하여야 한다.
② 도지사는 제1항의 규정에 의하여 빗물이용시설 등을 설치하는 자에 대하여 도조례가 정하는 바에 따라 그 시설비의 일부를 보조할 수 있다.
③ 빗물이용시설 등을 설치하여야 하는 시설물 설치행위의 범위, 빗물이용시설 등의 설치 및 관리기준 그 밖에 빗물이용시설 등의 설치·운영에 관하여 필요한 사항은 도조례로 정한다.

또한, 지하수 인공함양 저류지의 설치 위치 제한 등, 빗물이용시설 설치공사의 착수신고 및 지하수개발·이용시설 감리업의 등록 등도 제주특별자치도법에 근거가 있는지에 대하여 논란이 있을 수 있다.

따라서 이러한 논란을 불식시키기 위하여 제주특별자치도법에 허가 등을 할 수 있도록 직접 규정하거나 제주특별자치도법에 허가 등의 근거를 두고 세부적인 사항에 대하여 도조례로 위임하도록 하는 등 도조례에서 정할 수 있도록 제주특별자치도법에 근거를 마련할 필요가 있다 할 것이다.

더 나아가 제주특별자치도법 개정안을 작성할 때나 심사할 때에는 도조례로 정하려는 것을 미리 개략적으로 파악하여 문제가 생기지 않도록 유의할 필요가 있다 할 것이다.

<제주특별자치도법>

제312조(지하수개발·이용허가 등에 관한 특례) ① 지하수를 개발·이용하고자 하는 자는「지하수법」제7조·제7조의2·제7조의3·제8조 및「먹는물관리법」제9조·제10조·제12조에도 불구하고 도지사의 허가를 받아야 한다. 다만,「지하수법」제8조 제1항 제3호의 경우에는 도지사에게 신고하여야 한다. <개정 2007.4.11, 2009.3.25>

② 제1항의 규정에 의하여 허가를 받은 자 중 지하수 및 샘물 개발·이용기간을 연장하거나 허가받은 사항을 변경하고자 하는 경우에는 도조례가 정하는 바에 따라 도지사의 허가를 받아야 한다. <개정 2009.3.25>

③ 도지사는 지하수의 적정한 보전관리를 위하여 다음 각 호의 어느 하나에 해당하는 때에는 제1항의 규정에 의한 허가를 하지 아니한다. 다만, 제주자치도가「지방공기업법」에 의하여 설립한 지방공기업이 지하수의 보전과 관리에 지장이 없는 범위 안에서 제1호 또는 제2호에 해당하는 경우와 도지사가 지정·고시하는 지역에서 염지하수(염분을 다량 포함하고 있는 지하수를 말한다)를 이용하여 제2호의 제품을 제조·판매하는 경우에는 그러하지 아니하다. <개정 2007.8.3, 2009.3.25, 2010.3.22>

1. 「먹는물관리법」제3조 제3호에 따른 먹는샘물 또는 같은 조 제3호의3에 따른 먹는염지하수를 제조·판매하고자 하는 경우

2. 지하수를 100분의 98 이상 이용하여 청량음료 또는 주류 등을 제조·판매하고자 하는 경우

3. 그 밖에 지하수의 오염 및 과다개발의 방지를 위하여 도조례로 정하는 경우

④ 제1항 및 제2항의 규정에 의하여 지하수개발·이용허가(허가기간 연장 및 변경허가를 포함한다)를 받고자 하는 자는 도조례가 정하는 바에 따라 지하수영향조사서를 작성·제출하여 심사를 받아야 한다.

⑤ 도지사는 제1항 및 제2항의 규정에 의한 허가를 함에 있어 지하수의 적정한 관리를 위하여 필요하다고 인정하는 경우에는 도조례가 정하는 바에 따라 지하수의 취수량을 제한할 수 있다.

⑥ 도지사는 지하수의 적정한 관리를 위하여 필요하다고 인정하는 경우에는 지하수개발·이용시설의 설치자에게 도조례가 정하는 바에 따라 주변 토지 또는 시설물의 이용자와 지하수를 공동이용하도록 하는 조치를 명할 수 있다. 이 경우 정당한 사유 없이 공동이용조치를 거부하거나 이행하지 아니하는 자에 대하여는 취수량을 제한하거나 지하수개발·이용의 허가를 취소할 수 있다.

⑦ 도지사는 가뭄, 과다한 지하수 취수 등으로 인한 지하수의 고갈 등을 방지하기 위하여 필요하다고 인정하는 경우에는 도조례가 정하는 바에 따라 취수량 제한 및 일시적 이용중지와 관련된 조치를 단계적으로 취할 수 있다.

⑧ 도지사는 다음 각 호의 어느 하나에 해당하는 지역을 도조례가 정하는 바에 따라 지하수자원특별관리구역으로 지정할 수 있다. 이 경우 도조례가 정하는 바에 따라 그 내용을 고시하여야 한다.

1. 지하수위가 현저하게 낮아지고 있거나 낮아질 우려가 높은 지역

2. 해수 또는 염수 침입의 우려가 높거나 지하수 중의 염소이온농도가 먹는물 수질기준을 초과하고 있는 지역

3. 장래 용수수요를 위하여 지하수의 개발·이용을 제한할 필요가 있는 지역

4. 그 밖에 지하수의 수량과 수질보전을 위하여 도조례로 정하는 지역

⑨ 도지사는 제8항의 규정에 의하여 지하수자원특별관리구역을 지정·고시한 때에는 도조례가 정하는 바에 따라 당해 구역 안의 지하수자원에 대한 관리계획을 수립하여야 한다.

⑩ 제8항 및 제9항의 규정은 지하수자원특별관리구역의 변경에 관하여 이를 준용한다.

⑪ 도지사는 지하수자원특별관리구역 안에서 도조례가 정하는 바에 따라 지하수개발·이용허가와 그 허가기간 및 취수량 등을 제한할 수 있다.

⑫ 도지사는 제1항 및 제2항의 규정에 의하여 허가 또는 변경허가를 받은 자가 다음 각 호의 어느 하나에 해당하는 경우에는 그 허가를 취소할 수 있다. 다만, 제1호 중「지하수법」제10조 제1항 제1호·제8호 및 제9호에 해당하는 경우와 이 항 제2호에 해당하는 경우에는 허가를 취소하여야 한다. <개정 2007.4.11>

1. 「지하수법」제10조 제1항 각 호의 어느 하나에 해당하는 경우
2. 「먹는물관리법」제48조 제1항의 규정에 의하여 영업허가가 취소된 경우

⑬ 제주자치도가 「지방공기업법」에 따라 설립한 지방공기업이 제3항의 먹는샘물, 청량음료 또는 주류 등을 제조·판매하는 경우에는 제5항에 따라 허가받은 취수량의 범위에서 제조·판매하여야 한다. <신설 2007.8.3>

⑭ 제1항 및 제2항에 따른 지하수개발·이용 허가 및 이용기간 연장·변경 허가의 경우에 제4항에 따른 지하수영향 조사서를 제출하여 심사를 받은 때에는 「수도법」제52조 및 같은 법 시행령 제29조에 따른 영향검토서의 제출을 생략할 수 있다. <신설 2007.8.3>

제316조(빗물이용시설 등의 설치·관리 등) ① 도조례로 정하는 일정규모 이상의 종합경기장, 실내체육관, 공공청사, 골프장, 관광단지 또는 토지의 형질변경이 수반되는 시설물 등을 설치하고자 하는 자는 빗물의 효율적 활용과 지하수 함양량의 증대를 위하여 빗물이용시설 또는 지하수인공함양시설(이하 "빗물이용시설 등"이라 한다)을 설치·운영하여야 한다.

<제주특별자치도 지하수관리 기본조례>

제15조(지하수 개발·이용시설의 변경신고 등) ① 특별법 제312조 제1항 내지 제3항의 규정에 의하여 지하수개발·이용허가(기간연장허가 또는 변경허가를 포함한다)를 받았거나 신고한 자는 다음 각 호의 어느 하나에 해당하는 사유가 발생하였을 때에는 그 사유가 발생한 날부터 7일 이내에 별지 제13호 서식에 의하여 도지사에게 신고하여야 한다. 다만, 제2호의 경우에는 완료한 날부터 7일 이내에 신고하여야 한다.

제38조(지하수 인공함양정의 설치허가 신청 등) ① 특별법 제316조 제1항의 규정에 의한 지하수 인공함양정(이하 "인공함양정"이라 한다)을 설치·운영하고자 하는 자는 별지 제29호 서식의 허가신청서에 다음 각 호의 서류를 첨부하여 도지사의 허가를 받아야 한다. 허가받은 인공함양정의 굴착깊이 또는 굴착지름을 변경하고자 하는 경우에도 또한 같다.

1. 인공함양정 설치 예정 위치를 표시한 지적도 또는 임야도
2. 토지를 사용·수익할 수 있는 권리를 증명하는 서류
3. 인공함양정 설치 및 이용 계획서(설치 설계도를 포함한다)
4. 원상복구 계획서

② 도지사는 다음 각 호의 어느 하나에 해당하는 경우에는 제1항의 규정에 의한 인공함양정 설치허가를 아니 할 수 있다.

1. 설치 예정지점이 정화조·유류저장시설(지하 및 옥외시설을 포함한다)·하수관·축산분뇨 저장시설·폐기물 집하장 등 오염원에 근접해 있는 경우
2. 설치 예정지점 하류에 위치한 상수원의 수질이나 건축물·시설물의 안전에 영향을 미칠 우려가 높다고 판단되는 경우
3. 오염방지 채움 그라우팅 시공심도를 20m 이상 확보하기 어려운 경우
4. 설치 예정지점이 침수될 우려가 높은 경우. 다만, 인공함양정 설치지점을 성토작업 등을 통하여 침수방지가 가능한 경우에는 그러하지 아니한다.
5. 설치 예정지점 주변에 지속적으로 분진·먼지 등을 발생시키는 시설물 또는 사업장이 있거나, 건축물 또는 구조물의 지붕 재질이 변질 등으로 인하여 오염물질이 용해될 우려가 있는 경우

③ 제1항의 규정에 의한 허가를 받아 인공함양정 설치공사를 완료한 자는 제12조의 규정에 준용하여 별지 제31호 서식에 의거 도지사에게 준공신고를 하여야 하며, 도지사가 준공신고를 수리를 하는 경우에는 준공필증을 교부하여야 한다.

제39조(지하수 인공함양 저류지의 설치 위치 제한 등) ① 도지사는 지하수의 수질보전 등을 위하여 다음 각 호의 어느 하나에 해당하는 경우에는 제37조 제1항 별표 7에서 정하는 지하수 인공함양 저류지의 설치를 제한할 수 있다.

1. 사업장 내에서 발생하는 오염물질이 유입될 우려가 있는 부지 하류 또는 중류지역
2. 설치 예정지점 상류 집수구역 내에 오염물질을 배출하는 점 및 비점오염원으로부터 오염물질의 혼입이 예상되는 경우
3. 설치 예정지점 하류에 위치한 상수원의 수질이나 건축물·시설물의 안전에 영향을 미칠 우려가 높다고 판단되는 경우
4. 그 밖에 주변 환경이나 생태계에 현저한 영향을 미칠 것으로 예상되는 경우

② 지하수 인공함양 저류지를 설치하고자 하는 자는 다음 각 호의 사항에 대한 기초조사를 사전에 실시하고, 타당성 여부를 검토·결정하여야 한다.

1. 수문지질조사: 집수구역의 토지이용, 지형, 구성지질, 기상, 강우량 등에 대한 사항을 조사하고, 집수구역의 범위를 설정한다.
2. 잠재오염원 조사: 설정된 집수구역 내에 분포하는 점 및 비점오염원의 위치·종류·오염물질 성상 및 발생량·오염물질 처리실태 등을 조사한다.

3. 오염물질 부하량 예측: 집수구역 내의 점 및 비점오염원 분포, 토지이용, 강우량 등을 고려하여 지하수 인공함양 저류지 설치 예정지점에서의 오염물질 부하량에 대한 예측을 실시하고, 지하수의 수질 등에 미치는 영향을 평가한다.

4. 타당성 결정: 상기와 같은 조사 및 예측결과를 근거로 지하수 인공함양 저류지의 설치 타당성 여부를 결정한다.

제40조(빗물이용시설 설치공사의 착수신고 등) 제37조 제1항 별표 7에 정하는 빗물이용시설(인공함양정은 제외한다)을 설치하고자 하는 자 또는 그 설치공사를 준공한 자는 별지 제33호 서식의 신고서에 다음 각 호의 서류를 첨부하여 착수일 또는 준공일로부터 30일 이내에 도지사에게 착수신고 또는 준공신고를 하여야 하며, 도지사가 그 신고를 수리한 때에는 신고필증을 교부하여야 한다.

제49조(지하수개발·이용시설 감리업의 등록 등) ① 특별법 제313조 제2항의 규정에 의하여 지하수 개발·이용시설공사의 감리업(이하 "감리업"이라 한다)으로 등록하고자 하는 자는 별표 11의 전문인력과 장비를 갖추어 도지사에게 별지 제44호 서식의 등록신청서를 제출하여야 한다.

1. 「지하수법 시행령」 제4조 제1항의 규정에 의한 지하수조사 전문기관
2. 「엔지니어링 기술진흥법」 제4조의 규정에 의하여 신고한 지질 및 지반·지하자원개발·수자원개발·상하수도·농어업토목분야의 엔지니어링 활동주체
3. 「기술사법」 제2조의 규정에 의한 지질 및 지반·지하자원개발·수자원개발·상하수도·농어업토목분야의 기술사가 개설·등록한 기술사사무소
4. 「먹는물관리법」 제12조의 규정에 의하여 등록한 환경영향조사대행자

② 제1항의 규정에 의한 감리업을 등록하고자 하는 자 중 다음 각 호의 어느 하나에 해당하는 자는 감리업을 등록할 수 없다.
1. 금치산자 또는 한정치산자
2. 파산선고를 받고 복권되지 아니한 자
3. 금고 이상의 형의 집행유예선고를 받고 유예기간 중에 있는 자
4. 제50조의 규정에 의하여 감리업의 등록이 취소된 후 2년이 경과되지 아니한 자
5. 임원 중에 제1호 내지 제4호에 해당하는 자가 있는 법인

③ 도지사는 제1항의 규정에 의하여 등록신청서를 접수한 때에는 등록기준에 적합 여부를 확인하여야 하며, 그 결과 적합하다고 인정되는 경우에는 감리업등록대장에 등재하고 신청자에게 별지 제46호 서식의 등록증을 교부하여야 한다.

④ 제1항의 규정에 의하여 감리업을 등록한 자 중 다음 각 호의 어느 하나에 해당하는 사유가 발생하였을 1개월 이내에 별지 제47호 서식의 신청서에 감리업 등록증과 변경사유를 증명할 수 있는 서류를 첨부하여 도지사에게 제출하여야 한다.
1. 감리업을 양도·양수하거나 합병한 경우
2. 감리업을 등록한 자가 사망하여 그 상속인이 감리업의 지위를 승계한 경우
3. 사무소의 소재지를 변경한 경우
4. 상호·명칭 또는 대표자를 변경한 경우
5. 전문인력 및 시설·장비 보유현황이 변경되었을 경우

제50조(지하수개발·이용시설 감리업의 등록 취소) 도지사는 다음 각 호의 어느 하나에 해당하는 때에는 감리업의 등록을 취소하거나 1년 이내의 기간을 정하여 업무의 정지를 명할 수 있다. 다만, 제1호 내지 제5호에 해당되는 경우에는 등록을 취소하여야 한다.
1. 허위, 그 밖의 부정한 방법으로 등록을 한 경우
2. 특별법 제362조 제2항 제3호의 규정에 의한 과태료 처분을 최근 1년간 3회 이상 받은 경우
3. 감리업무 정지기간 중 감리업무를 수행한 경우
4. 제49조 제1항의 규정에 의한 등록기준에 미달한 경우
5. 임원이 제49조 제2항의 규정에 의한 결격사유에 해당하게 된 때. 다만, 결격사유에 해당하게 된 날부터 6월 이내에 당해 임원을 개임(改任)한 때에는 그러하지 아니하다.
6. 다른 사람에게 자기의 성명 또는 상호를 사용하여 감리업무를 하게 하거나 그 등록을 대여한 경우
7. 최근 1년 동안 3회 이상 시정명령을 받은 경우
8. 감리원 자격이 없는 자 및 이중으로 소속된 자에게 감리업무를 수행하게 한 경우

10. 제주특별자치도에 대한 5가지 오해

1) 제주특별자치도에는 종전의 북제주군과 남제주군만 없어지고 종전의 제주시와 서귀 포시는 살아 있다.

제주특별자치도에는 종전의 북제주군과 남제주군은 없어지고 종전의 제주시와 서귀포 시는 살아 있다고 생각하는 국민과 공무원이 의외로 많이 있다.

이렇게 오해를 하고 있는 이유는 첫째는, 종전의 제주시와 서귀포시의 명칭과 현재의 제주시와 서귀포시의 명칭이 같기 때문일 것이다.

둘째는, 현재 제주시의 관할구역은 종전의 제주시와 종전의 북제주군의 관할구역을 합 친 것이고, 현재 서귀포시의 관할구역은 종전의 서귀포시와 종전의 남제주군의 관할구역 을 합친 것이기 때문이다. 이로 인해 공무원 중에서는 제주시가 북제주군을 흡수 통합하 고, 서귀포시는 남제주군을 흡수 통합한 것으로 생각하여 종전의 제주시와 서귀포시에 근 무한 공무원들이 기득권을 주장한 적도 있다.

셋째는, 각종 개별법령상 "시"에는 "행정시"가, "시장"에는 "행정시장"이 당연히 포함 되어 있는 것으로 생각하기 때문이다.

그러나 종전의 제주시, 서귀포시와 현재 제주시, 서귀포시는 명칭은 같을지 몰라도, 종 전의 지방자치단체인 제주시와 서귀포시도 없어지고(2009. 3. 25. 제2차 개정 제주특별자 치도법 부칙으로 폐지되기 전의 「제주도 행정체제 등에 관한 특별법」 제3조 제1항),[109] 현재는 성격, 기능 등에서 엄격히 다른 지방자치단체가 아닌 시, 즉 하부행정기관인 행정 시로서의 제주시와 서귀포시(2009. 3. 25. 제2차 개정 제주특별자치도법 부칙으로 폐지되 기 전의 「제주도 행정체제 등에 관한 특별법」 제4조 제1항, 제주특별자치도법 제15조 제1 항)이고, 각종 개별법령에 "시"나 "시장"은 제주특별자치도의 경우에는 "행정시"나 "행정 시장"이 아니라 "제주특별자치도"나 "제주특별자치도지사"를 의미한다(제주특별자치도 법 제11조 제1항제3항, 제15조 제4항 및 제17조 제6항) 할 것이다.

따라서 종전의 북제주군과 남제주군은 없어지고 종전의 제주시와 서귀포시는 살아 있 다고 하는 말은 명백히 잘못된 것이고, 종전의 북제주군과 남제주군뿐만 아니라 종전의

---

109) 「제주도 행정체제 등에 관한 특별법」 부칙 제4조에서 보듯이 종전의 제주시와 서귀포시를 현재의 제주시와 서귀포시가 승계한 것이 아 니라 종전의 제주도가 승계한 것이다.

제주시와 서귀포시도 없어진 것이 진실이라 할 것이다.

＜제주도 행정체제 등에 관한 특별법(2009. 3. 25. 제2차 개정 제주특별자치도법 부칙으로 폐지되기 전의 것)＞
제3조(제주시 등의 폐지) ① 제주도의 제주시·서귀포시·북제주군 및 남제주군을 각각 폐지한다.
제4조(지방자치단체가 아닌 시와 읍·면·동의 설치) ① 제주도의 관할구역 안에 지방자치단체가 아닌 시(이하 "행정시"라 한다)를 두고, 행정시에는 도시의 형태를 갖춘 지역에는 동을, 그 밖의 지역에는 읍·면을 둔다.
부칙
제4조(일반적 경과조치) ② 이 법 시행 당시 폐지 시·군의 사무·재산은 제주도가 승계한다.
　③ 이 법 시행 당시 폐지 시·군의 기관 또는 시설에 소속된 직원은 제주도 소속의 직원이 된다.
　④ 이 법 시행 전에 폐지 시·군의 시장 또는 군수나 그 소속기관의 장이 행한 처분 그 밖의 행위는 제주도지사나 그 소속기관의 장이 행한 처분 그 밖의 행위로 본다.
　⑤ 이 법 시행 전에 폐지 시·군의 시장 또는 군수나 그 소속기관의 장에 대하여 행한 처분의 신청·신고 그 밖의 행위는 제주도지사나 그 소속기관의 장에 대하여 행한 처분의 신청·신고 그 밖의 행위로 본다.
　⑥ 이 법 시행 당시 폐지 시·군의 조례·규칙은 제주도의 새로운 조례·규칙이 제정·시행될 때까지 제주도의 조례·규칙으로 보되, 종전에 당해 조례·규칙이 적용되던 지역에 한하여 각각 적용한다.

＜제주특별자치도법＞
제11조(제주자치도의 설치에 따른 법령 적용상의 특례) ① 다른 법령에서 지방자치단체, 도 또는 시·군을 인용하고 있는 경우에는 각각 제주자치도를 포함한 것으로 보아 당해 법령을 적용한다.
　③ 다른 법령에서 지방자치단체의 장, 도지사 또는 시장·군수를 인용하고 있는 경우에는 각각 제주특별자치도지사를 포함한 것으로 보아 당해 법령을 적용한다.
제15조(지방자치단체가 아닌 시 및 읍·면·동의 설치) ① 제주자치도는 「지방자치법」 제2조 제1항 및 제3조 제2항의 규정에 불구하고 그 관할구역 안에 지방자치단체인 시와 군을 두지 아니한다.
　④ 다른 법령에서 시를 인용하는 경우 해당 법령에 특별한 규정이 있는 경우를 제외하고는 행정시는 포함되지 아니한다. ＜신설 2009.3.25＞
제17조(행정시의 장) ⑥ 다른 법령에서 시장을 인용하는 경우 해당 법령에 특별한 규정이 있는 경우를 제외하고는 행정시장은 포함되지 아니한다. ＜신설 2009.3.25＞

---

2) 제주특별자치도에는 외교, 국방, 사법 등 국가존립사무를 제외한 사무에 대한 권한이 있다.

현재 제주특별자치도에 외교, 국방, 사법 등 국가존립사무를 제외한 사무에 대한 모든 권한이 있다고 생각하는 국민과 공무원이 의외로 많이 있다.

이렇게 오해를 하고 있는 이유는 첫째는, 제주특별자치도 출범 시 고도의 자치권을 가진 연방수준의 자치모범도를 구현하겠다고 홍보를 하고, 둘째는, 현재 외교, 국방, 사법 등 국가존립사무를 제외한 사무에 대한 모든 권한을 이양하겠다고 홍보하였기 때문이다.

그러나 현재 외교, 국방, 사법 등 국가존립사무를 제외한 사무에 대한 모든 권한이 있다는 것은 명백히 아니다. 왜냐하면, 현재 제주특별자치도법에서 특례로 인정된 권한만 이양되었고, 또한, 외교, 국방, 사법 등 국가존립사무를 제외한 사무에 대한 모든 권한을 한번에 이양한다는 것이 아니라 제주특별자치도의 지역 여건, 역량 및 재정능력 등을 고려하여 단계적으로 이양하겠다는 목표(연방주 수준의 자치모범도시)를 정한 것에 불과하다할 것이기 때문이다(제주특별자치도법 제12조).

한편, 제1차 개정(2007. 8. 3. 법률 제8586호로 개정된 것)도 규제자유화의 추진(제주특별자치도법 제345조)이면서 동시에 중앙행정기관 권한의 단계적 이양 일환이라고 보면될 것이다.

따라서 중앙행정기관의 권한을 단계적으로 이양받을 수 있도록 청사진을 세우고[110], 이에 맞게 차근차근 준비를 해 나가야 할 것이다.

<제주특별자치도법>
제12조(중앙행정기관 권한의 단계적 이양) ① 지원위원회는 제주자치도에 있어서는 외교, 국방, 사법 등 국가존립사무를 제외한 사무에 대하여 제주자치도의 지역 여건, 역량 및 재정능력 등을 고려하여 단계별로 제주자치도에 이양하기위한 계획(이하 "이양계획"이라 한다)을 수립하여야 한다.
제345조(규제자유화의 추진) ① 중앙행정기관의 장은 제주자치도를 국가발전을 선도하는 규제자유화 지역으로 발전시키기 위하여 관계 법령상의 규제를 제주자치도에 대하여 우선적으로 정비하도록 노력하여야 한다.
　② 제주자치도는 국제자유도시 조성에 필요한 규제정비를 위하여 규제정비에 관한 기본적인 사항을 도조례로 정하여야 한다.
　③ 제2항에 따른 도조례는 자치법규에 규정된 규제의 등록 및 공표, 규제의 신설 또는 강화에 대한 심사, 기존 규제의정비 및 규제심사기구의 설치 등에 관한 사항을 포함하여야 한다.
　④ 제주자치도는 자치법규로 정하는 규제에 대하여는 도조례로 5년 이내의 기한을 설정하여 재검토하고, 규제의 내용 및 절차개선 등의 규제개혁 조치를 하여야 한다. 이 경우 도조례로 정하는 규제개혁 수단을 활용할 수 있다.
　⑤ 도지사는 제4항에 따른 재검토 결과 및 규제개혁 방안을 지원위원회에 제출하여야 한다.
　⑥ 지원위원회는 제2항부터 제5항까지의 사항과 관련하여 필요한 경우에는 심의를 거쳐 도지사에게 의견을 제시할수 있다.
[전문개정 2011.5.23]

---

3) 제주특별자치도에는 도의회가 만든 조례안에 대하여 중앙정부에서 재의 요구하는 것은 잘못이다.

중앙정부에서 재의요구를 경험하면서 제주특별자치도의회에서 만든 조례에 대하여 중앙정부에서 재의 요구하는 것[111]은 잘못이라고 이야기한다.

이렇게 오해를 하고 있는 이유는 제주특별자치도를 설치하는 제주특별자치도법이 제정되어 도민들의 의견이 매우 중요하고, 도의회의 결정도 존중되어야 하며, 외교, 국방, 사법

---

110) 제주특별자치도법 제12조에 따르면, 실제 이양계획의 주체는 제주특별자치도가 아닌 제주특별자치도지원위원회이나 제주특별자치도에서 중요한 역할을 수행하여야 한다.

111) 제주특별자치도의회에서 만든 조례에 대하여 제주특별자치도지사가 재의요구를 한 사례는 「제주특별자치도개발공사 설치 조례안」 등이 있었으나, 중앙정부에서 재의 요구한 사례는 없었다. 다만, 제주도의회에서 만든 「제주특별자치도 운수사업에 관한 조례안」에 대하여 건설교통부장관이 재의 요구한 사례가 있었는바, 제주특별자치도 출범에 따라 중앙정부에서 재의 요구하는 것은 잘못이라는 견해가 이때대두되게 되었다.

등 국가존립사무를 제외한 사무에 대한 모든 권한을 가지고 있다고 생각하기 때문이다.

그러나 제주특별자치도법이 제정되어 제주특별자치도법에서 일부 개별법에 불구하고 도조례로 만들 수 있지만 도조례를 법령에 위반하여 만들 권한까지 주지 아니하였고, 또한, 외교, 국방, 사법 등 국가존립사무를 제외한 사무에 대한 모든 권한이 이양되지 아니하였으며(제주특별자치도법 제12조), 특히,「지방자치법」제172조에 대한 특례를 받지 아니하기 때문에 중앙정부에서 재의요구를 할 수 있는 것이다.

따라서 제주특별자치도의회에서 만든 조례에 대하여 중앙정부에서 재의 요구하는 것은 잘못이 아니고, 현행 법체계에서는 오히려 당연한 것으로 받아들여야 하는 것이다.

> **<지방자치법>**
> 제172조(지방의회 의결의 재의와 제소) ① 지방의회의 의결이 법령에 위반되거나 공익을 현저히 해친다고 판단되면 시·도에 대하여는 주무부장관이, 시·군 및 자치구에 대하여는 시·도지사가 재의를 요구하게 할 수 있고, 재의요구를 받은 지방자치단체의 장은 의결사항을 이송받은 날부터 20일 이내에 지방의회에 이유를 붙여 재의를 요구하여야 한다.

4) 제주특별자치도에서는 각종 요금은 종전보다 인상되어서는 안 된다.

종전 4개 시·군의 각종 요금 및 수수료 등을 통합할 때, 2009. 3. 25. 제2차 개정 제주특별자치도법 부칙으로 폐지되기 전의「제주도 행정체제 등에 관한 특별법」제15조[112]의 불이익 배제 원칙을 근거로 이를 인상을 할 수 없고 동결되거나 인하되어야 한다고 주장한다.

그러나 원래 불이익 배제의 원칙은「도농복합형태의시설치에따른행정특례등에관한법률」제2조에서 처음으로 규정된 조항으로, 도·농 통합과정에서 농촌지역(군)과 도시지역(시)이 통합하여 시가 되는 경우, 농촌지역과 도시지역 간의 세금·복지혜택 등이 차이가 있어 통합을 저해하기 때문에(실제 농촌지역이 혜택이 많았음), 농촌지역(군)에서 누리던 세금·복지혜택 등을 도시지역(시)이 되더라도 누리도록 하여 통합을 촉진하려는 취지에서 나온 원칙이므로, 단순히 종전 시·군의 폐지로 부당하고 불합리하게 종전에 누리던 행·재정상 이익을 박탈하거나 새로운 부담을 추가할 수 없다는, 즉 부당하고 불합리적인 차별을 금지하는 원칙에 지나지 아니하는 것으로 합리적인 요금 조정 등은 가능하다고 해석하여야 할 것이다.

---

112) 제15조(불이익 배제의 원칙) 이 법의 시행으로 인하여 제3조 제1항의 규정에 의하여 폐지되는 시·군이 누리던 행정상 또는 재정상의 이익이 상실되거나 그 지역주민에게 새로운 부담이 추가되어서는 아니 된다.

만약에 그렇게 해석하지 않는다면, 제주특별자치도 출범으로 각종 요금 및 수수료 등은 인상할 수 없게 되고, 더 나아가 언제까지나 인상을 할 수 없다는 결론에 도달하게 될 것이며, 설사 당분간은 인상할 수 없지만 추후에는 인상을 할 수 있다고 하여도 언제부터 인상을 하여야 하는지 시기에 대하여 논란이 될 수 있다.

따라서 불이익 배제의 원칙을 강조하여 부당한 차별을 하여서는 안 되게 하는 동시에 앞으로 제주특별자치도가 나가야 할 방향하에서 합리적으로 요금 및 수수료 등을 설정하고, 단계적 인상 등 도민에게 피해가 덜 되는 방식을 강구하며, 도민들을 설득해 나가야 할 것이다.

참고로, 이와 유사한 법제처 유권해석례(11-0032, 2011. 2. 24)가 있어 소개하면 다음과 같다.

---

1. 질의요지

지방자치단체의 통합에 따라 상·하수도 사용료 및 생활폐기물 처리 수수료를 단일화하면서 해당 사용료 및 수수료가 인상되는 경우, 이러한 사용료 및 수수료를 인상하는 내용의 조례가 「지방행정체제 개편에 관한 특별법」 제23조에 위배되는지?

2. 회답

지방자치단체의 통합에 따라 상·하수도 사용료 및 생활폐기물 처리 수수료를 단일화하면서 해당 사용료 및 수수료가 인상되는 경우, 이러한 사용료 및 수수료를 인상하는 내용의 조례는 「지방행정체제 개편에 관한 특별법」 제23조에 위배되지 않습니다.

3. 이유

「수도법」 제38조, 「하수도법」 제65조 및 「폐기물관리법」 제14조에서는 각각 수돗물의 요금, 하수도 사용료 및 생활폐기물 처리 수수료(이하 "상·하수도 등 사용료"라 함)를 지방자치단체의 조례로 정하도록 규정하고 있고, 「지방자치법」 제22조에서는 지방자치단체는 법령의 범위 안에서 그 사무에 관하여 조례를 정할 수 있도록 규정하고 있는바, 상·하수도 등 사용료를 해당 지방자치단체의 조례로 정할 때에도 법령의 범위 안에서만 가능할 것인데, 「지방행정체제 개편에 관한 특별법」(이하 "지방행정체제개편법"이라 함) 제23조에서는 지방자치단체의 통합으로 인하여 종전의 지방자치단체 등의 주민에게 새로운 부담이 추가되지 않도록 규정하고 있어서, 상·하수도 등 사용료를 인상하는 내용의 조례가 종전의 지방자치단체의 주민에게 새로운 부담을 추가하는 것이어서 지방행정체제개편법 제23조에 위배되는지가 문제됩니다.

지방행정체제개편법 제23조부터 제32조까지에서는 종전의 지방자치단체를 효율성 있는 단위로 개편하기 위하여 지방자치단체의 통합이 필요한 경우, 이러한 통합을 촉진하고 장려하기 위하여 공무원에 대한 공정한 처우 보장, 통합비용 및 절감예산 지원 등의 각종 특례를 규정하고 있는데, 이러한 특례의 하나로 불이익배제 원칙을 규정하고 있는 같은 법 제23조는 통합에 따른 종전의 지방자치단체 주민의 부담을 완화하고 통합되지 아니하는 다른 지방자치단체와의 형평성을 확보하기 위하여 종전의 지방자치단체의 주민에게 새로운 불이익을 주지 못한다는 기본적인 원칙을 정한 훈시적 규정이라 할 것입니다.

그런데 지방자치단체의 통합 이후 종전의 세 개의 지방자치단체에서 각각 다르게 정하고 있던 상·하수도 등 사용료를 하나로 통일하면서, 일부 지역의 경우에는 통일된 상·하수도 등 사용료가 종전의 지방자치단체에서 부담하던 것보다 상승할 수 있는바, 이러한 상·하수도 등 사용료는 통합 지방자치단체의 상·하수도의 유지관리비, 감가상각비와 상·하수도의 사용량·품질·사용 형태 및 생활폐기물의 종류·양 등을 고려하여 산정하는 것으로서 통합 지방자치단체의 사정에 따라 이러한 상·하수도 등 사용료의 단가 인상요인이 발생하면 이를 고려하여 사용료를 인상하게 되는 것이고, 이러한 요금의 인상요인은 순수하게 지방자치단체의 통합으로 인하여 발생한 것이 아니라 지역단위의 변화에 따라 상·하수도 등 사용료의 적정한 단가를 조정·반영하기 위한 것으로서, 이러한 상·하수도 등 사용료의 인상이 지방자치단체의 통합에 따른 새로운 부담에 해당하는 것이라고 보기는 어렵습니다.

만약, 적정한 단가를 조정·반영한 상·하수도 등 사용료의 인상이 지방행정체제개편법 제23조에 위배되는 것이어서 사용료를 인상할 수 없다면, 상·하수도의 공급 단가 및 생활폐기물 처리 단가를 인상하여야 하는 요인이 발생하였음에도 불구하고 상·하수도 등 사용료를 인상하지 못하게 되어 상·하수도 공급 및 생활폐기물 처리에 따르는 적자 누적 등의 문제가 발생할 것이고, 또한 적정한 단가의 상·하수도 등 사용료를 지불하고 있는 다른 지방자치단체와의 형평성에도 맞지 않는다고 할 것입니다.

따라서 지방자치단체의 통합에 따라 종전의 지방자치단체에서 각각 달리 부과되던 상·하수도 등 사용료를 단일화하면서, 통합 지방자치단체의 상·하수도 사용 등에 대한 적정한 단가를 산정하여 종전의 지방자치단체에서 부과되던 상·하수도 등 사용료보다 인상되는 내용의 조례를 정하는 것은 지방자치단체의 통합에 따른 새로운 부담으로 볼 수는 없을 것이므로, 지방행정체제개편특별법 제23조에 위배되지 않는다 할 것입니다.

5) 제주특별자치도의 규제는 폐지 또는 완화되어야지 강화하여서는 안 된다.

모든 규제가 폐지되거나 완화되어야 한다고 생각하는 경향이 있다. 이렇게 오해를 하고 있는 이유는 첫째는, 제주특별자치도는 제주국제자유도시이고, "제주국제자유도시"란 사람·상품·자본의 국제적 이동과 기업활동의 편의가 최대한 보장되도록 규제의 완화 및 국제적 기준이 적용되는 지역적 단위(제주특별자치도법 제2조)이기 때문이다.

둘째는, 국제자유도시를 위하여 대부분의 규제는 폐지 또는 완화되어야 하고, 앞으로도 중앙행정기관의 장은 제주자치도를 국가발전을 선도하는 규제자유화 지역으로 발전시키기 위하여 관계 법령상의 규제를 제주자치도에 대하여 우선적으로 정비하도록 노력하여야 하기 때문이다(제주특별자치도법 제345조).

그러나 환경과 사회복지에 대한 규제기준 등을 도조례로 정할 때에는 관계 법령의 규정에 의한 기준보다 완화되어서는 안 된다(제주특별자치도법 제350조)고 하고 있기 때문에 이는 진실이 아니다.

따라서 모든 규제는 강화되어서는 안 된다고 하는 것과 모든 규제는 완화되어야 한다고 하는 것은 모두 잘못이다. 환경과 사회복지에 있어서의 규제는 오히려 강화되어야 하고, 환경과 사회복지를 제외한 다른 규제들은 완화되어야 하는 것이 맞는 표현이라고 할 것이다.

그러나 현재는 환경과 사회복지에 있어서의 규제는 반드시 강화하여야 하지만, 앞으로는 제주특별자치도의 여건 등을 고려하여 완화할 부분이 있을 수도 있으므로 검토할 필요가 있을 것이다.

<제주특별자치도법>
제2조(정의) 이 법에서 "국제자유도시"라 함은 사람·상품·자본의 국제적 이동과 기업활동의 편의가 최대한 보장되도록 규제의 완화 및 국제적 기준이 적용되는 지역적 단위를 말한다.
제345조(규제자유화의 추진) ① 중앙행정기관의 장은 제주자치도를 국가발전을 선도하는 규제자유화 지역으로 발전시키기 위하여 관계 법령상의 규제를 제주자치도에 대하여 우선적으로 정비하도록 노력하여야 한다.
　② 제주자치도는 국제자유도시 조성에 필요한 규제정비를 위하여 규제정비에 관한 기본적인 사항을 도조례로 정하여야 한다.
　③ 제2항에 따른 도조례는 자치법규에 규정된 규제의 등록 및 공표, 규제의 신설 또는 강화에 대한 심사, 기존 규제의 정비 및 규제심사기구의 설치 등에 관한 사항을 포함하여야 한다.
　④ 제주자치도는 자치법규로 정하는 규제에 대하여는 도조례로 5년 이내의 기한을 설정하여 재검토하고, 규제의 내용 및 절차개선 등의 규제개혁 조치를 하여야 한다. 이 경우 도조례로 정하는 규제개혁 수단을 활용할 수 있다.
　⑤ 도지사는 제4항에 따른 재검토 결과 및 규제개혁 방안을 지원위원회에 제출하여야 한다.
　⑥ 지원위원회는 제2항부터 제5항까지의 사항과 관련하여 필요한 경우에는 심의를 거쳐 도지사에게 의견을 제시할 수 있다.
　[전문개정 2011.5.23]
제350조(조례제정사항의 최소 기준) ① 제300조 제2항, 제301조 제2항, 제302조 제2항, 제303조 제2항, 제304조 제2항, 제304조의2 제2항, 제305조의2 제3항 및 제306조 제2항에 따라 도조례로 정할 수 있도록 한 경우「야생동·식물보호법」제19조 제4항·제5항, 제23조 제1항·제5항, 제54조 제12호 및 제55조 제7호,「대기환경보전법」제16조 제1항, 제29조 제3항 및 제32조 제2항·제4항·제5항,「소음·진동관리법」제7조 제1항, 제21조 제2항, 제24조 제2항 및 제27조,「수질 및 수생태계 보전에 관한 법률」제12조 제3항, 제32조 제1항·제2항, 제53조 제1항·제4항 및 제61조,「하수도법」제7조 제1항 전단 및 제40조 제1항·제2항·제4항,「가축분뇨의 관리 및 이용에 관한 법률」제13조 제1항·제2항,「토양환경보전법」제4조의2, 제15조의3 제1항 및 제16조,「폐기물관리법」제19조, 제29조 제1항부터 제3항까지, 제30조 제1항(같은 항 전단 중 폐기물처리시설에 한정한다), 제31조 제1항부터 제4항까지, 같은 조 제6항부터 제8항까지의 규정에 따른 기준은 관계 법령에 따른 기준보다 완화되어서는 아니 된다. 다만,「토양환경보전법」제4조의2 및 제16조에 따른 기준은 환경부장관과 협의를 거쳐 완화할 수 있다.
　② 제326조, 제327조, 제327조의2부터 제327조의4까지 및 제328조부터 제342조까지의 규정에 따라 도조례로 정할 수 있도록 한 경우 그에 따른 각종 행정처분 등의 규제기준이 관계 법령에 따른 기준보다 완화되거나 지원 수준이 낮게 되어서는 아니 된다.
　[전문개정 2011.5.23]

---

11. 헌법에 왜, 무엇을, 어떻게 반영할 것인가?

1) 현 황

제주특별자치도법 제10조 및 부칙 제4조에서는 종전의 제주도를 폐지하고, 제주특별자치도를 설치하여 이 법이 정하는 특수한 지위를 부여하였다. 이로써 제주특별자치도는 단순히 광역지방자치단체인 기존의 제주도가 그 명칭만 변경된 것이 아니라 지방자치단체의 성격까지 바뀌게 되었고, 기존의 지방자치단체의 종류와 그 성격이 다르기 때문에 2006년 1월 11일 「지방자치법」을 개정하여 제2조 제1항 제1호에서 지방자치단체의 종류에 "특별자치도"[113]를 추가하고, 같은 법 제174조 제2항에서는 서울특별시와 같이 제주특별자치도의 지위·조직 및 행정·재정 등의 운영에 있어서 행정체제의 특수성을 고려하여 법률이 정하는 바에 따라 특례를 둘 수 있도록 하고 있다.

한편, 제주특별자치도법 제9조에 따르면, 다른 시·도와 달리 제주특별자치도지사는 제주특별자치도의회 재적의원 3분의 2 이상의 동의를 얻어 제주특별자치도와 관련하여 법률에 반영할 필요가 있는 사항에 대한 의견을 제주특별자치도지원위원회에 제출할 수 있도록 되어 있다.

2) 헌법 규정의 필요성

위에서 살펴본 바와 같이 현재 법률에 제주특별자치도에 대한 특례가 일부 반영되어 있으나, 이를 헌법으로 상향 규정하고 보완하여야 하는지에 대하여 논란이 있을 수 있다.

그러나 현재 법률에서 헌법으로 상향 규정하고 보완하여야 할 필요성은 다음과 같다.

첫째는, 제주특별자치도가 한국 지방자치의 이정표이고, 국제자유도시의 조성 더 나아가 국가발전에 이바지하기 위하여 헌법에 규정하여 더 강력하게 추진할 필요가 있다. 현재 제주특별자치도가 누리는 특례는 독점적인 것이 아니라 다른 지역보다 먼저 누리는 선도적·시범적·선점적인 특례에 지나지 아니하지만, 제주특별자치도는 제주의 번영뿐만 아니라 세계화·개방화의 흐름 속에 한국의 경쟁력을 갖추기 위한 실험적 제도 운영이기 때문에 성공을 위하여 더 강력하게 추진되어야 한다.

둘째는, 제주특별자치도법 개정 시 중앙부처에서 제주특별자치도의 의견을 받아주지 아니하는 명분이 지역형평성에 어긋나기 때문이라고 하고 있는데, 제주특별자치도가 지역형평성 논리에 적용받지 아니하고 근본적으로 다른 지역과 달리 특수한 지위를 인정받아 한국의 지방자치가 지체되지 않고 발전을 할 수 있도록 현행 법률에서 헌법으로 상향 규정할 필요성도 있다.

---

113) 다른 시·도와 특별자치도가 무엇이 다른지에 대해서는 명확한 설명이 없으나, 제주특별자치도를 추진하면서 특별자치도를 자치권의 획기적인 확대와 분권의 특례를 통하여 일반자치단체와는 다른 특별한 지위를 가지고 책임행정을 수행하는 선도적 자치단체를 의미하는 것으로 보았다(제주도, 제주특별자치도 추진계획, 2004. 11.).

셋째는, 제주특별자치도가 정권에 관계없이 지속적이고 안정적으로 추진되고, 중앙행정기관의 권한도 개별적으로가 아닌 포괄적으로 이양을 받기가 좋으며, 제주특별자치도 완성을 위하여 안정적으로 재정을 확보하는 등 자치권 확보를 위해서 헌법을 개정하여 법적 지위를 인정받을 필요가 있다.

3) 헌법 반영 내용

헌법에 반영할 내용은 다른 시·도와 같이 지방자치권을 보장받는 것[114]과 제주특별자치도만 반영하는 것에 따라 큰 차이가 나고, 이는 헌법 반영 전략에도 큰 차이를 가질 수밖에 없을 것이다. 다른 시·도와 같이 일반적으로 반영할 경우에는 다른 시·도와 연합하여 제주특별자치도만 추진하는 것보다는 반영 가능성이 높을 수는 있지만, 제주특별자치도가 앞장서서 할 필요성이 많지 않고, 제주특별자치도만의 지위를 확보하는 의미도 없으므로, 여기에서는 제주특별자치도만을 반영하는 것으로 검토하여 보면 다음과 같다.

헌법에 반영하고자 하는 내용은 크게 다음과 같다.[115]

첫째는, 제주특별자치도의 법적 지위를 반영하여야 한다. 「지방자치법」 제174조 제2항에 규정된 내용을 보완하고 제주특별자치도의 특수성을 고려하여 지위에 대한 특례를 인정받을 수 있도록 하여야 할 것이다.

---

114) 조례의 제정범위를 제약하고 있는 헌법 제117조 제1항 중 "법령의 범위 안에서"라는 문구를 "법률(법령)에 위반하지 아니하는 범위 안에서"로 고쳐 주민의 권리제한, 의무부과 및 벌칙도 조례로 정할 수 있도록 하여야 한다는 내용이다.

115) 이기우 교수안(이기우, 지방자치 활성화를 위한 헌법개정안의 제안, 「헌법 다시 보기」, 창작과 비평, 2007.

> 헌법 제118조의2
> ① 제주국제자유도시를 실현하고 제주도의 정치적·경제적·사회적·문화적 특수성에 기초한 지방분권을 실현하기 위하여 제주도의 자치권을 법률이 정하는 바에 따라 확대할 수 있다.
> ② 제주도의 조직과 행정기구 및 그 운용에 관한 사항에 대해서는 제주도가 조례로 정한다.
> ③ 국방, 외교, 통일, 화폐, 금융, 감찰, 사법 등 국가 전체의 통일성을 기하기 위하여 필요한 영역을 제외하고는 국제자유도시와 지방분권의 선도적인 실현을 위해 필요한 경우에 제주도는 법률과 다른 규정을 조례로 정할 수 있다.

양덕순·김성준 교수안(양덕순·김성준, 제주특별자치도의 헌법적 지위에 관한 연구, 「제주특별자치도의회의 위상과 향후과제」, 제주특별자치도의회, 2008. 9, 264쪽 이하.

> 제주도의 지역적 역사적 문화적 특성을 감안하여 특별한 정치적, 행정적 제도를 두고 법률에 의해 운영하되, 정치적 행정적 자치는 어떠한 경우에도 국가의 완전한 주권을 훼손해서는 안 된다.

표명환 교수안(표명환, 제주특별자치도법의 헌법적 한계와 개선방향, 한국토지공법학회, 제43집 제2호, 2009. 2, 250쪽.

> 헌법 제○○○조(제주특별자치도의 지위 등)
> ① 지리적·역사적·인문적 특성을 살려 지방분권을 선도하고, 국제자유도시의 실현을 위하여 제주특별자치도에 특수한 정치적·행정적인 지위를 보장한다.
> ② 제주특별자치도는 법률이 정하는 바에 따라 자치권을 가진다. 다만, 이때 제52조의 규정에도 불구하고 제주특별자치도지사는 국회에 법률안을 제출할 수 있다.
> ③ 제2항에 따른 법률안의 제출절차 등에 관한 필요한 사항은 법률로 정한다.
> ④ 제주특별자치도는 외교·국방·통일 등 국가사무를 제외하고는 필요한 경우에 법률과 다른 규정을 조례로 정할 수 있다. 이때의 조례는 법률과 같은 효력을 가진다.

국가는 제주도의 지역적·역사적·인문적 특성을 살려 지방분권을 획기적으로 실시하고, 국제자유도시를 조성하기 위하여 제주도에 대하여 다른 지역보다 정치적·행정적인 특수한 지위를 보장하고, 안정적인 재정이 확보되도록 하여야 한다.

둘째는, 제주도의 특수한 지위 등을 규정한 법률안에 대한 제출권을 인정받아야 한다. 현재 제주특별자치도지원위원회를 통한 제출보다 많이 진전된 것이라 할 것이다. 모든 법률안에 대한 제출권을 인정받으면 좋겠지만, 현실성이 현저히 떨어지므로 제주도의 특수한 지위 등을 규정한 법률만이라도 법률안 제출권을 갖도록 노력하여야 한다. 또한, 법률안 제출절차는 포르투갈의 마데이라와 유사하게 제주특별자치도의회 재적의원 과반수의 발의와 재적의원 3분의 2 이상의 찬성을 거치도록 하는 등 헌법에 구체적으로 명시할 수도 있으나, 정부의 법률안 제출처럼 의결방법, 부서방법 등을 법률로 정하면 될 것이다.

① 제주도의 특수한 지위 등을 규정한 법률안에 대해서는 제52조에도 불구하고 제주특별자치도지사가 국회에 제출할 수 있다.
② 제1항에 따른 법률안 제출절차 등에 필요한 사항은 법률로 정한다.

셋째는, 제주특별자치도조례를 법률과 같은 효력을 갖도록 하여야 한다. 현재 죄형법정주의, 조세법률주의, 재산권법정주의 등에 따라 기본권 등을 제한하려면 법률로써 하여야 하는데, 조례는 법률과 같은 효력이 아니고, 법률의 위임을 받아 제정하여야 하므로, 자치입법권이 제한을 받고 있다. 따라서 이러한 문제를 해결하기 위하여 도조례도 특정한 사항을 제외하고는 법률과 다른 것을 정할 수 있도록 하고, 이렇게 도조례로 정하는 경우에는 법률과 같은 효력을 발생하도록 하면, 주민의 권리제한, 의무부과 및 벌칙도 조례로 정할 수 있게 되고 나아가「지방세법」에 나오지 아니하는 세목의 신설도 가능하게 하여 자주재정을 확충할 수 있을 것이다.

이렇게 하는 방법에는 다음 두 가지 방법을 생각할 수 있을 것이다. 하나는, 도조례가 법률보다 하위의 효력을 가지나, 법률이 정하고 있지 아니한 것을 규정하는 경우에는 법률과 같은 효력을 갖도록 하는 방법(제1안)이고, 또 다른 하나는, 특정한 분야에 대해서는 도조례로 정할 수 없도록 하고, 그 나머지 분야에 대해서는 법률과 다르게 정할 수 있도록 하여 법률보다 더 큰 효력을 갖도록 하는 방법(제2안)이다. 전자의 방법은 현실적이지만, 도조례 제정범위가 제한적인 반면, 후자의 방법은 현실성은 떨어지지만, 도조례 제정범위가 넓다고 할 수 있다.

<제1안>

> ① 제주도는 법률에 위반되지 아니하는 범위에서 자치사무를 처리하기 위하여 주민의 권리제한, 의무부과에 관한 사항 및 의무위반행위에 대한 벌칙을 도조례로 제정할 수 있다.
> ② 제1항에 따라 도조례로 제정한 경우에는 도조례를 법률로 본다.

<제2안>

> ① 제주도는 국방, 외교, 통일, 화폐, 금융, 검찰, 사법 등 국가사무를 제외하고는 지방분권을 획기적으로 실시하고, 국제 자유도시를 조성하기 위하여 필요한 경우에 법률과 다른 규정을 도조례로 제정할 수 있다.
> ② 제1항에 따라 도조례로 제정한 경우에는 도조례를 법률로 본다.

4) 헌법 반영 전략

언제든지 시기 등이 맞으면 헌법 개정 논의가 본격적으로 시작될 가능성이 매우 높으므로, 이에 대비하기 위하여 논리를 축적시켜야 할 것이다. 이를 위한 전략으로는,

첫째로, 학계, 정치계와 공동 세미나 등을 개최하여 폭넓은 공감대를 형성할 필요가 있다. 한국헌법학회, 한국지방자치학회, 한국지방자치법학회, 한국정치학회, 공법학회 등 학계, 국회의원 등 정치계와 합동으로 세미나, 토론회 등을 개최하거나 용역을 주는 등 제주특별자치도의 지위 등을 헌법에 규정될 수 있도록 공감대를 형성하고, 더 나아가 헌법에 규정할 구체적 내용까지 어느 정도는 확정할 필요가 있다.

둘째로, 도의회를 포함한 도민의 공감대 형성 및 헌법 반영 서명 작업도 병행할 필요가 있다. 학계, 정치계도 중요하지만 일단은 도의회를 포함한 도민의 공감대가 전제되어야 하므로, 이를 위한 세미나, 서명 행사 등도 개최할 필요가 있다. 이 과정에서 특히, 제주특별자치도에 소재하는 대학의 학자들 역할이 매우 중요하다고 할 수 있을 것이다.

셋째로, 대선과 연결하여 대선공약화에 박차를 가하여야 하고, 대선 후에는 이를 관철시키기 위하여 노력하여야 할 것이다. 일단 대선공약으로 되는 경우 헌법 개정 시 논의될 가능성이 많으므로 헌법에 특수한 지위를 받는 것이 제주특별자치도의 핵심현안으로 인식할 수 있도록 하는 한편, 도의회의원, 정치가 등을 중심으로 대선공약으로 채택될 수 있도록 노력하여야 할 것이다. 대선 후에는 학계, 정치계 등과 함께 이를 관철시킬 수 있도록 노력하여야 할 것이다.

넷째로, 다른 특별자치지역과 연대를 모색할 필요도 있을 것이다. 물론, 제주특별자치

도만 특례를 인정받도록 할 필요는 있지만, 다른 특별자치지역과 힘을 합치면 더 수월해질 수 있으므로 전략적 차원에서 세종특별자치시 등과 연대를 모색할 수도 있을 것이다.

다섯째로, 위에서 말한 내용을 모두 반영시키기는 현실적으로 곤란할 수 있으므로, 헌법 개정 논의과정에서 버릴 것은 버릴 준비를 하여야 할 것이고, 버리더라도 차례로 버리고, 제주특별자치도에서 원하는 최소한의 것(지위 보장)이라도 반영하도록 하여야 할 것이다.

<학자들의 견해>

1) 안성호, 대전대 행정학과 교수, 제주특별자치도 출범: 고도의 자치분권을 위한 의미 있는 한 걸음.
제주특별자치도의 법적 지위를 확고히 하기 위해 향후 헌법에 제주 특별자치의 핵심적 원칙과 그 지위를 규정할 필요가 있음(마데이라의 경우가 그러함).

2) 이기우, 인하대 교수
 ① "지방자치 활성화를 위한 헌법 개정안의 제안", "헌법 다시보기", 창작과 비평, 2007.
제주도의 조직과 행정기구 및 그 운용에 관한 사항에 대해서는 제주도가 조례로 정할 수 있도록 하고, 국방, 외교, 통일, 화폐, 금융, 검찰, 사법 등 국가 전체의 통일성을 기하기 위하여 필요한 영역을 제외하고는 국제자유도시와 지방분권의 선도적인 실현에 필요한 경우에 제주도는 법률과 다른 규정을 조례로 정할 수 있도록 규정하고 있다.
 ② 지방자치 기반강화를 위한 헌법 개정, 한국지방자치학회보, 제17권 제4호, 2005.
분권실험의 인큐베이터로서 제주도의 자치권을 획기적으로 확대하여 한편으로는 지방분권의 선도적인 기능을 하게 하고 다른 한편으로 제주국제자유도시를 실현하기 위한 규제자유지역, 교육, 의료, 관광산업과 첨단산업을 육성하기 위한 전략으로서 제주특별자치도의 설치를 위한 법률의 제정이 추진되고 있다. 제주특별자치도의 핵심은 제주도의 자치입법권의 획기적인 확대에 있다. 내부의 조직과 운영, 인사 등에 대한 자율권을 대폭 증대시키고 교육과 관광 및 의료산업의 증진, 외국어사용의 확대 등을 통하여 중국에서 홍콩이나 포르투갈의 마데이라와 같은 지위를 부여하고자 하는 것이다. 연방국가에 있어서 주에 준하는 입법권과 행정권을 부여하여 제주도의 독자적인 정치적, 행정적, 문화적인 발전이 가능하도록 하자는 것이다. 예컨대 교육분야에 있어서는 교육과정, 학제, 학생선발, 교사의 자격, 학교의 조직과 운영, 교육행정체제 등에 있어서도 제주도가 조례로 정하는 바에 따라 여타지역과는 다른 법제를 가질 수 있도록 하자는 것이다. 즉, 일정한 법 영역에 있어서 국가의 법은 제주도를 지역적인 효력범위에서 제외하고 제주도에 독자적인 입법을 할 수 있도록 제주도의회에 입법권을 부여하는 정도의 자율권을 보장하는 구상을 포함하고 있다. 특히 경제와 물류의 이동 등에 관련된 규제에 대해서는 제주도에 적용이 되지 않고 필요한 경우에는 제주도의회가 정하도록 하자는 구상이다. 이를 위해서는 일정한 분야의 법률에 대해서 제주도에서 독자적인 입법권을 갖도록 하는 것이 필요하다. 헌법에서 이들 분야에 대한 입법권을 포괄적으로 제주도에 이양하지 아니하는 한 개별 법률에서 일일이 위임근거를 마련해야 한다. 후자의 방식은 모든 예외적인 조치를 예상하는 것이 사실상 불가능하기 때문에 특별자치도의 모습도 불완전할 수밖에 없다. 이에 제주도에 대한 규정을 헌법에 규정하는 것이 필요하다. 참고로 중국헌법에서는 특별행정구를 헌법에 다음과 같이 규정하고 있다. "국가는 필요할 경우 특별행정구를 설립할 수 있다. 특별행정구 내에서 실행하는 제도는 상황에 따라 전국인민대표대회가 법으로써 규정한다." 이에 근거하여 1990년 4월 4일 중국의 전국인민대표대회는 제3차 회의에서 "중화인민공화국홍콩특별행정구기본법"을 제정하였다. 포르투갈에서는 헌법 제Ⅶ편 자치지역(Regioes Autonomas)에 근거하고 있는데, 헌법 제225조는 아조레스와 마데이라의 정치적, 행정적 지위에 관해 규정하고 있다[116]. 제주특별도에 대한 헌법상 지위를 보장하기 위하여 다음과 같은 조항을 추가하는 것을 제안한다.
헌법 제118조의2
"① 제주국제자유도시를 실현하고 제주도의 정치적・경제적・사회적・문화적 특수성에 기초한 지방분권을 실현하기 위하여 제주도의 자치권을 법률이 정하는 바에 따라 확대할 수 있다.
② 제주도의 조직과 행정기구 및 그 운용에 관한 사항에 대해서는 제주도가 조례로 정한다.
③ 국방, 외교, 통일, 화폐, 금융, 검찰, 사법 등 국가전체의 통일성을 기하기 위하여 필요한 영역을 제외하고는 국제자유도시와 지방분권의 선도적인 실현을 위해 필요한 경우에 제주도는 법률과 다른 규정을 조례로 정할 수 있다."

---

116) 자세한 내용에 대해서는 소진광, 2005, "특별자치의 외국사례와 교훈: 포르투갈 마데이라 자치주를 중심으로", 지역혁신과 자치역량 강화, 제주발전연구원・한국지방자치학회 제주지회 공동 학술세미나 발표논문집(2005년 4월 29일), pp.79-96 참조.

3) 소진광, 경원대 교수

① 제주특별자치도 출범 1주년 성과와 과제, 2007.

참여정부는 제주특별자치도를 출범시켜 우리나라 지방자치제도 개혁방향을 제시하고 있는 셈이다. 제주특별자치도는 그런 의미에서 설명해야 하는 숙명적 과제를 안고 있다. 제주특별자치도가 정권에 관계없이 안정적으로 추진되기 위해서는 포르투갈이나 이탈리아와 같이 「헌법」에 제도적 근거를 명시하여야 한다.

헌법 개정 시 지방자치의 근거를 강화하고 제주특별자치도의 근거를 포함하여야 할 것이다. 포르투갈과 이탈리아 헌법에서와 같이 새로운 헌법에서는 중앙정부와 제주특별자치도의 관계, 제주특별자치도에 대한 특례사항을 규정하여야 한다.

② 정부의 특별지원금 절실, 나라경제, 2007. 7.

흔히 세계화·지방화·정보화 사회로 불리는 이 시대에 지방분권은 한정된 자원과 기회를 가장 효율적으로 활용하여 지역특성에 맞는 지역발전을 도모하고 국가경쟁력을 제고할 수 있는 검증된 국가운영방식이다. 지방분권은 단순한 유행이 아니고 지역발전을 도모하기 위한 실천전략으로 접근되어야 한다. 2006년 7월 1일을 기해 출범한 제주특별자치도는 세계화·지방화 및 정보화 추세를 선도할 수 있도록 국제자유도시와 평화의 섬을 지향하고 있다. 이를 실현하기 위해서는 다음과 같은 제주특별자치도 발전방향이 마련되어야 할 것이다.

첫째는 다음 정권에서 본격적으로 추진될 것으로 예상되는 「헌법」 개정 시 지방자치의 근거를 강화하고 제주특별자치도의 근거를 포함하여야 할 것이다. 포르투갈과 이탈리아의 「헌법」에서와 같이 새로운 「헌법」에서는 중앙정부와 제주특별자치도의 관계, 제주특별자치도에 대한 특례사항을 규정하여야 한다.

둘째는 제주특별자치도 설치 목적에 부합할 수 있는 포괄적 특례가 인정되어야 한다. 단순히 다른 지역에 비해 추가적인 자치특례를 인정한다는 정치논리로 접근해서는 소기의 성과를 거둘 수 없다. 개방적 세계화 체제에서 자본과 유능한 인력을 끌어들이는 데 한계가 있기 때문에 제주특별자치도에 대해서만이라도 그러한 제도적 한계를 제거하여 우리나라의 대표로서 세계 다른 지역과 경쟁할 수 있는 여건을 마련하여야 하는 것이다.

셋째, 제주특별자치도의 조례제정권이 확대되지 않고서는 제주특별자치도 설치 실익을 담보할 수 없다. 제주특별자치도의 발전은 제주만의 발전으로 한정되지 않는다. 즉, 제주특별자치도의 특별 자치권은 다른 지역의 시기나 질투의 대상이 되어서는 안 된다. '차별적 지역발전'이 가능하기 위해서는 지역특성을 고려할 수 있는 조례제정권의 범위가 확대되어야 하는데, 「제주특별자치도 특별법」은 지역특성을 반영할 수 있는 근거가 세계의 다른 경쟁 지역에 비해 약하다. 그런 점에서 제주특별자치도 특례관련 입법과정에는 포르투갈 마데이라 혹은 아조레스 자치주와 마찬가지로 제주특별자치도의회가 주도적으로 참여할 수 있어야 한다.

넷째, 제주특별자치도가 지향하고 있는 미래상을 실현하기 위해서는 실천수단인 재정을 확보할 수 있어야 한다. 제주특별자치도의 발전은 우선은 그 안에 사는 주민들의 삶의 질을 제고하겠지만 결국 우리나라 전체적인 이익으로 귀착된다. 그런 점에서 제주특별자치도가 지향하고 있는 국제자유도시, 평화의 섬 등은 제주도가 독자적으로 추진해야 하는 일이 아니라 나라 전체가 힘을 보태 추진해야 할 과제인 것이다.

4) 김순은, 동의대학교 교수

① 국제자유도시 실현을 위한 제주특별자치도의 제도개선과제 연구, 2007.

한국 헌법에는 권한의 지역적 분배에 관한 조항이 없다. 결과적으로, 한국의 지방정부들은 중앙정부에 의해 만들어진 법에 의해 명시적으로 권한 분배를 하지 않으면 정부의 기능을 수행할 수 없게 되었다.

주민주권의 원칙에 따라 지방정부들은 경찰, 교육, 환경보호 등과 같은 고유의, 그리고 전래의(inherent) 기능들을 수행해야 한다. 이러한 헌법적 해석은 지금까지 한국에서 받아들여지지 않았다.

제주특별자치도의 더 나은 발전을 위해서는 가까운 미래에 한국 헌법에 중앙정부와 지방정부 간의 지역적 권한 분배에 대한 내용이 규정되어야 한다.

또한 중앙권한의 비대칭적 이전도 헌법적으로 규정되어야 하는데, 이는 포괄적인 분권개혁이 매우 어렵고 복잡하기 때문이다.

② 제주특별자치도의 법적 지위와 향후 전망, 2007.

연방제를 채택하고 있는 국가의 주정부에 비견될 수 있도록 자치권이 부여된 제주특별자치도를 설치하는 것이 참여정부의 기본적인 정책목표였으나 헌법의 근거가 없다는 이유로 현재의 수준과 방식으로 귀결되었다. 우리나라의 경우 연방제의 주정부 수준으로 입법하는 것은 위헌의 소지가 높다는 것이 공법학자의 다수설이다.

미국 연방제의 경우 주정부가 지방자치의 보장에 관한 주헌법의 규정을 두기 시작한 연원이 지방정부에 대한 입법제한을 제도화하기 위한 것이 아니라 주정부가 자의로 지방자치의 본지를 해치는 입법의 남용을 방지하는 것임은 앞에서 논의하였다.

이런 관점에서 볼 때 헌법의 지방자치에 대한 규정은 지방자치의 본질을 해치는 입법을 예방하는 차원의 제도보장으로 해석되어야 할 것이다. 따라서 헌법의 구체적인 규정이 없어도 지방자치의 활성화를 도모하는 입법은 국가의 통일성을 심각하게 해치지 않는 한 자유롭게 인정되어야 할 것이다. 현재의 제도적 상황하에서도 제주특별자치도의 활성화를 위한 대폭적인 권한이양이 가능하도록 헌법을 해석하는 것이 시대적 상황에 적합하다고 할 수 있다.

최근에 제기되고 있는 주민주권도 이러한 주장의 이론적 근거가 되고 있다. 주민들의 주권은 사안에 따라 중앙정부와 지방정부에 동시에 위임되었다는 것이 주민주권의 핵심적 내용이다. 따라서 주민들의 주권적 위임을 받은 범위 내에서 지방정부는 중앙정부의 구체적인 권한의 이양이 없어도 자율적으로 조례를 제정할 수 있다(西尾, 2002).

뿐만 아니라 향후 헌법의 개정에 관한 논의가 개시되면 대통령의 임기 등에 관한 것뿐만 아니라 통치구조의 개혁이라는 차원에서 지방자치에 관한 규정도 대폭 보완되어야 할 것이다. 특히 특별자치도를 포함하여 지방분권형 통치구조의 확립이라는 차원에서 자치입법권의 강화가 가능한 헌법의 개정이 이루어져야 할 것이다. 현행 통설로 되어있는 조세법률주의, 죄형법정주의, 기본권제한 법률주의, 재산권제한 법률주의의 헌법적 개정이 요구된다. 일정한 제한을 두는 한이 있더라도 지방정부의 조례로서 과세권 및 벌칙부과 등 자치입법권의 강화가 이루어져야 할 것이다.

헌법 개정이 이루어지게 되면 제주특별자치도의 법적 지위도 더욱 강화될 것으로 판단된다. 여기에는 영국에서 헌법적 성격을 띤 스코틀랜드법의 사례가 좋은 참고가 될 것이다.

5) 하승수, 제주대 법학부 교수, 제주특별자치도 법제의 문제점과 개선방안에 대한 소고

현재 제주특별자치도는 대한민국 헌법에는 근거가 없다. 지방자치법에 의해 지방자치단체의 한 종류로 '특별자치도'가 인정되고 있고, '제주특별자치도 설치 및 국제자유도시 조성에 관한 특별법'이라는 개별법에 근거가 있을 뿐이다. 그러나 법률에 의해 창설된 특별자치도라는 지위로는 '개별적·선별적 분권'을 벗어날 수 없고, 포괄적 분권이 불가능하다. 법률에 의해 좀 더 포괄적인 분권을 하려고 할 경우에는 왜 '제주에 대해서만 그래야 하는가'란 의문에 부딪히게 될 것이다.

따라서 '포괄적 분권'으로 가는 가장 명확한 길은 제주특별자치도의 특례를 헌법으로 보장하고, 헌법에서 외교, 국방, 사법 등을 제외한 부분에 대해서 포괄적 조례제정권을 부여받는 것이다. 즉 포르투갈의 아조레스나 마데이라와 같은 특례를 헌법으로 보장하는 것이다.[117] 이런 방식이 필요한 이유는 헌법으로 특별자치도의 지위를 보장하고 입법권을 포괄적으로 제주특별자치도에 이양하지 않는 이상 개별법률에서 일일이 위임하는 방식을 탈피할 수 없기 때문이다. 그리고 이런 헌법상 지위보장이 없이 중앙부처와 개별적인 협의를 통해 문제를 풀기는 점점 더 어려워질 것이다. 이미 18대 국회에서 개헌논의가 시작되는 것이 예정되어 있다. 그렇다면 제주특별자치도의 특례가 개헌과정에서 인정받을 수 있도록, 미리 개헌과 관련한 준비를 하는 것이 필요하다.

무엇보다도 중요한 것은 제주에 대해 헌법상으로 특수한 지위를 부여하고 헌법을 통해 고도의 자치권을 보장하는 것이 국가적으로도 이익이 된다는 논리를 개발하고 설득하는 것이 될 것이다. 또한 헌법상 어떤 내용, 어떤 방식의 특례를 인정받을 것인지에 대해서도 신중한 전략수립이 필요하다.

6) 김부찬·양덕순, 제주대 교수, 참여정부의 지방분권 수준 진단과 과제.

「제주특별자치도 설치 및 국제자유도시 조성에 관한 특별법」은 특별자치도의 이념이라고 할 수 있는 '자기결정권'을 확보하는 데 한계가 있다. 노무현 대통령은 기회가 있을 때마다, 제주를 홍콩이나 싱가포르처럼 진정한 국제자유도시로 육성하겠다는 의지를 천명하였고 이를 위해 필요하다면 제주도를 대외적 주권이 없는 하나의 국가를 창설하겠다고 했다. 이는 미국의 주정부 혹은 홍콩의 1국2체제처럼 국방, 외교, 통상 등 본래의 국가적 기능을 제외하고는 모든 권한과 기능을 제주도로 이양하겠다는 것이다. 그러나 현재의 헌법체제 아래에서는 이런 혁신적인 체제를 구축하는 것은 불가능한 상태이다. 또한 제주 역시 제주의 잠재적 가치를 극대화하여 동북아의 중심지로 성장하기 위해서는 관성적 사고에서의 접근을 탈피해야 한다. 이를 실현하기 위해서는 우리나라의 정치권력에 대한 헌법적 개정작업이 수반될 시 제주특별자치도에 관한 규정을 신설하여 대외적 주권이 없는 국가 내의 국가가 창설될 수 있도록 해야 한다.

7) 이주희, 자치인력개발원 교수, 조례의 실효성 확보를 위한 입법정책에 관한 연구, 한국지방자치학회보, 제12권 제3호, 2000.

헌법 제8장에서 지방자치에 관해 단 2개조만 규정하고 있으나 이는 지방자치를 소홀시하던 시대적 잔재라고 하지 않을 수 없다. 그러나 이제는 세계화·지방화가 강조되고 지방자치단체의 역할이 국가보다 오히려 강조되고 있는 시대적 상황을 인식하여야 하는 동시에, 다른 나라의 지방자치단체와 경쟁을 피할 수 없는 상황이므로 헌법상 지방자치에 관련 규정을 내용적으로 강화시킬 필요가 있다고 생각한다.

우선, 헌법 제117조의 "법령의 범위 안에서"라는 문구를 "법령에 위반하지 않는 한"으로 고쳐야 한다. 일본의 해석론과 같이 헌법상 "법령의 범위 안에서"라는 의미를 "지방자치법 등의 법령에서 규정된 범위 안에서" 조례를 제정할 수 있도록 하다면 문제는 간단히 해결될 수 있다. 그러나 우리 대법원은 그렇게 해석하지 않고 "헌법 제37조 제2항을 들어서 현행 법 제15조 단서가 헌법에 합치된다는 암묵적 판결을 내린 바 있으므로, 이 문제를 근본적으로 해결하려면 헌법 개정으로 해결하는 도리밖에 없다고 생각한다. 다시 말하면, 이미 논의된 법률개정 조항에 대한 위헌 시비를 차

---

117) 포르투갈 헌법 제6조 제2항은 마데이라에 독자적인 정치적·행정적 법제와 자치적 정부조직을 가질 수 있는 '특별한 지위'를 부여하고 있다.

단하기 위해서는 헌법상에 자치입법 관계 조항을 과감하게 개정·신설할 필요가 있다. 우선, 현행 헌법 제117조 제1항 중의 "법령의 범위 안에서"라는 구절의 뜻을 "법령의 위임에 의하여"라는 의미로 한정 해석하는 것을 불식시키기 위하여 이를 분명하게 "법령에 위반하지 아니하는 한"으로 개정할 필요가 있다. 이미 대법원의 판례가[118] 이러한 의미로 인식하고 있으므로 법의 개정이 불필요하다고 판단할지 모르지만, 헌법상 문구는 가능한 한 명확하게 표현하는 것이 바람직하다. 또한 대법원의 판례를 입법화하는 것은 다툼을 최소화하려는 성문법 국가의 두드러지고 있는 관행이므로 그 의미를 분명하게 표현할 필요가 있다.

따라서 헌법 제117조의 제1항은 "지방자치단체는 법령에서 위임받은 사항과 자치사무를 수행하기 위하여 법령에 위반되지 않는 한 조례를 제정할 수 있다."로 개정하고, 동시에 지방자치법 개정방안으로 제시했던 법 제15조(개정안)에서 자치사무 처리를 위해 필요한 주민의 권리제한, 의무부과 및 벌칙의 조례제정에 관한 위헌시비를 없애기 위해서 제117조 제2항을 "지방자치단체는 자치사무를 처리하는 데 필요한 주민의 권리제한 및 의무부과에 관한 사항과, 의무 위반 행위에 대한 벌칙은 조례로 정할 수 있다."고 규정함으로써, 죄형법정주의, 조세법률주의 또는 재산권제한 법률주의에 관련된 위헌 시비를 본원적으로 차단하여야 할 것이다. 그리고 제1항과 제2항의 자치사무를 명백히 하기 위하여 제3항은 "지방자치단체는 법령에 특별한 규정이 없는 한 주민의 복리에 관한 사무를 자주적으로 처리할 권한을 가진다."고 규정하는 것이다.

이와 같은 내용으로 헌법상 자치입법관계조항을 개정하게 되면 자치사무에 관한 한 입법부의 법률이나 행정부가 위임 명령만으로 조례제정권을 침해하지 못하게 됨으로써 지방자치단체의 자율권을 확대하여 자치를 보장·구현할 수 있을 것이라고 생각한다.

<신문기사 등>

1) 문화일보(2007. 2. 28.)

노, 서울-지방 '싸움' 붙이나

노 대통령은 개헌문제와 관련, "헌법을 개정하면 권력구조에 관해 손질해야 한다는 것이고, 그 외에 손질하라고 하다면 그중 1번이 지방의 자치입법권을 헌법에 부여해야 하는 것"이라고 언급, 1차로 원 포인트개헌이 성공할 경우, 지방자치입법권을 2차 개헌 때 고려할 수도 있음을 시사했다. 노 대통령의 이 같은 언급은 2차 개헌 시 지방자치입법권을 부여하겠다는 조건으로 개헌여론을 모으려는 시도일 수도 있어 주목된다.

2) 노 대통령, 지역 언론사 간부 오찬 간담회(2007. 1. 31.)

1단계 개헌 안 되면 20년 후까지 2단계 개헌 사실상 논의 어려워 1단계가 안 되면 20년 후까지는 이제 개헌 얘기를 사실상 할 수 없게 되기 때문에, 그래서 이번에 1단계 개헌을 마치고 2단계 개헌에 가서는 여러 가지 조항을 얘기하자. 그중에서도 특히 권력구조에 대해서도 좀 자유롭게 얘기할 수 있을 것이고, 장기간 논쟁도 할 수 있을 것이고, 특히 지금 지방자치 자치권 확대를 요구하고 있는데 자치입법권이 헌법 규정에 묶여서 자치입법권을 제대로 할 수가 없습니다.

이건 법적으로도 자치권을 좀 확대해야 되는 것 아니냐, 이렇게 보는 사람들이 있고, 앞으로 세계 경쟁이 지역 간 경쟁의 시대가 된다고 말하는 사람들도 있습니다. 그것이 사실이라면 지방의 자치입법권은 굉장히 중요한 영역이거든요. 그래서 자치입법권 같은 것도 헌법상 손질을 해야 우리나라가 그야말로 자치국가, 지방자치가 좀 더 발전되는 국가로 실질적으로 갈 수 있지 않냐, 이런 문제들이 있지요. 그 밖에 다른 환경조항이라든지 이런 문제를 제기하는 사람들이 있습니다. 그래서 개헌은 어쨌든 본격적으로 논의를 해야 됩니다.

3) "특별자치도 자치입법권 제한"(제주일보, 2006. 8. 19.)

도의회 의정포럼서 의견 제기

제주특별자치도의 자치입법권을 실질적으로 확대하기 위해서는 그동안 법적 장애물로 제기돼 온 '지방자치법 제15조 적용 배제 조항'을 신설해야 한다는 의견이 제시됐다.

제주특별자치도의회(의장 양대성)는 18일 오전 10시 소회의실에서 전체 의원과 사무처 직원 등이 참석한 가운데 의정활동 역량 강화를 위한 의정포럼을 개최했다.

이날 포럼에서 '제주특별자치도의회의 자치입법권 강화 방안'을 주제로 강연에 나선 김성호 전국시도지사협의회 수석전문위원은 '지방자치법 제15조 단서조항 적용 배제 조항' 신설을 강조했다.

지방자치법 15조는 '지방자치단체는 법령의 범위 안에서 그 사무에 관해 조례를 제정할 수 있다'며 '법령의 범위 안'이라는 단서를 규정, 특별자치도 자치입법권을 제한하고 있다는 것이다.

김 위원은 "특별자치도조례가 법률에 준하는 법규범임에도 불구하고 특별자치도의 입법소관 사항을 국가법으로 규율하는 것은 조례제정권을 보장하고 있는 헌법 취지와 부합하지 않으며 특별자치도가 자율적으로 국제자유도시로서의 기능과 위상을 제고하는 데 저해요인이 될 수 있다."고 지적했다.

그는 "특별자치도가 지역 내 공공복리 증대와 질서유지를 위해 필요한 사항에 관해 조례로써 주민의 권리를 제한하고 새로운 의무를 부과하는 것은 헌법과 특별자치도 특별법에 부수된 당연한 권리"라고 역설했다.

김 위원은 이와 함께 "제주도가 개별법에서 이양돼야 할 사항을 구체적으로 발굴, 이를 제정법에 포함시켜야 특별자치도의 자치입법권 범위가 실질적으로 확대될 것"이라고 주장했다.

문대림 의원은 지정토론에서 "헌법에 특별자치도 규정이 없기 때문에 지방자치법을 따를 수밖에 없는 것"이라며 "그러나 설령 법령과 충돌하더라도 주민 생활 등과 직결된 조례 입법은 과감하게 이뤄져야 한다."고 강조했다.

4) 슈이 안 서는 나라 한심한 정부(제주일보, 2007. 3. 19.)
김호성 前 행정부지사

특별자치도의 특별법 2단계 제도개선을 위하여 항공의 5자유권 허용, 투자지구 대기업 출총제 배제 등 상당히 노력한 흔적이 보인다. 그러나 법인세 인하를 비롯한 상당수의 핵심과제가 수정되거나 미반영됨으로써 특별자치도를 만든 취지의 기대에 미치지 못하고 있다. 당초 구상한 특별자치도로서 권한이 반영되지 못하는 그 이면에는 다른 지역과의 형평성과 위헌소지 그리고 조세체계의 교란, 조세 회피 가능성 등을 내세우고 있다. 특별자치도는 애당초 다른 지역과의 형평성을 무시하고 유일하게 차별화된 정책과 제도를 만들기 위함이다. 지금 와서 이런 문제들을 제기하는 것을 보면 도민을 얼마나 우습게 보며 제주도세가 얼마나 약하다는 것을 실감하게 된다. 이렇게 힘들어서야 왜 특별자치도를 만들었느냐고 묻고 싶다. 법률가인 대통령과 당시 수행했던 각 부처 장관과 내로라하는 정치 행정분야 정책교수들이 참석한 자리에서 외교·국방을 제외한 모든 권한 즉 미국의 연방주와 다름없는 특별자치도를 만들겠다고 호언장담했는데 이제 와서 이런 문제를 제기할 바에야 대통령이 약속을 하지 말든지 영(令)이 서든지 할 것이 특(特)자도 모르는 장관, 영(令)이 안 서는 나라 한심한 정부라고 말하지 않을 수 없다.

앞으로도 문제다. 3차, 4차 제도 개선과제가 산적해 있다. 고위공무원들이 제도개선에만 매달릴 수 없다. 도의원들이 중앙부처 문전에서 박대를 받는 중앙절충은 이제 한계에 다다랐다. 중앙관료의 벽이 얼마나 높은 것인지 어제오늘의 일이 아니다. 국제자유도시 특별법제정 당시 실무위원장을 하면서 쓰라린 경험을 한 필자는 이런 문제를 사전에 여러 차례 지적했다. 이제 더 이상 도민을 우롱해서는 안 된다. 1년도 안 남은 참여정부에 기댈 것이 없다. 도민들에게 당초 약속한 대로 만들지 못한 특별자치도의 정당성에 문제가 있음을 내세우고 중앙정부에 배수진을 쳐야 할 것이다. 12월 19일 치러지는 대선을 통하여 후보자가 공약을 하게 하는 방법도 있다. 대선에 나올 모 후보는 특별자치도의 완성을 약속하고 다닌다고 한다. 마찬가지이다. 말로 안 된다. 다른 지역과의 형평성 문제와 위헌소지는 언제든지 상존한다. 스페인의 마데리아의 자치권처럼 헌법을 개정해서라도 명실공히 특별자치도를 반드시 관철시키겠다는 정부를 선택하여야 할 것이다.

필자가 알기로는 자치권을 부여하는 학설로서는 고유권설과 전래권설 및 헌법적 보장권설이 있다. 고유권설은 1789년 프랑스 뚜레가 제창한 이론으로서 자치권이란 것은 국가로부터 전래된 것이 아니고 자치단체가 본래 향유하는 고유한 제4권으로서 자치단체는 국가 내의 소국가적 지위를 갖게 되는 준주권적 기능을 가지게 된다. 반면에 전래권설은 자치단체는 국가의 창조물이고 국가로부터 권한을 전래받아야 한다는 것이다. 이와 유사한 헌법적 보장권설은 칼 슈미트(Carl Schmitt)에 의하여 확립된 것으로서 헌법에 지방자치의 규정을 둠으로써 권한이 부여된다는 것이다.

우리나라는 헌법적 보장권설에 의하여 헌법 117조와 118조에 의하여 일반적으로 지방자치를 시행하고 있다. 진정으로 정부가 국가전략으로 제주도를 동북아의 허브로 발전시키려면 헌법 117조의2를 신설하여 제주특별자치도가 헌법상 특별한 권한과 충분한 재정을 보장받을 수 있도록 하여야 할 것이다.

5) "헌법 개정 시 독자 입법권 명시를"(제주일보, 2005. 8. 24.)
제주특별자치도 합의기반 마련을 위한 토론회가 제주발전연구원과 제주참여환경연대 공동 주최로 22, 23일 제주대 국제교류회관에서 열리고 있다.

토론회 첫날인 22일에는 입법·조직과 재정 등 7개 자치 분야별로 합리적이고 실현 가능한 의제를 도출하기 위한 발제와 토론이 이어졌다. 다음은 발제 및 토론 요지.

▲ 자치 입법·조직 분야=제주특별자치도 자치입법권 확대방안으로는 단기적으로 현행법상 조례제정권 한계를 극복하는 개선방안 모색과 함께 장기적으로 헌법 개정 시 지방의회 입법권을 헌법에 규정해야 한다는 의견이 제시됐다.

발제에 나선 이기우 인하대 교수는 "특별자치도 기본법에 제주도에서 적용이 배제되는 법률을 열거, 개별규제법의 장소적 효력범위에 있어 제주도를 제외하는 실체법적 접근이 필요하다."며 "제주도 특성에 부합하는 새로운 규율 필요시 조례로 위임하면 된다."고 말했다.

이 교수는 "그러나 예외 조항과 조례위임인 경우 입법 수요에 포괄적으로 대응하기 어려워 법률적 장애요인 개선을 요구하는 권한을 제주도에 부여해야 한다."고 지적했다.

이 교수는 또 "특별자치도의 핵심은 획기적인 자치입법권 확대에 있다."며 "이로 볼 때 장기적으로 홍콩과 포르투갈 마데이라처럼 헌법 개정 시 헌법에 제주도가 독자적인 입법권을 갖는 규정을 명시하는 게 필요하다."고 강조했다.

---

118) 대판 1992. 6. 23. 92주17 참조.

▲ 자치 재정 분야＝발제에 나선 김남수 제주한라대 교수는 "성공적인 특별자치도 정착을 위해서는 지방세원 확충이 확실히 담보돼야 한다."며 *제주지역 내 국세의 지방세 편입과 *정부 예산 일부를 특별자치도 재원으로 별도 지원하는 방안 등을 대안으로 제시했다.

김 교수는 또 "자주재원 확보를 위해 입도세와 관광세 등의 신세원 발굴과 부가가치세 중 일부를 지방세화하고 양도소득세의 지방세 이양 등 지방소비·소득세 신설 특례 적용을 검토해야 한다."고 말했다.

그러나 토론자로 나선 이재은 경기대 교수는 "입도·관광세 등의 신세원은 허용되더라도 관련산업 영향 등으로 도입이 어려울 것"이라며 "탄력세율을 통한 자주재원 확충이 중요하다고 본다."고 말했다.

이 교수는 특히 "정부의 재정분권은 재원 중립으로 특별자치도 추진으로 현재보다 예산을 더 주는 것은 아니다."며 "제주도 세출예산이 제대로 이뤄지는지 주민이 참여하는 제도적 장치가 있어야 한다."고 지적했다.

▲ 기능 및 사무이양＝오인택 제주도특별자치담당관은 "제주도가 특성화·차별화를 이룰 수 있도록 관광과 1차 산업, 청정환경 보전, 지속 가능한 지역개발, 교육·의료 부문에 대한 기능 이양이 검토돼야 한다."고 말했다.

오 담당관은 기능 이양 접근방법으로 "기능 이양은 특별법에 규정하고 단위 기능에 대한 운영 방향은 도민들의 합의하에 특별자치도조례로 규정해야 한다."고 덧붙였다.

▲ 지방의회＝강원철 도의회의원은 "특별자치도 도의회는 시·군의회가 조합된 형태가 아닌, 권한과 능력을 갖춘 의회가 돼야 한다."며 "이로 볼 때 전문성과 능력, 도덕성을 갖춘 인물들의 의회 진출을 위해 중선거구제를 채택하는 게 바람직하다."는 견해를 밝혔다.

강 의원은 "특별자치도 추진에 따른 업무범위 확대로 상임위원회가 확대되는 점을 감안할 때 의원정수는 35~40명 수준이 적정하다고 본다."고 피력했다.

▲ 교육자치＝이병진 전교조 제주지부 정책위원은 "교육자치에 따라 지역교육청을 교수－학습 지원센터로 전환하고 도교육청도 장학을 중심으로 한 학교지원센터로 역할을 재정립해야 한다."고 말했다.

이 정책위원은 또 "국제적 교육환경 조성에 있어 유·초·중등 교육 개방은 교육 시장화와 정체성 혼란 우려 등으로 받아들여서는 안 된다."며 반대 입장을 밝혔다.

▲ 경찰자치·특별행정기관＝양영철 제주대 교수는 "특별지방행정기관 통합은 특별자치도 위상을 결정짓는 중요한 정책이므로 원칙적으로 과감하게 해야 하며 운영은 유연성을 살리기 위해 조례로 운영하는 게 바람직하다."는 의견을 제시했다.

양 교수는 "자치경찰제는 국제자유도시 특성을 충분히 고려해 도입하고 정치적 중립성과 업무수행의 공정성 확보를 위한 제도적 장치가 필요하다."고 강조했다.

▲ 주민 참여＝고유기 제주참여환경연대 사무처장은 "특별자치도에 있어 주민참여는 단체장 및 지방의회와 동등한 비중을 부여, 특별법상 별도의 장으로 구성돼야 한다."며 "주민투표와 주민소환, 주민발안제 등의 직접참정제도는 법률상에 명시해 다뤄야 한다."고 피력했다.

6) [사설] **특별도 성공이 국가적 성공이다**(제민일보, 2007. 7. 15.)

제주특별자치도에 대한 헌법적 특례규정 주장이 또다시 나왔다. 제주도의회가 마련한 정책세미나에서 소진광 한국지방자치학회장은 헌법적 지원이 없이는 특별자치도가 추구하는 소기의 성과를 거두기는 힘들다고 지적했다.

헌법 속의 포괄적 특례규정이 절실함을 다시 한 번 일깨워 준다.

뒤집어 생각하면 헌법적 지원 없이는 특별한 자치는 생색내기에 불과하다는 주장이나 마찬가지다. 지금처럼 추가적인 자치특례를 인정해 주는 정치논리로는 특별자치도가 추구하는 소기의 성과를 거둘 수 없다는 지적과 일맥상통하는 셈이다. 이러니 헌법의 특례규정을 최우선 과제로 삼고 추진할 필요가 있다.

제주특별행정의 헌법규정 필요성은 상당수 전문가들 입에서 잇달아 제기된 내용이다. 특별자치구를 시행하는 외국에서도 사례를 찾아볼 수 있다. 정녕 특별자치행정의 반듯한 성장을 고민했다면 벌써 합리적인 방안으로 모색됐어야 옳다. 그럼에도 당사자 격인 제주도에서만 목소리를 높이는 것은 안타까운 노릇이다.

따진다면 제주특별도의 성공적 추진은 정부차원의 성과와 다를 바 없다. 다시 말해 국제자유도시를 꾸려나가는 특별자치행정에 나라전체가 힘을 보태 줘야 하는 것이다. 정치권이든 행정집단이든 간에 특별자치의 성공이 곧 주변나라들과의 경쟁력을 높이는 동시에 지방자치발전의 핵심모델을 만들어 내는 과정인 것을 외면해선 안 된다.

이제 제주특별자치행정에다 형평성의 저울질만 해대는 시각에서 벗어나는 게 바람직하다. 특별한 행정을 해 보라고 잔뜩 기대를 부풀려 놓고서 막상 권한이양에는 뒷걸음질 치는 일을 언제까지 하려고 하는가. 자치권한을 넘겨주기를 아까워하는 중앙정부나 이를 형평성의 잣대로만 들이대는 입법기관의 시각이 하루빨리 바뀔 것을 주문한다. 그 바뀌는 시각이 곧 헌법적 특례조항을 만드는 것임을 거듭 강조하지 않을 수 없다.

7) 2006년 4월 3일 오후 노무현 대통령 주재 제주특별자치도 추진상황 보고회[지정 토론자 발언 요지]
#김성준 제주대 교수(자치분야)＝제주특별자치도는 1963년 이래 중앙정부가 변방의 섬 제주, 그러나 무한한 가능성을 가진 제주에 주었던 지원정책에 대한 완결판이다. 하지만 헌법상의 제약 등으로 당초 아젠다 제기에서 논의됐던 '연방주 수준의 자치제', 혹은 '홍콩특별행정구나 포르투갈의 마데이라 수준의' 자치제가 도입되지 못해 국가의 본래적 기능을 제외한 모든 사무와 권한에 대한 포괄적 사무와 권한이 이양되지 못했다는 점이 아쉽다.
특히 조례의 제정범위가 법령이 위임한 범위 내가 아니라 제주도민의 합의 아래 지방정부 스스로의 판단으로 규제의 신설과 폐지를 할 수 있어야 한다. 따라서 헌법적 제약이 있다면 향후 헌법 개정에 관한 논의가 있을 경우에 제주특별자치도 지위에 대한 규정을 할 수 있도록 대통령의 지속적인 관심과 배려를 건의 드린다.

8) 제주도가 수립한 '제주 비전 2020' 구상안
특별자치도 기반구축을 위한 1단계(05~2010년), 기반구축을 토대로 발전 심화과정인 2단계(2011~2015년), 특별자치도 모델 완성인 3단계(2016~2020년)로 구분된다. 1단계의 경우 차등적 분권자치를 위해 ▲포괄적 행정개혁 추진 ▲성과창출 시스템 구축 ▲시범적 제도 성공 ▲자치입법권 확대를 담고 있다. 또 국제화된 특화경제도시로의 도약을 위해 ▲핵심산업 규제 특례 완화 ▲차별화된 조세제도 마련 ▲글로벌 스탠더드 확립 ▲접근성의 혁신적 개선 등이 포함돼 있다. 동북아의 중심 국제자유도시 조성을 목표로 하는 2단계는 ▲특별자치도 법적 지위 보완 ▲조세 자율권 확대 ▲경제 자치권한 이양을 통해 자치 모범도시화 ▲국제관광·교육·의료중심지로의 도약 ▲다국적 기업활동 유치 등을 추진한다. 제주국제자유도시 모델 완성을 위한 3단계에서는 ▲특별자치도 헌법적 지위 보장 ▲완전한 조세 자율권 보장 ▲전 분야 자치권의 이양 ▲법률안 제출권 보장을 통한 연방주 수준의 자치도를 목표로 하고 있다. 김태환 제주도지사는 "'제주 비전 2020' 구상안을 토대로 연방주 수준의 자치가 실현되는 국제자유도시 청사진을 마련할 '제주경쟁력 강화위원회'를 운영할 계획"이라고 밝혔다.

9) 국회 행정자치위원회 수석전문위원 검토보고, 2007. 6.
현행「제주특별자치도 설치법」은 개별적으로 사무이양 또는 조례위임하는 방식을 취하고 있음. 그러나 이러한 방식은 일일이 이양대상 사무와 조례위임 사항을 개별적으로 열거해야 하는 문제점을 안고 있으며, 현재 제주특별자치도법이 무려 363개의 조문에 달하는 복잡하고 방대한 법률이 된 핵심적인 이유도 개별이양, 개별위임방식을 취하고 있기 때문임.
제주특별자치도의 자치입법권이 대폭 확대되기 위해서는 개별위임방식보다는 포괄위임방식을 취할 필요가 있으며, 단기적으로는 제주특별자치도법에서 이양대상이 아닌 것으로 명시하고 있는 경우를 제외하고는 내부조직과 행정기구, 주민참여, 사회복지, 청소년 등 지역적 특성을 인정하여도 국가적인 혼선이 생기지 않는 분야부터 원칙적으로 법률(법령이 아니라)에 위반되지 않는 범위 내에서 조례제정을 할 수 있도록 특례를 인정하는 것이 필요할 것으로 보며, 장기적으로는 헌법 개정을 통해 제주특별자치도의 경우에는 자치입법권의 특례를 부여하는 방안도 검토하여 독자적 세입재원의 확대를 위해 헌법상 조세법률주의의 예외로서 법정외세(法定外稅)의 도입도 검토할 필요가 있다고 봄.

10) 제주의 소리, 2007. 7. 23.
범여권 대선후보 중 한 명으로 거론되고 있는 이해찬 전 국무총리가 23일 제주를 찾아 "제주특별자치도의 헌법적 지위보장을 위한 헌법 개정은 불필요하다."고 일축했다.
이날 오후 2시 제주 퍼시픽호텔 2층 연회장에서 가진 기자단 간담회에서 이 전 총리는 제주특별자치도의 지위보장을 위한 헌법 개정 필요성에 대해 "특별자치도와 헌법과는 아무 관련이 없다."며 말문을 열고 "제도개선은 주어진 헌법하에서 하는 것이고 헌법을 손대는 것은 체제를 달리할 때 필요한 것이기에 현행 헌법하에서 특별자치도 문제를 충분히 다룰 수 있다."고 잘라 말했다.
이 전 총리는 "제주도 전면 면세화나 법인세 감면 등 제도개선 부분은 헌법 개정이 아닌 국무총리실 산하 제주도지원위원회 등을 통해 관련 부처가 나서면 헌법 개정 없이도 개선이 가능하다."며 "헌법 개정 논의는 상식 이하의 논의"라고 강경한 입장을 내놓았다.

<대한민국 헌법>
제52조 국회의원과 정부는 법률안을 제출할 수 있다.
제117조 ① 지방자치단체는 주민의 복리에 관한 사무를 처리하고 재산을 관리하며, 법령의 범위 안에서 자치에 관한 규정을 제정할 수 있다.
  ② 지방자치단체의 종류는 법률로 정한다.
제118조 ① 지방자치단체에 의회를 둔다.
  ② 지방의회의 조직·권한·의원선거와 지방자치단체의 장의 선임방법 기타 지방자치단체의 조직과 운영에 관한 사항은 법률로 정한다.

<외국 입법례>

1) 포르투갈 헌법
(Section 7: 자치지역)
제225조 (아조레스 및 마데이라의 정치적 행정적 지위)
1. 지리적·경제적·사회적 및 문화적 특성과 그곳 지역주민들의 자치에 대한 역사적 열망에 바탕을 두고 있는 아조레스 및 마데이라 군도에 대해 특수한 정치적 행정적 제도(arrangements)를 둔다.
2. 지역 자치는 지역주민들에 의한 참여 민주주의, 지역주민들의 경제·사회적 발전, 지역 이익의 촉진과 보호, 전체 포르투갈인들 간의 유대관계 및 국가 단일성(national unity) 강화에 기여해야 한다.
3. 지역의 정치·행정적 자치는 어떤 방법으로든 국가(포르투갈)의 온전한 주권을 손상시켜서는 안 된다.

제226조 (법령)
1. 자치지역의 정치적·행정적 법령은 자치자치 의회(이하 "자치 의회")에 의해 입안되고 토론과 승인을 위해 국회에 상정된다.
2. 국회가 거부 또는 수정하는 경우, 국회는 검토 및 여론(수렴)을 위해 법령안을 해당 자치 의회로 돌려보낸다.
3. 여론 수렴 즉시 국회는 법령안에 대해 토의하고 최종 결정을 한다.
4. 상기 1항 내지 3항은 자치지역 법령의 개정에 준용된다.

제227조(자치지역의 권한)
1. 자치지역은 지역법인(territorial corporate entities)으로 하기 권한을 보유하며 자치 법령(statues)에서 구체화될 수 있다.
   a. 국가의 일반법률의 기본 원칙에 따라 최고권위(supreme authority)를 보유한 기관의 배타적 권한에 속하지 아니하는 해당 지역의 특수이익과 관련된 사안을 입법화
      *헌법 제110조에 의하면, 최고권위를 보유한 기관이란 대통령, 국회, 정부 및 법원임.
   b. 국회가 권한을 위임한 경우, 최고권위(supreme authority)를 보유한 기관의 배타적 권한에 속하지 아니하는 해당 지역의 특수이익과 관련된 사안을 입법화
   c. 제165조에서 규정하고 있는 국회의 배타적 권한에 속하지 아니하는 사안과 관련된 법률에 포함된 기본원칙(bases)을 이행
   d. 최고권위를 지닌 기관이 제정한 일반법률 및 지역관련 법률을 이행하기 위한 규정(regulations)의 제정
   e. 제226조에 따라 자치지역 법령과 관련된 주도권(right of initiative)을 행사
   f. 국회에 법안 및 개정안을 상정함으로써 제167조(1)하에서의 입법주도권을 행사
   g. 자치지역에 속하는 집행권한을 행사
   h. 자치지역 재산의 관리 및 처분
   i. 법률에 따라 징세권한을 행사하고 국회가 제정한 기본법에 따라 국가회계제도를 지역환경에 맞게끔 변경
   j. 국가결속력과 관련된 국가 조세수입(State duty revenue) 중 할당 몫과 자치지역에 할당된 여타 수입뿐만 아니라 자치지역의 법률과 여러 재정법률에 따라 자치지역에서 부과되거나 발생하는 조세수입을 이용
   l. 지방기관(local authorities)의 설립 및 해산
   m. 지방기관의 활동 감독
   n. 인구밀집지역을 읍 또는 시의 지위로 격상
   o. 공공기관, 국영기업, 국유화 사업기관 및 이들 기관의 서비스를 감독
   p. 경제·사회 개발계획, 지역예산 및 지역회계의 승인, 국가계획수립 참여
   q. 규제 법령(regulatory ordinance)하에서의 불법적인 행위들을 규정하고 제165조(1)(d)에 따라 제재를 부과
   r. 현행지불수단에 대한 자치지역 내 규제 및 경제사회개발에 필요한 투자자금에 관한 규정 등과 같은 방법으로 회계, 금융, 재정 및 외환정책의 결정 및 이행에 참여
   s. 자치지역 수도사업, 배타적인 경제수역, 인접해저지역과 관련한 정책결정에 참가
   t. 자치지역과 직접 연관되는 국제조약 및 협정체결을 위한 협상에 참가하고 수반되는 이익을 공유
   u. 국제지역기구(foreign regional bodies)와 협력하고, 지역 간 대화 및 협력의 증진과 관계된 기구에의 참여
   v. 자치지역 자체의 계획, 최고기관의 요구가 있을 때, 지역적 관심사항, 자치지역의 특수이해와 관련된 사안에 대해 의견을 제시
   x. 지역 기관의 대표와 지역 의사결정 과정에 관련된 대표단을 통해 구주연합(EU) 이행과정에 참여
2. 입법권한의 위임을 위한 제안서에서는 그 위임하에서 입안되는 자치지역 법령안(regional legislative decree)이 수반되며, 제165조(2) 및 (3)은 이러한 위임에 준용된다.
3. para2에서 언급된 위임 권한은 입법기간의 종료, 국회 또는 자치자치의회의 해산에 의해 소멸된다.

제228조(입법 및 행정 자치권)

제112(4) 및 227조(1)(a)~(c)의 목적을 위해 하기 사항들은 자치지역의 특수이해와 관련된 사안으로 간주된다.
  a. 인력자원 및 삶의 질의 개선
  b. 유산 및 문화 창조
  c. 환경 및 생태계 균형의 보호
  d. 자연, 자연자원, 주민 및 동·식물의 건강에 대한 보호
  e. 농업 및 수산업 발전
  f. 수력, 광물 및 화력발전, 지역에서 생산된 에너지
  g. 토지 이용, 도시화 및 지역개발
  h. 도로, 교통 및 육상 수송
  i. infra 및 도서지역 간 해상 및 항공 교통
  j. 상업 및 공업 발전
  l. 관광, 민속 및 공예품
  m. 스포츠
  n. 지역행정 및 관련 서비스 기관
  o. 기타 자치지역에 중요하거나 각 자치지역만 해당되는 사항

제229조(최고권위 보유기관 및 지역기관 간 협력)

1. 최고권위 보유기관은 자치정부의 기관들과 협력해서 자치지역의 경제 및 사회적 발전을 도모하고, 특히, 자치지역 섬 지역 특유의 환경으로부터 발생하는 불평등을 시정하기 위해 노력한다.
2. 최고권위 보유기관은 자치지역에 영향을 미치는 사항과 관련, 항시 자치정부의 의견을 수렴해야 한다.
3. 국가와 자치지역 간의 재정관계는 제164조에 명기된 법률에 의해 규정된다.

제230조(공화국 대표)

1. 국가평의회의 자문 및 정부의 추천을 거쳐 포르투갈 대통령에 의해 임면되는 공화국 대표가 각 자치지역에 있어서 국가를 대표한다.
2. 면직의 경우를 제외하고는 공화국장관의 임기는 포르투갈 대통령의 임기가 되며(같고), 신임 공화국 대표의 취임과 동시에 만료된다.
3. 정부가 임명한 공화국 대표는 국가가 해당 자치지역에서 시행하고 있는 행정사업을 잠정적으로 감독할 수 있다.
4. 공화국장관이 부재하거나 직무를 수행할 수 없어 공석이 된 경우, 자치의회의 장이 대신한다.

제231조(자치지역의 자치 기관)

1. 각 자치지역의 자치의 기관은 자치의회와 자치정부이다.
2. 자치의회는 인구비례제도하에 일반, 직접 및 비밀선거로 선출된다.
3. 자치정부는 자치의회에 대해 정치적으로 책임을 진다. 자치정부 주지사(president)는 선거결과를 존중해야 하는 상기 공화국장관에 의해 임명된다.
4. 자치정부의 여타 임원은 주지사의 추천에 따라 공화국장관이 임면한다.
5. 자치정부는 자치조직 및 기능과 관련된 사안에 대해 배타적 권한을 가진다.
6. 자치지역 자치정부의 機關員의 지위는 정치적·행정적 법령에서 규정된다.

제232조(자치의회의 권한)

1. 자치의회는 제227조(1)에서 명시된 기능을 수행하기 위한 배타적 권한을 보유하고, 지역 예산, 경제 및 사회발전 계획, 지역회계를 승인하며, 국가회계제도를 지역환경에 맞게끔 조정한다.
2. 자치의회는 지역 내 일반선거 안건을 발의할 권한을 보유한다. 동 안건발의를 통해 각 자치지역 내 등록된 유권자 는 포르투갈 대통령의 결정에 따라 특수관련사항에 대해 기속력이 있는 의견(binding opinion)을 직접 표명하기 위 해 투표할 수 있다.
3. 자치의회는 헌법과 자치지역의 정치적·행정적 법령에 따라 의사규칙(standing orders)을 입안하고 승인할 권한을 가진다.
4. 제175조(c), 제178조(1)~(3), 제179조 일부, 제180조 일부 조항은 적절히 수정되어 자치의회 및 자치의회 내 그룹들에 적용된다.

제233조(공화국 대표의 서명 및 거부권)

1. 공화국 대표는 자치의회의 법령에 서명하고 법령을 공포할 권한을 가진다.
2. 서명을 위해 자치의회의 법령을 접수한 후, 또는 그러한 법령의 어떠한 조항도 위헌이 아니라는 헌법재판소의 판 결이 공포된 후 15일 이내에 공화국 대표는 법령에 서명하거나 구체적인 근거를 들어 재고를 요청하는 형식으로 거부권을 행사한다.
3. 자치의회가 투표자격을 소지한 자치의회 의원(Deputies)의 절대다수로 확정하면, 공화국장관은 법령을 접수한 후 8 일 이내에 공포해야 한다.

4. 서명을 위해 자치정부의 법령(decree)을 접수한 후 20일 이내에 공화국 대표는 서명하거나 서명을 거부해야 한다. 공화국 대표는 서명 거부 사유를 서면으로 자치정부에 송부해야 하며, 자치정부는 이 법령을 자치의회에 제출될 법안으로 전환할 수 있다.

5. 공화국 대표는 제278조 및 제279조에 따라 거부권을 행사해야 한다.

제234조(지역 기관의 해산)

1. 자치정부의 기관들은 국회와 국가 평의회의 의견을 구한 포르투갈 대통령에 의해 헌법 위배 사유로 해산될 수 있다.

2. 지역 기관들이 해산되면 공화국 대표는 자치정부에 대한 책임을 진다.

제236조(지역 기관 및 행정분할의 범위)

1. 본토에서의 지역 기관은 동(행정최소단위, parish), 시·읍(municipality) 및 행정지역(administrative region, 우리나라의 市·道에 해당)으로 나뉜다.

2. 아조레스와 마데이라 자치지역은 동과 시·읍으로 나뉜다.

3. 대도시 지역과 도서지역을 위해, 법률에 의거, 특별한 지역환경에 적합한 별도 형태의 지방정부를 둘 수 있다.

4. 국가영토의 행정분할은 법률에 따라 이루어진다.

제288조(개정사항의 제한)

헌법을 개정하는 법률은 다음 사항을 고려한다.

a. 국가 독립성 및 국가의 통일성

h. 최고권위를 지닌 기관과 자치지역 및 지방정부의 선출직 멤버를 선발하기 위한 일반·직접·비밀·보통선거제도 및 인구비례대표제도

n. 지방기관의 자치

o. 아조레스와 마데이라 군도의 정치적·행정적 자치

2) 일본(Japan)

* 제94조 [예산 자치]

지방자치체는 자신의 재산, 업무 및 행정을 운영하고 법률 안에서 스스로의 규칙을 제정할 수 있는 권리를 가진다.

3) 중국(China)

* 제95조 [지방정부]

(2) 서로 다른 수준의 지방의회 및 지방정부 조직이 법으로 규정되어 있다.(§117②)

4) 프랑스(France)

* 제72조 [정의, 창조, 자치]

(1) 국가 영역의 단위는 지방자치체, 현(departments), 및 해외지역(overseas territories)이다. 다른 영역 단위는 입법에 의해서만 만들어진다.

(2) 이러한 단위들은 선출된 의회를 통해 법률로 정한 조건에 따라 자유롭게 자치를 향유한다.

(3) 현과 영역 단위에서는, 정부 대표단(the Government Delegate)이 국가의 이해, 행정적 감독, 및 법의 집행을 책임진다.

5) 독일(Germany)

* 제28조 [자치의 보장]

(1) 국가의 헌법질서는 본 헌법의 의미 안에서, 공화, 민주 및 사회국가 원칙에 부합하여야 한다. 각 주, 군, 및 자치단체에서는 일반, 직접, 자유, 평등 및 비밀 선거로 선출한 기관이 주민을 대표하여야 한다. 군 및 자치단체의 선거에서는, 유럽연합 시민의 지위를 가지고 있는 자에게 유럽연합의 법에 따른 선거권과 피선거권이 주어진다. 지방자치체에서 지방의회는 선출된 기관의 자리를 차지할 수 있다.

(2) 지방자치체는 법령의 범위 내에서 자신의 책임으로 지방자치단체의 모든 업무를 규정할 수 있는 권한을 보장받는다. 규정상 기능의 틀 내에서, 지방자치체는 법령의 규정에 따라 자치권을 향유한다. 자치권에는 또한 재정적 책임의 기초도 포함된다. 이러한 기초에는 지방경제상황에 따라 세율을 인상할 수 있는 권한도 있다.

(3) 연방은 주(the States)의 헌법질서가 기본권 및 상기 (1) & (2) 규정과 부합하도록 보장한다.

* 제30조 [연방 및 주의 임무]

본 헌법에서 달리 규정하거나 허용하는 경우가 아닌 한, 정부 권한의 행사와 정부 기능의 이행은 주의 의무이다.

* 제31조 [연방 법률의 우선]

연방 법률은 주 법률에 우선한다.

* 제32조 [대외 관계]

(1) 다른 주들과의 관계는 연방의 책임이다.

(2) 주의 특수 상황에 영향을 미칠 조약에 대해서는 이를 체결하기 이전에 자문을 구해야 한다.

(3) 주에게 입법권이 있는 한, 정부의 동의를 얻어 다른 주와 계약을 체결할 수 있다.

* 제70조 [연방과 주의 입법]

(1) 헌법으로 연방에 입법권을 부여하지 않는 한, 주에게 입법권이 있다.

(2) 연방과 주의 역할 분담은 배타적이고 동등한 입법권한에 관한 헌법조항에 의해 결정된다.

6) 이탈리아(Italy)

* 제5조 [지방자치]

단일의 불가분 공화국은 지방자치를 인정하고 장려한다. 공화국은 완전한 행정 분권을 적용하고 입법 원칙과 수단을 자치 및 분권화의 조건에 적용시킨다.

* 제115조 [지구(regions)]

지구는 헌법원칙에 따라 스스로의 권한과 기능을 갖춘 자치영역으로 이루어진다.

* 제123조 [지구의 법령]

(1) 모든 지구는 헌법에 따라 정부형태와 조직의 기본 원칙 및 지구의 기능을 결정짓는 법령을 가진다. 법령은 지구의 법률과 행정결정에 대한 발의 및 주민투표의 행사, 그리고 지구 법률 및 규칙의 공포에 대하여 규정한다.

(2) 법령은, 의회 의원이 최소 2개월의 기간을 두고 2회 투표하여 과반수의 찬성을 얻은 경우에만 채택 또는 수정할 수 있다. 이 법은 정부 위원에게 제출하여서는 아니 된다. 공포 후 30일 이내, 중앙정부는 지역 법령이 헌법에 부합하는지에 대하여 헌법재판소에 회부한다.

(3) 공포 후 3개월 이내에 지구 선거권자 1/15, 또는 지역 의원 1/5의 요구가 있으면 법령은 주민투표를 위해 제출된다. 국민투표를 위해 제출된 법령이 유효투표수의 과반수 찬성을 받지 못하면 공포하지 아니한다.

12. 「지방자치단체의 행정기구와 정원기준 등에 관한 규정」에서 제주특별자치도지방노동위원회 위원장을 상임위원이 겸한다고 할 수 있는가?

제주특별자치도법 제14조 제1항에 따르면, 「지방자치법」 제112조 제1항·제2항(직급기준은 제외한다)의 규정에 불구하고 제주특별자치도 행정기구의 설치·운영기준에 관한 사항은 도조례로 정할 수 있도록 하고 있다.

제주특별자치도법 제148조 제4항 및 제5항에 따르면, 「노동위원회법」 제9조 제2항의 규정에 불구하고 제1항의 규정에 의한 지방노동위원회의 위원장은 중앙노동위원회 위원장의 추천으로 도지사가 임명하고, 「노동위원회법」 제11조 제1항의 규정에 불구하고 제1항의 규정에 의한 지방노동위원회의 상임위원은 동법 제8조의 규정에 의한 공익위원의 자격을 갖춘 자 중에서 중앙노동위원회 위원장의 추천으로 도지사가 임명하도록 하고 있다.

한편, 「지방자치단체의 행정기구와 정원기준 등에 관한 규정」 별표 7 중 제주특별자치도지방노동위원회 위원장 또는 상임위원의 직급(2급 상당 별정직지방공무원)을 정하면서 위원장이 상임위원을 겸하도록 하고 있다.

그러나 과연 「지방자치단체의 행정기구와 정원기준 등에 관한 규정」에서 제주특별자치도지방노동위원회 위원장이 상임위원을 겸하도록 할 수 있는지 논란이 될 수 있다.

결국, 다음과 같은 이유로 제주특별자치도지방노동위원회 위원장이 상임위원을 겸하도록 해서는 안 될 것으로 판단된다.

첫째, 제주특별자치도법 제14조 제1항 및 제2항에서 제주특별자치도 행정기구의 설치·운영은 도조례로 정할 수 있도록 하면서 이때 직급기준만을 예외로 하고 있으므로 제주특별자치도지방노동위원회 위원장이 동 상임위원을 겸하도록 하는 것은 직급기준을 일탈한 것이라고 할 수 있다.

둘째, 「노동위원회법」 제9조 제2항 및 제4항에 따라 위원장을 상임위원 중에서 임명은 하지만, 상임위원을 겸하도록 하고 있는 것이 아니라 공익위원(물론 상임위원도 공익위원이 됨)이 되도록 하고 있으며, 「노동위원회법 시행령」 제9조에서 상임위원이 1인인 경우 위원장의 직무대행 시 상임위원, 즉 위원장이 직무를 대행하도록 하는 모순이 발생하는 등 위법의 소지가 있다고 판단된다.

셋째, 설사, 위원장이 상임위원을 겸한다고 하여도 「지방자치단체의 행정기구와 정원기준 등에 관한 규정」에서 규정할 것이 아니라 제주특별자치도법 등에서 정할 사항이라 할 것이다.

<제주특별자치도법>
제14조(자치조직권에 관한 특례) ① 「지방자치법」 제90조 제3항 및 제91조 제2항(「지방공무원법」 제2조 제2항 제1호의 일반직공무원은 제외한다), 제110조 제1항·제2항 단서(정수에 한정한다) 및 제6항, 제112조 제1항·제2항(직급기준은 제외한다), 제113조부터 제115조까지의 규정에 불구하고 제주자치도의 의회사무처에 두는 사무직원의 임용 및 절차, 부지사의 정수 및 사무분장에 관한 사항, 행정기구의 설치·운영기준, 지방공무원의 정원기준, 직속기관·사업소·출장소의 설치요건 및 하부 행정기구의 설치 등에 관하여 필요한 사항은 도조례로 정할 수 있다.
제148조(제주지방노동위원회 이관에 따른 특례) ④ 「노동위원회법」 제6조 제3항 및 제4항에도 불구하고 지방노동위원회의 근로자위원·사용자위원 및 공익위원은 도지사가 위촉하되, 근로자위원은 노동조합이 추천한 자 중에서, 사용자위원은 사용자단체가 추천한 자 중에서 지방노동위원회 위원장의 제청으로 위촉하며, 공익위원은 지방노동위원회 위원장·노동조합 및 사용자단체가 각각 추천한 자 중에서 노동조합과 사용자단체가 순차적으로 배제하고 남은 자를 위촉대상 공익위원으로 하고, 그 위촉대상 공익위원 중에서 지방노동위원회 위원장의 제청으로 위촉하며, 같은 법 제9조 제2항의 규정에 불구하고 제1항의 규정에 의한 지방노동위원회의 위원장은 중앙노동위원회 위원장의 추천으로 도지사가 임명한다.
　⑤ 「노동위원회법」 제11조 제1항의 규정에 불구하고 제1항의 규정에 의한 지방노동위원회의 상임위원은 동법 제8조의 규정에 의한 공익위원의 자격을 갖춘 자 중에서 중앙노동위원회 위원장의 추천으로 도지사가 임명한다.

<노동위원회법>
제9조(위원장) ② 중앙노동위원회위원장은 중앙노동위원회의 공익위원 자격을 가진 자중에서 고용노동부장관의 제청으로, 지방노동위원회위원장은 지방노동위원회의 공익위원 자격을 가진 자 중에서 중앙노동위원회위원장의 추천과 고용노동부장관의 제청으로 대통령이 각각 임명한다.
　④ 노동위원회위원장(이하 "위원장"이라 한다)은 공익위원이 되며, 심판사건·차별시정사건과 조정사건을 담당할 수 있다.

제11조(상임위원) ① 노동위원회에 상임위원을 두며 상임위원은 당해 노동위원회의 공익위원 자격을 가진 자 중에서 중앙노동위원회 위원장의 추천과 고용노동부장관의 제청으로 대통령이 임명한다.

<노동위원회법 시행령>
제9조(위원장의 직무대행) 법 제10조 제2항의 규정에 의하여 위원장이 부득이한 사유로 직무를 수행할 수 없는 때에는 상임위원(상임위원이 2 이상인 경우에는 위원장이 정하는 자), 상임위원이 없는 경우에는 공익위원 중 연장자 순으로 그 직무를 대행한다.

<지방자치단체의 행정기구와 정원기준 등에 관한 규정>
[별표 7]
4. 합의제행정기관
○ 노동위원회

위원장 또는 상임위원	사무국장
2급상당 별정직지방공무원	5급일반직지방공무원

비고: 위원장이 상임위원을 겸한다.

13. 제주특별자치도에 「지방자치단체의 행정기구와 정원기준 등에 관한 규정」 제36조를 적용할 수 있는지?

제주특별자치도에도 대통령령인 「지방자치단체의 행정기구와 정원기준 등에 관한 규정」 제36조를 적용할 수 있는지 논란이 있다.

「지방자치단체의 행정기구와 정원기준 등에 관한 규정」은 「지방자치법」 제59조·제90조와 제112조에 따라 지방자치단체의 행정기구의 조직과 운영에 관한 대강과 지방공무원의 정원의 기준 등에 관하여 필요한 사항을 규정함을 목적으로 제정된 대통령령이고, 이 규정 제36조 제2항에는 "지방의회는 지방자치단체의 장이 제안한 기구와 정원에 관한 조례안을 의결할 때 지방행정조직의 합리적 운용과 건전한 재정운영을 위하여 기구를 축소하거나 기구를 하나로 묶어서 합치거나 폐지하여 합치는 것, 정원을 감축하는 것을 의결할 수 있다. 이 경우 미리 지방자치단체의 장의 의견을 들어야 한다."고 되어 있다. 물론, 이렇게 중요한 것을 대통령령에서 규정하고 있다는 것은 이상한 일이라고 할 수 있다.

먼저, 적용할 수 없다는 견해로, 「지방자치단체의 행정기구와 정원기준 등에 관한 규정」은 상위법이 「지방자치법」 제112조 제2항이고, 이 조항에서는 "제1항에 따른 행정기구의 설치와 지방공무원의 정원은 인건비 등 대통령령이 정하는 기준에 따라 그 지방자치단체의 조례로 정한다."라고 규정하고 있는데, 제주특별자치도법 제14조 제1항에서는 "「지방자치법」 ------ 제112조 제1항·제2항(직급기준은 제외한다) ---- 의 규정에 불구하고 ------

행정기구의 설치·운영기준, 지방공무원의 정원기준 ---- 등에 관하여 필요한 사항은 도조례로 정할 수 있다.”라고 규정하고 있어 「지방자치법」 제112조 제2항에 대한 특례가 제주특별자치도에 대해서는 인정되고 있으므로, 제주특별자치도가 「지방자치법」 제112조 제2항의 하위규정인 위 「지방자치단체의 행정기구와 정원기준 등에 관한 규정」 제36조에 구속될 필요는 없다는 것이다.

다만, 직급기준에 관하여는 위 규정 제12조(제주특별자치도의 행정기구에 두는 실장·국장·본부장·담당관·과장 등의 직급기준 등)가 있고, 이 부분에 대해서는 제주특별자치도법 제14조 제1항의 특례조항이 적용되지 않는다는 것이다.

다음으로, 적용할 수 있다는 견해로, 제주특별자치도법 제14조 제1항에서는 “「지방자치법」 제90조 제3항 및 제91조 제2항(「지방공무원법」 제2조 제2항 제1호의 일반직공무원은 제외한다), 제110조 제1항·제2항 단서(정수에 한정한다) 및 제6항, 제112조 제1항·제2항(직급기준은 제외한다), 제113조부터 제115조까지의 규정에 불구하고 제주자치도의 의회 사무처에 두는 사무직원의 임용 및 절차, 부지사의 정수 및 사무분장에 관한 사항, 행정기구의 설치·운영기준, 지방공무원의 정원기준, 직속기관·사업소·출장소의 설치요건 및 하부 행정기구의 설치 등에 관하여 필요한 사항은 도조례로 정할 수 있다.” 하고 있다.

이 규정은 「지방자치법」 제112조 제1항·제2항에서 행정기구의 설치 등은 대통령령으로 정하는 기준(이 기준에 따라 제정된 것이 「지방자치단체의 행정기구와 정원기준 등에 관한 규정」임)에 따라 도조례로 정하도록 하고 있는 것을 제주특별자치도에서는 대통령령으로 정하는 기준, 즉 행정기구의 설치·운영기준(직급기준은 제외)을 도조례로 정할 수 있도록 하려는 것이므로(여기서 도조례로 정할 수 있도록 한 것은 “행정기구의 설치”가 아니라 “행정기구의 설치·운영기준”임), “행정기구의 설치·운영기준”을 만들지 아니한 이상 이 규정을 적용받아야 한다는 견해이다.

결론적으로, 제주특별자치도에서는 「지방자치단체의 행정기구와 정원기준 등에 관한 규정」을 도조례로 정할 수 있다고 할 수 있는데, 행정기구의 설치·운영기준(직급기준은 제외)을 도조례로 만들면 「지방자치단체의 행정기구와 정원기준 등에 관한 규정」을 적용받지 않지만, 행정기구의 설치·운영기준(직급기준은 제외)을 도조례로 만들지 아니하면 「지방자치단체의 행정기구와 정원기준 등에 관한 규정」을 적용받아야 하는 것이다.

따라서, 행정기구의 설치·운영기준(직급기준은 제외)을 도조례로 만들지 아니하였기 때문에 제주특별자치도에도 당연히 「지방자치단체의 행정기구와 정원기준 등에 관한 규정」

을 적용받아야 할 것이고, 합의제 행정기관을 도조례로 제안하는 것은「지방자치단체의 행정기구와 정원기준 등에 관한 규정」을 위반하는 것이 된다 할 것이다.

다만, 행정기구의 설치·운영기준(직급기준은 제외)을 도조례로 만들되,「지방자치단체의 행정기구와 정원기준 등에 관한 규정」제36조를 제외하면 도의회에서 자문기관이 아닌 집행기구로서의 합의제 행정기관을 만드는 것을 제안할 수 있을 것이다.

〈참고 2〉

대법원 2005. 8. 19. 선고 2005추48 판결
【광주광역시북구행정기구설치조례일부개정조례안에대한수정안재의결무효확인청구】

「지방자치법」상 지방자치단체의 집행기관과 지방의회는 서로 분립되어 각기 그 고유 권한을 행사하되 상호 견제의 범위 내에서 상대방의 권한 행사에 대한 관여가 허용되나, 지방의회는 집행기관의 고유 권한에 속하는 사항의 행사에 관하여는 견제의 범위 내에서 소극적·사후적으로 개입할 수 있을 뿐 사전에 적극적으로 개입하는 것은 허용되지 아니한다고 할 것인바(대법원 2001. 12. 11. 선고 2001추64 판결 참조),「지방자치법」제92조, 제94조, 제102조, 제118조, 지방자치단체의 행정기구와 정원기준 등에 관한 규정(이하 '행정기구규정'이라 한다) 제4조, 제6조의2, 제24조 제2항의 각 규정을 종합하면, 지방자치법령은 지방자치단체의 장으로 하여금 지방자치단체의 대표자로서 당해 지방자치단체의 사무와 법령에 의하여 위임된 사무를 관리·집행하는 데 필요한 행정기구를 설치할 고유한 권한과 이를 위한 조례안의 제안권을 가지도록 하는 반면 지방의회로 하여금 지방자치단체의 장의 행정기구의 설치권한을 견제하도록 하기 위하여 지방자치단체의 장이 조례안으로서 제안한 행정기구의 축소, 통폐합의 권한을 가지는 것으로 하고 있으므로, 지방의회 의원이 지방자치단체의 장이 조례안으로서 제안한 행정기구를 종류 및 업무가 다른 행정기구로 전환하는 수정안을 발의하여 지방의회가 의결 및 재의결하는 것은 지방자치단체의 장의 고유 권한에 속하는 사항의 행사에 관하여 사전에 적극적으로 개입하는 것으로서 허용되지 아니한다고 할 것이다.

Ⅱ. 주민소환 등

1. 제주특별자치도법과 주민소환에 관한 법률은 무엇이 다른가?

주민소환제도는 주민들이 지방의 선출직 공직자를 임기종료 전에 소환선거를 실시하여 그 결과에 따라서 해직시키는 제도로서, '주민 파면제' 또는 '주민 해직제'라고도 한다. 선출직 공직자에 대한 주민의 통제를 강화하고 책임성을 확보할 수 있으나, 지방행정의 정쟁화 등 안정성을 저해할 우려가 있어 제도 도입에 있어 찬반 논란이 컸다<별첨 4, 5>.

그러나 지방자치단체의 장 및 지방의회 의원의 권한이 강화됨에 따라 지방자치단체의 장의 자의적 권한행사와 지방의회의 비효율적·비합리적인 운영 등이 발생한 사례가 있음에도 불구하고 이에 대한 견제기능이 매우 미흡하여 지방자치단체의 장과 지방의회 의원의 위법한 행위 등을 통제하고 주민의 직접 참여를 확대하기 위하여 「주민소환에 관한 법률」이 2006. 5. 24. 제정·공포되었고, 2007. 5. 25. 시행하게 되었다.[119][120][121]

최근 주민소환제도가 관심을 갖게 된 이유는 전국 최초로 김황식 하남시장을 비롯하여 3명 하남시의원을 '독선·오만 행정과 주민의견 무시한 광역화장장 유치, 대표자로서의 자질부족'을 소환이유로 한 '주민소환투표청구'를 2007년 7월 23일 하남시선거관리위원회에 제출하였고, 이에 대하여 김황식 하남시장은 "정치적 반대 세력이 님비현상을 교묘히 이용하고 주민소환제를 악용해 자치단체장의 소신 행정을 가로막는 것"이라고 하면서 현행 「주민소환에 관한 법률」이 소환대상을 구체적으로 명시하지 않고 소환투표 청구를

---

119) 「주민소환에 관한 법률」이 제정되기 전에도 광주광역시와 전라남도에서 주민소환조례를 제정하였으나, 대법원에서 지방자치법 제87조 (현재 제95조)의 지방자치단체장 임기 규정을 위반하였다는 이유 등으로 무효판결(대법원 2004추89 판결, 대법원 2004추102 판결)을 받았다.

120) 정부혁신지방분권위원회, 참여정부의 혁신과 분권, 2007, 147쪽.

121) 주민소환제도는 2004. 1. 16. 제정된 「지방분권특별법」 제14조 제1항(국가 및 지방자치단체는 주민참여를 활성화하기 위하여 주민투표제도·주민소환제도·주민소송제도의 도입방안을 강구하는 등 주민직접참여제도를 강화하여야 한다)을 근거로 하여 개혁입법의 하나로 여당이 추진하였으나, 여야 간의 합의가 이루어지지 아니한 상태에서 2006년 5월 2일 제1야당 의원 전원이 불참한 가운데 국회의장 직권으로 국회 본회의에 상정하여 「지방자치법 일부개정법률안」과 「주민소환에 관한 법률안」을 의결하였다. 자세한 법률의 제정경위는 김현준, 주민소환제의 의미와 과제, 공법학연구 제7권 제3호 참조.

거부할 수 있는 규정이 없어 「헌법」 제11조의 평등권과 포괄위임 금지 원칙에 위배된다고 판단해 2007년 7월 25일 헌법소원 심판을 청구하게 되었기 때문이고,[122][123] 제주특별자치도에 있어서도 광역자치단체장 최초로 제주특별자치도지사에 대한 소환투표가 2009. 8. 26. 실시되었으나 11%(4만 6,076명)의 낮은 투표율을 기록하면서 개표기준(전체 유권자의 3분의 1 이상)에 미달하여 소환되지는 아니하였기 때문이다.

먼저, 제주특별자치도에서는 주민소환에 대하여 제주특별자치도법과 「주민소환에 관한 법률」 중 어떤 법률이 우선 적용되는지 살펴보면,

제주특별자치도법 제6조(다른 법률과의 관계 등)제1항에 따르면, "이 법은 제주특별자치도의 조직·운영, 중앙행정기관의 권한이양 및 규제완화 등에 있어서 다른 법률의 규정에 우선하여 적용한다. 다만, 다른 법률에서 제주특별자치도에 관하여 특별한 규정이 있는 경우에는 그러하지 아니하다."라고 규정하고 있다.

이 규정은 제주특별자치도에 있어서 법적용의 혼란이 발생하는 것을 방지하기 위하여 제주특별자치도법이 다른 법률보다 우선적으로 적용하도록 하는 특별법의 지위를 부여하되, 다른 법률에서 제주특별자치도에 대하여 특별한 규정이 있다면, 제주특별자치도법보다 다른 법률이 우선적으로 적용되도록 하려고 하는 것이다.

한편, 「주민소환에 관한 법률」 제6조(다른 법률과의 관계)에서도 "주민소환에 관하여 제주특별자치도법 등 다른 법률에 특별한 규정이 있는 경우를 제외하고는 이 법이 정하는 바에 따른다."고 하고 있다.

따라서 주민소환제도에 대하여 제주특별자치도법에서 규정하고 있으므로, 「주민소환

---

122) 수원지법 행정1부는 2007. 9. 13. 김 시장 등 주민소환투표 대상자 4명이 하남선관위를 상대로 낸 주민소환투표 청구수리처분 무효확인 소송 선고공판에서 "주민소환에 관한 법률에 따르면 주민소환투표 청구인서명부에 청구사유를 기재해 서명하도록 하고 있는데 이번 사건 심리결과 선관위가 교부한 서명부의 표지 청구사유란에 청구사유가 기재되지 않았던 사실이 인정돼 그와 같은 서명부에 기재된 서명은 유효하다 볼 수 없다."며 "따라서 이 사건의 경우 유효한 서명의 총수가 법정요건을 충족한다고 볼 수 없어 피고의 주민소환투표 청구 수리처분은 위법하다."고 판결하자, 경기도 하남시 주민소환추진위원회는 2007. 10. 10. 김황식 하남시장과 3명의 하남시의원 등 선출직 공직자 4명에 대해 주민소환투표를 다시 청구했다.

123) 법 제7조 제1항 제2호 중 시장에 대한 부분이 주민소환의 청구사유에 제한을 두지 않은 것은 주민소환제를 기본적으로 정치적인 절차로 설계함으로써 위법행위를 한 공직자뿐만 아니라 정책적으로 실패하거나 무능하고 부패한 공직자까지도 그 대상으로 삼아 공직에서의 해임이 가능하도록 하는 책임정치 혹은 책임행정의 실현을 기하려는 데 그 입법목적이 있다.
입법자는 주민소환제의 형성에 광범위한 입법재량을 가지고, 주민소환제는 대표자에 대한 신임을 묻는 것으로 그 속성이 재선거와 같아 그 사유를 묻지 않는 것이 제도의 취지에도 부합하며, 비민주적, 독선적인 정책추진 등을 광범위하게 통제한다는 주민소환제의 필요성에 비추어 청구사유에 제한을 둘 필요가 없고, 업무의 광범위성이나 입법기술적인 측면에서 소환사유를 구체적으로 적시하기 쉽지 않으며, 청구사유를 제한하는 경우 그 해당 여부를 사법기관에서 심사하게 될 것인데 그것이 적정한지 의문이 있고 절차가 지연될 위험성이 크므로, 법이 주민소환의 청구사유에 제한을 두지 않는 데에는 나름대로 상당한 이유가 있고, 청구사유를 제한하지 아니한 입법자의 판단이 현저하게 잘못되었다고 볼 사정 또한 찾아볼 수 없다.
또 위와 같이 청구사유를 제한하지 않음으로써 주민소환이 남용되어 공직자가 소환될 위험성과 이로 인하여 주민들이 공직자를 통제하고 직접참여를 고양시킬 수 있는 공익을 비교하여 볼 때, 법익의 형량에 있어서도 균형을 이루었으므로, 위 조항이 과잉금지의 원칙을 위반하여 청구인의 공무담임권을 침해하는 것으로 볼 수 없다(헌법재판소 2007헌마843 주민소환에 관한 법률 제1조 등위헌확인 [2009.03.26]).

에 관한 법률」보다 우선적으로 적용된다고 할 수 있을 것이다.

다음으로, 제정 제주특별자치도법(2006. 2. 21. 법률 제7849호로 제정된 것)과 「주민소환에 관한 법률」의 주요한 차이점을 살펴보면,

첫째, 주민소환대상으로, 「주민소환에 관한 법률」은 지방자치단체의 장과 비례대표를 제외[124]한 지방의회 의원으로 규정하고 있으나, 제주특별자치도법은 도지사, 도의회의원[125] 및 도교육감으로 하고 있어 도교육감도 주민소환대상자로 되어 있다.

학교운영위원회 위원 전원으로 구성된 선거인단의 선거로 시·도교육감을 선출하던 다른 시·도와는 달리 제주특별자치도에서는 제주특별자치도법 제91조에서 도교육감 직선제를 채택함에 따라 주민소환에서도 도교육감을 대상자로 하였던 것이다. 그러나 2006. 12. 20. 「지방교육자치에 관한 법률」이 개정됨에 따라, 다른 시·도의 교육감 선거도 직선제로 바뀌었고, 2007. 2. 14. 부산시교육감 선거가 있었으며, 2010. 2. 26. 「지방교육자치에 관한 법률」이 개정됨에 따라, 주민소환대상에 시·도교육감이 추가되었다.[126]

둘째, 주민소환투표의 청구 서명인 수로, 「주민소환에 관한 법률」은 시·도지사는 당해 지방자치단체의 주민소환투표청구권자 총수의 100분의 10 이상, 지방의회 의원은 100분의 20 이상(제7조 제1항)으로 규정하고 있으나, 제정 제주특별자치도법(2006. 2. 21. 법률 제7849호로 제정된 것)은 주민소환투표청구권자 총수의 100분의 20 이상 100분의 30 이하의 범위 안에서 도조례로 정하는 수 이상으로 되어 있고, 이에 따라 「제주특별자치도 주민소환투표 청구 주민수에 관한 조례」 제2조에서는 도지사와 도의회의원 모두 주민소환투표청구권자 총수의 100분의 20으로 하고 있다.

결국 제주특별자치도법이 먼저 제정되었지만, 도지사에 대한 주민소환투표청구권자가 「주민소환에 관한 법률」보다 높게 되어 있어 도지사의 권한 견제와 주민참여 확대를 위해 처음으로 도입된 제주특별자치도법상 주민소환제 취지가 무색하게 된 것이라는 문제제기가 있었다.

---

124) 비례대표의원은 선출방식의 특성을 감안하여 별도의 절차와 요건 마련이 필요하다고 하여 제외하였으나, 주민소환의 제도적 취지에 부합하지 아니하므로 비례대표의원까지 확대하여야 한다는 견해가 있다(박인수, 주민자치 확대 법제와 문제점, 공법학연구 제8권 제1호, 이기우, 지방자치제도와 주민소환제도에 관한 공법적 접근, 공법학연구 제7권 제2호).

125) 제주특별자치도는 광역지방자치단체이면서 기초지방자치단체이기 때문에 기초지방의원은 없고, 도의회의원밖에 없다.

126) 제24조의2(교육감의 소환) ① 주민은 교육감을 소환할 권리를 가진다.
　② 교육감에 대한 주민소환투표사무는 제44조에 따른 선거관리위원회가 관리한다.
　③ 교육감의 주민소환에 관하여는 이 법에서 규정한 사항을 제외하고는 그 성질에 반하지 아니하는 범위에서 「주민소환에 관한 법률」의 시·도지사에 관한 규정을 준용한다. 다만, 이 법에서 「공직선거법」을 준용할 때 「주민소환에 관한 법률」에서 준용하는 「공직선거법」의 해당 규정과 다르게 정하고 있는 경우에는 이 법에서 준용하는 「공직선거법」의 해당 규정을 인용한 것으로 본다.

셋째, 벌칙적용에서는 「주민소환에 관한 법률」이 제주특별자치도법보다 강하고, 지역 구시·도의원에 대한 주민소환소송에 있어서도 「주민소환에 관한 법률」은 고등법원에 제기하고 있으나, 제주특별자치도법에서는 대법원에 제기하도록 하고 있다.

이를 표로 나타내면 다음과 같다.

<표 9> 주민소환에 관한 법률과 제정 제주특별자치도법 비교

구 분	주민소환에 관한 법률	제정 제주특별자치도법
소환대상	단체장 지방의원(비례대표 제외)	도지사 도의회의원(비례대표 제외) 도교육감
소환투표권자	좌 동	19세 이상 주민 일정한 자격을 갖춘 외국인
소환청구사유	좌 동[127]	청구사유를 명시하도록 하였으나 **제한하지 않음** (소환사유를 서면에 구체적으로 명시하여)
소환청구요건	- 시·도지사: 10% 이상 - 기초단체장: 15% 이상 - 지방의원: 20% 이상	주민소환청구권자 총수의 20% 이상 30% 이하 범위 안에서 도조례 ※ 조례: 20%
소환청구 제한기간	좌 동	임기개시 1년 이내 임기만료 1년 미만 투표실시 1년 이내
소명기회 보장	소명서＋소명요지(500자 이내)	소명서 선관위 제출 - 소명방법은 중앙선관위규칙에 위임
소환투표운동 기간	주민소환투표공고일부터 투표일 전일까지(20일~30일) ※ 불법소환운동 방지 목적	14일 ※ 소환투표운동 과열 방지
주민소환투표운동 제한 및 벌칙	공직선거법에 따른 제한 사항 대다수 준용 - 소환투표운동 제한 및 벌칙규정 대폭 증가	주민투표법과 공직선거법 중간 정도
소환결정정족수	좌동	투표권자 1/3 이상 투표[128]와 투표자 과반수 찬성
소환소송	광역의회의원은 광역지자체장과 달리 고등법원에 제기	도의회의원도 광역지자체장과 같이 대법원에 제기
시행일	공포 후 1년(2007. 5. 25.)	2006. 7. 1.

이러한 차이점은 참여정부의 '지방분권로드맵'에서 주민소환제 도입을 주요과제로 선

---

127) 국회 행정자치위원회에서는 「주민소환에 관한 법률」 제정 과정에서 직무유기나 직권남용 등과 같이 일정한 주민소환이 될 수 있는 사유를 규정해야 한다는 논의(강창일 의원안에는 직권남용, 직무유기 그 밖에 위법·부당행위를, 지병문 의원안에는 법령위반, 의무위반과 직무태만, 영리목적거래금지 등 위반, 주민투표 결과조치 미행 등을 포함하고 있었음)도 있었지만, 일본, 독일, 미국의 다수의 주 및 제주특별자치도법과 같이 아무런 제한규정을 두지 않았다. 그러나 2006. 6. 14. 이인기 의원이 대표 발의한 「주민소환에 관한 법률 일부개정법률안」에서는 주민소환투표 청구사유나 청구자격에 대하여 아무런 제한을 두지 않아 경쟁자의 정치적 선전이나, 낙선자에 의한 보복 등으로 악용될 가능성이 높으며, 이로 인한 정치적 혼란이 초래되어 현행법의 순기능 보다 역기능이 더 커질 수 있으므로, 주민소환투표의 청구사유를 법령을 위반한 행위를 한 때, 직무에 관한 의무를 위반하거나 직무를 현저히 태만히 한 때로 명시하고 있고, 이에 대한 헌법소원도 제기되어 있는 등 논란이 끝나지 않고 있다.

128) 재·보궐 선거 시 투표율 등을 고려할 때, 투표권자의 1/3 이상은 매우 어렵기 때문에 현재 주민소환제의 문제점 중 하나로 거론되고 있다.

정하고 제주특별자치도법이 전국 최초로 이를 도입한데다가 제주만의 특색 등으로 「주민소환에 관한 법률」과 다르게 된 것이라고 할 수 있다.

그러나 주민소환제가 전국에 도입됨에 따라 제주특별자치도의 경우 전국 제도와 달리 운영할 실익이 있는지에 대하여 검토를 하게 되면서 제1차 개정(2007. 8. 3. 법률 제8586호로 개정된 것) 시 제주지역 특색이 있는 것을 제외하고는 주민소환제의 일반법인 「주민소환에 관한 법률」에 따르도록 하였다.

즉, 주민소환절차 등 「주민소환에 관한 법률」과 중복되는 규정을 삭제하고, 도교육감에 대한 주민소환투표의 청구서명인 수를 주민소환투표청구권자 총수의 100분의 10 이상으로 명시[129]하고, 도지사와 도의회의원에 대해서는 「주민소환에 관한 법률」을 적용하도록 하였다.[130]

결국, 도지사와 도교육감의 주민소환투표 청구요건이 주민소환투표청구권자 총수의 100분의 20 이상에서 100분의 10 이상으로 완화되었다고 할 수 있다.

주민소환에 관한 법률과 제1차 개정 제주특별자치도법(2007. 8. 3. 법률 제8586호로 개정된 것)을 비교하면, 다음과 같다.

---

129) 위에서 살펴본 바와 같이 「주민소환에 관한 법률」은 아직까지 소환대상에 시·도교육감이 포함되지 아니하였기 때문에 제주특별자치도법에서 당연히 규정하여야 하는 것이지만, 추후 「주민소환에 관한 법률」이 개정되면 제주특별자치도법에서 규정할 필요가 없을 것이다.

130) 당초 정부가 제출한 제주특별자치도법 개정안에는 도지사 및 도교육감 등에 대한 주민소환투표의 청구서명인 수를 주민소환투표청구권자 총수의 100분의 10 이상 100분의 30 이하의 범위에서 도조례로 정하도록 하였으나, 국회 행정자치위원회에서 주민소환의 구체적인 청구요건을 도조례에 위임하도록 하는 것은 주민소환제도 도입의 취지에 부합하지 아니하는 측면이 있으므로, 구체적인 청구요건을 도조례에 위임하는 규정을 삭제하고 주민소환에 관한 일반법인 「주민소환에 관한 법률」을 따르도록 하였다.

<표 10> 주민소환에 관한 법률과 제1차 개정 제주특별자치도법 비교

구 분	주민소환에 관한 법률	제1차 개정 제주특별자치도법
소환대상	단체장 지방의원(비례대표 제외)	도지사 도의회의원(비례대표 제외) 도교육감
소환투표 권자	19세 이상 주민 일정한 자격을 갖춘 외국인	좌 동
소환청구 사유	청구사유를 명시하도록 하였으나 제한하지 않음 (소환사유를 서면에 구체적으로 명시하여)	좌 동
소환청구 요건	− 시·도지사: 10% 이상 − 기초단체장: 15% 이상 − 지방의원: 20% 이상	교육감: 10% 이상 도지사 및 도의원: 좌동
소환청구 제한기간	임기개시 1년 이내 임기만료 1년 미만 투표실시 1년 이내	좌 동
소명기회 보장	소명서＋소명요지(500자 이내)	좌 동
소환투표운동 기간	주민소환투표공고일부터 투표일 전일까지(20일∼30일) ※ 불법소환운동 방지 목적	좌 동
주민소환투표운동 제한 및 벌칙	공직선거법에 따른 제한 사항 대다수 준용 −소환투표운동 제한 및 벌칙규정 대폭 증가	좌 동
소환결정 정족수	투표권자 1/3 이상 투표와 투표자 과반수 찬성	좌 동
소환소송	광역의회의원은 광역지자체장과 달리 고등법원에 제기	좌 동
시행일	공포 후 1년	공포한 날

제1차 개정 제주특별자치도법(2007. 8. 3. 법률 제8586호로 개정된 것)으로 주민소환투표에 관한 법체계의 일원화로 주민소환투표와 관련된 혼란을 방지하고, 청구요건이 완화되어 주민참여가 활성화될 것으로 기대된다 할 것이다.

향후, 교육감에 대한 주민소환이 「주민소환에 관한 법률」에 반영되는 경우, 다른 시·도와는 달리 제주특별자치도에는 시·군·구가 아닌 행정시가 설치되어 있으므로, 제주특별자치도법에는 주민소환에 관한 사항 중 주민소환투표의 청구 시 행정시에 관한 사항만 남게 될 것으로 전망된다. 이렇게 되더라도 주민소환에 대하여 전국 최초로 규정한 제주특별자치도법의 역사적 의의는 퇴색하지 아니하고 그대로 남을 것이다.

<별첨 4>

주민소환제 도입을 둘러싼 찬반론[131]

찬 성 론	반 대 론
- 무능력, 부정직, 둔감, 무책임한 공직자를 다음 선거까지 기다릴 필요 없이 해임할 수 있게 함으로써 후보 시절의 초심 유지 및 계속적인 책임감 부여	- 장기적인 비전의 제시와 용기 있는 지도력의 발휘보다는 중요한 결정을 유보하거나 단기적인 인기에 영합 (소신행정 상실 우려)
- 공직자가 특수한 이해관계에 얽매이지 않고 지역사회 전체 이익을 추구하도록 함.	- 다양한 이유로 소환 위협에 계속 시달리기 때문에 능력이 출중한 사람들이 공직 진출을 기피
- 일반 주민들이 중요한 공공 문제에 항상 관심을 가지고 선출직 공직자들의 행위를 감시할 수 있게 함.	- 배임, 부정부패, 무능력 등 지극히 개인적인 사항을 쟁점화하기 때문에 지역사회의 극심한 분열을 초래
- 제도 존재 자체로 지방선출직 공직자의 부정·부패 등에 대한 사전적 예방수단으로서의 기능 수행	- 소환투표에 소요되는 막대한 비용과 행정적 낭비, 정치적 혼란 등을 감안할 때 유·무형의 희생이 큰 제도임

<별첨 5>

외국의 주민소환제도 비교[132]

구분	일 본	미 국	독 일
근거	○ 지방자치법 §13	○ 주 헌법/법률, 지방헌장 ※ 주정부: 18개 주 　지방정부: 36개 주 　(지방정부 61%가 소환제 도입)	○ 각 주 지방자치법
소환 대상	○ 단체장, 의회의원 ○ 주요 임명직 - 부지사, 조역, 출납장, 수입역, 감사·선관·공안위원	○ 집행부, 입법부, 사법부 선출직 공직자 망라 ※ 일부 주는 판사 제외	○ 지방자치단체장 - 지방의원까지 확대 추세
청구 요건	○ 선거권자 1/3 이상 (유권자 40만 초과 시 1/6 특례적용) ※ 청구사유는 명시하지 않음.	○ 일반적으로 최근 총선거 투표자의 25% ※ 대다수 주는 청구사유를 제한하거나 명시하지 않으나, 일부 주가 특정사유 규정	○ 지방의원 발의 - 재적의원 1/2~3/4 이상 청구, 재적의원 2/3~3/4 이상 찬성으로 의결 ○ 주민발의(일부 주) - 유권자 주민의 15~33%이상 범위 내에서 발의
주요 제한 요건	○ 단체장·의원·보좌기관 - 취임일·해직청구 투표일로부터 1년 기간 동안 제외 ※ 위원회 위원 - 취임일·해직의결일로부터 6월 기간 동안 제외	○ 대부분의 주가 임기시작·임기만료 6월 기간 동안 제외 ○ 임기 중 1번만 허용(2개 주) 　재소환 금지(5개 주) 　재소환 유예기간 설정(3개 주)	○ 임기시작·임기만료 6개월 기간 동안 소환 제외 ○ 소환투표가 부결된 경우, 1년 동안 재발의 금지
해직 요건	○ 선출직은 투표자 과반수 동의로 해직 ※ 임명직은 지방의회에서 결정 - 재적 2/3 출석, 3/4 동의	○ 직전선거 참여 유권자의 50% 이상 참여, 과반수 찬성	○ 유권자 주민의 20~50% 투표 참가, 과반수 찬성
운영 사례	○ 1947~1995년 기간 중 - 의원은 242명이 해직 청구되어 67명 해직 - 단체장은 565명이 해직 청구되어 85명 해직	○ 주지사 소환 2회(노스다코타, 캘리포니아) ○ 시장·의원 소환(96-01년) - 시장 4.1%발의, 17.6%소환 - 시의원 5.3% 발의, 29.2% 소환결정	○ Brandenburg주의 경우 '93~'02 10년 동안 전체 직선 단체장의 10%에 해당되는 숫자가 소환됨. ※ '94~'97 사이 청구요건이 10%로 낮아 소환이 남발되자 '98 이후, 청구요건 강화(15% 이상)

---

131) 국회 주민소환에 관한 법률안 심사보고서.

132) 제주특별자치도법 조문해설서.

〈별첨 6〉

주민소환에 관한 법률과 제정 제주특별자치도법·제1차 개정 제주특별자치도법 비교

구 분	주민소환에 관한 법률	제 정 제주특별자치도법	제1차 개 정 제주특별자치도법
소환대상	단체장 지방의원(비례대표 제외)	도지사 도의회의원(비례대표 제외) 도교육감	좌 동
소환투표 권자	19세 이상 주민 일정한 자격을 갖춘 외국인	좌 동	좌 동
소환청구 사유	청구사유를 명시하도록 하였으나 제한하지 않음 (소환사유를 서면에 구체적으로 명시하여)	좌 동	좌 동
소환청구 요건	- 시·도지사: 10% 이상 - 기초단체장: 15% 이상 - 지방의원: 20% 이상	주민소환청구권자 총수의 20% 이상 30% 이하 범위 안에서 도조례 ※ 조례: 20%	교육감: 10% 이상 도지사 및 도의원: 소환법과 동일
소환청구 제한기간	임기개시 1년 이내 임기만료 1년 미만 투표실시 1년 이내	좌 일	좌 동
소명기회 보장	소명서＋소명요지(500자 이내)	소명서 선관위 제출 -소명방법은 중앙선관위규칙에 위임	소환법과 동일
소환투표운동 기간	주민소환투표공고일부터 투표일 전일까지(20일~30일) ※ 불법소환운동 방지 목적	14일 ※ 소환투표운동 과열 방지	소환법과 동일
주민소환투표운동 제한 및 벌칙	공직선거법에 따른 제한 사항 대다수 준용 -소환투표운동 제한 및 벌칙규정 대폭 증가	주민투표법과 공직선거법 중간 정도	소환법과 동일
소환결정 정족수	투표권자 1/3 이상 투표와 투표자 과반수 찬성	좌 동	좌 동
소환소송	광역의회의원은 광역지자체장과 달리 고등법원에 제기	도의회의원도 광역지자체장과 같이 대법원에 제기	소환법과 동일
시행일	공포 후 1년	2006. 7. 1.	공포한 날

<제주특별자치도법>

제25조(도교육감의 주민소환투표 사무관리) ① 제주자치도교육감에 대한 주민소환투표사무는 제91조에 따라 제주자치도교육감의 선거구선거사무를 행하는 선거관리위원회가 관리한다.

② 제1항에 따라 해당 선거관리위원회가 주민소환투표의 사무를 관리하는 때에는 「공직선거법」 제13조 제3항부터 제6항까지를 준용한다. 이 경우 "선거관리"는 "주민소환투표관리"로, "선거"는 "주민소환투표"로, "선거사무" 및 "선거구선거사무"는 각각 "주민소환투표사무"로 본다.

제26조(주민소환투표의 대상 및 청구에 관한 특례) ① 「주민소환에 관한 법률」 제7조 제1항에 따른 주민소환투표청구권자(이하 "주민소환투표청구권자"라 한다)는 같은 법 같은 조 같은 항에 불구하고 제주자치도교육감(이하 "도교육감"이라 한다)에 대하여 주민소환투표청구권자 총수의 100분의 10 이상의 서명으로 그 소환사유를 서면에 구체적으로 명시하여 이 법 제25조에 따라 주민소환투표사무를 관리하는 선거관리위원회(이하 "관할선거관리위원회"라 한다)에 주민소환투표의 실시를 청구할 수 있다.

② 제1항에 따라 도교육감에 대한 주민소환투표를 청구하는 때에는 행정시가 3개 이상인 경우에는 행정시 총수의 2분의 1 이상의 행정시에서 각각 주민소환투표청구권자 총수의 100분의 1 이상의 서명을 받아야 한다. 다만, 행정시가 2개인 경우에는 각각의 행정시에서 주민소환투표청구권자 총수의 100분의 1 이상의 서명을 받아야 한다.

③ 「주민소환에 관한 법률」 제7조 제2항에 불구하고 도지사에 대한 주민소환투표청구에 있어서 행정시별 서명 요건은 이 조 제2항의 도교육감에 대한 행정시별 서명 요건을 따른다.

④ 「주민소환에 관한 법률」 제7조 제3항에 불구하고 제주자치도의회의원(비례대표제주자치도의회의원은 제외하며, 이하 이 절에서 "도의회의원"이라 한다)에 대한 주민소환투표를 청구한 때에는 당해 도의회의원선거구 안의 읍·면·동 전체의 수가 3개 이상인 경우에는 읍·면·동 총수의 2분의 1 이상의 읍·면·동에서 각각 주민소환투표청구권자 총수의 100분의 1 이상의 서명을 받아야 한다. 다만, 당해 도의회의원선거구 안의 읍·면·동 전체의 수가 2개인 경우에는 각각 주민소환투표청구권자 총수의 100분의 1 이상의 서명을 받아야 한다.

제27조(도교육감의 권한행사의 정지 및 권한대행) 「주민소환에 관한 법률」 제21조 제1항에 따라 도교육감의 권한이 정지된 경우에는 부교육감이 「지방자치법」 제111조 제4항(「지방교육자치에 관한 법률」 제3조에 따라 준용되는 경우를 포함한다. 이하 이 조에서 같다)을 준용하여 그 권한을 대행하고, 부교육감이 권한을 대행할 수 없는 경우에는 「지방자치법」 제111조 제5항을 준용하여 제주자치도의 규칙에 정하여진 직제 순서에 따른 공무원이 그 권한을 대행한다. 이 경우 「지방자치법」 제111조 제4항 중 "대통령령이 정하는 순"은 "제주자치도의 규칙이 정하는 순"으로 본다.

제28조(도교육감에 대한 주민소환투표결과의 확정 통지) 관할선거관리위원회는 도교육감에 대한 주민소환투표의 개표가 끝난 때에는 지체 없이 그 결과를 공표한 후 주민소환투표청구인대표자, 도교육감(제27조에 따라 권한을 대행하는 부교육감 등을 포함한다), 관계중앙행정기관의 장 및 도지사에게 통지하여야 한다. 「주민소환에 관한 법률」 제22조 제2항에 따라 개표를 하지 아니한 때에도 또한 같다.

제29조(도교육감의 주민소환투표소송) 도교육감을 대상으로 한 주민소환투표에 관한 소청과 그 소청에 대한 결정에 관한 불복의 소 제기는 「주민소환에 관한 법률」 제24조 제1항 및 제2항 중 도지사에 관한 규정을 적용한다. 이 경우 도교육감에 대한 소청 및 소송의 절차에 관해서는 「공직선거법」 제219조부터 제229조까지 중 도지사에 관한 규정을 준용한다.

제30조(「주민소환에 관한 법률」의 적용) 주민소환에 관하여 이 법에 정하지 아니한 사항에 대하여 「주민소환에 관한 법률」을 적용하는 경우에는 다음 각 호에 따른다.

1. 같은 법 제8조 각 호 외의 부분 중 "제7조 제1항 내지 제3항"은 "제7조 제1항 및 「제주특별자치도 설치 및 국제자유도시 조성을 위한 특별법」 제26조"로 하고, 같은 조 제1호 중 "선출직 지방공직자"는 "선출직 지방공직자(도교육감을 포함한다. 이하 같다)"로 한다.

2. 같은 법 제11조 제1호, 제12조 제1항 및 제14조 제1항 중 "제7조 제1항 내지 제3항"은 "제7조 제1항 및 「제주특별자치도 설치 및 국제자유도시 조성을 위한 특별법」 제26조"로 한다.

3. 같은 법 제16조 제1항 중 "지방자치단체의 장"은 "도지사 및 도교육감"으로, "당해 지방자치단체"는 "제주자치도"로 하고, 같은 조 제2항 중 "지역구지방의회 의원"은 "도의회의원"으로, "지방의회 의원"은 "도의회의원"으로 한다.

4. 같은 법 제27조 제1항 후단 중 "'대통령령'으로 보고"는 "'중앙선거관리위원회규칙'으로 보고"로, "'제7조'로"는 "'제7조 제1항 및 「제주특별자치도 설치 및 국제자유도시 조성을 위한 특별법」 제26조'로", "'시·도지사'로"는 "'도지사 및 도교육감'으로", "'시장·군수·자치구의 구청장, 지역구시·도의원 및 지역구자치구·시·군의원'으로"를 "'도의회의원'으로"로 하고, 같은 조 제2항 중 "주민등록지인 시·군·구"는 "주민소환투표의 실시구역(도의회의원 주민소환투표의 경우에는 주민등록지인 행정시를 말한다)"으로 한다.

5. 같은 법 제37조 및 제38조 중 "제28조 내지 제33조의 죄 및 제35조의 과태료"는 각각 "「제주특별자치도 설치 및 국제자유도시 조성을 위한 특별법」 제354조 제1항부터 제8항까지의 죄 및 제362조 제4항부터 제6항까지의 과태료(주민소환에 관한 과태료에 한한다)"로 한다.

2. 제주특별자치도는 재원을 어떻게 확충하여야 하는가?

제주특별자치도의 성공적인 정착과 국제자유도시로 조성하기 위해서는 지속적이고 일관된 추진을 위한 재원이 확보되어야 한다. 위 목적을 달성하기 위해서는 중앙정부로부터의 의존재원보다는 자체수입(재원)이 많아야 제주특별자치도의 의지대로 적재적소에 집행할 수 있다.

그러나 제주특별자치도는 자체수입(지방세, 세외수입 등)보다는 의존재원(교부세, 보조금 등)이 많은 비중을 차지하고 있다.[133]

한편, 제주특별자치도법에서 정하고 있는 제주특별자치도의 자치재정권한을 살펴보면 다음과 같다.[134]

첫째, 제주특별자치도세로,「지방세기본법」제8조에서는 지방자치단체의 세목에 대하여 정하고 있는데,「지방세기본법」제8조 제2항에서는 도세의 세목 중 보통세로서 취득세, 등록면허세, 레저세, 지방소비세와 목적세로서 지역자원시설세, 지방교육세를 정하고 있고, 같은 조 제4항에서는 시·군세의 세목으로 담배소비세, 주민세, 지방소득세, 재산세, 자동차세를 정하고 있다.

따라서 지방자치단체는 도세 6세목(종전 7세목)과 시·군세 5세목(종전 9세목)으로 구성되어 있는데, 이들 지방세기본법상 전 세목을 제주특별자치도법에서는 특별자치도세로 전환하였다(제주특별자치도법 제72조). 즉, 제주특별자치도 출범으로 종전의 시·군이 폐지됨에 따라 도지사에게 종전 도세의 권한뿐만 아니라 종전의 시·군세의 권한까지 총 11세목(종전 16세목)에 대한 부과·징수의 권한을 부여한 것이다.

그러나 종전 도세와 시·군세로 구분하여 부과·징수하는 것을 '제주특별자치도세'로 전환한 것 외에 특별한 의미가 없는 것이다.[135] 다시 말하면 종전 제주도의 도세와 시·

---

133) 〈제주자치도 연도별 예산현황(당초예산, 순계기준)〉

구 분	2007	2008	%	2009	%	2010	%
합 계	23,120	24,723	6.9	26,962	9.1	27,498	2.0
지방세	4,180	4,401	5.3	4,471	1.6	4,730	5.8
세외수입	3,844	3,866	0.6	4,076	5.4	4,404	13.8
교부세	6,668	7,753	16.3	8,444	8.9	7,589	△10.1
국고보조금	7,404	7,647	3.3	8,465	10.7	9,087	7.3
지방채	1,024	1,056	3.1	1,506	42.6	1,688	12.1

134) 「지방세법」이 2011. 1. 1.부터 「지방세기본법」, 「지방세법」, 「지방세특례제한법」으로 전면개편되었다.

135) 김부찬, 제주특별자치도의 의의 및 자치입법권에 관한 고찰, 지방자치법연구 제6권 제1호(한국지방자치법학회, 2006. 6.).

군세의 세목과 제주특별자치도세의 세목의 차이가 없으므로 제주특별자치도의 지방세 세수에서도 변화가 없다고 할 수 있다.

둘째, 세액 감면 등으로, 제주특별자치도법 제73조에서는 「지방세특례제한법」 제6조 등에도 불구하고 도조례로 정하는 바에 따라 취득세, 등록면허세, 재산세 및 지역자원시설세 감면액의 100분의 50의 범위에서 가감조정할 수 있도록 정하고 있다.

셋째, 세율조정권으로, 제주특별자치도법 제74조에서는 다른 지방자치단체와는 달리 제주특별자치도에 대하여 지방세법상 세율이 아니라 도조례에 의하여 탄력세율을 부여할 수 있도록 하고 있다. 즉, 세율조정의 범위는 지방세법의 해당 세목, 즉 취득세, 부동산 등기의 등록면허세, 주민세 균등할, 재산세, 자동차세, 지역자원시설세, 지방교육세의 세율의 100분의 100의 범위로 하고(제주특별자치도법 제74조 제1항 제1호부터 제5호까지, 제7호, 제9호), 그 이외에도 레저세, 등록면허세에 대해서도 그 세율조정범위를 세율의 100분의 100 범위 내로 가감 조정할 수 있도록 하며(제주특별자치도법 제74조 제3항 및 제4항), 또한, 주민세 재산분과 지방소득세 종업원분의 세율의 상한은 주민세 재산할의 경우 사업소 연면적 1제곱미터당 500원, 지방소득세 종업원할의 경우는 종업원 급여총액의 100분의 1로 하도록 하고 있다(제주특별자치도법 제74조 제6항 및 제7항).

넷째, 지방교부세 법정률화로, 「지방교부세법」 제6조 제1항에서는 보통교부세는 매 연도의 기준재정수입액이 기준재정수요액에 미달하는 자치단체에 대하여 그 미달액을 기초로 하여 교부하도록 하고 있다.

이에 대하여 제주특별자치도의 경우 「지방교부세법」 제6조 제1항에서 정한 자치단체의 미달액과 상관없이 행정안전부장관이 제주특별자치도에 교부하는 보통교부세를 「지방교부세법」에 의한 보통교부세 총액의 100분의 3으로 정함으로써 다른 자치단체와 달리 보통교부세의 총액을 확정한 것이다(제주특별자치도법 제75조).[136]

따라서 제주특별자치도는 다른 지방자치단체와는 달리 특례조항을 둔 것으로 2007년부터 중앙정부로부터 안정적인 재원을 지원받고 있다.

참고로, 제주도의 경우 2003년에서 2005년까지의 평균 보통교부세 산정률이 2.82%임을 감안할 때, 법정률 3%를 확보한 것은 대단한 것이라고 볼 수 있다. 그러나 많은 권한이양 등에 따라 상황이 바뀌어 이제는 오히려 예산 증액에 발목을 잡는 결과가 발생하여 대책

---

136) 국가사무가 지방으로 이양됨에 따라 지방교부세도 당연히 늘어나야 하는데 교부율을 법으로 고정시켜 놓은 것은 문제라고 한다(조정찬, 특별자치도 자치입법기능의 한계와 극복방안, 한국지방자치법학회 국제학술세미나, 2007, 179쪽).

이 시급하다고 할 수 있다.

다섯째, 제주특별자치도사업계정의 설치로, 제주특별자치도는 제주특별자치도 설치 이전에 지원된 재정수준 이상으로 중앙정부의 재정지원이 보장되고(제주특별자치도법 제76조 제1항), 중앙정부의 권한이양과 각종 국고보조사업에 소요되는 비용에 대하여 국가균형발전특별회계에 별도 계정(제주특별자치도사업계정)을 설치하여 지원을 받도록 하고 있다(제주특별자치도법 제76조 제2항). 이 규정으로 국고보조금의 비중이 높은 제주특별자치도는 중앙정부의 안정적인 재정지원이 이루지게 되어 국제자유도시의 기반조성에 소요되는 투자재원의 확충이 어느 정도는 가능하게 될 것이다.

여섯째, 지방채 발행의 특례로, 지방재정법상 건전재정운영원칙에 따라 지방자치단체는 원칙적으로 세입으로 충당하여야 하고, 일정한 경우, 즉 지방자치단체의 항구적 이익이 되거나 긴급한 재난복구 등의 필요가 있는 때에만 지방채를 발행할 수 있다(「지방재정법」 제11조 제1항).

또한, 지방자치단체의 장이 지방채를 발행하고자 하는 경우에는 지방채 발행 한도액의 범위 안에서는 지방의회의 의결을 거쳐야 하지만, 외채 또는 지방채 발행 한도액의 범위를 초과하는 경우에는 지방의회의 의결을 거치기 전에 행정안전부장관의 승인을 얻어야 한다(「지방재정법」 제11조 제2항부터 제4항까지).

이에 대하여 제주특별자치도의 경우 도지사는 제주특별자치도의 발전과 관계가 있는 사업을 위하여 필요한 경우에는 「지방재정법」 제11조의 규정에 불구하고 도의회의 의결을 거쳐 외채 발행 및 지방채 발행 한도액의 범위를 초과한 지방채 발행을 할 수 있도록 하고 있다(제주특별자치도법 제77조). 즉, 지방채를 초과 발행함에 있어서 제주특별자치도는 행정안전부장관의 승인 없이 발행할 수 있다는 점에서 다른 지방자치단체보다 자율성을 부여하여 하고 있는 것이다. 다만, 행정안전부장관이 정하는 지방채 발행 한도액을 초과하여 지방채 발행을 하는 때에는 도의회 재적의원 과반수의 출석과 출석의원 3분의 2 이상의 찬성이 있어야 한다는 의결요건을 강화하고 있다(제주특별자치도법 제77조 후단).

결국, 제주특별자치도는 다른 지방자치단체와 달리 중앙정부로부터 재정자주권의 일부를 이양받았다고 할 수 있으나, 이양받은 재정자주권이 자주재원인 지방세를 통한 재원확충과는 거리가 있고, 의존재원인 지방교부세 등의 확충에 치우친 감이 있어 지방분권의 모델을 지향하고 있는 제주특별자치도의 의의를 훼손할 가능성이 높다.

따라서 제주특별자치도의 성공적인 정착을 위해서는[137] 여러 방법이 있을 수 있는데,

첫째, 국세를 지방세로 이양하는 방법으로, 제주특별자치도법 제4조 제3항에서도 "국가는 제주특별자치도의 자발적인 성과제고 노력을 유발하기 위하여 국세의 세목을 이양하거나 제주특별자치도에서 징수되는 국세를 이양하는 등 행정·재정적 우대방안을 마련하여 조속히 시행하여야 한다."고 규정하고 있으므로, 국가는 국세의 세목을 이양하거나 제주특별자치도에서 징수되는 국세를 이양하는 행정·재정적 우대방안을 마련하여야 한다.[138]

둘째, 제주특별자치도의 조례에 의한 세목 등 신설방안으로, 제주특별자치도의 체계적 개발을 통한 국제자유도시로의 조성을 위해서는 궁극적으로 중앙정부의 간섭 없이 독자적으로 과세권을 행사할 수 있어야 한다. 따라서 제주특별자치도가 보다 적극적으로 재원을 확충하기 위해서는 법률 외의 조례에 의해서도 세목 등을 신설할 수 있어야 할 것이다.[139]

셋째, 지방교부세 교부율을 상향 조정하는 방안으로, 현행 제주특별자치도법에 보통교부세 총액의 100분의 3으로 고정됨에 따라 이양사무가 많아지는 등으로 오히려 제주특별자치도의 발목을 잡고 있으므로, 보통교부세 총액의 100분의 4든지 아니면 100분의 5로 상향 조정하는 방안을 강구할 필요가 있고,[140] 아니면 제주특별자치도법 제75조를 삭제하는 방안을 강구할 필요가 있다.

참고로, 지방교부세 법정률을 상향 조정하는 방법은 보통교부세 총액의 100분의 3으로 하되, 100분의 3보다 초과되는 경우 초과된 금액을 추가 교부하도록 하는 의원입법안(2006. 6. 5. 강창일 의원 대표발의안, 2008. 11. 17. 강창일 의원 대표발의안 및 2010. 3. 31. 김우남 의원 대표발의안)[141][142]보다 진일보한 것이라 할 수 있을 것이다.

---

137) 제주특별자치도의 세입증대 방안으로 첫째, 자체노력에 의한 방안(1. 자주재원확대 ① 지방세 확대 ② 세외수입 증대 2. 지방채 활용 등 ① 민간자본 유치 ② 외국자본 유치 ③ 지방채 발행 확대) 둘째, 중앙정부의 협조 등에 의한 방안(1. 자주재원 확대 방안: 지방세의 확대 방안 2. 의존재원 확대 ① 교부세의 확대방안 ② 국고보조금의 활용 ③ 균특회계의 활용)을 들고 있다(제주발전연구원, 제주특별자치도 재정운영 기본계획 수립에 관한 연구, 2006. 12.).

138) 윤현덕 한양사이버대학교 교수는 제주특별자치도는 관광소비적 특성을 가진 지역이고, 특별법의 제안이유에서도 청정산업과 서비스산업을 육성한다고 밝히고 있다는 점에서 국세 중 소비세의 이양이 중요한 의미를 지닌다고 하면서 신세원(관광세 및 네온사인 등에 대한 간판·광고세 등)을 발굴하여 지방세원화할 수 있을 것이고, 제주특별자치도의 지역성을 고려하여 각종 입장행위와 유흥음식행위를 제주특별자치도로 이양하여 제주특별자치도 특별소비세의 창설을 제안하고 있다(윤현석, 특별자치도의 체계적 개발을 위한 재원확충방안, 한국지방자치법학회 국제학술대회, 2007, 194−201쪽).

139) 현행 제도하에서는 지방세법률주의 때문에 곤란하다 할 것이고, 이 문제는 헌법을 개정하는 문제로 귀결될 것이다.

140) 지방교부세도 의존재원이므로 지방교부세 교부율의 상향조정은 사업의 원활한 추진을 위하여 불가피한 측면도 있으나, 반대로 의존재원 증가로 이어진다는 부정적인 측면이 있다.

141) 제주특별자치도법에서는 자치재정권의 강화를 위하여 보통교부세 총액의 100분의 3을 제주특별자치도에 교부하고 있으나, 현행 「지방교부세법」에 의하여 보통교부세 금액을 산정할 경우 이를 초과하는 경우도 발생할 수 있어 이에 대한 재정보전이 필요한 실정이고, 향후 중앙행정기관의 권한이 단계적으로 이관될 경우 발생하는 재정수요 증가에 탄력적으로 대응하지 못할 우려가 있으므로, 행정안전부장관이 제주특별자치도에 교부하는 보통교부세를 보통교부세 총액의 100분의 3으로 산정하던 것을 현행과 같이 보통교부세 총액의 100분의 3으로 산정하되, 「지방교부세법」에 따라 산정한 금액이 이를 초과하는 경우에는 그 초과금액을 추가로 교부하도록 하는 것이다.

한편, 2011. 8. 1. 김우남 의원 대표발의로 보통교부세 총액의 100분의 6을 10년간 제주특별자치도에 지원하도록 하는 제주특별자치도 개정안을 발의하였다.

넷째, 제주특별자치도사업계정의 예산확보방안으로, 「국가균형발전특별법」에 별도의 계정인 제주특별자치도사업계정이 있으므로, 앞으로 중앙정부에 더욱 노력하여 예산을 많이 확보하는 방향으로 나가야 한다.

제주특별자치도의 지방재정상황은 재정기반이 구조적으로 취약하고, 지방세의 재원조달 기능이 미약하므로, 현행 체계하에서는 제주특별자치도의 재정을 확충한다는 것은 매우 어렵다고 판단된다. 따라서 단기적으로 제주특별자치도사업계정에 예산을 많이 확보할 수 있도록 노력하고, 중기적으로, 지방교부세 법정률의 상향조정, 국세의 지방세 이양, 제주특별자치도만의 지방세 신설에 노력하며, 장기적으로, 조례로 새로운 세목의 신설이 가능하도록 노력하여야 할 것으로 판단된다.

---

142) 국회에서는 제주특별자치도에 대해 추가적인 재정적 지원을 할 경우 자립과 분권을 지향하는 제주특별자치도의 본래 도입취지에 부합하지 않는 측면이 있으며, 상대적으로 타 지방자치단체의 교부세액이 감소하게 수 있다는 점 등을 고려하여 반영하지 아니하였다.

<제주특별자치도법>

제72조(제주특별자치도세) 도지사는 「지방세기본법」 제8조 제2항 및 제4항에도 불구하고 도세 및 시·군세의 세목을 제주특별자치도세(이하 "제주자치도세"라 한다)의 세목으로 부과·징수한다. <개정 2010.3.31>

제72조의2(지방세에 관한 특례) ① 「지방세기본법」 제26조 제1항·제2항 단서, 제42조 제2항 후단, 제65조 제1항·제2항, 제81조 제1항, 제96조 제1항 제4호, 제111조 제1항 본문·제2항, 제116조 제1항 제3호, 제140조 제1항 단서·제5항 및 제141조 제2항에서 대통령령으로 정하도록 한 사항은 도조례로 정할 수 있다.

  ② 「지방세법」 제19조 각 호 외의 부분·제4호, 제30조 제2항·제3항, 제46조 제1항·제2항, 제63조 제2항, 제64조 제1항, 제130조 제3항 단서, 제131조 제3항 및 제152조 제3항에서 대통령령 또는 행정안전부령으로 정하도록 한 사항은 도조례로 정할 수 있다.

  ③ 「지방세특례제한법」 제4조 제4항, 제9조 제1항, 제98조 본문 및 제99조에서 대통령령으로 정하도록 한 사항은 도조례로 정할 수 있다.

  [본조신설 2011.5.23]

제73조(세액 감면에 관한 특례) 제주자치도는 「지방세특례제한법」 제6조, 제8조, 제10조부터 제15조까지, 제18조부터 제21조까지, 제23조부터 제32조까지, 제34조부터 제40조까지, 제40조의2, 제42조, 제45조부터 제49조까지, 제52조부터 제54조까지, 제56조부터 제60조까지, 제62조부터 제64조까지, 제69조, 제71조, 제72조, 제75조부터 제81조까지, 제85조부터 제88조까지, 제93조, 제95조, 제96조, 제98조 및 제99조에도 불구하고 도조례로 정하는 바에 따라 같은 규정에 따른 취득세, 등록면허세, 재산세 및 지역자원시설세 감면액의 100분의 50의 범위에서 이를 가감조정할 수 있다. 다만, 가감조정의 대상은 제주자치도 내에 소재한 부동산에 한정한다.

  [본조신설 2011.5.23]

제74조(세율 조정에 관한 특례) ① 다음 각 호의 제주자치도세의 세율은 「지방세법」의 규정에 의한 세율에 불구하고 도조례가 정하는 바에 따라 동법의 해당세목의 표준세율의 100분의 100의 범위 안에서 이를 가감조정할 수 있다. 이 경우 제7호의 규정에 의하여 도조례로 지역자원시설세의 세율을 가감조정한 때에는 같은 법 제146조 제2항 제2호에 따른 화재위험 건축물에 대하여는 그 가감조정된 세율의 100분의 200으로 한다. <개정 2010.1.1, 2010.3.31>

  1. 「지방세법」 제11조부터 제15조까지의 규정에 따른 취득세의 세율
  2. 「지방세법」 제28조 제1항 제1호에 따른 부동산 등기에 대한 등록면허세의 세율
  3. 「지방세법」 제78조에 따른 주민세 균등분(도의 관할구역에 주소를 둔 개인에 대한 것은 제외한다)의 세율
  4. 「지방세법」 제111조 및 제112조에 따른 재산세의 세율
  5. 「지방세법」 제127조에 따른 자동차세의 세율
  6. 삭제 <2010.3.31>
  7. 「지방세법」 제146조 제1항 및 같은 조 제2항 제1호에 따른 지역자원시설세의 세율
  8. 삭제 <2010.3.31>
  9. 「지방세법」 제151조(같은 조 제1항 제3호에 따른 표준세율은 제외한다)에 따른 지방교육세의 세율

  ② 종합합산과세대상 및 별도합산과세대상 토지에 대한 재산세의 세율의 적용은 「지방세법」 제113조 제1항 제1호 및 제2호에도 불구하고 다음 각 호의 구분에 따른다. <개정 2010.3.31>

  1. 종합합산과세대상: 납세의무자가 소유하고 있는 행정시별 동지역(동지역에 적용하는 것이 부적합하다고 도조례로 정하는 지역을 제외한다. 이하 이 조에서 같다)에 소재하는 종합합산과세대상이 되는 토지의 가액을 모두 합한 금액을 각각 과세표준액으로, 행정시별 읍·면지역(동지역에 있는 지역으로서 동지역에 적용하는 것이 부적합하다고 도조례로 정하는 지역을 포함한다. 이하 이 조에서 같다)에 소재하는 종합합산과세대상이 되는 토지의 가액을 모두 합한 금액을 각각 과세표준액으로 하여 제1항 제4호의 규정에 의하여 도조례가 정하는 재산세의 세율을 적용한다.
  2. 별도합산과세대상: 납세의무자가 소유하는 행정시별 동지역에 소재하는 별도합산과세대상이 되는 토지의 가액을 모두 합한 금액을 각각 과세표준액으로, 행정시별 읍·면지역에 소재하는 별도합산과세대상이 되는 토지의 가액을 모두 합한 금액을 각각 과세표준액으로 하여 제1항 제4호의 규정에 의하여 도조례가 정하는 재산세의 세율을 적용한다.

  ③ 레저세의 세율의 적용에 있어서는 「지방세법」 제42조에도 불구하고 도조례가 정하는 바에 따라 동조 제2항의 규정에 의한 레저세의 세율의 100분의 100의 범위 안에서 가감조정할 수 있다. <개정 2010.3.31>

  ④ 면허에 대한 등록면허세의 세율은 「지방세법」 제34조에도 불구하고 행정시의 동지역에는 '그 밖의 시'에 대한 면허에 대한 등록면허세의 세율을, 행정시의 읍·면지역에는 '군'에 대한 면허에 대한 등록면허세의 세율을 적용한다. 이 경우 도조례가 정하는 바에 따라 그 면허세의 세율의 100분의 100의 범위 안에서 가감조정할 수 있다. <개정 2010.3.31>

  ⑤ 삭제 <2010.1.1>

  ⑥ 삭제 <2010.3.31>

⑦ 「지방세법」 제81조 제1항 및 제100조에도 불구하고 주민세 재산분과 지방소득세 종업원분의 세율의 상한은 다음 각 호의 구분에 따른 세율로 하되, 같은 법 제81조 제3항에 따른 오염물질배출사업소의 세율은 제1호에 따른 세율 이하에서 제81조 제2항에 따라 도조례로 정한 세율의 100분의 200(사업소 연면적 1제곱미터당 500원 미만인 때에는 500원)으로 한다. <개정 2010.1.1, 2010.3.31>
 1. 주민세 재산분: 사업소 연면적 1제곱미터당 500원
 2. 지방소득세 종업원분: 종업원 급여총액의 100분의 1
제75조(지방교부세에 관한 특례) 「지방교부세법」 제6조 제1항의 규정에 불구하고 행정안전부장관이 제주자치도에 교부하는 보통교부세는 동법에 의한 보통교부세 총액의 100분의 3으로 산정한다. <개정 2008.2.29>
제76조(제주자치도에 대한 국가의 재정지원) ① 국가는 이 법 시행 이후 제주자치도 설치 이전에 지원한 재정수준 이상이 지원되도록 보장한다.
 ② 국가는 제주자치도의 발전을 위한 안정적인 재정확보를 위하여 중앙행정기관의 권한 이양과 각종 국가보조사업의 수행 등에 소요되는 비용에 대하여 「국가균형발전 특별법」의 광역·지역발전특별회계에 별도 계정을 설치하여 지원할 수 있다. <개정 2009.4.22>
제77조(지방채 등의 발행 특례) 도지사는 제주자치도의 발전과 관계가 있는 사업을 위하여 필요한 경우에는 「지방재정법」 제11조의 규정에 불구하고 도의회의 의결을 거쳐 외채 발행 및 지방채 발행 한도액의 범위를 초과한 지방채 발행을 할 수 있다. 이 경우 행정안전부장관이 정하는 지방채 발행 한도액을 초과하여 지방채 발행을 하는 때에는 도의회 재적의원 과반수의 출석과 출석의원 3분의 2 이상의 찬성이 있어야 한다. <개정 2008.2.29>

3. 특별지방행정기관 이관에 따른 문제점은 없는가?

"특별지방행정기관"이란 특정한 중앙행정기관에 소속되어, 당해 관할구역 내에서 시행되는 소속 중앙행정기관의 권한에 속하는 행정사무를 관장하는 국가의 지방행정기관을 말한다(「정부조직법」 제3조 및 「행정기관의 조직과 정원에 관한 통칙」 제2조 제2호).

중앙정부가 특별지방행정기관을 통해 집행적인 사무를 직접 수행하여 지방행정의 책임성 및 종합성을 저해하고, 지방정부와 특별지방행정기관 간 업무의 중복성이 발생할 수 있으며, 현지성 및 지역적 특성을 반영하지 못하여 주민이 불편해하는 등 문제가 있음에 따라, 종전부터 특별지방행정기관을 지방자치단체에 이양을 위한 많은 논의들이 있었지만, 제도의 미비, 중앙부처의 반발 등[143]으로 진전이 없다가 2004년 1월 「지방분권특별법」이 제정·시행되어 특별행정기관이 수행하는 사무 중 지방자치단체가 수행하는 것이 효율적인 사무는 지방자치단체가 담당할 수 있도록 하는 근거가 마련되었다.

즉, 「지방분권특별법」 제10조(특별지방행정기관의 정비)에서는 국가는 특별지방행정기관이 수행하고 있는 사무 중 지방자치단체가 수행하는 것이 더 효율적인 사무는 지방자

---

143) 당위성이나 시급성 측면에서 보면 단연 높은 우선순위를 갖는 특별지방행정기관의 정비문제를 둘러싸고 시일이 지나면서 관심에서 멀어지는 이유를 정치적인 부담(이해집단 특히, 중앙정부의 반대와 수혜자인 지방이 적극적으로 나서지 않기 때문)으로 인해 국정의 최고 책임자가 특별지방행정기관의 정비를 과감하게 밀고 나가지 못한다는 점과 특별지방행정기관 정비의 당위성이나 시급성에 비해 실제로 그 문제를 심도 있게 분석하려는 노력이 부족했다는 점을 들고 있다(김성배, 공공서비스 전달의 적정 거버넌스 모형모색, 한국지방자치회보, 제18권 제2호, 2006. 6. 28쪽).

치단체가 담당하도록 하여야 하며, 새로운 특별지방행정기관을 설치하고자 하는 때에는 그 기능이 지방자치단체가 수행하고 있는 기능과 유사하거나 중복되지 아니하도록 하고 있다.[144] 특히, 제주특별자치도는 분권에 관한 종합적 접근의 일환으로 제주도 내의 특별지방행정기관을 제주특별자치도와 통합하여 종합적인 지방행정체제를 구축하기로 하였다.[145)146]

2004년 10월 29일 제주발전연구원의 「제주특별자치도의 기본방향 및 실천전략」 보고서에서 국가사무로서의 적절성 및 국제자유도시 및 특별자치도 추진과의 적합성 등을 고려하여 제주지방국토관리청 등 18개 기관의 이양 대상기관(안)을 선정하였고, 제주도 관련 실·국 검토(2005. 7. 4. ～ 7. 20.) 등을 거쳐 이관 대상기관으로 총 8개 기관을 선정하여 제주특별자치도 지원위원회에 제출하였다. 총리실－제주도 간 합동 워크숍을 통하여 기관 국가존립에 관한 사무를 관장하는 기관을 제외하고, 도의 유사·중복사무 비교 및 정책적 시너지 효과와 주민편리성과 현지성이 요구되는 기관을 이관 기준으로 제시하고 이관 대상기관을 7개 기관으로 확정하였다.[147]

2006년 2월 21일 공포된 제주특별자치도법에는 제주지방국토관리청, 제주지방해양수산청(해상안전 관련사무 제외), 제주지방중소기업청(시험·분석사무 제외), 제주보훈지청(국가유공자 등의 등록·결정 사무 제외), 제주환경출장소, 제주지방노동지청(근로감독관에 관한 사무 제외), 제주지방노동위원회 등 7개 특별지방행정기관과 제주특별자치도와의 통합이 이루어졌다(제주특별자치도법 제141조부터 제148조까지).[148]

특별지방행정기관의 사무를 이관한 지 몇 년 정도밖에 지나지 아니하여 단정할 수는 없겠으나, 기존의 유사하거나 중복된 업무를 통합하여 사무의 효율성 및 정책적인 시너지 효과를 나타내고, 지역특성화 사업의 활성화 및 지역경제 발전에 도움이 되는 이점도 있

---

144) 「지방분권특별법」이 2008. 2. 29. 전부개정되어 「지방분권촉진에 관한 특별법」으로 제명이 변경되고, 제10조도 제11조로 변경되었다.

145) 제주특별자치도, 제주특별자치도 추진백서, 2007, 189쪽.

146) 제주특별자치도법 제151조 제1항에 따르면, 제주특별자치도법 시행 후에는 원칙적으로 제주특별자치도에 특별지방행정기관을 새로 설치할 수 없도록 하고 있다.

147) 자세한 사항은 제주특별자치도 추진백서(제주특별자치도, 2007, 190－196쪽)와 참여정부의 지방분권 수준 진단과 과제(김부찬·양덕순 제주대학교 교수, 한국지방자치법학회 국제학술대회, 2007, 214쪽) 참조.

148) 법제처 심사의뢰안에서는 제주특별자치도 내에 있는 국가에서 설치한 특별지방행정기관을 제주특별자치도에 이관함에 있어서 우선적으로 이관하여야 할 6개 특별지방행정기관을 지정하면서 국토관리, 해양수산, 노동, 환경, 보훈, 중소기업 등 업무를 수행하고 있는 특별지방행정기관을 이관한다고 규정하고 있었으나, 특별지방행정기관의 지방이관은 물적 개념인 행정관청을 이관하는 것이 아니고 당해 기관이 수행하는 소관업무를 이관하는 데에 그 본질이 있다고 할 것이므로 각각의 법률에서 정하고 있는 중앙행정기관의 장의 권한을 이관함으로써 그 소속기관인 특별지방행정기관이 그 소관업무가 없어지게 되고 이에 따라서 결과적으로 지방관청은 없어지게 된다고 할 것인바, 원안 제140조 내지 제145조에서 이관시키고자 하는 각 분야별 중앙행정기관의 장의 권한을 규정한 법률을 찾아서 당해 법률에서 구체적으로 정하고 있는 중앙행정기관의 권한이 제주특별자치도지사에게 이양되도록 하였다고 한다(서보경, 제주특별자치도 설치 및 국제자유도시 조성을 위한 특별법 해설 및 주요 심의사항, 법제, 2006. 4, 132쪽).

지만, 다음과 같은 일부 문제점도 발생하였다.[149]

첫째, 특별지방행정기관이 폐지되고 특별지방행정기관의 사무가 대부분 이관되었으나, 일부 사무는 이관되지 않고 다른 지역의 특별지방행정기관에서 처리함에 따라, 주민들은 어떤 사무를 제주특별자치도에서 처리하고 어떤 사무를 다른 지역의 특별지방행정기관에서 처리하는지 정확히 알지 못하여 혼란이 발생한 측면이 있다. 이관되지 아니한 사무에 대해서는 지속적으로 이양을 추진하여야 할 것이다. 다만, 근로감독관 등 일부 업무의 경우는 국가에서 처리하여야 하기 때문에 이관이 어려울 것이다.

둘째, 제주특별자치도와 특별지방행정기관을 통합하면서 조직의 안정성을 도모한다는 이유는 있었겠지만, 특별지방행정기관의 사무와 도의 사무를 융합시키지 못한 측면도 있었다. 예를 들면, 똑같은 지방도임에도 불구하고 종전 국도에서 지방도로 전환된 도로는 도로관리단에서, 예전부터 지방도인 도로는 건설과에서 처리하고 있다가 추후 건설도로과로 통합하였다.

셋째, 특별지방행정기관이 행정목적으로 사용했던 청사 등 국유재산의 양여에 대하여 일부 부처로부터 무상양여를 받았으나, 일부 부처에서는 부정적인 입장을 보이고 있어 종전 특별지방행정기관에서 사용하던 청사 등의 활용에 제한을 받고 있었다.

한편, 특별지방행정기관의 사무 이관은 다음과 같은 과제를 부여한다고도 할 수 있다.

첫째, 종전 특별지방행정기관 예산의 인건비·운영비·사업비 등을 국가균형발전특별회계의 제주특별자치도계정에 포함하여 지원하도록 하고 있으나, 예산을 확보하기 위하여 종전 특별지방행정기관 때보다도 더욱 노력하여야 하는 과제를 부여한다고 할 것이다. 왜냐하면, 제주특별자치도계정에 특별지방행정기관의 이관에 따른 예산을 계상하도록 되어 있으나, 중앙정부에서는 특별지방행정기관 이관사무는 지방사무로 되었고, 지방사무에 대하여 중앙이 아닌 지방에서 재원을 지원하는 것이 맞다는 논리를 세울 것이 분명하고, 또한, 특별지방행정기관 이관사무에 대하여 점차로 관심도 줄어들 것이므로, 이에 대한 대책을 강구할 필요가 있을 것이다.

둘째, 특별지방행정기관의 사무 이관은 한편으로 지역특색의 정책을 펼칠 수 있으나, 또 다른 한편으로는 중앙정부와 유기적인 관계를 맺지 아니하면 어려움에 처할 수도 있으므

---

149) 특별지방행정기관의 이관에 따른 순기능은 ① 민주성: 주민의 의견반영, ② 맞춤형 행정, ③ 종합행정, ④ 비효율성 제거이고, 과제는 ① 전문성의 유지, ② 규모의 경제 상실, ③ 중앙정부와의 관계 약화, ④ 지역이기주의 증가를 들고 있다(양영철, 제주특별자치도 특별지방행정기관 통합의 성과와 과제, 지방행정연구 제23권 제2호, 2009. 6. 93~98쪽.

로 중앙정부와 원만한 협조관계를 구축하고 유지하여야 하는 과제가 있다고 할 수 있다.

셋째, 특별지방행정기관에서 제주특별자치도로 옮겨온 공무원들, 즉 국가공무원에서 지방공무원이 된 공무원들에 대한 자치법규 교육의 실시, 관련업무의 연속성과 조직의 융화를 위한 조직·인사정책의 실시 등이 필요하다고 할 것이다. 이 문제는 시간이 지나면 해결할 수 있는 문제이기도 하다.

앞으로, 제주특별자치도에서는 제1차 특별지방행정기관 이관에 따른 장·단점 내지 미비점을 검토하여 다음 특별지방행정기관 이관 시 고려하여야 할 사항 등을 정하고, 단계에 따라 특별지방행정기관 이관을 추진하여야 할 것이다.

<제주특별자치도법>

제140조(이관기준 등) ① 제주자치도를 관할하는 「정부조직법」 제3조의 규정에 의한 특별지방행정기관(이하 "특별지방행정기관"이라 한다)의 소관사무를 제주자치도로 이양·위임 또는 위탁(이하 "이관"이라 한다)을 함에 있어서는 다음 각 호의 사무를 우선적으로 이관하여야 한다.
  1. 당해 사무가 주민편의성 및 현지성이 요구되는 사무일 것
  2. 지역경제발전 또는 지역주민의 삶의 질에 영향을 미치는 사무일 것
  ② 제1항의 규정에 따라 특별지방행정기관의 사무를 이관하는 때에는 다음 각 호의 원칙에 따라야 한다.
  1. 제주자치도의 행정·재정상 여건 및 능력을 감안할 것
  2. 특별지방행정기관의 이관에 대한 제주자치도의 입장을 고려할 것
  3. 이관사무와 관련되는 일체의 사무를 동시 이관할 것
제141조(우선 이양대상사무) 종전의 제주도에 설치되어 있는 특별지방행정기관으로서 국토관리, 중소기업(시험·분석에 관한 사항을 제외한다), 해양수산(해상안전에 관한 사항을 제외한다), 보훈(국가유공자 등의 등록·결정에 관한 사항을 제외한다), 환경, 노동(「근로기준법」 제101조 제1항의 규정에 의한 근로감독관에 관한 사항을 제외한다)에 관한 사무를 수행하는 특별지방행정기관에 대한 중앙행정기관의 권한은 제주자치도로 이양하여야 한다. 이 경우 관계중앙행정기관의 장은 그 권한의 이양에 필요한 조치를 하여야 한다.
제150조(우선 이양대상사무 외 특별지방행정기관의 사무의 이관) ① 도지사는 제141조 내지 제148조의 규정에 의한 우선 이양대상사무 외 특별지방행정기관의 사무가 제주자치도에서 수행하는 것이 효율적이라고 인정되는 경우에는 해당 특별지방행정기관의 소관사무의 제주자치도 이관에 관하여 심의하여 줄 것을 지원위원회에 요청할 수 있다.
  ② 지원위원회는 제1항의 규정에 의하여 요청받은 특별지방행정기관의 사무의 이관에 대하여 관계중앙행정기관의 의견을 들은 후 지원위원회의 심의를 거쳐 그 내용을 공고하여야 한다.
제151조(특별지방행정기관의 설치 금지) ① 이 법 시행 후에는 제주자치도에 특별지방행정기관을 새로 설치할 수 없다.
  ② 중앙행정기관의 장은 제1항의 규정에 불구하고 중앙행정기관의 소관사무를 수행하는 것이 필요한 경우에는 도지사와 협의하여 특별지방행정기관을 둘 수 있다.
  ③ 제2항의 규정에 의하여 도지사가 중앙행정기관의 장과 협의하는 때에는 미리 도의회의 동의를 얻어야 한다.

<정부조직법>

제3조(특별지방행정기관의 설치) ① 중앙행정기관에는 소관사무를 수행하기 위하여 필요한 때에는 특히 법률로 정한 경우를 제외하고는 대통령령으로 정하는 바에 따라 지방행정기관을 둘 수 있다.
  ② 제1항의 지방행정기관은 업무의 관련성이나 지역적인 특수성에 따라 통합하여 수행함이 효율적이라고 인정되는 경우에는 대통령령으로 정하는 바에 따라 관련되는 다른 중앙행정기관의 소관사무를 통합하여 수행할 수 있다.

<행정기관의 조직과 정원에 관한 통칙>

제2조(정의) 이 영에서 사용되는 용어의 정의는 다음과 같다.
  2. "특별지방행정기관"이라 함은 특정한 중앙행정기관에 소속되어, 당해 관할구역 내에서 시행되는 소속 중앙행정기관의 권한에 속하는 행정사무를 관장하는 국가의 지방행정기관을 말한다.

<지방분권촉진에 관한 특별법>
제11조(특별지방행정기관의 정비 등) ① 국가는 특별지방행정기관이 수행하고 있는 사무 중 지방자치단체가 수행하는 것이 더 효율적인 사무는 지방자치단체가 담당하도록 하여야 하며, 새로운 특별지방행정기관을 설치하고자 하는 때에는 그 기능이 지방자치단체가 수행하고 있는 기능과 유사하거나 중복되지 아니하도록 하여야 한다.

Ⅲ. 의 회

1. 제주특별자치도의회에 어떤 변화가 있는가?

제주특별자치도 출범에 따라, 제주특별자치도의회에 많은 변화가 있었는데, 제주특별자치도법의 주요 내용을 중심으로 살펴보면 다음과 같다.

1) 자치입법권의 확대

자치입법권을 확대[150]하기 위한 명시적인 조문을 신설한 것이 아니라 제주특별자치도법에서 특례(권한이양과 도조례 위임)를 부여함에 따라, 파생된 현상이라고 볼 수 있다. 또한, 제주특별자치도법 제12조에 따라 외교, 국방, 사법 등 국가 존립 사무를 제외한 모든 사무의 권한이 단계적으로 이양되면, 이양된 사무는 자치사무가 되고, 이는 곧 자치입법권을 확대시키는 계기가 될 것이다.

2) 의원정수와 지역선거구 등 특례

제주특별자치도는 다른 시·도와는 달리 의원정수와 지역선거구에 대하여 「공직선거법」에 대한 특례를 인정받고 있다.

제주특별자치도법 제41조에 따라, 「공직선거법」 제22조 제1항·제3항 및 제4항에도 불구하고 41인 이내(교육의원 5인 포함)에서 도의회의원선거구획정위원회가 정하는 바에

---

150) 자치입법권 확대 문제는 주로 「지방자치법」 제15조(현행 제22조) 단서의 삭제 문제로, 제주특별자치도법 제정 시에도 「지방자치법」 제15조에 대한 특례를 규정하려 하였으나, 위헌논란 등으로 특례를 규정하지 못하였고, 정부혁신지방분권위원회에서도 자치입법권에 대한 국민적 공감대를 형성한 뒤 향후 추진방향을 결정하기로 하였다. 한편, 제주특별자치도의 자치입법권 확대 전략에 의하면, 특별자치도 자치입법 특례 규정, 지방자치법 제15조(현행 제22조) 단서 조항 적용배제 조항 신설, 특별자치도 사무의 국가사무화 방지조항 신설, 특별자치도 규제행정의 자율화, 특별자치도의 국가입법 참여를 들고 있다(김성호, 제주특별자치도의 자치입법권 확대 방안, 제주발전연구, 2004).

따라 도조례로 정하도록 하고 있다.

또한, 제주특별자치도법 제42조에서는 도의회의원지역선거구는 인구·행정구역·지세·교통 그 밖의 조건을 고려하여 획정하되, 그 제주도의회의원지역선거구의 명칭과 관할구역에 관한 사항은 「공직선거법」 제26조 및 별표 2의 규정에 불구하고 도의회의원선거구획정위원회가 정하는 바에 따라 조례로 정하도록 하고 있다.

한편, 제주특별자치도법 제43조에 따라, 도의회의원지역선거구의 공정한 획정을 위하여 도의회의원선거구획정위원회를 설치하도록 하고 있고, 「공직선거법」 제24조에 따른 자치구·시·군의원선거구획정위원회의 규정을 준용하도록 하고 있다.

그러나 제주특별자치도 출범 당시 도의원 정수는 제주특별자치도법 제41조에 따라 정한 것이 아니라, 2009. 3. 25. 제2차 개정 제주특별자치도법 부칙으로 폐지되기 전의 「제주도 행정체제 등에 관한 특별법」 제13조(제주특별자치도법 제41조와 비슷함) 및 부칙 제3조에 따라 정한 것이다. 왜냐하면, 제주특별자치도법 부칙 제8조 제2항에서 제41조 내지 제43조의 규정에 의한 도의회의원선거(교육의원선거를 제외한다)에 관한 사항은 2006년 7월 1일부터 임기가 개시되는 지역구 시·도의회의원의 선거의 다음 선거(재선거·보궐선거를 포함한다)부터 적용하고, 2006년 7월 1일부터 임기가 개시되는 도의회의원의 선거는 2009. 3. 25. 제2차 개정 제주특별자치도법 부칙으로 폐지되기 전의 「제주도 행정체제 등에 관한 특별법」 부칙 제3조의 규정에 따른다고 하고 있기 때문이다.

2009. 3. 25. 제2차 개정 제주특별자치도법 부칙으로 폐지되기 전의 「제주도 행정체제 등에 관한 특별법」 제13조에 따르면, 제주도의회의원지역선거구는 인구·행정구역·지세·교통 그 밖의 조건을 고려하여 획정하되, 그 제주도의회의원지역선거구의 명칭과 관할구역에 관한 사항은 「공직선거법」 제26조 및 별표 2의 규정에 불구하고 제주도의원선거구획정위원회가 정하는 바에 따라 조례로 정하도록 하고 있고[151], 부칙 제3조에서는 2006년 7월 1일부터 그 임기가 개시되는 제주도의회의원의 선거에 있어서 제주도의원선거구획정위원회는 「공직선거법」 제24조 제7항의 규정에 불구하고 당해 제주도의회의원 선거구 획정안을 선거일 전 4월까지 제주도지사에게 제출하여야 하며, 제주도의회는 제주도지사로부터 제출받은 날부터 15일 이내에 조례안을 의결하여야 하고, 제주도의회가 제1항의 규정에

---

151) 2006. 2. 24. 법제처 유권해석에 따르면, 제주도지사가 「제주도 행정체제 등에 관한 특별법 제14조」의 규정에 의한 제주도의원선거구획정위원회가 정한 제주도의회의 의원정수·비례대표의원 정수 및 제주도의회의원지역선거구의 명칭과 관할구역에 관한 사항을 포함한 조례안을 제주도의회에 제출하는 경우에, 제주도의회에서는 위 제주도의원선거구획정위원회가 정한 사항을 수정하여 위 조례안을 의결할 수 없다고 하고 있다.

의한 기한까지 조례안을 의결하지 아니하는 경우에는 제주도의회의원지역선거구의 명칭·구역 및 의원정수는 중앙선거관리위원회규칙으로 정하도록 하고 있었는데, 조례안이 의결되지 못한 관계로 중앙선거관리위원회에서 규칙(「제주도의회의원지역선거구의 명칭·구역 및 의원정수에 관한 규칙」)을 제정하고, 이에 따라 도의회의원을 종전 19인에서 41인(지역구의원 29인, 비례대표의원 7인, 교육의원 5인)으로 확대하였다.[152]

2009. 11. 25. 「제주특별자치도의회의원 지역선거구 및 교육의원 선거구의 명칭·구역 및 의원정수에 관한 조례」를 제정하였다.

3) 의장 인사권 부여 근거 마련

제주특별자치도법 제14조 제1항에 따르면, 「지방자치법」 제90조 제3항 및 제91조 제2항(「지방공무원법」 제2조 제2항 제1호의 일반직공무원은 제외한다)의 규정에 불구하고 제주특별자치도의 의회사무처에 두는 사무직원의 임용 및 절차를 도조례로 정할 수 있도록 함으로써, 의회사무처 사무직원을 지방의회의 의장의 추천에 의하여 당해 지방자치단체의 장이 임명하던 것을 일반직공무원을 제외한 의회사무처 사무직원의 임명을 도조례로 달리 정할 수 있도록 근거를 마련하였고, 이에 따라 「제주특별자치도의회 사무처 직원의 임용등에 관한 조례」를 제정하여 도의회의장이 일반직을 제외한 도의회 사무처 직원을 임명하도록 하고 있다.[153]

4) 정책자문위원 도입

제주특별자치도법 제45조에 따르면, 도의회의 조례의 제정·개폐, 예산·결산심사, 행정사무감사 및 조사 등의 활동을 지원하고, 도의회의원 또는 상임위원회의 의정활동을 지원하기 위하여 「지방자치법」 제56조의 규정에 의한 상임위원회(제79조의 규정에 의한 교육위원회를 포함한다)별로 3인 이내의 정책자문위원을 둘 수 있도록 하고, 정책자문위원은 5급 상당의 계약직 또는 별정직지방공무원으로 보하도록 하고 있는데, 정책자문위원

---

152) 제주도 지방의원 전체로 볼 때, 제주특별자치도 출범 전에는 도의원은 19인, 기초의원은 38인으로 모두 57인이었으나, 제주특별자치도 출범 후에는 기초의원은 없어지고, 도의원만 41인으로 제주도 전체 의원수는 줄어들었다고도 볼 수 있다.

153) 제주자치도의회 사무처 직원 중 일반직공무원은 제주특별자치도지사가 임용하도록 되어 있으나, 이를 제주자치도의회 의장이 임용하도록 하는 내용의 제주특별자치도법 개정안을 2009. 9. 18. 김성조 의원이 대표발의하였다.

은 제주특별자치도만의 독특한 제도로, 전문위원제와 유급보좌관제의 미비점을 상호 보완할 수 있도록 하고 있다.

5) 지방의회 지급경비 자율화

제주특별자치도법 제46조에 따르면, 「지방자치법」 제33조[154]의 규정에 불구하고 도의원에게 지급하는 비용의 종류 및 그 지급기준은 도조례로 정하도록 하고, 그 비용의 종류 및 지급기준을 심의·의결하기 위하여 도지사 소속하에 의정활동비심의위원회를 두며, 의정활동비심의위원회의 구성 및 운영 등에 관하여 필요한 사항은 도조례로 정하도록 하고 있다.

이는 도의원에게 지급하는 경비의 종류 및 지급기준을 의정활동비심의위원회 심의를 거쳐 도조례로 결정하려는 것이다.

6) 인사청문회 도입

제주특별자치도법 제44조에 따르면, 도지사는 「지방자치법」 제110조 제2항 단서의 규정에 의한 별정직지방공무원으로 보하는 부지사[155]에 대하여 관계 법령의 규정에 불구하고 그 임용 전에 도의회에 인사청문의 실시를 요청하도록 하고,[156] 도의회는 도지사가 인사청문의 실시를 요청한 자에 대하여 그 인사청문을 실시와 제66조 제3항 단서[157]의 규정에 의하여 감사위원회 위원장에 대한 임명동의안을 심사하기 위하여 인사청문특별위원회를 두도록 하며, 규정된 사항을 제외하고 인사청문특별위원회의 구성·운영, 인사청문

---

154) 제33조(의원의 의정활동비 등) ① 지방의회 의원에게 다음 각 호의 비용을 지급한다.
  1. 의정 자료를 수집하고 연구하거나 이를 위한 보조 활동에 사용되는 비용을 보전하기 위하여 매월 지급하는 의정활동비
  2. 본회의 의결, 위원회의 의결 또는 의장의 명에 따라 공무로 여행할 때 지급하는 여비
  3. 지방의회 의원의 직무활동에 대하여 지급하는 월정수당
  ② 제1항 각 호에 규정된 비용의 지급기준은 대통령령으로 정하는 바에 따라 해당 지방자치단체의 의정비심의위원회에서 결정하는 금액 이내로 하여 지방자치단체의 조례로 정한다.
  ③ 의정비심의위원회의 구성·운영 등에 관하여 필요한 사항은 대통령령으로 정한다.
155) 부지사에 별정직지방공무원뿐만 아니라 일반직지방공무원도 임용될 수 있도록 「지방자치법」이 개정(2009. 4. 1. 공포, 2009. 10. 2. 시행)됨에 따라, 일반직지방공무원에 대하여 인사청문회를 실시하여야 하는 것이 아닌지 검토가 필요할 것이다.
156) 2009. 11. 4. 강창일의원이 대표발의한 제주특별자치도법 개정안에는 별정직지방공무원으로 보하는 부지사에 대하여 도의회의 인사청문을 받도록 하던 것을 도의회의 동의를 받도록 하고 있고, 또한, 인사청문 대상에 일반직 또는 계약직 지방공무원으로 보하는 행정시장, 지방공사 사장, 지방공단 이사장을 추가하고 있다.
157) 다만, 감사위원회 위원장은 도의회 동의를 얻어야 한다.

회의 운영, 임용예정자에 대한 답변 및 의견청취방식 등에 관하여 필요한 세부적인 사항은 도조례로 정하도록 하고 있다.

　이는 도지사의 공정하고 합리적인 인사운영을 제고하고, 별정직으로 보하는 부지사 및 감사위원회 위원장의 자질을 검증하기 위하여 국회의 인사청문회제도[158]와 같이 임용 전 도의회에서 인사청문회를 실시하도록 하는 것으로, 전국 최초로 도입한 것이다.[159]

7) 대규모 개발사업 등에 대한 보고 의무화

　제주특별자치도법 제48조에 따르면, 도지사는 도조례가 정하는 대규모 개발사업[160]을 시행하거나 그 개발사업의 승인·허가·인가 등을 하고자 하는 경우에는 미리 그 개발사업계획의 내용을 도의회에 보고하도록 명문화하여 도의회가 도지사를 견제할 수 있도록 하고 있다.

8) 회기운영 자율화

　제주특별자치도법 제47조에서는 「지방자치법」 제47조 제2항의 규정에 불구하고 도의회의 연간 회의 총일수는 도조례로 정할 수 있도록 하여 지방의회의 회기운영을 자율화하고 있다.

　제주특별자치도법 제정 당시에는 「지방자치법」 제41조 제3항에는 지방의회의 연간 회의 총일수는 정례회 및 임시회를 합하여 시·도에 있어서는 120일을 초과할 수 없도록 규정되어 있었으므로 특례를 두는 의미가 있었으나, 2006. 4. 28. 지방자치법이 개정(2006. 7.

---

158) 국회의 인사청문제도는 두 가지로, 하나는 헌법에 의하여 그 임명에 국회의 동의를 요하는 대법원장·헌법재판소장·국무총리·감사원장 및 대법관과 국회에서 선출하는 헌법재판소 재판관 및 중앙선거관리위원회 위원에 대한 임명동의안 또는 의장이 각 교섭단체대표의원과 협의하여 제출한 선출안 등을 심사하기 위한 인사청문(「국회법」 제46조의3)과 다른 하나는 대통령이 다른 법률에 따라 헌법재판소 재판관·중앙선거관리위원회 위원·국무위원·방송통신위원회 위원장·국가정보원장·국세청장·검찰총장·경찰청장 또는 합동참모의장의 후보자에 대한 인사청문을 요청한 경우, 대통령당선인이 「대통령직인수에 관한 법률」 제5조 제1항에 따라 지명하는 국무위원후보자와 대법원장이 다른 법률에 따라 헌법재판소 재판관 또는 중앙선거관리위원회 위원의 후보자에 대한 인사청문을 요청한 경우의 인사청문(「국회법」 제65조의2)이 있다.

159) 인사청문회와 관련된 조례는 전라북도가 처음으로 제정하였으나, 전라북도의 「공기업 사장 등의 임명에 관한 인사청문회 조례안」에 대하여 대법원에 제소가 되었는데, 공기업 사장 등의 임명·위촉권은 지방자치단체의 장에게 전속적으로 부여된 것으로 하위법규인 조례로서 단체장의 임명·위촉권을 제약할 수 없다는 이유로 무효가 되었다.

160) 「제주특별자치도 개발사업시행 승인 등에 관한 조례」 제2조에서 정하고 있는데, 같은 조례 제13조에서 정한 개발사업의 범위(도시의 개발, 산업입지 및 산업단지조성, 에너지 개발, 항만건설, 수자원개발, 공항의 건설, 하천의 이용 및 개발, 체육시설의 설치, 관광단지의 개발 등) 중 50만 제곱미터 이상의 개발사업을 말한다. 다만, 「제주특별자치도 통합(환경·교통·재해)영향평가 조례」 제12조 제4항에 따라 제주특별자치도의회의 동의를 받은 경우에는 이를 적용하지 아니한다.

1. 시행)되어 지방의회의 회의 총일수와 정례회 및 임시회의 회기를 당해 지방자치단체의 조례로 정하도록 함에 따라 특례를 두는 의미가 상실되었다. 따라서 이 조문을 제3차 개정(2011. 5. 23. 법률 제10701호로 개정된 것) 시 삭제하였다.

9) 지방자치정부의 형태

제주특별자치도법 제13조에 따르면, 「지방자치법」의 지방의회와 집행기관에 관한 규정에 불구하고 따로 법률이 정하는 바에 따라 제주자치도의 지방의회 및 집행기관의 구성을 달리할 수 있도록 하되, 도지사는 도의회의 동의를 받아 행정자치부장관에게 그에 관한 주민의견을 듣기 위한 주민투표의 실시를 요청할 수 있도록 하고 있다.

우리나라는 1949년 지방자치법 제정 이래 지방자치단체의 종류, 크기 등에 관계없이 획일적으로 기관대립형(의회－지방자치단체장)을 채택하고 있으나, 주로 지방의회에 대하여 상대적으로 지방자치단체장의 권한이 비대하여 문제가 발생하고 있는 것도 사실이기 때문에[161] 실질적인 자치조직권의 보장을 위해서는 집행기관과 의결기관의 구성에 있어서도 기관대립형 외에 기관구성방식을 법률로 달리 정할 수 있는 자율성을 부여하려는 것이다.

집행기관과 의결기관의 구성별 장·단점은 다음과 같다.

〈표 11〉 집행기관과 의결기관의 구성별 장·단점

구 분	장 점	단 점
기관대립형	■ 상호 견제와 균형으로 권력남용 방지 ■ 집행기관장 행정권 통합으로 행정에 대한 책임성 확보	■ 상호 간 마찰과 대립으로 행정의 불안정 초래 ■ 집행기관장 주도로 주민의사 반영 미비
기관통합형	■ 권한을 대의기관에 집중시킴으로써 민주정치에 적합 ■ 지방행정의 안정적 수행 및 경제적 이점	■ 행정총괄 책임자 부재로 행정의 통합성 문제 발생 ■ 행정집행에 견제와 균형 미비 및 독자성과 전문성 상실

일부에서 제주지역에서는 제주특별자치도지사를 선출하지 않고 도의회의원만을 도민들이 직접 선출하고 이들로 하여금 집행기관을 구성하는 방안을 심도 있게 검토할 필요가 있다고 한다.[162]

---

161) 지방자치단체의 기관구성에 대하여 자세한 사항은 안영춘, 지방자치단체의 기관구성 다양화 방안, 한국지방행정연구원, 2006 참조.

10) 교육위원회 신설

제주특별자치도법 제79조에 따르면, 「지방자치법」 제56조의 규정에 불구하고 도의회에 교육·과학·기술·체육 그 밖의 학예에 관한 소관 사항을 심의·의결하기 위하여 상임위원회(이하 "교육위원회"라 한다)를 두도록 하고, 교육위원회는 9인으로 구성하되, 도의회의원 4인과 「지방자치법」 제31조 및 「공직선거법」의 지역선거구시·도의회의원선거에 관한 규정에 의하여 별도로 선출한 도의회의원(이하 "교육의원"이라 한다) 5인으로 구성하도록 하고 있다.

이는 교육관련 심의·의결기관을 일원화함으로써 비합리적인 이중적 심의·의결 구조를 개선하려는 것으로 전국 최초로 도입된 제도이다.

그러나 「지방교육자치에 관한 법률」의 개정(2006. 12. 20. 공포)으로 다른 시·도도 2010. 9. 1.부터 제주특별자치도와 마찬가지로 도의회에 교육위원회를 두도록 되었다.

11) 법률안 의견 제출권

제주특별자치도법 제9조에 따르면, 제주특별자치도지사는 제주특별자치도와 관련하여 법률에 반영할 필요가 있는 사항에 대한 의견을 지원위원회에 제출할 수 있도록 하되, 제주특별자치도의회 재적의원 3분의 2 이상의 동의를 얻도록 하고 있다.

이는 단순한 법률개정 건의보다 한 차원 높은 법률안 의견 제출권을 특별자치도에 부여하여 지역특성에 맞는 제도를 스스로 만들 수 있는 여건을 마련한 의의가 있다고 할 것이다.

---

162) 김성준, 양덕순, 제주특별자치도의회의 조직 및 인사권 강화, 제주특별자치도의회·(사)제주지방자치학회 공동 정책세미나, 2007. 7. 13, 71쪽.

<제주특별자치도법>

제9조(법률안 제출 및 입법반영) ① 제주특별자치도지사는 제주특별자치도의회 재적의원 3분의 2 이상의 동의를 얻어 제주특별자치도와 관련하여 법률에 반영할 필요가 있는 사항에 대한 의견을 지원위원회에 제출할 수 있다.

② 지원위원회는 제1항의 규정에 따라 제출된 의견을 관계중앙행정기관의 장에게 통보하여야 한다.

③ 관계중앙행정기관의 장은 제2항의 규정에 의하여 통보된 내용에 대하여 그 타당성 여부를 검토하여야 한다. 이 경우 검토기간은 그 통보를 받은 날부터 2월을 경과하여서는 아니 된다.

④ 관계중앙행정기관의 장은 제3항의 규정에 의한 검토결과를 검토기간이 경과한 날부터 7일 이내에 지원위원회에 통보하여야 한다. 이 경우 관계중앙행정기관의 장은 검토결과 그 타당성이 없다고 인정한 때에는 그 구체적인 사유 및 내용을 명시하여 통보하여야 하며, 타당하다고 인정하는 때에는 관계법률에 그 내용이 반영될 수 있도록 적극 협력하여야 한다.

⑤ 지원위원회는 제4항의 규정에 의한 검토결과를 심의하여 그 심의결과를 제주특별자치도지사 및 관계중앙행정기관의 장에게 통보하여야 한다.

제13조(지방의회 및 집행기관 구성의 특례) ① 「지방자치법」의 지방의회와 집행기관에 관한 규정에 불구하고 따로 법률이 정하는 바에 따라 제주자치도의 지방의회 및 집행기관의 구성을 달리할 수 있다.

② 제1항의 규정에 의하여 제주자치도의 기관구성을 달리하고자 하는 경우에 도지사는 도의회의 동의를 받아 행정안전부장관에게 그에 관한 주민의견을 듣기 위한 주민투표의 실시를 요청할 수 있다.

③ 제2항의 규정에 의하여 요청을 받은 행정안전부장관은 이 법의 목적 및 취지 등을 고려하여 필요하다고 인정하는 때에는 제주자치도 관할구역 전체를 대상으로 도지사에게 주민투표의 실시를 요구할 수 있다. 이 경우 실시하는 주민투표는 「주민투표법」 제8조의 규정에 의한 국가정책에 관한 주민투표로 보고, 동법의 규정을 따른다.

제14조(자치조직권에 관한 특례) ① 「지방자치법」 제90조 제3항 및 제91조 제2항(「지방공무원법」 제2조 제2항 제1호의 일반직공무원은 제외한다), 제110조 제1항·제2항 단서(정수에 한정한다) 및 제6항, 제112조 제1항·제2항(직급기준은 제외한다), 제113조부터 제115조까지의 규정에 불구하고 제주자치도의 의회사무처에 두는 사무직원의 임용 및 절차, 부지사의 정수 및 사무분장에 관한 사항, 행정기구의 설치·운영기준, 지방공무원의 정원기준, 직속기관·사업소·출장소의 설치요건 및 하부 행정기구의 설치 등에 관하여 필요한 사항은 도조례로 정할 수 있다.

제41조(도의회의원의 정수에 관한 특례) ① 도의회의원의 정수(제80조의 규정에 의한 교육의원 5인을 포함한다)는 「공직선거법」 제22조 제1항·제3항 및 제4항의 규정에 불구하고 41인 이내에서 제43조의 규정에 의한 도의회의원선거구획정위원회가 정하는 바에 따라 도조례로 정한다.

② 도의회의 비례대표의원 정수는 「공직선거법」 제22조 제4항의 규정에 불구하고 제1항의 규정에 의한 의원정수(제80조의 규정에 의한 교육의원을 제외한다)의 100분의 20 이상으로 하며, 제43조의 규정에 의한 도의회의원선거구획정위원회가 정하는 바에 따라 도조례로 정한다. 이 경우 단수는 0으로 본다.

제42조(도의회의원지역선거구에 관한 특례) ① 도의회의원지역선거구는 인구·행정구역·지세·교통 그 밖의 조건을 고려하여 확정하되, 그 도의회의원지역선거구의 명칭과 관할구역은 「공직선거법」 제26조 및 별표 2의 규정에 불구하고 제43조의 규정에 의한 도의회의원선거구획정위원회가 정하는 바에 따라 도조례로 정한다.

② 제1항의 규정에 따라 도의회의원지역선거구를 확정하는 경우 행정시의 관할구역의 일부를 분할하거나 하나의 읍·면·동의 일부를 분할하여 다른 도의회의원지역선거구에 속하게 할 수 없다.

제43조(도의회의원선거구획정위원회) ① 도의회의원지역선거구의 공정한 획정을 위하여 제주자치도에 도의회의원선거구획정위원회를 둔다.

② 「공직선거법」 제24조의 규정에 의한 자치구·시·군의원선거구획정위원회의 규정은 도의회의원선거구획정위원회에 관한 사항에 대하여 이를 준용한다.

제44조(인사청문회) ① 도지사는 「지방자치법」 제110조 제2항 단서의 규정에 의한 별정직지방공무원으로 보하는 부지사에 대하여 관계 법령의 규정에 불구하고 그 임용 전에 도의회에 인사청문의 실시를 요청하여야 한다.

② 도의회는 제1항의 규정에 의하여 도지사가 인사청문의 실시를 요청한 자에 대하여 그 인사청문을 실시하기 위하여 인사청문특별위원회를 둔다.

③ 도의회는 제66조 제3항 단서의 규정에 의하여 감사위원회 위원장에 대한 임명동의안을 심사하기 위하여 인사청문특별위원회를 둔다.

④ 제2항 및 제3항의 규정에 의한 인사청문특별위원회는 도의회의 동의를 요하는 자에 대한 임명동의안 및 도지사로부터 요청된 인사청문요청안(이하 "임명동의안 등"이라 한다)이 도의회에 제출된 때에 구성된 것으로 보며, 그 임명동의안 등이 본회의에서 의결될 때 또는 인사청문경과가 본회의에 보고될 때까지 존속한다.

⑤ 인사청문특별위원회는 제2항 및 제3항의 규정에 의한 인사청문 또는 심사를 위하여 인사에 관한 청문회(이하 "인사청문회"라 한다)를 연다.

⑥ 제1항 내지 제5항에 규정된 사항 외에 인사청문회에 관해서는 「인사청문회법」 제4조 제2항, 제5조 내지 제9조, 제10조 제1항·제2항, 제11조 내지 제18조의 규정을 준용한다. 이 경우 "위원회"는 "인사청문특별위원회"로, "위원장"은 "인사청문특별위원회의 위원장"으로, "국회"는 "도의회"로, "임명권자(대통령당선인을 포함한다) 또는 지명권자" 및 "대통령 또는 대법원장"은 각각 "도지사"로, "의장"은 "도의회의장"으로, "헌법재판소재판관 등" 및 "국회법 제65조의2 제2항의 규정에 의한 공직후보자"는 각각 "인사청문대상자"로 본다.

⑦ 이 법에 규정된 사항을 제외하고 인사청문특별위원회의 구성·운영, 인사청문회의 운영, 임용예정자에 대한 답변 및 의견청취방식 등에 관하여 필요한 세부적인 사항은 도조례로 정한다.

제48조(대규모 개발사업 등에 대한 보고) 도지사는 도조례가 정하는 대규모 개발사업을 시행하거나 그 개발사업의 승인·허가·인가 등을 하고자 하는 경우에는 미리 그 개발사업계획의 내용을 도의회에 보고하여야 한다.

<제주도 행정체제 등에 관한 특별법(2009. 3. 25. 제2차 개정 제주특별자치도법 부칙으로 폐지되기 전의 것)>

제13조(제주도의회의원지역선거구에 관한 특례) 제주도의회의원지역선거구는 인구·행정구역·지세·교통 그 밖의 조건을 고려하여 확정하되, 그 제주도의회의원지역선거구의 명칭과 관할구역에 관한 사항은 「공직선거법」 제26조 및 별표 2의 규정에 불구하고 제주도의원선거구획정위원회가 정하는 바에 따라 조례로 정한다.

부칙

제3조(제주도의회의원지역선거구 획정에 관한 특례) ① 2006년 7월 1일부터 그 임기가 개시되는 제주도의회의원의 선거에 있어서 제주도의원선거구획정위원회는 「공직선거법」 제24조 제7항의 규정에 불구하고 당해 제주도의회의원 선거구 획정안을 선거일 전 4월까지 제주도지사에게 제출하여야 하며, 제주도의회는 제주도지사로부터 제출받은 날부터 15일 이내에 조례안을 의결하여야 한다.

② 제주도의회가 제1항의 규정에 의한 기한까지 조례안을 의결하지 아니하는 경우에는 제주도의회의원지역선거구의 명칭·구역 및 의원정수는 중앙선거관리위원회규칙으로 정한다.

2. 법률안 의견 제출권과 관련된 논란은 무엇인가?

제주특별자치도법 제9조 제1항에 따르면, 제주특별자치도지사는 제주특별자치도와 관련하여 법률에 반영할 필요가 있는 사항에 대한 의견을 제주특별자치도(지원위원회)에 제출할 수 있도록 하되, 제주특별자치도의회 재적의원 3분의 2 이상의 동의를 얻도록 하고 있다.

이에 따라 2009. 7. 국세의 자율권 부여, 투자개방형 병원 허용, 녹색성장산업 육성 등 제4단계 제도개선(제3차 개정) 핵심과제에 대하여 도의회의 동의를 얻어 제주특별자치도 지원위원회에 제출하였다.

1) 도지사는 지원위원회에 의견을 제출할 때에는 "반드시" 도의회 재적의원 3분의 2 이상의 동의를 얻어야만 하는가?

도지사는 지원위원회에 의견을 제출할 때에는 반드시 도의회 재적의원 3분의 2 이상의 동의를 얻어야만 하는지, 아니면 도의회의 동의를 얻지 아니하고도 지원위원회에 의견을 제출할 수 있는지 여부에 대하여 논란이 있다.

제주특별자치도법 제9조를 살펴볼 때, 도지사가 지원위원회에 의견을 제출할 때에는 반드시 도의회 재적의원 3분의 2 이상의 동의를 얻어야 한다고 주장할 수 있다.

그러나, 다음과 같은 점을 종합적으로 고려할 때, 도지사는 의견을 도의회의 동의를 얻어 지원위원회에 제출할 수도 있고, 동의를 얻지 아니하고도 지원위원회에 제출할 수 있다 할 것이다.

① 제주특별자치도법 제9조 제1항은 도지사가 도의회 재적의원 3분의 2 이상의 동의를 얻어 도와 관련하여 법률에 반영할 필요가 있는 사항에 대한 의견을 지원위원회에 "제출하여야 한다."는 것이 아니라 단지 "제출할 수 있다."는 규정에 지나지 아니한 점

② 제주특별자치도법 제9조의 입법취지가 단순한 법률 개정 건의보다 한 차원 높은 "법률안 의견 제출권"을 도에 부여하여 지역특성에 맞는 제도를 스스로 만들 수 있는 여건을 마련하려는 취지[163]이고, 이렇게 도지사에게 "법률안 의견 제출권"이 부여되었다고 하더라도 일반적으로 인정되는 "법률안 개정 건의권"을 배제하는 것은 아닌 점. 단순한 "법률안 개정 건의권"은 법률에 근거가 없더라도 누구나 중앙행정기관 등에게 할 수 있는 것이므로, "법률안 의견 제출권"이 있더라도 "법률안 개정 건의권"을 배제하는 조항은 아니라 할 것이다.

③ 제주특별자치도법 제9조는 도지사가 지원위원회에 의견을 제출할 때에 도의회 재적의원 3분의 2 이상의 동의를 얻으면, 제주특별자치도법 제9조 제2항부터 제5항까지의 규정에 따라 지원위원회는 관계중앙행정기관의 장에게 통보하고, 관계중앙행정기관의 장은 타당성 여부를 검토하여 지원위원회에 통보하되, 타당성이 없다고 하면 그 구체적인 사유 및 내용을 명시하여 통보하고, 타당성이 있다면 관계법률에 그 내용이 반영될 수 있도록 적극 협력하는 등의 의무가 생긴다고 하고 있으므로, 만약, 도의회 동의를 얻지 아니하고 지원위원회에 의견을 제출하면, 제주특별자치도법 제9조 제1항에 따른 제출이 아니라 할 것이어서, 제주특별자치도법 제9조 제2항부터 제5항까지에 따른 관계중앙행정기관의 장의 검토의무 등도 발생하지 아니한다고 할 수 있는 점

---

163) 제주특별자치도법 제정 시 국무조정실에서 만든 조문 제정 이유서에 따르면, 자치입법권(조례) 확대에도 불구하고 현행 입법체계 하에서는 제주특별자치도 스스로 제도 및 정책을 결정하는 데 한계 존재, 제주특별자치도의 지역실정에 맞는 법집행이 가능하도록 법률 반영 필요사항에 대하여 검토 요청 권한을 부여할 필요가 있다고 하고 있다.

다시 말하면, 도지사가 지원위원회에 의견을 제출할 때에는 "반드시" 도의회 재적의원 3분의 2 이상의 동의를 얻어야 한다는 말은 틀린 말이다. 왜냐하면, 제주특별자치도법 제9조 제2항부터 제5항까지의 규정에 따른 관계중앙행정기관의 검토의무 등을 발생시키지 아니하여도 된다면, 일반적으로 인정되는 "법률안 개정 건의권"에 따라 도의회의 동의를 얻지 아니하고도 지원위원회에 제출할 수 있기 때문이다.

오히려, 제주특별자치도법 제9조 제2항부터 제5항까지의 규정에 따른 관계중앙행정기관의 검토의무 등을 발생시키려면, 제주특별자치도법 제9조 제1항에 따라 도지사는 "반드시" 도의회 재적의원 3분의 2 이상의 동의를 얻어 "지원위원회"에 의견을 제출하여야 한다는 말이 맞는 말이다.[164]

〈표 13〉 법률안 의견 제출권과 법률안 개정 건의권 비교

---

1. 법률안 의견 제출권(제주특별자치도법 제9조 ○)
   ① 도지사 → ② 도의회 2/3 동의 ○ → ③ 지원위 제출 → ④ 중앙행정기관의 타당성 검토·통보 및 입법반영 협력 의무 ○, 지원위 심의·통보 의무 ○

2. 법률안 개정 건의권(제주특별자치도법 제9조 ×, 일반적으로 인정)
   ① 도지사 → ② 도의회 2/3 동의 × → ③ 지원위 등 제출 → ④ 중앙행정기관의 타당성 검토·통보 및 입법반영 협력 의무 ×, 지원위 심의·통보 의무 ×

그렇다면, 실제로, 법률안 개정 의견을 제주특별자치도법 제9조 제1항에 따른 "법률안 의견 제출권"으로 할지, 아니면 제주특별자치도법 제9조 제1항이 아닌 일반적으로 인정되는 "법률안 개정 건의권"으로 할지 여부에 대하여는 "도지사"가 제주특별자치도법 개정의 추진일정, 제주특별자치도법 개정의 전례, 지원위원회와 중앙행정기관의 상황, 도의회의 상황, 도의회 2/3 동의 가능 여부, 도민의 의견 등을 종합적으로 고려하여 결정할 문제라 할 것이다.

한편, 제주특별자치도법 제9조는 도가 먼저 법률안 개정 의견을 지원위원회에 제출하여 중앙행정기관 등에게 검토 의무 등을 부여하는 내용이므로, 지원위원회가 법률 개정을 추진[165]할 때에 단순히 도에게 법률 개정 의견을 묻는 것에 대하여는 제주특별자치도법

---

164) 도의회 재적의원 3분의 2 이상의 동의를 얻도록 하는 것은 의결정족수를 강화하여 중앙행정기관의 검토의무 등을 부여하려는 것이나, 너무 강하여 이것이 오히려 법률안 의견 제출권의 이용을 저해할 수 있으므로 낮추는 방안을 검토할 필요가 있고, 지원위원회에 제출하라는 것은 중앙행정기관에 개별적으로 제출하기 보다는 총괄적으로 처리하기 위하여 지원위원회에 제출하라는 것으로 이해할 수 있으나, 과연 심의기구인 지원위원회에 제출하는 것이 맞는지 검토할 필요가 있을 것임. 참고로, 제주특별자치도법 제9조의 제목 중 "법률안 제출"은 "법률안 의견 제출"로 변경할 필요가 있을 것이다.

165) 제주특별자치도법 제정 시와 개정 시, 행정안전부장관과 국토해양부장관이 공동으로 부서하였기 때문에 제주특별자치도법은 국무총리실

제9조를 적용할 여지는 없다 할 것이다.

2) 도지사는 도와 관련하여 법률에 반영할 필요가 있는 사항에 대한 의견을 지원위원회에만 제출하여야 하는가?

"법률안 의견 제출권"은 도의회 제적의원 3분의 2 이상의 동의를 얻어야 하고, 지원위원회에 제출하도록 하는 등 오히려 도와 관련된 법률의 개정을 어렵게 하는 족쇄가 될 수 있다는 주장이 있을 수 있다.[166]

그러나, ① 특별법 제9조 제2항부터 제5항까지의 규정에 따른 관계중앙행정기관의 검토의무 등을 갖도록 하는, 즉 "법률안 의견 제출권"은 중앙행정기관에 개별적으로 제출하기 보다는 총괄적으로 처리하기 위하여 지원위원회에만 제출하라는 것으로 이해되는 점, ② 위에서 살펴본 바와 같이 현재에도 종전처럼 일반적으로 인정되는 단순한 "법률안 개정 건의권"은 지원위원회나 관계중앙행정기관 등에 제출할 수 있는 점 등을 고려할 때, "법률안 의견 제출권"이 도와 관련된 법률의 개정을 어렵게 하는 족쇄가 될 수 있다는 주장은 타당하지 아니하고, 오히려, 도의 법률안 개정에 힘을 실어주는 제도가 될 수 있을 것이다.[167]

따라서, 제주특별자치도법 제9조 제2항부터 제5항까지의 규정에 따른 관계중앙행정기관의 검토의무 등을 발생시키려면, 제주특별자치도법 제9조 제1항에 따라 "지원위원회에만" 제출하여야 하고, 단순한 "법률안 개정 건의권"은 지금도 지원위원회나 관계중앙행정기관 등에 제출할 수 있다. 다만, "법률안 개정 건의권"은 제주특별자치도법 제9조에 따른 "법률안 의견 제출권"이 아니기 때문에 지원위원회나 관계중앙행정기관에게 법적인 검토의무 등이 발생한다고 할 수 없다 할 것이다.

(지원위원회)이 아닌 행정안전부와 국토해양부가 소관부처이다.

166) 오준근, 제주특별자치도 관련 각종 특별법의 법적 쟁점에 관한 약간의 고찰, 사단법인 한국지방자치법학회 학술발표대회, 2006. 2. 16, 38쪽.

167) 국법 위주의 우리나라 법령체계 아래에서 지방자치단체의 입장을 반영하기 위한 시스템으로서의 의미를 갖는데 중앙정부의 해당 부처들은 상당한 심리적 부담감을 가지고 제주특별자치도의 입법의견을 검토하지 않을 수 없다는 점에서 매우 효과적인 제도로 운영될 가능성이 있고, 도의회의 재적의원 3분의 2 요건 등 앞으로 보완하여야 할 점이 있지만 제주특별자치도의 입장에서 자치입법의 영역에서도 제주특별자치도의 조례로의 위임을 수반한 사무이양 건의 등 이용가치가 매우 높은 제도라고 할 수 있다고 한다[조정찬, 제주특별자치도의회 자치입법권 확대방안, 제주특별자치도의회·(사)제주지방자치학회 공동 정책세미나, 2007. 7. 13, 50쪽].

3) 제주특별자치도와 관련한 법률에는 제주특별자치도법이 포함되는가?

제주특별자치도와 관련된 법률이 무엇인지 명확하게 규정되어 있지는 않지만, 제주특별자치도와 관련된 법률에는 제주특별자치도와 관련하여 개정하려는 모든 법률, 즉 제주특별자치도법을 포함한 모든 법률을 의미한다고 할 것이다.

만약, 제주특별자치도와 관련된 법률에서 제주특별자치도법을 제외된다고 한다면, 제주특별자치도와 관련된 법률을 일괄하여 제주특별자치도법으로 개정하고 있는 현실에서 실제로 고칠 법률은 하나도 없을 것이다.

<제주특별자치도법>

제9조(법률안 제출 및 입법반영) ① 제주특별자치도지사는 제주특별자치도의회 재적의원 3분의 2 이상의 동의를 얻어 제주특별자치도와 관련하여 법률에 반영할 필요가 있는 사항에 대한 의견을 지원위원회에 제출할 수 있다.

② 지원위원회는 제1항의 규정에 따라 제출된 의견을 관계중앙행정기관의 장에게 통보하여야 한다.

③ 관계중앙행정기관의 장은 제2항의 규정에 의하여 통보된 내용에 대하여 그 타당성 여부를 검토하여야 한다. 이 경우 검토기간은 그 통보를 받은 날부터 2월을 경과하여서는 아니 된다.

④ 관계중앙행정기관의 장은 제3항의 규정에 의한 검토결과를 검토기간이 경과한 날부터 7일 이내에 지원위원회에 통보하여야 한다. 이 경우 관계중앙행정기관의 장은 검토결과 그 타당성이 없다고 인정한 때에는 그 구체적인 사유 및 내용을 명시하여 통보하여야 하며, 타당하다고 인정하는 때에는 관계법률에 그 내용이 반영될 수 있도록 적극 협력하여야 한다.

⑤ 지원위원회는 제4항의 규정에 의한 검토결과를 심의하여 그 심의결과를 제주특별자치도지사 및 관계중앙행정기관의 장에게 통보하여야 한다.

---

3. 도의회의장이 도의회사무처의 일반직을 제외한 사무직원을 임명할 수 있는가?

현행 「지방자치법」 제91조 제2항에 따르면, 지방의회 사무직원은 지방의회의 추천에 따라 그 지방자치단체의 장이 임명하되, 지방자치단체의 장은 사무직원 중 별정직·기능직·계약직 공무원에 대한 임용권은 지방의회사무처장·사무국장·사무과장에게 위임하도록 하고 있다.

그동안 지방의회 사무직원에 대하여 단체장이 인사권을 행사함에 따라, 여러 가지 문제점이 나타났다. 먼저 단체의 인사권과 지방의회 의장의 지휘·감독권으로 이원화되어 있기 때문에 나타나는 구조적인 문제점으로는 지방의원의 불신, 심리적 갈등, 감독권의 약화, 근무성적평정의 불이익 등을 이야기할 수 있고, 단체장의 인사권 행사로 인하여 운영적인 측면에서 발생하는 문제점으로는 빈번한 인사이동, 추천권의 실효성 미흡, 전문성의 미확보 및 능력발전의 저하 등을 들 수 있다.[168]

현행 「지방자치법」 제91조 제2항 단서 조항은 지방의회 사무직원의 인사권의 자율성·독립성·전문성을 요구하는 지방의회 측의 요구를 일부 수용하여 2006. 4. 28. 신설된 것이다(신설될 당시에는 「지방자치법」 제83조 제2항 단서였다). 다만, 2006. 4. 28. 「지방자치법」 개정에 대하여 지방의회 사무직원의 대부분을 차지하는 일반직공무원은 여전히 지방자치단체장이 임명하고, 별정직·기능직·계약직 공무원에 대한 임용권을 의장이 아닌 의회사무기구의 장에게 위임한 것은 아직 미봉책에 불과하고, 인사권의 독립을 통해 의회 전문성의 강화와 집행부에 대한 견제기능을 강화하기 위하여 앞으로 의회직렬을 신설[169]하여 일반직을 포함한 모든 지방의회 사무직원의 인사권을 지방의회의장에게 넘겨야 한다는 주장이 있다.[170][171]

한편, 제주특별자치도법 제14조 제1항에 따르면, 「지방자치법」 제90조 제3항 및 제91조 제2항(「지방공무원법」 제2조 제2항 제1호의 일반직공무원은 제외한다)의 규정에 불구하고 제주특별자치도의 의회사무처에 두는 사무직원의 임용 및 절차를 도조례로 정할 수 있도록 되어 있다.

이는 의회사무처 사무직원의 임명을 현행 지방의회의 의장의 추천에 의하여 당해 지방자치단체의 장이 임명하도록 하고 있는 것을 일반직공무원을 제외한 직원의 임명을 도조례로 달리 정할 수 있도록 근거를 마련하는 것으로, 일반직을 포함한 모든 지방의회 사무직원의 인사권을 지방의회의장에게 넘겨야 한다는 주장에는 미치지 못하나, 다른 시·도보다는 훨씬 더 전향적인 제도라 할 것이다.

참고로, 제주특별자치도법에 대한 국회 행정자치위원회 전문위원 검토보고서에도 "의회사무처 직원 임용 및 절차를 조례로 위임하고 전문위원, 별정·기능직에 대한 인사권을 의장에게 부여할 수 있는 길을 열어 놓았음"이라고 되어 있다.

---

168) 황아란, 지방의회 사무기구의 인사권 확대방안, 한국지방행정연구원, 2003, 51－58쪽.

169) 의회직렬 신설에 대해서는 부정적인 측면(① 승진의 폭이 좁아 지방공무원들에게 매력이 낮다는 점 ② 평생을 의회에서만 근무하라고 하면 현재의 집행기관 공무원들은 대부분이 수락하지 않을 것이라는 점 ③ 전보될 수 있는 기관이 한정적이므로 자기발전의 기회가 부족하다는 점)과 긍정적인 측면(① 투철한 직업의식 확보와 의회의 자주성 확보 유리한 점 ② 전문적인 의정활동을 보좌할 수 있는 점)이 있다.

170) 박봉국, 제4기 민선자치지방의회의 운영과 과제, 법제 2006. 6, 48－49쪽, 이용우, 지방의회 인사권독립과 관련한 국회의 입법동향과 문제점, 지방의정, 2006. 5, 109－110쪽.

171) 2009. 9. 18. 김성조의원 등 12인이 제주자치도의회 사무처 직원 중 일반직공무원도 제주자치도의회 의장이 임용하도록 하고, 도의회 상임위원회에 정책자문위원과 입법심의관입법조사관 등 그 밖에 필요한 공무원을 두며, 상임위원회는 필요하다고 인정하는 경우 정책자문위원과 위원회공무원을 의원담당관으로 보할 수 있도록 하는 내용의 제주특별자치도법 개정안을 발의하였다.

이에 따라 제주특별자치도에서는 제주특별자치도법 제14조에 근거하여 「제주특별자치도의회 사무처 직원의 임용등에 관한 조례」[172]를 제정하였는데, 같은 조례 제2조에 따르면, "제주특별자치도의회의장은 일반직공무원을 제외한 제주특별자치도 의회사무처 소속 공무원의 임용권을 가진다."라고 하고 있다.

그러나 한편에서는 제주특별자치도법 제14조 제1항이 「지방공무원법」 제6조에서 정한 "지방자치단체의 장"의 권한을 침해하거나 위반한 것이라는 주장도 있었으나, 제주특별자치도법 제14조 제1항의 규정취지와 「지방자치법」 제92조 제2항에서 사무직원의 임용·보수·복무·신분보장·징계 등에 관해서는 이 법(「지방자치법」)에 정한 것을 제외하고 「지방공무원법」을 적용하도록 되어 있으므로 제주특별자치도법 제14조 제1항이 우선적으로 적용되므로 문제가 없다 할 것이다.

다만, 제주특별자치도법 제14조와 「제주특별자치도의회 사무처 직원의 임용등에 관한 조례」를 제정하는 과정에서 나타난 아쉬운 점을 몇 가지를 언급하면 다음과 같다.

첫째로, 제주특별자치도법 제14조 제1항에 따르면, 「지방자치법」 제90조 제3항 및 제91조 제2항(「지방공무원법」 제2조 제2항 제1호의 일반직공무원은 제외한다)의 규정에 불구하고 제주특별자치도의 의회사무처에 두는 사무직원의 "임용" 및 절차를 도조례로 정할 수 있도록 되어 있으나, 「지방자치법」 제91조 제2항은 "임명"에 관한 것임에도 불구하고 "임용"을 도조례로 정할 수 있다고 한 것은 잘못이라고 할 것이다. 「지방공무원법」 제6조 제1항에서는 "임용권"을 "임명·휴직·면직과 징계를 행하는 권한"이라고 하고 있고, 「지방공무원임용령」 제2조 제1호에 "임용"은 신규임용, 승진임용, 전직, 전보, 겸임, 파견, 강임, 휴직, 직위해제, 정직, 복직, 면직, 해임 및 파견을 의미하는 폭넓은 개념이므로, 여기에서는 "임명"이 맞을 것 같다고 할 것이다. 따라서 "임용"으로 하려고 하였다면, 오히려 지방의회의 사무직원의 임용·보수·복무·신분보장·징계 등에 관해서는 이 법(「지방자치법」)에 정한 것을 제외하고 「지방공무원법」을 적용하도록 되어 있는 「지방자치법」 제92조 제2항까지 특례를 두는 것이 바람직하다 할 것이다.

둘째로, 지방의회 사무직원에 대한 임용에 대해서는 현행 「지방자치법」 제91조 제2항·제92조 제2항과 「지방공무원법」 제6조·제7조 등에서 정하고 있는데, 아무리 「지방자치법」 제92조 제2항에서 사무직원의 임용·보수·복무·신분보장·징계 등에 관해서는 이 법(「

---

172) 주요한 내용으로는 제주특별자치도의회의장의 임용권, 의회인사위원회 설치, 임용과 시험, 제주특별자치도 등과의 인사교류, 다른 법령의 준용 등이다.

지방자치법」)에 정한 것을 제외하고 「지방공무원법」을 적용하도록 되어 있으므로 문제가 없다고는 하나, 현행법 체제를 흔드는 결과를 초래한 면이 있다고 할 수 있다.

셋째로, 도조례로 도의회의장이 의회사무처 사무직원을 임용할 수 있다고 하더라도 임용 및 절차를 어떻게 도조례로 정할 것인지 고민과 검토가 필요한데 이러한 점이 부족했다고 할 수 있을 것이다. 가령, 도의회의장이 사무직원을 임명하는 경우 도지사 소속공무원이 아니기 때문에 「지방공무원 교육훈련법」 및 「지방공무원평정규칙」 등의 적용을 받지 못하지는 않는지, 제주특별자치도법 제63조[173] 및 제64조[174] 등과 상충될 소지는 없는지, 임용권자가 바뀜에 따른 문제는 없는지, 도의회의장이 임용하였다가 집행부서로 되돌아갈 수 있는지 없는지 또는 되돌아갈 때 제주특별자치도지사가 임용하는 경우 발생할 수 있는 것은 없는지, 도의회에 인사위원회[175] 및 소청심사위원회 설치, 호봉 및 승급시행, 보직관리기준 제정 등에 대하여 심도 있게 검토하고 협의를 하여야 했음에도 불구하고 그러하지 못한 감이 있다.[176]

이러한 이유는 일반직을 제외한 의회직원의 "임명(임용)"의 주체를 도지사에서 도의회의장으로 변경하는 데에만 신경을 쓴 나머지 다른 법률의 정비나 그 이후의 후속조치들에 대하여 완비하지 못한 측면이 있는 것으로 판단된다.

앞으로, 도의회에서 집행부를 견제하기 위하여 국회, 일본[177] 등과 마찬가지로 도의회 사무처 모든 직원에 대한 임용권이 도의회의장에게 주어질 것으로 전망된다.

---

173) 제63조(분야별 보직관리) 도지사는 3급 내지 5급의 직위에 보직된 지방공무원이 다음 각 호의 어느 하나에 해당하는 경우를 제외하고는 도조례가 정하는 바에 따라 해당공무원을 전문분야별로 양성·관리하기 위하여 필요한 경우에는 관련업무 분야별로 구분하여 전보 등 인사관리를 실시하여야 한다. 다만, 관련업무 분야별로 구분하기 곤란한 경우로서 도조례가 정하는 경우에는 그러하지 아니하다.
   1. 소수직렬에 해당하는 경우
   2. 그 밖에 담당직무의 내용이 특수하거나 일정한 보직을 계속하여 유지할 경우 공직부패가 우려되어 분야별 보직관리를 실시하기 곤란한 경우로서 도조례가 정하는 경우

174) 제64조(국가와 제주자치도 간 인사교류 및 파견) ① 도지사는 자치행정 수행능력의 향상과 소속공무원의 능력개발을 위하여 소속공무원 정수의 100분의 5의 범위 안에서 다른 지방자치단체·국가기관·공공단체·국외 행정기관 그 밖의 기관의 장과 협의를 거쳐 인사교류를 하도록 하여야 한다.
   ② 제1항의 규정에 의한 인사교류의 기준·방법 및 교류대상자에 대한 지원 등에 관하여 필요한 사항은 도조례로 정한다.
   ③ 「지방공무원법」 제30조의4 제4항의 규정에 불구하고 파견 사유·기간·절차 및 파견기간 중의 복무 등에 관하여 필요한 사항은 도조례로 정한다.

175) 「지방공무원」 제7조에서는 도에는 필요한 경우 제1인사위원회와 제2인사위원회를 둘 수 있도록 되어 있다.

176) 「제주특별자치도의회사무처 직원의 임용 등에 관한 조례」 제12조에서는 의회사무처 소속공무원의 임용 및 의회인사위원회의 운영에 관하여 이 조례에서 규정하지 않은 사항은 「지방공무원법」, 「지방공무원 임용령」, 「지방계약직공무원 규정」, 「지방공무원 징계 및 소청 규정」, 「제주특별자치도지방공무원임용 등에 관한 조례」, 「제주도지방별정직공무원임용 등에 관한 조례」, 「제주특별자치도지방공무원인사규칙」, 「제주특별자치도지방공무원평정규칙」 등 지방공무원에 관한 다른 법령의 규정을 준용한다고 되어 있다.

177) 일본의 경우, 「지방자치법」 제138조에 따라 지방의회 사무국장, 서기장, 서기 기타 직원은 의장이 이를 임면하고 있다.

<지방자치법>
제91조(사무직원의 정원과 임명) ① 지방의회에 두는 사무직원의 정수는 조례로 정한다.
  ② 사무직원은 지방의회의 의장의 추천에 따라 그 지방자치단체의 장이 임명한다. 다만, 지방자치단체의 장은 사무직원 중 별정직·기능직·계약직 공무원에 대한 임용권은 지방의회사무처장·사무국장·사무과장에게 위임하여야 한다.
제92조(사무직원의 직무와 신분보장 등) ① 사무처장·사무국장 또는 사무과장은 의장의 명을 받아 의회의 사무를 처리한다.
  ② 사무직원의 임용·보수·복무·신분보장·징계 등에 관해서는 이 법에서 정한 것 외에는 「지방공무원법」을 적용한다.

<지방공무원법>
제6조(임용권자) ① 지방자치단체의 장(특별시·광역시·도 또는 특별자치도의 교육감을 포함한다. 이하 같다)은 이 법이 정하는 바에 따라 그 소속공무원의 임명·휴직·면직과 징계를 행하는 권한(이하 "임용권"이라 한다)을 가진다.
제7조(인사위원회의 설치) ① 지방자치단체에 임용권자(임용권을 위임받은 자를 제외하되, 그중 시의 구청장과 지방자치단체의 장이 필요하다고 인정하는 소속기관의 장을 포함한다)별로 인사위원회를 두되, 특별시·광역시·도 및 특별자치도(이하 "시·도"라 한다)에는 필요한 경우 제1인사위원회와 제2인사위원회를 둘 수 있다.

<지방공무원 임용령>
제2조(용어의 정의) 이 영에서 사용되는 용어의 정의는 다음과 같다.
  1. "임용"이란 신규임용, 승진임용, 전직, 전보, 겸임, 파견, 강임, 휴직, 직위해제, 정직, 복직, 면직, 해임 및 파면을 말한다.

<제주특별자치도법>
제14조(자치조직권에 관한 특례) ① 「지방자치법」 제90조 제3항 및 제91조 제2항(「지방공무원법」 제2조 제2항 제1호의 일반직공무원은 제외한다), 제110조 제1항·제2항 단서(정수에 한정한다) 및 제6항, 제112조 제1항·제2항(직급기준은 제외한다), 제113조부터 제115조까지의 규정에 불구하고 제주자치도의 의회사무처에 두는 사무직원의 임용 및 절차, 부지사의 정수 및 사무분장에 관한 사항, 행정기구의 설치·운영기준, 지방공무원의 정원기준, 직속기관·사업소·출장소의 설치요건 및 하부 행정기구의 설치 등에 관하여 필요한 사항은 도조례로 정할 수 있다.

4. 정책자문위원은 전문위원과 무엇이 다른가?

전문위원은 종래에도 상임위원회가 설치되어 있는 지방의회는 물론 상임위원회가 없었던 지방의회[178]에도 명칭상 전문위원이 설치되어 지방의원들의 의정활동을 전문적으로 보좌하였으나, 「지방자치법」에 그 역할이 규정되어 있지 아니하였다.

그러나 2006년 4월 18일 「지방자치법」 제51조의2(현행 제59조)를 신설하였는데, 제1항에서는 위원회에는 위원장과 위원의 자치입법활동을 지원하기 위하여 의원이 아닌 전문지식을 가진 위원(이하 "전문위원"이라 한다)을 둔다고 하고, 제2항에서는 전문위원은 위원회에서 의안과 청원 등의 심사, 행정사무감사 및 조사, 그 밖의 소관 사항과 관련하여 검토보고 및 관련 자료의 수집·조사·연구를 한다고 하며, 제3항에서는 위원회에 두는

---

178) 시·군·구의회는 의원수가 13인 이상이 되어야 상임위원회를 설치할 수 있었으나(「지방자치법 시행령」 제20조의2), 2006년 4월 18일 지방자치법이 개정되어 시·군·구의회의 상임위원회 설치기준이 삭제되었다.

전문위원의 직급과 정수 등에 관하여 필요한 사항은 대통령령으로 정한다고 하고 있다. 이에 따라 대통령령인「지방자치단체의 행정기구 및 정원기준 등에 관한 규정」별표 5에서 의원정수를 기준으로 구체적으로 직급과 정수를 규정하고 있다.179)

이는「국회법」제42조180)의 입법례에 따라 지방의회 및 위원회의 운영에서 전문위원의 역할과 직무의 중요성을 감안한 것이라고 한다.181)

한편, 정책자문위원은 제주특별자치도법 제45조에 규정되어 있는데, 제1항에서는 도의회의 조례의 제정 · 개폐, 예산 · 결산심사, 행정사무감사 및 조사 등의 활동을 지원하고, 도의회의원 또는 상임위원회의 의정활동을 지원하기 위하여「지방자치법」제56조의 규정에 의한 상임위원회(제79조의 규정에 의한 교육위원회를 포함한다)별로 3인 이내의 정책자문위원을 둘 수 있도록 하고, 제2항에서는 정책자문위원은 5급 상당의 계약직 또는 별정직지방공무원으로 보하도록 하고 있다.

이는 제주특별자치도만의 독특한 제도로, 제주특별자치도가 다른 지역과는 달리 국제자유도시를 추구하기 때문에 더욱 전문성이 요구되고 이를 보완할 수 있는 보좌기구가 필요하였는데, 외국의 경우, 의사진행을 보조하기 위하여 사무기구를 설치하는 예는 있지만 지방의회에 대한 유급보좌관제를 도입한 선례는 많지 않아 전문위원실에 '공동 정책전문위원제'를 도입한 것이라고 한다.182) 즉, 제주특별자치도 설치 및 국제자유도시 조성의 전문성 필요와 의회기능이 강화됨에 따라 정책자문위원제를 도입하여 도의회의 입법정책지원 기능을 강화시키려는 것이다.

정책자문위원과 전문위원을 비교하면 다음과 같다.

---

179) 정부는 지방분권위원회와 행정자치부가 수립한 '지방의정 활동기반 혁신계획'에 따라 지방의회의 요구사항인 '개인보좌관제도' 대신 상임위원회당 5급 상당의 '정책전문위원' 2~3명씩을 배치하겠다고 했으나, 시행과정에서 이를 변경하여 전문위원(5급 이하 포함) 총 264명(시 · 도 64명, 시 · 군 · 구 200명)을 증원하였다.

180) 국회법 제42조(전문위원과 공무원) ① 위원회에 위원장 및 위원의 입법활동 등을 지원하기 위하여 의원 아닌 전문지식을 가진 위원(이하 "전문위원"이라 한다)과 필요한 공무원을 둔다. 위원회에 두는 전문위원과 공무원은「국회사무처법」에서 정하는 바에 의한다.
 ② 위원회에 두는 전문위원과 공무원은 그 직무를 수행함에 있어서 정치적 중립성을 유지하여야 한다.
 ③ 전문위원은 사무총장의 제청으로 의장이 임명한다.
 ④ 전문위원은 위원회에서 의안과 청원 등의 심사, 국정감사, 국정조사 기타 소관 사항과 관련하여 검토보고 및 관련자료의 수집 · 조사 · 연구를 행한다.
 ⑤ 전문위원은 제4항의 직무를 수행함에 있어 필요한 자료의 제공을 정부 · 행정기관 기타에 대하여 요청할 수 있다. 이 경우 그 요청은 위원장의 허가를 얻어 위원장 명의로 하여야 한다.
 ⑥ 전문위원은 위원회에서 발언할 수 있으며 본회의에서는 본회의의결 또는 의장의 허가를 받아 발언할 수 있다.

181) 박봉국, 제4기 민선자치지방의회의 운영과 과제, 법제 2006. 6, 42쪽.

182) 제주발전연구원, 제주특별자치도 기본방향 및 실천전략, 2004. 11.

〈표 12〉 정책자문위원과 전문위원 비교

구 분	정책자문위원	전문위원
법적 근거	제주특별자치도법 §45	지방자치법 §59
기능(역할)	도의회의 조례의 제정·개폐, 예산·결산심사, 행정사무감사 및 조사 등의 활동을 지원하고, 도의회의원 또는 상임위원회의 의정활동을 지원	위원회에서 의안과 청원 등의 심사, 행정사무감사 및 조사, 그 밖의 소관 사항과 관련하여 검토보고 및 관련 자료의 수집·조사·연구
강제 여부	선택(반드시 두어야 하는 것은 아님)	강제(반드시 두어야 함)
정 수	상임위별 3인 이내	상임위별 1인
직 급	5급 상당 계약직 또는 별정직지방공무원	4급 또는 5급 이하의 일반직 또는 별정직지방공무원 (계약직 없음)[183]
자격요건	관련분야 박사학위를 취득하거나 석사학위 취득 후 6년 이상 해당 분야 경력이 있는 자, 관련 학사학위를 취득하고 9년 이상 당해 분야의 경험이 있는 자, 해당 분야의 기사자격을 취득한 후 6년 이상 당해 분야의 경력이 있는지, 5급 이상 공무원으로 근무한 실적이 7년 이상인 자로서 3년 이상 당해 분야의 경력이 있는 자 등	
임명권자	도의회의장	도지사
상호관계	전문위원의 지휘·감독을 받음. (「제주특별자치도 도의회 사무기구 및 직원정수 조례」 §4③)	정책자문위원을 지휘·감독함.

그러나 위에서 살펴본 바와 같이 단지 직급에서 차이가 있을 뿐 정책자문위원의 기능(역할)은 전문위원의 기능(역할)과 별다른 차이를 발견할 수 없고, 위원회 전문위원실에 소속되어 전문위원의 지휘·감독을 받아야 하는 등 역할에 한계가 있다고 할 수 있다.[184]

현재 상임위원회별로 운영되고 있는 전문위원제는 의원별로 보좌하는 유급보좌관[185]을 도입해 가는 과도기적인 제도라고 할 수 있을 것이므로, 앞으로 의원별 유급보좌관에 대해서는 많은 논란을 거듭할 것이지만,[186][187] 지금 당장은 아니라 할지라도 장기적으로

---

183) 2011. 6. 29. 현재 7개 상임위원회에는 4급 일반직 또는 별정직지방공무원으로, 1개 특별위원회에는 지방행정사무관으로 보하도록 하고 있다.

184) 정부에서도 정책자문(전문)위원을 도입하지 아니하고 전문위원을 증원하였고, 도의원들도 실질적으로 정책자문위원제의 성과에 대하여 부정적인 의견을 나타내고 있다.

185) 유급보좌관은 지방의원이 명예직으로 있던 시기부터 이야기되어 오다가 지방의회 의원에 대하여 별정직지방공무원인 보좌관을 두는 것은 지방의회 의원의 신분, 지위 및 처우에 관한 현행 법령상의 제도에 중대한 변경을 초래하는 것으로 이는 개별 지방의회의 조례로써 규정할 사항이 아니라 국회의 법률로써 규정하여야 할 입법사항이므로 무효라는 대법원 판결(1997. 2. 14. 선고 96추183 판결)이 있었고, 2003년 7월 18일 「지방자치법」 개정으로 명예직에서 유급제가 되면서 더욱 유급보좌관제 논란이 되었다. 한편, 유급보좌관제 도입을 내용으로 하는 「지방자치법 일부개정법률안」을 2010. 11. 24. 최재성 의원 대표발의, 2010. 5. 6. 김성곤 의원 대표발의, 2009. 12. 8. 임동규 의원 대표발의하였다.

186) 서울시의회 등에서 의정활동의 효과적 수행을 지원할 수 있도록 의원 개인의 전문지식 제고를 조력하기 위하여 임시 유급직의 사무보조 인력을 활용하기 위한 '인턴보좌관제' 예산을 의결하였는데, 행정자치부에서는 지방의회 의원이 행정사무감사 등을 함에 있어 사무보조가 필요한 때에는 지방의회 사무직원의 보조를 받을 수 있도록 하고 있는 「지방자치법 시행령」 제39조 제4항 규정에 배치되고, 「지방재정법 시행령」 제42조에 의하면 지방자치단체의 예산은 법령에 다른 규정이 없는 한 「지방재정법」 제41조의 규정에 의한 지방자치단체 예산의 과목구분에 따라 편성하여야 하나, 지방의원 직무와 관련하여 「행정사무감사 지원 인턴」 등 사실상 인턴보좌관제 예산편성(일시사역인부임)은 「2007년도 지방자치단체의 세입·세출예산과목구분과 설정규정」 별표 4 세출예산 목구분과 설정(제4조 제3항 관련)을

는 의원별 유급보좌관을 허용하는 방향으로 갈 것이라고 판단되고, 다만 유급보좌관수가 문제될 것이라고 전망된다.

<제주특별자치도법>
제45조(정책자문위원) ① 도의회의 조례의 제정·개폐, 예산·결산심사, 행정사무감사 및 조사 등의 활동을 지원하고, 도의회의원 또는 상임위원회의 의정활동을 지원하기 위하여「지방자치법」제56조의 규정에 의한 상임위원회(제79조의 규정에 의한 교육위원회를 포함한다)별로 3인 이내의 정책자문위원을 둘 수 있다.
　② 제1항의 규정에 의한 정책자문위원은 5급 상당의 계약직 또는 별정직지방공무원으로 보한다.

<지방자치법>
제59조(전문위원) ① 위원회에는 위원장과 위원의 자치입법활동을 지원하기 위하여 의원이 아닌 전문지식을 가진 위원(이하 "전문위원"이라 한다)을 둔다.
　② 전문위원은 위원회에서 의안과 청원 등의 심사, 행정사무감사 및 조사, 그 밖의 소관 사항과 관련하여 검토보고 및 관련 자료의 수집·조사·연구를 한다.
　③ 위원회에 두는 전문위원의 직급과 정수 등에 관하여 필요한 사항은 대통령령으로 정한다.

<지방자치단체의 행정기구와 정원기준 등에 관한 규정>

[별표 5]
위원회에 두는 전문위원의 직급 및 정수기준(제15조 제2항 관련)

1. 시·도

지방의원의 정수	전문위원		
	총 정수	4급	5급 이하
20명 이하	5명 이내	4명	1명
30명 이하	6명 이내	5명	1명
40명 이하	8명 이내	6명	2명
50명 이하	10명 이내	6명	4명
60명 이하	12명 이내	7명	5명
80명 이하	15명 이내	7명	8명
100명 이하	17명 이내	8명	9명
110명 이하	20명 이내	10명	10명
120명 이하	21명 이내	11명	10명
130명 이하	22명 이내	11명	11명
131명 이상	23명 이내	12명	11명

비고
1. 위 표 중 총 정수는 해당 지방의회의 위원회에 두는 전문위원의 수를 합산한 것을 말한다.
2. 전문위원은 일반직의 직급에 해당하는 상당계급의 별정직지방공무원으로 임명할 수 있다.

위반한 것이기 때문에 이러한 '불법'이라고 해석하여 재의요구를 지시하였고, 이에 따라 현재 대법원에 계류 중에 있다.
　한편, 경기도의회에서는 2011. 2. 23. 의원의 입법활동을 지원하기 위해 의원 1명당 1명의 정책연구원을 두며, 정책연구원은 계약직 지방공무원으로 보하는 내용의「경기도 의회 사무처 설치 조례 일부개정 조례안」을 통과시켰으나, 경기도는 법이 예정하고 있지 아니한 비용의 지출을 야기함으로써 법령의 범위 안에서 그 사무에 관한 조례를 제정할 수 있다고 규정한「지방자치법」제22조를 위반하였다는 이유로 소송을 제기해 현재 대법원에 계류 중에 있다.
187) 하승수 제주대 교수는 정책자문위원들은 입법정책처(가칭)의 소속으로 하고 전문인력을 보다 확충하는 방안을 검토할 필요가 있다고 한다(자치입법권 확대와 국회와의 협력 방안, 국회법제실·제주특별자치도 공동토론회, 2007, 114쪽).

5. 「제주특별자치도의회 위원회 및 교섭단체 구성과 운영에 관한 조례」의 근거법령은 「지방자치법」 제56조뿐인가?

제주도의 경우, 2006. 9. 1. 전에는 「지방자치법」 제56조 제1항[188]에 따라 도조례로 도의회에 상임위원회를 설치·운영하였다.

그러나 2006. 9. 1.부터는 제주특별자치도법 제79조에 따라 도의회 상임위원회인 교육위원회가 설치[189]됨으로써, 제주특별자치도의회에 상임위원회를 설치하고 구성·운영하는 데 근거법령을 무엇으로 하여야 하는지에 대한 논쟁이 생기게 되었다.

다시 말하면, 「지방자치법」 제56조 제1항에 따라 「제주특별자치도의회 위원회 및 교섭단체 구성과 운영에 관한 조례」를 제정하여 도의회에 의회운영위원회, 행정자치위원회, 복지안전위원회, 환경도시위원회, 문화관광위원회, 농수축·지식산업위원회, 교육위원회 등 7개 상임위원회를 설치·운영하고 있는데, 근거법령에 제주특별자치도법 제79조(교육위원회의 설치)도 추가하여야 하는 것이 아닌지 논쟁이 된 것이다.

지방의회에 도조례로 상임위원회를 설치할 수 있다는 근거규정은 「지방자치법」 제56조 제1항이고, 제주특별자치도법에 교육위원회에 관하여 이 법에 규정된 것 외에는 조례로 규정하라는 명문규정이 없지만, 제주특별자치도법 제79조에서는 「지방자치법」 제56조의 규정에 불구하고 도의회에 교육위원회를 둔 점(교육위원회는 제주특별자치도법 제79조에 따라 설치된 위원회이고, 교육위원회를 제외한 다른 상임위원회는 「지방자치법」 제56조에 따라 설치된 위원회로 근거법률에 차이가 있음),[190] 제주특별자치도법 제79조에 따라 설치

---

188) 지방의회는 조례로 정하는 바에 따라 위원회를 둘 수 있다.

189) 제주특별자치도법 부칙 제1조(시행일) 단서에 제79조는 2006년 9월 1일부터 시행한다고 하고 있다.

190) 일부에서는 「제주특별자치도의회 위원회 및 교섭단체 구성과 운영에 관한 조례」 제2조에 따라 교육위원회가 상임위원회에서 순서가 제일 뒤에 있는데, 교육위원회가 제주특별자치도법으로 설치되었고, 다른 상임위원회는 조례로 설치되었기 때문에 상임위원회 서열이 제일 뒤에 있는 것은 맞지 아니하다고 주장하나, 상임위원회의 순서는 특별법에 근거가 있다고 하여 순서가 제일 앞으로 와야 하는 것이 아니라 도의회에서 여러 가지를 종합하여 결정하기 나름이라고 할 것이다.

된 교육위원회를 도의회의 상임위원회 중 하나로 명문화한 점, 「제주특별자치도의회 위원회 및 교섭단체 구성과 운영에 관한 조례」에는 교육위원회 관련 사항도 많은 점(상임위원회 설치, 상임위원회의 직무와 그 소관, 상임위원회의 위원, 상임위원의 임기, 상임위원장, 위원의 선임, 위원장의 직무, 간사, 위원회의 전문가 활용 등) 등을 고려할 때, 「제주특별자치도의회 위원회 및 교섭단체 구성과 운영에 관한 조례」의 근거법령에는 「지방자치법」 제56조 제1항뿐만 아니라 제주특별자치도법 제79조도 포함시켜야 할 것으로 판단된다.191)

2008. 3. 18. 「제주특별자치도의회 위원회 및 교섭단체 구성과 운영에 관한 조례」를 제정하여 제1조에 제주특별자치도법 제79조를 추가하였다.

<제주특별자치도법>
제79조(교육위원회의 설치) 제주자치도는 「지방자치법」 제56조의 규정에 불구하고 도의회에 교육·과학·기술·체육 그 밖의 학예(이하 "교육·학예"라 한다)에 관한 소관 사항을 심의·의결하기 위하여 상임위원회(이하 "교육위원회"라 한다)를 둔다.
제80조(교육위원회의 구성 등) ① 교육위원회는 9인으로 구성하되, 도의회의원 4인과 「지방자치법」 제31조 및 「공직선거법」의 지역선거구시·도의회의원선거에 관한 규정에 의하여 별도로 선출한 도의회의원(이하 "교육의원"이라 한다) 5인으로 구성한다. <개정 2007.5.11>
  ② 교육위원회 위원장은 교육위원회 위원 중에서 무기명투표로 선출하되, 다수득표자로 한다.
  ③ 교육위원회 위원장의 임기는 2년으로 한다.
  ④ 교육위원회 위원장은 교육위원회의 동의를 얻어 그 직을 사임할 수 있다.

<지방자치법>
제56조(위원회의 설치) ① 지방의회는 조례로 정하는 바에 따라 위원회를 둘 수 있다.
  ② 위원회의 종류는 소관 의안과 청원 등을 심사·처리하는 상임위원회와 특정한 안건을 일시적으로 심사·처리하기 위한 특별위원회 두 가지로 한다.
  ③ 위원회의 위원은 본회의에서 선임한다.
제62조(위원회에 관한 조례) 위원회에 관하여 이 법에서 정한 것 외에 필요한 사항은 조례로 정한다.

<2008. 3. 18. 이전 제주특별자치도의회 위원회 및 교섭단체 구성과 운영에 관한 조례>
제1조(목적) 이 조례는 「지방자치법」 제54조의 규정에 의하여 제주특별자치도의회 위원회 및 교섭단체 구성과 운영에 관한 사항을 규정함을 목적으로 한다.
제2조(상임위원회의 설치) ① 상임위원회는 의회운영위원회, 행정자치위원회, 복지안전위원회, 환경도시위원회, 문화관광위원회, 농수축·지식산업위원회, 교육위원회를 둔다.
  ② 제1항의 상임위원회별 위원정수는 다음과 같다.
  1. 의회운영위원회 7인 이내
  2. 행정자치위원회 7인 이내
  3. 복지안전위원회 6인 이내
  4. 환경도시위원회 6인 이내
  5. 문화관광위원회 6인 이내
  6. 농수축·지식산업위원회 6인 이내
  7. 교육위원회 9인

---

191) 2007. 10. 17. 법제처 유권해석에서도 제주특별자치도는 도의회에 「지방자치법」 제56조에 따라 설치하는 상임위원회와 구분하여 제주특별자치도법 제79조에 따라 교육·과학·기술·체육 그 밖의 학예에 관한 소관 사항을 심의·의결하기 위한 교육위원회를 설치하여야 한다고 하였다.

<제주특별자치도의회 위원회 및 교섭단체 구성과 운영에 관한 조례>

제1조(목적) 이 조례는 「지방자치법」 제62조[192] 및 「제주특별자치도 설치 및 국제자유도시 조성을 위한 특별법」 제79조에 따라 제주특별자치도의회 위원회 및 교섭단체의 구성과 운영에 관한 사항을 규정함을 목적으로 한다.

제2조(상임위원회의 설치) ① 상임위원회는 의회운영위원회, 행정자치위원회, 복지안전위원회, 환경도시위원회, 문화관광위원회, 농수축·지식산업위원회, 교육위원회를 둔다.

② 제1항의 상임위원회별 위원 정수는 다음과 같다.

1. 의회운영위원회 9명 이내
2. 행정자치위원회 7명 이내
3. 복지안전위원회 6명 이내
4. 환경도시위원회 6명 이내
5. 문화관광위원회 6명 이내
6. 농수축·지식산업위원회 6명 이내
7. 교육위원회 9명

6. 의정활동비심의위원회와 관련된 논란은 무엇인가?

1) 도의원에게 지급하는 비용의 종류 및 그 지급기준에 관한 도조례가 있어야만 의정활동비심의위원회를 개최할 수 있는가?(도조례가 먼저인지 의정활동비심의위원회가 먼저인지?)

제주특별자치도법 제46조에 따르면, 「지방자치법」 제33조의 규정에 불구하고 도의원에게 지급하는 비용의 종류 및 그 지급기준은 도조례로 정하도록 하고, 그 비용의 종류 및 지급기준을 심의·의결하기 위하여 도지사 소속하에 의정활동비심의위원회[193]를 두며, 의정활동비심의위원회의 구성 및 운영 등에 관하여 필요한 사항은 도조례로 정하도록 하고 있다.

제주특별자치도법 제46조 제1항에 따른 도조례가 있어야만 의정활동비심의위원회를 개최할 수 있는지 여부에 대하여 논란이 있다.

다시 말하면, 집행부는 의회가 스스로 의정비 지급기준을 만들고 조례를 제정해야 하는데도 스스로 권리를 포기한 게 아니냐는 주장을 펴고 있는 반면, 도의회는 예산편성권

---

192) 「제주특별자치도의회 위원회 및 교섭단체 구성과 운영에 관한 조례」 제1조에서 「지방자치법」 제62조(위원회에 관하여 이 법에서 정한 것 외에 필요한 사항은 조례로 정한다)를 언급하고 제56조(위원회의 설치)를 언급하지 아니한 것은 잘못이라 할 것이다.

193) 의정활동비심의위원회는 「지방자치법」과 같은 법 시행령에 따른 의정비심의위원회와는 역할 등이 다르므로 의정비심의위원회와 구분하는 측면에서는 의미가 있으나, 「지방자치법」에 따르면, 지방의회 의원에게 지급하는 비용의 종류가 의정활동비, 여비, 월정수당으로 되어 있어 도의원에게 지급하는 비용의 종류 중 의정활동비만을 심의·의결하는 것 같은 느낌을 지울 수 없으므로, 명칭을 변경하여야 할 것으로 보인다.

을 갖고 있는 집행부가 관련 조례가 제정되지 않는 가운데 의정비 심의를 추진해 위법행위를 하는 게 아니냐고 지적하고 법제처 유권해석 등을 통해 절차대로 진행해야 한다는 입장이다.[194]

도의원에게 지급하는 비용의 종류 및 지급기준에 관하여 도조례로 정하라고 하였기 때문에 도조례를 먼저 만들고 이에 따라 의정활동비심의위원회를 개최하여 심의·의결한다고 주장[195]할 수 있으나, 다음과 같은 이유로 이는 타당하지 아니하다 할 것이다.

첫째, 제주특별자치도법 제46조 제2항에 따르면, 도의원에게 지급하는 비용의 종류 및 지급기준을 심의·의결하기 위하여 도지사 소속하에 의정활동비심의위원회를 둔다고 되어 있으므로, "도의원에게 지급하는 비용의 종류와 지급기준"에 대해서는 의정활동비심의위원회의 심의사항이라 할 것이어서 도의원에게 지급하는 비용의 종류와 지급기준에 대하여 도조례를 정하기 위해서는 의정활동비심의위원회의 심의·의결을 거쳐야 한다고 할 것이다.[196] 즉, 의정활동비심의위원회의 심의·의결을 거친 후 도조례를 만들어야 한다는 것이다.

둘째, 의정활동비심의위원회가 처음으로 개최되는 경우에는 의정활동비심의위원회에서 심의·의결한 것이 없으므로 도조례가 없을 수밖에 없음에도[제주특별자치도법 제46조 제1항에 따라 제정된 조례는 아니지만, 제정 제주특별자치도법(2006. 2. 21. 법률 제7849호로 제정된 것) 부칙 제15조 제1항에 따라 종전의 규정인 「지방자치법」 제33조, 같은 법 시행령 제33조 및 「제주특별자치도의회 의원 의정활동비·월정수당 및 여비지급에 관한 조례」를 적용할 수 있다] 불구하고, 도조례에 따라 의정활동비심의위원회를 개최하여야 한다는 것은 모순이라 할 것이다.

셋째, 예산편성권을 갖고 있는 집행부가 관련 조례가 제정되지 않은 가운데 의정비 심의를 추진해 위법행위를 하는 것이라는 도의회 주장은 도의회에서 도조례로 정하면 의정활동비심의위원회는 비용의 종류와 그 지급기준을 정한 도조례에 따라 단지 비용의 "금액"만을 심의·의결[197]할 때만 타당한 것인데, "금액"도 뒤에서 보는 바와 같이 "지급기

---

194) 제주일보, 2007. 10. 26.

195) 그러나 어떤 내용으로 도조례를 제정할 것인지와 의정활동비심의위원회의 역할을 어떻게 생각하고 있는지에 대해서는 이야기하고 있지 않고 있다.

196) 이는 도조례를 정할 때 일정한 제약이 되는 것으로, 이와 유사한 예로는 제주특별자치도법 제192조 제3항으로, 여기에서는 의료기관의 개설을 허가하고자 하거나 도조례를 정하고자 하는 때에는 미리 보건의료정책심의위원회의 심의를 거쳐야 한다고 하고 있다.

197) 제주특별자치도법에 따라 특례를 받기 전에는 「지방자치법」과 같은 법 시행령에 따라 비용의 종류가 정해져 있고, 지급기준도 일정한 제한이 있었으며, 의정비심의위원회에서는 금액만을 심의·의결하였다.

준"에 포함되고, 또한, 의정활동비심의위원회는 비용의 종류와 그 지급기준에 대하여 당연히 심의·의결을 할 수 있으며, "사전 심의기관"이지 "사후 심의기관"이 아니기 때문에 이는 타당하지 아니할 것이다.

따라서 도의원에게 지급하는 비용의 종류와 그 지급기준에 관한 도조례는 의정활동비심의위원회의 심의·의결을 거쳐 제·개정되어야 한다. 다시 말하면, 도조례를 제·개정하기 전에 의정활동비심의위원회를 개최하여야 한다고 할 것이고, 더 나아가 의정활동비심의위원회는 도조례를 제·개정하기 위하여 심의·의결한다고 할 것이다.

한편, 의정활동비심의위원회 심의·의결, 도조례 및 예산편성과의 관계에 대하여 살펴보면,

먼저, 종전에는 「지방자치법」 제33조와 같은 법 시행령 제33조 제1항에 따라 경비의 종류 및 지급기준이 정해져 있으므로, 이 기준 범위에서 의정비심의위원회가 금액만을 정하고, 의정비심의위원회 심의·의결의 범위에서 도조례로 정하며, 여기에 따라 예산을 반영하였다.

이를 순서대로 하면, 다음과 같다.

① 경비의 종류 및 지급기준(「지방자치법」 제33조 제1항, 「지방자치법 시행령」 제33조 제1항)

② 의정비심의위원회 심의·의결(지급기준 범위 안에서 금액 결정)

③ 도조례 제·개정

④ 예산반영

한편, 제주특별자치도법에 따르면, 「지방자치법」 제33조와 같은 법 시행령 제33조 제1항과는 달리 도의원에게 지급하는 경비의 종류와 지급기준이 별도로 없으므로, 의정활동비심의위원회에서 도의원에게 지급하는 경비의 종류와 지급기준을 심의·의결을 하여야 하고, 이후 도조례를 제·개정하여 이에 따라 예산을 반영하여야 한다.

다시 말하면, 다른 시·도에서는 비용의 종류가 「지방자치법」 제33조에 규정되어 있고, 지급기준도 「지방자치법 시행령」 제33조에 따라 일정한 제한이 있으나, 제주특별자치도에서는 비용의 종류와 지급기준에 대하여 제한 없이 의정활동비심의위원회의 심의·의결을 거쳐 도조례로 정할 수 있는 점에서 차이가 난다 할 것이다.

이를 순서대로 하면, 다음과 같다.

① 의정활동비심의위원회 심의·의결(비용의 종류 및 지급기준 결정)

② 도조례 제·개정

③ 예산반영

2) 도조례에 의정활동비심의위원회가 구속되는가?

도조례가 제정되어 있다면, 의정활동비심의위원회는 도조례에 구속을 당하여 비용의 종류와 지급기준을 정할 수 없는지에 대하여 논란이 있다.

「지방자치법」제33조와 같은 법 시행령 제33조 제1항에 경비의 종류 및 지급기준이 정해져 있으므로, 이 기준 범위에서 의정비심의위원회가 "금액"만을 정하고, 의정비심의위원회 심의·의결의 범위에서 도조례로 정하도록 하고 있다.

결국, 의정비심의위원회에서는 「지방자치법」제33조와 같은 법 시행령 제33조 제1항에 경비의 종류 및 지급기준에는 제한을 받으나, 도조례에는 제한을 받지 아니하고 심의·의결을 할 수 있다. 즉, 도조례가 의정비심의위원회 심의·의결 범위에서 정해져야 한다는 것이다.

한편, 제주특별자치도법하에서도 경비의 종류와 지급기준에 대하여 의정활동비심의위원회 심의·의결을 거쳐 도조례로 정하여야 하지만, 도조례가 정해져 있다고 하더라도 의정활동비심의위원회는 도조례에 적용받지 아니하고 비용의 종류와 그 지급기준을 정할 수 있다 할 것이다.

만약, 도의원에게 지급하는 비용의 종류 및 지급기준에 관한 도조례가 있다고 하여 의정활동비심의위원회가 이 도조례에 구속되어야 한다면, "도의원에게 지급하는 비용의 종류 및 지급기준"을 심의·의결하기 위하여 의정활동비심의위원회를 둔 취지가 없고, 또한, 의정활동비심의위원회에서 자기가 한번 정한 비용의 종류 및 지급기준을 자기가 변경할 수 없고 이를 변경하려면 도의회에서 도조례를 개정하여야 변경할 수밖에 없는 것은 비용의 종류와 그 지급기준을 심의·의결하는 취지가 없다 할 것이기 때문이다.

따라서 의정활동비심의위원회에서는 도조례가 없으면 없는 대로, 제정되어 있어도 도조례에 구속되지 아니하고 도의원에게 지급하는 비용의 종류와 그 지급기준에 대하여 재량을 갖고 심의·의결할 수 있다 할 것이다.

3) 의정활동비심의위원회 심의·의결에 도조례가 구속되는가?

의정활동비심의위원회 심의·의결에 도조례가 구속되는지에 대하여 논란이 있을 수 있다. 「지방자치법」 제33조 제1항과 같은 법 시행령 제33조 제1항에 따르면, 의정활동비는 별표 4에 따른 금액, 여비는 별표 5와 별표 6에 따른 금액, 월정수당은 별표 7에 따른 금액의 범위에서 제34조에 따른 의정비심의위원회가 해당 지방자치단체의 재정능력 등을 고려하여 결정한 금액 이내에서 조례로 정하도록 하고 있다.

결국, 「지방자치법」 제33조와 같은 법 시행령 제33조 제1항에 따라 경비의 종류 및 지급기준이 정해져 있고, 이 기준 범위에서 의정비심의위원회가 금액만을 정하며, 의정비심의위원회 심의·의결의 범위에서 도조례로 정하도록 하여, 도조례는 의정비심의위원회 심의·의결 범위에서만 정할 수 있도록 한계를 부여하고 있다.

한편, 의정활동비심의위원회에 대하여 제주특별자치도법 어디에도 「지방자치법」 제33조와 같은 법 시행령 제33조 제1항과 같이 의정활동비심의위원회 심의·의결 범위에서 도조례를 정하도록 하고 있지 아니하고, 단지 경비의 종류 및 지급기준을 심의·의결하라고만 되어 있다 할 것이어서 심의기관에 지나지 아니하므로, 도의회에서는 도조례를 정할 때, 의정활동비심의위원회의 심의·의결에 구속되지 아니하고 자체 판단에 따라 경비의 종류 및 지급기준을 정할 수 있다 할 것이다.[198]

물론, 도의회가 의정활동비심의위원회의 법적 구속은 받지 아니한다 하더라도 의정활동비심의위원회가 정한 것 이상으로 정하려고 할 때에는 정치적 압력을 받는다 할 것이다.

결국, 제주특별자치도의 의정활동비심의위원회는 심의·의결한 내용을 법적으로 강제할 수단을 갖지 못하고 정치적으로 강제하여야 하는 한계가 있다고 할 수 있다.

따라서 도조례를 정할 때 의정활동비심의위원회의 심의·의결에 따라야 하는지에 대한 논란을 미연에 방지하기 위하여 제주특별자치도법 제46조 제1항을 "「지방자치법」 제33조에도 불구하고 도의원에게 지급하는 비용의 종류 및 그 지급기준은 제2항의 의정활동비심

---

198) 2007. 12. 13. 법제처 유권해석에 따르면, 제주특별자치도법 제46조 제2항에 "제1항의 규정에 의한 비용의 종류 및 지급기준을 심의·의결하기 위하여" 의정활동비심의위원회를 둔다고 하고 있으므로 비용의 종류 및 지급기준을 정하는 도조례는 의정활동비심의위원회에서 심의·의결한 사항에 따라야 하며, 만일 도조례 제·개정 시 심의·의결사항이 반영되지 않는다면 의정활동비심의위원회를 별도로 두고 있는 입법취지에 반하고, 또한 지방자치법령에서 의정활동비 등의 종류와 그 기준이 모두 정해져 있고 의정비심의위원회는 법령에서 정해진 기준에 따라 금액을 정하는 것과 달리, 제주특별자치도법에서는 의정활동비심의위원회가 그 종류 및 기준을 정하도록 되어 있으므로, 지방자치법령에서 정하고 있는 의정활동비의 종류 및 기준을 의정활동비심의위원회의 의결사항으로 대체하고자 한 것이므로, 따라서 도의회는 도조례로 도의원에게 지급하는 비용의 종류 및 그 지급기준을 정함에 있어서 의정활동비심의위원회가 정하는 비용의 종류 및 그 지급기준에 따라야 한다고 하였다.

의위원회가 결정하는 범위에서 도조례로 정한다."로 개정할 필요가 있다 할 것이다.

4) 제주특별자치도 의정활동비심의위원회에서는 무엇을 결정하여야 하는가?

제주특별자치도법 제46조에 따르면, 「지방자치법」 제33조의 규정에 불구하고 도의원에게 지급하는 비용의 종류 및 그 지급기준은 도조례로 정하도록 하고, 그 비용의 종류 및 지급기준을 심의·의결하기 위하여 도지사 소속하에 의정활동비심의위원회를 두며, 의정활동비심의위원회의 구성 및 운영 등에 관하여 필요한 사항은 도조례로 정하도록 하고 있다.

따라서 다른 시·도의 의정비심의위원회에서는 "금액"을 결정하는 것과는 달리 의정활동비심의위원회에서 결정(심의·의결)하여야 할 것은 제주특별자치도법 제46조 제2항에 따라 "도의원에게 지급하는 비용의 종류 및 그 지급기준"이라 할 것이다.[199]

한편, 도의원에게 지급하는 비용의 지급기준에 "금액"이 포함되는지 살펴보면, 비용의 지급기준이 비용을 지급하기 위한 기준, 즉 어떠한 것을 고려하여 지급하라는 지침이나 방침만을 의미하는 것으로 비춰질 수 있으나, 제주특별자치도법 제46조 제1항에서의 특례는 「지방자치법」 제33조에 대한 것이고, 「지방자치법」 제33조에서는 지급기준을 대통령령으로 정하는 바에 따라 해당 지방자치단체의 의정비심의위원회에서 결정하는 범위에서 지방자치단체의 조례로 정한다고 하고, 「지방자치법 시행령」 제33조 제1항에서는 지급기준은 의정비심의위원회가 해당 지방자치단체의 재정능력 등을 고려하여 결정한 금액 이내에서 조례로 정한다고 하고 있으며, 종전의 제주도조례인 「제주도의회의원 의정활동비·월정수당 및 여비지급에 관한 조례」와 다른 시·도의 조례에도 금액까지 규정하고 있는 것으로 판단할 때, 지급기준에는 당연히 "금액"이 포함되는 것으로 해석하여야 할 것이다.

결국, 의정활동비심의위원회에서는 도의원에게 지급하는 비용의 종류(현재는 의정활동비, 월정수당, 여비나, 비용의 종류를 현재보다 줄일 수도 있고 늘릴 수도 있음)와 각 비용별 내용(지급목적)·지급기준·다음 해 금액(매년 10월 말까지 도지사와 도의회의장에게 통보하도록 하고 있고, 관행상 법령이 개정되지 아니하면 1년에 한 번만 개최하여 다음 연도 금액을 결정하고 있음)·지급시기·계산법, 시행일 등을 정하여야 할 것이다.

---

199) 「제주특별자치도 의정활동비심의위원회 설치 및 운영에 관한 조례」 제7조 제2항에 따라 위원장이 "도의원에게 지급하는 비용의 종류 및 그 지급기준"을 매년 10월 말까지 의결하여 도지사와 도의회의장에게 통보하여야 한다.

참고로, 「제주특별자치도 의정활동비심의위원회 설치 및 운영에 관한 조례」 제3조 제2항에서는 "제1항의 지급기준 등은 지역주민의 소득수준, 지방공무원의 보수인상률, 물가상승률 및 도의회의 의정활동실적 등을 종합적으로 고려하여 정한다."라고 하고 있는데, 이 규정은 의정활동비심의위원회 설치 및 운영과 관련된 사항이 아니라 지급기준과 관련된 사항이므로 「제주특별자치도의회 의원 의정활동비·월정수당 및 여비지급에 관한 조례」에 반영하여야 할 것이다.

5) 제주특별자치도 의정활동비심의위원회에서 결정한 경비의 종류와 그 지급기준에 관한 도조례는 누구 소관인가?

「제주특별자치도 의정활동비심의위원회 설치 및 운영에 관한 조례」 제7조 제2항에서는 위원장이 도의원에게 지급하는 비용의 종류 및 그 지급기준을 매년 10월 말까지 의결하여 도지사와 도의회의장에게 통보하여야 한다고 되어 있으나, 도의원에게 지급하는 비용의 종류 및 그 지급기준에 관한 도조례가 누구 소관인지에 대하여 명시적인 규정은 없다 할 것이다.

결국, 제주특별자치도 의정활동비심의위원회에서 결정한 경비의 종류와 그 지급기준에 관한 도조례가 누구 소관인지 여부는 사무분장, 업무의 성격, 지금까지의 관례, 다른 시·도 사례 등을 종합적으로 고려하여 판단할 문제라고 할 것이나, 도의원들의 보수와 관련된 것이고, "의원의 복리후생에 관한 사항"과 "의회 소관 예산편성 및 집행에 관한 사항"은 도의회사무처 소관이며, 제주도의 경우에도 한 번만 집행부에서 발의하고 나머지는 도의회사무처에서 발의하였고, 다른 시·도에서도 의회사무처 소관으로 하고 있는 점 등으로 판단할 때, 도의회사무처 소관으로 하는 것이 타당하다고 할 것이다.

한편, 정치적 부담으로 인하여 집행부와 도의회사무처가 서로 자기 소관이 아니라고 하고 있으나, 의정활동비심의위원회에서 비용의 종류와 지급기준을 심의·의결할 때 도조례로 제·개정할 형식으로 하는 등 정치적인 부담을 경감시키는 방안을 적극적으로 강구하여야 할 것이다.

6) 「제주도의회의원 의정활동비·월정수당 및 여비지급에 관한 조례」는 적용할 수 있는가?

제주특별자치도법 제46조에 따르면, 「지방자치법」 제33조의 규정에 불구하고 도의원에게 지급하는 비용의 종류 및 그 지급기준은 도조례로 정하도록 하고, 그 비용의 종류 및 지급기준을 심의·의결하기 위하여 도지사 소속하에 의정활동비심의위원회를 두며, 의정활동비심의위원회의 구성 및 운영 등에 관하여 필요한 사항은 도조례로 정하도록 하고 있다.

그리고 제정 제주특별자치도법 부칙 제15조 제1항에 따르면, "이 법에 의하여 도조례로 정하도록 한 사항이나 종전의 대통령령 또는 부령으로 정하고 있는 사항에 대해서는 이 법에 의하여 도조례가 제정될 때까지는 종전의 규정에 의한다."라고 하고 있다.

따라서 제주특별자치도법 제46조 제1항에 따라 도의원에게 지급하는 비용의 종류 및 그 지급기준이 도조례로 정한 바가 없다면 같은 법 부칙 제15조 제1항에 따라, 종전의 규정인 「지방자치법」 제33조, 같은 법 시행령 제33조 및 「제주도의회의원 의정활동비·월정수당 및 여비지급에 관한 조례」를 적용하여야 할 것이다.

결국, 의정활동비심의위원회의 심의·의결을 거쳐 새로운 도조례를 제정하여 그 도조례에 따라 도의원에게 비용을 지급하는 것이 맞는데, 도조례가 제정되지 아니하였으므로 종전의 제주도조례인 「제주도의회의원 의정활동비·월정수당 및 여비지급에 관한 조례」를 적용한 것은 무효라고 할 수 없다 할 것이다.

참고로, 제정 제주특별자치도법(2006. 2. 21. 법률 제7849호로 제정된 것) 부칙 제15조 제2항 및 제3항에 따라 2006. 5. 10. 제정된 「제주특별자치도 의정활동비심의위원회 설치 및 운영에 관한 조례」에 따라 제주특별자치도 의정활동비심의위원회가 설치는 되었지만, 통상 다음 해의 의정(활동)비를 결정하여 10월 말까지 도지사와 도의회의장에게 통보하는 관계로 도의원에게 지급하는 비용의 종류 및 그 지급기준을 정하지 아니한 것으로 판단된다.

7) 의정활동비심의위원회와 의정비심의위원회 비교

제주특별자치도의 의정활동비심의위원회와 다른 시·도의 의정비심의위원회를 비교해 보면, 다음과 같다.

<표 13> 제주특별자치도와 다른 시·도의 심의위원회 비교

구 분	제주특별자치도	다른 시·도
명칭	의정활동비심의위원회 (제주특별자치도법 §46②)	의정비심의위원회 (지방자치법 §33②)
심의·의결 대상	비용의 종류 및 지급기준 (제주특별자치도법 §46②)	비용의 지급기준 (지방자치법 시행령 §34①) ※ 비용의 종류는 심의·의결사항이 아님.
심의·의결 구속력	법적 구속력 없음.	법적 구속력 있음(대통령령으로 정하는 바에 따라 해당 지방자치단체의 의정비심의위원회에서 결정하는 금액 이내에서 지방자치단체의 조례로 정함. 지방자치법 §33).
도지사, 의장 통보사항	비용의 종류 및 지급기준 (조례 §7②)	금액 (지방자치법 시행령 §34⑤)
금액 적용 시기	없음.	다음 해부터 적용 (지방자치법 시행령 §34⑤)
주민의견 수렴	없음.	금액 결정의 적정성과 투명성을 위하여 공청회나 객관적이고 공정한 여론조사기관을 통하여 지역주민의 의견을 수렴할 수 있는 절차를 거쳐야 하며, 그 결과를 반영하여야 함(지방자치법 시행령 §34⑥).
위원회 구성 및 운영	제주특별자치법+「제주특별자치도 의정활동비심의위원회 설치 및 운영에 관한 조례」	지방자치법+지방자치법 시행령+조례
위원 구성	10명(조례 §4①)	좌동(지방자치법 시행령 §34①)
위원 추천	도지사와 도의회의장 각 5명씩 추천(조례 §4②)	교육계·법조계·언론계·시민사회단체, 통·리의 장 및 지방의회 의장 등으로부터 추천(지방자치법 시행령 §34①)
위촉	도지사(조례 §4②)	지방자치단체장. 위원이 다양하게 구성 (지방자치법 시행령 §34①)
위원 자격	19세 주민(「공직선거법」 제18조에 따라 선거권이 없는 자와 도소속공무원, 도의원 및 그 배우자, 직계존비속, 형제자매 제외) (조례 §5)	19세 주민(「공직선거법」 제18조에 따라 선거권이 없는 자와 그 지방자치단체의 소속 공무원·의회의원·교육위원 및 그 배우자·직계존비속·형제자매) (지방자치법 시행령 §34②)
위원장	호선(조례 §4①)	좌동(지방자치법 시행령 §34③)
의결 정족수	재적위원 과반수의 출석, 재적위원 과반수 찬성(조례 §7①)	위원장을 포함한 재적위원 3분의 2 이상의 찬성(지방자치법 시행령 §34⑤ 후단)
위원 연임	불가(조례 §4③)	가능(지방자치법 시행령 §34③)
수당 등	수당 및 여비(조례 §11)	좌동(지방자치법 시행령 §34④)
자료제출 및 설명요청	가능(조례 §8)	좌동(지방자치법 시행령 §34⑦)
공표	도지사가 지체 없이 통보받은 사항을 공보나 인터넷 등에 공표(조례 §9)	지자체장이 심의회의 위원명단, 회의록 및 통보받은 사항을 지체 없이 지자체 인터넷 홈페이지 등 게재(지방자치법 시행령 §3⑧)

<제주특별자치도법>
제46조(도의원의 의정활동비 등에 관한 특례) ① 「지방자치법」 제33조의 규정에 불구하고 도의원에게 지급하는 비용의
종류 및 그 지급기준은 도조례로 정한다.
　② 제1항의 규정에 의한 비용의 종류 및 지급기준을 심의·의결하기 위하여 도지사 소속하에 의정활동비심의위원회
　　를 둔다.
　③ 의정활동비심의위원회의 구성 및 운영 등에 관하여 필요한 사항은 도조례로 정한다.

<지방자치법>
제33조(의원의 의정활동비 등) ① 지방의회 의원에게 다음 각 호의 비용을 지급한다.
　1. 의정 자료를 수집하고 연구하거나 이를 위한 보조 활동에 사용되는 비용을 보전(補塡)하기 위하여 매월 지급하는
　　의정활동비
　2. 본회의 의결, 위원회의 의결 또는 의장의 명에 따라 공무로 여행할 때 지급하는 여비
　3. 지방의회 의원의 직무활동에 대하여 지급하는 월정수당
　② 제1항 각 호에 규정된 비용의 지급기준은 대통령령으로 정하는 바에 따라 해당 지방자치단체의 의정비심의위원회
　　에서 결정하는 금액 이내로 하여 지방자치단체의 조례로 정한다.
　③ 의정비심의위원회의 구성·운영 등에 관하여 필요한 사항은 대통령령으로 정한다.

<지방자치법 시행령>
제33조(의정활동비·여비 및 월정수당의 지급기준 등) ① 법 제33조 제2항에 따라 지방의회 의원에게 지급하는 의정활
동비·여비 및 월정수당의 지급기준은 다음 각 호의 범위에서 제34조에 따른 의정비심의위원회가 해당 지방자치단체
의 재정 능력 등을 고려하여 결정한 금액 이내에서 조례로 정한다. <개정 2008.10.8>
　1. 의정활동비: 별표 4에 따른 금액
　2. 여비: 별표 5와 별표 6에 따른 금액
　3. 월정수당: 별표 7에 따른 금액
　② 제1항에 따른 의정활동비와 월정수당은 해당 지방자치단체 소속 공무원의 보수 지급일에 지급한다.
제34조(의정비심의위원회의 구성 등) ① 법 제33조 제3항에 따른 의정비심의위원회(이하 이 조에서 "심의회"라 한다)는
법 제33조 제1항 각 호에 따른 비용 지급기준의 결정이 필요한 경우에 10명의 위원으로 구성하되, 교육계·법조계·언
론계·시민사회단체, 통·리의 장 및 지방의회 의장 등으로부터 추천을 받아 지방자치단체의 장이 위촉한다. 이 경우
지방자치단체의 장은 위원이 다양하게 구성되도록 하여야 한다. <개정 2008.10.8>
　② 위원이 될 수 있는 자는 위원회가 구성되는 해의 1월 1일을 기준으로 1년 이전부터 계속하여 당해 지방자치단체
　　의 관할구역에 주민등록이 되어 있는 19세 이상인 자로 한다. 다만, 「공직선거법」 제18조에 따라 선거권이 없는
　　자와 그 지방자치단체의 소속 공무원·의회의원·교육위원 및 그 배우자·직계존비속·형제자매는 위원이 될 수
　　없다.
　③ 위원장은 위원 중에서 호선하며, 위원의 임기는 위원으로 위촉된 날부터 1년으로 한다. <개정 2008.10.8>
　④ 심의회에 참석한 위원에게는 해당 지방자치단체 예산의 범위에서 수당과 여비를 지급할 수 있다.
　⑤ 심의회는 위원 위촉으로 심의회가 구성된 해의 10월 말까지 제33조 제1항에 따른 금액을 결정하고, 그 금액을 해
　　당 지방자치단체의 장과 지방의회의 의장에게 지체 없이 통보하여야 하며, 그 금액은 다음 해부터 적용한다. 이
　　경우 결정은 위원장을 포함한 재적위원 3분의 2 이상의 찬성으로 의결한다. <개정 2008.10.8>
　⑥ 심의회는 제5항의 금액을 결정하려는 때에는 그 결정의 적정성과 투명성을 위하여 공청회나 객관적이고 공정한
　　여론조사기관을 통하여 지역주민의 의견을 수렴할 수 있는 절차를 거쳐야 하며, 그 결과를 반영하여야 한다. <개
　　정 2008.10.8>
　⑦ 심의회는 지방자치단체의 장이나 지방의회의 의장에게 제5항의 결정에 필요한 자료의 제출 및 관계자의 설명을
　　요청할 수 있다.
　⑧ 지방자치단체의 장은 심의회의 위원명단, 회의록 및 제5항 전단에 따라 통보받은 사항을 지체 없이 그 지방자치단
　　체의 인터넷 홈페이지 등에 게재하여야 한다. <개정 2008.10.8>
　⑨ 심의회의 회의는 공개하여야 한다. 다만, 출석위원 3분의 2 이상이 찬성한 경우에는 공개하지 아니할 수 있다.
　　<신설 2008.10.8>
　⑩ 그 밖에 심의회의 구성 및 운영에 필요한 사항은 해당 지방자치단체의 조례로 정한다. <개정 2008.10.8>

<제주특별자치도 의정활동비심의위원회 설치 및 운영에 관한 조례>

제3조(심의·의결사항) ① 심의회는 제주특별자치도의회(이하 "도의회"라 한다) 의원에게 지급하는 비용의 종류 및 그 지급기준을 심의·의결한다.

② 제1항의 지급기준 등은 지역주민의 소득수준, 지방공무원의 보수인상률, 물가상승률 및 도의회의 의정활동실적 등을 종합적으로 고려하여 정한다.

제7조(심의회의 회의) ① 심의회는 재적위원 과반수의 출석으로 개의하고, 재적위원 과반수의 찬성으로 의결한다.

② 위원장은 의원에게 지급하는 비용의 종류 및 지급기준을 매년 10월 말까지 의결하여 도지사와 도의회의장에게 통보하여야 한다.

제8조(자료의 제출 등) 심의회는 도지사나 도의회의장에게 제3조 제1항의 사항을 결정하는 데 필요한 자료의 제출과 관계자의 설명을 요청할 수 있다.

7. 도의회의원 지역선거구를 소선거구제에서 중(대)선거구제로 변경하는 것을 도조례로 할 수 있는지?

제주특별자치도법 제41조에서는 도의회의원의 정수(제80조의 규정에 의한 교육의원 5인을 포함한다)는 「공직선거법」 제22조 제1항·제3항 및 제4항의 규정에 불구하고 41인 이내에서 제43조의 규정에 의한 도의회의원선거구획정위원회가 정하는 바에 따라 도조례로 정한다고 하고 있고, 같은 법 제42조에서는 도의회의원 지역선거구는 인구·행정구역·지세·교통 그 밖의 조건을 고려하여 획정하되, 그 도의회의원 지역선거구의 명칭과 관할구역은 「공직선거법」 제26조 및 별표 2의 규정에 불구하고 제43조의 규정에 의한 도의회의원선거구획정위원회가 정하는 바에 따라 도조례로 정한다고 하고 있다.

결국, 제주특별자치도법 제41조에서는 도의회의원의 정수에 관한 특례(지역선거구에서 몇 명을 뽑는다는 것이 아니고, 도의회의원의 총수를 규정하는 것임)를, 제42조에서는 도의회의원 지역선거구에 관한 특례(지역선거구의 명칭과 관할구역에 한정된 것임)를 규정하고 있으므로, 소선거구제가 아닌 중대선거구제는 곤란하다고 판단된다. 따라서 조례로 정하여야 하는 사항은 도의회의원의 정수, 도의회의 비례대표의원 정수, 도의회 지역선거구의 명칭과 관할구역이라고 할 것이다.

제주특별자치도법 제정 당시 기초지방자치단체처럼 중대선거구제(하나의 자치구·시·군의원지역구에서 선출할 지역구자치구·시·군의원정수는 2인 이상 4인 이하로 함: 2005. 8. 4. 개정)를 생각하지 못하였던 것으로 보이고, 만약 도의회 지역선거구를 중대선거구제로 할 수 있도록 하고 싶었다면, 「공직선거법」 제26조에 대한 특례를 둘 때 "도의회 지역선거구의 명칭과 관할구역"뿐만 아니라 같은 조 제1항의 "하나의 시·도의원지역구에서 선출한 지역구시·도의원정수는 1인으로 하며"(지역선거구의 의원정수)에 대한 것도 두어야 가능했을 것이다.

<제주특별자치도법>

제41조(도의회의원의 정수에 관한 특례) ① 도의회의원의 정수(제80조의 규정에 의한 교육의원 5인을 포함한다)는 「공직선거법」 제22조 제1항·제3항 및 제4항의 규정에 불구하고 41인 이내에서 제43조의 규정에 의한 도의회의원선거구획정위원회가 정하는 바에 따라 도조례로 정한다.

② 도의회의 비례대표의원정수는 「공직선거법」 제22조 제4항의 규정에 불구하고 제1항의 규정에 의한 의원정수(제80조의 규정에 의한 교육의원을 제외한다)의 100분의 20 이상으로 하며, 제43조의 규정에 의한 도의회의원선거구획정위원회가 정하는 바에 따라 도조례로 정한다. 이 경우 단수는 0으로 본다.

제42조(도의회의원 지역선거구에 관한 특례) ① 도의회의원 지역선거구는 인구·행정구역·지세·교통 그 밖의 조건을 고려하여 획정하되, 그 도의회의원 지역선거구의 명칭과 관할구역은 「공직선거법」 제26조 및 별표 2의 규정에 불구하고 제43조의 규정에 의한 도의회의원선거구획정위원회가 정하는 바에 따라 도조례로 정한다.

② 제1항의 규정에 따라 도의회의원 지역선거구를 획정하는 경우 행정시의 관할구역의 일부를 분할하거나 하나의 읍·면·동의 일부를 분할하여 다른 도의회의원 지역선거구에 속하게 할 수 없다.

제43조(도의회의원선거구획정위원회) ① 도의회의원 지역선거구의 공정한 획정을 위하여 제주자치도에 도의회의원선거구획정위원회를 둔다.

② 「공직선거법」 제24조의 규정에 의한 자치구·시·군의원선거구획정위원회의 규정은 도의회의원선거구획정위원회에 관한 사항에 대하여 이를 준용한다.

부칙

제8조(행정시장의 예고와 도의회의원의 정수 및 선거구 등에 관한 적용례) ① 제18조의 규정에 의한 행정시장의 예고에 관한 사항은 2006년 7월 1일부터 임기가 개시되는 도지사 선거의 다음 선거(재선거·보궐선거를 포함한다)부터 적용하고, 2006년 7월 1일부터 임기가 개시되는 도지사 선거에 있어서 행정시장의 예고에 관한 사항은 「제주도 행정체제 등에 관한 제주특별자치도법」 부칙 제2조의 규정에 따른다.

② 제41조 내지 제43조의 규정에 의한 도의회의원선거(교육의원선거를 제외한다. 이하 이 항에서 같다)에 관한 사항은 2006년 7월 1일부터 임기가 개시되는 지역구 시·도의회의원의 선거의 다음 선거(재선거·보궐선거를 포함한다)부터 적용하고, 2006년 7월 1일부터 임기가 개시되는 도의회의원의 선거는 「제주도 행정체제 등에 관한 제주특별자치도법」 부칙 제3조의 규정에 따른다.

③ 제41조 내지 제43조의 규정에 의한 교육의원의 선거에 관한 사항은 2006년 9월 1일부터 임기가 개시되는 교육의원의 선거부터 적용한다.

④ 제3항의 규정에 의하여 최초로 실시하는 교육의원선거에 있어서 제43조의 규정에 의한 도의회의원선거구획정위원회는 「공직선거법」 제24조 제7항의 규정에 불구하고 당해 도의회의원선거구 획정안을 그 선거일 전 90일까지 종전의 제주도지사·교육감 및 제주도의회에 제출하여야 하며, 종전의 제주도의회는 그 선거구 획정안을 제출받은 날부터 15일 이내에 조례안을 의결하여야 한다.

⑤ 종전의 제주도의회가 제4항의 규정에 의한 기한까지 조례안을 의결하지 아니하는 때에는 교육의원 지역선거구의 명칭·구역 및 의원정수는 중앙선거관리위원회규칙으로 정한다.

<공직선거법>

제20조(선거구) ① 대통령 및 비례대표국회의원은 전국을 단위로 하여 선거한다. <개정 2000.2.16, 2005.8.4>

② 비례대표시·도의원은 당해 시·도를 단위로 선거하며, 비례대표자치구·시·군의원은 당해 자치구·시·군을 단위로 선거한다. <신설 2005.8.4>

③ 지역구국회의원, 지역구지방의회의원(지역구시·도의원 및 지역구자치구·시·군의원을 말한다. 이하 같다)은 당해 의원의 선거구를 단위로 하여 선거한다. <개정 2000.2.16, 2005.8.4>

④ 지방자치단체의 장은 당해 지방자치단체의 관할구역을 단위로 하여 선거한다.

제21조(국회의 의원정수) ① 국회의 의원정수는 지역구국회의원과 비례대표국회의원을 합하여 299인으로 하되, 각 시·도의 지역구 국회의원 정수는 최소 3인으로 한다. <개정 2000.2.16, 2004.3.12>

② 하나의 국회의원지역선거구에서 선출할 국회의원의 정수는 1인으로 한다.

제22조(시·도의회의 의원정수) [2005헌마985·1037, 2006헌마11(병합) 2007. 3. 29. 공직선거법 제22조 제1항 및 제26조 제1항에 의한 [별표 2]「시·도의회의원지역선거구구역표」(2005. 8. 4. 법률 제7681호로 개정된 것) 중 경기도의회의원 선거구들 부분(2006. 3. 2. 법률 제7850호로 개정된 것 포함)과 전라북도의회의원 선거구들 부분은 헌법에 합치되지 아니한다. 위 제22조 제1항 및 위 선거구구역표 부분은 2008. 12. 31.을 시한으로 입법자가 개정할 때까지 계속 적용된다.]
① 지역구시·도의원정수는 그 관할구역안의 자치구·시·군(하나의 자치구·시·군이 2 이상의 국회의원지역선거구로 된 경우에는 국회의원지역선거구를 말하며, 행정구역의 변경으로 국회의원지역선거구와 행정구역이 합치되지 아니하게 된 때에는 행정구역을 말한다)마다 2인으로 한다. <개정 1998.4.30>
② 제1항의 규정에 불구하고 「지방자치법」 제7조 제2항의 규정에 의하여 시와 군을 통합하여 도농복합형태의 시로 한 경우에는 시·군 통합 후 최초로 실시하는 임기만료에 의한 시·도의회의원선거에 한하여 당해 시의 도의회의 원의 정수는 통합 전의 시와 군마다 2인으로 한다. <개정 1998.4.30, 2005.8.4>
③ 제1항 및 제2항의 기준에 의하여 산정된 의원정수가 16인 미만이 되는 광역시 및 도는 그 정수를 16인으로 한다. <개정 1998.4.30, 2002.3.7>
④ 비례대표시·도의원정수는 제1항 내지 제3항의 규정에 의하여 산정된 지역구시·도의원정수의 100분의 10으로 한다. 이 경우 단수는 1로 본다. 다만, 산정된 비례대표시·도의원정수가 3인 미만인 때에는 3인으로 한다. <신설 1995.4.1>
제23조(자치구·시·군의회의 의원정수) ① 시·도별 자치구·시·군의회 의원의 총정수는 별표 3과 같이 하며, 자치구·시·군의회의 의원정수는 당해 시·도의 총정수 범위 내에서 제24조(선거구획정위원회)의 규정에 따른 당해 시·도의 자치구·시·군의원선거구획정위원회가 자치구·시·군의 인구와 지역대표성을 고려하여 중앙선거관리위원회규칙이 정하는 기준에 따라 정한다.
② 자치구·시·군의회의 최소정수는 7인으로 한다.
③ 비례대표자치구·시·군의원정수는 자치구·시·군의원 정수의 100분의 10으로 한다. 이 경우 단수는 1로 본다.
[전문개정 2005.8.4]

<공직선거법>
제24조(선거구획정위원회) ① 국회의원지역선거구와 자치구·시·군의원지역선거구(이하 "자치구·시·군의원지역구"라 한다)의 공정한 획정을 위하여 국회에 국회의원선거구획정위원회를, 시·도에 자치구·시·군의원선거구획정위원회를 각각 둔다. <개정 2005.8.4>
② 국회의원선거구획정위원회는 국회의장이 교섭단체대표의원과 협의하여 11인 이내의 위원으로 구성하되, 학계·법조계·언론계·시민단체 및 선거관리위원회가 추천하는 자 중에서 위촉하여야 한다. <신설 2004.3.12, 2005.8.4>
③ 자치구·시·군의원선거구획정위원회는 11인 이내의 위원으로 구성하되, 학계·법조계·언론계·시민단체와 시·도의회 및 시·도선거관리위원회가 추천하는 자 중에서 시·도지사가 위촉하여야 한다. <신설 2005.8.4>
④ 국회의원·지방의회의원 및 정당의 당원은 국회의원선거구획정위원회 및 자치구·시·군의원선거구획정위원회(이하 "선거구획정위원회"라 한다)의 위원이 될 수 없다. <개정 2005.8.4>
⑤ 선거구획정위원회의 위원은 명예직으로 하되, 일비·여비 기타의 실비를 받을 수 있다.
⑥ 선거구획정위원회로부터 선거구획정업무에 필요한 자료의 요청을 받은 국가기관 및 지방자치단체는 지체 없이 이에 따라야 한다.
⑦ 선거구획정위원회는 제25조(국회의원지역구의 획정) 제1항 및 제26조(지방의회의원선거구의 획정) 제2항에 규정된 기준에 따라 선거구획정안을 마련하고, 그 이유 그 밖의 필요한 사항을 기재한 보고서를 당해 국회의원 또는 자치구·시·군의원의 임기만료에 의한 선거의 선거일 전 1년까지 국회의원선거구획정위원회는 국회의장에게, 자치구·시·군의원선거구획정위원회는 시·도지사에게 제출하여야 한다. <개정 2005.8.4>
⑧ 국회의원선거구획정위원회는 선거구획정안을 마련함에 있어서 국회에 의석을 가진 정당에게 선거구획정에 대한 의견진술의 기회를 부여하여야 한다. <신설 2004.3.12, 2005.8.4>
⑨ 자치구·시·군의원선거구획정위원회는 선거구획정안을 마련함에 있어서 국회에 의석을 가진 정당과 당해 자치구·시·군의 의회 및 장에 대하여 의견진술의 기회를 부여하여야 한다. <신설 2005.8.4>
⑩ 국회가 국회의원지역선거구에 관한 규정을 개정하거나, 시·도의회가 자치구·시·군의원지역구에 관한 조례를 개정하는 때에는 선거구획정위원회의 선거구획정안을 존중하여야 한다. <개정 2005.8.4>
⑪ 국회의원선거구획정위원회의 구성 및 운영 그 밖에 필요한 사항은 국회규칙으로 정하며, 자치구·시·군의원선거구획정위원회의 구성 및 운영 그 밖에 필요한 사항은 대통령령으로 정한다. <개정 2005.8.4>
제25조(국회의원지역구의 획정) ① 국회의원지역선거구(이하 "국회의원지역구"라 한다)는 시·도의 관할구역 안에서 인구·행정구역·지세·교통 기타 조건을 고려하여 이를 획정하되, 구(자치구를 포함한다)·시(구가 설치되지 아니한 시를 말한다)·군(이하 "구·시·군"이라 한다)의 일부를 분할하여 다른 국회의원지역구에 속하게 하지 못한다. 다만, 제21조(국회의 의원정수) 제1항 후단의 요건을 갖추기 위하여 부득이한 경우에는 그러하지 아니하다. <개정 2004.3.12>

② 국회의원지역구의 명칭과 그 구역은 별표 1과 같이 한다.

[95헌마224・239・285・373(병합), 1995. 12. 27.(1996. 2. 6. 법률 제5149호)]

제26조(지방의회의원선거구의 획정) ① 시・도의회의원지역선거구(이하 "시・도의원지역구"라 한다)는 인구・행정구역・지세・교통 기타 조건을 고려하여 자치구・시・군(하나의 자치구・시・군이 2 이상의 국회의원지역구로 된 경우에는 국회의원지역구를 말하며, 행정구역의 변경으로 국회의원지역구와 행정구역이 합치되지 아니하게 된 때에는 행정구역을 말한다)을 분할하여 이를 획정하되, 하나의 시・도의원지역구에서 선출할 지역구시・도의원정수는 1인으로 하며, 그 시・도의원지역구의 명칭과 관할구역은 별표 2와 같이 한다. <개정 1995.4.1>

② 자치구・시・군의원지역구는 인구・행정구역・지세・교통 그 밖의 조건을 고려하여 획정하되, 하나의 자치구・시・군의원지역구에서 선출할 지역구자치구・시・군의원정수는 2인 이상 4인 이하로 하며, 그 자치구・시・군의원지역구의 명칭・구역 및 의원정수는 시・도조례로 정한다. <개정 2005.8.4>

③ 제1항 또는 제2항의 규정에 따라 시・도의원지역구 또는 자치구・시・군의원지역구를 획정하는 경우 하나의 읍・면・동의 일부를 분할하여 다른 시・도의원지역구 또는 자치구・시・군의원지역구에 속하게 하지 못한다. <개정 1995.4.1, 2005.8.4>

④ 자치구・시・군의원지역구는 하나의 시・도의원지역구 내에서 획정하여야 하며, 하나의 시・도의원지역구에서 지역구자치구・시・군의원을 4인 이상 선출하는 때에는 2개 이상의 지역선거구로 분할할 수 있다. <신설 2005.8.4>

Ⅳ. 감사위원회

1. 감사위원회는 다른 시·도 감사관실과 무엇이 다른가?

제주특별자치도법 제66조 제1항에 따르면, 「지방자치법」 제171조(「지방교육자치에 관한 법률」 제3조에 따라 준용되는 경우를 포함한다), 「지방공무원법」 제81조의 규정에 불구하고 감사대상 기관 및 그 기관에 속한 자의 제반 업무와 활동 등을 조사·점검·확인·분석·검증하고 제68조의 규정에 의하여 그 결과를 처리하는 행위(이하 "자치감사"라 한다)를 수행하기 위하여 도지사 소속[200]하에 감사위원회를 두되, 그 직무에 있어서는 독립된 지위를 가지도록 하고 있다.

제주특별자치도에 감사위원회를 두도록 한 취지는 지방자치단체에 대한 감사가 국회, 감사원, 행정안전부(정부합동) 등 중앙행정기관, 도의회, 내부감사기관, 주민감사청구 등으로 다양하게 이루어지고 있고, 그 밖에도 평가·지도 등이 행해지고 있어 지방자치단체로서는 감사로 인한 업무부담과 감사 등의 중복으로 인한 비효율성이 발생하고 있는데, 제주특별자치도 설치 취지를 고려하여 국무총리와 제주특별자치도 간 운영성과평가에 관한 협약을 체결하여 그 성과평가결과에 따라 제주특별자치도의 운영방향을 결정하는 대신 중앙행정기관의 감사를 배제[201]하고 독립적이고 중립적인 감사위원회를 설치할 필요가 있었던 것이다.[202]

---

200) 김순은 동의대학교 교수는 감사위원회 위원장의 임명에 도의회의 동의를 구하고 있지만 감사위원회의 소속을 도지사로 한 점은 권력분립의 원칙을 간과한 제도라고 하면서 도의회의 소속으로 규정하여 감사위원회의 독립성을 더욱 제고할 필요가 있다고 주장한다(김순은, 제주특별자치도의 법적 지위와 향후 전망, 2007 국회 공동토론회, 37쪽).

201) 제주특별자치도법 제71조에 따라 중앙행정기관의 장은 제주특별자치도에 대해서는 그 행정전반 또는 특정한 정책·사업·업무 및 예산에 대한 감사를 실시할 수 없도록 하고 있으나, 국회의 국정감사, 감사원감사 및 「지방자치법」 제16조에 따른 주민감사청구사항의 경우에 대해서는 받도록 하고 있다. 중앙행정기관의 장은 국가사무 및 국가의 보조를 받은 사업에 대한 감사가 필요하다고 인정하는 경우에는 그에 대한 감사를 감사위원회에 의뢰하여야 하고, 감사위원회의 감사가 미흡하다고 판단되는 경우에는 재감사를 의뢰할 수 있다.

202) 2007. 5. 4. 법제처 유권해석에 의하면, 제주특별자치도법 제66조의 취지는 제주특별자치도에 자율과 책임을 바탕으로 한 실질적인 자치권을 보장하기 위하여 지방자치단체에 대한 행정안전부장관 및 교육과학기술부장관의 감사·지도·감독권을 제한하고, 이에 갈음하여 직무상 독립적 지위를 가지는 감사위원회로 하여금 감사대상 기관 및 그 기관에 속한 자의 제반 업무와 활동 등에 대하여 감사를 할 수 있도록 하는 것이라고 하고 있다.

이러한 제주특별자치도 감사위원회는 제주특별자치도만의 조직 특징 중의 하나로, 다른 시·도의 감사관실[203]과 다른 점을 살펴보면,

첫째, 설치 근거로, 감사위원회는 제주특별자치도법 제66조에 따라 설치된 반면, 시·도 감사관실은 「지방자치법」 제102조에 따라 해당 지방자치단체의 조례로 설치되었고,

둘째, 감사 대상기관으로, 감사위원회 설치 취지와 관련되겠지만, 감사위원회는 도청뿐만 아니라 도교육청도 감사할 수 있는 반면, 시·도 감사관실은 도교육청을 감사할 수 없으며,

셋째, 중앙행정기관의 감사와 관련된 것으로, 제주특별자치도에 대하여 중앙행정기관이 감사를 할 수 없으므로 중앙행정기관의 장이 국가사무 및 국가의 보조를 받은 사업에 대한 감사가 필요하다고 인정하는 경우에는 감사위원회에 감사를 반드시 의뢰하여야 하는 반면, 시·도 감사관실에 대해서는 그러하지 아니하고,

넷째, 조직 구성 형태로, 감사위원회는 위원장 1명을 포함한 7명 이내의 위원으로 구성된 합의제 행정기관인 반면, 시·도 감사관실은 독임제 형태이며,

다섯째, 인적 구성 형태로, 감사위원회의 위원장은 정무직지방공무원이고, 도의회의 동의를 얻어 도지사가 임명하는 반면, 시·도 감사관은 일반직 지방공무원이고, 시·도의회의 동의를 얻을 필요가 없고,

여섯째, 규정 제정으로, 감사위원회는 자치감사에 필요한 세부적인 사항을 감사위원회의 의결을 거쳐 감사위원회의 위원장이 정할 수 있는 반면, 시·도의 감사관실은 별도의 규정을 정할 수 없는 차이가 있다.

제주특별자치도의 이러한 감사체계는 지방자치단체의 자치감사체계의 개선과 관련하여 그동안 끊임없이 제안되었던 숙원사업이 최초로 법률을 통해 도입되었다는 점에서 지방자치제도 발전의 한 단면을 보여 주는 것이라 평가될 수 있을 것이다.[204]

「공공감사에 관한 법률」이 2010. 3. 22. 제정되고, 2010. 7. 1.부터 시행되어 같은 법 제5조 제2항에 따라 지방자치단체도 조례로 정하는 바에 따라 자체감사기구를 합의제감사기구로 둘 수 있도록 되었다.

---

203) 우리나라 지방자치단체의 자치감사가 갖고 있는 문제점은 자체감사부서(감사관실)의 독립성 및 전문성 부족과 감사요원의 낮은 직급이나 감사부서의 하위 기구화, 단체장의 자체감사에 대한 인식부족, 감사요원에 대한 동기부여 미흡, 감사정보 수집과 관련된 문제점 등 감사실무상의 환경적 제약들이라고 한다[최봉석, 감사의 법리에 따른 제주특별자치도 감사체계의 진단, 제주특별자치도법 시행 1주년의 경험과 과제, (사) 한국지방자치법학회 국제학술대회 2007년, 276–277쪽].

204) 최봉석, 감사의 법리에 따른 제주특별자치도 감사체계의 진단, 제주특별자치도법 시행 1주년의 경험과 과제 국제학술대회, 2007, 279쪽.

<지방자치법>

제171조(지방자치단체의 자치사무에 대한 감사) ① 행정안전부장관이나 시·도지사는 지방자치단체의 자치사무에 관하여 보고를 받거나 서류·장부 또는 회계를 감사할 수 있다. 이 경우 감사는 법령위반사항에 대하여만 실시한다. <개정 2008.2.29, 2010.6.8>

　② 행정안전부장관 또는 시·도지사는 제1항에 따라 감사를 실시하기 전에 해당 사무의 처리가 법령에 위반되는지 여부 등을 확인하여야 한다. <신설 2010.6.8>

<지방교육자치에 관한 법률>

제3조(「지방자치법」과의 관계) 지방자치단체의 교육·학예에 관한 사무를 관장하는 기관의 설치와 그 조직 및 운영 등에 관하여 이 법에서 규정한 사항을 제외하고는 그 성질에 반하지 않는 한 「지방자치법」의 관련 규정을 준용한다. 이 경우 "지방자치단체의 장" 또는 "시·도지사"는 "교육감"으로, "지방자치단체의 사무"는 "지방자치단체의 교육·학예에 관한 사무"로, "자치사무"는 "교육·학예에 관한 자치사무"로, "행정안전부장관"·"주무부장관" 및 "중앙행정기관의 장"은 "교육과학기술부장관"으로 본다.

<지방공무원법>

제81조(지방자치단체의 인사행정에 관한 지도·감독) 교육과학기술부장관 또는 행정안전부장관은 시·도의 인사행정이 이 법에 따라 운영되도록 지도·감독하고, 시·도지사는 해당 시·도의 관할 구역 시·군·구의 인사행정이 이 법에 따라 운영되도록 지도·감독한다.

<제주특별자치도법>

제66조(감사위원회의 설치 및 직무 등) ① 「지방자치법」 제171조(「지방교육자치에 관한 법률」 제3조에 따라 준용되는 경우를 포함한다), 「지방공무원법」 제81조의 규정에 불구하고 감사대상 기관 및 그 기관에 속한 자의 제반업무와 활동 등을 조사·점검·확인·분석·검증하고 제68조의 규정에 의하여 그 결과를 처리하는 행위(이하 "자치감사"라 한다)를 수행하기 위하여 도지사 소속하에 감사위원회를 두되, 그 직무에 있어서는 독립된 지위를 가진다. <개정 2006.12.20, 2007.5.11>

　② 제1항에 따른 감사위원회는 감사위원회의 위원장(이하 "감사위원장"이라 한다) 1인을 포함한 7인 이내의 위원으로 구성한다. <개정 2011.5.23>

　③ 위원은 도조례로 정하는 자격을 갖춘 사람 중에서 도지사가 임명 또는 위촉하되, 위원 중 3명은 도의회에서, 1명은 도교육감이 각각 추천하는 사람을 위촉한다. 다만, 감사위원장은 도의회의 동의를 받아 도지사가 임명한다. <개정 2011.5.23>

　④ 제주자치도 소속 공무원이 아닌 위원의 임기는 3년으로 한다. 다만, 보궐위원의 임기는 전임자의 잔여기간으로 한다. <개정 2011.5.23>

　⑤ 자치감사의 구체적인 방법 및 범위, 자치감사 활동에서 일반적으로 준수되어야 할 기준 등 자치감사에 필요한 세부적인 사항은 감사위원회의 의결을 거쳐 감사위원장이 정한다. <개정 2011.5.23>

　⑥ 이 법에서 규정한 사항 외에 감사위원회의 구성 및 운영 등에 필요한 사항은 도조례로 정한다. <개정 2011.5.23>

　⑦ 삭제 <2011.5.23>

제66조의2(감사위원장) ① 감사위원장은 감사위원회를 대표하고 감사위원회의 업무를 총괄한다.

　② 감사위원장의 임기는 3년으로 한다.

　③ 감사위원장이 부득이한 사유로 직무를 수행할 수 없을 때에는 감사위원회의 위원 중에서 도조례로 정하는 바에 따라 선임된 위원이 그 직무를 대행한다.

[본조신설 2011.5.23]

제66조의3(감사위원회 사무국) ① 감사위원회의 자치감사 활동을 지원하고 감사위원회에 관한 행정사무를 처리하기 위하여 사무국을 두고, 감사위원회 사무국(이하 "사무국"이라 한다)의 사무국장과 직원은 일반직·계약직·특정직 또는 교육행정직 지방공무원으로 한다.

　② 제1항에서 정한 사항 외에 사무국의 조직, 직무 및 운영 등에 필요한 사항은 도조례로 정한다.

[본조신설 2011.5.23]

제71조(감사 등에 관한 특례) ① 중앙행정기관의 장은 제주자치도에 대해서는 그 행정전반 또는 특정한 정책·사업·업무 및 예산 등에 대한 감사를 실시할 수 없다. 다만, 국회의 국정감사, 감사원감사 및 「지방자치법」 제16조에 따른 주민감사청구사항의 경우에는 그러하지 아니하다.

　② 중앙행정기관의 장은 국가사무 및 국가의 보조를 받은 사업에 대한 감사가 필요하다고 인정하는 경우에는 그에 대한 감사를 제66조의 규정에 의한 감사위원회에 의뢰하여야 한다.

　③ 제2항의 규정에 의하여 의뢰를 받은 감사위원회는 특별한 사유가 없는 한 그에 관하여 감사를 실시하여야 한다.

④ 감사위원회는 제3항의 규정에 의한 감사결과를 감사원, 제2항의 규정에 의하여 의뢰를 한 중앙행정기관의 장, 도지사 및 감사대상 기관에 통보하여야 한다.

⑤ 중앙행정기관의 장은 제4항의 규정에 의하여 통보받은 감사결과가 미흡하다고 판단되는 경우에는 감사위원회에 재감사를 의뢰할 수 있다. 이 경우 감사위원회는 특별한 사정이 없는 한 60일 이내에 재감사를 실시하고 그 결과를 해당 중앙행정기관의 장, 도지사 및 감사대상 기관에 통보하여야 한다.

⑥ 감사위원회는 제5항의 규정에 의한 재감사를 실시하는 경우 중앙행정기관의 장이 추천하는 감사담당공무원을 재감사에 참여시켜야 한다.

<제주특별자치도 감사위원회 구성 및 운영에 관한 조례>

제2조(감사위원회의 구성 등) ① 제주특별자치도 감사위원회(이하 "감사위원회"라 한다)는 위원장 1인을 포함한 7인 이내로 구성하되, 위원장은 정무직지방공무원으로 보한다.

② 위원장은 위원회를 대표하고, 위원회의 직무를 통할하며, 위원회 소속공무원을 지휘·감독한다.

제13조(자치감사의 대상 및 기관) ① 자치감사의 대상은 제주특별자치도(이하 "제주자치도"라 한다)의 사무와 그에 소속한 공무원의 직무 및 도지사의 감독을 받는 기관의 사무와 그에 소속한 직원의 직무로서 다음 각 호의 어느 하나에 해당하는 기관을 말한다.

  1. 제주자치도 본청과 소속 행정기관
  2. 도지사의 감독을 받는 지방공기업·단체·법인 및 조합
  3. 제주자치도 교육청과 소속 교육기관 및 교육행정기관
  4. 법 제140조 및 제141조에 의하여 이관되는 특별지방행정기관
  5. 법 제71조에 의하여 감사위원회에 감사 의뢰된 기관

② 감사위원회는 제1항 제1호 내지 제3호의 소속기관 및 도지사의 감독을 받는 지방공기업·단체·법인 및 조합에 대하여 다른 법령에 의하여 지도·감독·조사 등의 권한 및 이와 유사한 권한을 가지는 기관이 있는 경우에는 감사위원회 규정이 정하는 바에 따라 그 기관에 감사사무를 대행하게 하고 그 결과를 제출하게 할 수 있다.

2. 감사위원회 위원장의 임기는 3년인가?

제주특별자치도법 제66조 제1항에 따르면, 「지방자치법」 제171조(「지방교육자치에 관한 법률」 제3조에 따라 준용되는 경우를 포함한다), 「지방공무원법」 제81조의 규정에 불구하고 감사대상 기관 및 그 기관에 속한 자의 제반 업무와 활동 등을 조사·점검·확인·분석·검증하고 제68조의 규정에 의하여 그 결과를 처리하는 행위(이하 "자치감사"라 한다)를 수행하기 위하여 도지사 소속하에 감사위원회를 두되, 그 직무에 있어서는 독립된 지위를 가지도록 하고 있다.

합의제 행정기관이면서 직무에 독립성을 갖는 감사위원회는 제주특별자치도법 제66조 제2항 및 제4항에 따라 위원장 1명을 포함한 7명 이내의 위원으로 구성하고, 제주자치도 소속 공무원이 아닌 위원의 임기는 3년으로 한다[205]고 하고 있을 뿐 제3차 개정(2011. 5. 23. 법률 제10701호로 개정된 것) 이전 제주특별자치도법 어디에도 감사위원회 위원장[206]

---

205) 공무원이 아닌 감사위원의 임기를 3년으로 한 점은 지방자치단체장과 지방의원의 선거로부터 감사위원회가 정치적으로 독립할 수 있도록 하기 위한 임기조율이라고 한다(최봉석, 감사의 법리에 따른 제주특별자치도 감사체계의 진단, 제주특별자치도법 시행 1주년의 경험과 과제 국제학술대회, 2007, 280쪽).

의 임기를 명시적으로 규정하고 있지 아니하고 있었다. 물론, 감사위원회의 위원장도 감사위원회 위원이기 때문에 공무원이 아닌 위원이라면 당연히 임기가 3년이라야 할 것이다.

그러나 「지방자치단체의 행정기구 및 정원기준 등에 관한 규정」 별표 7에 따르면, 감사위원회 위원장은 정무직지방공무원으로 보하도록 하고 있고, 「제주특별자치도 감사위원회 구성 및 운영에 관한 조례」 제2조 제1항에 따르면, 감사위원회는 위원장 1명을 포함한 7명 이내로 구성하되, 위원장은 정무직지방공무원으로 보한다고만 되어 있어 감사위원회 위원장의 임기가 어떻게 되는지에 대하여 논란이 있었다.

제1차 개정 제주특별자치도법(2007. 8. 3. 법률 제8586호로 개정된 것) 시에도 제주특별자치도에서 감사위원회 위원장의 임기를 규정하려 하였으나, 국무조정실에서는 지방자치단체 소속하의 기관의 정무직공무원에 대한 임기를 규정하는 것은 부적절하고, 감사위원회 도입 초기로 시기가 부적절하다는 이유로 반대하여 신설하지 못하였다.

또한, 제주특별자치도 감사위원회에서는 이러한 논란을 종식시키기 위하여 「제주특별자치도 감사위원회 구성 및 운영에 관한 조례」를 개정(실제적으로는 제주도조례를 제주특별자치도조례로 제정한 것)하여 감사위원회 위원장의 임기를 3년으로 명시하려고 하였다.[207]

그러나 제주특별자치도법 제66조 제4항에서 "제주자치도 소속 공무원이 아닌 감사위원"의 임기는 3년이라 명시하고 있으나, 감사위원회 위원장은 위에서 설명한 바와 같이 "정무직지방공무원"으로 보하기 때문에 공무원이 아닌 감사위원의 임기와 같이 3년으로 볼 수 없고, 오히려 중앙부처 장·차관과 같이 임기가 없는 정무직공무원이라 할 것임에도 불구하고 조례로 감사위원회 위원장의 임기를 3년으로 정하려는 것은 잘못이라 할 것이다.[208]

결론적으로, 감사위원회 위원장의 임기를 규정할 것인지 여부에 대해서는 감사위원회 정치적 중립 및 독립성 보장, 인사권 남용방지 필요성 등을 종합적으로 고려하여 신중히 판단할 문제라 할 것이고, 만약, 감사위원회 위원장의 임기를 정하여야 한다면, 공무원이 아닌 감사위원의 임기와 같이 "조례"가 아닌 "제주특별자치도법"으로 규정하여야 할 것이다.

한편, 감사위원회 위원장의 임기를 몇 년으로 할 것인지는 여러 가지가 있을 수 있으나,

---

206) 감사위원회 위원장의 직급은 「지방자치단체의 행정기구 및 정원기준 등에 관한 규정」에 따라 정무직지방공무원이고, 2급 상당의 보수와 수당 등을 받고 있다.

207) 제주특별자치 감사위원회는 특별한 규정이 없어 그동안 논란이 됐던 감사위원장의 임기를 3년으로 하는 내용 등을 담은 '제주특별자치도 감사위원회 구성 및 운영에 관한 조례(안)'을 2007년 3월 8일자로 입법 예고했다(한라일보, 2007. 3. 14.).

208) 감사위원장의 임기규정을 요구한 제주자치도의회 문대림 의원은 "지방자치 선진국의 경우 위원회의 독립성 확보를 위해 임기를 두고 있다"면서 "제주자치도와 감사위원회 간 의견합의가 이루어지지 않을 경우 의원입법이라도 추진하는 방안을 검토하겠다."고 밝혀 최종 결과가 주목된다고 하고 있다(한라일보, 2007. 5. 19.).

도지사의 임기 등을 고려할 때 제주자치도 소속 공무원이 아닌 감사위원과 같이 제3차 개정 (2011. 5. 23. 법률 제10701호로 개정된 것) 시 감사위원회 위원장의 임기를 3년으로 하였다.

앞으로 「공공감사에 관한 법률」상 감사기구의 장의 신분보장(제10조), 결격사유(제11조) 등, 「감사원법」상 정년(제6조)과 「대한민국헌법」상 감사원장 연임 제한(제98조) 등도 함께 검토할 필요가 있고, 만약 이들 규정이 필요하다면, 제주특별자치도법에 반영하여야 할 것이다.

참고로, 정무직공무원은 임기와 친하지 아니하여 임기가 없는 것이 일반적이지만, 공정 거래위원회 위원장, 금융위원회 위원장, 검찰총장, 경찰청장 등과 같이 임기가 있는 정무 직공무원도 있으므로, 반드시 정무직공무원은 임기가 없는 것은 아니라 할 것이다.

<제주특별자치도법>
제66조의2(감사위원장) ① 감사위원장은 감사위원회를 대표하고 감사위원회의 업무를 총괄한다.
　② 감사위원장의 임기는 3년으로 한다.
　③ 감사위원장이 부득이한 사유로 직무를 수행할 수 없을 때에는 감사위원회의 위원 중에서 도조례로 정하는 바에 따라 선임된 위원이 그 직무를 대행한다.
　[본조신설 2011.5.23]

<제주특별자치도 감사위원회 구성 및 운영에 관한 조례>
제2조(감사위원회의 구성 등) ① 제주특별자치도 감사위원회(이하 "감사위원회"라 한다)는 위원장 1인을 포함한 7인 이 내로 구성하되, 위원장은 정무직지방공무원으로 보한다.
　② 위원장은 위원회를 대표하고, 위원회의 직무를 통할하며, 위원회 소속공무원을 지휘·감독한다.

---

3. 감사위원회에서 도의회사무처를 감사할 수 없는가?

제주특별자치도법 제66조 제1항에 따르면, 「지방자치법」 제171조(「지방교육자치에 관한 법률」 제3조에 따라 준용되는 경우를 포함한다), 「지방공무원법」 제81조의 규정에 불구하고 감사대상 기관 및 그 기관에 속한 자의 제반 업무와 활동 등을 조사·점검·확인·분석·검 증하고 제68조의 규정에 의하여 그 결과를 처리하는 행위(이하 "자치감사"라 한다)를 수행하 기 위하여 도지사 소속하에 감사위원회를 두되, 그 직무에 있어서는 독립된 지위를 가지도록 하고 있고, 「제주특별자치도 감사위원회 구성 및 운영에 관한 조례」 제13조 제1항에 따르면, 감사대상 기관으로 "제주자치도 본청과 소속 행정기관"을 규정하고 있으며, 「제주특별자치 도 행정기구 설치 조례」 제80조에는 제주특별자치도법과 유사하게 규정하여 감사대상 기관을 나열하고 있지 아니하고, 같은 조례 시행규칙 제96조의3 제4항 제4호에 따르면, 감사위원회의 감사대상 기관으로 도의회사무처를 열거하고 있는데, 과연 감사위원회에서 도의회사무처에 대하여 자치감사를 실시할 수 있는지 여부가 논란이 있었다.[209]

감사위원회에서 도의회사무처에 대하여 자치감사를 실시할 수 없다는 이유는 「제주특별자치도 감사위원회 구성 및 운영에 관한 조례」 제13조 제1항에 따르면, 감사위원회의 감사대상 기관으로 "제주자치도 본청과 소속 행정기관"만을 언급하고 있어 감사대상 기관에서 도의회사무처가 빠져 있으므로 감사를 받을 수 없고, 감사를 받기 위해서는 조례를 개정하여 감사대상에 도의회사무처를 명시한 후 감사를 실시하여야 한다고 하는 것이다.

또한, 「제주특별자치도 행정기구 설치 조례 시행규칙」에 감사대상 기관으로 도의회사무처를 규정한 것은 같은 조례를 위반한 것이므로 효력이 없다는 것이다.

그러나 이러한 이유는 일면 타당한 것도 있지만, 다음과 같은 이유로 맞지 아니한다고 할 것이다.

첫째, 제주특별자치도법 제66조 제1항에 따르면, 「지방자치법」 제171조(「지방교육자치에 관한 법률」 제3조에 따라 준용되는 경우를 포함한다), 「지방공무원법」 제81조에 불구하고[210] 감사대상 기관 및 그 기관에 속한 자의 제반 업무와 활동 등을 조사·점검·확인·분석·검증하고 제68조의 규정에 의하여 그 결과를 처리하는 행위를 수행하기 위하여 도지사 소속하에 감사위원회를 둔다고 하였으므로, 「지방자치법」 제171조에 따라 행정안전부장관이 도의회사무처에 감사를 실시할 수 있었다면, 감사대상 기관이 명시적으로 나와 있지는 않지만 도의회사무처에 대하여 감사를 실시할 수 있다고 보아야 한다.

둘째, 제주특별자치도에 감사위원회를 두도록 한 취지가 지방자치단체에 대한 감사가 국회, 감사원, 행정자치부(정부합동) 등 중앙행정기관, 도의회, 내부감사기관, 주민감사청구 등으로 다양하게 이루어지고 있고, 그 밖에도 평가·지도 등이 행해지고 있어 지방자치단체로서는 감사로 인한 업무부담과 감사 등의 중복으로 인한 비효율성이 발생하고 있는데, 제주특별자치도 설치 취지를 고려하여 국무총리와 제주특별자치도 간 운영성과평가에 관한 협약을 체결하여 그 성과평가결과에 따라 제주특별자치도의 운영방향을 결정

---

209) 도의회사무처에 대한 감사는 1994년 감사원감사 이후 '사각지대'로 방치되어 오다가 2007년에 감사위원회에서 감사를 13년 만에 처음으로 하였다.

210) 이러한 방식으로 표현하다 보니, 종전의 행정안전부장관과 교육과학기술부장관이 실시하던 감사만을 할 수 있고, 종전의 도감사관실에서 실시하던 감사는 할 수 없는 것처럼 오해의 소지를 제공하고 있으므로, 입법취지를 살려 「지방자치법」상 합의제행정기관으로서, 종전의 행정안전부장관과 교육과학기술부장관이 실시하던 감사뿐만이 아니라 도지사가 실시하던 감사업무도 수행하도록 명확히 규정할 필요성도 있다고 할 것이다.

하는 대신 중앙행정기관의 감사를 배제하고 독립적이고 중립적인 감사위원회를 설치할 필요가 있었던 것이기 때문에 도의회사무처를 감사하는 기관이 없다면 이치에 맞지 않게 되므로 입법취지에 따라 당연히 감사위원회에서 도의회사무처를 감사할 수 있는 것이다.

셋째, 「제주특별자치도 감사위원회 구성 및 운영에 관한 조례」 제13조 제1항에 도의회 사무처가 감사대상 기관으로 나와 있지 않다고 주장하면서 감사를 거부한다고 하나, 감사 위원회의 업무에 대해서는 「제주특별자치도 감사위원회 구성 및 운영에 관한 조례」에 규정되어야 할 것이 아니라, 감사위원회는 행정기구이므로 그 사무분장에 관한 것은 오히려 「제주특별자치도 행정기구 설치 조례」 및 같은 조례 시행규칙에 규정되어야 할 것인데, 「제주특별자치도 행정기구 설치 조례」 제67조에서는 제주특별자치도법과 같이 규정하고, 같은 조례 시행규칙에서 명시적으로 도의회사무처를 감사대상 기관으로 한 것이므로 문제는 없다고 볼 수 있다.[211]

참고로, 제주특별자치도법 제67조 제1항에서 감사위원회는 자치감사를 체계적·효과적으로 수행하기 위하여 그 감사를 수행하기 전에 자치감사의 목적·대상·기관 및 범위 등 도조례가 정하는 사항을 포함한 자치감사계획을 수립하여야 한다고 하고 있으므로, 감사대상 기관을 도조례로 정하라는 의미로 해석하고 「제주특별자치도 감사위원회 구성 및 운영에 관한 조례」에 감사대상 기관을 정하여야 한다고 주장하는 견해도 있으나, 여기에서 말하고 있는 "감사대상 기관"은 감사위원회가 감사할 수 있는 대상을 의미하는 것이 아니라 감사위원회에서 자치감사계획을 수립할 때 어느 기관을 감사할 것인지 명백히 자치감사계획에 포함시켜야 한다는 것에 지나지 아니한다 할 것이므로 타당하지 아니한 주장이라 할 것이다.[212]

넷째, 「제주특별자치도 감사위원회 구성 및 운영에 관한 조례」 제13조 제1항에 따르면, 감사위원회의 감사대상 기관으로 "제주자치도 본청과 소속 행정기관"을 언급하고 있어 감사대상 기관에서 도의회사무처는 빠져 있다고 주장하나, 여기에서 말하는 "소속 행정 기관"은 「지방자치법」 제6장 제3절의 소속 행정기관(직속기관, 사업소, 출장소, 합의제행정기관)만을 의미하는 것이 아니라 일반적으로 도에 소속되거나 관련된 행정기관을 의미한다고 보아야 할 것이다. 만약, 「지방자치법」 제6장 제3절의 소속 행정기관으로 한정한

---

211) 추후, 감사대상 기관에 대한 논란의 여지를 없애기 위하여 조례를 개정할 때에도 「제주특별자치도 감사위원회 구성 및 운영에 관한 조례」가 아니라 「제주특별자치도 행정기구 설치 조례」를 개정하여야 할 것이다.

212) 제3차 개정(2011. 5. 23. 법률 제10701호로 개정된 것) 시 제주특별자치도법 제67조 제1항 중 "도조례가 정하는 사항"을 삭제하였다.

다면, 하부행정기관인 "행정시"에 대해서도 감사위원회의 감사를 실시하지 못한다는 결론에 도달할 것이다.

따라서 법적으로, 감사위원회에서 도의회사무처를 감사할 수 있고, 정치적으로도, 도의회사무처가 감사위원회의 감사를 받지 않는다는 것은 타당성이 없고, 도민의 지지를 얻기도 곤란하다 할 것이므로, 감사위원회에서 도의회사무처를 감사하는 것은 당연하다 할 것이다.[213][214][215]

앞으로, 이러한 문제를 없애기 위하여 조례에 명시하는 방안을 강구할 필요가 있다 할 것이다.

<제주특별자치도법>

제66조(감사위원회의 설치 및 직무 등) ① 「지방자치법」 제171조(「지방교육자치에 관한 법률」 제3조에 따라 준용되는 경우를 포함한다), 「지방공무원법」 제81조의 규정에 불구하고 감사대상 기관 및 그 기관에 속한 자의 제반업무와 활동 등을 조사·점검·확인·분석·검증하고 제68조의 규정에 의하여 그 결과를 처리하는 행위(이하 "자치감사"라 한다)를 수행하기 위하여 도지사 소속하에 감사위원회를 두되, 그 직무에 있어서는 독립된 지위를 가진다. <개정 2006.12.20, 2007.5.11>

② 제1항에 따른 감사위원회는 감사위원회의 위원장(이하 "감사위원장"이라 한다) 1인을 포함한 7인 이내의 위원으로 구성한다. <개정 2011.5.23>

③ 위원은 도조례로 정하는 자격을 갖춘 사람 중에서 도지사가 임명 또는 위촉하되, 위원 중 3명은 도의회에서, 1명은 도교육감이 각각 추천하는 사람을 위촉한다. 다만, 감사위원장은 도의회의 동의를 받아 도지사가 임명한다. <개정 2011.5.23>

④ 제주자치도 소속 공무원이 아닌 위원의 임기는 3년으로 한다. 다만, 보궐위원의 임기는 전임자의 잔여기간으로 한다. <개정 2011.5.23>

⑤ 자치감사의 구체적인 방법 및 범위, 자치감사 활동에서 일반적으로 준수되어야 할 기준 등 자치감사에 필요한 세부적인 사항은 감사위원회의 의결을 거쳐 감사위원장이 정한다. <개정 2011.5.23>

⑥ 이 법에서 규정한 사항 외에 감사위원회의 구성 및 운영 등에 필요한 사항은 도조례로 정한다. <개정 2011.5.23>

⑦ 삭제 <2011.5.23>

제67조(자치감사계획 등) ① 감사위원회는 자치감사를 체계적·효과적으로 수행하기 위하여 그 감사를 수행하기 전에 자치감사의 목적·대상·기관 및 범위를 포함한 자치감사계획을 수립하여야 한다. 다만, 자치감사계획의 변경이 필요한 경우에는 자치감사 실시 중에도 자치감사계획을 변경할 수 있다.

제71조(감사 등에 관한 특례) ① 중앙행정기관의 장은 제주자치도에 대해서는 그 행정전반 또는 특정한 정책·사업·업무 및 예산 등에 대한 감사를 실시할 수 없다. 다만, 국회의 국정감사, 감사원감사 및 「지방자치법」 제16조에 따른 주민감사청구사항의 경우에는 그러하지 아니하다.

② 중앙행정기관의 장은 국가사무 및 국가의 보조를 받은 사업에 대한 감사가 필요하다고 인정하는 경우에는 그에 대한 감사를 제66조의 규정에 의한 감사위원회에 의뢰하여야 한다.

③ 제2항의 규정에 의하여 의뢰를 받은 감사위원회는 특별한 사유가 없는 한 그에 관하여 감사를 실시하여야 한다.

④ 감사위원회는 제3항의 규정에 의한 감사결과를 감사원, 제2항의 규정에 의하여 의뢰를 한 중앙행정기관의 장, 도지사 및 감사대상 기관에 통보하여야 한다.

---

213) 제주특별자치도 감사위원회에서는 2007년 7월 9일부터 13일까지 5일간 도의회사무처에 대한 종합감사를 실시하였다.

214) 감사위원회의 독립성 문제가 관련되겠지만, 감사위원회의 도의회사무처 감사 문제는 감사위원회 소속을 도의회 소속으로 이관하는 문제와 연관되어 있다고 판단된다.

215) 제주특별자치도의회 사무처에 대하여 감사대상기관으로 하되, 합목적 감사를 제외하도록 한 조례안에 대하여 대법원(2009추176 판결)에서 무효확인이 된 바 있다.

⑤ 중앙행정기관의 장은 제4항의 규정에 의하여 통보받은 감사결과가 미흡하다고 판단되는 경우에는 감사위원회에 재감사를 의뢰할 수 있다. 이 경우 감사위원회는 특별한 사정이 없는 한 60일 이내에 재감사를 실시하고 그 결과를 해당 중앙행정기관의 장, 도지사 및 감사대상 기관에 통보하여야 한다.

⑥ 감사위원회는 제5항의 규정에 의한 재감사를 실시하는 경우 중앙행정기관의 장이 추천하는 감사담당공무원을 재감사에 참여시켜야 한다.

<지방교육자치에 관한 법률>

제3조(「지방자치법」과의 관계) 지방자치단체의 교육·학예에 관한 사무를 관장하는 기관의 설치와 그 조직 및 운영 등에 관하여 이 법에서 규정한 사항을 제외하고는 그 성질에 반하지 않는 한 「지방자치법」의 관련 규정을 준용한다. 이 경우 "지방자치단체의 장" 또는 "시·도지사"는 "교육감"으로, "지방자치단체의 사무"는 "지방자치단체의 교육·학예에 관한 사무"로, "자치사무"는 "교육·학예에 관한 자치사무"로, "행정안전부장관"·"주무부장관" 및 "중앙행정기관의 장"은 "교육과학기술부장관"으로 본다.

<지방공무원법>

제81조(지방자치단체의 인사행정에 관한 지도·감독) 교육과학기술부장관 또는 행정안전부장관은 시·도의 인사행정이 이 법에 따라 운영되도록 지도·감독하고, 시·도지사는 해당 시·도의 관할 구역 시·군·구의 인사행정이 이 법에 따라 운영되도록 지도·감독한다.

<제주특별자치도 감사위원회 구성 및 운영에 관한 조례>

제13조(자치감사의 대상 및 기관) ① 자치감사의 대상은 제주특별자치도(이하 "제주자치도"라 한다)의 사무와 그에 소속한 공무원의 직무 및 도지사의 감독을 받는 기관의 사무와 그에 소속한 직원의 직무로서 다음 각 호의 어느 하나에 해당하는 기관을 말한다.

1. 제주자치도 본청과 소속 행정기관
2. 도지사의 감독을 받는 지방공기업·단체·법인 및 조합
3. 제주자치도 교육청과 소속 교육기관 및 교육행정기관
4. 법 제140조 및 제141조에 의하여 이관되는 특별지방행정기관
5. 법 제71조에 의하여 감사위원회에 감사 의뢰된 기관

② 감사위원회는 제1항 제1호 내지 제3호의 소속기관 및 도지사의 감독을 받는 지방공기업·단체·법인 및 조합에 대하여 다른 법령에 의하여 지도·감독·조사 등의 권한 및 이와 유사한 권한을 가지는 기관이 있는 경우에는 감사위원회 규정이 정하는 바에 따라 그 기관에 감사사무를 대행하게 하고 그 결과를 제출하게 할 수 있다.

<제주특별자치도 행정기구 설치 조례>

제67조(감사위원회) ① 특별법 제66조에 따라 제주자치도 감사대상 기관 및 그 기관에 속한 자의 모든 업무와 활동 등을 조사·점검·확인·분석·검증하고 그 결과를 처리하는 행위를 수행하기 위해 도지사 소속하에 제주특별자치도감사위원회(이하 "감사위원회"라 한다)를 둔다.

② 감사위원회는 다음 각 호의 사무를 분장한다.

1. 감사위원회의 감사정책 및 주요감사계획에 관한 사항
2. 주민감사청구에 관한 사항
3. 변상책임 명령의 요구에 관한 사항
4. 징계 및 문책처분의 요구에 관한 사항
5. 시정등의 요구, 개선요구 및 권고 등에 관한 사항
6. 변상명령의 재심의에 관한 사항
7. 심사청구결정에 관한 사항
8. 감사위원회 규정 제정 및 개폐에 관한 사항
9. 감사위원회의 예산요구 및 결산에 관한 사항
10. 감사의 생략에 관한 사항
11. 감사사무의 대행에 관한 사항
12. 그 밖에 위원장이 부의한 사항

③ 감사위원회의 업무를 지원하기 위하여 사무국을 두고, 사무국장은 위원장의 지휘를 받아 사무국의 사무를 처리하며, 소속직원을 지휘·감독한다.

<제주특별자치도 행정기구 설치 조례 시행규칙>

제94조(사무국) ① 제주특별자치도감사위원회(이하 "감사위원회"라 한다)에 사무국을 두며, 사무국장은 지방부이사관으로 보한다.

② 사무국에 감사과와 조사과를 둔다.

③ 감사과장과 조사과장은 지방서기관으로 보한다.

④ 감사과장은 다음 사무를 분장한다.

1. 감사위원회 사무국 소관 업무의 종합 기획 조정
2. 감사위원회의 의안 작성 등 감사위원회 운영
3. 자치감사계획의 수립 및 조정
4. 본청·의회사무처·소속기관·제주특별자치도지방노동위원회 및 하부행정기관에 대한 감사
5. 제주특별자치도교육청 및 그 소속 교육기관과 교육행정기관에 대한 감사
6. 지방공사 출자·출연기관 등에 대한 감사
7. 중앙행정기관의 장이 의뢰하는 사항에 대한 감사
8. 일상감사 계획 수립 및 실시
9. 공무원 실수인정과 관용처리
10. 주민감사청구제 운영 지원
11. 감사원 감사 지원에 관한 사항
12. 감사제도 운영
13. 감사결과 경영평가 및 경영진단
14. 자치감사처분 이의신청 처리
15. 감사결과 공개
16. 그 밖에 국내 다른 과 업무에 속하지 아니하는 사무

4. 감사위원회에서 재산등록 등의 업무를 수행할 수 있는가?

종전의 도감사관실은 「제주도 행정기구 설치 조례」에 따라 감사 외의 업무(재산등록, 선물신고, 취업제한, 공무원행동강령 등)도 수행하고 있었으나, 감사위원회가 제주특별자치도법 제66조에 따라 설치되고, 제주특별자치도법에 설치목적이 별도로 나와 있으므로 감사 외의 업무를 수행할 수 있는지에 대하여 논란이 있었다.

감사위원회에서 감사 외의 업무(재산등록, 선물신고, 취업제한, 공무원행동강령 등)를 수행할 수 있는지 여부에 대하여 논란이 발생하게 된 원인은 제주특별자치도법 제66조 제1항에서 "「지방자치법」 제171조(「지방교육자치에 관한 법률」 제3조에 따라 준용되는 경우를 포함한다), 「지방공무원법」 제81조의 규정에 불구하고" 감사위원회를 설치하도록 함에 따라, 종전의 행정안전부장관과 교육과학기술부장관이 실시하던 감사만을 할 수 있고, 종전의 도감사관실에서 수행하던 업무에 대하여 할 수 있다는 명확한 규정이 없기 때문에 발생하는 문제라고 할 수 있을 것이다.

감사위원회에서 감사 외의 업무도 수행할 수 있다는 이유는 제주특별자치도에는 도감

사관실이 없기 때문에 감사위원회가 종전의 도감사관실의 역할을 수행하여야 하므로 수행할 수 있다거나, 재산등록 등의 업무도 감사업무의 일환이기 때문이라고 한다.

그러나 다음과 같은 이유로 감사 이외의 업무를 감사위원회에서 수행하는 것에 대하여 문제가 있다고 판단된다.

첫째는, 제주특별자치도에 감사위원회를 두도록 한 취지는 "지방자치단체에 대한 감사가 국회, 감사원, 행정자치부(정부합동) 등 중앙행정기관, 도의회, 내부감사기관, 주민감사청구 등으로 다양하게 이루어지고 있고, 그 밖에도 평가·지도 등이 행해지고 있어 지방자치단체로서는 감사로 인한 업무부담과 감사 등의 중복으로 인한 비효율성이 발생하고 있는바, 특별자치도 설치 취지를 고려하여 국무총리와 제주특별자치도 간 운영성과평가에 관한 협약을 체결하여 그 성과평가결과에 따라 제주특별자치도의 운영방향을 결정하는 대신 중앙행정기관의 감사를 배제하고 독립적이고 중립적인 감사위원회를 설치할 필요가 있었던 것"이라고 하고 있다. 따라서 자치감사와 국정감사[216]와 감사원감사를 제외한 모든 중앙행정기관의 감사에 대하여 할 수 있도록 도지사 소속하에 감사위원회를 설치한 것이므로 감사 이외의 업무를 감사위원회에서 수행하는 것은 감사위원회 설치 목적 또는 역할(기능)을 규정한 제주특별자치도법 제66조 및 제71조에 맞지 아니한다 할 것이다.

둘째는, 종전에 도감사관실에서 수행한 재산등록, 선물신고, 취업제한, 공무원행동강령 등의 업무는 감사와 유사한 업무인지는 몰라도 감사업무는 아니므로(만약 감사업무라면 감사와 별도로 이러한 업무는 나열하지 아니하여도 될 것이나, 대부분은 별도로 나열하고 있음), 감사 외의 업무를 감사위원회에서 수행할 수 없다 할 것이다.

셋째는, 만약 도지사 소속인 감사위원회가 법률에서 정한 업무 이외에 다른 업무를 수행할 수 있다고 한다면, 제주특별자치도노동위원회도 제주특별자치도법 및 「노동위원회법」에 열거된 업무 외에도 수행할 수 있다는 것으로 해석되게 되는데, 법률에서 정한 업무 외에 조례에서 업무를 추가하여 수행하도록 하는 것은 맞지 아니하다 할 것이다.

넷째는, 감사위원회는 그 직무에 있어서는 독립된 지위를 가지는데 감사위원회에서 하는 감사를 포함한 모든 업무가 독립인지 아니면 감사만 독립인지 집행상 혼동이 발생하여 감사위원회의 독립성이 훼손될 소지가 많다 할 것이다.

---

216) 국회의 국정감사에 대하여는 규정되어 있으나, 국정조사에 대하여는 규정이 없어 문제가 될 수 있으나, 국정조사는 국정감사와 유사한 점이 있으므로 국정감사와 같이 취급하여야 할 것이어서 명시하는 것이 바람직하다고 할 것이다. 참고로, 대법원 판결(대법원 2009추176 판결)에서는 국정조사도 포함된 것으로 해석하고 있다.

결국,「제주특별자치도 행정기구 설치 조례 시행규칙」에서 감사위원회가 감사업무 외의 업무에 대하여 수행할 수 없도록 명시[217]하였으나, 앞으로, 감사업무 외의 업무에 대하여 진정 누가 맡아 수행하는 것이 합리적인지에 대하여 검토하여 볼 필요가 있다 할 것이다.

<제주특별자치도법>

제66조(감사위원회의 설치 및 직무 등) ①「지방자치법」제171조(「지방교육자치에 관한 법률」제3조에 따라 준용되는 경우를 포함한다),「지방공무원법」제81조의 규정에 불구하고 감사대상 기관 및 그 기관에 속한 자의 제반업무와 활동 등을 조사·점검·확인·분석·검증하고 제68조의 규정에 의하여 그 결과를 처리하는 행위(이하 "자치감사"라 한다)를 수행하기 위하여 도지사 소속하에 감사위원회를 두되, 그 직무에 있어서는 독립된 지위를 가진다. <개정 2006.12.20, 2007.5.11>

② 제1항에 따른 감사위원회는 감사위원회의 위원장(이하 "감사위원장"이라 한다) 1인을 포함한 7인 이내의 위원으로 구성한다. <개정 2011.5.23>

③ 위원은 도조례로 정하는 자격을 갖춘 사람 중에서 도지사가 임명 또는 위촉하되, 위원 중 3명은 도의회에서, 1명은 도교육감이 각각 추천하는 사람을 위촉한다. 다만, 감사위원장은 도의회의 동의를 받아 도지사가 임명한다. <개정 2011.5.23>

④ 제주자치도 소속 공무원이 아닌 위원의 임기는 3년으로 한다. 다만, 보궐위원의 임기는 전임자의 잔여기간으로 한다. <개정 2011.5.23>

⑤ 자치감사의 구체적인 방법 및 범위, 자치감사 활동에서 일반적으로 준수되어야 할 기준 등 자치감사에 필요한 세부적인 사항은 감사위원회의 의결을 거쳐 감사위원장이 정한다. <개정 2011.5.23>

⑥ 이 법에서 규정한 사항 외에 감사위원회의 구성 및 운영 등에 필요한 사항은 도조례로 정한다. <개정 2011.5.23>

⑦ 삭제 <2011.5.23>

제71조(감사 등에 관한 특례) ① 중앙행정기관의 장은 제주자치도에 대해서는 그 행정전반 또는 특정한 정책·사업·업무 및 예산 등에 대한 감사를 실시할 수 없다. 다만, 국회의 국정감사, 감사원감사 및「지방자치법」제16조에 따른 주민감사청구사항의 경우에는 그러하지 아니하다.

② 중앙행정기관의 장은 국가사무 및 국가의 보조를 받은 사업에 대한 감사가 필요하다고 인정하는 경우에는 그에 대한 감사를 제66조의 규정에 의한 감사위원회에 의뢰하여야 한다.

<제주특별자치도 행정기구설치 조례>

제67조(감사위원회) ① 특별법 제66조에 따라 제주자치도 감사대상 기관 및 그 기관에 속한 자의 모든 업무와 활동 등을 조사·점검·확인·분석·검증하고 그 결과를 처리하는 행위를 수행하기 위해 도지사 소속하에 제주특별자치도감사위원회(이하 "감사위원회"라 한다)를 둔다.

② 감사위원회는 다음 각 호의 사무를 분장한다.
1. 감사위원회의 감사정책 및 주요감사계획에 관한 사항
2. 주민감사청구에 관한 사항
3. 변상책임 명령의 요구에 관한 사항
4. 징계 및 문책처분의 요구에 관한 사항
5. 시정 등의 요구, 개선요구 및 권고 등에 관한 사항
6. 변상명령의 재심의에 관한 사항
7. 심사청구결정에 관한 사항
8. 감사위원회 규정 제정 및 개폐에 관한 사항
9. 감사위원회의 예산요구 및 결산에 관한 사항
10. 감사의 생략에 관한 사항

---

217) 공직자 병역신고 및 관리, 공직자 재산등록 및 심사에 관한 사항, 공직자 선물신고 제도 운영, 공무원행동강령 운영, 청렴대책 추진에 관한 사항, 감사업무 지원(감사자료 수집, 감사지적사항 관리)에 관한 사항, 도 본청·직속기관 및 사업소 공무원의 공직기강 등 자체 감찰업무는 종전 혁신기획관실의 업무에서 현재 총무과의 업무로 되어 있다(「제주특별자치도 행정기구 설치 조례 시행규칙」제4조 제2항). 특히, 재산등록 업무가 감사위원회의 업무가 되지 못한 이유는 위에서 말한 것 외에도 감사위원회가 많은 권한을 갖는 것에 대한 정치적인 거부감도 작용한 것으로 보인다.

11. 감사사무의 대행에 관한 사항
12. 그 밖에 위원장이 부의한 사항
③ 감사위원회의 업무를 지원하기 위하여 사무국을 두고, 사무국장은 위원장의 지휘를 받아 사무국의 사무를 처리하며, 소속직원을 지휘·감독한다.
제68조(지방노동위원회) ① 특별법 제148조에 따라 도지사 소속하에 제주특별자치도지방노동위원회(이하 "지방노동위원회"라 한다)를 둔다.
② 지방노동위원회는 다음 각 호의 사무를 분장한다.
1. 노동쟁의의 조정 및 중재에 관한 사항
2. 부당해고, 부당노동행위 구제신청 등 판정에 관한 사항
3. 노동조합 임시총회 소집권자 지명 등 의결에 관한 사항
4. 근로조건 위반에 따른 손해배상 청구등에 관한 승인·인정에 관한 사항
5. 근로조건 개선권고 등 심사·중재·해석·권고·자문에 관한 사항
6. 그 밖에 노동관계법령에 따라 지방노동위원회가 처리하도록 한 사항
③ 지방노동위원회의 업무를 지원하기 위하여 사무국을 두고, 사무국장은 위원장의 지휘를 받아 사무국의 사무를 처리하며, 소속직원을 지휘·감독한다.

<공직자윤리법>
제9조(공직자윤리위원회) ① 다음 각 호의 사항을 심사·결정하기 위하여 국회·대법원·헌법재판소·중앙선거관리위원회·정부·지방자치단체 및 특별시·광역시·도·특별자치도교육청에 각각 공직자윤리위원회를 둔다.
1. 재산등록사항의 심사와 그 결과의 처리
2. 제8조 제12항 후단에 따른 승인
3. 제17조 제1항 단서에 따른 취업승인
4. 그 밖에 이 법 또는 다른 법령에 따라 공직자윤리위원회의 권한으로 정한 사항
② 각 공직자윤리위원회의 관할 사항은 다음과 같다.
5. 특별시·광역시·도·특별자치도 공직자윤리위원회: 특별시·광역시·도·특별자치도 소속 4급 이하 공무원, 관할 공직유관단체의 임직원, 특별시·광역시·도·특별자치도의회 소속 4급 이하 공무원, 시·군·구의회의원, 시·군·구의 4급 공무원과 그 퇴직자에 관한 사항
③ 공직자윤리위원회는 위원장과 부위원장 각 1명을 포함한 9명으로 구성하되, 위원장을 포함한 5명은 법관, 교육자, 학식과 덕망이 있는 사람 또는 시민단체(「비영리민간단체 지원법」 제2조에 따른 비영리민간단체를 말한다. 이하 같다)에서 추천한 사람 중에서 선임하여야 한다. 다만, 시·군·구 공직자윤리위원회는 위원장과 부위원장 각 1명을 포함한 5명으로 구성하되, 위원장을 포함한 3명은 법관, 교육자, 학식과 덕망이 있는 사람 또는 시민단체에서 추천한 사람 중에서 선임하여야 한다.
④ 공직자윤리위원회위원의 임기, 선임 및 심사절차, 그 밖에 필요한 사항은 다음 각 호의 구분에 따라 정한다.
6. 특별시·광역시·도·특별자치도 공직자윤리위원회 및 시·군·구 공직자윤리위원회와 특별시·광역시·도·특별자치도교육청 공직자윤리위원회: 해당 지방자치단체의 조례
⑤ 공직자윤리위원회는 이 법과 제4항 각 호에 규정된 규칙, 대통령령 또는 조례의 범위에서 그 운영에 관한 규정을 제정할 수 있다.

5. 감사위원회 위원장이 간부회의를 참석하여서는 안 되는가?

제주특별자치도법 제66조 제1항에 따르면, 「지방자치법」 제171조(「지방교육자치에 관한 법률」 제3조에 따라 준용되는 경우를 포함한다), 「지방공무원법」 제81조의 규정에 불구하고 감사대상 기관 및 그 기관에 속한 자의 제반 업무와 활동 등 자치감사를 수행하기 위하여 도지사 소속하에 감사위원회를 두되, 그 직무에 있어서는 독립된 지위[218]를 가지

도록 하고 있다. 즉, 감사위원회는 그 직무에 있어서는 독립된 지위를 가지므로, 도지사 및 지방의회에 대해서도 독립된 지위를 가진다.

또한, 감사위원회는 도지사가 임명 또는 위촉하는 위원장 1명을 포함한 7명 이내의 위원으로 구성되는데, 위원 중 3명은 도의회에서 추천한 사람으로, 1명은 도교육감이 추천한 사람으로[219] 구성하도록 하여 감사위원회의 독립성과 아울러 정치적 중립성과 대표성을 동시에 갖도록 노력하였다.

한편, 감사위원회 위원장이 도간부회의에 참석하여야 하는지에 대해서는 감사위원회 출범 당시 잠시 거론되다가 도의회로부터 독립성 문제 제기 등으로 수면 아래로 가라앉았던 사안이나, 언제든지 다시 문제가 될 것이라고 판단된다.

감사위원회 위원장이 도간부회의에 참석하여야 한다고 주장하는 자들은 감사위원회의 독립성을 존중하여야 하지만, 감사위원회의 기능이 도정에 대한 견제와 비판 및 도정 방향을 제시하는 것이므로, 도간부회의에 감사위원회 위원장이 참석할 필요가 있다고 한다.[220]

그러나 다른 한편에서는 제주특별자치도법에 감사위원회가 '자치감사' 수행을 위해 도지사 소속하에 두되 그 직무에 있어서는 독립된 지위를 갖는 합의제 행정기관이라고 명시돼 있어 도간부회의 참석이 독립성을 훼손할 우려가 있으므로 도간부회의 참석이 바람직하지 않다고 주장한다.

감사위원회 위원장이 도간부회의에 참석하여야 하는지 여부는 법적인 문제라기보다는 감사위원회의 직무의 독립성을 어떻게 하는 것이 더 잘 보장하는가에 대한 문제이고, 감사위원회 위원장의 간부회의 참석 여부에 대하여 일장일단이 있을 수 있는 문제라고 할 것이다.

결국, 현재는 이러한 논의를 한다는 것만으로도 감사위원회의 독립성을 해치는 것으로 비춰질 수밖에 없을 것이므로, 추후 정말로 도간부회의 참석이 감사위원회의 독립성을 보장할 수 없는가를 진지하게 검토하여야 하고, 도감사위원회, 도의회 간에 합리적인 해결점을 찾아야 할 것이다.

한편, 도간부회의에 감사위원회에서 참석할 필요가 있으나, 감사위원회 위원장이 참석

---

218) 종전에 지방자치단체 감사관실의 제일 큰 문제 중의 하나가 지방자치단체장으로부터의 독립성이었는데, 제주특별자치도에서 제일 먼저 법률에 이를 규정한 의의가 있다고 할 것이나, 직무(감사)에 있어 독립성을 갖는 것임에도 불구하고 일부에서는 감사위원회가 하는 모든 일에 대하여 독립성을 갖고 있는 것으로 생각하는 경향이 있다.

219) 도교육감에게 감사위원 추천권이 없어 발생하는 형평성 문제를 해소하고, 감사위원 구성 시 교육전문가의 참여 기회를 확대시켜 감사위원회의 전문성을 강화하려고 제3차 개정(2011. 5. 23. 법률 제10701호로 개정된 것) 시 추가되었다.

220) 2007. 7. 16. 제민일보 참조.

하는 것이 정치적으로 부담스럽다면, 감사위원회 사무국장이나 감사(조사)팀장이 참석하게 하는 방법이나 다른 실·과와는 달리 보고를 하지 않도록 하는 등 차선책을 강구할 수 있을 것이다.

참고로, 도간부회의와 꼭 같지는 않지만, 정부에서는 국무회의[221]와 차관회의에 감사원에서 배석하고 있는데, 국무회의는 감사원장이 아닌 감사원 사무총장(차관급)이, 차관회의는 감사원 제1사무차장(1급)이 배석하고 있다.

6. 감사위원회 소속을 어디로 하여야 하는가?

감사원이 정치적 이슈를 감사할 때마다 객관성과 신뢰성 문제를 제기하면서 정치계 일각에서는 현재 대통령 소속으로 되어 있는 감사원을 국회로 이관[222]하여야 한다는 주장이 나오고, 이 문제는 총선이나 대선 이슈로도 될 가능성이 많다.

현재 제주특별자치도의 감사원 격인 감사위원회에 대해서도 도지사 소속에서 도의회 소속으로 이관하여야 되지 않느냐는 논란[223]이 있다. 다만, 감사원 이관과 다른 점은 감사원은 정치적 이슈를 감사한 후 객관성과 신뢰성 문제가 불거져 나오면서 이관 문제가 제기되는 데 반하여, 감사위원회는 이러한 사항보다는 이론적, 심정적[224] 관점에서 이 문제를 다루고 있는 것으로 보이는 점이다.

현재의 감사위원회는 제주특별자치도법 제66조에 따라 도지사 소속의 합의제 행정기관이면서 직무에 있어서는 독립성을 갖는 기관[225]인데, 감사위원회를 도지사 소속으로 하는 경우에는 감사위원회 위원장을 도지사가 임명하는 등 감사위원회의 독립성이 저해

---

221) 〈국무회의 규정〉 제8조(배석 등) ① 국무회의에는 대통령실장·국무총리실장·법제처장·국정홍보처장·국가보훈처장·공정거래위원회 위원장·금융위원회 위원장 및 서울특별시장이 배석한다. 다만, 의장이 필요하다고 인정하는 경우에는 중요직위에 있는 공무원을 배석하게 할 수 있다.

222) 주로 감사원의 회계검사 기능의 이관을 말하며, 감사원의 또 하나의 기능인 직무감찰에 대해서는 별로 이야기하지 아니하고 있으나, 어쨌든 감사원의 소속 이관은 헌법의 개정 문제이다.

223) 지방자치단체 감사부서의 독립성을 확보하는 가장 확실한 방법은 중앙의 감사원과 같이 감사기구를 지방의회와 집행기관으로부터 완전히 독립된 기구로 설치하는 것이지만, 현실성이 낮은 방법으로 판단된다.

224) "심정적"이라고 표현한 것은 제주특별자치도지사의 막강한 권한에 비하여 상대적으로 열악한 제주특별자치도의회에 힘을 실어 줄 것으로 믿는 듯하기 때문이다.

225) 2005년 10월 18일 국회에 제출되어 계류 중인 「공공기관의 감사에 관한 법률안」에서도 중앙행정기관과 지방자치단체에는 관계 법령 또는 자치법규가 정하는 바에 따라 감사기구를 두되, 지방자치단체는 그 지방자치단체의 조례가 정하는 바에 따라 감사기구를 합의제감사기구로 할 수 있도록 하고 있고(안 제4조), 감사기구의 장은 감사업무를 전담하여 수행하고, 중앙행정기관 및 지방자치단체의 감사기구의 장은 기관장의 직속으로 두도록 하며, 기관장은 감사업무의 독립성을 보장하도록 하고 있다(안 제5조 및 제6조).

될 우려가 있는 약점이 있다. 물론, 내부 감사업무의 특성상 견제·감시 기능을 제대로 수행하기 위해서는 기관장으로부터의 독립이 어느 정도 보장될 필요가 있으므로 감사위원회 위원장을 임명할 때 도의회의 동의를 얻도록 하고, 위원 중 3인은 도의회에서 추천한 사람으로, 1명은 도교육감이 추천하는 사람으로 위촉하도록 하는 견제 장치를 두고 있다.

감사위원회의 소속을 도지사로 한 점은 권력분립의 원칙을 간과한 제도라고 하면서 도의회의 소속으로 규정하여 감사위원회의 독립성을 더욱 제고하는 것이 이상적인 형태라고 주장[226]을 하기도 한다.

감사위원회를 도의회 소속으로 하는 경우, 집행기관인 도로부터 독립성을 보장할 수 있는 장점이 있지만, 도의회의 감사 및 조사기능이 다소 약화될 수 있고, 도의회 통제가 약화될 수 있으며, 정파적 이익에 따라 좌우될 수 있는 단점도 있다.

결국, 감사위원회가 도지사 소속이나 도의회 소속으로 있을 때에는 각각의 장단점이 있을 수밖에 없고, 현재 감사위원회 소속을 도지사에서 도의회로 이관하는 경우[227]에는 도감사관실 신설 문제, 감사위원회의 직무감찰 기능도 도의회로 이관할 수 있느냐는 문제, 해외 사례 등을 검토한 후 결정하여야 할 것이다.

그러나 현재 감사위원회의 독립성을 저해할 만한 사유가 없어 감사위원회 소속 문제에 대하여 심각히 거론할 시기가 아니고, 출범한 지 몇 년밖에 되지 아니하였음에도 불구하고 소속 문제를 언급하는 것은 바람직하지 못하다고 생각하며, 어떻게 하면 감사위원회의 독립성과 전문성을 확보해 줄 수 있을 것인지 진지하게 중지를 모아야 하는 시점이라고 생각한다.

참고로, 영국에서는 중앙의 감사기구와 별개로 독립된 지방감사기구가 조직되어 여러 지방자치단체를 관할하는 지방감사위원회가 일괄해서 감사를 실시하는 방식을 택하고 있고, 미국은 각 지방정부가 회계사, 변호사 등을 활용해서 개별적으로 감사를 실시하는 방식을 취하고 있다. 프랑스의 경우는 국가감사원이 지방감사원과 매년 감사사항에 대해서 사전 협의하고, 지방감사원의 자율성을 저해하지 않는 범위 내에서 국가감사원이 함께 개선책을 검토하는 방식을 택하고 있다. 일본에서는 '감사위원'을 설치하여 행정조직상 지방자치단체장의 지휘 감독에서 벗어난 독립성과 위원 단독으로 직무를 수행할 수 있는 독임성을 핵심으로 한다. 그러나 감사위원제도의 시행에도 불구하고 지방자치행정의 일

---

226) 김순은, 제주특별자치도의 법적 지위와 향후 전망. 2007 국회법제실, 제주특별자치도 공동토론회, 37쪽.
227) 제주특별자치도법 제66조, 제68조 등을 개정하여야 한다.

선에서 공무원의 부정과 비리에 충분히 대처할 수 없게 되자, 일본은 1998년부터 지방자치단체의 조직에 속하지 않고 신분도 지방자치단체의 직원이 아닌 외부의 전문가에 의한 감사를 내용으로 하는 '외부감사제도'라는 감사체제를 도입하였다고 한다.[228]

> **<제주특별자치도법>**
> 제66조(감사위원회의 설치 및 직무 등) ① 「지방자치법」 제171조(「지방교육자치에 관한 법률」 제3조에 따라 준용되는 경우를 포함한다), 「지방공무원법」 제81조의 규정에 불구하고 감사대상 기관 및 그 기관에 속한 자의 제반업무와 활동 등을 조사·점검·확인·분석·검증하고 제68조의 규정에 의하여 그 결과를 처리하는 행위(이하 "자치감사"라 한다)를 수행하기 위하여 도지사 소속하에 감사위원회를 두되, 그 직무에 있어서는 독립된 지위를 가진다. <개정 2006.12.20, 2007.5.11>
> ② 제1항에 따른 감사위원회는 감사위원회의 위원장(이하 "감사위원장"이라 한다) 1인을 포함한 7인 이내의 위원으로 구성한다. <개정 2011.5.23>
> ③ 위원은 도조례로 정하는 자격을 갖춘 사람 중에서 도지사가 임명 또는 위촉하되, 위원 중 3명은 도의회에서, 1명은 도교육감이 각각 추천하는 사람을 위촉한다. 다만, 감사위원장은 도의회의 동의를 받아 도지사가 임명한다. <개정 2011.5.23>
> ④ 제주자치도 소속 공무원이 아닌 위원의 임기는 3년으로 한다. 다만, 보궐위원의 임기는 전임자의 잔여기간으로 한다. <개정 2011.5.23>
> ⑤ 자치감사의 구체적인 방법 및 범위, 자치감사 활동에서 일반적으로 준수되어야 할 기준 등 자치감사에 필요한 세부적인 사항은 감사위원회의 의결을 거쳐 감사위원장이 정한다. <개정 2011.5.23>
> ⑥ 이 법에서 규정한 사항 외에 감사위원회의 구성 및 운영 등에 필요한 사항은 도조례로 정한다. <개정 2011.5.23>
> ⑦ 삭제 <2011.5.23>

7. 주민감사청구에 대한 감사를 누가 하여야 하는가?

「지방자치법」 제16조[229]에 따르면, 지방자치단체의 19세 이상의 주민은 시·도는 500명, 제175조에 따른 인구 50만 이상 대도시는 300명, 그 밖의 시·군 및 자치구는 200명을 넘지 아니하는 범위에서 그 지방자치단체의 조례로 정하는 19세 이상의 주민 수 이상의 연서(連署)로, 시·도에서는 주무부장관에게, 시·군 및 자치구에서는 시·도지사에게 그 지방자치단체와 그 장의 권한에 속하는 사무의 처리가 법령에 위반되거나 공익을 현저히 해친다고 인정되면 감사를 청구할 수 있도록 되어 있는데, 다른 시·도에서는 주민감사청구가 들어오는 경우 「지방자치법」 제16조에 따라 주무부장관이 당연히 감사를 실시하여야 하겠지만, 제주특별자치도의 경우에는 감사위원회가 설치되어 있어서 감사위원회에서

---

228) 최봉석, 감사의 법리에 따른 제주특별자치도 감사체계의 진단, 제주특별자치도법 시행 1주년의 경험과 과제 국제학술대회, 2007, 277-278쪽.

229) 주민감사청구제도는 주민참여방식의 하나로 2005. 1. 27. 지방자치법 제13조의4에서 도입하였고, 2006. 1. 11. 개정으로 감사청구를 할 수 있는 대상을 19세 이상의 주민으로 하였으며, 2007. 5. 11. 전부개정으로 지방자치법 제16조가 되었다.

하여야 하는지 아니면 주무부장관이 감사를 하여야 하는지 여부가 문제되었다.

주민감사청구에 대하여 누가 감사를 하여야 하는지 견해는 크게 감사위원회 권한설, 주무부장관 의뢰(위임)설, 주무부장관 권한설로 나누어 볼 수 있다. 그 견해를 표로 나타내면, 다음과 같다.

〈표 14〉 감사위원회 권한설, 주무부장관 의뢰(위임)설, 주무부장관 권한설 비교

구분	감사위원회 권한설	주무부장관 의뢰(위임)설	주무부장관 권한설
내용	감사위원회가 주민감사청구에 대한 감사의 권한을 가지고 있으므로, 감사위원회에서 실시하여야 한다는 견해	주무부장관이 권한을 가지고 있으므로, 주무부장관으로부터 의뢰 내지 위임을 받아 감사위원회에서 실시하여야 한다는 견해	특별법에는 주민감사청구에 대한 규정이 없으므로 주무부장관이 권한을 가지고 있고, 주무부장관이 실시하여야 한다는 견해
근거	① 감사위원회 설치목적에 부합 －제주특별자치도에 대한 모든 감사를 국정감사와 감사원감사를 제외하고 는 감사위원회에서 감사 실시(제주특별자치도법 조문해설서) ② 제주특별자치도법 제71조 제1항에 따라 중앙행정기관의 장은 제주특별자치도에 대한 감사 불가능 ③ 제주특별자치도법 제71조 제2항에서 "국가사무와 국가의 보조를 받은 사업"은 중앙행정기관의 장이 감사위원장에게 감사 의뢰하고 있으나, 자치사무에 대해서는 언급이 없으므로 자치사무에 대한 감사를 중앙행정기관의 장이 한다면 특별법 제71조 제1항과 모순 발생	① 제주특별자치도법 제66조 제1항에 지방자치법 제16조에 대한 배제 규정이 없음. －주무부장관이 주민감사청구에 대한 감사의 권한임. ② 제주특별자치도법 제71조 제1항에 따라 중앙행정기관의 장은 제주특별자치도에 대한 감사 불가능 ③ 주민감사청구에 대한 감사를 중앙행정기관의 장도 못 하고, 감사위원회도 못 한다면 문제 발생 ※ 제주특별자치도에 대한 모든 감사를 국정감사와 감사원감사를 제외하고는 감사위원회에서 감사 실시한다고 되어 있으나, 이는 의뢰받는 것까지 포함해서 한다는 것을 의미하는 것임.	① 제주특별자치도법 제66조 제1항에 지방자치법 제16에 대한 배제 규정이 없음. ② 제주특별자치도법 제71조 제2항에서 "국가사무와 국가의 보조를 받은 사업"은 중앙행정기관의 장이 감사위원회에 감사 의뢰하고 있으나, 자치사무에 대해서는 언급이 없음. ③ 제주특별자치도법 제71조 제1항은 일반적인 감사를 언급한 것이지 주민감사청구에 따른 감사를 언급한 것은 아님.
단점	① 제주특별자치도법 제66조 제1항에 지방자치법 제16조 배제규정 없음. －주민감사청구를 포함시키려면, "「지방자치법」 제16조에도 불구하고"로 개정이 필요함.	① 자치사무에 대한 중앙행정기관의 장이 감사위원회에 의뢰 내지 위임하는 명문 규정 없음.	① 감사위원회 설치목적에 부합되지 아니함. ② 제주특별자치도법 제71조 제1항에서는 중앙행정기관의 장의 모든 감사를 의미하므로 이 규정을 위반함.

제주특별자치도에 감사위원회를 두도록 한 취지는 "지방자치단체에 대한 감사가 국회, 감사원, 행정자치부(정부합동) 등 중앙행정기관, 도의회, 내부감사기관, 주민감사청구 등으로 다양하게 이루어지고 있고, 그 밖에도 평가·지도 등이 행해지고 있어 지방자치단체로서는 감사로 인한 업무부담과 감사 등의 중복으로 인한 비효율성이 발생하고 있는바, 특별자치도 설치 취지를 고려하여 국무총리와 제주특별자치도 간 운영성과평가에 관한 협약을 체결하여 그 성과평가결과에 따라 제주특별자치도의 운영방향을 결정하는 대신

중앙행정기관의 감사를 배제하고 독립적이고 중립적인 감사위원회를 설치할 필요가 있었던 것"이라고 하고 있는데, 자치사무, 기관위임사무, 국가사무에 상관없이 국정감사와 감사원감사를 제외한 모든 중앙행정기관의 감사에 대하여 감사위원회에서 할 수 있도록 하는 것이므로, 주민감사청구 역시 감사의 일종이므로 감사위원회에서 할 수밖에 없다고 판단된다.

다만, 제주특별자치도법 제66조 제1항에 명시적으로 「지방자치법」 제171조만 특례를 두고 있지 같은 법 제16조에 대한 특례가 없고, 「지방자치법」 제171조의 감사주체는 행정안전부장관이고, 같은 법 제16조의 감사주체는 주무부장관이므로 감사위원회에서 주민감사청구를 할 수 없다고 주장할 수 있으나, 위에서 살펴본 바와 같이 입법상의 미비인 것으로 같은 법 제66조 제1항에서 "「지방자치법」 제16조에도 불구하고"를 추가할 필요가 있고, 같은 법 제71조 제1항에서 중앙행정기관의 장은 제주특별자치도에 대하여 감사를 할 수 없으므로, 주무부장관은 감사를 실시할 수 없다 할 것이다.

또한, 제주특별자치도법 제71조 제2항에 따르면, 중앙행정기관의 장은 "국가사무 및 국가의 보조를 받은 사업에 대한 감사"가 필요하다고 인정하는 경우에는 감사위원회에 의뢰하여야 한다고 되어 있으므로 자치사무에 대해서는 의뢰할 수 없고 중앙행정기관의 장이 직접 실시할 수 있다고 주장할 수 있으나, 제주특별자치도법 제71조 제1항에 따라 중앙행정기관의 장은 제주특별자치도에 대해서는 그 행정전반 또는 특정한 정책·사업·업무 및 예산 등에 대한 감사를 실시할 수 없도록 하고 있어 같은 법 제71조 제1항에서 자치사무가 포함되어 있는지 불투명하지만(자치사무가 포함된 것으로 생각할 수도 있고, 아니면 자치사무에 대한 것은 같은 법 제66조 제1항에서 언급된 것이고 국가사무와 기관위임사무만 언급한 것일 수도 있음) 어쨌든 중앙행정기관의 장이 하는 모든 감사를 하지 못하도록 한 것이고, 같은 법 제71조 제2항에서 "국가사무 및 국가의 보조를 받은 사업에 대한 감사"만 언급한 것은 자치사무에 대해서는 중앙행정기관의 장이 감사를 할 수 없기 때문에 빠진 것으로 판단된다.

결국, 감사위원회에서 주민감사청구에 대하여 감사를 실시할 수밖에 없고, 감사위원회가 주민감사청구에 대하여 의뢰를 받아서 하는 것이 아니라 권한자이기 때문에 하는 것이라고 할 수 있을 것이다.

다만, 제1차 개정(2007. 8. 3. 법률 제8586호로 개정된 것) 시 이러한 감사수행 주체가 명확하지 아니하여 주민감사청구 시 혼란을 없애는 한편, 주민감사청구의 경우에 좀 더 객관적이고 주민들이 납득할 만한 기관에서의 감사가 이루어져야 한다는 이유 등으로 제주특별자치도법 제71조 단서를 개정하여 「지방자치법」 제16조에 따른 주민감사청구사항의 경우에는 주무부장관이 하도록 명시하였다.[230]

<제주특별자치도법>
제66조(감사위원회의 설치 및 직무 등) ① 「지방자치법」 제158조, 「지방공무원법」 제81조 및 「지방교육자치에 관한 법률」 제49조의 규정에 불구하고 감사대상 기관 및 그 기관에 속한 자의 제반 업무와 활동 등을 조사·점검·확인·분석·검증하고 제68조의 규정에 의하여 그 결과를 처리하는 행위(이하 "자치감사"라 한다)를 수행하기 위하여 도지사 소속하에 감사위원회를 두되, 그 직무에 있어서는 독립된 지위를 가진다.
제71조(감사 등에 관한 특례) ① 중앙행정기관의 장은 제주자치도에 대해서는 그 행정전반 또는 특정한 정책·사업·업무 및 예산 등에 대한 감사를 실시할 수 없다. 다만, 국회의 국정감사, 감사원감사 및 「지방자치법」 제16조에 따른 주민감사청구사항의 경우에는 그러하지 아니하다.
② 중앙행정기관의 장은 국가사무 및 국가의 보조를 받은 사업에 대한 감사가 필요하다고 인정하는 경우에는 그에 대한 감사를 제66조의 규정에 의한 감사위원회에 의뢰하여야 한다.

<지방자치법>
제16조(주민의 감사청구) ① 지방자치단체의 19세 이상의 주민은 시·도는 500명, 제175조에 따른 인구 50만 이상 대도시는 300명, 그 밖의 시·군 및 자치구는 200명을 넘지 아니하는 범위에서 그 지방자치단체의 조례로 정하는 19세 이상의 주민 수 이상의 연서(連署)로, 시·도에서는 주무부장관에게, 시·군 및 자치구에서는 시·도지사에게 그 지방자치단체와 그 장의 권한에 속하는 사무의 처리가 법령에 위반되거나 공익을 현저히 해친다고 인정되면 감사를 청구할 수 있다. 다만, 다음 각 호의 어느 하나에 해당하는 사항은 감사청구의 대상에서 제외한다.
1. 수사나 재판에 관여하게 되는 사항
2. 개인의 사생활을 침해할 우려가 있는 사항
3. 다른 기관에서 감사하였거나 감사 중인 사항. 다만, 다른 기관에서 감사한 사항이라도 새로운 사항이 발견되거나 중요 사항이 감사에서 누락된 경우와 제17조 제1항에 따라 주민소송의 대상이 되는 경우에는 그러하지 아니하다.
4. 동일한 사항에 대하여 제17조 제2항 각 호의 어느 하나에 해당하는 소송이 진행 중이거나 그 판결이 확정된 사항
② 제1항에 따른 청구는 사무처리가 있었던 날이나 끝난 날부터 2년이 지나면 제기할 수 없다.
③ 주무부장관이나 시·도지사는 감사청구를 수리한 날부터 60일 이내에 감사청구된 사항에 대하여 감사를 끝내야 하며, 감사결과를 청구인의 대표자와 해당 지방자치단체의 장에게 서면으로 알리고, 공표하여야 한다. 다만, 그 기간에 감사를 끝내기가 어려운 정당한 사유가 있으면 그 기간을 연장할 수 있다. 이 경우 이를 미리 청구인의 대표자와 해당 지방자치단체의 장에게 알리고, 공표하여야 한다.
④ 주무부장관이나 시·도지사는 주민이 감사를 청구한 사항이 다른 기관에서 이미 감사한 사항이거나 감사 중인 사항이면 그 기관에서 실시한 감사결과 또는 감사 중인 사실과 감사가 끝난 후 그 결과를 알리겠다는 사실을 청구인의 대표자와 해당 기관에 알려야 한다.
⑤ 주무부장관이나 시·도지사는 주민 감사청구를 처리할 때 청구인의 대표자에게 반드시 증거 제출 및 의견 진술의 기회를 주어야 한다.
⑥ 주무부장관이나 시·도지사는 제3항에 따른 감사결과에 따라 기간을 정하여 해당 지방자치단체의 장에게 필요한 조치를 요구할 수 있다. 이 경우 그 지방자치단체의 장은 이를 성실히 이행하여야 하고 그 조치결과를 지방의회와 주무부장관 또는 시·도지사에게 보고하여야 한다.
⑦ 주무부장관이나 시·도지사는 제6항에 따른 조치요구내용과 지방자치단체의 장의 조치결과를 청구인의 대표자에게 서면으로 알리고, 공표하여야 한다.
⑧ 그 밖에 19세 이상의 주민의 감사청구에 관하여 필요한 사항은 대통령령으로 정한다.
⑨ 19세 이상의 주민의 감사청구에 관하여는 제15조 제3항부터 제7항까지의 규정을 준용한다. 이 경우 "조례를 제정하거나 개정하거나 폐지할 것을"은 "감사를"로, "지방자치단체의 장"은 "주무부장관이나 시·도지사"로 본다. <개정 2009.4.1>

---

230) 제주군사기지저지와 평화의 섬 실현을 위한 범도민대책위원회에서는 2007. 8. 8. 김태환 도지사의 해군기지 건설동의결정과 관련, 여론조사 과정의 위법·부당행위에 대한 주민감사청구서를 행정자치부에 제출했었다.

8. 감사위원회 위원을 상임위원과 비상임위원으로 구분할 수 있는가?

제주특별자치도법 제66조 제2항 및 제3항에 따르면, 감사위원회는 위원장 1명을 포함한 7명 이내의 위원으로 구성하고, 위원은 도조례가 정하는 자격을 갖춘 사람 중에서 도지사가 임명 또는 위촉(위원 중 3명은 도의회에서 추천하는 사람, 1명, 도교육감이 추천하는 사람)하도록 하고 있고, 「제주특별자치도 감사위원회 구성 및 운영에 관한 조례」 제4조(겸직 등의 금지)에서 상임위원과 비상임위원으로 구분하고, 겸직금지 대상을 규정하고 있다.

「제주특별자치도 감사위원회 구성 및 운영에 관한 조례」 제4조에서 상임위원과 비상임위원으로 구분하는 것은 다음과 같은 이유로 타당하지 아니하다 할 것이다.

첫째, 상임위원을 두는 경우 대부분 법률에 규정(「국가인권위원회법」 제5조, 「경찰법」 제5조, 「고용보험법」 제76조 등)하고 있는데, 제주특별자치도법에서는 위원이라고만 되어 있지 상임위원과 비상임위원으로 구분하고 있지 아니하다.

둘째, 상임위원과 비상임위원으로 구분하는 경우 상임위원은 상시 근무하는 공무원이므로 상임위원의 직급, 보수 등을 규정하여야 하는데 이에 대한 규정이 없다.

따라서 상임위원과 비상임위원 구분의 근거뿐만 아니라 실익 등이 없다 할 것이므로 위법한 조항이라고 판단된다 할 것이다.

앞으로, 「제주특별자치도 감사위원회 구성 및 운영에 관한 조례」를 조속히 개정하여야 할 것이다.

<제주특별자치도법>

제66조(감사위원회의 설치 및 직무 등) ① 「지방자치법」 제171조(「지방교육자치에 관한 법률」 제3조에 따라 준용되는 경우를 포함한다), 「지방공무원법」 제81조의 규정에 불구하고 감사대상 기관 및 그 기관에 속한 자의 제반업무와 활동 등을 조사·점검·확인·분석·검증하고 제68조의 규정에 의하여 그 결과를 처리하는 행위(이하 "자치감사"라 한다)를 수행하기 위하여 도지사 소속하에 감사위원회를 두되, 그 직무에 있어서는 독립된 지위를 가진다. <개정 2006.12.20, 2007.5.11>

② 제1항에 따른 감사위원회는 감사위원회의 위원장(이하 "감사위원장"이라 한다) 1인을 포함한 7인 이내의 위원으로 구성한다. <개정 2011.5.23>

③ 위원은 도조례로 정하는 자격을 갖춘 사람 중에서 도지사가 임명 또는 위촉하되, 위원 중 3명은 도의회에서, 1명은 도교육감이 각각 추천하는 사람을 위촉한다. 다만, 감사위원장은 도의회의 동의를 받아 도지사가 임명한다. <개정 2011.5.23>

④ 제주자치도 소속 공무원이 아닌 위원의 임기는 3년으로 한다. 다만, 보궐위원의 임기는 전임자의 잔여기간으로 한다. <개정 2011.5.23>

⑤ 자치감사의 구체적인 방법 및 범위, 자치감사 활동에서 일반적으로 준수되어야 할 기준 등 자치감사에 필요한 세부적인 사항은 감사위원회의 의결을 거쳐 감사위원장이 정한다. <개정 2011.5.23>

⑥ 이 법에서 규정한 사항 외에 감사위원회의 구성 및 운영 등에 필요한 사항은 도조례로 정한다. <개정 2011.5.23>

⑦ 삭제 <2011.5.23>

<제주특별자치도 감사위원회 구성 및 운영에 관한 조례>

제4조(겸직 등의 금지) ① 감사위원 중 상임위원은 다음 각 호의 직을 겸하거나 영리를 목적으로 하는 사업을 영위할 수 없다.

  1. 국회 또는 지방의회 의원
  2. 국가공무원법 및 지방공무원법에 의한 공무원
  3. 특별법 및 이 조례에 의하여 감사의 대상이 되는 단체의 임·직원의 직
  4. 기타 보수를 받는 직

② 제1항 제2호의 사항은 감사위원 중 비상임위원에게도 적용한다. 다만, 제3조 제1항 제3호에 해당하는 자는 제외한다.

  ☞ 제주특별자치도법 제66조 제4항에 따르면, "제주자치도 소속 공무원이 아닌 의원"의 임기에 대하여 언급하고 있는 것으로 볼 때, 현직 공무원인 위원을 가정하고 있는 것으로 보이나, 같은 조례에 따르면, 감사위원은 현직 국가나 지방공무원은 될 수 없도록 하고 있음.

<국가인권위원회법>

제5조(위원회의 구성) ① 위원회는 위원장 1명과 상임위원 3명을 포함한 11명의 인권위원(이하 "위원"이라 한다)으로 구성한다.

  ④ 위원장과 상임위원은 정무직공무원으로 임명한다.

<경찰법>

제5조(경찰위원회의 설치) ① 경찰행정에 관하여 제9조 제1항 각 호의 사항을 심의·의결하기 위하여 행정안전부에 경찰위원회(이하 "위원회"라 한다)를 둔다.

  ② 위원회는 위원장 1명을 포함한 7명의 위원으로 구성하되, 위원장 및 5명의 위원은 비상임(非常任)으로 하고, 1명의 위원은 상임(常任)으로 한다.

  ③ 제2항에 따른 위원 중 상임위원은 정무직으로 한다.

  [전문개정 2011.5.30]

<고용보험법>

제99조(고용보험심사위원회) ① 제87조에 따른 재심사를 하게 하기 위하여 고용노동부에 고용보험심사위원회(이하 "심사위원회"라 한다)를 둔다. <개정 2010.6.4>

  ③ 제2항의 위원 중 2명은 상임위원으로 한다.

9. 감사위원회 위원장이 사무직원의 추천권을 갖는 것이 타당한가?

제주특별자치도법 제66조의3에 따르면, 감사위원회의 자치감사 활동을 지원하고 감사위원회에 관한 행정사무를 처리하기 위하여 사무국을 두고, 감사위원회 사무국의 사무국장과 직원은 일반직·계약직·특정직 또는 교육행정직 지방공무원으로 하며, 이 외에 사무국의 조직, 직무 및 운영 등에 필요한 사항은 도조례로 정하도록 하고, 「제주특별자치도 감사위원회 구성 및 운영에 관한 조례」 제12조에 따르면, 사무국 소속 직원은 감사위원장의 추천을 받아 도지사가 임명한다고 되어 있다.

결국, 감사위원회 사무국 소속 직원은 감사위원장의 추천을 받아 도지사가 임명하도록 되어 있는데, 과연 감사위원장의 추천을 받는 것을 도조례로 정할 수 있는지에 대하여 논란이 될 수 있다.

이렇게 감사위원장의 추천권을 둔 취지는 도지사의 인사권 제약을 통하여 감사위원회의 독립성과 중립성을 확보하기 위한 일환으로 볼 수 있다.

그러나 대법원 판례(대법원 2004. 7. 22. 선고 2003추44 판결)에 따르면, 상위법령에서 지방자치단체의 장에게 기관구성원 임명·위촉권한을 부여하면서도 임명·위촉권의 행사에 대한 지방의회의 동의를 받도록 하는 등의 견제나 제약을 규정하고 있거나 그러한 제약을 조례 등에서 할 수 있다고 규정하고 있지 아니하는 한 당해 법령에 의한 임명·위촉권은 지방자치단체의 장에게 전속적으로 부여된 것이라고 보아야 할 것이어서 하위법규인 조례로써는 지방자치단체의 장의 임명·위촉권을 제약할 수 없다고 하고 있다.

추천권은 임명권자의 임명권 행사를 보좌하기 위하여 사전에 추천권자가 인사자료 등을 검토하고 적임자를 일차적으로 선정하게 하려는 취지도 있고, 임명권자의 자의적인 권한행사를 견제하기 위한 측면도 있으며, 추천권자와 임명대상자 사이의 지휘·감독관계를 고려하여 추천권자의 의중에 맞는 자가 임명되도록 하려는 취지도 있는 등 여러 가지 의미를 갖고 있고, 임명권자가 추천권자의 추천 없이 임명대상자를 임명하는 경우에는 취소대상이 되는 등 임명권자의 인사권을 제약하는 것이라 할 것이다.[231]

---

231) 대법원 2009. 9. 24. 선고 2009추53 판결에서는 이 사건 조례안(제주특별자치도 연구위원회 설치 및 운영 조례안) 제15조에서 그 사무국 소속 직원을 이 사건 연구위원회 위원장의 추천을 받아 임명하도록 규정한 것은 원고가 그 추천받은 자를 반드시 임명하여야 하는 것은 아니고 그 임명 여부의 최종적인 결정 권한은 여전히 원고가 행사할 수 있다고 해석되는 점, 이 사건 연구위원회가 원고로부터 독립하여 그 사무를 수행할 필요가 있는 행정기관인 점에 비추어 원고의 고유한 인사권을 침해하는 위법한 규정이라고 보기는 어렵다고 하였다. 그러나 감사위원회 직원 관련 조항은 제주특별자치도법 제66조의3에 규정되어 있지만, 위 조례안은 그러한 규정이 없는 차이가 있는 것은 아닌가 한다.

「지방공무원법」 제6조 제1항에 따르면, "지방자치단체의 장(특별시·광역시·도 또는 특별자치도의 교육감을 포함한다. 이하 같다)은 이 법에서 정하는 바에 따라 그 소속 공무원의 임명·휴직·면직과 징계를 하는 권한(이하 "임용권"이라 한다)을 가진다."라고만 되어 있고, 「지방공무원법」 어디에도 인사권의 제약을 규정하고 있거나 그러한 제약을 조례에서 할 수 있다고 규정하고 있지 아니하다.

또한, 제주특별자치도법 어디에도 「지방공무원법」 제6조 제1항에 대한 특례나 인사권의 제약을 규정하고 있거나 그러한 제약을 조례에서 할 수 있다고 규정하고 있지 아니하므로, 도지사의 인사권을 제약하는 감사위원장의 추천권을 도조례에서 규정하는 것은 위법하다 할 것이다.

한편, 제주특별자치도법 제66조의3에 따르면, 사무국의 조직, 직무 및 운영 등에 필요한 사항은 도조례로 정하도록 하고 있으므로 도조례로 감사위원장의 추천권을 둘 수 있다고 주장할 수 있으나, 이 조항은 사무국의 직무와 운영 등과 관련된 것만을 정할 수 있다는 의미이므로 감사위원회 소속 직원에 대한 감사위원장의 추천권을 도조례로 규정할 수 있는 근거가 되지 못한다고 할 것이고, 또한, 제주특별자치도법 제66조 제1항에서 감사위원회는 그 직무에 있어서는 독립된 지위를 가진다고 하고 있으므로 감사위원회의 독립성을 위하여 감사위원장의 추천권은 불가피한 것이라고 주장할 수 있으나, 제주특별자치도법 제66조 제1항과 같이 「노동위원회법」 제4조에서도 노동위원회는 업무(직무)에 대하여 독립적으로 수행한다고 되어 있음에도 불구하고 노동위원회 위원장에게는 사무직원에 대한 추천권을 주지 아니하고 있고, 직무의 독립성을 갖도록 하기 위하여 사무직원에 대한 위원장의 추천권이 하나의 방안은 될 수 있으나, 직무의 독립성이 있다고 하여 반드시 사무직원에 대한 추천권을 주어야 하는 것은 아니므로, 이들 주장은 타당하지 아니하다 할 것이다.

따라서 감사위원장의 추천권은 법률에 근거 없이 도지사의 임명권을 제약하는 것이므로 「제주특별자치도 감사위원회 구성 및 운영에 관한 조례」 제12조는 삭제[232]하여야 하고, 추후 감사위원회의 독립성 등을 위하여 감사위원장의 추천권이 필요하다면, 「지방자치법」 제91조 제2항, 「경찰공무원법」 제6조 제1항, 제주특별자치도법 제148조 등과 같이

[232) 종전에는 감사위원장의 추천권을 도조례로 허용하였기 때문에 지금 만약 이를 삭제하는 것에 대하여 감사위원회의 독립성을 약화시키려는 것이라고 주장할 수 있으나, 위에서 언급한 바와 같이 도조례로 정할 수 없기 때문에 삭제하는 것이지, 감사위원회의 독립성을 약화시키려고 하는 것이 아니라고 적극적으로 홍보를 할 필요가 있다 할 것이다.

도조례가 아닌 제주특별자치도법에 반영하여야 할 것이다.

<제주특별자치도법>
제66조(감사위원회의 설치 및 직무 등) ① 「지방자치법」 제171조(「지방교육자치에 관한 법률」 제3조에 따라 준용되는 경우를 포함한다), 「지방공무원법」 제81조의 규정에 불구하고 감사대상 기관 및 그 기관에 속한 자의 제반 업무와 활동 등을 조사·점검·확인·분석·검증하고 제68조의 규정에 의하여 그 결과를 처리하는 행위(이하 "자치감사"라 한다)를 수행하기 위하여 도지사 소속하에 감사위원회를 두되, 그 직무에 있어서는 독립된 지위를 가진다.
제66조의3(감사위원회 사무국) ① 감사위원회의 자치감사 활동을 지원하고 감사위원회에 관한 행정사무를 처리하기 위하여 사무국을 두고, 감사위원회 사무국(이하 "사무국"이라 한다)의 사무국장과 직원은 일반직·계약직·특정직 또는 교육행정직 지방공무원으로 한다.
② 제1항에서 정한 사항 외에 사무국의 조직, 직무 및 운영 등에 필요한 사항은 도조례로 정한다.
[본조신설 2011.5.23]

<지방공무원법>
제6조(임용권자) ① 지방자치단체의 장(특별시·광역시·도 또는 특별자치도의 교육감을 포함한다. 이하 같다)은 이 법에서 정하는 바에 따라 그 소속 공무원의 임명·휴직·면직과 징계를 하는 권한(이하 "임용권"이라 한다)을 가진다.

<제주특별자치도 감사위원회 구성 및 운영에 관한 조례>
제12조(사무국의 직원) 사무국 소속 직원은 감사위원장의 추천을 받아 도지사가 임명한다.

---

10. 도교육감이 감사위원회와 별도로 자체 조사 및 감사권을 행사할 수 있는가?

제주특별자치도법 제66조 제1항에 따르면, 제주특별자치도 감사위원회는 「지방자치법」 제171조(「지방교육자치에 관한 법률」 제3조에 따라 준용되는 경우를 포함한다[233]), 「지방공무원법」 제81조의 규정에 불구하고 감사대상 기관 및 그 기관에 속한 자의 제반 업무와 활동 등을 조사·점검·확인·분석·검증하고 제68조의 규정에 의하여 그 결과를 처리하는 행위(이하 "자치감사"라 한다)를 수행할 수 있도록 되어 있는데, 제주특별자치도 감사위원회의 조사 및 감사권과는 별도로 제주특별자치도교육청이 자체 조사 및 감사권을 행사할 수 있는지에 대하여 논란이 있다.

제주특별자치도법 제66조 제1항에 따르면, 시·도의 인사행정에 대하여 행정안전부장관 및 교육과학기술부장관이 지도·감독할 수 있고, 자치사무에 관하여 감사할 수 있도록

---

233) 제주특별자치도법에서 「지방교육자치에 관한 법률」 제3조를 명시적으로 배제하고 있지는 않지만, 제주특별자치도법에서 직접 「지방교육자치에 관한 법률」이나 「지방자치법」과의 관계를 규정(제87조, 제95조, 제96조, 제100조, 제104조 등)하고 있어 「지방교육자치에 관한 법률」 제3조를 명시적으로 준용하고 있는 제66조 제1항은 적용하는 데 문제가 없으나, 「지방자치법」의 다른 조항은 「지방교육자치에 관한 법률」 제3조에 따라 적용할 수 있는지 논란이 될 수 있으므로, 검토할 필요가 있다 할 것이다.

하고 있는 「지방자치법」 제171조(「지방교육자치에 관한 법률」 제3조에 따라 준용되는 경우를 포함한다) 및 「지방공무원법」 제81조의 규정에도 불구하고, 제주특별자치도지사 소속하에 설치된 감사위원회는 감사대상 기관 및 그 기관에 속한 자의 제반 업무와 활동 등을 조사·점검·확인·분석·검증하고 그 결과를 처리하는 행위(이하 "자치감사"라 한다)를 수행한다고 되어 있다.

제주특별자치도에 감사위원회를 두도록 한 취지는 "지방자치단체에 대한 감사가 국회, 감사원, 행정자치부(정부합동) 등 중앙행정기관, 도의회, 내부감사기관, 주민감사청구 등으로 다양하게 이루어지고 있고, 그 밖에도 평가·지도 등이 행해지고 있어 지방자치단체로서는 감사로 인한 업무부담과 감사 등의 중복으로 인한 비효율성이 발생하고 있는바, 특별자치도 설치 취지를 고려하여 국무총리와 제주특별자치도 간 운영성과평가에 관한 협약을 체결하여 그 성과평가결과에 따라 제주특별자치도의 운영방향을 결정하는 대신 중앙행정기관의 감사를 배제하고 독립적이고 중립적인 감사위원회를 설치할 필요가 있었던 것"이라고 하고 있다.

한편, 제주특별자치도법 제96조 제2항 및 「지방교육자치에 관한 법률」 제27조에 따르면, 교육감은 소속공무원을 지휘·감독하고 법령과 조례·교육규칙이 정하는 바에 따라 그 임용·교육훈련·복무·징계 등에 관한 사항을 처리하도록 되어 있는데, 교육감은 시·도의 교육·학예에 관한 사무의 집행기관으로서 교육·학예에 관한 제반 사무를 관장할 뿐만 아니라 소속공무원을 지휘·감독하고 법령과 조례·교육규칙이 정하는 바에 따라 그 임용·교육훈련·복무·징계 등에 관한 사항을 처리하는 것은 교육감의 당연한 권한행사의 일환이라 할 것이고, 제주특별자치도법 어디에서도 제주특별자치도 교육감의 소속 직원에 대한 임용·교육훈련·복무·징계 등에 관한 사항을 처리하는 권한을 배제하는 규정을 두고 있지 아니하고 있다.

또한, 「초·중등교육법」 제6조에 따르면, 공·사립학교는 교육감의 지도·감독을 받도록 하고 있으며, 제주특별자치도법에서 이를 배제하는 규정도 없다.

결국, 제주특별자치도법은 제주특별자치도 감사위원회로 하여금 제주특별자치도지사 소속하에 설치되어, 감사대상 기관 및 그 기관에 속한 자의 제반 업무와 활동에 대하여 행정안전부장관이나 교육과학기술부장관이 실시하던 자체감사를 실시하고 있으나, 같은 법이 제주특별자치도교육감이 법령과 조례가 정하는 바에 따라 소속공무원에 대하여 당연히 행하는 조사 및 감사를 배제하는 것이라고 할 수 없다 할 것이다.

따라서 제주특별자치도 감사위원회의 조사 및 감사권과 별도로 제주특별자치도교육감은 자체 조사 및 감사권을 행사할 수 있다 할 것이다.[234]

이에 따라 현재 제주특별자치도교육청에는 감사 등을 위하여 공보감사관실이 설치되어 있다.

<제주특별자치도법>
제66조(감사위원회의 설치 및 직무 등) ① 「지방자치법」 제171조(「지방교육자치에 관한 법률」 제3조에 따라 준용되는 경우를 포함한다), 「지방공무원법」 제81조의 규정에 불구하고 감사대상 기관 및 그 기관에 속한 자의 제반 업무와 활동 등을 조사·점검·확인·분석·검증하고 제68조의 규정에 의하여 그 결과를 처리하는 행위(이하 "자치감사"라 한다)를 수행하기 위하여 도지사 소속하에 감사위원회를 두되, 그 직무에 있어서는 독립된 지위를 가진다.
제96조(「지방교육자치에 관한 법률」과의 관계) ① 도교육감에 관해서는 「지방교육자치에 관한 법률」 제28조의 규정은 적용하지 아니한다.
　② 「지방교육자치에 관한 법률」 제18조 내지 제21조, 제23조, 제25조 내지 제27조 및 제29조의 규정은 도교육감에 관하여 이를 적용한다. 이 경우 같은 법의 규정을 적용함에 있어서는 다음 각 호에 따른다.
　1. "시·도"는 "제주자치도"로, "교육감"은 "도교육감"으로 한다.
　2. 같은 법 제23조 제1항 제1호 중 "지방의회 의원·교육의원"은 "지방의회 의원"으로 하고, 같은 법 제26조 제2항 전단 중 "구·출장소 또는 읍·면·동(특별시·광역시 및 시의 동을 말한다. 이하 이 조에서 같다)의 장"은 "출장소 또는 읍·면·동의 장"으로 하며, 동항 후단 중 "구·출장소 또는 읍·면·동의 장"은 "출장소 또는 읍·면·동의 장"으로 한다.

<지방자치법>
제171조(지방자치단체의 자치사무에 대한 감사) ① 행정안전부장관이나 시·도지사는 지방자치단체의 자치사무에 관하여 보고를 받거나 서류·장부 또는 회계를 감사할 수 있다. 이 경우 감사는 법령위반사항에 대하여만 실시한다. <개정 2008.2.29, 2010.6.8>
　② 행정안전부장관 또는 시·도지사는 제1항에 따라 감사를 실시하기 전에 해당 사무의 처리가 법령에 위반되는지 여부 등을 확인하여야 한다. <신설 2010.6.8>

<지방공무원법>
제81조(지방자치단체의 인사행정에 관한 지도·감독) 교육과학기술부장관 또는 행정안전부장관은 시·도의 인사행정이 이 법에 따라 운영되도록 지도·감독하고, 시·도지사는 해당 시·도의 관할 구역 시·군·구의 인사행정이 이 법에 따라 운영되도록 지도·감독한다.

<지방교육자치에 관한 법률>
제3조(「지방자치법」과의 관계) 지방자치단체의 교육·학예에 관한 사무를 관장하는 기관의 설치와 그 조직 및 운영 등에 관하여 이 법에서 규정한 사항을 제외하고는 그 성질에 반하지 않는 한 「지방자치법」의 관련 규정을 준용한다. 이 경우 "지방자치단체의 장" 또는 "시·도지사"는 "교육감"으로, "지방자치단체의 사무"는 "지방자치단체의 교육·학예에 관한 사무"로, "자치사무"는 "교육·학예에 관한 자치사무"로, "행정안전부장관"·"주무부장관" 및 "중앙행정기관의 장"은 "교육과학기술부장관"으로 본다.
제27조(직원의 임용 등) 교육감은 소속공무원을 지휘·감독하고 법령과 조례·교육규칙이 정하는 바에 따라 그 임용·교육훈련·복무·징계 등에 관한 사항을 처리한다.

<초·중등교육법>
제6조(지도·감독) 국립학교는 교육과학기술부장관의 지도·감독을 받으며, 공·사립학교는 교육감의 지도·감독을 받는다.

---

234) 2007. 5. 4. 법제처 유권해석에서도 도교육감이 감사위원회와 별도로 감사를 할 수 있다고 회신하였다.

11. 도지사가 감사위원회와 별도로 자체 조사 및 감사권을 행사할 수 있는가?

제주특별자치도법 제66조 제1항에 따르면, 제주특별자치도감사위원회는 「지방자치법」제171조(「지방교육자치에 관한 법률」제3조에 따라 준용되는 경우를 포함한다), 「지방공무원법」제81조의 규정에 불구하고 감사대상 기관 및 그 기관에 속한 자의 제반업무와 활동 등을 조사·점검·확인·분석·검증하고 제68조의 규정에 의하여 그 결과를 처리하는 행위(이하 "자치감사"라 한다)를 수행할 수 있도록 되어 있는데, 감사위원회의 조사 및 감사권과는 별도로 교육청이 자체 조사 및 감사권을 행사할 수 있다는 2007. 5. 4. 법제처 유권해석을 받았으나, 도지사가 자체 조사 및 감사권을 행사할 수 있는지에 대하여 논란이 있다.

먼저, 도지사가 자체 조사 및 감사권을 행사할 수 없다는 견해로, 이 근거로는 ① 제주특별자치도에 감사위원회를 두도록 한 취지가 지방자치단체에 대한 감사가 국회, 감사원, 행정안전부(정부합동) 등 중앙행정기관, 도의회, 내부 감사기관, 주민감사청구 등으로 다양하게 이루어지고 있고, 그 밖에도 평가지도 등이 행해지고 있어 지방자치단체로서는 감사로 인한 업무부담과 감사 등의 중복으로 인한 비효율성이 발생하여 이를 해소하기 위하여 독립적이고 중립적인 감사위원회를 설치한 것이므로, 도지사에게 자체 조사 및 감사권을 행사할 수 있도록 한다면 감사가 중복되어 이 취지를 살릴 수 없는 점, ②「지방자치법」제171조에는 시·도지사의 감사권도 포함되어 있고, 제주특별자치도법 제66조 제1항에서는 「지방자치법」제171조에 불구하고 제주특별자치도에 감사위원회를 설치하고 있으므로, 도지사는 감사권을 행사할 수 없다는 점, ③「제주특별자치도 행정기구 설치 조례」나 같은 조례 시행규칙에서 감사업무를 총무과 업무로 명시하고 있지 아니하고, 실제 감사위원회에서 감사하고 총무과에서는 이에 대한 지원업무를 수행하고 있는 점을 들 수 있다.

다음으로, 도지사가 자체 조사 및 감사권을 행사할 수 있다는 견해로, 이 근거로는 ①「지방공무원법」제6조 제1항에 따르면, 도지사는 이 법에서 정하는 바에 따라 그 소속 공무원의 임명·휴직·면직과 징계를 하는 권한(이하 "임용권"이라 한다)을 가진다고 하고 있는데, 도지사는 소속 공무원을 지휘·감독하고 이 법에 따라 임명·휴직·면직과 징계에 관한 사항을 처리하는 것은 도지사의 당연한 권한행사의 일환이라 할 것이고, 제주특별자치도법 제66조 제1항에서는 "「지방자치법」제171조(「지방교육자치에 관한 법률」제3

조에 따라 준용되는 경우를 포함한다) 및 「지방공무원법」 제81조에 불구하고"만 되어 있으며, 제주특별자치도법 어디에서도 도지사의 소속 직원에 대한 임명·휴직·면직·징계에 관한 사항을 처리하는 권한을 배제하는 규정을 두고 있지 아니한 점, ② 제주특별자치도법 제66조의 정확한 취지는 제주특별자치도의 모든 감사기구를 일원화한다는 것이 아니고, 제주특별자치도에 자율과 책임을 바탕으로 한 실질적인 자치권을 보장하기 위하여 지방자치단체에 대한 행정안전부장관 및 교육과학기술부장관의 감사·지도·감독권을 제한하고, 이에 갈음하여 직무상 독립적 지위를 가지는 감사위원회로 하여금 감사대상 기관 및 그 기관에 속한 자의 제반업무와 활동 등에 대하여 감사를 할 수 있도록 하는 것인 점,[235] ③ 「지방자치법」 제171조에는 시·도지사의 감사권도 있고 제주특별자치도법 제66조 제1항에서 이를 배제하였으므로 도지사가 감사를 실시할 수 없다는 주장도 있을 수 있으나, 「지방자치법」 제171조의 시·도지사 감사권은 기초지방자치단체인 시·군자치구에 대한 감사권을 의미하므로, 제주특별자치도에서는 적용할 수 있는 사항이 아닌 점, ④ 「제주특별자치도 행정기구 설치 조례」나 같은 조례 시행규칙에서 감사업무를 총무과 업무로 명시하고 있지 아니하므로 도지사가 감사할 수 없다고 주장도 있을 수 있으나, 제주특별자치도법에서 도지사가 감사권을 행사할 수 있느냐 없느냐를 조례나 규칙에 따라 결정하는 것으로 본말이 전도된 것이고, 설사 제주특별자치도법에서는 허용되나 조례나 규칙에서 허용되지 않는다 할지라도 조례나 규칙을 개정하면 되는 점 등을 들 수 있다.

결론적으로, 감사위원회의 설치 취지와 그동안의 제주특별자치도의 입장 등을 고려하면, 도지사가 소속 공무원에 대하여 조사 및 감사를 할 수 없을 것으로 보이나, 실제 감사위원회의 설치 취지나 제주특별자치도법 제66조 제1항의 규정은 중앙행정기관의 감사만을 배제하는 것이고, 제주특별자치도법과 다른 법률 어디에도 도지사의 소속 공무원에 대한 조사 및 감사를 배제하는 규정은 없으므로, 법적으로 이를 막을 수 있는 방법을 없다고 할 것이다.

따라서 감사위원회의 조사 및 감사권과 별도로 교육감뿐만 아니라 도지사도 자체 조사 및 감사권을 행사할 수 있다 할 것이다.[236]

참고로, 제주특별자치도법상 도지사가 도지사 소속 공무원에 대하여 자체 조사 및 감

---

235) 2007. 5. 4. 법제처 유권해석.

236) 2009. 3. 24. 법제처 유권해석에 따르면, 제주특별자치도가 제주도특별법 제66조에 따른 감사위원회와는 별도로 제주특별자치도지사 소속 하에 감찰팀을 두어 소속 공무원에 대한 직무감찰업무를 수행하게 할 수 있다고 하였다.

사권을 행사할 수 있다고 하더라도, 지방의회의장 소속 공무원에 대하여는 어떻게 할 것인지 생각하여야 하는 한편, 과연 자체 조사 및 감사를 하는 기구와 감사위원회를 중복적으로 그것도 도지사 소속으로 설치하는 것이 바람직한지 진지하게 검토하여 향후 제주특별자치도법 개정 여부를 결정하여야 할 것이다.

<제주특별자치도법>
제66조(감사위원회의 설치 및 직무 등) ① 「지방자치법」 제171조(「지방교육자치에 관한 법률」 제3조에 따라 준용되는 경우를 포함한다), 「지방공무원법」 제81조의 규정에 불구하고 감사대상 기관 및 그 기관에 속한 자의 제반업무와 활동 등을 조사・점검・확인・분석・검증하고 제68조의 규정에 의하여 그 결과를 처리하는 행위(이하 "자치감사"라 한다)를 수행하기 위하여 도지사 소속하에 감사위원회를 두되, 그 직무에 있어서는 독립된 지위를 가진다. <개정 2006.12.20, 2007.5.11>

<지방자치법>
제171조(지방자치단체의 자치사무에 대한 감사) ① 행정안전부장관이나 시・도지사는 지방자치단체의 자치사무에 관하여 보고를 받거나 서류・장부 또는 회계를 감사할 수 있다. 이 경우 감사는 법령위반사항에 대하여만 실시한다. <개정 2008.2.29, 2010.6.8>
 ② 행정안전부장관 또는 시・도지사는 제1항에 따라 감사를 실시하기 전에 해당 사무의 처리가 법령에 위반되는지 여부 등을 확인하여야 한다. <신설 2010.6.8>

<지방공무원법>
제6조(임용권자) ① 지방자치단체의 장(특별시・광역시・도 또는 특별자치도의 교육감을 포함한다. 이하 같다)은 이 법에서 정하는 바에 따라 그 소속 공무원의 임명・휴직・면직과 징계를 하는 권한(이하 "임용권"이라 한다)을 가진다.

<제주특별자치도 행정기구 설치 조례 시행규칙>
제4조(총무과) ② 총무과장은 다음 사무를 분장한다.
 38. 감사업무 지원(감사자료 수합, 감사지적사항 관리)에 관한 사항
 39. 도 본청・직속기관 및 사업소 공무원의 공직기강 등 자체 감찰업무

---

12. 자치감사기구 일원화 논란에 대하여

제주특별자치도의회는 2009. 6. 19. 「제주특별자치도 감사위원회 구성 및 운영에 관한 조례안」을 의결하여 2009. 6. 22. 제주특별자치도지사에게 이송하였고, 제주특별자치도지사는 2009. 7. 10. 조례안이 법령에 위반된다는 이유로 제주특별자치도의회에게 재의를 요구하였으나, 제주특별자치도의회는 2009. 9. 22. 원안대로 재의결함으로써 확정되었고, 위 조례안은 대법원 2010. 3. 11. 선고 2009추176 판결에 따라 무효확인이 되었다.

위 조례안은 제주특별자치도 감사위원회의 자치감사 대상기관에 제주특별자치도의회 사무처를 포함시키면서 의회사무처의 기관운영의 합목적성과 효율성, 행정집행의 합리

성, 소속공무원에 대한 기강감사 등은 감사위원회의 감사대상에서 제외하고 있고(제13조 제1항 제1호에서 제3호, 제14조 제4항), 제주특별자치도교육청 감사와 관련해서는 지역교육청과 그 소속 기관 감사는 특별한 사유가 있을 때에만 감사를 수 있도록 하며(제13조 제1항 제3호), 교육감이 자체감사를 실시하고자 할 경우에는 감사실시계획을 감사위원회에 통보하고, 그 결과를 제출하도록 하고 있다(제13조 제3항).

위 판결문에서 감사위원회의 설치목적은 감사원 감사 및 국회의 국정조사감사, 주민감사 청구에 의한 감사를 제외한 중앙행정기관의 외부감사를 없앰으로써 중앙감사의 과다 및 중복 등의 폐해를 해소하고, 자치이념에 부합되는 민주적·자율적 내부통제시스템을 구축하는 한편, 자치사무에 대한 감사를 감사위원회로 일원화하여 감사의 독립성, 전문성, 책임성, 공정성, 투명성을 도모하고, 감사로 인한 업무 부담과 비효율을 해소하고자 하는 데 있다고 할 수 있다.

위와 같은 법규정의 문언내용 및 감사위원회 설치목적, 감사위원회의 자치감사는 외부기관에 의해 이루어지는 감사가 아니라 제주특별자치도내의 독립된 합의제 행정관청에 의해 이루어지는 내부감사에 해당하므로 합목적성 감사를 포함하더라도 자치단체의 자치권한을 침해할 우려가 없다는 점 등을 종합하여 보면, 제주특별자치도에서의 감사위원회 자치감사 범위는 합법성 감사에서 더 나아가 합목적성 감사도 포함된다고 봄이 상당하다. (중 략)

제주특별자치도법은 교육, 학예에 관한 자치감사 역시 감사위원회의 소관사항으로 하고 있다고 해야 할 것인데, 이 사건 조례안 제13조 제1항 제3호, 제3항이 상위법령의 아무런 위임 없이 지역교육청 및 소속기관의 감사를 특별한 사유가 있는 경우 예외적으로만할 수 있도록 하여 감사위원회의 자치감사권한을 제한하고 있고, 교육감에게도 감사권한이 존재한다는 전제하에 교육감으로 하여금 감사위원회에 감사실시계획 통보와 감사결과 보고를 하도록 한 것은 상위법인 제주특별자치도법에 위배된다고 하였다.

위에서 살펴본 바와 같이 법제처 유권해석에서는 감사위원회에 별도로 교육감이 감사할 수 있고, 도지사도 감찰권을 행사할 수 있다고 하고 있다. 이에 따라 도교육청에 공보 감사담당관실을 설치·운영하고 있어 감사위원회와 갈등이 있는 것도 사실이다.

그러나 대법원 판례(2009추176 판결)에서는 "자치사무에 대한 감사를 감사위원회로 일원화하여"와 "교육감에게도 감사권한이 존재한다는 전제하에 교육감으로 하여금 감사위원회에 감사실시계획 통보와 감사결과 보고를 하도록 한 것은 상위법인 제주특별자치도법에 위배된다."고 하고 있다.

따라서 제주특별자치도의 경우 자체감사기구를 감사위원회로 일원화한 것인지 논란의 여지가 있으나, 대법원 판례는 직접적으로 이 문제를 논의한 것은 아니고, 설사 대법원 판례가 이 문제를 언급한 것이라고 하더라도 조례 개정 시 재의요구나 제소하여 문제를 해결하여야 하는데, 현재도 도교육청, 행정안전부 및 교육과학기술부에서 문제제기를 하기는 곤란하다고 판단된다.

또한, 법제처에 다시 유권해석을 의뢰하는 방법도 생각해 볼 수 있으나, 유권해석을 변경하여야 하므로 가능성은 희박하다고 할 것이다.

결국 앞으로 제주특별자치도법 제정 당시 의도했던 것처럼 자치감사에 대하여 감사위원회로 일원화하는 문제(제주특별자치도법에 일원화 명시)를 공론화할 필요가 있다 할 것이다.

참고로, 「공공감사에 관한 법률」과 「지방자치단체에 대한 행정감사규정」의 관계를 살펴볼 때에도, 도교육청은 「공공감사에 관한 법률」 제2조 제3호와 「지방자치단체에 대한 행정감사규정」[237] 제2조 제1호에 따라 적용할 수 없어 잘못하면 도교육청이 자치감사를 할 때 사각지대가 될 우려가 있으므로 자치감사기구 일원화 문제에 대해 하루 빨리 결단을 내려야 하고, 이 문제는 매우 중요하고 시급한 사안이라 판단된다.

<공공감사에 관한 법률>
제2조(정의) 이 법에서 사용하는 용어의 뜻은 다음과 같다.
  3. "지방자치단체"란 특별시·광역시·도(제주특별자치도를 제외한다. 이하 같다)·시·군·자치구 및 특별시·광역시·도의 교육청을 말한다.

<지방자치단체에 대한 행정감사규정>
제2조(정의) 이 영에서 "감사"란 주무부장관, 행정안전부장관 또는 특별시장·광역시장·도지사(이하 "시·도지사"라 한다)가 「지방자치법」(이하 "법"이라 한다) 제167조, 제171조 및 제171조의2에 따라 다음 각 호의 사무(이하 "감사대상 사무"라 한다)에 관한 업무와 활동 등을 조사·점검·확인·분석·검증하고 그 결과를 처리하는 것을 말한다.
  1. 법 제167조 제1항에 따른 지방자치단체(제주특별자치도는 제외한다. 이하 같다)나 그 장이 위임받아 처리하는 국가사무
  2. 법 제167조 제2항에 따른 시·군 및 자치구나 그 장이 위임받아 처리하는 특별시·광역시 또는 도의 사무
  3. 법 제171조 제1항에 따른 지방자치단체의 자치사무

---

237) 종전에는 「행정감사규정」에 따라 중앙행정기관 등의 자체감사와 지방자치단체의 국가위임사무 및 자치사무에 대한 감사를 실시하여 왔으나, 「공공감사에 관한 법률」의 제정(법률 제10163호, 2010. 3. 22. 공포, 7. 1. 시행)으로 자체감사에 관하여는 「공공감사에 관한 법률」이 적용됨에 따라 이 영의 감사 범위에서 자체감사에 관한 부분을 제외하고 「지방자치단체에 대한 행정감사규정」으로 제명을 변경하였다.

13. 도의회가 감사청구를 할 수 있도록 하고, 감사위원회가 반드시 이에 대한 감사를 실시하여 감사결과를 도의회에 보고하도록 하는 것을 도 조례로 제정할 수 있는지?

제주특별자치도법 제66조 제1항과 제68조 제1항에 따르면, 「지방자치법」 제171조(「지방교육자치에 관한 법률」 제3조에 따라 준용되는 경우를 포함한다) 및 「지방공무원법」 제81조 규정에 불구하고 감사대상 기관 및 그 기관에 속한 자의 제반업무와 활동 등을 조사·점검·확인·분석·검증하고 제68조의 규정에 의하여 그 결과를 처리하는 행위(이하 "자치감사"라 한다)를 수행하기 위하여 도지사 소속하에 감사위원회를 두되, 그 직무에 있어서는 독립된 지위를 가지도록 하고 있고, 감사를 실시한 경우 감사가 종료된 후 60일 이내에 감사결과를 도지사에게만 보고(교육·학예에 관한 감사결과는 도교육감에게 통보)하도록 하고 있다.

또한, 제주특별자치도법 어디에도 「국회법」 제127조의2 제1항(국회는 그 의결로 감사원에 대하여 감사원법에 의한 감사원의 직무범위에 속하는 사항 중 사안을 특정하여 감사를 청구할 수 있다. 이 경우 감사원은 감사청구를 받은 날부터 3월 이내에 감사결과를 국회에 보고하여야 한다)과 같이 도의회가 감사위원회에 감사를 청구할 수 있도록 하고, 감사결과에 대하여 감사위원회가 도의회에 보고하도록 하는 조항이 없으므로, 감사위원회가 감사를 실시할지 여부를 스스로 결정하여야 함에도 불구하고 제주특별자치도법이 아닌 조례로써 도의회가 감사청구를 할 수 있도록 하고 감사위원회가 반드시 이에 대한 감사를 실시하고 감사결과를 도의회에 2월 이내에 보고하도록 하는 것은 도의회가 견제의 범위 내에서 소극적·사후적으로 개입한 정도가 아니라 사전에 적극적으로 개입하는 내용이라 할 것이다.

따라서, 조례로써 도의회가 감사청구를 할 수 있도록 하고 감사위원회가 반드시 이에 대한 감사를 실시하고 감사결과를 도의회에 2월 이내에 보고하도록 하는 것은 제주특별자치도법 제66조 제1항과 제68조 제1항에 위반되고, 「지방자치법」에서 정한 집행부와 지방의회의 독자적 권한을 부여하여 상호 견제와 균형을 이루도록 한 「권한의 분리와 배분의 원칙」에 위배되는 위법한 규정이라 할 것이다.

14. 「공공감사에 관한 법률」과의 관계에 대하여

1) 「공공감사에 관한 법률」 적용 문제

「공공감사에 관한 법률」 제3조에 이 법은 자체감사활동 및 이에 따른 감사 활동체계 등에 관하여 중앙행정기관, 지방자치단체 및 공공기관에 대하여 적용한다고 하고, 같은 법 제2조 제3호의 "지방자치단체"에는 제주특별자치도와 제주특별자치도교육청이 제외되어 있다.

따라서 제주특별자치도와 제주특별자치도교육청은 「공공감사에 관한 법률」을 적용받지 아니한다.[238]

「공공감사에 관한 법률」의 일부를 제주특별자치도법에 반영할 필요가 있음은 별론으로 하고, 현재는 법제처 유권해석에 따라 도교육청도 자치감사기구를 두고 자치감사를 실시하고 있다.

그러나 도교육청의 자치감사는 제주특별자치도법도 적용받지 않고, 「공공감사에 관한

---

238) 2011. 5. 26. 이정현 의원 등 10인이 「공공감사에 관한 법률 일부개정법률안」을 발의하였는데, 그 주요 내용은 제주특별자치도, 제주특별자치도교육청을 적용대상에 포함시키되, 제주특별자치도, 제주특별자치도교육청에 대하여 제6조, 제8조부터 제11조, 제15조를 적용하지 아니하도록 하는 내용이다.

법률」도 적용받지 아니하므로 좋을 수도 있으나「지방자치단체에 대한 행정감사규정」도 적용받지 아니함) 도교육청의 자치감사가 사각지대가 될 가능성도 있고, 설사 자치감사를 실시하더라도 애로사항이 많이 존재할 수밖에 없을 것이다.

결국 자치감사기구 일원화 문제를 공론화할 수밖에 없을 것이며, 이렇게 되지 않을 경우 도교육청에 대하여「공공감사에 관한 법률」을 적용하는 방안 등을 강구하여야 할 것이다.

2) 제주특별자치도법과「공공감사에 관한 법률」비교

구분	제주특별자치도법	공공감사에 관한 법률
1. 자체감사기구 설치	감사위원회(§66①) (합의제 행정기관)	감사기구 설치. 다만, 법령에서 정하는 경우 전담 자체감사기구 설치 합의제 감사기구로 설치 가능(§5①②)
2. 감사자문위원회 설치	없음.	가능(§5③)
3. 합의제 감사기구 위원수	−위원장 1명 포함 7명 이내(§66②) −3명 도의회 추천, 2명 교육감 추천(§66③)	위원장 1명 포함 3명 이상 7명 이하(§6①)
4. 감사기구 장의 임용	도의회 동의, 도지사 임명(§66③)	개방형 직위로 임용, 적격 여부를 심사하기 위한 합의제기구 설치(§8)
5. 감사기구 장의 임기	3년(§66의2②)	5년 범위에서 임용권자가 정하되, 최소한 2년 이상(§9①)
6. 감사기구 장의 신분보장	없음.	신체상 장애 등으로 인한 경우 외에 채용계약 해지나 다른 직위 임용 불가(§10)
7. 감사기구 장의 자격	도조례가 정하는 자격을 갖춘 사람(§66③)	판검사 3년 이상 등 법률에서 직접 규정(§11)
8. 감사기구 장의 겸직 등 금지	없음.	소관 자체감사 대상기관의 공무원 또는 임직원 겸직 등 금지(§13)
9. 감사기구 장의 직급	없음. 다만, 대통령령에 정무직 공무원으로 하고 있음.	자체감사 대상기관의 수 등을 고려하여 법령 또는 조례에 따라 적정하게 부여(§14)
10. 감사기구 장의 결격사유	없음.	중앙행정기관 등의 주요 업무와 밀접한 관련이 있는 법인 등의 임직원으로 근무하다가 퇴직 후 2년이 지나지 아니한 사람 등(§15)
11. 감사담당자 규정	없음.	−감사담당자의 임용, 결격사유, 감사담당자의 우대 규정 있음(§16~§18). −감사담당자는 감사기구의 장의 의견을 들은 후 임명(§16)
12. 실지감사	없음.	감사대상기관에 감사담당자를 보내 실지감사 가능(§21)
13. 일상감사	없음.	주요 업무 집행에 앞서 적법 타당성 등을 점검·심사(§22)
14. 감사결과의 통보 및 처리	60일 이내 처리(§68)	60일 이내 처리, 감사결과 조치사항을 통보받은 기관 조치이행의무(§23)

15. 징계·문책사유의 시효정지	-특정사건 조사개시 통보 받은 날부터 징계 또는 문책절차 진행 불가 -징계 또는 문책절차를 진행하지 못하여 감사시효 만료 또는 시효기간이 1개월 이내인 때는 조사종료의 통보를 받은 날부터 1개월 경과한 때 만료로 봄(§69).	-특정사건 조사개시 통보 받은 날부터 징계 또는 문책절차 진행 불가 -징계 또는 문책절차를 진행하지 못하여 감사시효 만료 또는 시효기간이 1개월 이내인 때는 조사종료의 통보를 받은 날 또는 처분요구, 조치사항을 통보받은 날부터 1개월 경과한 때 만료로 봄(§24).
16. 재심의신청	없음.	통보 받은 날부터 1개월 이내에 통보한 중앙행정기관 등의 장에게 재심의 요청 가능(§25)
17. 감사결과의 공개	없음.	원칙적 공개. 다만, 「공공기관의 정보에 관한 법률」에 해당하는 정보는 비공개로 가능(§26)
18. 외부전문가 등의 참여	외부전문가 감사참여 명시(§67⑤)	외부전문가 감사참여 명시 감사참여 시 수당등 지급(§27)
19. 감사활동에 필요한 예산편성	없음.	예산 편성 시 자체감사기구의 독립성 최대한 존중(§28)
20. 비밀유지 의무	감사위원회의 공무원이 아닌 위원은 재직, 퇴직 후 비밀누설 금지(§70)	감사기구의 장 및 감사담당자와 그 직에 있었던 자는 직무상 비밀누설 금지(§29)
21. 중복감사 금지	없음. 다만, 감사 등에 관한 특례가 있음(§71).	감사기구의 장은 이미 감사원 감사 등이 실시된 사안은 새로운 사실이 발견되는 등의 경우를 제외하고 자체감사 대상에서 제외(§33)
22. 규정(규칙) 제정	자치감사에 필요한 세부적인 사항(§66⑤)	감사기준 및 감사활동수칙을 감사활동조정협의회의 협의·조정을 거쳐 감사원규칙으로 정할 수 있음(§37).
23. 벌칙	-감사위원에 대한 비밀유지 위반 1년 이하의 징역 또는 500만 원 이하의 벌금(§358의2 제3호) -정당한 사유 없이 감사 거부나 자료제출 거부자와 감사기구의 감사활동을 방해한 자 1년 이하의 징역 또는 500만 원 이하의 벌금(§358의2 제1호 및 제2호)	-감사기구의 장과 감사담당자에 대한 비밀유지 위반 3년 이하의 징역 또는 2천만 원 이하의 벌금(§40) -정당한 사유 없이 감사 거부나 자료제출 거부자와 감사기구의 감사활동을 방해한 자 500만 원 이하의 벌금(§42)

3) 「공공감사에 관한 법률」을 반영한다면 제주특별자치도법에 규정하여야 할 사항

「공공감사에 관한 법률」 중에는 제주특별자치도법에 반영할 사항과 조례로 반영할 사항이 있을 수 있으나, 반영하여야 한다면 대부분의 내용은 제주특별자치도법에 반영하여야 할 것이다.

예를 들면, 감사기구의 장의 신분보장(제10조), 결격사유(제15조), 감사담당자의 임용(제16조), 결격사유(제17조), 감사담당자의 우대(제18조), 재심의신청 등(제25조), 감사활동에 필요한 예산 편성(제28조), 중복감사 금지(제33조) 등이다.

4) 제주특별자치도법에 규정하는 방법

제주특별자치도법에 규정하는 방법은 세 가지 정도가 있을 수 있다.

첫 번째는, 제주특별자치도법에서 「공공감사에 관한 법률」 내용을 그대로 규정하는 방법이고, 두 번째는, 제주특별자치도법에서 준용이나 적용방법을 사용하는 방법이며, 세 번째는, 제주특별자치도법에 대강은 정하고 도조례로 위임하는 방법이다.

어느 방법을 선택하는지는 반영할 내용이 어떤지(그대로 반영할 것인지 아니면 수정하여 반영할 것인지), 조문수가 많은지 등을 종합적으로 고려하여 결정할 사안이라고 판단된다.

참고로, 「공공감사에 관한 법률」 중 반영할 사항을 대부분 조례에 반영시키려는 것을 전략적으로 추진할 수 있으나, 법령은 소관사항의 원칙이 있기 때문에 법률에 반영할 수 있는 사항과 조례에 반영할 수 있는 사항을 분명히 하여야 할 것으로 판단된다.

5) 「공공감사에 관한 법률」을 반영한다면 조례로도 규정할 수 있는 사항

제주특별자치도법에서의 위임 없이도 조례로 규정할 수 있는 사항은 감사자문위원회 설치(제5조 제3항) 정도에 불과하다 할 것이다.

참고로, 감사자문위원회는 독임제 감사기구에만 설치할 수 있는 것이 아니라 합의제 감사기구에도 설치할 수 있다고 할 것이다.

또한, 제주특별자치도법 제66조 제6항에서 "이 법에서 규정한 사항 외에 감사위원회의 구성 및 운영 등에 필요한 사항은 도조례로 정한다."라고 규정하고 있으므로 "등"을 확대하여 모든 것을 도조례로 정할 수 있다고 생각할 수도 있는데 이는 잘못된 생각이다.

한편, 제주특별자치도법 제66조 제3항에서 "도조례로 정하는 자격을 갖춘 사람"을 감사위원회 위원으로 하고 있어, 「제주특별자치도감사위원회 구성 및 운영에 관한 조례」 제3조 제2항에서 결격사유를 정하고 있으나, 결격사유는 법률 사항이고, 「공공감사에 관한 법률」 제11조(자격)와 제15조(결격사유)와 분리 규정되어 있는 점 등을 종합적으로 고려하면 조례로 규정하여야 할 것이 아니라 제주특별자치도법에 명시하는 방안을 강구할 필요가 있다.

또한, 「제주특별자치도감사위원회 구성 및 운영에 관한 조례」 제4조에서 겸직 등의 금지를 규정하고 있으나, 제주특별자치도법 제66조 제3항에서 "도조례로 정하는 자격"으로 하고 있으므로 이를 근거로 정할 수 없고, 「공공감사에 관한 법률」 제11조(자격)와 제13조 (겸직 등의 금지)와 분리 규정되어 있는 점 등을 종합적으로 고려하면 조례로 규정하여야 할 것이 아니라 제주특별자치도법에 명시하는 방안을 강구할 필요가 있다.

V. 교육위원회 및 교육의원

1. 교육의원과 교육위원회는 다른 도의원과 상임위원회와 어떤 차이가 있는가?

제주특별자치도법 제79조에서는 「지방자치법」 제56조의 규정에 불구하고 도의회에 교육·과학·기술·체육 그 밖의 학예에 관한 소관 사항을 심의·의결하기 위하여 상임위원회(이하 "교육위원회"라 한다)[239]를 두도록 하고, 교육위원회는 9인으로 구성하되, 도의회의원 4인과 「지방자치법」 제31조 및 「공직선거법」의 지역선거구시·도의회의원선거에 관한 규정에 의하여 별도로 선출한 도의회의원(이하 "교육의원"이라 한다) 5인[240]으로 구성하도록 하고 있다.[241]

이는 교육위원회를 도의회 내 상임위원회로 전환시키고, 교육의원을 주민직선으로 선출하는 것인데,[242] 전국 최초로 도입된 제도로, 종전 지방교육자치사무의 의결기관인 교육위원회와 도의회로 이원화됨으로써 기능의 중복으로 인한 과도한 행정력 낭비와 의결기관 간의 소모적인 갈등과 대립으로 비효율을 초래함에 따라, 교육위원회와 도의회 내 교육관련 상임위원회를 법률기관으로 일원화하여 도의회의 특수한 상임위원회 형태인 "교육위원

---

239) 법제처 심사의뢰안에서는 「지방자치법」 제50조(현재의 제56조)의 규정에 불구하고 도의회에 교육·학예에 관한 중요사항을 심의, 의결하기 위하여 교육특별상임위원회를 두도록 하고 있었다. 종전의 교육·학예에 관한 사항을 의결하는 의결기관인 교육위원회를 도의회에 두도록 하고, 주민의 직접선거에 의하여 선출된 의원으로 하여금 동 위원회의 위원으로 하려는 취지에서 "도의회에 교육특별상임위원회(이하 "교육위원"라 한다)를 둔다."고 규정하고 있으나, 「지방자치법」에 의하면 도의회에는 일반적인 소관 사항을 심사, 처리하는 상임위원회와 특정한 안건을 일시적으로 심사, 처리하기 위한 특별위원회를 두도록 하고 있으므로 교육특별상임위원회로 하는 경우에는 상임위원회인지 특별위원회인지 분간할 수가 없는 문제가 있으므로 교육위원회가 일상적인 소관 사항을 처리하는 상임위원회로서의 성격을 가지고 있는 점을 고려하여 "도의회에 상임위원회(이하 "교육위원회"라 한다)를 둔다."고 수정하여 교육위원회가 특별위원회가 아닌 상임위원회에 해당하는 위원회임을 명백하게 하였다고 한다(서보경, 제주특별자치도 설치 및 국제자유도시 조성을 위한 특별법 해설 및 주요 심의사항, 법제, 2006. 4, 131-132쪽).

240) 국회 행정자치위원회에서는 행정시 인구비례상 선거구 획정에 어려움이 예상되고 교육분야에 대한 전문성을 강화하기 위하여 교육의원의 정수를 4인에서 5인으로 조정하였다.

241) 제주특별자치도법에는 지방교육자치에 관한 규정이 이 외에도 교육감 직선제(§ 91), 보조기관 등 및 하급교육행정기관에 관한 특례(§ 97, § 98), 보통교부금에 관한 특례(§ 101), 교육비특별회계 전출 비율에 관한 특례(§ 102), 지방채 등의 발행에 관한 특례(§ 103) 등이 규정되어 있다.

242) 제주특별자치도법 제정 당시 「지방교육자치에 관한 법률」에서는 교육의원과 교육감은 간선제였고, 교육위원회와 시·도의회가 분리되어 있었다.

회"를 설치함으로써 교육문제를 제주자치도 전체의 문제로 환원하려는 것이다. 즉, 교육청, 교육위원회 및 교육계 일부에서만 논의되던 교육·학예에 관한 사무가 도의회 및 제주자치도 전체의 관심사가 되고, 일반행정과의 관계가 긴밀해질 것으로 판단된다.[243]

먼저, 교육의원에 대하여 살펴보면,

교육의원은 「지방자치법」상 도의회의원의 지위와 권한을 갖는다고 제주특별자치도법에 명시되어 있지는 않지만,[244] 엄연히 다른 도의회의원과 마찬가지로 도의회의원이다. 다만, 다른 일반 도의회의원과 다른 특수성, 즉 선출방식, 피선거자격, 정당공천, 비례대표 등에서 차이가 있을 뿐이다.

교육의원과 다른 도의회의원과의 비교를 해 보면, 다음과 같다.

〈표 15〉 교육의원과 다른 도의회의원과의 비교

구 분	교육의원	다른 도의회의원
1. 선출	지방자치법 제26조의2 및 공직선거법의 시역선거 구시·도의회의원선거에 관한 규정에 의하여 별도로 선출한 도의회의원(제주특별자치도법 §80)	지방자치법 제31조 및 공직선거법
2. 정수	5인(제주특별자치도법 §41·§80)	36인(제주특별자치도법 §41)
3. 정당공천	정당공천 배제 (제주특별자치도법 §81)	정당공천 가능 (공직선거법 §47)
4. 비례대표	없음(제주특별자치도법 §41).	있음(제주특별자치도법 §41).
5. 피선거 자격	교육경력 또는 교육행정경력이 5년 이상 있거나 양 경력을 합하여 5년 이상 있고, 후보자등록신청 개시일부터 과거 1년 동안 정당의 당원이 아닌 자(제주특별자치도법 §82)	좌와 같은 피선거자격은 없음.

---

243) 제주특별자치도법 조문 해설서 및 국회 교육위원회 전문위원 검토보고서.

244) 「지방교육자치에 관한 법률」 제6조 제1항에서는 교육의원은 시·도의회의원의 지위와 권한을 갖는다고 명시하고 있으나, 제주특별자치도법에는 이러한 규정이 없다.

		<겸직금지>	<겸직금지>
6. 겸직 등의 금지		1. 「지방자치법」제33조 제1항 제1호·제3호부터 제6호까지에 규정된 직 2. 헌법재판소재판관, 각급 선거관리위원회 위원, 다른 교육위원회의 교육위원 3. 「사립학교법」제2조의 규정에 의한 사립학교의 교원. 다만, 「고등교육법」제2조의 규정에 의한 학교(다른 법령에 의하여 이와 동등 이상의 학력이 인정되는 교육기관을 포함한다)의 전임강사 이상의 교원을 제외한다. 4. 사립학교경영자 또는 사립학교를 설치·경영하는 법인의 임·직원 <영리행위금지> 교육위원회 위원은 제주자치도의 교육기관과 영리를 목적으로 하는 거래를 할 수 없으며, 이와 관련된 시설 또는 재산의 양수인 또는 관리인이 될 수 없다. (제주특별자치도법 §83)	1. 국회의원, 다른 지방의회의 의원 2. 헌법재판소재판관, 각급 선거관리위원회 위원 3. 「국가공무원법」제2조에 규정된 국가공무원과 「지방공무원법」제2조에 규정된 지방공무원(「정당법」제22조에 따라 정당의 당원이 될 수 있는 교원은 제외한다) 4. 「공공기관의 운영에 관한 법률」제4조에 따른 공공기관(한국방송공사, 한국교육방송공사 및 한국은행을 포함한다)의 임직원 5. 「지방공기업법」제2조에 규정된 지방공사와 지방공단의 임직원 6. 농업협동조합, 수산업협동조합, 산림조합, 엽연초생산협동조합, 신용협동조합, 새마을금고(이들 조합·금고의 중앙회와 연합회를 포함한다)의 임직원과 이들 조합·금고의 중앙회장이나 연합회장 7. 「정당법」제22조에 따라 정당의 당원이 될 수 없는 교원 8. 다른 법령에 따라 공무원의 신분을 가지는 직 9. 그 밖에 다른 법률에서 겸임할 수 없도록 정하는 직 <영리행위금지> 지방의회의원은 해당 지방자치단체 및 공공단체와 영리를 목적으로 하는 거래를 할 수 없으며, 이와 관련된 시설이나 재산의 양수인 또는 관리인이 될 수 없다. 지방의회의원은 소관 상임위원회의 직무와 관련된 영리행위를 하지 못하며, 그 범위는 해당 지방자치단체의 조례로 정한다. (지방자치법 §35)

다음으로, 교육위원회에 대하여 살펴보면,

교육위원회를 통상의 상임위원회와 같이 두는 경우에는 교육의 자주성이나 전문성을 보장하기 어려운 측면도 있으므로, 교육의 자주성과 전문성을 보장하기 위한 조치, 즉 교육위원회의 구성 등(§80), 의안의 의결(§84), 의안의 발의 및 이송(§85) 등을 규정하여 교육위원회에 대하여 일정한 범위 안에서 특수성을 인정해 주고 있다.

즉, 「지방자치법」제56조 제1항에서 지방의회는 조례가 정하는 바에 의하여 위원회를 둘 수 있도록 규정함으로써 위원회의 명칭이나 위원회의 위원선임 등 위원회의 구성과 관련된 사항은 지방의회의 자율적인 결정에 의하도록 하고 있으나, 제주특별자치도법 제79조에서는 도의회 내에 교육위원회를 설치하도록 하는 등 교육위원회의 설치 및 구성 등을 법률로 강제하고 있어 교육위원회는 법률상으로 설치된 기관이고, 다른 상임위원회[245)]는 조례로 설치된 기관으로 큰 차이가 난다.

또한, 제주특별자치도법 제80조에서는 교육위원회는 일반 도의회의원 4인과 별도로 선출한 도의회의원(교육위원: 교육경력 또는 교육행정경력을 가진 교육전문가로 선출된 도의원) 5인으로 구성하고, 교육위원회 위원장의 선출 및 사임방법 등을 자세히 규정하고 있으며, 제주특별자치도법 제84조 제2항에서는 교육위원회에서 의결하는 기금의 설치·운용에 관한 사항 등에 대해서는 본회의 의결로 보도록 하고 있는 등 이들 상임위원회 간의 위상·지위에 차이가 있다.

따라서 교육위원회에 대하여 다른 상임위원회와 형평성 문제가 제기될 수도 있다. 그러나 다른 상임위원회와 똑같이 교육위원회를 구성하는 경우에는 제주특별자치도법에 규정할 필요가 없고 「지방자치법」 제56조 제1항에 따라 도조례로 정하면 되지만, 이렇게 할 경우 교육의 자주성 및 전문성이 상실될 가능성이 많음에 따라, 제주특별자치도법에 교육위원회 구성 등을 규정하여 교육의 자주성 및 전문성을 확보하기 위한 불가피한 규정으로 보이고, 헌법의 비례의 원칙에도 위반되지 아니하는 것으로 판단된다.

참고로, 교육의 전문성과 자주성을 확보하기 위한 수단으로서 교육위원 중 어느 정도의 비율을 교육경력자로 할당할 것인지, 그리고 그 경력연수는 어느 정도를 요구할 것인지는 입법자가 여러 사정을 참작하여 그 재량에 따라 결정할 문제로서 광범위한 입법재량 내지 형성의 자유가 인정되는 것이고, 이와 같이 광범위한 입법재량권이 인정되는 경우 그것이 「대한민국헌법」 제37조 제2항으로부터 파생되는 비례의 원칙 혹은 과잉금지의 원칙에 반하는 것으로 평가되는 등 헌법규정이나 헌법상 일반원리에 반하여 자의적으로 행사된 경우가 아닌 한, 이는 단순한 입법정책의 당부의 문제에 불과하고 헌법위반의 문제는 아닌 것이다(헌법재판소 1995. 4. 20. 91헌바11, 헌법재판소 2001. 11. 29. 2001헌가16).

교육위원회와 다른 상임위원회와의 비교해 보면, 다음과 같다.

---

245) 제주특별자치도의회에는 상임위원회가 의회운영위원회, 행정자치위원회, 복지안전위원회, 환경도시위원회, 문화관광위원회, 농수축·지식산업위원회, 교육위원회 등 7개가 있다.

〈표 16〉 교육위원회와 다른 상임위원회와의 비교

구 분	교육위원회	다른 상임위원회
1. 설치근거	제주특별자치도법 §79	지방자치법 §56
2. 구성	9인(교육위원 5인 + 일반위원 4인) (제주특별자치도법 §80)	6인~9인 이내 <제주특별자치도의회 위원회 및 교섭단체 구성과 운영에 관한 조례(이하 이 표에서 "조례"라 함) §2>
3. 위원장	① 선출: 교육위원회에서 무기명투표, 다수득표자 선출, 본회의 보고 ② 임기: 2년 ③ 사임: 교육위원회의 동의 ④ 대행: 연장자순(2011. 5. 23. 삭제) (제주특별자치도법 §80)	① 선출: 본회의에서 무기명 투표, 다수득표자 ② 임기: 2년 ③ 사임: 본회의 동의 폐회 중 의장 허가 ④ 대행: 간사 (조례 §7·§12)
4. 의결사항	교육·학예에 관한 다음의 사항 1. 조례안 2. 예산안 및 결산 3. 특별부과금·사용료·수수료·분담금 및 가입금의 부과와 징수에 관한 사항 4. 기채안 5. 기금의 설치·운용에 관한 사항 <본회의 의결로 보는 의안> 6. 도조례로 정하는 중요재산의 취득·처분에 관한 사항 7. 도조례로 정하는 공공시설의 설치·관리 및 처분에 관한 사항 8. 법령과 조례에 규정된 것을 제외한 예산 외 의무부담이나 권리의 포기에 관한 사항 9. 청원의 수리와 처리 10. 외국 지방자치단체와의 교류협력에 관한 사항 11. 그 밖에 법령과 도조례에 의하여 그 권한에 속하는 사항 (제주특별자치도법 §84)	위원회 소관 사항 (조례 §2)
5. 발의·이송	<발의> ·본회의 의결로 보는 의안: 도교육감, 교육위원회 재적위원 3분의 1 이상 연서 ·기타 의안: 도교육감, 도의회 재적의원 5분의 1 이상 또는 의원 10인 이상 연서 <이송> ·본회의 의결로 보는 의안: 교육위원회 위원장 → 도교육감, 도의회 의장 보고 ·기타 의안: 도의회의장 → 도교육감 (제주특별자치도법 §85)	<발의> 도지사 재적위원 5분의 1 이상 또는 의원 10인 이상 연서 <이송> 도의회의장 → 도지사 (지방자치법 §66 등)
6. 의사·의결 정족수	지방자치법 제63조 및 제64조 준용 (제주특별자치도법 §87)	지방자치법 제63조 및 제64조
7. 회의록	회의록 작성·배부 등을 회의규칙246)으로 정함(제주특별자치도법 §88).	지방자치법과 영에 나오지 아니하는 사항은 회의규칙으로 정함. (지방자치법 §72 및 영 §21)
8. 사무지원	도의회사무처에 조직과 사무직원을 두고, 교육행정직지방공무원은 도교육감이 임명 (제주특별자치도법 §89)	도지사 또는 도의회의장

한편, 「지방교육자치에 관한 법률」의 개정(2006. 12. 20. 공포, 2007. 1. 1. 시행)[247]으로 다른 시·도도 제주특별자치도와 마찬가지로 도의회에 교육위원회를 두도록 되고, 교육 의원도 직선으로 선출하도록 변경되었다.

참고로, 교육의원과 교육위원회에 대한 제주특별자치도법과 「지방교육자치에 관한 법률」[248][249]의 주요한 차이점을 살펴보면, 다음과 같다.

---

246) 2006. 2. 21. 제주특별자치도법 제정 당시에는 도조례로 정하도록 하였으나 별다른 의의가 없어 제1차 개정(2007. 8. 3. 법률 제8586호로 개정된 것) 시 도조례에서 회의규칙으로 변경되었다.

247) 주요 내용은 교육위원회를 시·도의회 내 상임위원회로 전환을 비롯하여 교육감·교육의원을 주민직선으로 선출하고, 교육감과 시·도지사 사이에 지방 교육관련 업무협의를 활성화하기 위하여 지방교육행정협의회를 조례로 설치하고, 각 시·도교육감 상호간 교류·협력 증진 및 공동문제를 상호 협의하기 위하여 전국적인 교육감협의체를 만들 수 있도록 하고 있다.

248) 제주특별자치도에서는 지방교육자치에 대하여 제주특별자치도법과 「지방교육자치에 관한 법률」 중 어떤 법률이 우선 적용되는지 살펴보면, 제주특별자치도법 제6조(다른 법률과의 관계 등) 제1항에 따르면, "이 법은 제주특별자치도의 조직·운영, 중앙행정기관의 권한이양 및 규제완화 등에 있어서 다른 법률의 규정에 우선하여 적용한다. 다만, 다른 법률에서 제주특별자치도에 관하여 특별한 규정이 있는 경우에는 그러하지 아니하다."라고 규정하고 있다. 이 규정은 제주특별자치도에 있어서 법적용의 혼란이 발생하는 것을 방지하기 위하여 제주특별자치도법이 다른 법률보다 우선적으로 적용하도록 하는 특별법의 지위를 부여하되, 다른 법률에서 제주특별자치도에 대하여 특별한 규정이 있다면, 제주특별자치도법보다 다른 법률이 우선적으로 적용되도록 하려고 하는 것이다. 따라서 교육위원회와 교육의원에 대하여 제주특별자치도법에서 규정하고 있으므로, 「지방교육자치에 관한 법률」보다 우선적으로 적용된다고 할 수 있을 것이다.

249) 「지방교육자치에 관한 법률」(법률 제10046호, 2010. 2. 26.) 부칙 제2조 제1항에 따라 교육위원회와 교육의원 조항은 2014년 6월 30일까지 유효하므로, 제주특별자치도에서도 교육위원회와 교육의원 폐지에 대하여 진지한 검토가 필요할 것으로 보인다.

<표 17> 교육위원회에 대한 제주특별자치도법과 「지방교육자치에 관한 법률」 비교

구 분	제주특별자치도법	지방교육자치에 관한 법률
1. 설치근거	§79	§4
2. 구성	9인(교육위원 5인＋일반위원 4인) (§80)	7인~15인 이내(§5, 별표 1)
3. 위원장	① 선출: 교육위원회에서 무기명투표, 다수득표자 선출, 본회의 보고 ② 임기: 2년 ③ 사임: 교육위원회의 동의 ④ 대행: 연장자 순(2011. 5. 23. 삭제) (§80)	없음. 지방교육자치법 제3조에 따라 지방자치법 준용(지방자치법 제62조에 따라 조례로 정함)
4. 의결사항	교육·학예에 관한 다음의 사항 1. 조례안 2. 예산안 및 결산 3. 특별부과금·사용료·수수료·분담금 및 가입금의 부과와 징수에 관한 사항 4. 기채안 5. 기금의 설치·운용에 관한 사항 <본회의 의결로 보는 의안> 6. 도조례로 정하는 중요재산의 취득·처분에 관한 사항 7. 도조례로 정하는 공공시설의 설치·관리 및 처분에 관한 사항 8. 법령과 조례에 규정된 것을 제외한 예산 외 의무부담이나 권리의 포기에 관한 사항 9. 청원의 수리와 처리 10. 외국 지방자치단체와의 교류협력에 관한 사항 11. 그 밖에 법령과 도조례에 의하여 그 권한에 속하는 사항 (§84)	교육·학예에 관한 다음의 사항 1. 조례안 2. 예산안 및 결산 3. 특별부과금·사용료·수수료·분담금 및 가입금의 부과와 징수에 관한 사항 4. 기채안 5. 기금의 설치·운용에 관한 사항 <본회의 의결로 보는 의안> 6. 대통령령으로 정하는 중요재산의 취득·처분에 관한 사항 7. 대통령령으로 정하는 공공시설의 설치·관리 및 처분에 관한 사항 8. 법령과 조례에 규정된 것을 제외한 예산 외 의무부담이나 권리의 포기에 관한 사항 9. 청원의 수리와 처리 10. 외국 지방자치단체와의 교류협력에 관한 사항 11. 그 밖에 법령과 시·도조례에 의하여 그 권한에 속하는 사항 (§11)
5. 발의·이송	<발의> ·본회의 의결로 보는 의안: 도교육감, 교육위원회 재적위원 3분의 1 이상 연서 ·기타 의안: 도교육감, 도의회 재적의원 5분의 1 이상 또는 의원 10인 이상 연서 <이송> ·본회의 의결로 보는 의안: 교육위원회 위원장 → 도교육감, 도의회의장 보고 ·기타 의안: 도의회의장 → 도교육감 (§85)	<발의> ·교육감, 교육위원회 재적위원 5분의 1 이상 또는 의원 10인 이상 연서 <이송> ·본회의 의결로 보는 의안: 교육위원회 위원장 → 교육감, 의회의장 보고 ·기타 의안: 도의회의장 → 교육감 (§13, 14)
6. 의사·의결 정족수	지방자치법 제63조 및 제64조 준용 (§87)	지방자치법 제63조 및 제64조 준용 (§12)
7. 회의록	회의록 작성·배부 등을 회의규칙으로 정함(§88).	없음. 지방교육자치법 제3조에 따라 지방자치법 준용
8. 사무지원	도의회사무처에 조직과 사무직원을 두고, 사무직원은 지방공무원으로 하며, 교육위원회 위원장 추천에 따라 도교육감이 임명(§89)	좌와 동일 (§17)

〈표 18〉 교육의원에 대한 제주특별자치도법과 「지방교육자치에 관한 법률」 비교

구 분	제주특별자치도법	지방교육자치에 관한 법률
지위·권한	명시하지 아니함.	명시(§6①)
선출	정당공천 배제, 「공직선거법」 지역선거구 시·도의회의원 무소속후보자의 추천 및 등록 준용 (§81)	주민의 보통·평등·직접·비밀 선거 등 직접 규정 (§51~§58)
겸직금지	1. 「지방자치법」 제35조 제1항 제1호, 제3호부터 제6호까지에 규정된 직 2. 헌법재판소재판관, 각급 선거관리위원회 위원, 다른 교육위원회의 교육위원 3. 「사립학교법」 제2조의 규정에 의한 사립학교의 교원. 다만, 「고등교육법」 제2조의 규정에 의한 학교(다른 법령에 의하여 이와 동등 이상의 학력이 인정되는 교육기관을 포함한다)의 전임강사 이상의 교원을 제외한다. 4. 사립학교경영자 또는 사립학교를 설치·경영하는 법인의 임·직원(§81①)	1. 「지방자치법」 제35조 제1항 제1호부터 제6호까지, 제8호 및 제9호에 규정된 직 2. 「사립학교법」 제2조의 규정에 따른 사립학교(이와 동등한 학력이 인정되는 교육기관 또는 평생교육시설로서 다른 법령에 따라 설립된 교육기관 또는 평생교육시설을 포함한다. 이하 같다)의 교원. 다만, 「고등교육법」 제2조의 규정에 따른 학교(이와 동등 이상의 학력이 인정되는 교육기관 또는 평생교육시설로서 다른 법령에 따라 설립된 교육기관 또는 평생교육시설을 포함한다. 이하 같다)의 전임강사 이상의 교원을 제외한다. 3. 사립학교경영자 또는 사립학교를 설치·경영하는 법인(이와 동등한 학력이 인정되는 교육기관 또는 평생교육시설로서 다른 법령에 따라 설립된 교육기관 또는 평생교육시설을 설치·경영하는 자를 포함한다. 이하 같다)의 임·직원(§9①)
영리행위 금지	제주자치도의 교육기관과 영리를 목적으로 하는 거래를 할 수 없으며, 이와 관련된 시설 또는 재산의 양수인 또는 관리인이 될 수 없음(§81②).	당해지방자치단체의 교육기관(교육행정기관, 교육연구기관, 교육연수·수련기관, 도서관, 교원·학생복지후생기관 등을 포함한다)과 영리를 목적으로 하는 거래를 할 수 없으며, 이와 관련된 재산의 양수인 또는 관리인이 될 수 없음(§9②).
교원이 당선된 경우	―	임기 중 그 교원의 직은 휴직(§9③)
피선거자격 등	교육경력 또는 교육행정경력이 5년 이상 있거나 양 경력을 합하여 5년 이상 있고, 후보자등록신청 개시일부터 과거 1년 동안 정당의 당원이 아닌 자(§82)	좌와 동일(§10)
소환	없음. ※ 주민소환에 관한 법률 적용	교육의원 소환권 인정 제52조에 따른 선거관리위원회가 관리 이 법에서 규정한 사항을 제외하고는 그 성질에 반하지 아니하는 범위에서 「주민소환에 관한 법률」의 지역선거구시·도의회의원에 관한 규정을 준용 (§10의2)
퇴직	없음.	1. 교육의원이 제9조 제1항의 겸임할 수 없는 직에 취임한 때 2. 피선거권이 없게 된 때(지방자치단체의 구역이 변경되거나, 지방자치단체가 없어지거나 합쳐진 경우 외의 다른 사유로 교육의원이 그 지방자치단체의 구역 밖으로 주민등록을 이전함으로써 피선거권이 없게 된 때를 포함한다) 3. 정당의 당원이 된 때 4. 징계에 따라 제명된 때 (§10의3)

이러한 차이점은 제주특별자치도법이 전국 최초로 이를 도입한 데다가 제주만의 특색 등으로 「지방교육자치에 관한 법률」과 다르게 된 것이라고 할 수 있다.

향후, 교육위원회와 교육의원이 전국적으로 도입됨에 따라, 제주특별자치도의 경우 전국 제도와 달리 운영할 실익이 있는지에 대하여 검토한 후 제주지역 특색이 있는 것을 제외하고는 일반법인 「지방교육자치에 관한 법률」에 따르도록 제주특별자치도법을 개정할 필요가 있다 할 것이다.

2. 「지방교육자치에 관한 법률」을 개정하면서 부칙으로 제주특별자치도법을 개정할 수 있는지?

2010. 2. 26. 「지방교육자치에 관한 법률」 제10조(교육의원후보자의 자격 등)를 개정하면서 부칙으로 제주특별자치도법 제82조(교육의원의 피선거자격 등)를 개정하였는데, 이렇게 할 수 있는지 논란이 있을 수 있다.

일반적으로 "다른 법률의 개정"에 관한 규정은 법률의 제정 또는 개정에 수반하여 영향을 받는 다른 법률의 자구 또는 인용조문을 정리하는 등 경미한 사항의 개정을 필요로 하는 경우에 사용하는 방식으로 이 방식은 법률을 동시에 정비할 수 있다는 입법경제적인 효율성과 법률개정 시차를 제거하여 법률시행상의 통일성을 기하려는 입법실무적인 편의성 차원에서 두는 것이다.

그렇다면 제주특별자치도법 제82조의 개정이 「지방교육자치에 관한 법률」 제10조의 개정에 영향을 받는 자구 또는 인용조문을 정리하는 등 경미한 사항인지 여부가 중요한 문제가 될 것이다.

「지방교육자치에 관한 법률」 제10조와 제주특별자치도법 제82조는 교육의원의 피선거자격과 관련되는 것으로 내용이 비슷하고, 손쉽게 개정할 수 있기 때문에 「지방교육자치에 관한 법률」을 개정하면서 부칙으로 제주특별자치도법을 개정할 수 있다고 주장할 수는 있을 것이다.

그러나 ① 「지방교육자치에 관한 법률」과 제주특별자치도법은 일반법과 특별법 관계이므로 교육의원의 피선거자격에 대하여 제주특별자치도는 제주특별자치도법에서 「지방교육자치에 관한 법률」을 적용받는 다른 시·도와 다르게 규정할 수 있고,[250] ② 교육의원의 피선거자격은 자구 또는 인용조문을 정리하는 등 경미한 사항이라고 할 수도 없고, 실체적인 규정이라고 할 수 있으며,[251] ③ 역사적으로 볼 때에도 교육의원에 대하여는 제주특별자치도법이 먼저 규정(2006. 2. 21. 공포, 2006. 7. 1. 시행)되었고, 「지방교육자치에 관한 법률」(2006. 12. 20. 공포, 2007. 1. 1. 시행[252])이 나중에 규정되었다.

따라서 제주특별자치도 교육의원의 피선거자격을 「지방교육자치에 관한 법률」에 따른 교육의원의 피선거자격처럼 규정하는 것이 바람직한지 여부는 별론으로 하고, 「지방교육자치에 관한 법률」 제10조를 개정하면서 부칙으로 제주특별자치도 제82조를 개정하는 것은 입법체계상 "다른 법률의 개정"의 한계를 넘는 것이므로 불가능하다고 판단되고, 직접 제주특별자치도법을 개정하였어야 할 것이다.[253]

<제주특별자치도법>

(2010. 2. 26. 개정되기 전 것)
제82조(교육의원의 피선거자격) 교육의원은 제81조 제1항의 규정에 의하여 준용되는 「공직선거법」 제49조의 규정에 의한 후보자등록신청 개시일 당시 다음 각 호의 구분에 따른 교육경력 또는 교육행정경력이 10년 이상 있거나 양 경력을 합하여 10년 이상 있고, 후보자등록신청 개시일부터 과거 2년 동안 정당의 당원이 아닌 자이어야 한다.
  1. 교육경력: 「유아교육법」 제2조 제2호의 규정에 의한 유치원, 「초·중등교육법」 제2조 및 「고등교육법」 제2조의 규정에 의한 학교에서 교원으로 근무한 경력
  2. 교육행정경력: 국가 또는 지방자치단체의 교육기관(교육행정기관, 교육연구기관, 교육연수·수련기관, 도서관 및 교원·학생복지후생기관 등을 포함한다. 이하 같다)에서 국가공무원 또는 지방공무원으로 교육·학예에 관한 사무에 종사한 경력과 「교육공무원법」 제2조 제1항 제2호 또는 제3호의 규정에 의한 교육공무원으로 근무한 경력

(2010. 2. 26. 개정된 것)
제82조(교육의원의 피선거자격 등) ① 교육의원후보자가 되려는 사람은 시·도의회의원의 피선거권이 있는 사람으로서 후보자등록신청개시일부터 과거 1년 동안 정당의 당원이 아닌 사람이어야 한다.
  ② 교육의원후보자가 되려는 사람은 후보자등록신청개시일을 기준으로 다음 각 호의 어느 하나에 해당하는 경력이 5년 이상 있거나 다음 각 호의 어느 하나에 해당하는 경력을 합한 경력이 5년 이상 있는 사람이어야 한다.
  1. 교육경력: 「유아교육법」 제2조 제2호에 따른 유치원, 「초·중등교육법」 제2조 및 「고등교육법」 제2조에 따른 학교(이와 동등한 학력이 인정되는 교육기관 또는 평생교육시설로서 다른 법률에 따라 설치된 교육기관 또는 평생교육시설을 포함한다)에서 교원으로 근무한 경력
  2. 교육행정경력: 국가 또는 지방자치단체의 교육기관에서 국가공무원 또는 지방공무원으로 교육·학예에 관한 사무에 종사한 경력과 「교육공무원법」 제2조 제1항 제2호 또는 제3호에 따른 교육공무원으로 근무한 경력

---

250) 일반법과 특별법 관계가 있다고 하더라도 반드시 일반법 부칙으로 특별법을 개정하지 못하는 것은 아니고, 일반법의 조문 변경이나 자구 변경에 따라 부칙으로 특별법의 조문이나 자구를 변경할 수 있다.

251) 실체적인 규정을 변경할 경우에는 「국회법」상 상임위원회의 소관업무와 관련하여 해당 상임위원회의 의안심사권을 존중하고 국민의 법령이해의 편의를 도모하기 위하여 해당 개별법을 직접 개정하여야 하며, "다른 법률의 개정"에 관한 규정으로 개정하는 것은 적절하지 않다. 입법이론과 법제실무, 국회법제실, 2008, 1227~1228쪽 참조.

252) 부칙 제3조 제2항에 따르면, 이 법에 따라 최초로 선출되는 교육의원은 「공직선거법」 제203조 제1항에 따라 2010년에 동시 실시되는 지방의회의원 선거 및 지방자치단체장의 선거(이하 "2010년 지방선거"라 한다)와 동시선거로 선출하며, 임기는 2010년 7월 1일부터 개시하여 2014년 6월 30일로 만료된다고 하고 있다.

253) 주민소환에 있어서도 제주특별자치도가 먼저 규정하고 그 뒤에 「주민소환에 관한 법률」이 제정되자 그 뒤 제주특별자치도법을 개정하여 대부분 「주민소환에 관한 법률」을 적용하는 조치를 하였다.

<**지방교육자치에 관한 법률**>

제10조(교육의원후보자의 자격 등) ① 교육의원후보자가 되려는 사람은 시·도의회의원의 피선거권이 있는 사람으로서 후보자등록신청개시일부터 과거 1년 동안 정당의 당원이 아닌 사람이어야 한다. <개정 2010.2.26>

② 교육의원후보자가 되려는 사람은 후보자등록신청개시일을 기준으로 다음 각 호의 어느 하나에 해당하는 경력이 5년 이상 있거나 다음 각 호의 어느 하나에 해당하는 경력을 합한 경력이 5년 이상 있는 사람이어야 한다. <개정 2010.2.26>

1. 교육경력:「유아교육법」제2조 제2호의 규정에 따른 유치원,「초·중등교육법」제2조 및 「고등교육법」제2조의 규정에 따른 학교(이와 동등한 학력이 인정되는 교육기관 또는 평생교육시설로서 다른 법률에 따라 설치된 교육기관 또는 평생교육시설을 포함한다)에서 교원으로 근무한 경력

2. 교육행정경력: 국가 또는 지방자치단체의 교육기관에서 국가공무원 또는 지방공무원으로 교육·학예에 관한 사무에 종사한 경력과 「교육공무원법」제2조 제1항 제2호 또는 제3호의 규정에 따른 교육공무원으로 근무한 경력

부칙<법률 제10046호, 2010. 2. 26.>

제8조(다른 법률의 개정) 제주특별자치도 설치 및 국제자유도시 조성을 위한 특별법 일부를 다음과 같이 개정한다.
제82조를 다음과 같이 한다.

제82조(교육의원의 피선거자격 등) ① 교육의원후보자가 되려는 사람은 시·도의회의원의 피선거권이 있는 사람으로서 후보자등록신청개시일부터 과거 1년 동안 정당의 당원이 아닌 사람이어야 한다.

② 교육의원후보자가 되려는 사람은 후보자등록신청개시일을 기준으로 다음 각 호의 어느 하나에 해당하는 경력이 5년 이상 있거나 다음 각 호의 어느 하나에 해당하는 경력을 합한 경력이 5년 이상 있는 사람이어야 한다.

1. 교육경력:「유아교육법」제2조 제2호에 따른 유치원,「초·중등교육법」제2조 및 「고등교육법」제2조에 따른 학교(이와 동등한 학력이 인정되는 교육기관 또는 평생교육시설로서 다른 법률에 따라 설치된 교육기관 또는 평생교육시설을 포함한다)에서 교원으로 근무한 경력

2. 교육행정경력: 국가 또는 지방자치단체의 교육기관에서 국가공무원 또는 지방공무원으로 교육·학예에 관한 사무에 종사한 경력과 「교육공무원법」제2조 제1항 제2호 또는 제3호에 따른 교육공무원으로 근무한 경력

3. 교육의원이 본회의 모든 안건을 의결할 수 없는가?

교육의원이 본회의에서 교육·학예에 관한 사항 외에 다른 안건에 대해서도 의결권을 행사할 수 있는지에 대하여 논란이 있다.

교육의원이 본회의에서 교육·학예에 관한 사항 외에 다른 안건에 대해서는 의결권을 행사할 수 없다고 주장하는 견해는 ① 교육의원은 교육·학예에 관한 소관 사항을 심의·의결하기 위한 교육위원회를 구성하고, ② 교육경력 또는 교육행정경력을 가진 교육전문가로 일반 도의원과는 별도로 선출하며, ③ 제주특별자치도법 제84조에 교육·학예에 관한 사항만 심의·의결하도록 되어 있고, ④ 실제로도 선거운동 시 도 전체의 문제를 공약이나 선거운동으로 삼지 아니하고 교육·학예에 관한 사항만을 공약으로 제시하는 등 도 전체 차원에서 이루어지지 않고 있기 때문이라고 주장한다.

그러나 다음과 같은 이유로 교육의원은 본회의에서 교육·학예에 관한 사항 외에 다른 안건에 대해서도 의결권을 행사할 수 있다고 할 것이다.[254]

첫째, 교육의원에 대하여 「지방자치법」상 도의회의원의 지위와 권한을 갖는다고 제주특별자치도법에 명시되어 있지는 않지만, 엄연히 도의회의원이고, 다른 일반 도의회의원과 마찬가지로 교육위원회뿐만 아니라 본회의에서도 도의회의원으로서의 지위와 권한을 행사할 수 있다.[255]

왜냐하면, 제주특별자치도법 제41조에서는 교육위원 5인을 포함한 도의회의원의 정수는 41인 이내에서 도의회의원선거구획정위원회가 정하는 바에 따라 도조례로 정하도록 하고 있고, 또한, 제주특별자치도법 제80조에서는 교육위원을 「공직선거법」의 지역선거구시·도의회의원선거에 관한 규정에 의하여 별도로 선출한 도의회의원이라고 명시하고 있기 때문이다.

둘째, 「대한민국헌법」 제31조 제4항에서 교육의 자주성·전문성·정치적 중립성 및 대학의 자율성은 법률이 정하는 바에 의하여 보장된다고 하고 있으므로, 교육위원이 교육경력을 필요로 하거나 다른 일반 도의원과는 달리 선출하더라도 이는 교육의 자주성과 전문성이라는 헌법정신을 구현하기 위한 것으로 이렇게 규정되어 있다고 하여 이것이 곧 본회의에서 교육·학예 외에 의결권을 행사하지 못한다고는 할 수 없을 것이다.

셋째, 제주특별자치도법 제84조는 교육위원회의 의결사항을 의미하는 것이지 교육의원이 본회의에서 의결할 수 있는 사항을 열거한 것은 아니라고 할 것이다.

넷째, 선거 시 주로 교육·학예에 관해서만 공약하더라도 이는 사실상의 문제라 할 것이며, 교육위원이 본회의에서 모든 의안에 대하여 의결을 하더라도 교육전문가로 일반 도의원과는 별도로 선출하는 것이므로, 담당하는 업무 중 가장 중요한 업무인 교육·학예에 대해서만 주로 언급할 수밖에 없을 것이다.

따라서 교육의원이 상임위원회인 교육위원회의 구성원으로서 일반 도의회의원과 비교하여 특수성이 있는 것은 사실이지만, 그렇다고 하여 도의회의원이 아니라거나 본회의 의결을 하는 때에 교육·학예에 관한 사항에 대해서만 의결권이 있다고 주장할 수는 없다 할 것이다.[256]

---

254) 행정자치부의 2006. 8. 29. 회신에 따르면, 교육위원회 역시 분야별 상임위원회의 일종인 만큼 본회의 및 관련 위원회에 의사 참여권이 있다고 하였다.

255) 「지방교육자치에 관한 법률」 제6조 제1항에서는 교육의원은 시·도의회의원의 지위와 권한을 갖는다고 명시하고 있으나, 제주특별자치도법에는 이러한 규정이 없다.

256) 2006. 8. 29. 행정자치부 유권해석에서도 교육위원회 역시 분야별 상임위원회의 일종인 만큼 본회의 및 관련 위원회의 의사참여권이 있다고 하였다.

4. 교육의원은 도의회의장으로 선출될 수 없는가?

「지방자치법」 제48조 제1항에 따르면, 도의회는 의원 중에서 의장 1명을 무기명투표로 선거하도록 하고 있고, 제주특별자치도법 제80조에 따르면, 교육의원 5인은 교육위원회 위원이 되도록 하고 있는 데 반하여 「제주특별자치도의회 위원회 및 교섭단체 구성과 운영에 관한 조례」 제5조 제2항에서는 도의회의장은 상임위원회 위원이 될 수 없도록 하고 있어 교육의원이 도의회의장으로 선출될 수 있는지 여부가 논란이 될 수 있다.

「지방자치법」 제48조와 제주특별자치도법 제80조 등에 따르면, 도의회의장은 도의회의 원 중에서 무기명투표로 선거하도록 하고 있고, 교육의원은 별도로 선출은 하지만 도의회 의원이 분명하며, 또한, 이들 법률 어디에도 교육의원은 도의회의장이 될 수 없다고 하는 명시적인 규정도 없으므로, 도의회의장으로 선출될 수 있다고 할 것이다.

그러나 「제주특별자치도의회 위원회 및 교섭단체 구성과 운영에 관한 조례」 제5조 제2항에서는 도의회의장은 상임위원회 위원이 될 수 없도록 하고 있는데, 이는 교육의원은 도의회의장이 될 수 없다는 결론에 도달하게 된다.

왜냐하면, 제주특별자치도법 제80조에서는 교육위원회를 9인으로 구성하되, 도의회의 원 4인과 교육의원 5인으로 구성하게 되므로 교육의원 5인은 반드시 교육위원회에 포함 되어야 하는데, 교육의원이 도의회의장으로 선출되는 순간 같은 조례에 의하여 도의회의 장은 상임위원회 위원이 될 수 없어 교육위원회 위원을 그만두게 되면 교육위원회 구성 이 8인이 되고 교육의원은 4인이 되기 때문이다.

따라서 「제주특별자치도의회 위원회 및 교섭단체 구성과 운영에 관한 조례」 제5조 제2항은 「지방자치법」 제48조와 「제주특별자치도법」 제80조를 위반한 조항이라고 할 것이다.

이와 같은 문제가 발생하게 된 이유는 종전에는 「제주특별자치도의회 위원회 및 교섭 단체 구성과 운영에 관한 조례」 제5조 제2항과 같이 규정하여도 「지방자치법」 제56조에 따라 모든 상임위원회는 조례로 설치되고, 「지방자치법」 제56조에 따라 조례로 규정하면 되는 것이므로 위법문제가 발생하지 아니하였으나, 교육위원회가 제주특별자치도법에 규 정되면서 교육위원회는 제주특별자치도법으로, 그 외의 상임위원회는 조례로 설치하게 되었기 때문이다.

앞으로, 교육의원도 의장이 될 수 있도록 조례를 개정(예를 들면, 「제주특별자치도의회 위원회 및 교섭단체 구성과 운영에 관한 조례」 제5조 제2항에 "다만, 교육의원은 그러하지 아니하다."라는 단서를 신설)하여야 할 것이다.

참고로, 국회의 경우,「국회법」제39조 제3항에서 국회의장은 상임위원이 될 수 없도록 하고 있다.

<제주특별자치도법>
제80조(교육위원회의 구성 등) ① 교육위원회는 9인으로 구성하되, 도의회의원 4인과 「지방자치법」 제26조의2 및 「공직선거법」의 지역선거구시·도의회의원선거에 관한 규정에 의하여 별도로 선출한 도의회의원(이하 "교육의원"이라 한다) 5인으로 구성한다.
② 교육위원회 위원장은 교육위원회 위원 중에서 무기명투표로 선출하되, 다수득표자로 한다.
③ 교육위원회 위원장의 임기는 2년으로 한다.
④ 교육위원회 위원장은 교육위원회의 동의를 얻어 그 직을 사임할 수 있다.

<지방자치법>
제48조(의장·부의장의 선거와 임기) ① 지방의회는 의원 중에서 시·도의 경우 의장 1명과 부의장 2명을, 시·군 및 자치구의 경우 의장과 부의장 각 1명을 무기명투표로 선거하여야 한다.

<국회법>
제39조(상임위원회의 위원) ① 의원은 2 이상의 상임위원회의 위원(이하 "상임위원"이라 한다)이 될 수 있다.
② 각 교섭단체의 대표의원은 국회운영위원회의 위원이 된다.
③ 의장은 상임위원이 될 수 없다.
④ 국무총리·국무위원·국무총리실장·처의 장, 행정각부의 차관 기타 국가공무원의 직을 겸한 의원은 상임위원을 사임할 수 있다.

<제주특별자치도의회 위원회 및 교섭단체 구성과 운영에 관한 조례>
제5조(상임위원회의 위원) ① 의원은 하나의 상임위원회 위원(이하 "상임위원"이라 한다)이 된다. 다만, 의회운영위원회 위원은 겸할 수 있다.
② 의장은 상임위원이 될 수 없다.

---

5. 2006년 9월 1일 이후 제주특별자치도의회 교육위원회 간사가 교육위원 장 사고 시 대행할 수 있는가?

제3차 개정(2011. 5. 23. 법률 제10701호로 개정된 것) 전의 제주특별자치도법 제80조 제5항에 따르면, 교육위원회 위원장이 부득이한 사유로 직무를 수행할 수 없는 때에는 교육위원회 위원이 연장자 순으로 그 직무를 대행하도록 하고 있고, 2011. 2. 16. 개정되기 전의 「제주특별자치도의회 위원회 및 교섭단체 구성과 운영에 관한 조례」 제12조 제3항에 따르면, 상임위원회 위원장이 사고가 있을 때에는 간사가 위원장의 직무를 대리하도록 하고 있다.

2011. 2. 16. 개정되기 전의 「제주특별자치도의회 위원회 및 교섭단체 구성과 운영에 관

한 조례」 제12조 제2항에 따르면, 교육위원회 간사는 교육위원회 위원 중에서 호선하도록 하고 있으므로, 결국, 교육위원회 간사는 교육위원회 위원 연장자일 수도 있고 아닐 수도 있게 된다 할 것이어서 문제가 된다.

이와 같은 문제가 발생하게 된 이유는 종전에는 「제주특별자치도의회 위원회 및 교섭단체 구성과 운영에 관한 조례」 제5조 제2항과 같이 규정하여도 「지방자치법」 제56조에 따라 모든 상임위원회는 조례로 설치되고, 「지방자치법」 제56조에 따라 조례로 규정하면 되는 것이므로 위법문제가 발생하지 아니하였으나, 교육위원회가 제주특별자치도법에 규정되면서 교육위원회 위원장 사고 시 직무대행을 직접 제주특별자치도법에 규정하면서 발생한 것이다.[257]

교육위원회 위원장을 제주특별자치도법 제80조처럼 연장자가 대행하도록 「제주특별자치도의회 위원회 및 교섭단체 구성과 운영에 관한 조례」를 개정할 필요가 있었다.[258]

그리하여 2011. 2. 16. 「제주특별자치도의회 위원회 및 교섭단체 구성과 운영에 관한 조례」 제12조 제3항을 "위원장이 사고가 있을 경우에는 간사가 그 직무를 대행한다. 다만, 교육위원회는 교육위원회 위원이 연장자 순으로 그 직무를 대행한다."로 개정하였다.

그런데 제3차 개정(2011. 5. 23. 법률 제10701호로 개정된 것)으로 제주특별자치도법 제80조 제5항이 삭제됨에 따라, 다시 「제주특별자치도의회 위원회 및 교섭단체 구성과 운영에 관한 조례」 제12조 제3항 단서를 삭제하여야 하는 문제가 생기게 되었다.

---

257) 그러나 제주특별자치도법과는 달리 「지방교육자치에 관한 법률」에서는 교육위원회 위원장 사고 시 대행제도를 두고 있지 아니하다.

258) 결국, 교육위원회 위원장의 대행을 연장자가 하여야 하므로, 교육위원회에 위원장 대행 업무 외에 다른 업무를 수행하기 위하여 간사를 둘 필요가 있는지에 대하여 진지하게 고민하여야 할 것이다.

<제주특별자치도법>
제80조(교육위원회의 구성 등) ① 교육위원회는 9인으로 구성하되, 도의회의원 4인과 「지방자치법」 제26조의2 및 「공직선거법」의 지역선거구시·도의회의원선거에 관한 규정에 의하여 별도로 선출한 도의회의원(이하 "교육의원"이라 한다) 5인으로 구성한다.
  ② 교육위원회 위원장은 교육위원회 위원 중에서 무기명투표로 선출하되, 다수득표자로 한다.
  ③ 교육위원회 위원장의 임기는 2년으로 한다.
  ④ 교육위원회 위원장은 교육위원회의 동의를 얻어 그 직을 사임할 수 있다.
  ⑤ 교육위원회 위원장이 부득이한 사유로 직무를 수행할 수 없는 때에는 교육위원회 위원이 연장자 순으로 그 직무를 대행한다. <삭제 2011. 5. 23>

<지방자치법>
제48조(의장·부의장의 선거와 임기) ① 지방의회는 의원 중에서 시·도의 경우 의장 1인과 부의장 2인을, 시·군 및 자치구의 경우 의장과 부의장 각 1인을 무기명투표로 선거하여야 한다.
  ② 의장과 부의장의 임기는 2년으로 한다.
제56조(위원회의 설치) ① 지방의회는 조례가 정하는 바에 의하여 위원회를 둘 수 있다.
  ② 위원회는 소관의안과 청원 등을 심사·처리하는 상임위원회와 특정한 안건을 일시적으로 심사·처리하기 위한 특별위원회의 2종으로 한다.
  ③ 위원회의 위원은 본회의에서 선임한다.
제62조(위원회에 관한 조례) 위원회에 관하여 이 법에 정한 것을 제외하고 필요한 사항은 조례로 정한다.

<2011. 2. 16. 개정되기 전의 제주특별자치도의회 위원회 및 교섭단체 구성과 운영에 관한 조례>
제12조(간사) ① 위원회는 간사 1인을 둔다.
  ② 간사는 위원회에서 호선하고 이를 본회의에 보고한다.
  ③ 위원장이 사고가 있을 때에는 간사가 위원장의 직무를 대리한다.

<2011. 2. 16. 개정된 제주특별자치도의회 위원회 및 교섭단체 구성과 운영에 관한 조례>
제12조(간사) ① 위원회에 간사 1명을 둔다.
  ② 간사는 위원회에서 호선하고 본회의에 보고한다.
  ③ 위원장이 사고가 있을 경우에는 간사가 그 직무를 대행한다. 다만, 교육위원회는 교육위원회 위원이 연장자 순으로 그 직무를 대행한다.

6. 교육의원은 교섭단체를 구성할 수 있는가?

"교섭단체"란 원칙적으로 의회에 일정 수 이상의 의석을 가진 정당에 소속된 의원들로 구성되는 원내의 정당 또는 정파를 말한다. 일정 수 이상의 의원을 구성원으로 의사협의체를 구성하여 자체적으로 소속의원들의 의사를 조정·통합함으로써 교섭단체 상호 간의 협의를 통한 의회운영의 원활을 기하기 위한 제도로서 "대립의 처리와 정치사회의 통합화"라는 의회정치의 본질적 기능을 수행하기 위한 제도적 장치라 할 것이다.[259]

현재, 제주특별자치도법이나 「지방자치법」 등 법률에 도의회의 교섭단체에 관한 규정이 따로 없고, 「제주특별자치도의회 위원회 및 교섭단체 구성과 운영에 관한 조례」에만

---

259) 박봉국, 최신 국회법, 2004, 266쪽.

교섭단체에 대하여 규정하고 있는데, 같은 조례 제3조 제1항에 따르면, 제주특별자치도의회에 4명 이상의 소속의원을 가진 정당은 하나의 교섭단체가 된다고 하고 있으므로, "정당"만 교섭단체가 가능하고, 정당에 가입되지 아니한 "무소속 의원"이나 정당에 가입하였으나 소속의원이 4명 미만인 경우에는 교섭단체를 구성할 수 없도록 되어 있다.

제주특별자치도법 제81조 제1항에 따르면, 정당은 「공직선거법」 제47조의 규정에 불구하고 교육의원선거에 후보자를 추천할 수 없으며, 교육의원 후보자의 추천 및 등록은 「공직선거법」 제48조 및 제49조의 규정에 의한 지역선거구시·도의회의원선거의 무소속후보자의 추천 및 등록에 관한 사항을 준용하도록 하고, 같은 법 제82조에 따르면, 교육의원은 후보자등록신청 개시일부터 과거 1년 동안 정당의 당원이 아닌 사람이어야 하므로, 제주특별자치도법 제79조에 따라 교육의원이 5명이라 하더라도 "정당"에 가입된 의원이 아니라 할 것이어서 교섭단체를 구성할 수 없다 할 것이다.

한편, 교섭단체에 대하여 법률에 규정된 바가 없으므로, 정당에 가입되지 아니한 "무소속 의원"이나 정당에 가입하였으나 소속의원이 4명 미만 경우에도 교섭단체를 구성할 수 있도록 하기 위해서는 「국회법」 제33조와 같이 조례 제3조 제1항 단서에 "다만, 다른 교섭단체에 속하지 아니하는 4명 이상의 의원으로 따로 교섭단체를 구성할 수 있다."라고 규정하여야 할 것이다.

만약, 조례 제3조 제1항 단서에 "다른 교섭단체에 속하지 아니하는 4명 이상의 의원으로 따로 교섭단체를 구성할 수 있다."라고 규정된다면, 교육의원도 교섭단체를 구성할 수 있는지 살펴보면,

교육의원은 정당추천이 배제되고(일반 도의원은 무소속을 선택할 수 있으나, 교육의원은 반드시 무소속이어야 하므로 무소속이 선택이 아닌 강제화되어 있다), 후보자등록신청 개시일부터 과거 1년 동안 정당의 당원이 아닌 사람이어야 하는 등 다른 일반 도의원과는 다른 특징이 있으나,[260] 이것이 곧 교섭단체를 구성할 수 없다고는 볼 수 없다 할 것이다.

왜냐하면, 교섭단체는 위에서 살펴본 바와 같이 일정 수 이상의 의원을 구성원으로 의사협의체를 구성하여 자체적으로 소속의원들의 의사를 조정·통합함으로써 교섭단체 상호 간의 협의를 통한 의회운영의 원활을 기하기 위한 제도로 무소속 의원이나 일정한 수

---

[260] 2007. 5. 18. 행정자치부 질의회신에 따르면, 의정활동의 이해가 다른 지방의원 간의 협의·조정 등 그 성격상 효율적인 의정활동을 의한 의정협의체로서 당해 자치단체의 조례 또는 의회규칙으로 근거를 두어 운영할 수 있다는 점을 들어 제주특별자치도가 정할 사항이라고 하면서 국회의 경우 정당활동을 기반으로 한 만큼, 정당활동을 배제하는 교육의원과는 성격상 부합되지 않는다고 하였다.

이하의 의원이 소속된 정당에도 허용하고 있고, 또한, "다른 교섭단체에 속하지 아니하는 4명 이상의 의원"이면 따로 교섭단체를 구성할 수 있는데, 교육의원은 도의원으로서 지위와 권한을 가진다는 명시적인 규정은 없지만 도의원이 분명하고, "다른 교섭단체에 속하지 아니한 것"도 분명하므로 교섭단체를 구성할 수 있다고 할 것이다.

따라서 조례 제3조 제1항 단서에 "다른 교섭단체에 속하지 아니하는 4명 이상의 의원으로 따로 교섭단체를 구성할 수 있다."라고 규정된다면, 교육의원도 일반 도의원과 마찬가지로 교섭단체를 구성할 수 있다고 할 수 있다.

참고로, 교육의원의 교섭단체 구성 여부가 문제되므로 제주특별자치도법에 명시적으로 규정하는 방안을 강구할 필요가 있다 할 것이다.

<국회법>
제33조(교섭단체) ① 국회에 20인 이상의 소속의원을 가진 정당은 하나의 교섭단체가 된다. 그러나 다른 교섭단체에 속하지 아니하는 20인 이상의 의원으로 따로 교섭단체를 구성할 수 있다.
　② 교섭단체의 대표의원은 그 단체의 소속의원이 연서·날인한 명부를 의장에게 제출하여야 하며, 그 소속의원의 이동이 있거나 소속정당의 변경이 있을 때에는 그 사실을 지체 없이 의장에게 보고하여야 한다. 다만, 특별한 사유가 있을 때에는 당해 의원이 관계서류를 첨부하여 이를 보고할 수 있다.
　③ 어느 교섭단체에도 속하지 아니하는 의원이 당적을 취득하거나 소속정당을 변경한 때에는 그 사실을 즉시 의장에게 보고하여야 한다.

<제주특별자치도의회 위원회 및 교섭단체 구성과 운영에 관한 조례>
제3조(교섭단체의 구성) ① 제주특별자치도의회(이하 "의회"라 한다)에 4명 이상의 소속의원을 가진 정당은 하나의 교섭단체가 된다.
　② 교섭단체는 대표 1명을 선임하고 그 대표는 소속의원명부와 대표의 직인 및 사인의 인영을 의장에게 제출하여야 한다.
　③ 교섭단체의 대표는 그 소속의원의 이동이 있거나 소속정당의 변경이 있을 때에는 그 사실을 지체 없이 의장에게 보고하여야 한다. 다만, 특별한 사유가 있을 때에는 당해 의원이 관계서류를 첨부하여 이를 보고할 수 있다.
　④ 어느 교섭단체에도 속하지 아니하는 의원이 당적을 취득하거나 소속정당을 변경한 때에는 그 사실을 즉시 의장에게 보고하여야 한다.

---

7. 교육위원회에서 도교육청과 관련된 의안만 처리하여야 하는가?

제주특별자치도법 제84조 제1항에 따르면, 교육위원회는 제주특별자치도의 교육·학예에 관한 조례안, 예산안 및 결산 등의 사항을 심의·의결하도록 되어 있는데, 「제주특별자치도의회 위원회 및 교섭단체 구성과 운영에 관한 조례」 제4조 제2항 제7호에 따르면, 교육위원회는 "도교육청 소관 사항"에 관해서만 심의·의결하도록 하고 있어 교육·

학예에 관해서는 "도교육청 소관"뿐만 아니라 "도청 소관"에 대해서도 심의·의결하여야 하는 것이 아닌지 논란이 되고 있다.

다시 말하면, 스포츠 및 체육대회, 영어교육도시와 관련한 업무는 제주특별자치도에서 업무를 주로 담당하므로 도의회 교육위원회가 아닌 문화관광위원회에서 다루고 있는데, 과연 이것이 맞는지 여부에 대하여 논란이 있다.

교육위원회는 다음과 같은 이유로 교육·학예에 관해서는 "도청 소관"이 아닌 "도교육청 소관"만 심의·의결하여야 한다고 판단된다.[261]

첫째, 제주특별자치도법 제79조의 규정취지가 "현행 지방교육자치사무의 의결기관이 교육위원회와 지방의회로 이원화됨으로써 기능의 중복으로 인한 과도한 행정력 낭비와 의결기관 간의 소모적인 갈등과 대립으로 비효율을 초래함에 따라 종전 교육위원회를 지방의회 내의 상임위원회로 설치하여 의결기관을 일원화"하려는 것이고, 제주특별자치도법 제11조 제6항에서도 다른 법령에서 교육위원회 또는 교육위원을 인용하고 있는 경우에는 각각 제주자치도의 교육위원회 또는 교육의원을 포함한 것으로 보아 당해 법령을 적용한다고 하는 것으로 보아 종전 교육위원회를 그대로 승계하고 있는 것으로 볼 수 있으므로, 종전의 교육위원회처럼 하는 것이 맞다고 할 수 있다.

둘째, 「지방자치법」 제121조에 따르면, 지방자치단체의 교육·과학 및 체육에 관한 사무를 분장하기 위하여 별도의 기관을 두되, 그 기관의 조직과 운영에 관하여 필요한 사항은 따로 법률로 정하도록 되어 있고, 이에 따라 「지방교육자치에 관한 법률」 제18조 제1항에 시·도의 교육·학예에 관한 사무의 집행기관으로 시·도에 교육감을 둔다고 되어 있으므로, "교육·학예 업무"를 수행하는 기관이 바로 도교육청이라 할 것이고, 도청에서는 "교육·학예 업무"를 제외한 업무만을 수행하여야 할 것이므로, 교육위원회는 도교육청 소관을 할 것이다. 즉, 도청에서 "교육·학예 업무"를 수행한다면 이는 이론상 잘못이라고 할 수 있다. 다만, 실제 현실에 있어서는 도청에서 일부 "교육·학예 업무"를 수행하고 있는데, 이는 "교육·학예 업무"가 일반 업무와 밀접히 연결되어 있고, "교육·학예 업무"의 범위가 어디까지인지 불분명하여 발생하는 것으로 이것이 곧 교육위원회가 도청의

---

261) 2007. 10. 17. 법제처 유권해석에서도 교육위원회가 심의·의결할 사항을 제주특별자치도법 제84조 제1항에서 정하고 있고, 교육위원회의 심의·의결사항에 대한 집행기관이 같은 법 제96조 제2항에 따라 도교육감이라는 점을 고려하면, 제주특별자치도의 사무 중에서 교육·학예와 연관되어 제주특별자치도지사가 집행하는 사무에 대해서는 교육위원회가 아닌 관련 상임위원회에서 심의·의결하여야 할 것이므로, 제주특별자치도의회 교육위원회가 심의·의결하는 같은 법 제84조 제1항의 소관 사항에는 교육감이 집행하는 제주특별자치도의 교육·과학·기술·체육 그 밖의 학예에 관한 사무만 포함된다고 하였다.

"교육·학예 업무"를 수행하는 기관을 소관으로 할 수 없다 할 것이다.

셋째, 설사 교육위원회가 교육·학예에 관해서는 "도교육청 소관"뿐만 아니라 "도청 소관"에 대해서도 심의·의결하여야 한다면, 제주특별자치도법 제85조 및 제86조에서는 교육위원회에서 심의·의결할 의안의 제안, 이송, 재의요구 등은 "도지사"가 아닌 "교육감"이 하도록 하고 있는데, 도청에서 교육·학예에 관하여 업무를 수행하면서 "도지사"가 제안, 이송, 재의요구 등을 못 하고 "교육감"만이 할 수 있다고 하는 것은 이론적으로 성립되지 아니한다고 할 것이다.

참고로, 경기도의회에서는 교육위원회(2010. 7. 1. 전)의 소관 사항을 "경기도교육청 소관과 경기도 인재개발원 소관에 속하는 사항"으로 규정하고 있으나, 이는 제주특별자치도법과 같은 교육·학예만을 전담하는 교육위원회가 아니기 때문에 가능할 것이라 할 것이다.

<지방자치법>
제121조(교육·과학 및 체육에 관한 기관) ① 지방자치단체의 교육·과학 및 체육에 관한 사무를 분장하기 위하여 별도의 기관을 둔다.
　② 제1항에 따른 기관의 조직과 운영에 관하여 필요한 사항은 따로 법률로 정한다.

<지방교육자치에 관한 법률>
제2조(교육·학예사무의 관장) 지방자치단체의 교육·과학·기술·체육 그 밖의 학예(이하 "교육·학예"라 한다)에 관한 사무는 특별시·광역시 및 도(이하 "시·도"라 한다)의 사무로 한다.
제18조(교육감) ① 시·도의 교육·학예에 관한 사무의 집행기관으로 시·도에 교육감을 둔다.

<제주특별자치도법>
제84조(교육위원회의 의결사항) ① 교육위원회는 제주자치도의 교육·학예에 관한 다음 각 호의 사항을 심의·의결한다.
　1. 조례안
　2. 예산안 및 결산
　3. 특별부과금·사용료·수수료·분담금 및 가입금의 부과와 징수에 관한 사항
　4. 기채안
　5. 기금의 설치·운용에 관한 사항
　6. 도조례로 정하는 중요재산의 취득·처분에 관한 사항
　7. 도조례로 정하는 공공시설의 설치·관리 및 처분에 관한 사항
　8. 법령과 조례에 규정된 것을 제외한 예산 외 의무부담이나 권리의 포기에 관한 사항
　9. 청원의 수리와 처리
　10. 외국 지방자치단체와의 교류협력에 관한 사항
　11. 그 밖에 법령과 도조례에 의하여 그 권한에 속하는 사항
　② 제1항 제5호 내지 제11호에 규정된 사항에 대하여 행한 교육위원회의 의결은 도의회 본회의의 의결로 본다.
　③ 교육위원회 위원장은 교육위원회가 제1항 제5호 내지 제11호의 사항 중 다음 각 호의 어느 하나에 해당하는 의안을 의결하기 전에 미리 도지사의 의견을 들어야 한다.
　1. 주민의 재정적 부담이나 의무부과에 관한 조례안
　2. 제주자치도의 일반회계와 관련되는 사항
제85조(의안의 발의 및 이송 등) ① 교육위원회에서 심의·의결할 제84조 제1항 제5호 내지 제11호의 사항에 관한 의안은 도교육감 또는 교육위원회 재적위원 3분의 1 이상이 연서로 발의한다.
　② 도의회에서 심의·의결할 제84조 제1항 제1호 내지 제4호의 사항에 관한 의안은 「지방자치법」 제66조 제1항의 규정에 불구하고 도교육감, 도의회 재적의원 5분의 1 이상 또는 의원 10인 이상이 연서로 발의한다.

---

③ 도교육감은 교육·학예에 관한 의안 중 제84조 제3항 각 호의 어느 하나에 해당하는 의안을 도의회에 제출하고자 하는 때에는 미리 도지사와 협의하여야 한다.

④ 제84조 제2항의 규정에 의하여 본회의의 의결로 보는 의안은 교육위원회에서 의결된 날부터 5일 이내에 교육위원회 위원장은 도교육감에게 이송하고, 도의회의장에게 보고하여야 한다.

⑤ 제84조 제1항 제1호 내지 제4호의 사항에 관한 의안은 본회의에서 의결된 날부터 5일 이내에 도교육감에게 이송하여야 한다.

제86조(교육·학예에 관한 조례의 재의요구 및 공포) ① 도교육감이 제85조 제4항 및 제5항의 규정에 의하여 교육·학예에 관한 조례안을 이송받은 때에는 20일 이내에 이를 공포하여야 한다.

② 제1항의 규정에 의한 조례안의 재의요구 및 공포에 관해서는 「지방자치법」 제26조 제3항부터 제7항까지의 규정을 준용한다. 이 경우 "지방자치단체의 장"은 "도교육감"으로 본다.

제96조(「지방교육자치에 관한 법률」과의 관계) ②「지방교육자치에 관한 법률」 제18조 내지 제21조, 제23조, 제25조 내지 제27조 및 제29조의 규정은 도교육감에 관하여 이를 적용한다. 이 경우 같은 법의 규정을 적용함에 있어서는 다음 각 호에 따른다.

1. "시·도"는 "제주자치도"로, "교육감"은 "도교육감"으로 한다.

2. 같은 법 제23조 제1항 제1호 중 "지방의회 의원·교육의원"은 "지방의회 의원"으로 하고, 같은 법 제26조 제2항 전단 중 "구·출장소 또는 읍·면·동(특별시·광역시 및 시의 동을 말한다. 이하 이 조에서 같다)의 장"은 "출장소 또는 읍·면·동의 장"으로 하며, 동 항 후단 중 "구·출장소 또는 읍·면·동의 장"은 "출장소 또는 읍·면·동의 장"으로 한다.

<제주특별자치도의회 위원회 및 교섭단체 구성과 운영에 관한 조례>

제4조(상임위원회의 직무와 그 소관) ① 상임위원회는 그 소관에 속하는 의안과 청원심사 등을 처리하는 직무를 행한다.

② 상임위원회의 소관은 다음과 같다.

7. 교육위원회

가. 제주특별자치도교육청 소관에 관한 사항

8. 본회의 의결로 보도록 한 의안에 대하여 교육위원회가 제안을 할 수 있는가?

제주특별자치도법 제85조 제1항에 따르면, 기금의 설치·운용에 관한 사항, 청원의 수리와 처리 등 제주특별자치도법 제84조 제1항 제5호부터 제11호까지의 사항에 관한 의안(교육위원회의 의결을 도의회 본회의의 의결로 보도록 한 의안)은 도교육감 또는 교육위원회 재적위원 3분의 1 이상이 연서로 발의[262]하도록 하고 있으나, 위원회 제안은 빠져 있어 의원회 제안을 할 수 있는지 여부에 대하여 논란이 있을 수 있다.

다음과 같은 이유로 의원회 제안을 할 수 있을 것으로도 판단된다.

첫째, 제주특별자치도법 제85조 제1항은 종전 「지방교육자치에 관한 법률」(2006. 12. 20. 법률 제8069호로 개정되기 전의 것) 제16조 제1항을 그대로 인용한 것인데, 교육위

---

262) 제주특별자치도법은 교육위원회 의결을 본회의 의결로 보는 안건과 도의회에서 심의·의결할 안건으로 구분하여 제안자를 달리하고 있으나(§ 85), 「지방교육자치에 관한 법률」에서는 교육위원회에서 심사·의결할 의안으로만 하고 있다(§ 13).

회가 지방의회의 상임위원회라는 것을 가정한 것은 아니어서 위원회 제안(위원회대안, 위원회안)에 대하여 언급하지 아니한 것으로 보이고, 둘째, "「지방자치법」 제66조 제1항의 규정에 불구하고"라는 명시적으로 규정하고 있는 제주특별자치도법 제85조 제2항과는 달리 도교육감과 교육위원회 재적위원 3분의 1 이상이 연서로 발의할 수 있다고 하더라도 위원회 제안은 위원의 반수 이상이 찬성하여 채택하게 되므로 이를 교육위원회 재적위원 3분의 1 이상이 연서한 것으로 보더라도 별문제가 없을 것이며, 셋째, 위원회 제안(「지방자치법」 제66조 제2항)을 명시적으로 배제하는 규정이 없고, 의원회 제안을 인정하면 발생할 특별한 이유도 없을 것으로 보이고, 넷째, 위원회 제안은 「지방자치법」 제66조 제1항[263]에서 규정된 바와 같이 위원회가 그 직무에 속하는 사항에 관하여 의안을 제출하는 것으로, 교육위원회의 의결은 도의회 본회의 의결로 보는 것이기 때문에 교육위원회에서 제출하고 교육위원회에서 의결(처리)하는 것이 이상할 수 있으나, 여러 의안이 계류 중일 때 위원회대안을 만든다든지 교육위원회 모든 위원이 찬성하여 의안을 발의하는 등 위원회 제안의 필요성도 있을 것이다.

국회의 경우 위원회에서는 위원회안에 대하여 일반 안건의 심사절차와 같이 하지만 전문위원의 검토보고는 하지 아니하는 것을 관례로 하고 있고, 위원회안으로 의결한 때에는 국회의장에게 위원장 명의로 제출하여야 하며, 제주특별자치도법 제85조 제2항에서는 "「지방자치법」 제66조 제1항의 규정에 불구하고"라고 명시적으로 규정하고 있어 「지방자치법」 제66조 제2항의 위원회제안에 대해서는 할 수 있도록 하고 있다.

그러나 교육위원회 제안은 교육위원회에서 심의·의결할 의안에 대하여 도교육감 또는 교육위원회 재적위원 3분의 1 이상만이 연서로 발의하도록 한 것에 대한 특례를 인정하는 것이므로 이를 엄격하게 해석하면 제주특별자치도법에서 교육위원회 제안을 할 수 있다는 명시적인 규정이 있어야 하는데, "「지방자치법」 제66조 제1항의 규정에 불구하고"라고 명시적으로 규정하고 있는 제주특별자치도법 제85조 제2항과는 달리 제주특별자치도법 제85조 제1항에는 교육위원회에서 의안을 제출할 수 있다는 명시적인 규정이 없고, 「지방자치법」 제66조 제2항을 준용한다는 규정도 없으므로, 교육위원회 제안을 할 수 없다고 판단된다.

따라서 이러한 논란을 제거하기 위하여 명확하게 규정하는 것을 검토할 필요가 있을 것이다.

---

263) 위원회 제안은 1999. 8. 31. 「지방자치법」 개정으로 신설되었다.

<지방자치법>
제66조(의안의 발의) ① 지방의회에서 의결할 의안은 지방자치단체의 장이나 재적의원 5분의 1 이상 또는 의원 10명 이상의 연서로 발의한다.
　② 위원회는 그 직무에 속하는 사항에 관하여 의안을 제출할 수 있다.
　③ 제1항 및 제2항의 의안은 그 안을 갖추어 의장에게 제출하여야 한다.

<제주특별자치도법>
제84조(교육위원회의 의결사항) ① 교육위원회는 제주자치도의 교육·학예에 관한 다음 각 호의 사항을 심의·의결한다.
　1. 조례안
　2. 예산안 및 결산
　3. 특별부과금·사용료·수수료·분담금 및 가입금의 부과와 징수에 관한 사항
　4. 기채안
　5. 기금의 설치·운용에 관한 사항
　6. 도조례로 정하는 중요재산의 취득·처분에 관한 사항
　7. 도조례로 정하는 공공시설의 설치·관리 및 처분에 관한 사항
　8. 법령과 조례에 규정된 것을 제외한 예산 외 의무부담이나 권리의 포기에 관한 사항
　9. 청원의 수리와 처리
　10. 외국 지방자치단체와의 교류협력에 관한 사항
　11. 그 밖에 법령과 도조례에 의하여 그 권한에 속하는 사항
　② 제1항 제5호 내지 제11호에 규정된 사항에 대하여 행한 교육위원회의 의결은 도의회 본회의의 의결로 본다.
　③ 교육위원회 위원장은 교육위원회가 제1항 제5호 내지 제11호의 사항 중 다음 각 호의 어느 하나에 해당하는 의안을 의결하기 전에 미리 도지사의 의견을 들어야 한다.
　1. 주민의 재정적 부담이나 의무부과에 관한 조례안
　2. 제주자치도의 일반회계와 관련되는 사항
제85조(의안의 발의 및 이송 등) ① 교육위원회에서 심의·의결할 제84조 제1항 제5호 내지 제11호의 사항에 관한 의안은 도교육감 또는 교육위원회 재적위원 3분의 1 이상이 연서로 발의한다.
　② 도의회에서 심의·의결할 제84조 제1항 제1호 내지 제4호의 사항에 관한 의안은「지방자치법」제66조 제1항의 규정에 불구하고 도교육감, 도의회 재적의원 5분의 1 이상 또는 의원 10인 이상이 연서로 발의한다.
　③ 도교육감은 교육·학예에 관한 의안 중 제84조 제3항 각 호의 어느 하나에 해당하는 의안을 도의회에 제출하고자 하는 때에는 미리 도지사와 협의하여야 한다.
　④ 제84조 제2항의 규정에 의하여 본회의의 의결로 보는 의안은 교육위원회에서 의결된 날부터 5일 이내에 교육위원회 위원장은 도교육감에게 이송하고, 도의회의장에게 보고하여야 한다.
　⑤ 제84조 제1항 제1호 내지 제4호의 사항에 관한 의안은 본회의에서 의결된 날부터 5일 이내에 도교육감에게 이송하여야 한다.

<지방교육자치에 관한 법률(2006. 12. 20. 법률 제8069호로 개정되기 전의 것)>
제16조(의안의 발의 및 제출) ① 교육위원회에서 심의할 의안은 교육감이 제출하거나 재적교육위원 3분의 1 이상의 연서로 발의한다. 다만, 예산안과 결산은 교육감이 이를 제출한다.
　② 제1항의 의안은 문서로써 의장에게 제출하여야 한다.
제19조(지방자치법의 준용) 지방자치법 제5조, 제21조, 제32조, 제32조의2, 제34조의2, 제35조의2, 제36조, 제37조, 제37조의2, 제44조, 제46조 내지 제49조, 제53조, 제59조 내지 제68조, 제74조 내지 제81조의 규정은 교육위원회에 이를 준용한다. 이 경우 "지방의회 의원"은 "교육위원"으로, "의원"은 "위원"으로, "지방의회"·"의회" 또는 "본회의"는 "교육위원회"로, "지방자치단체의 사무"는 "지방자치단체의 교육·학예에 관한 사무"로, "지방자치단체의 장" 또는 "시·도지사"는 "교육감"으로, "행정안전부장관"은 "교육과학기술부장관"으로, "위원회"는 "소위원회"로, "위원장"은 "소위원회 위원장"으로 본다.

<지방교육자치에 관한 법률>
제13조(의안의 발의 및 제출) ① 교육위원회에서 심사·의결할 의안은 교육감이 제출하거나 시·도의회 재적의원 5분의 1이상 또는 의원 10인 이상의 연서로 발의한다.
　② 제1항의 의안은 문서로써 시·도의회의장에게 제출하여야 한다.
　③ 교육감은 교육·학예에 관한 의안 중 제11조 제3항 각 호의 어느 하나에 해당하는 의안을 시·도의회에 제출하고자 할 때에는 미리 시·도지사와 협의하여야 한다.

9. 2006. 9. 1. 이전에도 제주특별자치도의회 상임위원회의 명칭에 교육 위원회를 사용할 수 있는가?

제주특별자치도의 경우 2006. 9. 1. 이전에는 제주특별자치도의회에 제주특별자치도법 제79조 및 제84조의 기능을 수행하는 교육위원회는 당연히 둘 수 없는데,[264] 2006. 9. 1. 이전이라도 제주특별자치도의 상임위원회로 교육위원회를 두고 제주특별자치도법과는 다른 기능을 수행하도록 할 수 있는지 여부에 대하여 논란의 소지가 있었다.

종전 「지방교육자치에 관한 법률」(2006. 12. 20. 법률 제8069호로 개정되기 전의 것) 제3조에 따르면, 시·도의 교육·학예에 관한 중요사항을 심의·의결하기 위하여 시·도에 교육위원회를 두도록 하고 있어 도의회 상임위원회의 하나인 교육위원회와 도의 교육위원회가 명칭에 혼란이 있을 수 있으나, 「지방자치법」 제56조에 따르면, 지방의회는 상임위원회를 조례로 둘 수 있도록 하고 있으므로 문제는 없다고 판단된다.

다만, 제주특별자치도의 교육위원회에 대하여 2006. 9. 1. 이전과 이후로 구분하여 교육위원회 기능, 위원 수(구성), 위원장 선출·임기, 사무직원 등에 대하여 각별히 신경을 써야 할 것이다.

---

264) 제주특별자치도법 부칙 제1조(시행일)에 교육의원과 교육위원회에 관한 사항은 2006. 9. 1.부터 시행하도록 되어 있다.

<표 19> 2006. 9. 1. 전 및 이후 교육위원회 비교

구 분		2006. 9. 1. 전	2006. 9. 1. 이후	비 고
위원회 정수		4인 (도의원)	9인 (도의원4 + 교육의원5)	
위원회 성격		제주특별자치도법에 따른 상임위원회가 아님	제주특별자치도법에 따른 상임위원회	
위원회 기능		교육감 소속의 교육위원회 기능 제외	교육감 소속의 교육위원회 기능 추가	
상임 위원	선출	–	의장 추천, 본회의 의결	
	변경	–	의장 추천, 본회의 의결	
	임기	–	2년	2006. 8. 31.까지로 하되, 기존 위원은 새로 2년
위원장	선출	–	교육위원 중에서 무기명투표	
	임기	–	2년	기존 위원장은 2006년 8월 31일까지로 명시 (현재 조례안에서는 상임위원의 임기와 같다고 되어 있으나, 추후 상임위원의 임기가 바뀌는 경우에는 신경을 써야 할 것임)
	사임	–	교육위원회의 동의 후 사임 가능	
	선출	–	교육위원 중에서 무기명투표	
	임기	–	2년	기존 위원장은 2006년 8월 31일까지로 명시 (현재 조례안에서는 상임위원의 임기와 같다고 되어 있으나, 추후 상임위원의 임기가 바뀌는 경우에는 신경을 써야 할 것임)
	사임	–	교육위원회의 동의 후 사임 가능	
간사	선출	–	호선, 본회의 보고	교육위원회에도 간사를 둘 것인지 판단하여야 하고, 설사 간사를 둔다고 하여도 위원장 직무대리권은 연장자순으로 하여야 함.
	직무		규정 없음. 다만, 위원장 사고 시 교육위원회 위원 연장자순(제3차 개정 시 삭제)	
의사· 의결 정족수		–	제주특별자치도법 제87조 에 따라 「지방자치법」 제63조 및 제64조 준용	
회의록		–	제주특별자치도법 제88조	
조직과 직원		도지사 임명 ※ 교육행정직지방공무원이 없음. ※ 제주특별자치도법 제89조에 의한 조직 및 직원이 아님.	교육행정직 지방공무원. 도교육감 임명 → 제3차 개정으로 지방공무원으로 하고 교육위원회 위원장의 추천에 따라 도교육감 임명 (제주특별자치도법 제89조)	이 조례에서 언급할 성질은 아니나, 어디엔가는 규정하여 문제가 생기지 않도록 하여야 할 것임.

VI. 자치경찰

1. 자치경찰에 대한 제주특별자치도법은 자치경찰법안과 어떻게 다른가?

자치경찰제도는 지방자치 행정의 종합성을 제고하고 주민의사와 지역특성에 적합한 맞춤형 치안서비스를 제공하기 위한 제도이다.

경찰운영의 주체에 대한 논의는 1945년 국가경찰 창설 당시부터 시작하였으나, 도입이 무산되다가 참여정부에서 지방분권을 위한 국가의 핵심과제로 채택되고, 2004년 1월 공포된 「지방분권특별법」제10조 제3항에 "국가는 지방행정과 치안행정의 연계성을 확보하고 지역특성에 적합한 치안서비스를 제공하기 위하여 자치경찰제를 도입하여야 한다."고 규정하여 자치경찰제 도입을 국가의 의무사항으로 명시하면서부터 본격화되었다.265)266)

이에 따라 정부는 자치경찰특별위원회와 자치경찰제 실무추진단을 구성하여 자치경찰제의 도입을 위한 준비를 하였고, 2005년 11월 3일 「자치경찰법안」을 국회에 제출하였으나, 2008. 5. 29. 임기만료로 폐기되었다.

이와 같은 상황에서 2005년 5월 20일 발표한 제주특별자치도 기본구상안에 제주에 지방경찰제도 도입을 포함함에 따라 정부와 제주도에서는 이를 구체화하기 위한 입법을 추진하게 되었다. 제주특별자치도법은 자치경찰 규정이 포함되어 2006년 2월 21일 공포되었는데, 비록 제주특별자치도에 한정된 것이기는 하나 자치경찰제도를 도입한 것은 경찰행정 및 지방행정에 한 획을 긋는 역사적 사건이고, 앞으로 자치경찰의 일반화에 중요한 실험장이 된다 할 것이다.267)

한편, 정부가 제출한 「자치경찰법안」이 국회를 통과하더라도 제주특별자치도의 자치경

---

265) 정부혁신지방분권위원회, 참여정부의 혁신과 분권, 2007, 128쪽.

266) 2008. 2. 29. 「지방분권특별법」이 전부개정되어 「지방분권촉진에 관한 특별법」으로 되었고, 해당 조문도 제11조 제3항으로 변경되었다.

267) 우리나라 최초이자 유일한 제주자치경찰의 탄생은 획기적인 사건이라는 평가를 받지만, 일각에서는 지난 1년간의 경험에서 제주자치경찰이 과연 자치경찰이라는 이름에 걸맞은 기능과 위상을 가지고 있는지에 대하여 회의를 나타내면서 제주자치경찰은 '무늬만 경찰'이라는 소리도 있다.

찰에 있어서는 「자치경찰법안」에는 명시적인 규정이 없지만, 제주특별자치도법 제6조 제 1항268)에 따라 제주특별자치도에서는 제주특별자치도법이 우선 적용되므로, 제주특별자 치도법이 「자치경찰법안」의 특별법이라 할 수 있을 것이다.

　제주특별자치도법의 자치경찰에 관한 규정은 자치경찰의 사무, 직무수행, 국가경찰과의 관계, 자치경찰공무원의 계급·임용방법·신분보장 등에서 정부가 제출한 「자치경찰법안」 과 대동소이하다고 할 수 있으나, 도입 여부, 임명권자 등에서 차이가 난다 할 것이다.

　즉, 자치경찰의 설치주체를 「자치경찰법안」은 시·군·자치구로 하고 그 설치 여부를 시·군·구에서 결정하도록 하고 있는 반면, 제주특별자치도법은 제주특별자치도로 하고 그 설치 여부를 제주특별자치도가 결정하는 것이 아니라 제주특별자치도법에 따라 설치 가 강제되고 있고, 자치경찰공무원의 임면권자 역시 「자치경찰법안」은 시장·군수·구청 장인 반면, 제주특별자치도법에는 제주특별자치도지사로 되어 있다.

　참고로, 자치경찰조직도 「자치경찰법안」은 시·군·구 자치경찰대(1계층)를 설치할 수 있는 반면, 제주특별자치도법은 제주특별자치도에 자치경찰단을 행정시에 자치경찰대(2 계층)를 각각 설치하도록 되어 있다가 제3차 개정(2011. 5. 23. 법률 제10701호로 개정된 것) 시 행정시의 자치경찰대를 폐지하여 자치경찰단으로 일원화하였다.269)

　또한, 제주자치도의 자치권을 강화하기 위하여 자치경찰법안에서는 대통령령으로 정하 도록 하고 있는 사항의 대부분을 제주특별자치도법에서는 제주자치도의 조례로 정하도록 하고 있는 점도 두드러진 특색의 하나라고 할 수 있다.270)

　2005년 12월 14일 유기준 의원이 대표 발의한 자치경찰법안271)도 2008. 5. 29. 임기만료 로 폐기되었는데 제주특별자치도법과 정부안·유기준 의원안을 함께 비교해 보면,272) 다 음과 같다.

---

268) 제6조(다른 법률과의 관계 등) ① 이 법은 제주특별자치도의 조직·운영, 중앙행정기관의 권한이양 및 규제완화 등에 있어서 다른 법률 의 규정에 우선하여 적용한다. 다만, 다른 법률에서 제주특별자치도에 관하여 특별한 규정이 있는 경우에는 그러하지 아니하다.

269) 작은 조직과 인원으로 국가경찰과 유사한 편제를 유지하는 관계로 기능과 인력 배분에 중복이 발생하고 이로 인해 현상성도 약화되고 있는 문제를 개선하여 조직 운영의 신축성과 효율성을 제고하려는 취지라고 한다(국회 행정안전위원회 수석전문위원 제주특별자치도 설 치 및 국제자유도시 조성을 위한 특별법 검토보고서, 2010. 6. 27쪽). 실제 행정시의 자치경찰대 폐지는 이 법 시행일부터 1년의 범위에 서 자치경찰대 폐지에 관하여 도조례로 정하는 날부터 시행한다[제3차 개정(2011. 5. 23. 법률 제10701호로 개정된 것) 제주특별자치 도법 부칙 제1조 단서].

270) 최영규, 자치경찰 기능의 재정립 및 활성화방안, 한국지방자치법학회 국제학술대회, 2007, 136쪽.

271) 주요 내용은 광역과 기초자치단체에 자치경찰제도를 도입하고, 지방경찰청 및 시·군·구 경찰서의 조직과 기능을 대폭적으로 자치경찰 에 이관하며, 자치경찰기구의 설치 및 운영에 필요한 대부분의 예산을 국가에서 부담하도록 하고 있다.

272) 제주특별자치도 추진백서(제주특별자치도, 2007. 1.)와 유기준 의원이 대표 발의한 자치경찰법안에 대한 국회 행정자치위원회 전문위원 검토보고서(2006. 2.)에 제주특별자치도법을 추가하여 정리한 것이다.

구분	제주특별자치도법	정 부 안	유기준 의원안
실시단위	광역(제주특별자치도)	기초(시·군·구)	광역(시·도) 및 기초(시·군·구)
도입여부	의무적 도입	선택적 도입	의무적 도입
조직	○현행 경찰체제의 골격을 유지하면서 국가·자치경찰의 이원적 구조 ○도에 '자치경찰단' 설치 ○도에 치안행정위원회를 설치	○현행 경찰체제의 골격을 유지하면서 국가·자치경찰의 이원적 구조 ○시군구에 직속기관으로 '자치경찰대' 신설 ○시도에 치안행정위원회와 시군구에 지역치안협의회를 설치	○명목상 경찰서를 국가경찰로 유지하나, 국가경찰의 반 이상을 자치단체로 이관 ○집행기관으로 시도에 '경찰본부'를 두고, 시군구에 '자치경찰대'를 각각 설치 ※ 자치경찰대에 파출소 또는 치안센터 설치 ○의결기관으로 시·도경찰위원회를 둠.
인사	○자치경찰에 대한 인사는 도지사가 행사 ○국가경찰에 대한 인사는 현행 유지	○자치경찰에 대한 인사는 시군구청장이 행사 ○국가경찰에 대한 인사는 현행 유지	○시도경찰위원: 시·도지사 3명, 시도의회 3명, 시도경찰청장 3명 ○시도경찰본부장: 시도경찰위원회 제청 → 시도지사 임면 ○자치경찰대장: 시군구의회 동의 → 시군구청장 임면 ○국가경찰에 대한 인사는 현행 유지
신분	○특정직 지방공무원 (모두 도 소속)	○특정직 지방공무원 (모두 시군구 소속)	○특정직 지방공무원 (시도 또는 시군구 소속)
사무	○국가경찰: 수사, 정보, 외사, 보안 등 모든 사무 ○자치경찰: 국가경찰과 별도조직, 공동사무 −방범, 교통, 경비 등 ○특별사법경찰사무 범위에 한하여 사법경찰권 부여(보건·위생·환경·건축 등 17개)	○좌 동	○국가경찰: 국가적 수사·정보, 외사, 보안 ○자치경찰: 국가경찰과 별도조직, 별도사무 −시도경찰본부: 광역적 사무 −자치경찰대: 방범, 교통, 수사, 정보 등 ○일반범죄 수사권을 포괄적으로 부여
상호관계	○치안행정위원회에서 상호 협조 및 조정	○치안행정위원회와 지역치안협의회에서 상호 협조 및 조정	○시도경찰본부에서 시군구 자치경찰을 관리통제
실시특례	○없음.	○법 시행 후 1년 이내에 기간을 정하여 시범실시	○없음.
위임사항	○도조례	○대통령령	○대통령령
재정부담	○국가에서 일정 부분 지원할 수 있음.	○좌 동	○법률에서 정하는 사항에 대해서는 국가가 부담하도록 의무화
시행일	○2006년 7월 1일	○공포 후 6월의 범위 내에서 대통령령이 정하는 날부터 시행	○2007년 7월 1일

2. 자치경찰은 무늬만 경찰인가?

제주특별자치도법에 따라 창설된 제주자치경찰은 우리나라에 근대적 경찰제도가 도입된 지 110여 년 만에 드디어 최초의 자치경찰이 창설되었다는 역사적 의미는 결코 과소평가될 수 없다.

제주도에 자치경찰단이 설치된 지 몇 년 정도 경과된 현시점에서 일부 여행사와 렌터카 업체 등의 공항 내 호객행위와 불법 주·정차도 거의 자취를 감춰 관광제주 이미지 개선에 기여하고, 제주시 탑동광장과 산지천의 노숙자를 상대로 한 단속·계도활동과 교통시설 민원 해소 등의 성과도 있었지만,[273] 과연 자치경찰이라는 이름에 걸맞은 기능과 위상을 갖췄는지에 대해서 회의적인 의미로 자치경찰을 '무늬만 경찰'이라고 주장하는 사람도 있다.

이렇게 자치경찰을 '무늬만 경찰'이라고 주장하는 이유는 무엇인가?

첫째 원인은 제한적 사무 및 권한 때문이다. 제주특별자치도법은 제108조에서 자치경찰의 사무를 다음과 같이 규정하고 있다.

제108조(사무) 자치경찰은 다음 각 호의 사무(이하 "자치경찰사무"라 한다)를 처리한다.
  1. 주민의 생활안전활동에 관한 사무
  가. 생활안전을 위한 순찰 및 시설 운영
  나. 주민참여 방범활동의 지원 및 지도
  다. 안전사고 및 재해재난 등으로부터의 주민보호
  라. 아동·청소년·노인·여성 등 사회적 보호가 필요한 자에 대한 보호 및 가정·학교 폭력 등의 예방
  마. 주민의 일상생활과 관련된 사회질서의 유지 및 그 위반행위의 지도·단속
  2. 지역교통활동에 관한 사무
  가. 교통안전 및 교통소통에 관한 사무
  나. 교통법규위반 지도·단속
  다. 주민참여 지역교통활동의 지원 및 지도
  3. 공공시설 및 지역행사장 등의 지역경비에 관한 사무
  4. 「사법경찰관리의 직무를 행할 자와 그 직무범위에 관한 법률」에서 자치경찰공무원의 직무로 규정하고 있는 사법경찰관리의 직무

자치경찰이 제주특별자치도법 제108조 제1호부터 제3호까지의 사무를 처리함에 있어서 국가경찰과 자치경찰 간의 사무분담 및 사무수행방법은 도지사와 제주자치도지방경찰청장이 협약[274]으로 정하여 공표하도록 하고 있다(제주특별자치도법 제110조). 이에 따라 실제로 2006년 12월 27일 제주자치도지사와 제주자치도지방경찰청장 간에 「자치경찰과 국가경찰 간의 사무분담 및 사무수행방법에 관한 협약」이 체결되었다. 이에 따르면, 도내

---

273) 제민일보, 2007. 8. 6.

274) 국가경찰과 자치경찰 간의 사무분담 및 사무수행방법을 협약으로 하는 것은 바람직하지 않다는 의견이 있다. 그 이유는 협약의 대상이 사실상 국가경찰과 자치경찰 간의 사무분장에 관한 것인데, 이와 같은 행정권한에 관한 사항은 일반 국민이나 주민이 쉽게 인식할 수 있도록 법령에 규정되어야 하는 것이지, 법적인 효력이 분명하지 아니한 협약으로 정하도록 하는 것은 문제가 있기 때문이라는 것이다 (임병수·김진, 지방자치단체에 대한 국가 관여제도, 자치입법실무, 제10집, 2005. 12, 55쪽).

주요 관광지와 제주국제공항 1층 일반대합실, 문화축제·체육행사 등이 개최되는 지역
행사장, 한라산 등산코스, 5일장, 제주특별자치도 소속 공공시설 등에서의 치안서비스는
자치경찰이 담당하도록 되어 있다.

결국, 제주특별자치도법 제108조 제1호부터 제3호까지의 사무가 모두 자치경찰의 사무
가 아니며, 국가경찰과 협약으로 처리하기로 한 사무만 처리할 수 있다.[275]

또한, 제주특별자치도법 제108조 제4호의 사무는 「사법경찰관리의 직무를 행할 자와
그 직무범위에 관한 법률」이 정하고 있는 경우에만 자치경찰의 사무가 되는데, 같은 법
제10조는 제주자치경찰의 자치경찰공무원이 담당하는 사법경찰사무를 "제주특별자치도
의 관할 구역에서 발생하는 범죄 가운데 이 법 제6조 제5호(제5조 제6호 및 제7호에 해당
하는 자의 소관만 해당한다)·제6호·제7호·제11호·제13호·제15호·제18호·제19호·
제21호·제22호·제24호·제25호·제26호·제28호·제29호·제31호·제32호의 범죄와
「제주특별자치도 설치 및 국제자유도시 조성을 위한 특별법」 제356조·제358조 및 이와
관련되는 같은 법 제360조·제361조에 규정된 범죄"로 명시하고 있다. 그러나 이러한 사
무는 주로 종래에 지방자치단체 소속공무원들이 담당해 오던 사무들이고, 제주특별자치
법에 규정되어 있는 관광분야 및 환경분야에 관한 범죄는 2010. 5. 4. 개정으로 직무범위
에 추가된 것이다.

따라서 제주자치경찰은 그 기능이 너무 제한적[276]이고 비권력적 활동 중심이며 그 업
무의 많은 부분이 일반 경찰기관보다는 일반 행정기관이 담당하여야 할 업무여서 국가경
찰과 병립하는 자치경찰이라고 보기에는 도저히 역부족이라고 판단된다.[277][278]

한편, 자치경찰공무원은 원칙적으로 사법경찰권을 가지지 않는다. 따라서 자치경찰공

---

275) 협약으로 정하여 공표한다고는 하나, 주민의 입장에서는 자치경찰의 권한이 어디까지인지 정확히 알기 어렵고, 이는 곧 자치경찰에 대한
   인식 또는 위상에 부정적인 영향을 미치는 한 요인으로 작용하였다고 할 수 있을 것이다.

276) 제주자치경찰이 이렇게 왜소한 기능만을 담당하게 된 것은 자치경찰의 설치주체를 기초자치단체로 하고, 그 설치 여부는 의무사항이 아
   니라 각 기초자치단체의 임의적 선택에 맡기며, 경찰사무는 원칙적으로 전국적 조직을 갖춘 국가경찰이 담당하고 자치경찰에는 자치법
   규 집행, 지역교통의 소통·안전, 생활안전 유지 등의 극히 제한된 보충적 권한만을 부여하는 스페인 모델을 채택한 데서 비롯된 것이라
   고 한다(최영규, 자치경찰기능의 재정립 및 활성화방안, 한국지방자치법학회 국제학술대회, 2007, 138 – 139쪽).

277) "지난 해 7월 전국 처음으로 시행된 제주 자치경찰제가 10개월째 걸돌고 있다. 국가경찰과 업무구분이 명확하지 않은 데다 권한도 극히
   제한돼 자칫 애물단지로 전락할 위기에 있다. 시민들도 예산만 낭비하고 있다는 의견이 많고 정부예산도 제때 지원되지 않아 직원들의
   사기는 바닥이다. ……제주특별법에 의해 제주도에 의무적으로 도입된 자치경찰은 제주도와 제주·서귀포시 등 2개 행정시에서 각각
   운영되고 있다. 그러나 자치경찰의 업무가 생활안전지도와 교통계도·경비 업무 등에 한정되어 있다. 이 때문에 자치경찰이 시민들에게는
   '교통정리나 하는 경찰' 쯤으로 인식돼 있다.고 보도하고 있다("제주 자치경찰은 '무늬만 경찰' ……10개월째 걸돌아," 경향신문
   2007. 4. 24, 14면).

278) 최영규 경남대학교 교수는 제주자치경찰의 관광환경팀이 맡고 있는 업무는 사회 일반의 안녕·질서 유지를 담당하는 일반 경찰기관이
   담당하기에는 적절하지 않은 것이고, 자치경찰의 경비 관련업무도 상당부분은 경찰보다는 청원경찰이 담당해야 할 업무라고 지적한다
   (자치경찰 기능의 재정립 및 활성화방안, 한국지방자치법학회 국제학술대회, 2007, 137 – 138쪽).

무원이 직무수행 중에 범죄를 발견한 경우에는 범죄의 내용 또는 증거물 등을 소속 자치경찰단장 또는 자치경찰대장을 거쳐 즉시 제주자치도지방경찰청장 또는 경찰서장(해양경찰서장 포함)에게 통보하고 그 사무를 인계하여야 한다. 다만, 제주특별자치도법상 자치경찰의 직무에 속하는 범죄와「경범죄처벌법」제6조,「도로교통법」제163조에 따른 통고처분의 대상이 되는 범칙행위의 경우는 예외이다. 또한 자치경찰공무원이 현행범인을 발견하여 현장에서 체포한 경우에도, 자치경찰의 직무에 속하는 범죄의 현행범인인 경우를 제외하고는 즉시 국가경찰공무원에게 인도하여야 한다(제주특별자치도법 제117조).

둘째 원인은 재원부족 때문이다. 정부는 자치경찰제 도입 때부터 "자치경찰은 지방직 공무원"임을 내세워 지자체 경비부담 원칙을 고수했다. 뒤늦게 2006년 12월 국회를 통과한「국가균형발전 특별법」제35조의2 제2항 제2호에 '자치경찰로 이체되는 경찰인력에 대한 인건비 상당액 및 그 운영비 일부'를 지원하도록 했지만 제대로 지원이 되지 아니하였기 때문에 자치경찰의 충분한 인력과 장비를 갖추지 못한 원인도 있다. 즉, 제주특별자치도는 2007년도 자치경찰 127명의 인력 운용에 따른 인건비 54억과 사업비 5억 원 등 국비 59억 원을 요청했으나, 정부의 지원액은 인건비 16억 9,700만 원과 사업비 3억 2,000만 원 등 20여억 원에 그쳐 인력과 장비 확충에 제한을 받았다.

셋째 원인은 준비부족 때문이다. 제주특별자치도법 국회통과가 지연되면서 2006년 2월 21일에 제주특별자치도법이 공포되어 유관기관과의 업무 협의에 어려움 등으로 자치경찰 실시에 대한 준비가 부족하였다. 그리하여 우여곡절 끝에 자치경찰은 2007년 2월 28일 발대식을 갖고 본격적인 업무에 들어갔고, 실제적으로 업무를 시작한 지가 얼마 안 되어 자치경찰에 대한 인식이 부족한 것이 사실이다.

그러면, 자치경찰을 '무늬만 경찰'이 아닌 '진정한 경찰'로 거듭 태어나기 위한 제도적 요건이 무엇인지 살펴보면 다음과 같다.

첫째, 자치경찰의 도입은 무엇보다도 경찰의 지방분권과 주민의 의사에 따른 치안행정을 통한 경찰의 민주화를 목적으로 한 것이라면, 자치경찰은 지방자치단체의 관할구역 내에서 국가의 존립과 기능유지에 관련된 사항이나 전국적 규모의 질서유지와 같이 불가피하게 국가경찰이 담당해야 할 부분을 제외하고는 경찰사무 전반을 전면적·일반적으로 담당하는 방향으로 나가야 할 것이다.

즉, 국가경찰은 자치경찰이 담당할 수 없는 전국적 사무(치안에 관한 전국적 기획·조정업무, 광역범죄의 수사, 국가의 존립과 안전에 관한 사무 등)만을 담당하게 하고, 나머

지는 지방자치단체로 넘겨야 할 것이다.[279]

또한, 긴급체포권, 즉결심판청구권을 부여하는 등 자치경찰의 권한이 대폭 확대되도록 지속적으로 노력하여야 한다.

그러나 한 번에 모든 것이 해결되지는 못할 것이고 자치경찰의 정착 정도 등을 고려하여 점진적으로 될 가능성이 많으므로 앞으로 계속 논의를 해 나가야 할 것이다.

둘째, 제주에서 자치경찰제를 제일 먼저 실시한 역사적 의의와 앞으로 다른 시·도에 모범이 되기 위해서는 정부에서 제주자치경찰제가 정착될 수 있도록 충분한 예산지원을 하여야 할 것이다. 자치경찰제는 제주특별자치도만의 노력과 예산으로는 정착되기가 곤란하므로, 정부에서 충분한 예산을 지원하여 자치경찰의 인력과 장비를 확보하여야 현재 수행하여야 하는 사무만이라도 특화할 수 있을 것이다.

<제주특별자치도법>

제110조(국가경찰과의 협약체결) ① 제108조의 규정에 불구하고 동 항 제1호 내지 제3호의 사무를 처리함에 있어서 국가경찰과 자치경찰 간의 사무분담 및 사무수행방법은 도지사와 제주자치도지방경찰청장이 협약으로 정하고 이를 공표하여야 한다. 이 경우 도지사는 미리 제113조의 규정에 의한 치안행정위원회(이하 "치안행정위원회"라 한다)의 의견을 들어야 한다.

② 도지사와 제주자치도지방경찰청장은 제1항의 규정에 의한 협약체결에 관한 권한을 각각 행정시장과 경찰서장에게 위임할 수 있다.

③ 제1항 또는 제2항의 규정에 의하여 협약을 체결함에 있어 협약당사자가 의견을 달리하여 협약이 체결되지 아니하는 경우에는 협약당사자의 신청에 의하여 「경찰법」 제5조의 규정에 의한 경찰위원회(이하 "경찰위원회"라 한다)의 심의·의결을 거쳐 행정안전부장관이 조정한다. 다만, 협약이 체결되지 아니하는 상태가 지속되어 공익을 현저히 저해하여 조속한 조정이 필요하다고 인정되는 경우에는 협약당사자의 신청이 없는 때에도 경찰위원회의 심의·의결을 거쳐 행정안전부장관이 이를 조정할 수 있다.

④ 제3항의 규정에 의하여 행정안전부장관이 협약의 체결을 조정한 때에는 이를 서면으로 지체 없이 협약당사자에게 통보하여야 하며, 그 통보를 받은 협약당사자는 그 내용을 협약에 포함시켜야 한다.

⑤ 제1항의 규정에 의한 국가경찰과 자치경찰 간의 사무분담 및 사무수행의 방법에 관한 기준 및 협약의 공표에 관하여 필요한 사항은 도조례로 정한다. 이 경우 제주자치도지방경찰청장의 의견을 들어야 한다.

제117조(범죄의 발견 시 조치) ① 자치경찰공무원이 직무수행 중에 범죄를 발견한 경우에는 범죄의 내용 또는 증거물 등을 소속 자치경찰단장 또는 자치경찰대장을 거쳐 즉시 제주자치도지방경찰청장 또는 경찰서장(해양경찰서장을 포함한다)에게 통보하고 그 사무를 인계하여야 한다. 다만, 제108조 제4호의 직무에 속하는 범죄와 「경범죄처벌법」 제6조, 「도로교통법」 제163조에 따른 통고처분의 대상이 되는 범칙행위의 경우에는 그러하지 아니하다.

② 자치경찰공무원이 현행범인을 발견하여 현장에서 체포한 경우에는 즉시 국가경찰공무원에게 인도하여야 한다. 다만, 제108조 제4호의 직무에 속하는 범죄의 현행범인의 경우에는 그러하지 아니하다.

③ 제2항의 규정에 의하여 자치경찰공무원이 현행범인을 체포하는 경우에는 범죄사실의 요지, 체포의 이유와 변호인을 선임할 수 있음을 알려주고 변명할 기회를 주어야 한다.

---

279) 최영규, 자치경찰 기능의 재정립 및 활성화방안, 한국지방자치법학회 국제학술대회, 2007, 142쪽.

<**사법경찰관리의 직무를 행할 자와 그 직무범위에 관한 법률**>

제10조(자치경찰공무원) 「제주특별자치도 설치 및 국제자유도시 조성을 위한 특별법」에 따른 자치경찰공무원 중 자치 총경 · 자치경정 · 자치경감 · 자치경위는 제주특별자치도의 관할 구역에서 발생하는 범죄 가운데 이 법 제6조 제5호(제5 조 제6호 및 제7호에 해당하는 자의 소관만 해당한다) · 제6호 · 제7호 · 제11호 · 제13호 · 제15호 · 제18호 · 제19호 · 제 21호 · 제22호 · 제24호 · 제25호 · 제26호 · 제28호 · 제29호 · 제31호 · 제32호의 범죄와 「제주특별자치도 설치 및 국제자 유도시 조성을 위한 특별법」 제356조 · 제358조 및 이와 관련되는 같은 법 제360조 · 제361조에 규정된 범죄에 관하여 사법경찰관의 직무를, 자치경사 · 자치경장 · 자치순경은 그 범죄에 관하여 사법경찰리의 직무를 수행한다.

3. 제주특별자치도에 자치경찰기관은 직속기관으로 설치하여야 하는가?

「지방자치법」 제113조에 따르면, 제주특별자치도조례로 자치경찰기관을 소방기관, 교육훈련기관 등과 같이 제주특별자치도 직속기관으로 설치하도록 하고 있으나, 제정 제주특별자치도법(2006. 2. 21. 법률 제7849호로 제정된 것) 제106조 및 제109조에 따르면, 제주특별자치도에 자치경찰단 및 행정시에 자치경찰대를 두도록 하고 있어 과연 자치경찰조직은 직속기관인지 아닌지가 논란이 될 수 있다.

자치경찰조직이 직속기관이라고 주장하는 견해가 있을 수 있는데,[280] 이는 위에서 살펴본 바와 같이 「지방자치법」 제104조 제1항에 따라 제주특별자치도조례로 자치경찰기관을 소방기관, 교육훈련기관 등과 같이 제주특별자치도 직속기관으로 설치하도록 하고 있는 것을 근거로 들고 있다.

「지방자치법」 제113조의 규정은 제주특별자치도법이 제정(2006. 2. 21.)되면서 부칙 제40조 제29항에서 「지방자치법」을 개정한 것으로, 자치경찰기관을 다른 지방자치단체에서는 설치하지 못하고 제주특별자치도에만 직속기관으로 설치할 수 있도록 하려는 것이다.[281]

그러나 자치경찰조직을 다음과 같은 이유로 직속기관으로 보기는 곤란하다고 판단된다.

첫째, 제주특별자치도법과 「지방자치법」과의 관계에서 제주특별자치도법 제6조 제1항에 따라 제주특별자치도법이 「지방자치법」에 우선 적용되고, 둘째, 제정 제주특별자치도법 제106조 및 제109조에 따르면, 자치경찰단 및 자치경찰대를 둘 수 있는 것이 아니라 반드시 두도록 하고 있으나, 직속기관으로 두라고 하고 있지 아니하며, 셋째, 「지방자치단체의 행정기구와 정원기준 등에 관한 규정」 별표 7에 따르면, 제주특별자치도의 직속기관

---

280) 최영규, 자치경찰기능의 재정립 및 활성화방안, 한국지방자치법학회 국제학술대회, 2007, 130쪽.

281) 정부가 제출하고 2008. 5. 29. 임기만료로 폐기된 「자치경찰법안」에는 시군구에 직속기관으로 '자치경찰대'를 신설하려고 하고 있다.

으로 지방농촌진흥기구(농업기술원, 농촌기술센터), 지방공무원교육훈련기관, 소방서, 보건환경연구원 및 보건소, 보훈청만을 열거하고 자치경찰단은 본청으로 규정하여[282] 자치경찰단장의 직급을 자치총경으로, 자치경찰대는 행정시에 두도록 하고 있으므로, 「지방자치법」 제140조에서 "제주특별자치도에 자치경찰기관을 설치할 수 있다."고 표현하는 것은 잘못으로 판단된다.

따라서 제3차 개정(2011. 5. 23. 법률 제10701호로 개정된 것) 시 행정시의 자치경찰대를 폐지하여 도의 자치경찰단으로 통합하였다.

<지방자치법>
제113조(직속기관) 지방자치단체는 그 소관 사무의 범위 안에서 필요하면 대통령령이나 대통령령으로 정하는 바에 따라 지방자치단체의 조례로 자치경찰기관(제주특별자치도에 한한다), 소방기관, 교육훈련기관, 보건진료기관, 시험연구기관 및 중소기업지도기관 등을 직속기관으로 설치할 수 있다.

<제주특별자치도법>
제106조(자치경찰기구의 설치) ① 제108조의 규정에 의한 자치경찰사무를 처리하기 위하여 제주자치도에 자치경찰단을 둔다.
② 자치경찰단의 조직 및 자치경찰공무원의 정원 등에 관한 사항은 도조례로 정한다.
제109조(행정시에 두는 자치경찰기구 등) ① 자치경찰단의 자치경찰사무의 집행을 담당하기 위하여 도조례가 정하는 바에 따라 행정시에 그 업무를 담당할 보조기관(이하 "자치경찰대"라 한다)을 설치한다.
② 자치경찰대의 조직 및 자치경찰공무원의 정원 등에 관한 사항은 도조례로 정한다.
※ 제109조: 2011. 5. 23. 삭제
부칙
제40조(다른 법령의 개정) ㉙ 지방자치법 일부를 다음과 같이 개정한다.
제104조 제1항 중 "소방기관"을 "자치경찰기관(제주특별자치도에 한한다)·소방기관"으로 한다.

---

4. 제주특별자치도에서는 소속공무원을 제외한 자치경찰만이 「사법경찰관리의 직무를 행할 자와 그 직무범위에 관한 법률」의 직무를 수행하여야 하는가?

자치경찰이 출범함에 따라, 과연 자치경찰만이 「사법경찰관리의 직무를 행할 자와 그 직무범위에 관한 법률」의 직무를 수행하여야 하는지에 대하여 논란이 있다.

「사법경찰관리의 직무를 행할 자와 그 직무범위에 관한 법률」(법률 제7964호, 2006. 7.

---

[282] 제주특별자치도법 제14조 제1항에서 직급을 제외한 행정기구의 설치·운영기준에 관한 특례를 인정받아 다른 시·도와는 달리 「지방자치단체의 행정기구와 정원기준 등에 관한 규정」에서 직급만 적용받도록 하고 있으므로, 실제 「지방자치단체의 행정기구와 정원기준 등에 관한 규정」에서 자치경찰단과 자치경찰대가 본청과 행정시에 소속되어 있다고 명시적으로 규정되어 있는 것이 아니라 직급을 정함에 따라 간접적으로 표현되어 있다고 할 수 있다.

19. 공포·시행)은 제주특별자치도법이 제정(법률 제7849호, 2006. 2. 21. 공포, 2006. 7. 1. 시행)되어 제주특별자치도의 자치경찰이 처리하는 사무를 「사법경찰관리의 직무를 행할 자와 그 직무범위에 관한 법률」에 정하도록 함(제108조 제4호)에 따라, 제주특별자치도 안에서 발생하는 범죄 중 식품·보건·환경 등에 관한 범죄에 대하여 자치경찰공무원 중 자치경위 이상은 사법경찰관의 직무를, 자치경사 이하는 사법경찰리의 직무를 수행하도록 하려는 목적으로 개정된 것이다.

「사법경찰관리의 직무를 행할 자와 그 직무범위에 관한 법률」에서 특별사법경찰사무에 소속공무원을 명시적으로 배제하고 있지 아니하고, 또한, 국회 법제사법위원회 수석전문위원 검토보고서에 따르면, "개정안의 특별사법경찰사무에 대해서는 기존 행정공무원의 특별사법경찰권을 존치하고 있어서 결국 자치경찰과 행정공무원이 중복하여 수사권을 가지게 됨."이라고 하고 있으므로, "자치경찰"뿐만 아니라 "지방검찰청검사장의 지명을 받은 소속공무원"도 특별사법경찰사무를 수행할 수 있다고 할 수 있다고 판단된다.

앞으로, 자치경찰단이 인력과 예산을 확보하여 정상화될 경우, 특별사법경찰사무를 누가, 어떻게 수행하는 것이 바람직할 것인지(소속공무원에게 특별사법경찰사무를 주지 아니하든지 소속공무원에게는 단속, 자치경찰에게는 수사와 소송을 맡도록 역할 분담을 할 것인지 등)에 대하여 충분한 검토가 필요할 것으로 판단된다.

<사법경찰관리의 직무를 행할 자와 그 직무범위에 관한 법률>

제5조(검사장의 지명에 의한 사법경찰관리) 다음 각 호에 규정된 자로서 그 소속 관서의 장의 제청에 의하여 그 근무지를 관할하는 지방검찰청검사장이 지명한 자 중 7급 이상의 국가공무원 또는 지방공무원 및 소방위 또는 지방소방위 이상의 소방공무원은 사법경찰관의 직무를, 8급·9급의 국가공무원 또는 지방공무원 및 소방장 또는 지방소방장 이하의 소방공무원은 사법경찰리의 직무를 수행한다.

  5. 산림청과 그 소속 기관(산림항공관리소는 제외한다)에 근무하며 산림보호·경영 사무에 종사하는 4급부터 9급까지의 국가공무원

  6. 특별시·광역시·도에 근무하며 산림 보호와 국유림 경영 사무에 종사하는 4급부터 9급까지의 국가공무원 또는 지방공무원

  7. 시·군·구 또는 읍·면에 근무하며 산림 보호 사무에 종사하는 6급부터 9급까지의 국가공무원 및 4급부터 9급까지의 지방공무원

  11. 국토해양부와 그 소속 기관에 근무하며 철도공안 사무에 종사하는 4급부터 9급까지의 국가공무원

  13. 국립학교에 근무하며 그 학교의 실습림 및 관리림의 보호 사무에 종사하는 6급부터 9급까지의 국가공무원

  15. 「계량에 관한 법률」에 따른 계량검사공무원

  18. 「수산업법」에 따른 어업감독 공무원

  19. 「광산보안법」에 따른 광산보안관

  21. 보건복지부, 특별시·광역시·도 및 시·군·구에 근무하며 공중위생 단속 사무에 종사하는 4급부터 9급까지의 국가공무원 및 지방공무원

  22. 환경부, 특별시·광역시·도 및 시·군·구에 근무하며 환경 관계 단속 사무에 종사하는 4급부터 9급까지의 국가공무원 및 지방공무원

  24. 지방국토관리청·국도관리사무소, 특별시·광역시·도 및 그 산하 건설사업소 또는 도로관리사업소 및 시·군·구에 근무하며 차량운행제한 단속 사무 및 도로시설 관리 사무에 종사하는 4급부터 9급까지의 국가공무원 및 지방공무원

  25. 문화체육관광부, 특별시·광역시·도 및 시·군·구에 근무하며 관광지도(觀光指導) 업무에 종사하는 4급부터 9급까지의 국가공무원 및 지방공무원

  26. 문화체육관광부, 특별시·광역시·도 및 시·군·구에 근무하며 저작권 침해에 관한 단속 사무에 종사하는 4급부터 9급까지의 국가공무원 및 지방공무원

  28. 농림수산식품부, 국립농산물품질관리원 및 그 지원, 국립수산물품질검사원 및 그 지원, 특별시·광역시·도 및 시·군·구에 근무하며 「농산물품질관리법」 또는 「수산물품질관리법」에 규정된 원산지등 표시 또는 유전자변형 농수산물 표시에 관한 단속 사무와 「인삼산업법」에 규정된 인삼 및 「양곡관리법」에 규정된 양곡에 관한 단속 사무에 종사하는 4급부터 9급까지의 국가공무원 및 지방공무원

  29. 지식경제부, 특별시·광역시·도 및 시·군·구에 근무하며 「대외무역법」에 규정된 원산지 표시에 관한 단속 사무에 종사하는 4급부터 9급까지의 국가공무원 및 지방공무원

  31. 농촌진흥청, 농업과학기술원, 특별시·광역시·도 및 시·군·구에 근무하며 농약 및 비료 단속 사무에 종사하는 4급부터 9급까지의 국가공무원 및 지방공무원

  32. 국토해양부, 특별시·광역시·도 및 시·군·구에 근무하며 하천 감시 사무에 종사하는 4급부터 9급까지의 국가공무원 및 지방공무원

제10조(자치경찰공무원) 「제주특별자치도 설치 및 국제자유도시 조성을 위한 특별법」에 따른 자치경찰공무원 중 자치총경·자치경정·자치경감·자치경위는 제주특별자치도의 관할 구역에서 발생하는 범죄 가운데 이 법 제6조 제5호(제5조 제6호 및 제7호에 해당하는 자의 소관만 해당한다)·제6호·제7호·제11호·제13호·제15호·제18호·제19호·제21호·제22호·제24호·제25호·제26호·제28호·제29호·제31호·제32호의 범죄와 「제주특별자치도 설치 및 국제자유도시 조성을 위한 특별법」 제356조·제358조 및 이와 관련되는 같은 법 제360조·제361조에 규정된 범죄에 관하여 사법경찰관의 직무를, 자치경사·자치경장·자치순경은 그 범죄에 관하여 사법경찰리의 직무를 수행한다.

5. 도지사가 자치경찰단장을 개방형 직위로 임명할 때에는 어떤 절차를 밟아야 하는가?

제주특별자치도법 제107조 제3항에 따르면, "도지사는 자치경찰단장의 직위를 개방형 직위로 지정하여 운영하는 경우에는 임용기간 만료일에 60세가 초과되지 아니하는 자로서 다음 각 호의 어느 하나에 해당하는 자를 임용하여야 한다. 이 경우 미리 제127조의 규정에 의한 자치경찰공무원인사위원회의 심의·의결을 거쳐야 한다."라고 규정되어 있다.

따라서 도지사가 자치경찰단장의 직위를 개방형 직위로 지정·운영하는 경우에 자치경찰공무원인사위원회의 심의·의결을 거쳐야 하는지, 아니면 개방형 직위에 자치경찰단장을 임명하는 경우에 자치경찰공무원인사위원회의 심의·의결을 거쳐야 하는지 논란이 될 수 있다.

먼저, 어떤 것에 대하여 자치경찰공무원인사위원회의 심의·의결을 거쳐야 하는지 살펴보면, 도지사가 자치경찰단장의 직위를 개방형 직위로 지정·운영하는 경우에 자치경찰공무원인사위원회의 심의·의결을 거쳐야 하는 것이라면 제주특별자치도법 제107조 제2항에서 규정하는 것이 타당하고, 개방형 직위에 자치경찰단장을 임명하는 경우에 자치경찰공무원인사위원회의 심의·의결을 거치도록 제주특별자치도법 제107조 제3항 후단에서 언급한 것으로 보이므로, 개방형 직위에 자치경찰단장을 임명하는 경우에 자치경찰공무원인사위원회의 심의·의결을 거치도록 하고 있는 것으로 판단된다. 참고로, 2008. 5. 29. 임기만료로 폐기된 자치경찰법안(정부안과 유기준 의원안)에는 이러한 내용이 없다.

둘째, 도지사가 개방형 직위로 자치경찰단장을 임명하는 경우에 자치경찰공무원인사위원회의 심의·의결을 거쳐야 한다면, 「제주특별자치도 자치경찰단장 개방형 직위의 운영에 관한 조례」 제5조와 같이 선발시험위원회에서 통보한 2~3명에 대하여 자치경찰공무원인사위원회에서 우선순위를 정하여 도지사에게 추천하도록 하는 것이 자치경찰공무원인사위원회의 심의·의결을 거치도록 한 것으로 볼 수 있는지 살펴보면,

"추천"과 "심의·의결"은 구분되고, 도지사가 개방형 직위로 자치경찰단장을 임명하기 전에 자치경찰공무원인사위원회의 심의·의결을 거치도록 하고 있으므로, 도지사가 자치경찰공무원인사위원회에 의뢰를 하여야 하는데, 선발위원회에서 통보된 것이므로 맞지 아니하다고 할 것이므로, 자치경찰공무원인사위원회의 심의·의결을 거치도록 한 것으로 볼 수 없다 할 것이다.

따라서 도지사가 개방형 직위로 자치경찰단장을 임명하는 경우에는 선발시험위원회에서 2~3명을 도지사에게 추천하고, 도지사는 자치경찰공무원인사위원회 심의·의결을 거쳐 자치경찰단장을 임명하도록 하는 것이 바람직하다고 판단된다.

한편, 개방형 직위에 자치경찰단장을 임명하는 경우에 자치경찰공무원인사위원회의 심의·의결을 거치는데 절차를 밟기가 곤란하다면, 추후 후단 조항을 삭제하여 명확히 할 필요가 있다 할 것이다.

<제주특별자치도법>

제107조(자치경찰단장의 임명) ① 자치경찰단장은 도지사가 임명하며, 도지사의 지휘·감독을 받는다.

② 자치경찰단장은 자치총경으로 보한다. 다만, 도지사는 필요하다고 인정하는 경우에는 개방형 직위로 지정하여 운영할 수 있다.

③ 도지사는 자치경찰단장의 직위를 개방형 직위로 지정하여 운영하는 경우에는 임용기간 만료일에 60세가 초과되지 아니하는 자로서 다음 각 호의 어느 하나에 해당하는 자를 임용하여야 한다. 이 경우 미리 제127조의 규정에 의한 자치경찰공무원인사위원회의 심의·의결을 거쳐야 한다.

1. 당해 자치경찰단장에 보할 수 있는 계급에 있거나 차하위계급에 있는 자로서 승진에 있어 제131조 제5항 및 제6항의 규정에 의한 계급별 최저근무연수를 경과한 자치경찰공무원
2. 제1호에 상응하는 국가경찰공무원
3. 제1호 또는 제2호에 해당하였던 자로서 퇴직한 날부터 2년이 경과되지 아니한 자
4. 법관·검사 또는 변호사의 직에 5년 이상 근무한 자

④ 개방형 직위로 지정·운영되는 자치경찰단장의 임용절차·임용기간 등에 관해서는 도조례로 정한다.

제127조(자치경찰공무원인사위원회의 설치) ① 제128조의 규정에 의한 자치경찰공무원의 인사에 관한 사항을 심의·의결하기 위하여 자치경찰공무원인사위원회(이하 "자치경찰인사위원회"라 한다)를 둔다.

② 자치경찰인사위원회 위원장은 제3항의 규정에 의한 위촉위원 중에서 호선한다.

③ 자치경찰인사위원회의 구성 및 운영에 관한 사항은 「지방공무원법」 제7조, 제8조 제2항, 제9조(제1항 중 자치경찰인사위원회 위원장에 관한 사항을 제외한다), 제10조 및 제11조의 규정을 준용한다. 이 경우 "인사위원회"는 "자치경찰인사위원회"로, 「지방공무원법」 제7조 제3항 각 호 외의 부분 본문 중 "당해 지방자치단체의 공무원(국가공무원을 포함한다)"은 "자치경찰공무원 또는 국가경찰공무원"으로, 동 항 제3호 중 "공무원(국가공무원을 포함한다)"은 "자치경찰공무원 또는 국가경찰공무원"으로 본다.

제128조(자치경찰인사위원회의 기능) 자치경찰인사위원회는 다음 각 호의 사항을 관장한다.

1. 자치경찰공무원 충원계획의 사전심의
2. 자치경찰공무원 각종 임용시험의 실시
3. 도지사의 요구에 의한 자치경찰공무원의 보직관리기준 및 승진·전보임용기준의 사전의결
4. 자치경찰공무원 승진임용의 사전심의
5. 도지사의 요구에 의한 자치경찰공무원의 징계의결
6. 도지사가 도의회에 제출하는 자치경찰공무원의 인사와 관련된 조례안 및 규칙안의 사전심의
7. 자치경찰단장의 개방형 직위의 지정 및 운영에 관한 사항
8. 그 밖에 도지사가 자치경찰공무원의 인사에 관하여 부의하는 사항

<제주특별자치도 자치경찰단장 개방형 직위의 운영에 관한 조례>

제5조(임용절차) ① 선발시험위원회는 2명이나 3명의 적격자를 선발하여 인사위원회에 통보하여야 한다.

② 제1항에 따라 적격자를 통보받은 인사위원회는 우선순위를 정하여 도지사에게 추천하여야 하며, 도지사는 인사위원회가 추천한 적격자 중에서 임용하여야 한다.

VII. 국제자유도시

1. 사회협약위원회에 지역노사정협의회를 포함시킬 수 있는가?

　제주특별자치도법 제152조에 따른 사회협약위원회에 「경제사회발전노사정위원회법」 제19조에 따른 지역노사정협의회를 포함시켜 운영할 수 있는지에 대하여 논란이 있다.

　제주특별자치도법 제152조 제1항 및 제2항에 따르면, 도지사는 자율과 합의에 의하여 정책의 기본방향을 결정하고 사회문제를 해결하기 위하여 분야별로 사회협약이 체결될 수 있도록 지원하도록 하되,[283] 직능별 사회협약 체결에 관한 사항, 주민의 권익증진과 사회적 갈등의 해결을 위한 사항, 그 밖에 도지사 또는 사회협약위원회의 위원장이 필요하다고 인정하여 부의하는 사항에 대한 의견을 듣기 위하여 도조례가 정하는 바에 따라 사회협약위원회를 구성·운영할 수 있도록 하고 있다.

　한편, 「경제사회발전노사정위원회법」 제19조에 따르면, 지방자치단체의 장은 관할지역의 노사정 협력증진을 위하여 지역노사정협의회를 둘 수 있도록 하고, 「경제사회발전노사정위원회법 시행령」 제16조에 따르면, 지역노사정협의회는 위원장 1인을 포함한 30인 이내의 위원으로 구성하고, 지역노사정협의회의 위원장은 관할 지방자치단체의 장이 되며, 지역노사정협의회의 위원은 근로자를 대표하는 자, 사용자를 대표하는 자 등 중에서 관할 지방자치단체의 장이 위촉하되, 근로자를 대표하는 위원과 사용자를 대표하는 위원은 동수로 하도록 하고, 지역노사정협의회는 지역 내 노사정 협력방안에 관한 사항, 지역

---

283) 사회협약 대상자에 도지사가 포함될 수 있는지 논란이 있을 수 있으나, 도지사는 사회협약 대상자가 아니라 지원자라 할 것이고, 이와 유사한 법제처 유권해석도 있다. 제주특별자치도법과 유사한 조항을 가지고 있는 「아시아문화중심도시 조성에 관한 특별법」 제4조 제1항과 관련하여 광주광역시장 또는 문화관광부장관이 시민사회단체 간 협약의 당사자에 포함되는지 여부에 대하여 법제처 유권해석(2007. 9. 20.)에서 '자율과 합의에 따라' 아시아문화중심도시 조성사업을 효율적으로 추진하기 위한 것으로서 시민의 자발적인 참여와 협조를 전제로 하고 있고, 또한 같은 항의 문언상으로도 시민사회협약은 주요 조성사업 분야별 시민사회단체 '간' 협약으로서 시민사회단체가 그 체결당사자로서 이 협약을 체결함을 알 수 있고, 제4조 제3항에서 시민사회협약을 체결하는 자는 일정한 경우 광주광역시장의 의견을 청취하여야 한다고 규정하고 있는 점은 광주광역시는 체결당사자가 아니라 제3자로서 주민의 권익보호관련 역할을 하면서 시민사회협약의 체결과 실행을 위한 조성·조장행정을 담당하는 지위에 있음을 전제로 한다고 볼 것이라는 이유로 시민사회협약은 시민사회단체가 당사자로서 상호 간에 체결하는 것으로서, 아시아문화중심도시 조성사업의 추진 주체가 광주광역시장이라고 하더라도 당연히 광주광역시장(문화관광부장관)이 시민사회협약의 당사자가 되어야 할 것까지 요구하는 것은 아니라고 하였다.

내 실업 및 고용대책에 관한 사항, 그 밖에 지역경제 및 지역 노사관계 발전에 관한 사항을 협의하도록 하고 있다.

제주특별자치도법 제152조에서 사회협약을 둔 취지는 제주특별자치도 출범 취지에 따라 자율과 협의의 원칙에 의하여 도민 스스로가 사회문제를 해결해 나갈 수 있는 제도적 장치를 마련하는 한편, 정책의 기본방향과 미래 지향적 실천과제들을 선정하여 추진하는 과정에서 도민화합과 사회통합에 기여하려는 것이다.

제주특별자치도법 제152조에 따른 사회협약위원회에 「경제사회발전노사정위원회법」 제19조에 따른 지역노사정협의회를 포함시켜 운영할 수 있는지를 살펴보면,

사회협약위원회에 지역노사정협의회를 포함시켜 운영하기 위해서는 위원회의 설치 강제 여부, 소속, 성격, 기능, 구성·운영, 위원장, 분과위원회 존재 여부 등을 살펴보아야 한다.

〈표 21〉 사회협약위원회와 지역노사정협의회의 비교

구 분	사회협약위원회	지역노사정협의회
법률 근거	제주특별자치도법 제152조	「경제사회발전노사정위원회법」 제19조
설치 강제	강제 ×	강제 ×
소속	도지사	도지사
성격	자문위원회	자문위원회
기능	분야별 사회협약의 체결에 관련된 다음 각 호의 사항에 대한 의견을 듣기 위함. 1. 직능별 사회협약 체결에 관한 사항 2. 주민의 권익증진과 사회적 갈등의 해결을 위한 사항 3. 그 밖에 도지사 또는 사회협약위원회의 위원장이 필요하다고 인정하여 부의하는 사항	다음 각 호의 사항을 협의함. 1. 지역 내 노사정 협력방안에 관한 사항 2. 지역 내 실업 및 고용대책에 관한 사항 3. 그 밖에 지역경제 및 지역 노사관계 발전에 관한 사항
구 성	도조례	위원장 1인을 포함한 30인 이내의 위원으로 구성
위원장	도조례	관할 지방자치단체의 장
위 원	도조례	다음 각 호의 어느 하나에 해당하는 자 중에서 관할 지방자치단체의 장이 위촉하되, 근로자를 대표하는 위원과 사용자를 대표하는 위원은 동수 1. 근로자를 대표하는 자 2. 사용자를 대표하는 자 3. 공익을 대표하는 자 4. 당해지방자치단체를 대표하는 자 5. 당해 지역의 지방노동관서를 대표하는 자

위에서 보는 바와 같이 지역노사정협의회는 반드시 설치하여야 하는 것이 아니고,[284] 기능상으로 볼 때에도 지역 내 노사정 협력이나 실업 문제 등도 사회문제나 사회적 갈등

---

[284] 반드시 설치하여야 되는 것은 아니나, 「노사정위원회의 설치 및 운영 등에 관한 법률」(2007. 1. 26. 「경제사회발전노사정위원회법」으로 변경됨)에 따라 「제주특별자치도노사정협의회 조례」를 2006. 10 . 11. 제정·시행하고 있다.

으로 볼 수 있으며(기능이 중복될 소지도 있음),[285][286] 사회협약위원회의 구성·운영 등에 대하여 조례로 위임하고 있으므로, 사회협약위원회에 지역노사정협의회를 포함시켜 운영할 수도 있을 것이다.

그러나 지역노사정협의회를 사회협약위원회에 포함시키는 경우에는 다음과 같은 문제가 발생한다 할 것이다.

첫째, 지역노사정협의회의 명칭은 「경제사회발전노사정위원회법」에 따라야 하는 것이므로 사회협약위원회로 할 수 없고,

둘째, 설사 사회협약위원회 명칭을 사용할 수 있다고 하더라도 사회협약위원회의 구성과 기능 등을 「경제사회발전노사정위원회법」 제19조 및 같은 법 시행령 제16조에 따라 하여야 하므로, 노사정과 관련된 업무 외의 업무를 수행할 수 없고, 위원 구성도 「경제사회발전노사정위원회법」에 맞게 하여야 하며, 사회협약위원회의 위원장도 도지사가 되어야 하고,

셋째, 사회협약위원회에 분과위원회를 설치하여 지역노사정협의회의 기능을 수행하도록 하는 방안도 있을 수 있으나, 법률에서 정한 명칭을 마음대로 바꿀 수는 없고, 분과위원회로 두는 경우 분과위원회의 결정으로 끝나는 것이 아니라 다시 사회협약위원회를 거쳐야 하기 때문에 「경제사회발전노사정위원회법」의 구성 요건을 충족하지 못하게 되는 등의 문제가 있으므로, 사회협약위원회에 지역노사정협의회를 포함시켜 운영하지 아니하는 것이 바람직하다 할 것이다.

그러나 사회협약위원회의 분과위원회에 「경제사회발전노사정위원회법」에 따른 지역노사정협의회가 아니고, 이와 같은 또는 이와 유사한 기능을 수행하는 분과위원회는 설치할 수 있다고 할 것이다.[287] 이렇게 설치된 분과위원회는 「경제사회발전노사정위원회법」과

---

285) 우리나라의 사회협약은 주로 노사정위원회에서 출발하였다고 할 수 있다. 경제사회발전노사정위원회는 「경제사회발전노사정위원회법」에 따라 설치된 대통령소속하의 자문기구로, 근로자의 고용안정과 근로조건 등에 관한 노동정책 및 이에 중대한 영향을 미치는 산업·경제 및 사회정책에 관한 사항, 노사관계 발전을 위한 제도·의식 및 관행의 개선에 관한 사항 등을 협의하고(제3조), 경제사회발전노사정위원회는 위원장 및 상임위원 각 1인과 근로자·사용자·정부 및 공익을 대표하는 위원 각 2인으로 구성하며(제4조), 위원장은 위원회의 협의결과 등 주요 활동사항을 대통령에게 보고하여야 하고(제17조), 근로자와 사용자 및 정부는 상호신뢰를 바탕으로 성실하게 협의에 임하고, 그 결과를 최대한 존중하여야 하며(제2조), 정부·노동단체 및 사용자단체는 위원회의 의결사항을 정책에 반영하고 성실히 이행하도록 최대한 노력해야 하고, 위원장은 위원회의 의결사항이 이행되지 아니하거나 지연되는 경우에는 관계행정기관·노동단체 및 사용자단체에 그에 대한 설명 또는 자료의 제출을 요구할 수 있고(제18조), 위원회의 사무를 처리하기 위하여 위원회에 사무처를 두도록 하고 있다(제11조).

286) 사회협약제도는 국가적·지역적 수준에서 다양한 사회주체들이 참여하여 노사문제뿐만 아니라 다양한 분야의 사회적 이슈들에 대하여 합의를 도출하고 실천해 나가는 제도로서 제주지역사회에 있어서도 사회갈등을 예방·관리하는 사회적 대화기구로서 사회협약제도를 적극 활용할 필요성이 있다.

287) 이렇게 하는 경우에는 「제주특별자치도노사정협의회 조례」는 당연히 폐지하여야 한다.

는 완전 별개의 위원회이기 때문에 위원장, 기능, 구성 등을 「경제사회발전노사정위원회법」과 다르게 할 수 있고 실제 다르게 하여야 한다.

한편, 사회 제 세력들 간(공공부문, 정치권, 재계, 시민사회)의 참여와 협력에 기초하여 기존 구조하에서 불가피하게 양산되었던 부패와 관행, 관성을 극복하고, 이념적, 계급적, 의제적 갈등을 넘어 협력에 기초한 협약을 체결하여 선진사회로 나아갈 수 있는 지속 가능한 투명시스템을 구축하는 '투명사회협약'[288]도 있는데, '투명사회협약'을 사회협약의 하나의 종류로 볼 수 있으나, 법적 근거가 없고, 도지사도 투명사회협약 체결주체의 하나이며, 기능이 부패방지를 통한 투명한 사회건설에 한정되고, 투명사회협약을 누가 주도하는지에 따라 투명사회협약과 관련된 위원회(가칭 "투명사회협약실천협의회")를 도지사 소속으로 설치[289]하거나 아니면 민간에서 설립하고 도지사는 이에 대하여 지원해 주는 형태로 나타나게 되는 등 제주특별자치도법에 따른 사회협약과는 차이가 있다 할 것이어서 사회협약 위원회에 가칭 "투명사회협약실천협의회"를 포함시키는 데에는 신중을 기하여야 할 것으로 판단된다.

따라서 사회협약위원회를 설치하되, 노사정협의회와 투명사회협약실천협의회 등의 역할(기능)을 침해하지 않도록 하고, 이들 위원회와 상호 긴밀한 관계를 유지하여 시너지 효과를 나타낼 수 있도록 노력하며, 추후, 사회협약위원회 운영상 이들 위원회와 관계설정이 곤란하거나 통합하는 것이 효과적이라고 판단된다면 제주특별자치도법 개정을 검토할 수 있을 것이다.

또한, 도지사를 사회협약 당사자로 격상시키거나, 사회협약위원회에 사실상의 구속력을 부여하는 방안도 강구할 필요가 있을 것이다.

---

288) 2007. 6. 20. 김태환 제주특별자치도지사와 홍명표 도관광협회장, 여행업, 호텔업 등 13개 관광업종별 대표들이 체결한 '제주관광 투명사회협약'도 '투명사회협약'의 일종이라고 할 것이다.

289) 도지사 소속으로 설치된다고 하더라도 투명사회협약을 도지사도 체결하여야 하기 때문에 맞지 아니한다 할 것이다.

<제주특별자치도법>
제152조(사회협약) ① 도지사는 자율과 합의에 의하여 정책의 기본방향을 결정하고 사회문제를 해결하기 위하여 분야
별로 사회협약이 체결될 수 있도록 지원하여야 한다.
  ② 도지사는 제1항의 규정에 의한 분야별 사회협약의 체결에 관련된 다음 각 호의 사항에 대한 의견을 듣기 위하여
     도조례가 정하는 바에 따라 사회협약위원회를 구성·운영할 수 있다.
  1. 직능별 사회협약 체결에 관한 사항
  2. 주민의 권익증진과 사회적 갈등의 해결을 위한 사항
  3. 그 밖에 도지사 또는 사회협약위원회의 위원장이 필요하다고 인정하여 부의하는 사항
  ③ 사회협약의 체결에 있어서 예산이 수반되거나 주민의 권리제한 및 의무부과에 관련된 사안에 대해서는 도지사의
     의견을 청취하여야 한다.

<경제사회발전노사정위원회법>
제19조(지역노사정협의회) ① 지방자치단체의 장은 관할지역의 노사정 협력증진을 위하여 지역노사정협의회를 둘 수
있다.
  ② 위원회는 지역노사정협의회의 설치 및 운영에 필요한 지원을 할 수 있다.
  ③ 지역노사정협의회의 구성·운영 및 지원 등에 관하여 필요한 사항은 대통령령으로 정한다.

<경제사회발전노사정위원회법 시행령>
제16조(지역노사정협의회의 구성 및 기능) ① 법 제19조 제1항의 규정에 의하여 설치되는 지역노사정협의회는 위원장
1인을 포함한 30인 이내의 위원으로 구성한다.
  ② 지역노사정협의회의 위원장은 관할 지방자치단체의 장이 되며, 지역노사정협의회의 위원은 다음 각 호의 어느 하
     나에 해당하는 자 중에서 관할 지방자치단체의 장이 위촉한다. 이 경우 근로자를 대표하는 위원과 사용자를 대표
     하는 위원은 동수로 한다.
  1. 근로자를 대표하는 자
  2. 사용자를 대표하는 자
  3. 공익을 대표하는 자
  4. 당해지방자치단체를 대표하는 자
  5. 당해 지역의 지방노동관서를 대표하는 자
  ③ 제1항의 규정에 의한 지역노사정협의회는 다음 각 호의 사항을 협의한다.
  1. 지역 내 노사정 협력방안에 관한 사항
  2. 지역 내 실업 및 고용대책에 관한 사항
  3. 그 밖에 지역경제 및 지역 노사관계 발전에 관한 사항
  ④ 지역노사정협의회의 분과협의회, 사무국 등 그 구성 및 운영에 관하여 필요한 사항은 당해 지역의 실정에 맞게 지
     방자치단체의 조례로 정한다.

2. 5억 불 이상을 투자하기로 하고 5억 불 미만을 투자한 경우 카지노업을 허가할 수 있는가?

제주특별자치도법 제172조[290]에는 "도지사는 제주자치도에 대한 외국인투자를 촉진하기 위하여 카지노업의 허가를 받고자 하는 자가 외국인투자를 하고자 하는 자로서 관광사업에 투자하고자 하는 외국인투자의 금액이 미합중국화폐 5억 불 이상일 경우 카지노업(외국인전용의 카지노업에 한한다)의 허가를 할 수 있다. 이 경우 도지사는 필요한 경우

---

290) 제2차 개정(2009. 3. 25. 법률 제9526호로 개정된 것) 시 제171조의6으로 변경되었다.

허가에 조건을 붙이거나 외국인투자의 금액 등을 고려하여 2 이상의 카지노업 허가를 할 수 있다."고 규정하고 있다.[291)

따라서 5억 불 이상을 투자한 경우에는 당연히 카지노업 허가를 내줄 수는 있으나, 5억 불 이상을 투자하기로 한 후 5억 불 미만을 투자한 경우 카지노업을 허가할 수 있는가와 카지노업을 허가할 수 있다면 영업개시시기를 5억 불 이상이 투자되지 아니하여도 가능한지에 대하여 논란이 있었다.

먼저, 5억 불 이상을 투자하기로 한 후 5억 불 미만을 투자한 경우 카지노업을 허가할 수 있는지에 대하여 살펴보면, 다음과 같은 이유로 카지노업을 허가할 수 있다고 판단된다.

첫째, 제주특별자치도법 조문별 해설서에 따르면, 이 조문의 취지가 "외국투자자들이 우리나라 관광사업에 투자조건으로 카지노업의 사전허가를 요구하고 있으나, 현행 「관광진흥법」상 조건부 허가제가 없어 투자유치가 곤란한 상황임에 따라, 대규모 복합관광시설에 투자하는 외국인에게 외국인대상 카지노의 조건부 허가를 통하여 민간투자를 활성화시키고, 관광기반시설의 개발을 촉진하며, 신규고용 창출 및 외화획득 증대에 기여하기 위한 것"이라고 하고 있으므로, 투자하려는 금액만 맞으면, 조건부 허가를 할 수 있도록 하고 있다.

둘째, 제주특별자치도법 제172조 제1항에 "관광사업에 투자하고자 하는 외국인투자의 금액이 미합중국화폐 5억 불 이상일 것"으로 하고 있기 때문에 "투자한 금액" 또는 "투자를 완료한 금액"이 아닌 "투자하고자 하는 금액", 즉 제주특별자치도에 투자할 금액을 기준으로 카지노업의 허가 여부를 판단하고 있다고 할 수 있다.

셋째, 제주특별자치도법 제172조 제5항 제1호에 따르면, 제1항 제1호(관광사업에 투자하고자 하는 외국인투자의 금액이 미합중국화폐 5억 불 이상일 것)의 투자를 이행하지 아니하는 경우에는 카지노업 허가를 취소하도록 하고 있는데, 이는 "투자한 금액" 또는 "투자를 완료한 금액"이 아닌 "투자하고자 하는 금액"을 기준으로 카지노업을 허가 여부를 판단하여야 한다는 것이다. 왜냐하면, "투자한 금액" 또는 "투자를 완료한 금액"으로 카지노업 허가 여부를 결정한다면, 카지노업 허가 취소의 사유에 "투자를 이행하지 아니하는

---

291) 「관광진흥법」와 비교하면, 「제주특별자치도법」은 허가신청 당시 카지노업 시설 및 기구를 갖출 것을 요구하지는 않고, 다만, 영업을 개시하기 전까지 갖추도록 정하고 있는데(「제주특별자치도법」 제172조 제4항), 카지노 시설 및 기구를 반드시 허가 당시 갖출 필요 없이 허가 이후에 갖추어도 된다는 점에서 「관광진흥법」 제21조의 허가와는 다르고 같은 법 제24조의 조건부 허가와 유사하며, 다만 일정금액 이상의 투자를 허가요건으로 한 점은 「관광진흥법」상의 허가 또는 사전허가에서는 찾아볼 수 없는 요건이고, 「기업도시개발특별법」과 비교하면, 「기업도시개발특별법」 제30조와 비교하여 일정규모 이상의 금액을 투자할 것을 요구하고 있는 점에서 유사하지만, 「기업도시개발특별법 시행령」 제38조(총 5천억 원 이상으로 카지노업의 허가신청 시에 이미 3천억 원 이상을 투자한 경우)에서와 같이 카지노업 허가신청 시에 이미 일정액 이상을 투자할 것을 명시하고 있지 않다.

경우"를 포함시킬 수 없게 되기 때문이다.

다음으로, 카지노업을 허가할 수 있다면 영업개시시기를 5억 불 이상이 투자되지 아니하여도 가능한지에 대하여 살펴보면,

제주특별자치도법 제172조 제3항에 따르면, 카지노업의 허가와 관련하여 영업의 개시시기 등에 관한 필요한 사항은 도조례로 정하도록 하고 있고, 「제주특별자치도 관광사업 특례 등에 관한 조례」(2009. 10. 7. 「제주특별자치도 관광진흥 조례」로 폐지되기 전의 것) 제8조 제2항에서는 카지노업의 영업개시시기는 호텔업 시설(특1등급을 받은 시설에 한한다)이 「관광진흥법」 제18조 제1항의 규정에 의한 등급결정을 받은 후에 가능하다고 하고 있고, 같은 조례 제9조에서는 카지노업의 영업개시를 하고자 하는 자는 별지 제10호 서식의 카지노업 영업개시 신고서(전자문서에 의한 신고서를 포함한다)에 당해 시설이 호텔업인 경우 법 제18조 제1항의 규정에 의한 등급결정을 받았음을 증명하는 서류와 허가 시 조건을 이행하였음을 증명하는 서류(허가 시 조건을 붙인 경우에 한한다) 등을 첨부하여 도지사에게 신고하도록 하고 있다.

따라서 카지노업 허가 시 카지노업의 영업개시시기와 관련하여 조건이 없다면, 카지노업의 영업개시는 "호텔업 시설이 등급결정을 받은 후"에는 가능하다 할 것이고, 5억 불 이상의 투자를 완료하여야 하는지에 대한 명시적인 규정도 없으므로, 5억 불 이상의 투자를 완료하지 아니하더라도 제주특별자치도법의 일정 요건만 갖춘다면 카지노업을 허가할 수 있고, 호텔업 시설이 등급결정을 받은 후에 영업을 할 수 있도록 하는 데에는 어떤 법적인 문제는 없다고 할 수 있다.[292]

한편, 카지노업 허가를 할 것인지는 도지사의 재량행위이므로, 법적인 문제가 없다고 하여 반드시 카지노업을 허가하여야 하는 것은 아니라 할 것이다. 결국, 도지사는 외국인 투자의 효과, 카지노업 허가의 성격, 제주특별자치도 안에서의 카지노업 현황 및 전망, 도민의 의견 등을 종합적으로 검토하여 결정하여야 할 것이다.

---

[292] 2007. 10. 1. 법제처 유권해석에 따르면, 「제주특별자치도법」은 영업개시 전 카지노 시설 및 기구를 갖추어야 하는 것과 투자의 이행여부를 구별하여 투자의 최종 이행에 대해서는 반드시 영업개시 전에 이루어져야 한다는 등의 시간적 제한을 두거나 영업개시와의 서로 밀접한 관계를 인정하였다고 볼 수 없고, 한편, 투자의 불이행을 카지노업 허가의 필요적 취소사유로 정하였지만 그 시기를 정하지 않음으로 인해 투자가 완료되지 않은 상태에서 영업이 개시되고, 그 영업 중 허가가 취소되는 경우를 배제하지 않았다. 다만, 영업개시 전 투자의 이행을 요구하는 것은 구체적인 영업개시시점의 결정과 관련된 사항인바, 「제주특별자치도법」은 구체적인 영업개시시기를 법률 스스로 정하는 대신, 제주특별자치도의 조례제정권(같은 법 제172조 제3항), 제주특별자치도지사의 사업계획서를 통한 허가요건 검토·허가 시 재량권 및 조건의 부과권한(같은 법 제172조 제1항) 인정 등을 통해 투자사업의 성격, 사업계획, 신용도, 외국인투자의 촉진 필요성, 지역의 제반 사정 등을 고려하여 제주특별자치도가 이를 정하도록 하였다. 따라서 「제주특별자치도법」상 카지노업과 관련한 외국인의 투자는 반드시 영업개시 이전에 완료되어야 할 것은 아니고, 제주특별자치도가 투자의 완료시기를 조절할 수 있도록 되어 있다고 해석하였다.

다음과 같은 이유로 카지노업의 영업개시시기를 5억 불 이상을 투자한 후부터 하도록 하는 것을 심도 있게 검토하여야 할 것이고, 만약 이렇게 하는 경우에는 카지노 영업개시 전까지 5억 불 이상을 투자하는 등 필요한 허가조건을 붙여야 할 것이다.293)294)

첫째, 카지노업 허가는 사회적으로 유해하고 불법적이라고 판단되어 일반적, 억제적으로 금지하고 있는 행위를 관광진흥과 외국인투자라는 공익실현을 위해서 예외적인 경우에 허가하여 할 수 있도록 허용하는 것이므로, 매우 엄격하고 제한적으로 운영하여야 한다.

둘째, 외국인투자를 촉진하기 위하여 5억 불 이상을 투자하는 조건으로 카지노업을 조건부로 허가하는 것이므로, 카지노업을 허가받아 호텔만 짓고 카지노업 수익으로 다시 투자한다면 외국인투자의 촉진 효과는 미미할 것이고, 이는 곧 외국인투자 유치를 촉진하기 위한 제정취지에 맞지 아니하다 할 것이다.

셋째, 외국인투자를 촉진하는 목적은 있지만, 제주특별자치도 안에서의 카지노업 현황이 날로 어려워지고, 국내 카지노업 진출을 막고 있는 상황에서 카지노업을 허가한다는 것은 곤란하다 할 것이다.

앞으로, 이러한 논란을 불식시키기 위하여 영업개시시기를 "5억 불 이상을 투자하고 호텔업 시설이 등급결정을 받은 후" 등으로 좀 더 명확하게 규정할 필요가 있을 것이고, 더 나아가 외국인투자의 촉진을 위하여 카지노업 허가를 해 주어야 하는 것인지 근본적으로 다시 한 번 검토할 필요가 있다 할 것이다.

---

293) 「제주특별자치도 관광사업특례 등에 관한 조례」 제8조 제3항 제3호에서는 영업개시 시 "허가 시 조건을 이행하였음을 증명하는 서류" 를 제출하도록 규정하고 있다.

294) 제주특별자치도에서는 2007. 10. 17. 「제주특별자치도 외국인투자촉진을 위한 카지노업 허가에 관한 규정」(예규)을 제정하여 ① 카지노 업 영업개시 신고시점까지 미합중국화폐 3억 불 이상을 투자할 것. ② 카지노업 영업개시 후 2년까지 총 미합중국화폐 5억 불 이상을 투자할 것. 다만, 카지노업 영업개시 후 2년까지 불가피한 사유로 총 미합중국화폐 5억 불 이상을 투자하기가 곤란한 경우에는 제주특별 자치도지사의 승인을 받아 1년의 범위 안에서 1회에 한하여 연기를 할 수 있다. ③ 총 미합중국화폐 5억 불 이상을 투자 완료하지 아니 하고 카지노업 허가권을 양도하여서는 아니 될 것. ④ 그 밖에 외국인투자의 실현 등을 위하여 제주특별자치도지사가 정한 사항을 지킬 것을 조건으로만 카지노업 허가를 하도록 하였다.

<제주특별자치도법(2009. 3. 25. 개정된 것)>

제172조(외국인투자의 촉진을 위한 「관광진흥법」 적용의 특례) ① 도지사는 제주자치도에 대한 외국인투자(「외국인투자촉진법」 제2조 제1항 제4호의 규정에 의한 외국인투자를 말한다. 이하 이 항에서 같다)를 촉진하기 위하여 카지노업의 허가를 받고자 하는 자가 외국인투자를 하고자 하는 자로서 다음 각 호의 요건을 전부 갖춘 경우에는 「관광진흥법」 제21조의 규정에 불구하고 동법 제5조 제1항의 규정에 의한 카지노업(외국인전용의 카지노업에 한한다)의 허가를 할 수 있다. 이 경우 도지사는 필요한 경우 허가에 조건을 붙이거나 제1호의 규정에 의한 외국인투자의 금액 등을 고려하여 2 이상의 카지노업 허가를 할 수 있다.
  1. 관광사업에 투자하고자 하는 외국인투자의 금액이 미합중국화폐 5억 불 이상일 것
  2. 투자자금이 형의 확정판결에 따라 「범죄수익은닉의 규제 및 처벌 등에 관한 법률」 제2조 제4호의 규정에 의한 범죄수익 등에 해당하지 아니할 것
  3. 투자자의 신용상태 등 대통령령이 정하는 사항을 충족할 것
  ② 제1항의 규정에 의한 카지노업의 허가를 받고자 하는 자는 투자계획서 등 도조례가 정하는 서류를 갖추어 도지사에게 허가를 신청하여야 한다.
  ③ 제1항의 규정에 따라 카지노업의 허가와 관련하여 영업의 장소 및 개시시기 등에 관하여 필요한 사항은 도조례로 정한다.
  ④ 제1항의 규정에 따라 카지노업의 허가를 받은 자는 영업을 개시하기 전까지 「관광진흥법」 제23조 제1항의 시설 및 기구를 갖추어야 한다.
  ⑤ 도지사는 제1항의 규정에 의한 허가를 받은 자가 다음 각 호의 어느 하나에 해당하는 경우에는 그 허가를 취소하여야 한다.
  1. 제1항 제1호의 투자를 이행하지 아니하는 경우
  2. 투자자금이 형의 확정판결에 따라 「범죄수익은닉의 규제 및 처벌 등에 관한 법률」 제2조 제4호의 규정에 의한 범죄수익 등에 해당하게 된 경우
  3. 제1항 후단의 규정에 의한 허가조건을 위반한 경우
  ⑥ 제1항의 규정에 의한 허가를 받은 자는 「관광진흥법」 제11조의 규정에 불구하고 카지노업의 운영에 필요한 시설을 타인으로 하여금 경영하게 할 수 있다. 이 경우 수탁경영자는 「관광진흥법」 제22조의 규정에 의한 결격사유에 해당되지 아니하여야 한다.

<외국인투자법>

제2조(정의) ① 이 법에서 사용하는 용어의 정의는 다음과 같다.
  1. "외국인"이라 함은 외국의 국적을 보유하고 있는 개인, 외국의 법률에 의하여 설립된 법인(이하 "외국법인"이라 한다) 및 대통령령이 정하는 국제경제협력기구를 말한다.
  2. "대한민국국민"이라 함은 대한민국의 국적을 보유하고 있는 개인을 말한다.
  3. "대한민국법인"이라 함은 대한민국의 법률에 의하여 설립된 법인을 말한다.
  4. "외국인투자"라 함은 다음 각 목의 1에 해당하는 것을 말한다.
  가. 외국인이 이 법에 의하여 대한민국법인(설립 중인 법인을 포함한다) 또는 대한민국국민이 영위하는 기업의 경영활동에 참여하는 등 당해 법인 또는 기업과 지속적인 경제관계를 수립할 목적으로 대통령령이 정하는 바에 따라 당해 법인이나 기업의 주식 또는 지분(이하 "주식 등"이라 한다)을 소유하는 것
  나. 외국인투자기업의 해외모기업 및 그 모기업과 대통령령이 정하는 자본출자관계가 있는 기업이 당해 외국인투자기업에 대부하는 5년 이상의 차관
  5. "외국투자가"라 함은 이 법에 의하여 주식 등을 소유하고 있는 외국인을 말한다.

<제주특별자치도 관광사업특례 등에 관한 조례(2009. 10. 7. 「제주특별자치도 관광진흥 조례」로 폐지되기 전의 것)>

제7조(카지노업의 허가 등) ① 법 제5조 제1항의 규정에 의한 카지노업의 허가를 받고자 하는 자는 별지 제6호 서식의 카지노업허가신청서에 다음 각 호의 서류를 첨부하여 도지사에게 제출하여야 한다.
  1. 신청인(법인의 경우에는 대표자 및 임원의 성명·주민등록번호를 기재한 서류(외국인의 경우에는 법 제7조 제1항 각 호 및 법 제21조 제1항 각 호에 해당하지 아니함을 증명하는 당해 국가의 정부 그 밖의 권한 있는 기관이 발행한 서류 또는 공증인이 공증한 신청인의 진술서로서 재외 공관공증법에 의하여 당해 국가에 주재하는 대한민국공관의 영사관이 확인한 서류)
  2. 정관 및 법인등기부등본(법인의 경우에 한한다)
  3. 사업계획서
  4. 건축물관리대장등본(타인 소유의 부동산을 사용하는 경우에는 그 사용권을 증명하는 서류를 포함한다)
  5. 제10조 및 법 제20조 제1항의 규정에 의한 허가요건에 적합함을 증명하는 서류

② 제1항 제3호의 규정에 의한 사업계획서에는 다음 각 호의 사항이 포함되어야 한다.
1. 카지노영업소 이용객 유치계획
2. 장기수지 전망
3. 인력수급 및 관리계획
4. 영업시설의 개요(법 시행규칙 제29조의 규정에 의한 시설 및 영업 종류별 카지노기구에 관한 사항이 포함되어야 한다)
③「제주특별자치도 설치 및 국제자유도시 조성을 위한 특별법」제172조 제2항의 규정에 따라 외국인투자를 하고자 하는 자로서 카지노업의 허가를 받고자 하는 자는 별지 제7호 서식의 외국인투자자카지노업허가신청서(전자문서에 의한 신청서를 포함한다)에 다음의 서류(전자문서를 포함한다)를 첨부하여 도지사에게 제출하여야 한다.
1. 신청인의 법 제7조 제1항 각 호 및 법 제21조 제1항 각 호에 해당하지 아니함을 증명하는 당해 국가의 정부 그 밖의 권한 있는 기관이 발행한 서류 또는 공증인이 공증한 신청인의 진술로서「재외공관공증법」에 의하여 당해 국가에 주재하는 대한민국공관의 영사관이 확인한 서류
2. 「제주특별자치도 설치 및 국제자유도시 조성을 위한 특별법」제172조 제1항 각 호의 규정에 의한 허가요건에 적합함을 증명하는 서류
3. 투자계획서(투자기한을 명기한 자금조달계획서, 투자약정서 등을 포함한다)
4. 카지노 운영계획서(카지노영업소 이용객유치계획, 장기수지 전망, 인력의 수급 및 관리계획을 포함한다)
5. 정관 및 법인등기부 등본(법인의 경우에 한한다)
④ 도지사는 카지노업의 허가를 하는 때에는 별지 제8호 서식의 카지노업 허가증을 교부하고 별지 제9호 서식의 카지노업허가대장을 작성·관리하여야 한다.
⑤ 카지노업허가증의 재교부에 관해서는 법 시행규칙 제5조의 규정을 준용한다.
제8조(영업의 장소 및 영업개시시기 등) ①「제주특별자치도 설치 및 국제자유도시 조성을 위한 특별법」제172조 제3항의 규정에 의한 카지노업의 영업소는 외국인투자가 이루어지는 지역 내에 운영되는 호텔업시설(특1등급을 받은 시설에 한한다)을 말한다.
② 「제주특별자치도 설치 및 국제자유도시 조성을 위한 특별법」제172조 제3항의 규정에 의한 카지노업의 영업개시 시기는 제1항의 규정에 의한 호텔업 시설이 법 제18조 제1항의 규정에 의한 등급결정을 받은 후를 말한다.
③ 제2항의 규정에 의하여 카지노업의 영업개시를 하고자 하는 자는 별지 제10호 서식의 카지노업 영업개시 신고서(전자문서에 의한 신고서를 포함한다)에 다음의 서류(전자문서를 포함한다)를 첨부하여 도지사에게 신고하여야 한다.
1. 법 제22조 제1항의 규정에 따라 설치한 시설 및 기구의 내역서
2. 당해 시설이 호텔업인 경우 법 제18조 제1항의 규정에 의한 등급결정을 받았음을 증명하는 서류
3. 허가 시 조건을 이행하였음을 증명하는 서류(허가 시 조건을 붙인 경우에 한한다)

3. 국제학교 설립 주체는 누구인가?

제주특별자치도법 제189조의6에 따르면, 영어교육도시에 국제학교를 "도"가 설립하도록 되어 있는데, 과연 여기에서 말하는 "도"란 "도지사"를 의미하는지, 아니면 "도교육감"을 의미하는지 논란이 있다.

「지방자치법」제2조 제1항에 따르면, 지방자치단체의 종류는 특별시, 광역시, 도, 특별자치도와 시, 군, 구로 나누어지고, 같은 법 제30조, 제93조 및 제121조에 따르면, 지방자치단체의 기관으로 의결기관인 지방의회와 집행기관인 지방자치단체의 장으로 나누어지며, 집행기관은 도의 경우 도지사를 두되, 지방자치단체의 교육·과학 및 체육에 관한 사무를 분장하기 위하여 별도의 기관을 두도록 되어 있다.

한편, 제주특별자치도법 제96조 제2항에 따라 적용되는 「지방교육자치에 관한 법률」 제18조에 따르면, 도의 교육·과학·기술·체육 그 밖의 학예(이하 "교육·학예"라고 함)에 관한 사무의 집행기관으로 도교육감을 두고, 도교육감이 교육·학예에 관한 소관 사무로 인한 소송이나 재산의 등기 등에 대하여 당해 도를 대표하도록 하고 있다.

<지방자치단체(도)의 기관>
1. 의결기관: 도의회
2. 집행기관
① 교육·학예 사무를 제외한 사무: 도지사
② 교육·학예 사무: 도교육감

따라서, 교육·학예에 관한 사무는 도교육감이 집행하고, 그 외의 사무는 도지사가 집행한다고 할 것이다.

그러나, 「평생교육법」, 「지방자치단체의 행정기구와 정원기준 등에 관한 규정」 및 법제처 유권해석 등에서도 보듯이 교육·학예에 관한 사무는 도교육감만 집행하는 것은 아니고, 도지사도 교육·학예와 연관된 사무(평생교육진흥기본계획 수립, 도평생교육진흥원 설치 및 지정·운영, 지방공립대학 설립·운영, 도민체전 등)를 수행하고 있는 것이 현실이라 할 것이다.

<법제처 유권해석(07-0332, 2007. 10. 17.)>
제주특별자치도의 사무 중에서 교육·학예와 연관되어 제주특별자치도지사가 집행하는 사무에 대하여는 교육위원회가 아닌 관련 상임위원회에서 심의·의결하여야 할 것이고, 제주특별자치도의회 교육위원회가 심의·의결하는 같은 법 제84조 제1항의 소관사항에는 교육감이 집행하는 제주특별자치도의 교육·과학·기술·체육 그 밖의 학예에 관한 사무만 포함된다고 할 것임.

그렇다면, 제주특별자치도법 제189조의6 제1호에서 국제학교의 설립 주체로서의 "도"란 "도지사"인지, "도교육감"인지 논란이 될 수 있다.

그러나, 다음과 같은 점을 종합적으로 고려할 때, 국제학교의 설립 주체는 "도지사"가 아니라 "도교육감"이라고 할 것이다.

① 현재 초등학교·중학교 및 고등학교는 「초·중등교육법」 및 「사립학교법」을 적용받고, 이에 대한 권한을 도교육감으로 하고 있으며, 실제 공립 초·중고는 도교육감이 설립하고 있는데, 제주특별자치도법 제189조의4에서 국제학교는 초등학교·중학교

및 고등학교 과정으로 하도록 하고 있으므로, 이에 대한 설립도 도교육감의 권한으로 볼 수 있는 점[295]

② 제주특별자치도법 제189조의7부터 제189조의13까지 영리학교법인 등의 국제학교에 대한 협의, 승인 등을 도교육감의 업무로 하고 있는 점(만약, 도지사가 국제학교를 설립·운영하고, 국제학교의 설립·운영에 대한 지도·감독권은 도교육감이 갖는다면, 국제학교에 대한 권한이 이원화되어 이상해 질 것임)

③ 제주특별자치도법 제189조의7 제1항에서 "제189조의6 제1호의 자(국가 또는 도)가 국제학교를 설립·운영하려면 시설·설비 등 도조례로 정하는 요건을 갖추어 미리 도교육감과 협의하여야 한다."고 규정하여 공립 국제학교 설립 주체를 도교육감이 아닌 도지사라고 주장할 수 있으나, 이는 국가가 설립하는 것을 염두해 두고 규정한 것으로 보이는 점(다만, 이를 명확하게 하기 위하여 "도"는 제외한다고 하였으면 좋았을 것임)

④ 제주특별자치도법 제187조 제1항에 따른 국제고등학교의 설립 주체도 "도"로 되어 있는데, 실제 도교육감이 국제고등학교 설립을 추진하고 있는 점

<제주특별자치도법>
제189조의6(국제학교 설립자격) 영어교육도시에서 국제학교를 설립·운영할 수 있는 자는 다음 각 호와 같다.
  1. 국가 또는 제주자치도
  2. 이 법, 다른 법령 또는 외국의 법령(이 법 또는 다른 법령에 상당하는 외국의 법령을 말한다. 이하 이 관에서 같다)에 따라 설립된 법인으로서 도조례로 정하는 법인

---

4. 왜 농림수산식품부장관의 감귤유통조절명령에만 매달리는가?

감귤유통조절명령이란 「농수산물유통 및 가격안정에 관한 법률」 제10조 제2항에 따라 농림수산식품부장관이 감귤에 대하여 현저한 수급불안정을 해소하기 위하여 특히 필요하다고 인정되고 생산자 등 또는 생산자단체의 요청이 있는 때에는 공정거래위원회와 협의를 거쳐 일정기간 동안 일정 지역의 당해 농수산물의 생산자 등에 대하여 생산조정 또는

---

295) 제주특별자치도법 제189조의5(다른 법률과의 관계)에서 "이 법에 따라 설립되는 국제학교는 이 법에서 따로 정한 경우를 제외하고는 「유아교육법」, 「초·중등교육법」 및 「사립학교법」을 적용하지 아니한다."고 규정하고 있는 것은 국제학교가 일반 초·중·고와 다른 특수한 것들이 있기 때문에 규정한 조문이라고 보임.

출하조절을 하도록 하는 명령을 말한다.

즉, 감귤유통조절명령제도는 제주감귤의 만성적인 과잉생산 구조와 비상품 출하를 극복하기 위하여 도입된 제도로, 감귤의 출하시기를 조절하고, 지나치게 크거나 작은 감귤과 당도가 떨어지는 감귤 등 비상품 불량감귤의 출하를 제한하여 감귤 값의 폭락을 막고, 이를 위반한 자에게 과태료를 물리는 제도다.

농림부장관(현 농림수산식품부장관)이 「농수산물유통 및 가격안정에 관한 법률」제10조에 따라 2003년부터 감귤유통조절명령을 발하였고, 2007년도 올해산 노지감귤 생산량이 70만 t에 육박할 것으로 전망되면서 농림부장관은 제주 노지감귤 중 비상품 감귤에 대하여 2007년 10월 25일부터 2008년 3월 31일까지 시장출하를 금지하는 유통조절명령을 발령했다.

그러나 제주특별자치도지사가 제주특별자치도법 제202조에 따라 감귤유통조절명령을 발할 수는 없는지, 발할 수 있다면 왜 농림수산식품부장관의 감귤유통조절명령에만 매달리는지 등에 대하여 검토할 필요가 있다 할 것이다.

제주특별자치도법 제202조에는 명시적으로 「농수산물유통 및 가격안정에 관한 법률」제10조와 같은 "유통조절명령"을 발할 수 있다고는 되어 있지 아니하지만, 제주특별자치도지사도 「농수산물유통 및 가격안정에 관한 법률」제10조에 따른 유통조절명령과 같이 생산조정 또는 출하조절을 하도록 하는 명령, 즉 유통조절명령을 발할 수 있다 할 것이다.

왜냐하면, 제주특별자치도법 제202조 제1항에 따르면, 도지사는 제주특별자치도 안에서 생산되는 농·임·축·수산물의 수급안정, 상품성 및 안전성 제고, 유통능률의 향상을 위하여 농·임·축·수산물의 생산조정·출하조정·품질검사 등에 관하여 필요한 조치를 할 수 있다고 하고 있는데, 여기에서 말하는 "생산조정·출하조정" 조치는 「농수산물유통 및 가격안정에 관한 법률」제10조의 "생산조정 또는 출하조절"을 하도록 하는 유통조절명령과 같다고 할 수 있기 때문이다.

그렇다면, 왜 제주특별자치도에서는 제주특별자치도지사가 감귤유통조절명령을 발하지 않고 농림수산식품부장관에게 감귤유통조절명령을 해달라고 매달리는 것일까?

감귤유통조절명령은 전국적으로 발하여야 효력이 극대화되고 제주특별자치도 외의 위반자에 대한 처벌이 가능한 점, 위반자에 대한 처벌이 강한 점[296], 제주특별자치도와 농

---

296) 「농수산물유통 및 가격안정에 관한 법률」 개정(2007. 1. 3. 공포, 2007. 7. 4. 시행)으로 유통조절명령 위반자에 대하여 과태료가 5백만 원 이하에서 1천만 원 이하로 강화되었다.

림수산식품부와의 협조관계 유지 등을 고려하여 농림수산식품부장관이 감귤유통조절명령을 발하고 있는 것으로 판단된다.

즉, 제주특별자치도법 제202조와 「농수산물유통 및 가격안정에 관한 법률」 제10조는 다음의 표에서 보는 바와 같이 유통조절명의 조치내용, 이행자에 대한 지원 등 유사한 점이 많으나, 요건, 절차, 벌칙 등에 차이가 있다고 할 것이다. 특히, 제주특별자치도지사가 발하는 유통조절명령에 대한 효력은 제주특별자치도법 제3조에 따라 제주특별자치도 안에서만 미치는 한계가 있다.[297]

그러나 제주특별자치도지사가 아닌 농림수산식품부장관의 감귤유통조절명령은 제주특별자치도법 제6조에 따라 제주특별자치도법이 다른 법률에 우선하게 됨에도 불구하고 제주특별자치도법에 규정된 조항을 이용하지 아니한다는 것이므로 법체계상 문제가 있다고 할 수 있다.

앞으로, 제주특별자치도법과 「농수산물유통 및 가격안정에 관한 법률」과의 관계를 명확히 설정하고, 제주특별자치도지사가 유통조절명령을 제대로 발할 수 있도록 유통조절명령의 요건을 다시 검토할 필요가 있다 할 것이다.[298]

---

297) 제주특별자치도에서 공항과 항만에 대하여 단속이 가능하다면, 제주특별자치도지사의 감귤유통조절명령과 농림수산식품부장관의 유통조절명령은 큰 차이가 없을 것이나, 현실은 매우 어렵다고 한다.

298) 제주특별자치도지사가 발한 감귤유통조절명령에 대하여 위반하는 경우 벌칙을 전국적으로 효력을 미칠 수 있도록 하는 방안도 고려하여 볼 수 있으나, 제주특별자치도지사가 다른 지방자치단체에 가서 단속하고 과태료를 부과하는 것은 무리라고 판단된다.

〈표 22〉 유통조절명령에 대한 농안법과 제주특별자치도법 비교

구 분	농안법 §10	제주특별자치도법 §202
주체	농림수산식품부장관	제주특별자치도지사
효력범위	전 국	제주특별자치도
대상	부패·변질되기 쉬운 농수산물로서 농림수산식품부령이 정하는 농수산물	제주자치도 안에서 생산되는 농·임·축·수산물 ※ 대상품목은 관련기관, 생산자단체 및 농업인단체와 협의하여 선정(제주특별자치도 농·임·축·수산업의 수급안정에 관한 조례 §5)
목적	현저한 수급불안정을 해소하기 위하여 특히 필요하다고 인정	제주자치도 안에서 생산되는 농·임·축·수산물의 수급안정, 상품성 및 안전성 제고, 유통능률의 향상
조치사항	생산조정 또는 출하조절 ※ 구체적인 기준은 농림수산식품부장관이 정하도록 함.	농·임·축산물의 생산조정·출하조정·품질검사 등
절차	농림수산식품부령이 정하는 생산자 등 또는 생산자단체의 요청 공정거래위원회와 협의 요청자는 유통명령요청서를 해당 지역에서 발행되는 일간지에 공고하거나 이해관계자 대표 등에게 발송하여 10일 이상 의견조회	도 외 반출 시 품질검사원의 검사, 출하연합회장에 출하신고 (제주특별자치도 감귤생산 및 유통에 관한 조례 §20)
명령 시 포함내용	유통조절명령을 발하는 이유, 대상품목, 대상자, 유통조절방법 등 대통령령이 정하는 사항	없음.
집행	유통조절명령이 이행될 수 있도록 유통조절명령의 내용에 관한 홍보, 유통명령 위반자에 대한 제재 등 필요한 조치(§11)	없음.
이행자에 대한 지원	발생하는 손실에 대해서는 제54조의 규정에 의한 농산물가격안정기금 또는 수산발전기금으로 이를 보전(§12)	농수산물가격안정기금, 지역농어촌진흥기금, 예비비, 보조금 등 (제주특별자치도 농·임·축·수산업의 수급안정에 관한 조례 §15)
벌칙	1천만 원 이하의 과태료(§90)	500만 원 이하의 과태료(§362)

<**제주특별자치도법**>

제3조(적용 범위) 이 법은 제주특별자치도의 관할구역에 한하여 적용한다.

제202조(농·임·축·수산업의 수급 안정) ① 도지사는 제주자치도 안에서 생산되는 농·임·축·수산물의 수급안정, 상품성 및 안전성 제고, 유통능률의 향상을 위하여 농·임·축·수산물의 생산조정·출하조정·품질검사 등에 관하여 필요한 조치를 할 수 있다.

　② 제1항의 규정에 의한 생산조정·출하조정·품질검사 등에 관한 대상품목·방법·절차·필요한 조치 등에 관하여 필요한 사항은 도조례로 정한다.

제362조(과태료) ③ 다음 각 호의 어느 하나에 해당하는 자에게는 5백만 원 이하의 과태료를 부과한다.

　2. 제202조 제1항에 따른 생산조정·출하조정·품질검사 등에 관하여 필요한 조치를 위반한 자

<**제주특별자치도 농·임·축·수산업의 수급안정에 관한 조례**>

제5조(수급안정 대상품목) ① 제주특별자치도지사(이하 "도지사"라 한다)는 제주특별자치도특별법(이하 "법"이라 한다) 제202조 제2항에 따른 생산조정·출하조정·품질검사 대상품목은 관련기관, 생산자단체 및 농업인단체와 협의하여 선정한다.

　② 제1항에 따른 대상품목은 재배의향조사, 표본 및 관측조사 등 생산예상량을 조사하여 수급불균형이 우려되는 품목으로 한정한다.

제6조(생산 및 출하조정) 도지사는 제5조에 따라 수급안정 대상으로 선정된 품목에 대하여는 제주자치도 안의 생산자단체로 하여금 산지폐기, 가공, 물류비지원 및 비축사업 등을 통하여 생산 및 출하조정 등을 시행할 수 있다. 다만, 제주자치도 안에서 생산되는 감귤의 경우에는 「제주특별자치도 감귤생산 및 유통에 관한 조례」에 의한다.

제15조(생산 및 출하조정 지원) ① 도지사는 제6조 및 제8조 제4항에 따라 농·임·축·수산물의 생산 및 출하조정 등 수급안정사업을 시행하는 경우에는 농수산물가격안정기금, 지역농어촌진흥기금 및 예비비 등을 적극 지원하여야 한다.

　② 도지사는 농·임·축·수산물의 수급안정을 위해 자율적 생산조정·출하조정을 실시한 농어업인 또는 생산자단체에 대하여는 당해 품목의 경영비와 시장가격을 감안하여 적절한 범위에서 보조금 등을 지원할 수 있다.

　③ 도지사는 제2항에 따른 농·임·축·수산물 생산자의 소득안정을 위해 당해 품목의 최저 생산비를 감안한 생산자 소득보전 계획을 수립하고 품목별 우선순위를 정하여 단계별로 실시하여야 한다.

<**제주특별자치도 감귤생산 및 유통에 관한 조례**>

제20조(출하신고) ① 상품용 감귤을 도 외로 반출하는 경우에는 품질검사원의 검사를 받고 출하연합회장에게 신고한 후 출하하여야 한다.

　② 동일인이 1일 150kg 미만의 감귤을 판매 이외의 목적으로 도 외에 반출하는 경우에는 제1항의 규정을 적용하지 아니한다.

　③ 비상품 감귤을 유통하여서는 아니 된다. 다만 출하연합회장의 승인이 있는 경우에는 그러하지 아니하다.

　④ 관광지 등 다중이용 사업장, 식품위생법 및 공중위생관리법 규정에 의한 식품접객업이나 공중위생영업을 하는 각각의 사업자는 사업장 이용객에게 감귤의 품위를 떨어뜨리는 비상품 감귤을 제공하여서는 아니 된다.

　⑤ 출하신고의 절차 등에 관한 사항은 규칙으로 정한다.

<**농수산물유통 및 가격안정에 관한 법률**>

제10조(유통협약 및 유통조절명령) ① 주요 농수산물의 생산자, 산지유통인, 저장업자, 도·소매업자 및 소비자 등(이하 "생산자 등"이라 한다)의 대표는 당해 농수산물의 자율적인 수급조절과 품질향상을 위하여 생산조정 또는 출하조절을 위한 협약(이하 "유통협약"이라 한다)을 체결할 수 있다.

　② 농림수산식품부장관은 부패·변질되기 쉬운 농수산물로서 농림수산식품부령이 정하는 농수산물에 대하여 현저한 수급불안정을 해소하기 위하여 특히 필요하다고 인정되고 농림수산식품부령이 정하는 생산자 등 또는 생산자단체의 요청이 있는 때에는 공정거래위원회와 협의를 거쳐 일정 기간 동안 일정 지역의 당해 농수산물의 생산자 등에 대하여 생산조정 또는 출하조절을 하도록 하는 유통조절명령(이하 "유통명령"이라 한다)을 발할 수 있다. <개정 2008.2.29>

　③ 유통명령에는 유통명령을 발하는 이유, 대상품목, 대상자, 유통조절방법 등 대통령령이 정하는 사항이 포함되어야 한다.

　④ 제2항의 규정에 의하여 생산자등 또는 생산자단체가 유통명령을 요청하고자 하는 경우에는 제3항의 규정에 의한 내용이 포함된 요청서를 작성하여 이해관계인·유통전문가의 의견수렴절차를 거치고 당해 농수산물의 생산자 등의 대표나 당해 생산자단체의 재적회원 3분의 2 이상의 찬성을 얻어야 한다.

　⑤ 제2항의 규정에 따른 유통명령을 발하기 위한 기준과 구체적 절차, 유통명령을 요청할 수 있는 생산자 등의 조직과 구성 및 운영방법 등에 관하여 필요한 사항은 농림수산식품부령으로 정한다. <개정 2007.1.3, 2008.2.29>

제11조(유통명령의 집행) ① 농림수산식품부장관은 유통명령이 이행될 수 있도록 유통명령의 내용에 관한 홍보, 유통명령 위반자에 대한 제재 등 필요한 조치를 하여야 한다. <개정 2008.2.29>

② 농림수산식품부장관은 필요하다고 인정하는 경우에는 지방자치단체의 장, 당해 농수산물의 생산자 등의 조직 또는 생산자단체로 하여금 제1항의 규정에 의한 유통명령의 집행업무의 일부를 수행하게 할 수 있다. <개정 2008.2.29>

제12조(유통명령 이행자에 대한 지원 등) ① 농림수산식품부장관은 유통협약 또는 유통명령을 이행한 생산자 등이 당해 유통협약이나 유통명령을 이행함에 따라 발생하는 손실에 대하여는 제54조의 규정에 의한 농산물가격안정기금 또는 수산발전기금으로 이를 보전하게 할 수 있다. <개정 2004.12.31, 2008.2.29>

② 농림수산식품부장관은 제11조 제2항의 규정에 의하여 유통명령의 집행업무의 일부를 수행하는 생산자 등의 조직 이나 생산자단체에 대하여 필요한 지원을 할 수 있다. <개정 2008.2.29>

③ 제1항의 규정에 따른 유통명령 이행으로 인한 손실 보전 및 제2항의 규정에 따른 유통명령 집행업무의 지원에 관하여 필요한 사항은 대통령령으로 정한다. <신설 2007.1.3>

제90조(과태료) ① 제10조 제2항의 규정에 따른 유통명령을 위반한 자는 1천만 원 이하의 과태료에 처한다.

<농수산물유통 및 가격안정에 관한 법률 시행령>

제11조(유통조절명령) 법 제10조 제2항의 규정에 의한 유통조절명령에는 다음 각 호의 사항이 포함되어야 한다. <개정 2007.7.2, 2008.2.29>

1. 이유(수급·가격·소득의 분석 자료를 포함한다)
2. 대상품목
3. 기간
4. 지역
5. 대상자
6. 생산조정 또는 출하조절의 방안
7. 명령이행확인의 방법 및 명령위반자에 대한 제재조치
8. 사후관리 기타 농림수산식품부장관이 유통조절에 관하여 필요하다고 인정하는 사항

제12조(비축사업 등의 위탁) ① 농림수산식품부장관은 법 제13조 제4항의 규정에 의하여 다음 각 호의 농수산물의 비축 또는 출하조절사업(이하 "비축사업 등"이라 한다)을 농업협동조합중앙회·산림조합중앙회·수산업협동조합중앙회 또는 농수산물유통공사에 위탁하여 실시한다. <개정 2005.6.23, 2008.2.29>

1. 비축농수산물의 수매·수입·포장·수송·보관 및 판매
2. 비축농수산물의 확보를 위한 재배·양식·선매계약의 체결
3. 농수산물의 출하약정 및 선급금의 지급
4. 제1호 내지 제3호의 규정에 의한 사업의 정산

② 농림수산식품부장관은 제1항의 규정에 의하여 농수산물의 비축사업 등을 위탁하는 때에는 다음 각 호의 사항을 정하여 이를 위탁하여야 한다. <개정 2005.6.23, 2008.2.29>

1. 대상농수산물의 품목 및 수량
2. 대상농수산물의 품질·규격 및 가격
3. 대상농수산물의 판매방법·수매 또는 수입시기 등 사업실시에 필요한 사항

제13조(비축사업 등의 자금의 집행·관리) ① 농림수산식품부장관은 제12조의 규정에 의하여 농수산물의 비축사업 등을 위탁한 때에는 그 사업에 소요되는 자금의 개산액을 법 제54조의 규정에 의한 농산물가격안정기금 또는 「수산업법」 제76조의 규정에 의하여 설치된 수산발전기금에서 당해 사업의 위탁을 받은 자(이하 "비축사업실시기관"이라 한다)에게 지급하여야 한다. <개정 2005.6.23, 2008.2.29, 2010.4.20>

② 비축사업실시기관은 제1항의 규정에 의하여 비축사업 등을 위한 자금(이하 "비축사업 등 자금"이라 한다)을 지급 받은 때에는 당해 기관의 회계와 구분하여 별도의 계정을 설치하고 비축사업 등의 실시에 따른 수입과 지출을 구분·계리하여야 한다.

③ 비축사업실시기관의 장은 제1항의 규정에 의한 사업이 종료된 때에는 지체 없이 당해 사업에 대한 정산을 하고, 그 결과를 농림수산식품부장관에게 보고하여야 한다. <개정 2005.6.23, 2008.2.29>

제14조(비축사업 등의 비용처리) ① 비축사업 등 자금을 사용함에 있어서 그 경비를 산정하기 어려운 수매·판매 등에 관한 사업관리비와 제12조의 규정에 의하여 비축사업 등을 위탁한 경우 비축사업실시기관에 지급하는 비축사업등자금의 관리비는 농림수산식품부장관이 정하는 기준에 따라 산정되는 금액으로 한다. <개정 2005.6.23, 2008.2.29>

② 비축사업 등의 실시과정에서 발생한 농수산물의 감모에 대하여는 농림수산식품부장관이 정하는 한도 안에서 이를 비용으로 처리한다. <개정 2005.6.23, 2008.2.29>

③ 화재·도난·침수 등의 사고로 인하여 비축한 농수산물이 멸실·훼손·부패 또는 변질된 때의 피해에 대하여는 비축사업실시기관이 이를 변상한다. 다만, 그 사고가 불가항력에 의한 것인 경우에는 기금에서 손비로 처리한다.

<農水産物유통 및 가격안정에 관한 法律 施行規則>

제10조(유통명령의 대상품목) 법 제10조 제2항의 규정에 의한 유통조절명령(이하 "유통명령"이라 한다)을 발할 수 있는 농수산물은 다음 각 호의 농수산물중 농림수산식품부장관이 지정하는 품목으로 한다. <개정 2008.3.3>
  1. 법 제10조 제1항의 규정에 의한 유통협약을 체결한 농수산물
  2. 생산이 전문화되고 생산지역의 집중도가 높은 농수산물
제11조(유통명령의 요청자 등) ① 법 제10조 제2항에서 "농림수산식품부령이 정하는 생산자등 또는 생산자단체"라 함은 다음 각 호의 생산자 등 또는 생산자단체로서 농수산물의 수급조절 및 품질향상능력 등 농림수산식품부장관이 정하는 요건을 갖춘 자를 말한다. <개정 2007.7.6, 2008.3.3>
  1. 제10조의 규정에 의한 유통명령 대상품목인 농수산물의 수급조절과 품질향상을 위하여 제12조 제1항의 규정에 의한 유통조절추진위원회를 구성·운영하는 생산자등
  2. 제10조의 규정에 의한 유통명령 대상품목인 농수산물을 주로 생산하는 법 제6조의 규정에 의한 생산자단체
  ② 제1항 각 호에 따른 요청자가 유통명령을 요청하는 경우에는 유통명령요청서를 해당 지역에서 발행되는 일간지에 공고하거나 이해관계자 대표 등에게 발송하여 10일 이상 의견조회를 하여야 한다. <신설 2007.7.6>
제11조의2(유통명령의 발령기준 등) 법 제10조 제5항에 따른 유통명령을 발하기 위한 기준은 다음 각 호의 사항을 감안하여 농림수산식품부장관이 정하여 고시한다. <개정 2008.3.3>
  1. 품목별 특성
  2. 법 제5조에 따른 관측 결과 등을 반영하여 산정한 예상 가격과 예상 공급량
[본조신설 2007.7.6]

5. 도지사가 지정·고시한 농어촌지역에 관련된 문제는 없는가?

현재 「농어업·농어촌 및 식품산업 기본법」, 「농어촌정비법」, 「어촌·어항법」, 「농림어업인 삶의 질 향상 및 농산어촌지역개발촉진에 관한 특별법」 등 각종 법률에서는 농촌, 농어촌, 어촌, 농산어촌으로 규정하고, 개별법에 따라 이들 지역에 대하여 다른 지역과는 달리 많은 지원을 해주고 있다.

제주특별자치도법 제203조에 따르면, 제1항에서 읍·면의 전 지역과 동의 지역 중 「국토의 계획 및 이용에 관한 법률」 제36조 제1항 제1호의 규정에 의하여 지정된 주거지역·상업지역 및 공업지역을 제외한 지역은 「농어업·농어촌 및 식품산업 기본법」, 「농어촌정비법」, 「어촌·어항법」, 「농림어업인 삶의 질 향상 및 농산어촌지역개발촉진에 관한 특별법」 및 그 밖의 다른 법령을 적용함에 있어서는 농촌·농어촌·어촌 및 농산어촌으로 보도록 하면서 제2항에서는 도지사는 동 주거지역의 전부 또는 일부를 도조례로 농어촌지역으로 지정할 수 있도록 하고 있다.

이 규정은 제주특별자치도인 경우 개별법에도 불구하고 도조례로 동의 주거지역 중에서도 농어촌지역으로 지정하여 일정한 혜택을 받을 수 있도록 특례를 주려는 취지라 할 것이다.

한편, 제주특별자치도법 제203조 제2항에 따라, 제주특별자치도에서는 2007. 2. 23. 「제주특별자치도 동의 주거지역 중 농어촌지역의 지정에 관한 조례」를 제정하였고, 동의 주거지역 중 농어촌지역의 지정을 동의 인구 중 농어업인이 25% 이상이거나 농지면적과 목장용지 및 임야면적이 공공용지를 제외한 면적의 50% 초과하는 지역 중 농정심의회의 심의를 거쳐 시지역에 대하여 농어촌지역으로 지정·고시하여 많은 혜택을 부여하도록 하고 있다.

그러나 제주특별자치도지사가 지정·고시한 농어촌지역에 대해서는 다음과 같은 현실적인 문제가 대두되고 있다.

첫째, 제주특별자치도지사가 지정·고시한 농어촌지역에 대한 지원을 누가 하여야 하느냐의 문제로, 중앙정부에서는 제주특별자치도지사가 지정·고시한 농어촌지역에 대한 지원은 제주특별자치도지사가 지정·고시하였으므로 제주특별자치도지사가 지방비로 지원하여야 한다고 주장한다.

다시 말하면, 중앙정부에서는 종전, 즉 개별법에 따른 농어촌지역에 대해서만 지원해 줄 수 있지 도조례로 지정·고시한 농어촌지역에 대해서는 지원해 줄 수 없다는 것이다. 왜냐하면, 중앙정부와 상관없이 제주특별자치도지사가 마음대로 지정·고시하였기 때문에 종전보다 확대된 지역에 대해서는 제주특별자치도지사가 지방비로 지원하여야 한다는 것이다. 이는 지정주체(제주특별자치도지사)와 이에 따른 지원주체(중앙부처장관)가 다르기 때문에 발생하는 문제라 할 것이다.

그러나 이는 제주특별자치도 출범에 따라 다른 시·도와는 달리 농어촌지역을 확장하여 농어촌 지역의 도민들에게 일정한 혜택을 주려는 것이기 때문에 명백히 틀린 이야기라 할 수 있고, 결국은 중앙정부가 개별법에 따라 지원을 해 주어야 할 것이다.

둘째, 실제적으로 농어촌지역을 인용하고 있으나, 법조문이 「영유아보육법」 제52조처럼 "여성가족부장관이 정하는 지역" 등의 형태로 된 경우에는 논란[299]은 있을 수 있으나, 혜택을 받기가 곤란하다는 점이다.

예를 들어 「영유아보육법」 제52조 및 같은 법 시행규칙 제40조 제1항에 따르면, 보육시설의 설치기준 및 보육시설 종사자의 배치기준을 달리 적용할 수 있는 지역으로 「도서·

---

299) 「영유아보육법」 제52조에서 보육시설의 설치기준 및 보육시설종사자의 배치기준을 달리 적용할 수 있는 지역에 농어촌지역을 포함시키려는 취지이고, 제주특별자치도지사가 동의 주거지역에 대하여 농어촌지역으로 지정·고시하였으므로, 특별법의 입법취지 등을 고려할 때, 도조례로 지정한 농어촌지역은 당연히 보육시설의 설치기준 및 보육시설종사자의 배치기준을 달리 적용할 수 있는 지역에 포함된다고도 주장할 수 있다.

벽지교육진흥법」제2조의 규정에 의한 도서·벽지지역, 행정구역상 면지역, 그 밖에 여성가족부장관이 정하는 지역으로 하고 있고, 여성가족부장관이 정한 2007년 보육사업안내 지침에 따르면, "여성가족부장관이 정하는 지역"을 행정구역상 읍지역, 동지역(특별시 및 광역시의 동지역은 제외) 중「국토의 계획과 이용에 관한 법률」제36조 제1항의 규정에 따라 지정된 주거지역, 상업지역 및 공업지역을 제외한 지역으로 규정하고 있어, 사실상 제주특별자치도의 경우 제주특별자치도법 제203조에 따른 농어촌지역으로 제외되게되어 혜택을 받지 못하게 제한하고 있다.

따라서 제주특별자치도법의 입법취지 등을 고려할 때, 조례로 지정·고시한 농어촌지역은 당연히 보육시설의 설치기준 및 보육시설종사자의 배치기준을 달리 적용할 수 있는 지역에 포함되도록 개정할 필요가 있다 할 것이다.

셋째, 중앙정부에서는 제주특별자치도법 제203조 제2항에 따라 제주특별자치도지사가 지정·고시한 농어촌지역은 다른 일반법에서만 농어촌지역으로 보아야 하고, 다른 특별법에서는 농어촌지역으로 볼 수 없다는 주장을 하고 있다.

다시 말하면, 제주특별자치도법 제203조에「농어업·농어촌 및 식품산업 기본법」,「농어촌정비법」,「어촌·어항법」,「농림어업인 삶의 질 향상 및 농산어촌지역개발촉진에 관한 특별법」및 그 밖의 다른 법령을 적용함에 있어서는 농촌·농어촌·어촌 및 농산어촌으로 보도록 하고 있는데, "그 밖의 다른 법령"에는「농어촌 등 보건의료를 위한 특별조치법」,「농어촌주민의 보건복지증진에 관한 특별법」등 특별법은 제주특별자치도법과 같은 특별법이므로 제외되어야 한다고 주장하는 것이다.

그러나 "그 밖의 다른 법령"은 앞에서 열거한 법령 외의 모든 법령, 즉 특별법이든지 일반법이든지 상관없이 모든 법령을 말한다 할 것이므로 타당하지 아니하다 할 것이다.

입법론적으로 볼 때, 지원대상을 개별법에서 보다 확대하여 지방자치단체의 조례로 정하도록 하고, 여기에 따라 중앙정부의 재원을 지출하도록 하는 것은 문제가 있어 보이므로, 이러한 규정을 할 때에는 보다 신중히 할 필요가 있다 할 것이다.

<제주특별자치도법>

제203조(농어촌지역의 지정에 관한 특례) ① 다음 각 호에 해당하는 지역(이하 "농어촌지역"이라 한다)은 「농어업·농어촌 및 식품산업 기본법」, 「농어촌정비법」, 「어촌·어항법」, 「농림어업인 삶의 질 향상 및 농산어촌지역 개발촉진에 관한 특별법」 및 그 밖의 다른 법령을 적용함에 있어서는 농촌·농어촌·어촌 및 농산어촌으로 본다.

  1. 읍·면의 전 지역

  2. 동의 지역 중 「국토의 계획 및 이용에 관한 법률」 제36조 제1항 제1호의 규정에 의하여 지정된 주거지역·상업지역 및 공업지역을 제외한 지역

  ② 도지사는 제1항 제2호의 규정에 불구하고 주거지역의 전부 또는 일부를 농어촌지역으로 지정할 수 있다. 이 경우 그 지정에 관하여 필요한 사항은 도조례로 정한다.

<제주특별자치도 동의 주거지역 중 농어촌지역의 지정에 관한 조례>

제3조(농어촌지역의 지정) ① 제주특별자치도지사(이하 "도지사"라 한다)는 「제주특별자치도 설치 및 국제자유도시 조성을 위한 특별법」 제203조 제2항의 규정에 의하여 동의 주거지역의 전부 또는 일부를 농어촌지역으로 지정할 때에는 제주특별자치도 농정심의회의 심의를 거쳐야 한다.

  ② 도지사는 제1항의 규정에 의하여 농어촌지역으로 지정한 때에는 공보 등에 고시하여야 한다.

제4조(지정기준) 제3조의 규정에 의한 농어촌지역의 지정은 동 또는 통 단위로 지정하되, 다음 각 호의 어느 하나에 해당되어야 한다.

  1. 농어업인의 수가 농어촌지역으로 지정하고자 하는 동 또는 통 전체인구의 100분의 25를 초과하는 경우

  2. 농지면적과 목장용지 및 임야면적이 농어촌지역으로 지정하고자 하는 동 또는 통 전체면적 중에서 공공용지를 제외한 면적의 100분의 50을 초과하는 경우

<농어업·농어촌 및 식품산업 기본법>

제2조(정의)

  5. "농어촌"이란 다음 각 목의 어느 하나에 해당하는 지역을 말한다.

  가. 읍·면의 지역

  나. 가목 외의 지역 중 그 지역의 농어업, 농어업 관련 산업, 농어업인구 및 생활여건 등을 고려하여 농림수산식품부장관이 고시하는 지역

<농어촌정비법>

제2조(정의)

  1. "농어촌"이란 「농어업·농어촌 및 식품산업 기본법」 제3조 제5호에 따른 농어촌을 말한다.

<어촌·어항법>

제2조(정의) 이 법에서 사용하는 용어의 뜻은 다음과 같다.

  1. "어촌"이란 하천·호수 또는 바다에 인접하여 있거나 어항의 배후에 있는 지역 중 주로 수산업으로 생활하는 다음 각 목의 어느 하나에 해당하는 지역을 말한다.

  가. 읍·면의 전 지역

  나. 동의 지역 중 「국토의 계획 및 이용에 관한 법률」 제36조 제1항 제1호의 규정에 따라 지정된 상업지역 및 공업지역을 제외한 지역

<농림어업인 삶의 질 향상 및 농산어촌지역 개발촉진에 관한 특별법>

제3조(정의) 이 법에서 사용하는 용어의 정의는 다음과 같다.

  1. "농어촌"이란 「농어업·농어촌 및 식품산업 기본법」 제3조 제5호에 따른 농어촌을 말한다.

<국토의 계획 및 이용에 관한 법률>

제36조(용도지역의 지정) ① 국토해양부장관, 시·도지사 또는 대도시 시장은 다음 각 호의 어느 하나에 해당하는 용도지역의 지정 또는 변경을 도시관리계획으로 결정한다.

  1. 도시지역: 다음 각 목의 어느 하나로 구분하여 지정한다.

  가. 주거지역: 거주의 안녕과 건전한 생활환경의 보호를 위하여 필요한 지역

  나. 상업지역: 상업이나 그 밖의 업무의 편익을 증진하기 위하여 필요한 지역

  다. 공업지역: 공업의 편익을 증진하기 위하여 필요한 지역

  라. 녹지지역: 자연환경·농지 및 산림의 보호, 보건위생, 보안과 도시의 무질서한 확산을 방지하기 위하여 녹지의 보전이 필요한 지역

6. 도로와 관련된 변화는 무엇인가?

제주특별자치도의 출범에 따라, 도로와 관련하여 나타난 중요한 변화는 두 가지로 요약할 수 있다.

첫째는, 제주특별자치도법 제141조 및 제142조에 따라, 종전의 제주도에 설치되어 있는 특별지방행정기관인 제주지방국토관리청이 폐지되고, 「도로법」상 일반국도와 관련된 국토해양부장관의 권한이 도지사로 이양된 것이다.

둘째는, 제주특별자치도법 제251조 제3항에서 종전의 제주도에 지정된 일반국도는 해제하고, 도지사는 이를 「도로법」 제12조에 따른 지방도로 인정한 것으로 보도록 함[300]에 따라, 제주특별자치도에는 종전의 일반국도는 없어지고, 일반국도가 모두 지방도로 전환된 것이다.

도로에서의 이러한 변화와 관련하여 몇 가지 논란을 불러일으키고 있다.

첫째는, 제주특별자치도에는 종전의 일반국도가 지방도로 전환되고, 제주국토지방관리청이 폐지됨에 따라, 앞으로 제주특별자치도에서는 일반국도를 건설할 수 있는지에 대하여 논란이 있다.

일반국도는 「도로법」 제10조에 따라 대통령령(일반국도노선지정령)으로 지정된 도로로, 제주특별자치도법 제142조 제1호에는 「도로법」 제23조 제1항 본문에 따른 국토해양부장관의 일반국도의 신설·개축 및 수선에 관한 공사와 그 유지 권한을 도지사 권한으로 이양하고 있을 뿐이다.

따라서 종전의 일반국도를 모두 지방도로 전환하고, 제주국토지방관리청을 없애는 등 앞으로 일반국도를 건설하지 아니하겠다는 것이고, 또한, 일반국도와 관련된 국토해양장관의 권한이 "위임"이나 "대행"이 아니라 "이양"되었기 때문에 지방자치단체장인 도지사가 일반국도를 건설한다는 것은 이론상 맞지 아니하므로, 제주특별자치도에서는 일반국도를 건설 내지 지정할 수 없다고 주장할 수 있으나, 종전에 지정된 일반국도만을 지방도로 전환한 것이고,[301] 일반국도의 신설·개축 및 수선에 관한 공사와 그 유지는 하되 그 권한을 국토해양부장관에서 도지사의 권한으로 이양한 것에 불과하고, 제주특별자치도에

---

300) 제주지방국토관리청의 이관과 연계하여 도로법의 체계에 맞게 제주특별자치도 내 국도를 지방도로 일괄 전환한 것으로, 제정 제주특별자치도법(2006. 2. 21. 법률 제7849호로 제정된 것) 부칙 제1조 단서에 따라 시행일은 2007. 1. 1.이다.

301) 일반국도를 건설 등을 할 수 있다면, 일반국도를 지방도로 전환한 이유가 무엇인지 의문이 들 수 있다.

는 일반국도를 건설하지 않겠다는 명시적인 규정이 없기 때문에 앞으로도 제주특별자치
도에 일반국도를 도지사가 신설할 수 있다고 할 것이다.[302][303]

둘째는, 제주특별자치도 출범으로 종전의 4개 시·군이 폐지됨에 따라, 앞으로 제주특
별자치도 내에서는 시도와 군도를 건설할 수 있는지에 대하여 논란이 있다.

제주특별자치도법 제11조 제1항에 따라 다른 법령에서 시와 군을 인용하고 있는 경우
에는 제주특별자치도를 인용한 것으로 보아 당해 법령을 적용하여야 하는데,「도로법」상
시와 군은 제주특별자치도를 의미하므로, 시도와 군도를 건설 내지 인정할 수 있다고 주
장할 수 있으나, 도로의 구분이 지방자치단체와 관련은 맺고 있는데, 종전에는 지방자치
단체인 시·군이었기 때문에 시도와 군도가 있었으나 현재는 제주특별자치도의 하부행정
기관인 행정시이기 때문에 앞으로 시도와 군도를 건설할 수 없다고 하여야 할 것이다.

한편, 도로에서의 이러한 변화는 새로운 과제들을 부여하고 있다고 할 것이다.

첫째는, 특별지방행정기관의 이관에서 말한 바와 같이 종전 제주지방국토관리청의 인
건비·운영비·사업비 등을 국가균형발전특별회계의 제주특별자치도계정에 포함하여 지
원하도록 하고 있으나, 도지사가 이양받았으므로 자치사무이고, 점차 중앙정부의 관심이
줄어들게 되는 등의 이유로 종전 일반국도 유지·관리 예산과 새로운 일반국도 건설 등
예산을 확보하기 위하여 종전 특별지방행정기관 때보다도 더욱 노력하여야 하는 과제를
부여한다고 할 것이다.

둘째는, 제주특별자치도 출범에 따라 종전의 4개 시·군이 없어졌기 때문에 앞으로 도
로의 종류(구분)[304]를 어떤 체계로 가야 하는지, 즉 앞으로도 지방도, 시도, 군도로 계속 가
야 하는지 아니면 지방도로만 가야 하는지, 아니면 특별시도나 광역시도와 같이 특별자치
도를 신설하여야 하는지 등에 대하여 심도 있게 검토가 이루어질 필요가 생겼다는 것이다.

다시 말하면, 종전에 인정된 시도와 군도에 대해서는 시도와 군도로 계속 유지·관리
를 한다고 하더라도 앞으로는 지방도, 시도, 군도로 계속 가야 할 경우에는 똑같이 도지사
가 인정하는 것인데, 어느 것은 지방도, 어느 것은 시도, 군도가 되는지 혼동될 가능성이
있고, 또한, 지방자치단체인 시·군이 없어졌음에도 불구하고 계속하여 시도를 건설하는

---

302) 일반국도 등 도로의 체계가 관리권과는 밀접한 관련이 있지만 소유권과는 밀접하게 연관을 맺지는 아니한다 할 것이나, 그렇다고 하여
   소유권과는 별개라고도 할 수 없을 것이다(산림의 구분은 국유림, 공유림, 사유림으로 소유권에 따라 구분하고 있다). 현재 일반국도는
   모두 국가소유라고 한다. 앞으로 도지사가 건설하는 일반국도를 도소유로 하여야 할지 아니면 국가소유로 하여야 할지도 논란이 있을
   수 있으나, 국가로부터 지원을 받아 건설을 한 것이더라도 도소유로 하는 것이 맞을 것이다.
303) 그러나 중앙정부의 관심 축소 등으로 실제로 도지사가 일반국도를 건설하는 것이 얼마나 될지 의문이다.
304) 「도로법」 제8조에 도로의 종류를 고속국도, 일반국도, 특별시도·광역시도, 지방도, 시도, 군도, 구도로 구분하고 있다.

것은 문제가 될 수 있다 할 것이다.

또한, 시도와 군도를 건설하지 못하고 지방도로만 건설할 경우에는 지방도 요건에 맞는 것만 건설할 수밖에 없기 때문에 종전 시도와 군도 요건에 맞는 도로를 건설할 수 없는 문제가 발생하여 제주특별자치도 출범으로 오히려 도민의 삶의 질을 떨어뜨릴 가능성이 많아진다고 할 것이다.

한편, 현행 「도로법」상의 도로 체계로는 제주특별자치도에 맞는 체계를 구축하기 곤란하다면, 제주특별자치도에서는 연구 검토하여 제주특별자치도의 형태에 맞는 새로운 도로 체계를 마련하고 이를 「도로법」에 반영할 필요성이 생기게 된다 할 것이다.[305]

결국, 제주특별자치도에서도 과연 어떤 도로 체계로 가는 것이 좋은지에 대하여 충분히 검토한 후 국토해양부 등과 협조하여 「도로법」 개정[306] 등으로 제주특별자치도 출범에 따른 불이익을 받지 않도록 하여야 할 것이다.

참고로, 종전의 제주지방국토관리청이 폐지되면서 제주특별자치도 내 일반국도 5개 노선 453㎞가 지방도로 전환되었는데, 5개 노선이 일반국도에서 지방도로 전환됨에 따라 도로관리청인 도지사가 지방도로 전환된 노선의 확포장 사업비 등 유지·보수 등 관리를 해야 하나, 별도의 국가 지원이 없어 제주특별자치도의 재정적 부담이 가중되고 있다.

이러한 문제점을 해결하기 위하여 국회는 지난 2009. 3. 제주특별자치도법 개정 시 지방도로 전환된 국도에 대한 국가 지원 규정을 신설(제251조 제5항)하였으나, 동 조항은 임의규정인 관계로 현재까지 별도의 국비지원이 이루어지고 있지 않은 상태이다.

이에 따라 제주특별자치도 내 도로의 적정한 유지·보수 등 체계적인 관리를 위하여 제주특별자치도 출범과 함께 지방도로 전환된 일반국도 5개 노선을 다시 국도로 환원하는 내용의 제주특별자치도법 개정안을 2008. 11. 17.과 2010. 5. 31. 강창일 의원이 대표발의하였다.

---

305) 제주특별자치도 출범 전 지방도, 시도, 군도에서 앞으로 어떤 구분으로 가야야 하는지에 대하여 여러 가지 방법이 있을 수 있는데, 군도는 없애고 지방도와 시도를 만들 수 있도록 하되 제주특별자치도 실정에 맞게 개정하는 방안과 특별자치도·광역시도와 구도 형태와 같이 특별자치도와 시도로 하는 방안이 있다.

306) 2008. 3. 21. 「도로법」 전부개정으로 지방도(제12조)와 시도(제13조)를 만들 수 있도록 되었다.

<제주특별자치도법>

제141조(우선 이양대상사무) 종전의 제주도에 설치되어 있는 특별지방행정기관으로서 국토관리, 중소기업(시험·분석에 관한 사항을 제외한다), 해양수산(해상안전에 관한 사항을 제외한다), 보훈(국가유공자 등의 등록·결정에 관한 사항을 제외한다), 환경, 노동(「근로기준법」 제101조 제1항의 규정에 의한 근로감독관에 관한 사항을 제외한다)에 관한 사무를 수행하는 특별지방행정기관에 대한 중앙행정기관의 권한은 제주자치도로 이양하여야 한다. 이 경우 관계중앙행정기관의 장은 그 권한의 이양에 필요한 조치를 하여야 한다. <개정 2007.4.11>

제142조(국토관리사무의 이관에 따른 특례) 다음 각 호에 따른 국토해양부장관의 권한은 이를 도지사의 권한으로 한다. <개정 2006.12.28, 2007.4.6, 2007.4.11, 2008.2.29, 2008.3.21, 2011.5.23>

  1. 「도로법」에 따른 도로 중 일반국도와 관련된 같은 법 제4조, 제23조 제1항 본문, 제24조, 제26조 제1항, 제27조, 제29조, 제31조부터 제36조까지, 제38조, 제40조, 제41조, 제43조, 제47조, 제48조, 제49조 제1항·제2항·제4항, 제57조부터 제59조까지, 제61조, 제63조, 제64조 제2항, 제74조부터 제77조까지, 제78조 제2항, 제83조(제49조 제3항을 위반한 자에 대한 처분 또는 조치는 제외한다), 제84조, 제89조부터 제91조까지 및 제101조

제251조(도로관리 등에 관한 특례) ① 도지사는 「도로법」 제23조 제2항의 규정에 불구하고 국가지원지방도의 조사·설계를 할 수 있다. 이 경우 국가지원지방도의 설계에 관하여는 국토해양부장관의 승인을 얻어야 한다. <개정 2008.2.29, 2008.3.21>

  ② 「도로법」 제34조 제1항 제2호, 같은 조 제2항, 제38조 제2항·제3항 본문 및 단서, 제41조 제2항, 제42조 각 호 외의 부분, 같은 조 제3호, 제49조 제2항 및 제57조 제2항에서 대통령령 또는 국토해양부령으로 정하도록 한 사항은 도조례로 정할 수 있다. <개정 2007.8.3, 2008.2.29, 2008.3.21, 2009.3.25, 2011.5.23>

  ③ 「도로법」 제10조의 규정에 의하여 종전의 제주도에 지정된 일반국도를 해제하고, 도지사는 그 해제된 일반국도를 같은 법 제12조의 규정에 의하여 지방도로 인정한 것으로 본다. <개정 2008.3.21>

  ④ 도지사는 「도로법」 제88조에도 불구하고 지방도의 도로노선을 인정·폐지 또는 변경할 수 있다. 이 경우 도지사는 그 결과를 국토해양부장관에게 통보하여야 한다. <신설 2009.3.25>

  ⑤ 국가는 필요하다고 인정하는 경우에는 「도로법」 제67조 본문에도 불구하고 다음 각 호의 도로의 건설 또는 유지·관리에 소요되는 비용을 지원할 수 있다. <신설 2009.3.25>

  1. 제3항에 따라 일반국도에서 지방도로 전환된 도로

  2. 「도로법」 제10조 제1항의 요건을 갖춘 지방도

부칙

제1조(시행일) 이 법은 2006년 7월 1일부터 시행한다. 다만, 제18조, 제41조 내지 제43조, 제81조 및 제82조의 규정은 공포한 날부터, 제79조·제80조·제83조 내지 제90조의 규정은 2006년 9월 1일부터, 제75조, 제101조 및 제251조 제3항의 규정은 2007년 1월 1일부터, 제325조 및 제359조 제2항의 규정은 2007년 1월 30일부터 각각 시행한다.

<도로법>

제8조(도로의 종류와 등급) 도로의 종류는 다음 각 호와 같고 그 등급은 다음에 열거한 순위에 의한다.

  1. 고속국도

  2. 일반국도

  3. 특별시도·광역시도

  4. 지방도

  5. 시도

  6. 군도

  7. 구도

제10조(일반국도) ① 일반국도(이하 "국도"라 한다)는 중요 도시, 지정항만, 중요 비행장, 국가산업단지 또는 관광지 등을 연결하며 고속국도와 함께 국가 기간도로망을 이루는 도로로서 대통령령으로 그 노선이 지정된 것을 말한다.

  ② 제1항에 따른 대통령령에는 그 노선번호, 노선명, 기점, 종점, 중요 경과지, 그 밖에 필요한 사항을 정하여야 한다.

제11조(특별시도·광역시도) 특별시도·광역시도는 특별시 또는 광역시 구역에 있는 다음 각 호의 어느 하나에 해당하는 도로로서 특별시장 또는 광역시장이 그 노선을 인정한 것을 말한다.

  1. 자동차 전용도로

  2. 간선 또는 보조간선 기능 등을 수행하는 도로

  3. 도시의 주요 지역 간이나 인근 도시와 주요 지방 간을 연결하는 도로

  4. 제1호부터 제3호까지의 규정에 따른 도로 외에 도시의 기능 유지를 위하여 특히 중요한 도로

제12조(지방도) 지방도는 지방의 간선도로망을 이루는 다음 각 호의 어느 하나에 해당하는 도로로서 관할 도지사 또는 특별자치도지사가 그 노선을 인정한 것을 말한다.
  1. 도청 소재지에서 시청 또는 군청 소재지에 이르는 도로
  2. 시청 또는 군청 소재지를 서로 연결하는 도로
  3. 도(道) 또는 특별자치도에 있는 비행장·항만·역 또는 이들과 밀접한 관계가 있는 비행장·항만·역을 서로 연결하는 도로
  4. 도 또는 특별자치도에 있는 비행장·항만 또는 역에서 이들과 밀접한 관계가 있는 고속국도·국도 또는 지방도를 연결하는 도로
  5. 제1호부터 제4호까지의 규정에 따른 도로 외의 도로로서 지방의 개발을 위하여 특히 중요한 도로
제13조(시도) 시도는 시 또는 행정시에 있는 도로로서 관할 시장(행정시의 경우에는 특별자치도지사를 말한다)이 그 노선을 인정한 것을 말한다.
제14조(군도) 군도는 군(郡)에 있는 다음 각 호의 어느 하나에 해당하는 도로로서 관할 군수가 그 노선을 인정한 것을 말한다.
  1. 군청 소재지에서 읍사무소 또는 면사무소 소재지에 이르는 도로
  2. 읍사무소 또는 면사무소 소재지 상호 간을 연결하는 도로
  3. 제1호와 제2호에 따른 도로 외의 도로로서 군의 개발을 위하여 특히 중요한 도로
제15조(구도) 구도는 특별시나 광역시 구역에 있는 도로 중 특별시도와 광역시도를 제외한 구(자치구를 말한다. 이하 같다) 안에서 동(洞) 사이를 연결하는 도로로서 관할 구청장이 그 노선을 인정한 것을 말한다.
제23조(도로의 공사와 유지 등) ① 도로의 신설·개축 및 수선에 관한 공사(이하 "도로공사"라 한다)와 그 유지는 이 법이나 다른 법률에 특별한 규정이 있는 경우 외에는 해당 도로의 관리청이 수행한다. 다만, 국토해양부장관은 국도 중 대통령령으로 정하는 일부 국도에 대한 신설·개축과 수선 및 유지에 관한 업무를 대통령령으로 정하는 바에 따라 도지사 또는 특별자치도지사가 수행하도록 할 수 있다. <개정 2009.5.27>

7. 시행예정자 지정 제도는 어떤 문제가 있는가?

제주특별자치도법 제228조 및 「제주특별자치도 개발사업시행 승인 등에 관한 조례」제7조에 따르면, 환경영향평가 대상인 사업과 도시관리계획변경이 선행되어야 하는 사업을 시행하고자 하는 자를 도조례가 정하는 바에 의하여 개발사업의 시행예정자로 지정할 수 있도록 하고, 사업시행예정자를 지정하고자 할 때에는 사업계획상의 투자계획 및 재원확보계획, 개발사업 대상 토지면적 중 국·공유지를 제외한 토지의 2분의 1 이상 소유권을 확보하고, 토지소유자 총수의 2분의 1 이상의 사용 동의, 도민 우선고용계획, 개발사업에 대한 도내업체 참여계획, 「국토의 계획 및 이용에 관한 법률」제27조 제2항에 따른 환경성검토서를 우선 고려하도록 하고 있다.

사업시행예정자 제도의 취지는 개발사업 시행승인 전에 사업시행 희망자의 사업계획을 검토하여 일정한 요건을 갖춘 자를 사업시행예정자로 지정할 수 있는 법적 근거를 마련[307]하여, 투자희망자의 시간·경제적 낭비를 제거하고 우수한 민간자본을 유치하고자

---

307) 사업시행예정자 지정은 상대방에게 권리나 이익을 부여하는 효과를 수반하는 이른바 수익적 행정처분으로서 법령에 행정처분의 요건에 관하여 일의적으로 규정되어 있지 아니한 이상 행정청의 재량행위에 속한다고 할 것이므로, 도지사는 환경영향평가 대상인 사업과 도시

하는 것이다.

그러나 이러한 좋은 취지도 불구하고 일부 부실사업자들이 사업시행예정자 지정에 따라 독점적 지위를 이용하여 개발에 따른 시세차익을 남기고 사업부지를 파는 데에만 매달리는 등 그 취지가 퇴색되고 있다고 한다.[308]

제주특별자치도법과 관련하여 사업시행예정자 제도의 법적인 문제를 살펴보면, 다음과 같다.

첫째, 사업예정자 지정 취소제도가 없다. 제주특별자치도법 제228조에서는 지정과 지정받은 날부터 2년(불가피한 경우 1년 추가) 이내에 개발사업 시행승인을 얻지 아니하면, 그 2년이 되는 날의 다음 날부터 사업시행예정자 지정의 효력을 잃도록 하는 것밖에 없다. 따라서 사업예정자로 지정된 이후 부실사업 예정자를 퇴출시키는 제도가 없으므로 지정요건을 갖추지 아니하거나 일정기간 사업추진을 하지 아니할 때, 조건을 위반한 때 등에는 사업예정자 지정을 취소할 수 있는 근거를 마련할 필요가 있다 할 것이다.

물론, 대법원 판례(대법원 2005. 4. 29. 선고 2004두11954 판결)에 따르면, 수익적 행정행위의 철회는 그 처분 당시 별다른 하자가 없었음에도 불구하고 사후적으로 그 효력을 상실케 하는 행정행위이므로, 법령에 명시적인 규정이 있거나 행정행위의 부관으로 그 철회권이 유보되어 있는 등의 경우가 아니라면, 원래의 행정행위를 존속시킬 필요가 없게 된 사정변경이 생겼거나 또는 중대한 공익상의 필요가 발생한 경우 등의 예외적인 경우에만 허용하고 있다고 하고 있으므로, 사업예정자 지정 취소제도가 제주특별자치도법에 근거가 없다고 하더라도 취소할 수는 있을 것이다. 그러나 이러한 경우는 매우 제한적이라 할 것이므로, 제주특별자치도법에 취소 근거를 명문화할 필요가 있다고 할 것이다.

둘째는, 사업시행예정자 지정 변경제도가 없다는 것이다. 개발사업 승인제도에는 변경제도가 있는 것과는 달리 사업시행예정자 지정 변경제도가 없어 제도 운영상 나타날 수 있는 상황(사업시행면적이나 기간 등의 변경)에 대하여 효과적으로 대응할 수 없는 문제가 있다고 할 수 있다. 따라서 개발사업 승인제도와 같이 지정 변경제도를 도입할 필요가 있다.

셋째는, 「제주특별자치도 개발사업시행 승인 등에 관한 조례」 제11조에 개발사업의 원활한 추진을 위하여 필요하다고 인정되는 경우 도지사는 국가, 공공기관, 지방자치단체, 지방공사, 농어업인단체 등을 우선 지정할 수 있도록 하고 있는데, 제주특별자치도법 제

관리계획변경이 선행되어야 하는 사업에 대하여 반드시 개발사업의 시행예정자로 지정하여야 하는 것은 아니다.

308) 사업시행예정자 지정제도의 문제점으로는 예정자 지정 독점적 지위 행사, 사업계획이나 재원조달에 대한 허술한 심의, 이로 인한 개발사업 지지부진 등을 들 수 있고, 이를 개선하기 위하여 전문가 심의 참여와 절차 강화, 부실 사업자 퇴출·사후관리 규정 제정 등을 제시하고 있다(제민일보 2007. 7. 8. 및 7. 10. 참조).

228조에서는 지정하는 절차만을 도조례로 정하도록 한 것임에도 불구하고 국가, 공공기관, 지방자치단체, 지방공사, 농어업인단체 등을 우선 지정할 수 있도록 하는 것은 위임의 범위를 벗어나고 형평의 문제가 있다고 할 것이다.

<제주특별자치도법>

제228조(사업시행예정자 지정) ① 도지사는 개발사업 중 제299조의 규정에 의한 환경영향평가 대상인 사업과「국토의 계획 및 이용에 관한 법률」제30조의 규정에 의한 도시·군관리계획 변경(동법 제6조 제1호의 규정에 의한 도시지역 외의 지역에서 이루어지는 도시·군관리계획 변경에 한한다)이 선행되어야 하는 사업을 시행하고자 하는 자(국가 또는 개발센터를 포함한다. 이하 같다)를 도조례가 정하는 바에 의하여 개발사업의 시행예정자로 지정할 수 있다. <개정 2011.4.14>

② 제1항의 규정에 의하여 지정받은 개발사업의 시행예정자(이하 "사업시행예정자"라 한다)는 지정받은 날부터 2년 이내에 제229조의 규정에 의한 개발사업 시행승인을 얻어야 하며, 그 시행승인을 얻지 못한 경우에는 사업시행예정자로 지정받은 날부터 2년이 되는 날의 다음 날부터 사업시행예정자 지정의 효력을 잃는다. 다만, 환경영향평가의 절차이행 등 부득이한 사유로 개발사업의 시행승인기한의 연기가 불가피한 경우에는 1년의 범위 내에서 1회에 한하여 연기할 수 있다.

[시행일 : 2012.4.15] 제228조

<제주특별자치도 개발사업시행 승인 등에 관한 조례>

제7조(사업시행예정자의 지정기준) 법 제228조 제1항에 따라 사업시행예정자를 지정하고자 할 때에는 다음 각 호의 사항을 우선 고려하여야 한다. 다만, 제11조 제1호 및 제2호의 자에게 사업시행예정자 지정을 하려는 경우에는 제2호를 적용하지 아니하며, 이 경우에는 개발대상지역 토지소유권 확보 계획 등을 고려한다.

1. 사업계획상의 투자계획 및 재원확보계획
2. 개발사업 대상 토지면적 중 국·공유지를 제외한 토지의 2분의 1 이상 소유권을 확보하고, 토지소유자 총수의 2분의 1 이상의 사용 동의
3. 도민 우선고용계획
4. 개발사업에 대한 도내업체 참여계획
5. 「국토의 계획 및 이용에 관한 법률」제27조 제2항에 따른 환경성검토서

제11조(사업시행예정자의 지정대상) 도지사는 개발사업의 원활한 추진을 위하여 필요하다고 인정되는 경우에는 다음 각 호의 어느 하나에 해당하는 자를 사업시행예정자로 우선 지정할 수 있다. 도지사가 민간기업과 공동 개발하려는 경우에도 또한 같다.

1. 국가나「공공기관의 운영에 관한 법률」제4조 제1항에 따른 공공기관
2. 지방자치단체나「지방공기업법」제49조에 따른 지방공사
3. 제16조 제1항에 따른 농어업인단체

---

8. 사업시행예정자 지정 시 개별법에 등록자만 지정이 가능한가?

제주특별자치도법 제228조 및「제주특별자치도 개발사업시행 승인 등에 관한 조례」제7조에 따르면, 환경영향평가 대상인 사업과 도시관리계획변경이 선행되어야 하는 사업을 시행하고자 하는 자를 도조례가 정하는 바에 의하여 개발사업의 시행예정자로 지정할 수 있도록 하고, 사업시행예정자를 지정하고자 할 때에는 사업계획상의 투자계획 및 재원확보계획, 개발사업 대상 토지면적 중 국·공유지를 제외한 토지의 2분의 1 이상 소유권을

확보하고, 토지소유자 총수의 2분의 1 이상의 사용 동의, 도민 우선고용계획, 개발사업에 대한 도내업체 참여계획, 「국토의 계획 및 이용에 관한 법률」 제27조 제2항에 따른 환경성검토서를 우선 고려하도록 하고 있다.

사업시행예정자 지정 시 개별법에 따른 등록을 한 자에게만 지정을 하여야 하는지 논란이 될 수 있다.

그러나 다음과 같은 이유로 개별법에 따른 등록을 한 자에게만 지정하여야 하는 것은 아니라고 판단된다.

첫째는, 제주특별자치도법과 「제주특별자치도 개발사업시행 승인 등에 관한 조례」 어디에도 개별법에 따른 등록 예를 들면, 「골재채취법」에 따른 골재채취업 등록을 받은 자만이 사업예정자 지정을 신청할 수 있다는 명문 규정이 없다.

둘째는, 사업시행예정자 지정 제도는 개발사업승인의 전에 환경영향평가 대상인 사업과 도시관리계획변경이 선행되어야 하는 사업 희망자의 사업계획 등을 검토한 후 사업시행예정자로 지정하여 개발사업에 따른 부존량 조사나 환경영향평가 등 일련의 절차를 미리 밟도록 함으로써 사업시행자의 시간·경제적 낭비를 덜어 주고, 사업승인기간을 단축시킬 것을 목적으로 하는 제도인데, 사업시행예정자 지정 제도 취지상 사업시행예정자로 지정되면 개발사업에 따른 일련의 절차를 미리 준비하는 것이기 때문에 개발사업승인 시 필요한 모든 요건을 갖출 필요가 없다 할 것이다.

만약, 사업시행예정자 지정 시 모든 요건을 갖추도록 할 경우에는 사업시행예정자 지정 제도의 취지를 살릴 수 없게 될 것이다. 결국, 개발사업승인 시 이를 갖추지 못한 경우에는 개발사업의 승인을 거부하면 될 것이기 때문이다.

따라서 사업시행예정자 지정 시에는 「골재채취법」 등 개별법상의 등록을 받은 경우에만 사업시행예정자 지정이 가능한 것은 아니라 할 것이다.

다만, 사업시행예정자 지정 제도가 독점권을 부여하여 특혜의 시비나 전매 등으로 인한 부작용이 있을 수 있는데, 사업시행예정자 지정행위는 기속행위가 아닌 재량행위이므로 관련법 등을 종합적으로 살펴서 신중히 할 필요가 있고, 사업예정자 지정 제도가 본래 취지대로 사용되고 있는지 여부에 대한 실태를 파악하여 사업예정자 지정 시 개별법에 따른 인·허가 및 등록 등을 한 자로 국한한다거나 지정취소를 신설하는 등 관련 제도를 보완 및 사업예정자 지정 제도 폐지도 검토해 볼 필요가 있다 할 것이다.

<제주특별자치도법>

제228조(사업시행예정자 지정) ① 도지사는 개발사업 중 제299조의 규정에 의한 환경영향평가 대상인 사업과 「국토의 계획 및 이용에 관한 법률」 제30조의 규정에 의한 도시·군관리계획 변경(동법 제6조 제1호의 규정에 의한 도시지역 외의 지역에서 이루어지는 도시·군관리계획 변경에 한한다)이 선행되어야 하는 사업을 시행하고자 하는 자(국가 또는 개발센터를 포함한다. 이하 같다)를 도조례가 정하는 바에 의하여 개발사업의 시행예정자로 지정할 수 있다. <개정 2011.4.14>

   ② 제1항의 규정에 의하여 지정받은 개발사업의 시행예정자(이하 "사업시행예정자"라 한다)는 지정받은 날부터 2년 이내에 제229조의 규정에 의한 개발사업 시행승인을 얻어야 하며, 그 시행승인을 얻지 못한 경우에는 사업시행예정자로 지정받은 날부터 2년이 되는 날의 다음 날부터 사업시행예정자 지정의 효력을 잃는다. 다만, 환경영향평가의 절차이행 등 부득이한 사유로 개발사업의 시행승인기한의 연기가 불가피한 경우에는 1년의 범위 내에서 1회에 한하여 연기할 수 있다.

   [시행일: 2012.4.15] 제228조

제229조(개발사업의 시행승인 등) ① 개발사업을 시행하고자 하는 자는 도지사의 시행승인을 얻어야 한다. 다만, 개발 사업의 시행자가 국가 또는 개발센터인 경우에는 도지사의 의견을 들어야 한다.

   ② 제1항의 규정에 의하여 도지사의 시행승인을 얻거나 의견을 들어야 하는 개발사업의 범위는 도조례로 정한다.

   ③ 제1항의 규정에 의하여 개발사업의 시행승인을 얻고자 하는 자 또는 의견을 듣고자 하는 자는 도조례가 정하는 바에 의하여 사업계획과 첨부서류 등을 작성하여 도지사에게 제출하여야 한다.

   ④ 도지사는 도조례가 정하는 바에 의하여 첨부서류 등 일부 요건이 미비된 경우 이를 보완하는 것을 조건으로 하여 제1항의 규정에 의한 개발사업의 시행승인을 할 수 있다.

   ⑤ 도지사는 개발사업을 시행하고자 하는 자가 농어업인단체인 경우에는 도조례가 정하는 바에 의하여 우선적으로 그 개발사업의 시행승인을 할 수 있다.

   ⑥ 개발사업의 착수기한은 제1항의 규정에 의하여 개발사업의 시행승인을 얻은 날부터 1년 이내로 한다. 다만, 도지 사는 사업착수기한의 연기가 불가피하다고 인정되는 경우에는 1년의 범위 내에서 1회에 한하여 사업착수기한을 연기할 수 있다. <개정 2007.8.3>

   ⑦ 제1항의 규정에 의하여 개발사업의 시행승인을 얻은 날부터 제6항의 규정에 의한 사업착수기한 이내에 그 사업에 착수하지 아니하는 경우에는 사업착수기한이 만료되는 날의 다음 날에 그 개발사업의 시행승인은 효력을 잃는다. 이 경우 도지사는 그 사실을 도조례가 정하는 바에 의하여 공고하여야 한다.

   ⑧ 도지사는 제1항의 규정에 의한 개발사업의 시행승인을 얻고자 하는 자의 신청이 있는 경우에는 특별한 사유가 없 는 한 담당공무원을 지명하여 사업시행승인에 관한 업무를 처리하도록 하여야 한다.

   ⑨ 제1항부터 제5항까지 및 제8항은 기존의 개발사업의 내용을 변경하고자 하는 경우에 관하여 이를 준용한다. 다만, 도조례가 정하는 경미한 사항을 변경하고자 하는 경우에는 그러하지 아니하다. <개정 2011.5.23>

   ⑩ 외국인투자에 의한 개발사업에 관하여는 제1항 내지 제9항의 규정에 불구하고 「외국인투자촉진법」에 의한다.

   ⑪ 산업단지개발사업에 관하여는 제1항부터 제9항까지에도 불구하고 「산업입지 및 개발에 관한 법률」에 따른다. <신설 2007.8.3>

   ⑫ 도지사가 개발사업의 시행승인을 하는 경우에는 도조례가 정하는 바에 의하여 이를 고시하여야 한다. 시행승인을 받은 개발사업의 내용을 변경하는 경우에도 또한 같다. <개정 2007.8.3>

<제주특별자치도 개발사업시행 승인 등에 관한 조례>

제7조(사업시행예정자의 지정기준) 법 제228조 제1항에 따라 사업시행예정자를 지정하고자 할 때에는 다음 각 호의 사 항을 우선 고려하여야 한다. 다만, 제11조 제1호 및 제2호의 자에게 사업시행예정자 지정을 하려는 경우에는 제2호를 적용하지 아니하며, 이 경우에는 개발대상지역 토지소유권 확보 계획 등을 고려한다.

   1. 사업계획상의 투자계획 및 재원확보계획
   2. 개발사업 대상 토지면적 중 국·공유지를 제외한 토지의 2분의 1 이상 소유권을 확보하고, 토지소유자 총수의 2분 의 1 이상의 사용 동의
   3. 도민 우선고용계획
   4. 개발사업에 대한 도내업체 참여계획
   5. 「국토의 계획 및 이용에 관한 법률」 제27조 제2항에 따른 환경성검토서

제11조(사업시행예정자의 지정대상) 도지사는 개발사업의 원활한 추진을 위하여 필요하다고 인정되는 경우에는 다음 각 호의 어느 하나에 해당하는 자를 사업시행예정자로 우선 지정할 수 있다. 도지사가 민간기업과 공동 개발하려는 경 우에도 또한 같다.

   1. 국가나 「공공기관의 운영에 관한 법률」 제4조 제1항에 따른 공공기관
   2. 지방자치단체나 「지방공기업법」 제49조에 따른 지방공사
   3. 제16조 제1항에 따른 농어업인단체

제12조(사업시행예정자의 지정신청 등) ① 법 제228조 제1항에 따라 사업시행예정자로 지정받고자 하는 자는 별지 제3호 서식(영문서식을 포함한다)의 사업 시행예정자 지정신청서를 도지사에게 제출하여야 한다.

② 도지사는 제1항에 따라 사업시행예정자를 지정한 때에는 다음 각 호의 지정내용을 공보나 인터넷 등에 공고하여야 한다.

1. 사업시행지의 위치
2. 사업의 종류 및 명칭
3. 면적 또는 규모
4. 사업시행예정자의 성명·주소(법인인 경우에는 법인의 명칭·주소와 대표자의 성명·주소)
5. 사업의 착수예정일과 기간
6. 그 밖에 필요한 사항

③ 사업시행예정자로 지정을 받은 자는 지정을 받은 날부터 6월 이내에 별표 1에 의한 세부사항을 포함한 개발사업 추진이행계획서를 도지사에게 제출하여야 한다.

<대법원 1996. 3. 12. 선고 95누658 판결 【건축계획사전결정불허가처분취소】 >

[1] 건축에 관한 계획의 사전결정은 규정상 결정의 대상이 "당해 건축물을 해당 대지에 건축하는 것이 건축법 또는 다른 법률의 규정에 의하여 허용되는지의 여부"로 한정되어 있고, 사전결정제도의 목적이 일정 규모 이상의 건축물 등을 신축하고자 하는 자가 건축허가신청에 필요한 모든 준비를 갖추어 허가신청을 하였다가 건축물 입지의 부적 법성을 이유로 불허가될 경우 그 불이익이 매우 클 것이므로 건축허가 신청 전에 건축계획서 등에 의하여 그 입지의 적법성 여부에 대한 사전결정을 받을 수 있게 함으로써 경제적·시간적 부담을 덜어 주려는 것이어서 그 허부 판단의 기준은 건축허가에 있어서의 그것과 가급적 일치되어야 할 것이므로 사전결정을 함에 있어서도 처분 당시의 건축법 기타 관계 법령상의 제한만이 판단의 기준이 된다. 그러므로 사전결정 신청에 대한 결정권자는 건축하고자 하는 건축물을 해당 대지에 건축하는 것이 처분 당시의 건축법, 도시계획법 등의 관계 법령에서 정하는 제한에 배치되지 아니하는 이상 당연히 건축이 허용된다는 사전결정을 하여야 하고 위 관계 법령에서 정하는 제한 사유 이외의 사유를 들어 건축을 불허가하는 결정을 할 수는 없다.

[2] 대지가 공동주택 건축금지구역으로 지정·공고될 예정이라거나 행정청이 그동안 준공업지역에서의 공동주택건축을 불허한다는 방침을 내부적으로 정하고 사실상 실천하여 왔는데 그러한 내용의 조례안이 만들어져 공고된 상태라는 등 건축법 기타 관계 법령에서 정하는 제한 사유 이외의 사유를 들어 건축을 불허가한다는 사전결정은 위법하다고 본 사례.

<서울고법 1998. 9. 24. 선고 97구12015 판결 【주택건설사업계획승인거부처분취소】 : 상고기각>

[11] 구 주택건설촉진법(1997. 12. 13. 법률 제5451호로 개정되기 전의 것) 제32조의4 제4항에 의하면, "건설교통부장관은 제33조 제1항의 규정에 의하여 주택건설사업계획을 승인함에 있어서 제2항의 규정에 의한 사전결정을 한 경우에는 그 결정에 따라야 한다."고 규정하고, 같은법시행령 제31조의4 제3항에 의하면, "건설교통부장관은 같은 법 제33조의 규정에 의한 주택건설사업계획승인을 함에 있어 사전결정 외의 다른 심의 등의 규제를 하여서는 아니 된다."고 규정하고 있으나, 사전결정 제도는 사업승인의 전에 주택건설입지로서의 타당성을 검토하여 불필요한 토지 취득이나 설계비용 등의 낭비를 방지하고 도시계획, 환경, 상하수도 등 여러 측면을 사전에 심의하여 조화 있는 도시개발을 유도하고, 충고조정, 일조권 및 시계제한 등에 관하여 사전에 심의하여 주변 주택의 민원을 방지하며, 사업계획 승인에 관련된 소관 부서 간에 사전에 협의하도록 하여 사업시행자의 부담을 덜어 주고 사업승인기간을 단축시킬 것을 목적으로 하는 제도로서, 사전결정을 한 경우 사업계획 승인을 할 때 그 사전결정에 따라야 한다는 취지는, 사업계획의 승인이 행정청의 재량행위에 속한다고 하더라도 일단 사전결정을 거친 이상은 특별한 사정이 없는 한 사전결정을 존중하여 사업계획을 승인함으로써 이미 상당부분 진행된 사업계획을 원활하게 수행할 수 있도록 신중하게 처분하도록 요구하는 취지에 불과하다고 생각되고, 일단 사전결정이 이루어지면 사업승인 단계에서 행정청이 어떠한 경우에도 그 사전결정에 기속되어 이에 반하는 처분을 할 수 없고 반드시 주택건설사업계획을 승인하여야 할 의무를 부담한다는 취지로 해석할 수는 없다고 할 것이고, 따라서 위 규정의 취지를 일단 사전결정이 이루어지면 행정청의 재량행위에 속하던 사업계획승인이 기속행위로 변한다는 취지로 해석할 수는 없으며, 예컨대 사전결정 자체가 잘못되었거나 사전결정 당시에는 미처 고려하지 못한 공공의 이익에 관련된 사항이 발견되었음에도 불구하고 이를 무시하고 사업계획을 승인하는 경우 중대한 공익을 침해하는 결과가 될 때는 사전결정에 기속되지 아니하고 사업승인 여부를 결정하는 단계에서 거듭 사익과 공익을 비교 형량하여 그 승인 여부를 결정할 수 있다고 할 것이다.

<대법원 1998. 4. 28. 선고 97누21086 판결 【폐기물처리사업부적정 통보취소】 >

[1] 폐기물관리법 관계 법령의 규정에 의하면 폐기물처리업의 허가를 받기 위해서는 먼저 사업계획서를 제출하여 허가권자로부터 사업계획에 대한 적정통보를 받아야 하고, 그 적정통보를 받은 자만이 일정기간 내에 시설, 장비, 기술능력, 자본금을 갖추어 허가신청을 할 수 있으므로, 결국 부적정 통보는 허가신청 자체를 제한하는 등 개인의 권리 내지 법률상의 이익을 개별적이고 구체적으로 규제하고 있어 행정처분에 해당한다.

[2] 폐기물관리법 제26조 제1항, 제2항 및 같은 법 시행규칙 제17조 제1항 내지 제5항의 규정에 비추어 보면 폐기물처리업의 허가에 앞서 사업계획서에 대한 적정·부적정 통보 제도를 두고 있는 것은 폐기물처리업을 하고자 하는 자가 스스로 시설 등을 설치하여 허가신청을 하였다가 허가단계에서 그 사업계획이 부적정하다고 판명되어 불허가되면 허가신청인이 막대한 경제적·시간적 손실을 입게 되므로, 이를 방지하는 동시에 허가관청으로 하여금 미리 사업계획서를 심사하여 그 적정·부적정 통보처분을 하도록 하고, 나중에 허가단계에서는 나머지 허가요건만을 심사하여 신속하게 허가업무를 처리하는 데 그 취지가 있다.

[3] 어느 행정행위가 기속행위인지 재량행위인지 나아가 재량행위라고 할지라도 기속재량행위인지 또는 자유재량에 속하는 것인지의 여부는 이를 일률적으로 규정지을 수는 없는 것이고, 당해 처분의 근거가 된 규정의 형식이나 체제 또는 문언에 따라 개별적으로 판단하여야 한다.

[4] 당해 처분의 근거인 폐기물관리법 제26조 제1항, 제2항과 같은 법 시행규칙 제17조 제1항 내지 제4항의 체제 또는 문언을 살펴보면 이들 규정들은 폐기물처리업 허가를 받기 위한 최소한도의 요건을 규정해 두고는 있으나 사업계획 적정 여부에 대해서는 일률적으로 확정하여 규정하는 형식을 취하지 아니하여 그 사업의 적정 여부에 대하여 재량의 여지를 남겨 두고 있다 할 것이고, 이러한 경우 사업계획 적정 여부 통보를 위하여 필요한 기준을 정하는 것도 역시 행정청의 재량에 속하는 것이므로, 그 설정된 기준이 객관적으로 합리적이 아니라거나 타당하지 않다고 볼 만한 다른 특별한 사정이 없는 이상 행정청의 의사는 가능한 한 존중되어야 한다.

[5] 환경부예규인 폐기물처리업 허가업무처리지침(1996. 3. 5.자 환경부예규 제137호)과 대구광역시장의 1997. 2. 13.자 생활폐기물 및 사업장생활계폐기물 수집, 운반업 허가에 따른 사업계획서 검토지침 등은 폐기물처리업 허가와 관련한 사업계획 적정 여부 통보에 관한 기준으로 보이고, 그 설정된 기준이 객관적으로 합리적이 아니라거나 타당하지 않다고 볼 만한 다른 특별한 사정이 없으므로, 이러한 예규 및 지침에 따라 한 당해 처분은 적법하다고 하여 이와 달리 본 원심판결을 파기한 사례.

<대법원 1998. 9. 4. 선고 97누19588 판결 【부지사전승인처분취소】 >

원자로시설부지사전승인처분의 근거 법률인 구원자력법(1996. 12. 30. 법률 제5233호로 개정되어 1997. 7. 1.부터 시행되기 전의 것) 제11조 제3항에 근거한 원자로 및 관계 시설의 부지사전승인처분은 원자로 등의 건설허가 전에 그 원자로 등 건설예정지로 계획 중인 부지가 원자력법의 관계 규정에 비추어 적법성을 구비한 것인지 여부를 심사하여 행하는 사전적 부분 건설허가처분의 성격을 가지고 있는 것이므로, 원자력법 제12조 제2호, 제3호로 규정한 원자로 및 관계 시설의 허가기준에 관한 사항은 건설허가처분의 기준이 됨은 물론 부지사전승인처분의 기준으로도 된다.

<대법원 1997. 11. 11. 선고 97누11966 판결 【주택건설사업사전결정신청반려처분취소】 >

주택건설촉진법 제33조 제1항이 정하는 주택건설사업계획의 승인은 이른바 수익적 행정처분으로서 행정청의 재량행위에 속하고, 따라서 그 전 단계로서 같은 법 제32조의4 제1항이 정하는 주택건설사업계획의 사전결정 역시 재량행위라고 할 것이므로, 사전결정을 받으려고 하는 주택건설사업계획이 관계 법령이 정하는 제한에 배치되는 경우는 물론이고, 그러한 제한사유가 없는 경우에도 공익상 필요가 있으면 처분권자는 그 사전결정 신청에 대하여 불허가결정을 할 수 있다.

9. 인·허가 의제 시 주된 인·허가를 취소하여야 하는가 아니면, 의제대상 인·허가를 취소하여야 하는가?

일반적으로 주된 인·허가를 하는 경우 의제대상 인·허가의 실체적 요건을 검토하여 이에 적합한 경우에 한하여 주된 인·허가를 하게 된다. 그런데 주된 인·허가가 있은 후 의

제대상 인·허가의 취소사유가 발생한 경우 의제대상 인·허가를 취소할 수 있는지, 주된 인·허가를 취소할 수 있는지, 아니면 어느 인·허가도 취소할 수 없는지 여부가 문제된다.

주된 인·허가를 할 때에는 의제대상 인·허가의 실체적 요건이 적용되므로 의제대상 인·허가의 실체적 요건에 부적합하게 된 경우에는 인·허가를 취소할 수 있다고 할 것이다. 이 경우 주된 인·허가가 있었을 뿐 의제대상 인·허가가 실제로 이루어진 것은 아니므로 취소대상은 주된 인·허가가 된다고 할 것이다.

만일 개별 법률에 의하여 인·허가를 취소할 수 있다고 하는 경우 많은 의제대상 인·허가 가운데 어느 하나의 인·허가가 취소됨으로써 주된 인·허가의 효력에 문제가 생기는 경우가 발생할 수 있게 될 것이다.

예컨대, 제주특별자치도법 제229조에 따라 개발사업의 시행승인을 얻어 개발사업을 시행하는 과정에서 산지전용허가가 취소되는 경우 다시 산지전용허가를 따로 받을 때까지는 전체 개발사업을 추진하기 어렵게 되는 사례가 발생할 수 있다. 그리고 신청인으로서는 일단 주된 인·허가인 개발사업을 받고 난 후의 변경사항에 대해서는 의제대상 인·허가인 산지전용허가의 허가관청(행정시)을 개별적으로 상대하여야 한다는 결과가 되는데, 이는 인·허가 의제제도를 둔 취지에 어긋나는 것이라 할 것이다.

그래서 인·허가 의제제도를 두고 있는 대부분의 법률에서는 주된 인·허가의 취소사유로 의제대상 인·허가의 취소사유를 들고 있지 아니하다는데, 이는 입법적으로 보완하여야 할 것이다.

한편, 주된 인·허가와 관련된 절차를 모두 마친 후(준공검사가 끝난 후)에 위법이 발생하거나, 인·허가된 범위를 벗어나는 경우에는 주된 인·허가를 규정하고 있는 법률은 물론 의제대상 인·허가를 규정하고 있는 법률에 의하여 규제하여야 할 것이다.

<대법원 2001. 1. 16. 선고 99두10988 판결 【건축허가신청서반려처분취소】 >

구건축법(1999. 2. 8. 법률 제5895호로 개정되기 전의 것) 제8조 제1항, 제3항, 제5항에 의하면, 건축허가를 받은 경우에는 구도시계획법(2000. 1. 28. 법률 제6243호로 전문 개정되기 전의 것) 제4조에 의한 토지의 형질변경허가나 농지법 제36조에 의한 농지전용허가 등을 받은 것으로 보며, 한편 건축허가권자가 건축허가를 하고자 하는 경우 당해 용도·규모 또는 형태의 건축물을 그 건축하고자 하는 대지에 건축하는 것이 건축법 관련 규정이나 같은 도시계획법 제4조, 농지법 제36조 등 관계 법령의 규정에 적합한지의 여부를 검토하여야 하는 것일 뿐, 건축불허가처분을 하면서 그 처분사유로 건축불허가 사유뿐만 아니라 형질변경불허가 사유나 농지전용불허가 사유를 들고 있다고 하여 그 건축불허가처분 외에 별개로 형질변경불허가처분이나 농지전용불허가처분이 존재하는 것이 아니므로, 그 건축불허가처분을 받은 사람은 그 건축불허가처분에 관한 쟁송에서 건축법상의 건축불허가 사유뿐만 아니라 같은 도시계획법상의 형질변경불허가 사유나 농지법상의 농지전용불허가 사유에 관해서도 다툴 수 있는 것이지, 그 건축불허가처분에 관한 쟁송과는 별개로 형질변경불허가처분이나 농지전용불허가처분에 관한 쟁송을 제기하여 이를 다투어야 하는 것은 아니며, 그러한 쟁송을 제기하지 아니하였어도 형질변경불허가 사유나 농지전용불허가 사유에 관하여 불가쟁력이 생기지 아니한다.

< 법제처 유권해석 11-130(2011. 4. 14.) >

1. 질의요지

「건축법」 제11조 제5항 제3호에 따라 건축허가를 받음으로써 「국토의 계획 및 이용에 관한 법률」 제56조에 따른 개발행위허가가 의제되었으나, 건축허가를 받은 자가 개발행위허가에 필요한 구비서류를 거짓으로 작성하여 제출한 사실이 밝혀진 경우에는 건축허가를 취소할 수 있는지?

2. 회답

「건축법」 제11조 제5항 제3호에 따라 건축허가를 받음으로써 「국토의 계획 및 이용에 관한 법률」 제56조에 따른 개발행위허가가 의제되었으나, 건축허가를 받은 자가 개발행위허가에 필요한 구비서류를 거짓으로 작성하여 제출한 사실이 밝혀진 경우, 「건축법」에 따라 개발행위허가의 의제효과가 포함된 건축허가의 실체적 요건이 충족되지 못한 상태에서 하자 있는 건축허가가 이루어진 것으로 보아 별도의 법적 근거가 없더라도 「건축법」에 따른 건축허가를 직권으로 취소할 수 있습니다.

3. 이유

「건축법」 제11조 제1항 및 같은 조 제5항 제3호에 따르면, 건축물을 건축하려는 자는 특별자치도지사 또는 시장·군수·구청장의 허가를 받아야 하고, 건축허가를 받으면 「국토의 계획 및 이용에 관한 법률」 제56조에 따른 개발행위허가를 받은 것으로 의제하도록 하고 있습니다.

또한, 건축허가의 허가권자는 「국토의 계획 및 이용에 관한 법률」 제56조에 따른 개발행위허가의 의제가 필요한 건축허가의 신청을 받은 경우에는 「건축법」 제12조 제1항에 따라 해당 용도·규모 또는 형태의 건축물을 건축하려는 대지에 건축하는 것이 「국토의 계획 및 이용에 관한 법률」 제56조(개발행위의 허가), 제58조(개발행위허가의 기준) 등과 그 밖에 대통령령으로 정하는 관계 법령에 맞는지를 확인하고, 「건축법」 제11조 제1항·제3항, 같은 법 시행령 제9조 제1항 및 같은 법 시행규칙 제6조 제1항 제3호에 따라 건축허가를 받으려는 자로부터 「국토의 계획 및 이용에 관한 법률」 제56조에 따른 개발행위허가 관련 신청서 및 구비서류를 제출받아 「건축법」 제11조 제8항 및 제9항에 따른 처리기준, 같은 법 제11조 제6항에 따른 협의와 같은 법 제12조 및 같은 법 시행령 제10조에 따른 건축복합민원 일괄협의회의 개최 결과 및 관계 행정기관 또는 관계 부서의 동의 의견에 따라 건축허가를 하게 된다고 할 것입니다.

한편, 건축허가의 허가권자는 「국토의 계획 및 이용에 관한 법률」 제56조에 따른 개발행위허가의 의제가 필요한 건축허가의 신청을 받은 경우 건축허가 신청에 대하여 「건축법」, 「국토의 계획 및 이용에 관한 법률」 제58조에 따른 개발행위허가의 기준 등을 확인하여야 할 의무가 있다고 할 것이고, 해당 규정에서 정하는 기준 등 관계 법령의 요건을 충족하는 경우에는 건축허가를 하여야 할 것이나, 이를 충족하지 아니한 경우에는 건축허가를 거부할 수 있다고 할 것(대법원 2006. 11. 9. 선고 2006두1227 판결례, 대법원 1995. 10. 13. 선고 94누14247 판결례 참조)입니다.

이와 관련하여 이 사안과 같이 개발행위허가에 필요한 구비서류를 거짓으로 작성·제출한 사실이 밝혀져 의제된 개발행위허가에 「국토의 계획 및 이용에 관한 법률」 제133조 제1항 제21호에 따른 취소 사유나 공사중지 명령 사유가 발생한 경우에는 같은 법 제133조 제1항에 따라 개발행위허가에 대한 행정처분이 가능한지에 대하여 의문이 있을 수 있으나, 「건축법」 제11조 제1항에 따른 건축허가를 한 결과 같은 조 제5항 제3호에 따라 개발행위허가를 받은 것으로 본다고 하더라도, 이는 앞서 살펴본 바와 같은 일괄적인 절차를 거쳐 「국토의 계획 및 이용에 관한 법률」 제56조에 따른 개발행위허가에 필요한 실체적 요건을 모두 확인한 후 건축허가를 함으로써 그 효과로 해당 개발행위허가가 의제되는 것이라고 보아야 할 것이고, 건축허가 외에 별개로 개발행위허가가 존재하는 것은 아니라고 할 것이므로, 「국토의 계획 및 이용에 관한 법률」 제133조 제1항에 따른 개발행위허가의 취소나 공사의 중지 명령을 할 수는 없다고 할 것입니다(법제처 2011. 1. 20. 회신 10-0489 해석례 참조).

한편, 이 사안과 같이 건축허가를 받은 자가 개발행위허가에 필요한 구비서류를 거짓으로 작성하여 제출한 사실이 밝혀진 경우라면 실질적으로「국토의 계획 및 이용에 관한 법률」제56조에 따른 개발행위허가에 필요한 실체적 요건을 충족하지 못한 상태에서 이루어진 건축허가라고 볼 것이어서, 건축허가를 결정할 당시에 알 수 있었다면 그 요건을 충족하지 아니한 경우에 해당하여 건축허가를 거부할 수 있었던 경우에 해당하는바, 해당 건축허가 처분은 하자 있는 처분이라고 할 것이므로, 그 건축허가를 한 허가권자는 그 처분에 하자가 있는 경우에는 별도의 법적 근거가 없더라도 스스로 이를 취소할 수 있다고 할 것(대법원 1991. 8. 23. 선고 90누7760 판결례, 대법원 1992. 4. 10. 선고 91누5358 판결례 참조)입니다. 따라서,「건축법」제11조 제5항 제3호에 따라 건축허가를 받음으로써「국토의 계획 및 이용에 관한 법률」제56조에 따른 개발행위허가가 의제되었으나, 건축허가를 받은 자가 개발행위허가에 필요한 구비서류를 거짓으로 작성하여 제출한 사실이 밝혀진 경우, 별도의 법적 근거가 없더라도「건축법」에 따른 건축허가를 직권으로 취소할 수 있다고 할 것입니다.

<법제처 유권해석 10-0001(2010. 3. 26.)>

1. 질의요지
「건축법」에 따른 건축허가를 받음으로써「산지관리법」상 산지전용허가가 의제되는 경우, 건축허가를 받은 자가「산지관리법」상 대체산림자원조성비를 납부하지 아니하거나 복구비를 예치하지 아니하여「산지관리법」에 따른 산지전용허가 취소사유가 발생한 때에 산림청장은 의제된 산지전용허가를 취소할 수 있는지?

2. 회답
「건축법」에 따른 건축허가를 받음으로써「산지관리법」상 산지전용허가가 의제되는 경우, 건축허가를 받은 자가「산지관리법」상 대체산림자원조성비를 납부하지 아니하거나 복구비를 예치하지 아니하여「산지관리법」에 따른 산지전용허가 취소사유가 발생한 때에 산림청장은 의제된 산지전용허가를 취소할 수 없습니다.

3. 이유
「건축법」제11조 제1항 및 같은 조 제5항 제5호에 따르면, 건축물을 건축하거나 대수선하려는 자가 행정관청으로부터 건축허가를 받으면「산지관리법」에 따른 산지전용허가를 받은 것으로 보고, 이와 같이 의제되는 허가나 신고 등 다른 행정기관의 권한에 속하는 사항에 대하여는 같은 법 제11조 제6항에서 건축 허가권자가 그 행정기관의 장과 미리 협의를 하도록 하고 있으며, 이를 위하여 같은 법 제12조 제1항에서는 건축복합민원 일괄협의회를 개최하도록 규정하고 있습니다.
한편,「산지관리법」제14조에서는 관계 행정기관의 장이 다른 법률에 의하여 산지전용허가가 의제되는 행정처분을 하기 위하여 산림청장에게 협의를 요청하는 경우에는 산지전용허가 기준에 적합한지 여부를 검토하는 데 필요한 서류를 산림청장에게 제출하도록 하고(제2항), 이러한 협의를 한 후에 관계 행정기관의 장이 산지전용허가가 의제되는 행정처분을 한 때에는 지체 없이 산림청장에게 통보하도록(제3항) 정하고 있습니다.
또한,「산지관리법」제19조 제1항 제3호는 다른 법률에 의하여 산지전용허가가 의제되거나 배제되는 행정처분을 받고자 하는 경우에도 산지전용에 따른 대체산림자원조성에 드는 비용(이하 "대체산림자원조성비"라고 한다)을 납부하도록 규정하고 있고, 같은 법 제37조 제1항 및 제38조에서는 산지전용허가나 산지전용신고 또는 이에 따른 허가나 신고가 의제되거나 배제되는 행정처분을 받으려는 자는 재해방지 또는 복구에 필요한 비용(이하 "복구비"라 한다)을 예치하여야 하며, 같은 법 제20조에서는 법 제19조 또는 제38조에 따른 대체산림자원조성비를 납부하지 않거나 복구비를 예치하지 않는 경우에는 산지전용허가를 취소할 수 있도록 규정하고 있습니다.
우선, 주된 인·허가를 규정한 법률에서 다른 법률에 의한 인·허가 의제규정을 둔 경우에 그 의제되는 인·허가는 통상 주된 인·허가의 사업수행을 위하여 필요한 보조적이고 보충적인 인·허가로서의 성격을 가지고 있고, 또한 대외적으로도 유효하게 표시되는 행정처분도 주된 인·허가이지 의제되는 인·허가는 아닌 점에 비추어 볼 때(법제처 해석례 09-0353 참조),「건축법」제11조 제5항에 따라 건축허가를 받은 경우 의제되는「산지관리법」상 산지전용허가 역시 별도의 행정처분이라기보다는 다른 법률의 규정에 따라 의제효과가 발생하는 것에 불과한 것이고 의제되는 인·허가를 받았음을 전제로 한 다른 법률의 모든 규정까지 적용되는 것은 아니라고 할 것입니다(법제처 해석례 08-0221, 09-0353 참조).
즉, 이 사안에서와 같이 건축허가에 따라 산지전용허가가 의제되는 경우에는 건축을 목적으로 산지의 전용이 가능하게 되는 법적 효과가 주어지는 것일 뿐,「산지관리법」에 다른 법률에 따라 산지전용허가가 의제된 경우에도「산지관리법」상 개별적으로 의무를 부과하거나 침익적인 처분을 할 수 있다는 내용이 명시적으로 규정된 경우가 아닌 한, 다른 법률에 따라서 산지전용허가를 의제 받았음을 이유로「산지관리법」상의 산지전용허가와 관련한 모든 규정이 적용된다고 보기는 어렵습니다.

이러한 점에 비추어 볼 때, 「산지관리법」 제19조 제1항 제3호, 제21조의2 제1호 및 제38조 등에서는 다른 법률에 의하여 산지전용허가가 '의제'되거나 배제되는 행정처분을 받고자 하는 자 또는 '산지전용허가(다른 법률에 따라 허가가 의제되는 행정처분을 포함한다)' 등과 같은 규정 형식을 통하여 다른 법률에 따라 의제되는 산지전용허가에도 해당규정이 적용됨을 명시적으로 규정하고 있는 반면, 산지전용허가의 취소에 관하여 규정한 제20조에서는 대체산림자원조성비를 납부하지 아니하거나 복구비를 예치하지 아니한 경우 제14조에 따른 산지전용허가를 취소할 수 있다고 규정하고 있을 뿐, 다른 법률에 따라 의제되는 산지전용허가의 경우에도 동일하게 취소할 수 있는지에 관한 명문의 규정이 없으므로, 「산지관리법」 제20조에 기초하여 다른 법률에 따른 인허가의 효과로 의제된 산지전용허가를 취소할 수 있다고 보기는 어렵습니다.

아울러, 의제된 산지전용허가의 취소는 주된 행정행위(건축허가)를 받은 자가 갖게 되는 수개의 인·허가 중 하나의 효과를 무효화시키는 것으로서 침익적 행정행위에 해당

하는바, 그 취소 여부에 대하여 명시적인 규정이나 적어도 준용규정을 두지 아니하는 한 의제되는 허가에 대한 직접적인 취소는 어렵다고 할 것이고, 의제된 산지전용허가에 대한 취소는 산지전용허가의 효과 자체뿐만이 아니라 그에 기반하고 있는 주된 행정행위인 건축허가 또한 무력화 시킬 수 있는 것이므로, 건축허가와 직접 관련이 없는 사유로 허가를 무력화하는 것은 인·허가 의제제도를 통하여 관련된 보충적인 인·허가를 함께 처리함으로써 행정절차의 간소화와 편의성을 도모하고자 하는 인·허가 의제제도의 취지와도 부합한다고 보기 어렵습니다.

따라서, 「건축법」에 따른 건축허가를 받음으로써 「산지관리법」상 산지전용허가가 의제되는 경우, 건축허가를 받은 자가 「산지관리법」상 대체산림자원조성비를 납부하지 아니하거나 복구비를 예치하지 아니하여 「산지관리법」에 따른 산지전용허가 취소사유가 발생한 때에 산림청장은 의제된 산지전용허가를 취소할 수 없습니다.

10. 의제된 인·허가 처분을 위한 협의절차에 흠이 있는 경우의 효력은?

주된 인·허가를 할 때에 의제대상 인·허가의 실체적 요건이 적용되므로 의제대상 인·허가의 실체적 요건을 갖추었는지 여부를 검토하기 위한 제도적 장치가 있어야 하는데, 대부분의 경우 주된 인·허가를 하기 전에 의제대상 인·허가관청과 미리 협의하도록 하고 있다.

의제대상 인·허가관청이 주된 인·허가관청과 일치하는 경우에는 내부협의가 없더라도 주된 인·허가로 의제대상 인·허가를 받은 것으로 볼 수 있다.

<대법원 2002. 2. 26. 선고 2000두4323 판결 【도로점용료부과처분취소】 >

주택조합들이 주택건설촉진법 제33조 제1항에 의하여 주택건설사업계획을 승인받은 이상 같은 법 제33조 제4항 제3호에 따라 그 사업에 필요한 범위 내의 도로에 대하여 도로법 제40조에 의한 도로점용의 허가를 얻은 것으로 간주되고(대법원 1998. 11. 24. 선고 97다47651 판결 참조), 그 사업계획승인 시 도로점용허가사항과 관련된 내부협의나 공고가 없었다고 하여 달리 볼 것은 아니다.

인·허가 등의 의제를 받으려는 경우라 하더라도 관계 행정기관의 장과의 협의를 거치지 아니하는 경우에는 해당 인·허가 등은 의제처리될 수 없다 할 것이다.

그러나 의제대상 인·허가관청이 주된 인·허가관청과 일치하지 아니하는 경우 주된

인·허가처분을 할 때에 의제대상 인·허가권자와의 협의를 하도록 하고 있는데 이를 결한 경우에 의제된 인·허가처분의 효력이 문제가 된다.

현재 의제된 인·허가 처분을 위한 협의절차에 흠 있는 경우 취소라는 견해와 무효라는 견해가 나뉘어 있는데, 취소라는 견해가 맞다고 생각한다.

먼저, 취소라는 견해로, 인·허가 의제규정에 있어서 관계행정기관과의 협의는 의제대상 인·허가가 실체적 요건을 갖추었는지 여부와 함께 의제되는 인·허가를 하여도 되는지를 점검하기 위한 것이므로 단순히 의제대상 인·허가 행정기관의 의견을 듣는 데에 그치는 것이 아니라 의제대상 인·허가 행정기관의 "동의"를 구하는 것으로서 사실상 "합의"를 뜻한다고 할 수 있지만, 의제대상 인·허가권자와의 협의는 법률에 규정된 절차이기는 하지만 외부에 공시되지 아니하는 행정기관 간의 내부절차에 해당되고, 인·허가의 신청자는 협의가 행하여졌는지 여부를 전혀 알 수도 없을 뿐만 아니라 예상치 못한 손실을 입을 수도 있으므로 협의절차에 흠이 있는 경우에는 취소사유에 해당한다고 보는 견해이다.

다음은, 무효라는 견해로, 의제대상 인·허가권자와의 협의는 단순하게 의견을 듣는 데에 그치지 아니하고 의제대상 인·허가권자의 동의를 얻는 절차라는 점, 의제되는 인·허가의 종류와 인·허가의 구체적인 범위가 협의에 의하여 정하여진다는 점을 생각하면 주된 인·허가처분 시 의제대상 인·허가권자와 협의를 거치지 아니하거나 협의가 성립되지 아니한 경우에 있어서의 의제대상 인·허가는 무효사유에 해당한다고 보는 견해이다. 다만, 협의가 성립되지 아니한 부분이 의제대상 인·허가요건의 중요한 요소가 아닌 경우에는 무효사유로는 보기는 어렵고 취소사유로 보아야 한다고 한다.

<대법원 2006. 6. 30. 선고 2005두14363 판결 【국방군사시설 사업실시계획승인처분무효확인】 >
[1] 구환경영향평가법(1999. 12. 31. 법률 제6095호 환경·교통·재해 등에 관한 영향평가법 부칙 제2조로 폐지) 제1조, 제3조, 제9조, 제16조, 제17조, 제27조 등의 규정 취지는 환경영향평가를 실시하여야 할 사업(이하 '대상사업'이라 한다)이 환경을 해치지 아니하는 방법으로 시행되도록 함으로써 당해 사업과 관련된 환경공익을 보호하려는 데 그치는 것이 아니라, 당해 사업으로 인하여 직접적이고 중대한 환경피해를 입으리라고 예상되는 환경영향평가 대상지역 안의 주민들이 전과 비교하여 수인한도를 넘는 환경침해를 받지 아니하고 쾌적한 환경에서 생활할 수 있는 개별적 이익까지도 보호하려는 데에 있는 것이다. 그런데 환경영향평가를 거쳐야 할 대상사업에 대하여 환경영향평가를 거치지 아니하였음에도 불구하고 승인 등 처분이 이루어진다면, 사전에 환경영향평가를 함에 있어 평가 대상지역 주민들의 의견을 수렴하고 그 결과를 토대로 하여 환경부장관과의 협의내용을 사업계획에 미리 반영시키는 것 자체가 원천적으로 봉쇄되는바, 이렇게 되면 환경파괴를 미연에 방지하고 쾌적한 환경을 유지·조성하기 위하여 환경영향평가제도를 둔 입법취지를 달성할 수 없게 되는 결과를 초래할 뿐만 아니라 환경영향평가 대상지역 안의 주민들의 직접적이고 개별적인 이익을 근본적으로 침해하게 되므로, 이러한 행정처분의 하자는 법규의 중요한 부분을 위반한 중대한 것이고 객관적으로도 명백한 것이라고 하지 않을 수 없어, 이와 같은 행정처분은 당연 무효이다.

[2] 국방・군사시설 사업에 관한 법률 및 구산림법(2002. 12. 30. 법률 제6841호로 개정되기 전의 것)에서 보전임지를 다른 용도로 이용하기 위한 사업에 대하여 승인 등 처분을 하기 전에 미리 산림청장과 협의를 하라고 규정한 의미는 그의 자문을 구하라는 것이지 그 의견을 따라 처분을 하라는 의미는 아니라 할 것이므로, 이러한 협의를 거치지 아니하였다고 하더라도 이는 당해 승인처분을 취소할 수 있는 원인이 되는 하자 정도에 불과하고 그 승인처분이 당연 무효가 되는 하자에 해당하는 것은 아니라고 봄이 상당하다.

<대법원 2006. 3. 10. 선고 2004추119 판결(조례안재의결무효확인소송)>

[1] 문화재보호법 시행규칙 제18조의2 제2항 제2호 (다)목의 규정의 취지는 국가지정문화재의 보존에 영향을 미치는 행위에 대해서는 어디까지나 문화재청장이 그 허가권을 가지되 국가지정문화재의 보존에 관한 사항이 지역적으로 일률적이라고는 할 수 없으므로 지역적 특성을 고려하여 그 지역의 특성에 정통한 시・도지사와 협의하여 문화재청장의 판단에 따라 지역적 차이를 둘 수 있는 여지를 부여하였다고 봄이 상당하고, 따라서 위 규칙에서 말하는 시・도지사와의 '협의'는 궁극적으로 문화재청장의 동의를 말한다.

[2] 문화재보호법의 입법목적과 문화재의 보존・관리 및 활용은 원형유지라는 문화재보호의 기본원칙 등에 비추어, 건설공사 시 문화재보존의 영향 검토에 관한 문화재보호법 제74조 제2항 및 같은 법 시행령 제43조의2 제1항에서 정한 '문화재청장과 협의'가 '문화재청장의 동의'를 말한다고 한 사례.

[3] 국가지정문화재 중 왕릉, 고분묘인 경우에는 건설공사의 시행이 문화재보존에 영향을 미치는지의 여부를 검토하여야 하는 지역에서 아예 제외할 수 있도록 하는 것을 내용으로 한 조례는 문화재청장과 협의를 거치지 아니한 것으로서 문화재보호법 제74조 제2항 및 같은 법 시행령 제43조의2 제1항에 위배되어 위법하다고 한 사례.

<2005두14363 국방군사시설 사업실시계획승인처분무효확인 (차)상고기각>

구환경영향평가법(1999. 12. 31. 법률 제6095호로 폐지되기 전의 것)이 일정 대상사업에 대하여 반드시 환경영향평가를 거치도록 규정한 취지는, 단지 대상사업이 환경을 해치지 아니하는 방법으로 시행되도록 함으로써 당해 사업과 관련된 환경공익을 보호하려는 데 그치는 것이 아니라, 당해 사업으로 인하여 직접적이고 중대한 환경피해를 입으리라고 예상되는 환경영향평가 대상지역 안의 주민들이 전과 비교하여 수인한도를 넘는 환경침해를 받지 아니하고 쾌적한 환경에서 생활할 수 있는 개별적 이익까지도 보호하려는 데에 있는 것이다. 그런데 환경영향평가를 거쳐야 할 대상사업에 대하여 환경영향평가를 거치지 아니하였음에도 불구하고 승인 등 처분이 이루어진다면, 사전에 환경영향평가를 함에 있어 평가대상지역 주민들의 의견을 수렴하고 그 결과를 토대로 하여 환경부장관과의 협의내용을 사업계획에 미리 반영시키는 것 자체가 원천적으로 봉쇄되는바, 이렇게 되면 환경파괴를 미연에 방지하고 쾌적한 환경을 유지・조성하기 위하여 환경영향평가제도를 둔 입법취지를 달성할 수 없게 되는 결과를 초래할 뿐만 아니라 환경영향평가 대상지역 안의 주민들의 직접적이고 개별적인 이익을 근본적으로 침해하게 되므로, 이러한 행정처분의 하자는 법규의 중요한 부분을 위반한 중대한 것이고 객관적으로도 명백한 것이라고 하지 않을 수 없어, 이와 같은 행정처분은 당연 무효이다.

<대법원 2004. 12. 9. 선고 2003두12073 판결 【납골당허가처분무효확인】 >

구환경영향평가법 제4조에서 환경영향평가를 실시하여야 할 사업을 정하고, 그 제16조 내지 제19조에서 대상사업에 대하여 반드시 환경영향평가를 거치도록 한 취지 등에 비추어 보면, 같은 법에서 정한 환경영향평가를 거쳐야 할 대상사업에 대하여 그러한 환경영향평가를 거치지 아니하였음에도 승인 등 처분을 하였다면 그 처분은 위법하다 할 것이나, 그러한 절차를 거쳤다면, 비록 그 환경영향평가의 내용이 다소 부실하다 하더라도, 그 부실의 정도가 환경영향평가제도를 둔 입법취지를 달성할 수 없을 정도여서 환경영향평가를 하지 아니한 것과 다를 바 없는 정도의 것이 아닌 이상 그 부실은 당해 승인 등 처분에 재량권 일탈・남용의 위법이 있는지 여부를 판단하는 하나의 요소로 됨에 그칠 뿐, 그 부실로 인하여 당연히 당해 승인 등 처분이 위법하게 되는 것이 아니다.

<대법원 2000. 10. 13. 선고 99두653 판결 【토지수용재결처분취소】 >

택지개발촉진법(1999. 1. 25. 법률 제5688호로 개정되기 전의 것, 이하 같다)에 의하면, 택지개발은 택지개발예정지구의 지정(제3조), 택지개발계획의 승인(제8조), 이에 기한 수용재결 등의 순서로 이루어지는바, 위 각 행위는 각각 단계적으로 별개의 법률효과가 발생되는 독립한 행정처분이어서 선행처분에 불가쟁력이 생겨 그 효력을 다툴 수 없게 된 경우에는 선행처분에 위법사유가 있다고 할지라도 그것이 당연 무효의 사유가 아닌 한 선행처분의 하자가 후행처분에 승계되는 것은 아니라고 할 것인데, 택지개발촉진법 제3조에서 건설부장관이 택지개발예정지구를 지정함에 있어 미리 관계 중앙행정기관의 장과 협의를 하라고 규정한 의미는 그의 자문을 구하라는 것이지 그 의견을 따라 처분을 하라는 의미는 아니라 할 것이므로 이러한 협의를 거치지 아니하였다고 하더라도 이는 위 지정처분을 취소할 수 있는 원인이 되는 하자 정도에 불과하고 위 지정처분이 당연 무효가 되는 하자에 해당하는 것은 아니라고 봄이 상당하다 할 것이다(대법원 1992. 8. 14. 선고 91누11582 판결, 1997. 9. 26. 선고 96누10096 판결 등 참조).

치도법 어디에도 「도시개발법」 제11조 제8항에 대한 특례가 인정되지 아니하므로 「도시개발법」 제11조 제8항에 따른 변경 요건을 갖추어야 할 것인데, 「도시개발법」 제11조 제8항에는 지정권자가 ① 도시개발사업에 관한 실시계획의 인가를 받은 후 2년 이내에 사업을 착수하지 아니하는 경우, ② 행정처분으로 시행자의 지정이나 실시계획의 인가가 취소된 경우, ③ 시행자의 부도·파산, 그 밖에 이와 유사한 사유로 도시개발사업의 목적을 달성하기 어렵다고 인정되는 경우, ④ 제1항 단서(도시개발구역의 전부를 환지 방식으로 시행하는 경우에는 제5호의 토지 소유자나 제6호의 조합을 시행자로 지정)에 따라 시행자로 지정된 자가 대통령령으로 정하는 기간에 도시개발사업에 관한 실시계획의 인가를 신청하지 아니하는 경우에는 제4호의 토지소유자 또는 제4호의2의 조합을 시행자로 지정)에 의하여 시행자로 지정된 자가 대통령령으로 정하는 기간에 도시개발사업에 관한 실시계획의 인가를 신청하지 아니하는 경우에 한하여 시행자를 변경할 수 있도록 하고 있다.

따라서 제1차 개정 제주특별자치도법(2007. 8. 3. 법률 제8586호로 개정된 것)에 행정시장이 도시개발사업 시행자로 지정받을 수 있도록 근거가 마련되어 있으나, 현행 도지사에서 행정시장으로 도시개발사업 시행자를 변경하는 것은 「도시개발법」 제11조 제8항의 4가지 요건에 해당하지 아니한다 할 것이므로, 도시개발사업 시행자를 변경할 수 없다 할 것이다.

다음으로, 위에서 말한 바와 같이 단순히 행정시장이 도시개발사업 시행자로 될 수 있는 근거가 마련되었다고 하여 도지사에서 행정시장으로 변경하는 것으로는 도시개발사업 시행자를 변경하지 못하지만, 다른 사유로 도시개발사업 시행자를 변경할 수 있다고 가정하면 누가 도시개발사업 시행자를 변경할 수 있는지, 즉 지정권자는 누구인지가 문제 될 수 있다.

다시 말하면, 「도시개발법」 제11조 제2항 및 제주특별자치도법 제256조 제3항에 따라 사업시행자가 도지사이면 국토해양부장관이고, 행정시장이면 도지사가 될 것인데, 「도시개발법」 제3조 및 제4조에 따라 시행자가 종전 시장·군수였을 때에는 도지사가 지정권자가 되었으나, 제주특별자치도 출범으로 시장·군수의 권한을 승계한 도지사가 사업시행자가 됨에 따라, 지정권자는 원래대로 도지사인지 아니면 국토해양부장관인지 논란이 된다 할 것이다.

---

309) 실제로도 도조례 제정으로 종전의 시장·군수에서 도지사로 도시개발사업 시행자를 변경하였으나, 국토해양부장관으로부터 변경지정은 받지 아니하였다.

제주특별자치도법과 「도시개발법」 어디에도 도시개발사업 시행자가 시장·군수에서 도지사로 승계됨에 따라, 지정권자가 도지사에서 국토해양부장관으로 승계된다는 규정은 없고, 실제로도 국토해양부장관으로부터 도지사가 도시개발사업 시행자로 지정받은 것도 없으며, 제주특별자치도 출범에 따른 한시적인 상황이라 할 것이므로, 도지사가 종전대로 지정권자가 된다고 할 것이다.[310]

<제주특별자치도법>

제252조(도시개발에 관한 특례) ① 삭제 <2011.5.23>

　② 「도시개발법」 제11조 제1항 제1호에도 불구하고 제주자치도의 경우에는 행정시장을 도시개발사업의 시행자로 지정할 수 있다. <신설 2007.8.3>

　③ 「도시개발법」 제3조 제1항에 따라 지정된 개발구역 안의 도시개발사업의 시행자를 지정하는 경우 「도시개발법」 제11조 제2항 후단에도 불구하고 도시개발사업을 시행하는 자가 행정시장인 경우에는 도지사가 이를 지정한다. <신설 2007.8.3, 2011.5.23>

<도시개발법>

제3조(도시개발구역의 지정 등) ① 다음 각 호의 어느 하나에 해당하는 자는 계획적인 도시개발이 필요하다고 인정되는 때에는 도시개발구역을 지정할 수 있다. <개정 2008.3.28, 2009.12.29>

　1. 특별시장·광역시장·도지사·특별자치도지사(이하 "시·도지사"라 한다)

　2. 「지방자치법」 제175조에 따른 서울특별시와 광역시를 제외한 인구 50만 이상의 대도시의 시장(이하 "대도시 시장"이라 한다)

　③ 국토해양부장관은 다음 각 호의 어느 하나에 해당하면 제1항과 제2항에도 불구하고 도시개발구역을 지정할 수 있다. <개정 2009.12.29>

　1. 국가가 도시개발사업을 실시할 필요가 있는 경우

제4조(개발계획의 수립 및 변경) ① 제3조에 따라 도시개발구역을 지정하는 자(이하 "지정권자"라 한다)는 도시개발구역을 지정하려면 해당 도시개발구역에 대한 도시개발사업의 계획(이하 "개발계획"이라 한다)을 수립하여야 한다. 다만, 대통령령으로 정하는 지역에 도시개발구역을 지정할 때에는 도시개발구역을 지정한 후에 개발계획을 수립할 수 있다.

제11조(시행자 등) ① 도시개발사업의 시행자(이하 "시행자"라 한다)는 다음 각 호의 자 중에서 지정권자가 지정한다. 다만, 도시개발구역의 전부를 환지 방식으로 시행하는 경우에는 제5호의 토지 소유자나 제6호의 조합을 시행자로 지정한다. <개정 2010.4.15>

　1. 국가나 지방자치단체

　② 지정권자는 제1항 단서에도 불구하고 다음 각 호의 어느 하나에 해당하는 사유가 있으면 지방자치단체나 대통령령으로 정하는 자(이하 "지방자치단체 등"이라 한다)를 시행자로 지정할 수 있다. 이 경우 도시개발사업을 시행하는 자가 시·도지사 또는 대도시 시장인 경우 국토해양부장관이 지정한다. <개정 2008.3.28>

　1. 토지 소유자나 조합이 대통령령으로 정하는 기간에 시행자 지정을 신청하지 아니한 경우 또는 지정권자가 신청된 내용이 위법하거나 부당하다고 인정한 경우

　2. 지방자치단체의 장이 집행하는 공공시설에 관한 사업과 병행하여 시행할 필요가 있다고 인정한 경우

　3. 도시개발구역의 국공유지를 제외한 토지면적의 2분의 1 이상에 해당하는 토지 소유자 및 토지 소유자 총수의 2분의 1 이상이 지방자치단체 등의 시행에 동의한 경우

　⑧ 지정권자는 다음 각 호의 어느 하나에 해당하는 경우에는 시행자를 변경할 수 있다.

　1. 도시개발사업에 관한 실시계획의 인가를 받은 후 2년 이내에 사업을 착수하지 아니하는 경우

　2. 행정처분으로 시행자의 지정이나 실시계획의 인가가 취소된 경우

　3. 시행자의 부도·파산, 그 밖에 이와 유사한 사유로 도시개발사업의 목적을 달성하기 어렵다고 인정되는 경우

　4. 제1항 단서에 따라 시행자로 지정된 자가 대통령령으로 정하는 기간에 도시개발사업에 관한 실시계획의 인가를 신청하지 아니하는 경우

---

310) 「도시개발법」은 제주특별자치도와 같은 상황을 상정하고 있지 아니하다고 할 것이다.

12. 제주특별자치도법 제256조와 「경관법」은 어떤 관계가 있는가?

제주특별자치도법 제256조에 따르면, 도지사는 제주자치도의 지리적 특수성과 특유의 생활 형태 및 정주 환경을 고려하여 지역별로 특색 있는 경관을 조성하고, 이를 관광자원으로 활용할 수 있도록 경관관리계획을 수립·시행할 수 있도록 하고, 그 경관관리계획의 수립·시행 등에 관하여 필요한 사항은 도조례로 정하도록 하고 있다.

한편, 2007. 5. 17. 공포되어 2007. 11. 18. 시행된 「경관법」에서는 시·도지사 또는 시장·군수가 공청회 개최, 지방의회의 의견청취 및 경관위원회의 심의 등을 거쳐 관할구역의 전부 또는 일부에 대하여 경관계획의 기본방향과 목표, 경관형성의 전망과 대책, 경관관리 행정체계와 실천방안 등을 포함한 경관계획을 수립할 수 있도록 하고(제6조·제8조·제10조 및 제11조), 경관계획이 수립된 지역 안에서 야간경관의 형성 및 정비 등의 경관사업을 시·도지사 또는 시장·군수가 직접 추진하거나 민간인이 시·도지사 또는 시장·군수의 승인을 받아 추진할 수 있도록 하고, 일관성 있는 경관사업의 추진을 위하여 지역주민·시민단체·전문가 등으로 구성된 경관사업추진협의체가 경관사업계획의 수립, 경관사업의 추진 및 사후관리 등에 참여하게 하는 한편, 경관사업의 소요자금을 지방자치단체가 그 전부 또는 일부를 보조하거나 융자할 수 있도록 하고 있다(제13조부터 제15조까지).

경관에 대한 계획에 관하여 제주특별자치도법과 「경관법」과의 관계를 살펴보면, 다음과 같다.

먼저, 차이점으로는

첫째, 경관에 대한 계획의 명칭을 보면, 제주특별자치도법은 경관관리계획이고, 「경관법」은 경관계획이다.

둘째, 위임방식을 보면, 제주특별자치도법은 경관관리계획의 수립·시행 등에 관하여 필요한 사항은 도조례(「제주특별자치도 경관 조례」)로 위임되어 있고, 「경관법」은 주로 법률에 규정되어 있다.

셋째, 시행시기를 보면, 제주특별자치도법은 2006. 2. 21. 공포되어 2006. 7. 1.시행이고, 「경관법」은 2007. 5. 17. 공포되어 2007. 11. 18. 시행되었다.

다음으로, 유사점으로는

첫째, 경관에 대한 계획의 입법취지를 보면, 제주특별자치도법은 제주도의 특성에 맞는 경관관리계획을 수립하여 자연경관 보존 및 특색화하기 위한 것이고, 「경관법」도 자연경관 및 역사·문화경관을 보전하고 도시·농산어촌의 지역특성을 고려한 경관을 형성함으로써 아름답고 쾌적하며 지역특성을 나타내는 국토환경 및 지역환경을 조성할 수 있도록 경관계획의 수립, 경관사업의 시행, 토지소유자에 의한 경관협정의 체결 및 이에 대한 지원 등 경관자원의 보전·관리 및 형성에 관한 제도적 근거를 마련하기 위한 것으로 입법 취지가 비슷하다고 할 수 있다.

둘째, 계획내용을 보면, 제주특별자치도법에서의 경관관리계획은 「경관법」의 경관계획과 유사하다 할 것이다.

한편, 경관에 대하여 제주특별자치도법과 「경관법」이 유사한 내용을 갖고 있음에도 불구하고, 제주특별자치도법이 먼저 제정되고 난 후에 경관법이 제정되어 제주특별자치도법에서 당연히 「경관법」에 대한 특례를 둘 수 없게 되어 제주특별자치도에는 유사한 내용의 경관(관리)계획을 동시에 적용하여야 하고, 또한, 제주특별자치도법에 따른 도조례와 「경관법」의 내용이 다르게 된 경우 집행상 혼란이 발생할 수 있다 할 것이다.

따라서 「경관법」이 제정되어 되므로, 제주특별자치도에서는 제주특별자치도법에 따른 도조례를 제정할 것인지 아니면 제정하지 아니하고 「경관법」에 따라 집행할 것인지에 대하여 경관에 관한 계획 내용의 유사성 등을 종합적으로 검토하여 결정하여야 할 것이고, 나아가 추후 제주특별자치도법 개정 시 규정 취지가 있다면, 「경관법」과의 관계를 명확히 하고, 규정 취지가 없다면, 제주특별자치도법 제256조를 삭제하여야 할 것이다.

한편, 제3차 개정(2011. 5. 23. 법률 제10701호로 개정된 것) 시 제256조에 제3항을 신설하여 "「경관법」 제13조 제2항 후단, 제17조 제2항 및 제23조 제1항 단서에서 대통령령으로 정하도록 한 사항은 도조례로 정할 수 있다."고 하였으나, 여전히 제주특별자치도법과 「경관법」과의 관계를 명확하게 설정하지 못하였다고 볼 수 있다.

참고로, 제주특별자치도법에서 전국 최초로 규정된 조항에 대해서는 제주특별자치도에서 개별법의 제정과 개정에 대하여 예의 주시할 필요가 있다고 할 것이다.

<제주특별자치도법>

제256조(도시경관의 관리에 관한 특례) ① 도지사는 제주자치도의 지리적 특수성과 특유의 생활 형태 및 정주 환경을 고려하여 지역별로 특색 있는 경관을 조성하고, 이를 관광자원으로 활용할 수 있도록 경관관리계획을 수립·시행할 수 있다.

② 제1항의 규정에 의한 경관관리계획의 수립·시행 등에 관하여 필요한 사항은 도조례로 정한다.

③ 「경관법」제13조 제2항 후단, 제17조 제2항 및 제23조 제1항 단서에서 대통령령으로 정하도록 한 사항은 도조례로 정할 수 있다. <신설 2011.5.23>

<경관법>

제6조(경관계획의 수립권자 및 대상지역) 특별시장·광역시장·도지사·특별자치도지사(이하 "시·도지사"라 한다) 또는 시장·군수(광역시 관할 구역 안에 있는 군의 군수를 제외한다. 이하 같다)는 다음 각 호의 구분에 따라 일정 지역의 경관을 보전·관리 및 형성하기 위한 계획(이하 "경관계획"이라 한다)을 수립할 수 있다.

1. 경관계획의 대상지역이 특별시·광역시·시 또는 군(광역시 관할 구역 안에 있는 군을 제외한다. 이하 같다)의 관할 구역 전부 또는 일부에 속하는 경우에는 관할 특별시장·광역시장·시장 또는 군수가 수립한다.

2. 경관계획의 대상지역이 2 이상의 특별시·광역시·시 또는 군의 관할 구역에 걸쳐 있는 경우에는 관할 특별시장·광역시장·시장 또는 군수가 공동으로 수립한다.

3. 경관계획의 대상지역이 2 이상의 시 또는 군의 관할 구역에 걸쳐 있는 경우로서 해당 시장·군수가 요청하거나 도지사가 필요하다고 인정하는 경우에는 관할 도지사가 수립한다.

4. 특별자치도의 경우에는 특별자치도지사가 수립한다.

제7조(경관계획 수립의 제안) ① 주민(이해관계자를 포함한다)은 제6조에 따라 경관계획을 수립할 수 있는 자에게 제안 내용을 첨부하여 경관계획의 수립을 제안할 수 있다.

② 제1항에 따라 경관계획의 수립을 제안받은 자는 그 처리결과를 제안자에게 통보하여야 한다.

③ 제1항 및 제2항에 규정된 사항 외에 경관계획의 제안, 제안서의 처리 등에 관하여 필요한 사항은 대통령령으로 정한다.

제8조(경관계획의 내용) ① 경관계획에는 다음 각 호의 사항이 포함되어야 한다.

1. 경관계획의 기본방향 및 목표에 관한 사항

2. 경관자원의 조사 및 평가에 관한 사항

3. 경관형성의 전망 및 대책 수립에 관한 사항

4. 「국토의 계획 및 이용에 관한 법률」제37조 제1항 제1호에 따른 경관지구(이하 "경관지구"라 한다) 및 같은 항 제2호에 따른 미관지구(이하 "미관지구"라 한다)의 관리 및 운용에 관한 사항

5. 경관관리 행정체계 및 실천방안에 관한 사항

6. 경관계획의 시행을 위한 재원조달 및 단계적 추진에 관한 사항

7. 그 밖에 경관의 보전·관리 및 형성에 관한 사항으로서 대통령령이 정하는 사항

② 경관계획의 수립기준 등에 관해서는 대통령령이 정하는 바에 따라 국토해양부장관이 관계 중앙행정기관의 장과 공동으로 정하여 고시한다.

③ 경관계획은 도시기본계획(「국토의 계획 및 이용에 관한 법률」제2조 제3호에 따른 도시기본계획을 말한다. 이하 같다)에 부합되어야 하며, 경관계획의 내용이 도시기본계획의 내용과 다른 때에는 도시기본계획의 내용이 우선한다.

제9조(경관계획의 수립을 위한 기초조사) 시·도지사 또는 시장·군수는 경관계획을 수립 또는 변경하려는 때에는 대통령령으로 정하는 바에 따라 경관계획의 수립 또는 변경에 필요한 사항을 조사하여야 한다. 다만, 관계 행정기관 또는 전문기관이 이미 조사를 실시한 경우에는 그 결과를 활용할 수 있다.

제10조(공청회 및 지방의회의 의견청취) ① 시·도지사 또는 시장·군수는 경관계획을 수립 또는 변경하려는 때에는 미리 공청회를 개최하여 주민 및 관계 전문가 등의 의견을 들어야 하며, 공청회에서 제시된 의견이 타당하다고 인정하는 때에는 경관계획에 반영하여야 한다.

② 제1항에 따른 공청회 개최에 관하여 필요한 사항은 대통령령으로 정하는 바에 따라 당해 지방자치단체의 조례로 정한다.

③ 도지사는 제6조 제3호에 따라 경관계획을 수립 또는 변경하려는 때에는 관계 시장·군수의 의견을 듣기 위하여 기한을 명시하여 경관계획안을 관계 시장·군수에게 송부하여야 한다.

④ 제3항에 따라 경관계획안을 송부받은 시장·군수는 명시된 기한 이내에 그 경관계획안에 대한 의견을 도지사에게 제출하여야 한다.

⑤ 시·도지사 또는 시장·군수는 경관계획을 수립 또는 변경하려는 때에는 해당 지방의회의 의견을 들어야 한다. 이 경우 지방의회는 특별한 사유가 없는 한 30일 이내에 의견을 제시하여야 한다.

제13조(경관사업의 대상 등) ① 시·도지사 또는 시장·군수는 지역의 경관을 향상시키고 경관의식을 높이기 위하여 경관계획이 수립된 지역 안에서 다음 각 호의 사업(이하 "경관사업"이라 한다)을 시행할 수 있다.
  1. 가로환경의 정비 및 개선을 위한 사업
  2. 지역의 녹화와 관련된 사업
  3. 야간경관의 형성 및 정비를 위한 사업
  4. 지역의 역사·문화적 특성의 경관을 살리는 사업
  5. 농산어촌의 자연경관 및 생활환경을 개선하는 사업
  6. 그 밖에 경관의 보전·관리 및 형성을 위한 사업으로서 당해 지방자치단체의 조례로 정하는 사업
  ② 시·도지사 및 시장·군수 외의 자는 경관계획이 수립된 지역 안에서 그 경관계획을 수립한 시·도지사 또는 시장·군수의 승인을 받아 경관사업을 시행할 수 있다. 이 경우 경관사업 시행의 승인을 받으려는 자는 대통령령으로 정하는 바에 따라 시·도지사 또는 시장·군수에게 사업계획서를 제출하여야 한다.
  ③ 제2항에 따른 승인신청을 받은 시·도지사 또는 시장·군수는 경관사업을 승인하기 전에 경관위원회의 심의를 거쳐야 한다.
제15조(경관사업에 대한 재정지원 및 감독) ① 지방자치단체는 제13조 제1항 및 제2항에 따른 경관사업에 필요한 소요자금의 전부 또는 일부를 보조하거나 융자할 수 있다.
  ② 지방자치단체의 장이 필요하다고 인정하는 때에는 경관사업을 시행하는 자에 대하여 감독상 필요한 보고를 하게 하거나 자료를 제출하도록 명령할 수 있다.

13. 제주특별자치도법에 따라「주택법」에 의한 사용검사를 제주특별자치도지사가 이양받았는데, 이 권한은「한국토지주택공사법」에 따라 자동적으로 한국토지주택공사에 위탁되는 것인가?

제주특별자치도법 제257조 제2항에 따르면,「주택법」제29조 제1항에 따른 국토해양부장관의 권한을 제주특별자치도지사에게 이양하고,「한국토지주택공사법」제19조 제3항 제1호에 따르면, 국토해양부장관의「주택법」제29조 제1항에 따른 사용검사 권한을 한국토지주택공사에 위탁할 수 있도록 하고 있으며,「한국토지주택공사법」제41조에 따라 한국토지주택공사에 위탁하도록 하고 있다. 그러면 제주특별자치도지사의「주택법」제29조 제1항에 따른 사용검사 권한도 자동적으로 한국토지주택공사에 위탁되는 것인지 여부가 논란이 된다.

제주특별자치도지사의「주택법」제29조 제1항에 따른 사용검사 권한은 제주특별자치도법 제257조 제2항에서 이양받은 권한으로, 만약 이양해 놓고 자동적으로 위탁하게 한다면 이양취지가 없고, 또한「한국토지주택공사법」제19조 제3항 제1호에 "제주특별자치도지사"가 아닌 "국토해양부장관"의「주택법」제29조 제1항에 따른 사용검사 권한을 한국토지주택공사에게 위탁하도록 하고 있으므로, 자동적으로「한국토지주택공사법」에 따라 한국토지주택공사에 위탁될 수는 없다 할 것이다.

「한국토지주택공사법」 제19조 제2항에 "국토해양부장관 또는 지방자치단체의 장이 다음의 사항에 관한 그의 권한"을 한국토지주택공사에 위탁할 수 있다고 하고 있으므로, 지방자치단체의 장에 제주특별자치도지사도 포함되므로 당연히 위탁의 대상이 된다고 주장할 수 있으나, 여기에서의 "지방자치단체의 장"은 다른 각 호의 권한 자를 의미한다고 볼 수 있으므로 제주특별자치도지사의 「주택법」 제29조 제1항에 따른 사용검사는 포함되지 아니한다고 할 것이다.

따라서 제주특별자치도지사는 「주택법」 제29조 제1항에 따른 사용검사 권한을 자체적으로 행사(전문인력, 기구 등이 필요할 것임)하든지 아니면 「제주특별자치도 사무의 민간위탁조례」에 따라 종전처럼 한국토지주택공사에 위탁을 해 줄 수 있을 것이다. 만약 위탁을 해 주는 것이 번거롭다면 「한국토지주택공사법」 개정 시 제주특별자치도지사의 권한도 포함되도록 하여야 할 것이다.

<제주특별자치도법>
제257조(주택건설사업에 관한 특례) ① 국가·지방자치단체·대한주택공사·한국토지공사 및 「지방공기업법」 제49조의 규정에 의하여 설립된 지방공사인 사업주체는 「주택법」 제7조 제3항의 규정에 불구하고 주택종합계획안을 마련하여 도지사와 협의하여야 하며, 그 주택종합계획이 정하는 바에 따라 주택건설사업 또는 대지조성사업을 시행하여야 한다.
② 「주택법」 제13조 제1항, 제15조 제1항·제2항, 제16조 제1항·제6항, 제29조 제1항, 제34조 제1항, 제39조 제2항, 제89조의2, 제90조 제1항 및 제93조에 따른 국토해양부장관의 권한은 도지사의 권한으로 한다. <개정 2011.5.23>
③ 「주택법」 제10조 제1항 전단·제2항 전단·제3항 전단·제4항, 제13조 제2항, 제15조 제1항·제2항, 제16조 제1항 각 호 외의 부분 본문 및 단서·제3항 단서·제7항 단서·제8항, 제17조 제4항, 제21조 제1항 각 호 외의 부분(제3호의 복리시설 설치기준에 한정한다), 제26조 제1항·제3항 본문 및 단서, 제29조 제1항 본문·제3항·제4항 단서, 제32조 제5항 본문, 제34조 제3항, 제38조의3 제2항 각 호 외의 부분·제3항, 제42조 제2항 각 호 외의 부분 본문 및 같은 항 제4호, 같은 조 제3항, 제43조 제4항 본문·제6항 단서·제7항 각 호 외의 부분, 제43조의2 제3항, 제44조 제1항, 제45조 제2항·제3항, 제47조 제1항 각 호 외의 부분·제2항·제3항, 제49조 제1항·제2항 각 호 외의 부분·제3항 각 호 외의 부분, 제52조 제4항, 제55조 제1항, 같은 조 제2항 제3호, 같은 조 제4항 전단, 제59조 제1항, 제89조의2 및 제101조 제3항(도지사의 권한에 관한 과태료의 부과·징수에 한정한다)에서 대통령령 또는 국토해양부령으로 정하도록 한 사항은 도조례로 정할 수 있다. <개정 2011.5.23>

<주택법>
제29조(사용검사 등) ① 사업주체는 제16조에 따른 사업계획승인을 받아 시행하는 주택건설사업 또는 대지조성사업을 완료한 경우에는 주택 또는 대지에 대하여 국토해양부령으로 정하는 바에 따라 시장·군수·구청장(국가 또는 한국토지주택공사가 사업주체인 경우와 대통령령으로 정하는 경우에는 국토해양부장관을 말한다. 이하 이 조에서 같다)의 사용검사를 받아야 한다. 다만, 사업계획승인 조건의 미이행 등 특별한 사유가 있어 사업을 완료하지 못하고 있는 경우에는 완공된 주택에 대하여 동별로 사용검사를 받을 수 있다. <개정 2010.4.5>
② 사업주체가 제1항에 따른 사용검사를 받았을 때에는 제17조 제1항에 따라 의제되는 인·허가 등에 따른 해당 사업의 사용승인·준공검사 또는 준공인가 등을 받은 것으로 본다. 이 경우 제1항에 따른 사용검사를 하는 시장·군수·구청장(이하 "사용검사권자"라 한다)은 미리 관계 행정기관의 장과 협의하여야 한다.
③ 사업주체가 파산 등으로 제1항에 따른 사용검사를 받을 수 없는 경우에는 해당 주택의 시공을 보증한 자 또는 입주예정자 등이 대통령령으로 정하는 바에 따라 사용검사를 받을 수 있다.
④ 사업주체 또는 입주예정자는 제1항에 따른 사용검사를 받은 후가 아니면 주택 또는 대지를 사용하게 하거나 이를 사용할 수 없다. 다만, 대통령령으로 정하는 경우로서 사용검사권자의 임시 사용승인을 받은 경우에는 그러하지 아니하다.

<한국토지주택공사법>

제19조(공사의 국가 또는 지방자치단체 의제 등) ① 공사가 다음 각 호의 어느 하나에 해당하는 사업을 행하는 경우에 「공익사업을 위한 토지 등의 취득 및 보상에 관한 법률」 제9조 제1항 및 제2항, 같은 법 제51조 제1항 제1호와 「부동산 등기법」 제98조를 적용함에 있어서는 국가 또는 지방자치단체를 공사로, 관계 중앙행정기관의 장을 공사사장으로 본다. <개정 2011.4.12>

1. 「주택법」에 따른 주택건설사업(부대사업을 포함한다) 및 대지조성사업
2. 「보금자리주택건설 등에 관한 특별법」에 따른 보금자리주택지구 조성사업 및 보금자리주택건설사업
3. 「택지개발촉진법」에 따른 택지개발사업
4. 「국토의 계획 및 이용에 관한 법률」에 따른 도시계획시설사업
5. 「도시개발법」에 따른 도시개발사업
6. 「도시 및 주거환경정비법」에 따른 정비사업

② 공사가 시행하는 사업에 있어서 「국토의 계획 및 이용에 관한 법률」 제134조 후단 및 「도시개발법」 제77조 단서에 따른 행정심판에서 공사의 처분에 대한 감독행정기관은 국토해양부장관으로 하며, 「국토의 계획 및 이용에 관한 법률」 제65조 및 제99조를 적용하는 경우에는 공사를 행정청인 시행자로 본다.

③ 국토해양부장관 또는 지방자치단체의 장은 공사가 행하는 사업에 관한 다음 각 호의 권한을 대통령령으로 정하는 바에 따라 공사에 위탁할 수 있다.

1. 「주택법」 제29조 제1항에 따른 사용검사
2. 「보금자리주택건설 등에 관한 특별법」 제31조 제1항에 따른 준공검사
3. 「택지개발촉진법」 제16조 제1항에 따른 준공검사
4. 「국토의 계획 및 이용에 관한 법률」 제98조 제2항에 따른 준공검사
5. 「도시개발법」 제50조 제2항에 따른 준공검사
6. 「도시 및 주거환경정비법」 제52조 제2항에 따른 준공인가
7. 「건축법」 제22조 제2항에 따른 사용승인
8. 「공익사업을 위한 토지 등의 취득 및 보상에 관한 법률」 제89조 제2항에 따른 대집행
[시행일: 2011.10.13] 제19조

<한국토지주택공사법 시행령>

제41조(권한의 위탁) ① 국토해양부장관 또는 지방자치단체의 장은 공사가 법 제19조 제1항 제1호부터 제6호까지의 어느 하나에 해당하는 사업을 하는 경우에는 법 제19조 제3항에 따라 다음 각 호의 사항에 관한 그의 권한을 공사에 위탁한다.

1. 법 제19조 제1항 제1호의 사업: 법 제19조 제3항 제1호, 제4호, 제5호, 제7호 및 제8호의 사항
2. 법 제19조 제1항 제2호의 사업: 법 제19조 제3항 제1호, 제2호, 제4호, 제5호, 제7호 및 제8호의 사항
3. 법 제19조 제1항 제3호의 사업: 법 제19조 제3항 제3호, 제4호, 제5호 및 제8호의 사항
4. 법 제19조 제1항 제4호의 사업: 법 제19조 제3항 제4호, 제7호 및 제8호의 사항
5. 법 제19조 제1항 제5호의 사업: 법 제19조 제3항 제1호, 제4호, 제5호, 제7호 및 제8호의 사항
6. 법 제19조 제1항 제6호의 사업: 법 제19조 제3항 제1호, 제4호, 제6호, 제7호 및 제8호의 사항

14. 제주국제자유도시개발센터의 소속을 어디로 하여야 하는가?

제주국제자유도시개발센터(JDC)는 제주특별자치도법 제261조에 따라 국제자유도시 개발사업의 효율적 추진을 위하여 설립된 기관으로[311], 국제자유도시 개발사업, 국제자유도시와 관련된 투자유치업무, 국제자유도시 개발에 소요되는 자금조성을 위한 지정면세점

311) 제주국제자유도시개발센터는 원래 2002. 1. 26. 「제주국제자유도시특별법」 제72조에 따라 2002. 5. 15. 창립하였고, 2006. 7. 1. 제주특별자치도 출범 이후 외국교육기관 유치 및 설립·운영 지원, 외국의료기관 유치 및 설립·운영 지원, 산업육성·지원 및 주택사업, 도민국제화를 위한 지원사업 등이 추가되었다.

운영 등을 수행하고 있다(제주특별자치도법 제265조).

　제주국제자유도시개발센터의 성격은 제주국제자유도시 개발사업의 성공적 추진을 위하여 공공성과 사업성을 동시에 추구하는 특수법인으로 국토해양부 산하 준시장형 공기업(「공공기관의 운영에 관한 법률」에 따른 공공기관)이고, 제주국제자유도시 개발사업의 핵심사업인 선도프로젝트 등 핵심사업을 전담 추진하는 공공개발 사업자 및 투자유치 전문기관이며, 제주지역과 협력관계를 구축하여 제주국제자유도시의 비전 달성을 촉진하는 국가지원기관이다.[312]

　현재 제주특별자치도와 제주국제자유도시개발센터와의 관계를 살펴보면, 다음과 같다.

〈표 23〉 제주특별자치도와 제주국제자유도시개발센터와의 관계

제주특별자치도	제주국제자유도시개발센터
● 종합행정 및 인·허가 중심	● 4+1 핵심산업 중심
○ 제주국제자유도시종합계획 수립	○ 제주국제자유도시시행계획 수립·집행
○ 관광개발계획 수립 및 조성사업	○ 선도프로젝트 개발사업
○ 주민참여 개발사업	○ 투자유치 및 홍보/마케팅
○ 외국도시 자매결연 및 외국교류 업무	○ 투자진흥지구 관리
○ 세계평화의 섬 추진사업	○ 4+1 핵심산업 육성·지원
○ 지역특산품 국외시장 개척	○ 토지의 취득·비축·관리 등
○ 통상정책 연구개발 및 총괄	○ 내국인 면세점 운영

　그러나 이러한 제주국제자유도시개발센터에 대하여 현재와 같이 국토해양부 소속으로 하는 것이 좋은지 아니면 제주특별자치도 소속으로 하는 것이 좋은지에 대하여 논란이 되고 있다.

　먼저, 현행과 같이 국토해양부 소속으로 하여야 한다는 주장은 제주국제자유도시의 추진·조성은 제주특별자치도만의 조직, 재정 등만으로는 한계가 존재하고 제주국제자유도시의 강력하고 효율적으로 추진하기 위해서는 국가의 힘도 필요하므로 제주국제자유도시개발센터가 일정부분 역할을 수행하여야 하고, 또한, 현재 국토해양부장관의 지도·감독을 받는 제주국제자유도시개발센터와 제주특별자치도와의 관계에 특별한 문제도 발생하고 있지 않기 때문에 현재와 같이 국토해양부 소속으로 하는 것이 좋다고 한다.

　다음으로, 제주특별자치도 소속으로 하여야 한다는 주장은 첫째, 제주국제자유도시의 추진·조성을 제주특별자치도의 소속 법인 기관이 아니라 국토해양부장관의 지도·감독

---

312) 제주국제자유도시개발센터 홈페이지.

을 받는 제주국제자유도시개발센터가 실질적으로 주도하고 제주특별자치도는 후원자 역할을 주로 하도록 하는 것은 고도의 자치권이 보장되는 제주특별자치도의 설치 취지 등에 비추어 납득하기 어려운 일이기 때문에 제주국제자유도시개발센터의 소속을 국토해양부에서 제주특별자치도로 하는 것이 좋다고 한다.[313]

둘째, 제주국제자유도시개발센터가 국토해양부 산하기관으로 있고 국토해양부장관이 이사장 임명 제청권뿐만 아니라 예산안 승인권, 지도감독권 등도 행사하고 있는데, 제주국제자유도시개발센터의 업무는 국토해양부의 업무분장 범위를 넘어서는 제주특별자치도의 관광·의료·교육·산업진흥·투자유치 등에 걸친 포괄적인 것으로 제주국제자유도시개발센터의 위상과 역할에 대한 근본적인 재검토가 필요하다고 한다.[314]

결국, 제주국제자유도시개발센터의 소속을 어디로 할 것인지 여부는 지방자치 실현 정도, 제주특별자치도 설립 취지, 외국의 사례,[315] 자산과 부채 현황, 수입과 지출 현황 등과 매우 밀접한 관련을 맺고 있는 것인데, 현재는 약간의 문제는 있으나,[316] 어떻게 하면, 제주특별자치도와 제주국제자유도시개발센터의 긴밀한 협조관계를 구축하여 시너지 효과를 나타내 제주국제자유도시를 실현할 수 있는지에 대하여 고민을 하여야 할 것이다.

한편, 제주국제자유도시개발센터만이 제주국제공항에서 내국인 면세점을 먼저 운영하고 있는데, 내국인 면세점을 나중에 제주관광공사에서 운영함에 따라,[317] 제주국제자유도시개발센터와 제주관광공사가 상호 경쟁관계가 될 것이고, 제주국제자유도시개발센터 수입의 감소가 불가피할 것이므로, 현재 제주국제자유도시개발센터에서 수행하고 있는 각종 사업에 대한 재원 확보가 문제가 될 소지가 있다 할 것이고, 이에 대한 대책을 강구할 필요가 있다 할 것이다.

---

313) 윤양수, 제주특별자치도 정책·입법 평가, 토지공법연구, 제35집, 2007, 59쪽.

314) 하승수, 제주특별자치도 법제의 문제점과 개선방안에 대한 소고, 제주특별자치도의회 법·제도개선연구모임 발표 자료, 2007, 21쪽.

315) 일본은 북해도(홋카이도) 지역을 종합적으로 개발하기 위하여 북해도개발청을 설치한 적이 있다.

316) 국회 예산정책처 산업사업평가팀은 2007년 10월 4일 발간한 '제주국제자유도시 지원사업 평가' 보고서를 통해 "JDC가 2003년부터 추진 중인 제주국제자유도시 지원사업 실적을 평가한 결과 총 사업비 2조 9,543억 원 중 81.5%인 2조 4,086억 원을 민자 조달로 추진하도록 계획돼 있으나 실제 민자 조달 실적은 지난 8월 현재 전무한 실정"이라고 밝히면서 "외국기업을 대상으로 한 홍보의 부족과 유사사례인 인천 경제자유구역청의 개발사업과 차별화 미흡 등 사업기획과 집행측면에 문제가 있다."고 지적했다고 한다(조선일보, 2007. 10. 5.).

317) 2007. 11. 2. 제주특별자치도법 시행령 개정으로 제주국제자유도시개발센터뿐만 아니라 제주특별자치도법 제170조에 따른 지방공사(제주관광공사)도 제주자치도를 관할하는 세관장이 지정·고시는 받아야 하지만 면세품판매장을 운영할 수 있는 근거는 마련되었다.

<제주특별자치도법>
제261조(설립) 국제자유도시 개발사업의 효율적 추진을 위하여 제주국제자유도시개발센터를 설립한다.
제265조(사업) ① 개발센터는 다음 각 호의 업무를 행한다.
 1. 제266조 제1항의 규정에 의한 개발센터시행계획의 수립·집행
 2. 국제자유도시 개발을 위한 다음 각 목의 사업
 가. 토지의 취득·개발·비축·관리·공급 및 임대
 나. 개발센터에서 개발·관리하는 관광·산업단지 내의 의료·건강산업 육성·지원 및 주택사업
 다. 산업단지·투자진흥지구의 조성·관리
 라. 외국교육기관의 유치 및 설립·운영 지원
 마. 외국의료기관의 유치 및 설립·운영 지원
 바. 국가 또는 제주자치도로부터 위탁받은 가목 내지 마목의 업무
 사. 그 밖에 도민소득 향상 및 국제화를 위한 지원사업 등
 3. 국제자유도시와 관련된 다음 각 목의 투자유치업무
 가. 국내외 투자유치와 이를 위한 마케팅 및 홍보
 나. 국내외 투자자에 대한 상담·안내·홍보·조사와 민원사무의 처리대행 등 종합적 지원업무
 다. 그 밖에 내·외국인 투자지원을 위하여 필요한 사항
 4. 국제자유도시 개발에 소요되는 자금조성을 위한 다음 각 목의 수익사업
 가. 지정면세점 운영
 나. 옥외광고사업
 다. 그 밖에 국토해양부장관이 승인한 사업
 ② 개발센터는 제1항의 규정에 의한 사업을 효율적으로 시행하기 위하여 이사회의 의결을 거쳐 산하에 자회사를 설
   립하고 그 자본금의 전부 또는 일부를 출자할 수 있다.
제267조(임원) ① 개발센터에는 이사장을 포함한 11명 이내의 이사(이사장을 포함한 상임이사의 수는 이사 수의 2분의
1 미만으로 한다)와 감사 1명을 둔다.
 ② 임원의 임기 등 임면에 관하여는 「공공기관의 운영에 관한 법률」 제25조 및 제28조에 따른다.

<제주관광공사 설립 및 운영 조례>
제20조(사업) 공사는 제1조의 목적을 달성하기 위하여 다음 각 호의 사업을 행한다.
 6. 관광공사 수익사업의 발굴 및 추진
  가. 지정 면세점의 운영

15. 보존자원 매매허가를 보존자원매매업허가로 대신할 수 있는가?

제주특별자치도법 제296조 제5항에 따르면, 보존자원[318]을 제주특별자치도 안에서 매매하거나 제주특별자치도 밖으로 반출하고자 하는 자는 도조례가 정하는 바에 의하여 도지사의 허가를 받아야 한다고 되어 있고, 「제주특별자치도 자연환경관리 조례」 제21조 제1항에 따르면, 제주특별자치도법 제296조 제5항의 규정에 의하여 제주특별자치도 내에서 영리를 목적으로 보존자원을 매매하고자 하는 자는 도지사의 보존자원매매업허가를 받도록 하고 있다.[319]

---

318) 보존자원이란 제주특별자치도법 제296조 제1항 및 제2항에 따라 도지사가 제주특별자치도의 자원보호를 위하여 필요하다고 인정하는
   경우에는 제주특별자치도에서 서식하는 희귀 동·식물과 부존하는 자원 등 중에서 도조례가 정하는 자원을 보존하여야 할 자원으로 지
   정·고시한 것을 말하는데, 화산분출물, 검은 모래, 지하수, 기생화산 등이 지정·고시되어 있다.

결국, 제주특별자치도 안에서 매매하고자 하는 자는 제주특별자치도법에서는 도지사의 허가를 받도록 하고, 「제주특별자치도 자연환경관리 조례」에서는 별도의 도지사 허가가 아닌 보존자원매매업허가를 받도록 하고 있어 과연 보존자원 매매허가를 보존자원매매업 허가로 하고, 보존자원매매업허가를 받은 경우 별도의 보존자원 매매허가를 받지 아니하고 제주특별자치도 안에서 매매할 수 있는지 논란이 될 수 있다.

제주특별자치도법 제296조 제5항은 제주특별자치도 안에서 이루어지는 보존자원의 매매에 대하여 개별적·구체적으로(일일이) 허가를 받도록 하여 보존자원을 보호하려는 취지인 데 반하여, 같은 조례 제21조는 일정한 요건을 갖춘 자(실제는 특별한 요건도 없음)에게 보존자원매매업허가[320]를 받도록 하고 이들로 하여금 제주특별자치도 안에서 보존자원을 매매할 수 있도록 하려는 것이다.

따라서 보존자원매매업허가는 제주특별자치도법에서 위임받지 아니한 사항을 조례에서 이를 규정하는 것으로 위법이고, 보존자원 매매허가를 받아야 하는데 보존자원매매업 허가를 받도록 하는 것은 기본권을 침해하는 것이며, 또한, 보존자원매매업허가를 받았다고 하더라도 제주특별자치도 안에서 매매를 하는 경우에는 보존자원 매매허가를 받아야 하는데 실제 보존자원 매매허가를 받지 아니하고 보존자원 매매가 가능하도록 하는 것은 문제가 된다고 할 수 있다.

따라서 「제주특별자치도 자연환경관리 조례」를 개정하여 제주특별자치도법에 맞추든지 아니면 개별적으로 보존자원 매매허가를 하기가 곤란하다면 보존자원매매업허가를 받도록 제주특별자치도법을 개정하는 등 조치를 빨리 취하여야 할 것이다.

---

319) 그러나 제주특별자치도 밖으로 반출하고자 하는 자에게는 제주특별자치도 안에서 매매하는 경우와는 달리 「제주특별자치도 자연환경관리 조례」 제25조에 따라 보존자원의 반출허가를 해 주고 있다.

320) 「제주특별자치도 자연환경관리 조례」 제24조에서는 보존자원매매업자에게 보존자원의 매매상황을 기록·유지하도록 하고, 보존자원매매업을 휴·폐업 또는 재개업하는 경우에는 신고하도록 하고 있다.

<제주특별자치도법>
제296조(보존자원의 지정) ① 도지사는 제주자치도의 자원보호를 위하여 필요하다고 인정하는 경우에는 제주자치도에서 서식하는 희귀 동·식물과 부존하는 자원 등 중에서 도조례가 정하는 자원을 보존하여야 할 자원(이하 "보존자원"이라 한다)으로 지정할 수 있다.

② 도지사는 제1항의 규정에 의하여 보존자원을 지정한 경우에는 이를 지체 없이 고시하여야 한다.

③ 도지사는 보존자원의 보호를 위하여 필요하다고 인정하는 경우에는 도조례가 정하는 바에 따라 이를 포획하는 행위나 벌채·채취·훼손행위를 금지할 수 있으며, 이를 신고하게 하거나 공개금지·이동금지·장애물의 제거 등을 명하거나 그 밖에 필요한 조치를 할 수 있다.

④ 도지사는 보존자원을 보호하기 위하여 필요하다고 인정하는 경우에는 그 관리 또는 보호 등에 필요한 경비를 부담하거나 보조할 수 있다.

⑤ 보존자원을 제주자치도 안에서 매매하거나 제주자치도 밖으로 반출하고자 하는 자는 도조례가 정하는 바에 의하여 도지사의 허가를 받아야 한다.

⑥ 도지사는 제3항의 규정에 의한 처분으로 인하여 손실을 입은 자에 대해서는 그 손실을 보상하여야 한다.

<제주특별자치도 자연환경관리 조례>
제21조(보존자원매매업의 허가) ① 법 제296조 제5항의 규정에 의하여 제주특별자치도 내에서 영리를 목적으로 보존자원을 매매하고자 하는 자는 도지사의 보존자원매매업허가를 받아야 한다. 허가받은 사항을 변경하고자 하는 경우에도 또한 같다.

② 제1항의 규정에 의한 보존자원매매업을 하고자 하는 자는 별지 제1호 서식의 보존자원매매업 허가신청서를 도지사에게 제출하여야 한다.

③ 도지사는 제2항의 규정에 의하여 신청서를 접수받은 때에는 접수일부터 10일 이내에 이를 처리하여야 하며 허가할 경우에는 별지 제2호서식의 보존자원매매업허가증(이하 "허가증"이라 한다)을 교부하고 허가사항을 별지 제3호 서식의 허가대장에 기록·관리하여야 한다.

④ 보존자원매매업자는 허가증이 훼손되거나 분실한 때에는 도지사에게 허가증재교부신청을 할 수 있다.

제24조(보존자원매매업의 관리) ① 제21조 제1항의 규정에 의하여 보존자원매매업을 허가받은 보존자원매매업자는 보존자원의 매매상황을 별지 제5호 서식에 의하여 기록·유지하여야 한다.

② 도지사는 보존자원매매업허가를 받은 범위 안에서 영업행위를 하고 있는지 여부를 수시 확인하여야 한다.

③ 보존자원매매업자가 보존자원매매업을 휴·폐업 또는 재개업하고자 하는 경우에는 별지 제6호 서식의 신고서에 허가증을 첨부(폐업의 경우에 한한다)하여 도지사에게 제출하여야 한다.

16. 「제주특별자치도 자연환경관리 조례」 제26조(보존자원의 반출허가기준)에 규정된 3가지 이외에는 보존자원을 도 외로 반출할 수 없는가?

「제주특별자치도 자연환경관리 조례」 제26조에 따르면, 제주특별자치도법 제296조 제5항의 규정에 의한 보존자원의 제주도 지역 외 반출허가기준은 ① 보존자원의 전시 등 향토문화의 교류를 목적으로 반출하는 경우, ② 실험용이나 연구용으로 반출하고자 하는 경우로서 도지사가 인정하는 경우, ③ 그 밖에 도민의 이익에 부합되는 경우로서 도지사가 인정하는 경우(세부적인 사항은 규칙으로 정함)로 되어 있다.

「제주특별자치도 자연환경관리 조례」 제26조에 해당하는 경우에는 도 외 반출허가를 해준다는 의미인데, 그러면 같은 조례 제26조 외에는 반출허가를 안 해 주겠다는 것인지 아니면 반출허가를 받지 않고 반출할 수 있다는 것인지 애매모호하다 할 것이다.

먼저, 도조례에서 도 외 반출허가기준을 정할 수 있는지 여부에 대하여 살펴보면, 제주특별자치도법 제296조 제5항에 따르면, 보존자원을 제주자치도 안에서 매매하거나 제주자치도 밖으로 반출하고자 하는 자는 도조례가 정하는 바에 의하여 도지사의 허가를 받아야 한다고 되어 있으므로, 도조례에서는 단순히 도지사의 허가에 관한 절차를 규정함에도 불구하고 반출허가기준까지 정하고 있다고 판단된다. 물론, 이 조문 하나로 반출허가를 하는 것이므로 반출허가기준 등 규정을 도조례로 한 것은 불가피한 면이 있다고 할 것이다.

다음으로, 도조례로 정한 반출허가기준에 대하여 어떻게 해석하여야 하는지 여부를 살펴보면, 같은 조례 제26조 외에는 반출허가를 안 해 주겠다는 것과 반출허가를 받지 아니하고 반출할 수 있다는 것으로 해석할 수 있을 것이다.

제주특별자치도법 제296조 제5항 및 「제주특별자치도 자연환경관리 조례」 제26조를 살펴보면, 보존자원을 도 안에서 매매하거나, 도 외로 반출하고자 하는 자는 허가를 받아야 하고, 같은 조례 제26조에 해당하는 사항 외에는 반출허가를 해 주지 않겠다는 의미로 해석하여야 합리적이라 판단된다.

왜냐하면, 같은 조례 제26조에서 언급된 3가지는 반출이 불가피한 경우로 이 경우에는 도지사의 반출허가를 받아야 되고, 이 3가지 외에는 허가 없이 반출이 가능하다면 형평에 맞지 아니하기 때문이다.

그러나 같은 조례 시행규칙 제3조에서는 ① 완제품의 공예품으로서 수량을 확인할 수 있는 경우, ② 화분, 좌대, 수반 등에 고정되도록 하여 식물이 활착되고 이끼 등이 형성되어 있으며, 운반 등의 과정에 훼손되지 아니하도록 포장 등을 하여 제품화된 최대 크기 50센티미터 이하 석부작인 경우, ③ 그 밖에 개별법에 의하여 허가를 받은 경우에는 도지사의 허가 없이 반출하는 경우로 예시하고 있어 문제가 된다고 할 수 있다.

특히, 개별법에 의하여 허가를 받은 경우에 도지사의 반출허가 없이 반출하도록 하는 것은 대법원 판례[321]에서와 같이 개별법에서 제주특별자치도법을 의제나 배제가 되지 아니하는 한 도 외 반출허가는 반드시 받아야 한다.

따라서 같은 조례 제26조에 규정된 3가지 외에는 보존자원을 반출허가 없이 도 외로

---

321) 입법목적 등을 달리하는 법률들이 일정한 행위에 관한 요건을 각기 정하고 있는 경우 어느 법률이 다른 법률에 우선하여 배타적으로 적용된다고 풀이되지 아니하는 한 그 행위에 관하여 각 법률의 규정에 따른 인·허가를 받아야 할 것인바, 이러한 경우 그중 하나의 인·허가에 관한 관계 법령 등에서 다른 법령상의 인·허가에 관한 규정을 원용하고 있는 경우나 그 행위가 다른 법령에 의하여 절대적으로 금지되고 있어 그것이 객관적으로 불가능한 것이 명백한 경우 등에는 그러한 요건을 고려하여 인·허가 여부를 결정할 수 있다(대법원 2002. 1. 25. 선고 2000두5159 판결).

반출할 수 없도록 하여야 한다. 다만, 도지사의 반출허가 없이 그냥 도 외로 반출하기 위해서는 보존자원에서 제외시키는 방안이나 도조례로 정하는 보존자원에 대해서는 허가없이 반출하도록 제주특별자치도법 제296조 제5항에 단서를 신설하는 방안 등을 강구하여야 할 것이다.

<제주특별자치도법>
제296조(보존자원의 지정) ① 도지사는 제주자치도의 자원보호를 위하여 필요하다고 인정하는 경우에는 제주자치도에서 서식하는 희귀 동·식물과 부존하는 자원 등 중에서 도조례가 정하는 자원을 보존하여야 할 자원(이하 "보존자원"이라 한다)으로 지정할 수 있다.
② 도지사는 제1항의 규정에 의하여 보존자원을 지정한 경우에는 이를 지체 없이 고시하여야 한다.
③ 도지사는 보존자원의 보호를 위하여 필요하다고 인정하는 경우에는 도조례가 정하는 바에 따라 이를 포획하는 행위나 벌채·채취·훼손행위를 금지할 수 있으며, 이를 신고하게 하거나 공개금지·이동금지·장애물의 제거 등을 명하거나 그 밖에 필요한 조치를 할 수 있다.
④ 도지사는 보존자원을 보호하기 위하여 필요하다고 인정하는 경우에는 그 관리 또는 보호 등에 필요한 경비를 부담하거나 보조할 수 있다.
⑤ 보존자원을 제주자치도 안에서 매매하거나 제주자치도 밖으로 반출하고자 하는 자는 도조례가 정하는 바에 의하여 도지사의 허가를 받아야 한다.
⑥ 도지사는 제3항의 규정에 의한 처분으로 인하여 손실을 입은 자에 대해서는 그 손실을 보상하여야 한다.

<제주특별자치도 자연환경관리 조례>
제26조(보존자원의 반출허가기준) 법 제296조 제5항의 규정에 의한 보존자원의 제주도 지역 외 반출허가기준은 다음 각 호의 어느 하나와 같다.
1. 보존자원의 전시 등 향토문화의 교류를 목적으로 반출하는 경우
2. 실험용이나 연구용으로 반출하고자 하는 경우로서 도지사가 인정하는 경우
3. 그 밖에 도민의 이익에 부합되는 경우로서 도지사가 인정하는 경우 세부적인 사항은 규칙으로 정한다.

<제주특별자치도 자연환경관리 조례 시행규칙>
제3조(보존자원 관리) ① 제주특별자치도지사(이하 "도지사"라 한다)의 허가를 받지 아니하고 제주특별자치도 밖으로 반출할 수 있는 경우는 다음 각 호와 같다
1. 완제품의 공예품으로서 수량을 확인할 수 있는 경우
2. 화분, 좌대, 수반 등에 고정되도록 하여 식물이 활착되고 이끼 등이 형성되어 있으며, 운반 등의 과정에 훼손되지 아니하도록 포장 등을 하여 제품화된 최대 크기 50센티미터 이하 석부작인 경우
3. 그 밖에 개별법에 의하여 허가를 받은 경우

---

17. 「지하수법」 제7조 제1항 제1호의 "자연히 흘러나오는 지하수를 이용하는 경우"에도 제주특별자치도지사의 허가를 받아야 하는가?

「지하수법」 제7조에 따르면, 지하수를 개발·이용하고자 하는 자는 시장·군수의 허가를 받되, "자연히 흘러나오는 지하수 또는 다른 법률의 규정에 의한 허가·인가 등을 받거나 신고를 하고 시행하는 사업 등으로 인하여 부수적으로 발생하는 지하수를 이용하는

경우"(제1항 제1호)322) 등에는 시장·군수의 허가를 받지 아니하여도 되도록 하고 있다.

반면, 제주특별자치도법 제312조 제1항에 따르면, 지하수를 개발·이용하고자 하는 자는 「지하수법」 제7조·제7조의2·제7조의3·제8조 및 「먹는물관리법」 제9조·제10조·제12조에도 불구하고 도지사의 허가를 받아야 하되, 「지하수법」 제8조 제1항 제3호의 경우에는 도지사에게 신고하도록 하고 있다.

따라서 "자연히 흘러나오는 지하수를 이용하는 경우"에는 도지사의 허가를 받아야 하는지 아니면 허가를 받지 아니하고 이용할 수 있는지 여부가 논란이 된다.

결국, 이것은 제주특별자치도법 제312조 제1항의 "「지하수법」 제7조에 불구하고 도지사의 허가를 받도록 한 것"에 대한 해석문제로 볼 수 있다.

여기에는 다음과 같이 양설이 가능하다고 할 것이다.

먼저, 도지사의 허가가 필요 없다는 견해이다.

「지하수법」 제7조에서 시장·군수의 허가에 불구하고 도지사의 허가를 받도록 하는 의미로, 시장·군수의 허가대상인 행위에 대하여 도지사의 허가를 받도록 하려는 것이라는 견해이다. 만약, 「지하수법」 제7조 제1항 각 호의 행위(허가를 받지 아니하는 행위)까지도 도지사의 허가를 받도록 하는 경우, 첫째, 제주특별자치도법 제312조 제1항 단서에서 「지하수법」 제8조 제1항 제3호의 경우에는 도지사에게 신고하도록 하고 있는데, 「지하수법」 제8조 제1항 제3호는 원래 시장·군수에게 신고하던 것을 도지사의 신고로 하는 것으로 허가나 신고 없이 할 수 있었던 "자연히 흘러나오는 지하수를 이용하는 경우"에 허가를 받도록 하는 것은 이치에 맞지 아니하고, 둘째, 「지하수법」 제7조 제1항 제3호인 제13조 제1항 제1호에 따른 허가를 받은 경우에까지 다시 허가를 받도록 하는 것은 이중규제가 된다고 한다.

따라서 "자연히 흘러나오는 지하수를 이용하는 경우"에는 「지하수법」과 제주특별자치도법 모두에서 도지사의 허가 없이 가능하다고 한다.

다음으로, 도지사의 허가가 필요하다는 견해이다.

"「지하수법」 제7조에 불구하고"라고 하고 있으므로, 종전에 허가대상뿐만 아니라 허가대상이 아닌 행위 모두를 포함하여 지하수를 개발·이용하려는 자는 도지사의 허가를 받도록 하는 의미라는 견해이다. 만약, 「지하수법」 제7조 제1항 각 호의 행위(허가를 받지

---

322) 1997. 1. 13. 「지하수법」 개정으로 지하수 이용에 대하여 신고제에서 허가제가 되면서 "자연히 용출하는 지하수를 동력장치를 사용하지 아니하고 개발·이용하는 경우"에는 허가를 받지 않도록 하였으며, 2005. 5. 31. 「지하수법」 개정으로 현재와 같이 되었다.

아니하는 행위)를 제외하고 도지사의 허가를 받도록 하는 경우, 제주특별자치도법 제11조 제3항에 따라 개별법의 "시장·군수"는 당연히 "도지사"로 보게 되므로, 도지사의 허가를 받지 아니하여도 되는 것을 불필요한 규정이 된다고 한다.

따라서 "자연히 흘러나오는 지하수를 이용하는 경우"에도 제주특별자치도법 제312조 제1항에 따라 도지사의 허가를 받아야 한다고 한다.

지하수 개발·이용에 관한 특례가 처음으로 등장하는 것은 제주특별자치도법이 아닌 그 이전의 「제주도개발특별법」의 제정(1991. 12. 31.)부터로, 제25조에는 "도에서 지하수를 용출시킬 목적으로 토지를 굴착하거나 지하수를 이용하고자 하는 자는 대통령령이 정하는 바에 의하여 도지사의 허가를 받아야 한다."라고 하였다. 이는 그 당시 지하수이용에 관한 규정이 없어[323] 향후 제주도의 지하수 부족 및 수질보전상 예견되는 문제점을 해소하기 위하여 지하수를 굴착·이용할 경우 도지사의 허가를 받도록 제한하기 위한 취지로 만든 것이다.

한편, 「제주도개발특별법」에 「지하수법」이 관련되어 규정된 것은 「제주도개발특별법」의 개정(2000. 1. 28.)되면서 제26조 제1항에 "도에서 지하수를 개발·이용하고자 하는 자는 지하수법 제7조 및 제8조의 규정에 불구하고 이 법에 의하여 도지사의 허가를 받아야 한다. 다만, 동법 제8조 제1항 제3호의 경우에는 그러하지 아니하다."라고 한 것이다.

결국, 제주특별자치도법 제312조 제1항의 입법취지나 법해석론적으로 볼 때, 지하수를 개발·이용하려는 모든 자는 도지사의 허가를 받아야 하므로, "자연히 흘러나오는 지하수를 이용하는 경우"에도 도지사의 허가가 필요하다고 할 것이다.

다만, 제주특별자치도의 경우 지하수가 중요한 자산이라고 하더라도 실제로 「지하수법」 제7조 제1항 각 호의 경우에까지 제한하여야 하는지, 즉 일일이 모든 지하수의 개발·이용까지 도지사의 허가를 받도록 하는 것이 가능하고 바람직한 것인지에 대하여 검토가 필요하다 할 것이다.

더 나아가 제주특별자치도에서는 이러한 문제를 포함하여 지하수 문제를 어떤 목표하에 어떤 방법으로 끌어갈지에 대하여 다시 한 번 진지하게 검토할 필요가 있다 할 것이다.

---

323) 「지하수법」은 1993. 12. 10. 제정되어 1994. 6. 11.부터 시행되었다. 지하수 이용에 대해서는 제정 당시 신고제로 하다가 1997. 1. 13. 「지하수법」 개정으로 허가제가 되었다.

<제주특별자치도법>
제11조(제주자치도의 설치에 따른 법령 적용상의 특례) ③ 다른 법령에서 지방자치단체의 장, 도지사 또는 시장·군수를 인용하고 있는 경우에는 각각 제주특별자치도지사를 포함한 것으로 보아 당해 법령을 적용한다.
제312조(지하수개발·이용허가 등에 관한 특례) ① 지하수를 개발·이용하고자 하는 자는 「지하수법」 제7조·제7조의2·제7조의3·제8조 및 「먹는물관리법」 제9조·제10조·제12조에도 불구하고 도지사의 허가를 받아야 한다. 다만, 「지하수법」 제8조 제1항 제3호의 경우에는 도지사에게 신고하여야 한다.

<제주도개발특별법(1991. 12. 31.)>
제25조(지하수의 굴착·이용허가 등) ① 도에서 지하수를 용출시킬 목적으로 토지를 굴착하거나 지하수를 이용하고자 하는 자는 대통령령이 정하는 바에 의하여 도지사의 허가를 받아야 한다. 다만, 국가인 경우에는 사전에 도지사와 협의하여야 한다.

<제주도개발특별법(2000. 1. 28.)>
제26조(지하수개발·이용허가 등에 관한 특례) ① 도에서 지하수를 개발·이용하고자 하는 자는 지하수법 제7조 및 제8조의 규정에 불구하고 이 법에 의하여 도지사의 허가를 받아야 한다. 다만, 동법 제8조 제1항 제3호의 경우에는 그러하지 아니하다.

<제주국제자유도시특별법(2002. 1. 26.)>
제33조(지하수개발·이용허가 등에 관한 특례) ① 제주도에서 지하수를 개발·이용하고자 하는 자는 지하수법 제7조, 제7조의2, 제7조의3 및 제8조의 규정에 불구하고 이 법에 의하여 도지사의 허가를 받아야 한다. 다만, 동법 제8조 제1항 제3호의 경우에는 그러하지 아니하다.

<지하수법>
제7조(지하수개발·이용의 허가) ① 지하수를 개발·이용하려는 자는 대통령령으로 정하는 바에 따라 미리 시장·군수·구청장의 허가를 받아야 한다. 다만, 다음 각 호의 어느 하나에 해당하는 경우에는 그러하지 아니하다. <개정 2011.5.30>
1. 자연히 흘러나오는 지하수 또는 다른 법률에 따른 허가·인가 등을 받거나 신고를 하고 시행하는 사업 등으로 인하여 부수적으로 발생하는 지하수를 이용하는 경우
2. 동력장치를 사용하지 아니하고 가정용 우물 또는 공동우물을 개발·이용하는 경우
3. 제13조 제1항 제1호에 따른 허가를 받은 경우
제8조(지하수개발·이용의 신고) ① 다음 각 호의 1에 해당하는 경우에는 제7조의 규정에 불구하고 대통령령이 정하는 바에 따라 미리 시장·군수에게 신고하고 지하수를 개발·이용할 수 있다. <개정 1999.3.31, 2001.1.16, 2005.5.31, 2009.5.27>
1. 「국방·군사시설 사업에 관한 법률」 제2조의 규정에 의한 국방·군사시설사업에 의하여 설치된 시설에서 지하수를 개발·이용하는 경우
2. 「농어업·농어촌 및 식품산업 기본법」 제3조 제1호에 따른 농어업을 영위할 목적으로 대통령령으로 정하는 규모 이하로 지하수를 개발·이용하는 경우
3. 재해 기타 천재·지변으로 인하여 긴급히 지하수를 개발·이용할 필요가 있다고 시장·군수가 인정하는 경우
4. 전시 기타 비상사태의 발생에 대비하여 국가 또는 지방자치단체가 비상급수용으로 지하수를 개발·이용하는 경우
5. 제1호 내지 제4호 외의 경우로서 대통령령이 정하는 규모 이하로 지하수를 개발·이용하는 경우
제13조(지하수보전구역안에서의 행위제한) ① 지하수보전구역안에서 다음 각 호의 1에 해당하는 행위를 하고자 하는 자는 시장·군수의 허가를 받아야 한다. 다만, 관계 법률에 의하여 승인을 얻거나 허가를 받아 제2호의 시설을 설치한 경우에는 허가를 받은 것으로 본다. <개정 1999.3.31, 2001.1.16, 2005.3.31, 2005.5.31, 2006.9.27, 2007.5.17>
1. 제8조 제1항 제5호의 규정에 의하여 신고하도록 되어 있는 규모의 범위 안에서 대통령령이 정하는 규모 이상의 지하수를 개발·이용하는 행위
2. 다음 각 목의 1에 해당하는 물질을 배출·제조 또는 저장하는 시설로서 대통령령이 정하는 시설의 설치
가. 「수질 및 수생태계 보전에 관한 법률」 제2조 제8호의 규정에 의한 특정수질유해물질
나. 「폐기물관리법」 제2조 제1호의 규정에 의한 폐기물
다. 「하수도법」 제2조 제1호·제2호의 규정에 따른 오수·분뇨 및 「가축분뇨의 관리 및 이용에 관한 법률」 제2조 제2호의 규정에 따른 가축분뇨
라. 「유해화학물질 관리법」 제2조 제2호의 규정에 의한 유해화학물질
마. 「토양환경보전법」 제2조 제2호의 규정에 의한 토양오염물질
3. 지하수의 수위저하·수질오염 또는 지반침하 등 명백한 위험을 가져오는 행위로서 대통령령이 정하는 행위

18. 다른 법률에서 조문이 개정되었음에도 불구하고 제주특별자치도법의 해당 조문을 개정하지 아니한 경우 적용방법은?

제주특별자치도법 제324조에 따라 「여객자동차동운수사업법」 제6조 제2항의 국토해양부령을 도조례로 위임받았으나, 그 후 같은 법이 2007. 7. 13. 개정으로 제6조 제2항이 제3항으로 변경되었음에도 불구하고 같은 법 부칙에서 제주특별자치도법 제324조를 개정하지 아니하였더라도 「여객자동차운수사업법」 제6조 제3항[324]의 국토해양부령을 도조례로 정할 수 있는지 여부가 논란이 된다.

위와 같이 법령 조문을 개정하면서 이를 인용하고 있는 조문을 변경하였어야 함에도 이를 변경하지 않고 그대로 둔 것이 의도된 것이 아닌 법령 개정과정의 실수에서 비롯된 것임이 분명한 경우에는 아래의 대법원 판례와 법제처 유권해석과 같이 인용조문을 바로잡아 적용할 수 있으므로 「여객자동차운수사업법」 제6조 제3항의 국토해양부령을 도조례로 정할 수 있다 할 것이다.

대법원 2006. 2. 23. 선고 2005다60949 판결례

구 신협법과 현행 신협법 관련 규정들의 전체적인 체계 및 법률 제6957호의 개정 목적과 경위 등에 비추어 보면, 법률 개정과정에서 현행 신협법 제89조 제5항이 신설되고 종전의 제5항이 제6항으로 항이 바뀌었으므로 제7항에서 인용하는 제5항도 '제6항'으로 변경하였어야 할 것인데 이를 변경하지 않고 그대로 둔 것은 **법률 개정과정상의 실수에서 비롯된 것임이 분명**하므로, 현행 신협법 제89조 제7항이 인용하고 있는 '제5항'을 '제6항'으로 바로잡아 적용한다고 하더라도 이것이 법규정의 가능한 의미를 벗어나 법형성이나 법창조행위에 이른 것이라고는 할 수 없다.

법제처 2006. 5. 26. 회신 06-0097 해석례

「산지관리법 시행령」 별표 5 제4호 나목(6)의 규정에서는 준보전산지에서의 대체산림자원조성비 감면대상으로 "「임대주택법 시행령」 제9조 제1항 제2호의 규정에 의한 임대주택"을 규정하고 있는데, 임대주택법령의 개정으로 「임대주택법 시행령」 제9조 제1항 제2호의 내용이 「임대주택법」 제12조 제1항 제2호에 규정되고 같은 시행령 제9조 제1항 제2호에는 다른 내용이 규정된 경우 「산지관리법 시행령」에서는 당초 입법취지대로 종전의 감면대상(현행 「임대주택법」 제12조 제1항 제2호)에 대하여 대체산림자원조성비를 감면해 줄 수 있는지 여부에 대하여, 개정내용은 종전에 대통령령으로 정하도록 위임하였던 사항을 법률에 직접 명시하여 정리한 것에 불과하고, 단지 시행령 개정과정에서 다른 법령과의 관계를 명시하지 않은 명백한 실수로서 이와 같이 **법령 조문을 개정하면서 이를 인용하고 있는 조문을 변경하였어야 함에도 이를 변경하지 않고 그대로 둔 것이 법령 개정과정의 실수에서 비롯된 것임이 분명한 경우에는 인용조문을 바로잡아 적용한다**고 하더라도 법령해석의 잘못이 있다고 할 수 없고, 또한 「산지관리법 시행령」에서 대체산림자원조성비를 감면하는 취지가 국민임대주택의 건설을 촉진하기 위한 것임을 고려해 볼 때, 「임대주택법」 제12조 제1항 제2호로 조문위치가 변경되었더라도 종전의 감면대상에 대하여 대체산림자원조성비를 감면하여 주는 것이 입법목적에 부합한다고 할 것이다.

---

324) 제6조 제3항은 2008. 7. 14. 전부개정으로 제5조 제3항이 되었고, 2009. 5. 27. 개정으로 제5조 제5항이 되었다.

한편, 제3차 개정 제주특별자치도법(2011. 5. 23. 법률 제10701호로 개정된 것) 제324조 제2항에서 「여객자동차 운수사업법」 제5조 제5항의 국토해양부령을 도조례로 정할 수 있다고 하여 인용조항을 바로잡았다.

<여객자동차 운송사업법(2007. 7. 13. 이전)>
제6조(면허 등의 기준) ② 여객자동차운송사업의 등록기준이 되는 최저의 등록기준대수·보유차고면적·부대시설 기타 필요한 사항은 건설교통부령으로 정한다.

<여객자동차 운수사업법>(2007. 7. 13. 개정)
제6조(면허 등의 기준) ③ 여객자동차운송사업의 등록기준이 되는 최저의 등록기준대수·보유차고면적·부대시설 기타 필요한 사항은 국토해양부령으로 정한다.

<여객자동차 운수사업법>(2008. 7. 14. 전부개정)
제5조(면허 등의 기준) ① 여객자동차운송사업의 면허기준은 다음 각 호와 같다.
  1. 사업계획이 해당 노선이나 사업구역의 수송 수요와 수송력 공급에 적합할 것
  2. 최저 면허기준 대수(臺數), 보유 차고 면적, 부대시설, 그 밖에 국토해양부령으로 정하는 기준에 적합할 것
  3. 대통령령으로 정하는 여객자동차운송사업인 경우에는 운전 경력, 교통사고 유무, 거주지 등 국토해양부령으로 정하는 기준에 적합할 것
  ② 국토해양부장관은 제1항 제1호의 수송력 공급에 관한 산정기준(대통령령으로 정하는 여객자동차운송사업의 경우로 한정한다)을 정하여 시·도지사에게 통보할 수 있다.
  ③ 여객자동차운송사업의 등록기준이 되는 최저 등록기준 대수, 보유 차고 면적, 부대시설, 그 밖에 필요한 사항은 국토해양부령으로 정한다.

부칙
제7조(다른 법률의 개정) ①부터 ⑧까지 생략
  ⑨ 제주특별자치도 설치 및 국제자유도시 조성을 위한 특별법 일부를 다음과 같이 개정한다.
  제324조 제2항 중 "제3조 제1항·제3항, 제6조 제1항 제2호·제3호, 동조 제2항, 제9조 제2항·제3항, 제10조 제2항, 제11조 제1항·제2항·제3항 제4호·제4항, 제12조, 제15조 제1항 내지 제3항, 제17조 제1항, 제19조, 제21조, 제22조 제1항·제6항, 제27조 제1항, 제28조 제1항 제4호·제7호·제8호, 제30조, 제31조, 제32조 제1항, 제37조 제1항, 제39조 제1항·제2항, 제42조 제2항, 제45조 제1항, 제47조 제2항, 제75조(제3항을 제외한다) 및 제76조"를 "제4조 제1항·제3항, 제5조 제1항 제2호·제3호, 같은 조 제2항, 제8조 제2항·제3항, 제9조 제2항, 제10조 제1항·제2항·제3항 제4호·제4항, 제11조, 제14조 제1항부터 제3항까지, 제16조 제1항, 제17조, 제19조, 제21조 제1항·제3항, 제25조 제1항, 제26조 제1항 제4호·제7호·제8호, 제29조, 제30조, 제31조 제2항, 제36조 제1항, 제38조 제1항·제2항, 제41조 제2항, 제43조 제1항, 제45조 제2항, 제84조(제3항은 제외한다) 및 제85조"로 한다.

<여객자동차 운송사업법(2009. 5. 27.)>
제5조(면허 등의 기준) ① 여객자동차운송사업의 면허기준은 다음 각 호와 같다.
  1. 사업계획이 해당 노선이나 사업구역의 수송 수요와 수송력 공급에 적합할 것
  2. 최저 면허기준 대수(臺數), 보유 차고 면적, 부대시설, 그 밖에 국토해양부령으로 정하는 기준에 적합할 것
  3. 대통령령으로 정하는여객자동차운송사업인 경우에는 운전 경력, 교통사고 유무, 거주지 등 국토해양부령으로 정하는 기준에 적합할 것
  ② 국토해양부장관은 제1항 제1호의 수송력 공급에 관한 산정기준(대통령령으로 정하는여객자동차운송사업의 경우로 한정한다)을 정하여 시·도지사에게 통보할 수 있다.
  ③ 제2항에 따라 수송력 공급에 관한 산정기준을 통보받은 시·도지사는 5년마다 수송력 공급계획을 수립·공고하고, 이를 국토해양부장관에게 보고하여야 한다. <신설 2009.5.27>
  ④ 시·도지사는 수송 수요의 급격한 변화 등 국토해양부령으로 정하는 사유로 제3항의 수송력 공급계획을 변경할 필요가 있는 경우에는 국토해양부장관의 승인을 받아 이를 변경할 수 있다. <신설 2009.5.27>
  ⑤ 여객자동차운송사업의 등록기준이 되는 최저 등록기준 대수, 보유 차고 면적, 부대시설, 수송력 공급계획의 수립·공고, 그 밖에 필요한 사항은 국토해양부령으로 정한다. <개정 2009.5.27>

---

19. 도조례로 별도 지정한 금연구역과 식품접객업 시설기준 및 준수사항 위반자에게 과태료를 부과할 수 있는가?

제정 제주특별자치도법(2006. 2. 21. 법률 제7849호로 제정된 것) 제326조에 따르면, 도지사는 「국민건강증진법」제9조 제4항의 규정에 의한 금연구역 외에 도조례가 정하는 바에 따라 별도의 금연구역을 지정・운영할 수 있도록 하고, 제정 제주특별자치도법(2006. 2. 21. 법률 제7849호로 제정된 것) 제327조에 따르면, 「식품위생법」제21조 제1항(제3호의 식품접객업에 한한다) 및 제31조 제1항의 규정에서 보건복지부령이 정하도록 한 사항은 도조례로 정할 수 있도록 하고 있고, 이에 따라 제주특별자치도에서는 「제주특별자치도 건강거리 지정 및 운영에 관한 조례」와 「제주특별자치도 식품접객업 운영기준에 관한 조례」를 제정하였다.

즉, 「제주특별자치도 건강거리 지정 및 운영에 관한 조례」제6조 및 제8조에 따르면, 도지사가 지정하는 건강거리[325] 시설의 소유자 또는 관리자는 당해 시설을 금연구역과 흡연구역으로 구분하여 관리하여야 하고, 도지사가 지정하는 건강거리 시설의 소유자 또는 관리자는 당해 시설을 금연구역과 흡연구역으로 구분하여 관리하지 아니하는 경우 등

---

325) 「제주특별자치도 건강거리 지정 및 운영에 관한 조례」제2조에서는 "건강거리"를 제주특별자치도법 제326조의 규정에 의거 제주특별자치도지사 따로 정하는 금연구역과 금연거리를 말한다고 하고 있으나, 별도의 금연구역만 지정할 수 있으므로 이렇게 용어 정의하는 것은 바람직하지 아니하다.

에는 100만 원 이하의 과태료를 부과할 수 있도록 하는 한편, 「제주특별자치도 식품접객업 운영기준에 관한 조례」 제5조에 따르면, 도조례로 정한 식품접객업 시설기준 및 준수사항을 위반한 자에게 100만 원 이하의 과태료를 부과할 수 있도록 하고 있다.

그러나 이들 조례에서 해당 위반자에게 과태료를 부과할 수 있는지 여부가 논란이 될 수 있다.

먼저, 「제주특별자치도 건강거리 지정 및 운영에 관한 조례」 제8조에 대하여 살펴보면,

첫째, 「지방자치법」 제27조 제1항에 따르면, 지방자치단체는 조례로써 조례위반행위에 대하여 1천만 원 이하의 과태료를 정할 수 있도록 하고 있는데, 이를 개별법령의 위임이 없더라도 조례위반사항에 대하여 과태료를 부과할 수 있다고 해석하는 경우에는 법률유보원칙을 확인하고 있는 「지방자치법」 제22조 단서의 규정과 상충되게 된다. 따라서 조례에서 과태료를 규정하기 위해서는 우선 의무위반이 있어야 하는데, 이러한 의무규정은 「지방자치법」 제22조 단서에 따라 법률의 위임이 필요하고, 또한 의무부과에 대하여 법률의 위임이 있더라도 조례로는 「지방자치법」 제27조에 따라 1천만 원 이하의 과태료를 부과할 수 있지 징역 등 형벌을 정할 수는 없다 할 것이다.

그러나 제주특별자치도법 어디에도 추가적으로 금연구역 지정권만 부여(제주특별자치도법 제326조)하였지 과태료 부과권을 위임한 조항은 없고, 또한, 제주특별자치도법 제326조는 추가적으로 금연구역 지정권을 부여한 것이지, 도조례로 금연구역에서는 어떻게 하여야 한다는 의무를 부과한 것은 아니라 할 것이다.

물론, 금연구역의 지정·운영에서 "운영"이라는 표현이 있어 "의무부과"를 할 수 있는 것으로 볼 수도 있으나, 이는 동 조 제목에서 "지정"으로만 되어 있고, 이것이 의무부과까지 위임되었다고 보기는 어려우며, 설사 「국민건강증진법」과는 상관없이 도조례로 의무부과를 할 수 있다면 조례의 제정권자인 지방의회는 선거를 통해서 그 지역적인 민주적 정당성을 지니고 있는 주민의 대표기관이고 헌법이 지방자치단체에 포괄적인 자치권을 보장하고 있는 취지로 볼 때, 조례에 대한 법률의 위임은 법규명령에 대한 법률의 위임과 같이 반드시 구체적으로 범위를 정하여 할 필요가 없으며 포괄적인 것으로 족하다[326] 할지라도 의무부과까지 아무런 제한 없이 할 수 있도록 하는 것은 문제가 있다 할 것이므로 의무부과까지 하려면 좀 더 명확히 규정하여야 할 것이다.

---

326) 헌법재판소 1995. 4. 20. 92헌마264, 279(병합).

둘째, 「국민건강증진법」 제34조 제1항 제2호에 따르면, 같은 법 제9조 제4항을 위반하여 공중이 이용하는 시설의 전체를 금연구역으로 지정하지 아니하거나 당해 시설을 금연구역과 흡연구역을 구분하여 지정하지 아니한 자는 300만 원 이하의 과태료에 처하도록 하고 있는 반면, 제주특별자치도지사가 도조례에 따라 별도로 지정한 금연구역은 「제주특별자치도 건강거리 지정 및 운영에 관한 조례」 제8조에 따라 100만 원 이하의 과태료를 부과할 수 있도록 하고 있으므로 형평에 맞지 아니한다 할 것이다(금연구역이라 하더라도 「국민건강증진법」에 의하여 지정된 구역인지 도조례로 지정된 구역인지에 따라 벌칙이 다르다는 것은 쉽게 납득하기 어렵다).

따라서 제주특별자치도지사가 지정한 금연구역에 대하여 과태료를 부과하는 것은 「지방자치법」 제22조 및 제27조의 규정을 위반한 것이라고 판단된다.

그러면, 위반자에게 조례로 과태료를 부과하지 못하면, 어떻게 하여야 하는지 살펴보면, 이 조문의 입법취지가 "건강한 국제 관광지로서의 여건 조성과 도민 건강증진을 위하여 공원 산책로, 관광지 통로 등에 대해서도 금연구역으로 지정 가능하게 함"이라는 것으로 보아 별도의 금연구역만 지정하고, 이를 위반하면 「국민건강증진법」 제34조 제1항 제2호를 적용하여야 한다고 판단된다.

제2차 개정(2009. 3. 25. 법률 제9526호로 개정된 것) 시 과태료를 부과할 수 있느냐의 논란을 없애기 위해서 제주특별자치도법 제362조 제4항 제4호에 "제326조 제2항에 따른 도조례가 정하는 금연구역의 지정·운영에 관한 사항을 준수하지 아니한 자"에게 300만 원 이하의 과태료를 부과할 수 있도록 하였다.

다음으로, 「제주특별자치도 식품접객업 운영기준에 관한 조례」(2009. 12. 30. 개정 전) 제5조에 대하여 살펴보면,

첫째, 위에서 설명한 바와 같이 조례에서 과태료를 규정하기 위해서는 우선 의무위반이 있어야 하는데, 이러한 의무규정은 「지방자치법」 제22조 단서에 따라 법률의 위임이 필요하고, 또한 의무부과에 대하여 법률의 위임이 있더라도 조례로는 「지방자치법」 제27조에 따라 1천만 원 이하의 과태료를 부과할 수 있는데, 제정 제주특별자치도법(2006. 2. 21. 법률 제7849호로 제정된 것) 제327조에 따르면, 식품접객업자의 시설기준과 영업자 준수사항에 대하여 보건복지부령이 정하도록 한 사항을 도조례로 정할 수 있도록 되어 있어도 제정 제주특별자치도법(2006. 2. 21. 법률 제7849호로 제정된 것) 어디에도 이 조례위반에 대한 과태료 부과권을 위임하고 있지 아니하고, 제정 제주특별자치도법(2006. 2. 21.

법률 제7849호로 제정된 것) 제327조는 "보건복지부령이 정하도록 한 사항"을 "도조례"로 정하도록 하고 있으므로 "보건복지부령이 정하도록 한 사항"이 무엇인지가 관건인데, "식품접객업의 시설기준"이나 "영업자 준수사항"을 의미하지 식품접객업의 시설기준이나 준수사항을 "갖추어야 한다거나 지켜야 한다."는 의무부과를 하는 것까지는 포함되지 아니한 것이다[의무부과에 대해서는 「식품위생법」(2009. 2. 26. 개정 전) 제21조 및 제31조에서 규정하고 있다고 보아야 할 것이다].

둘째, 보건복지부령이 정하도록 한 사항을 도조례로 정하였다면, 보건복지부령은 없어지고 도조례만 남게 되어 「제주특별자치도 식품접객업 운영기준에 관한 조례」 처럼 보건복지부령과 도조례가 구분되는 것은 아니라 할 것이다[「제주특별자치도 식품접객업 운영기준에 관한 조례」(2009. 12. 30. 개정 전)처럼 되는 경우 도조례로 규정된 기준에 대한 위반만 처벌하고, 보건복지부령으로 규정된 기준에 대한 위반은 처벌이 불가능하게 된다].[327]

셋째, 「식품위생법」(2009. 2. 26. 개정 전) 제77조 제3호 및 제5호에 따르면, 식품접객업자가 시설기준을 위반하거나 영업자 준수사항을 지키지 아니하는 때에는 3년 이하의 징역 또는 3천만 원 이하의 벌금에 처하도록 하고 있는 반면, (조례 내용이 불투명하지만) 보건복지부령에 정한 것 외에 추가적으로 도조례로 정한 식품접객업 시설기준 및 준수사항을 위반한 자에게 100만 원 이하의 과태료를 부과할 수 있도록 하고 있으므로 형평에 맞지 아니하다 할 것이다.

따라서 제주특별자치도지사가 정한 식품접객업의 시설기준 및 준수사항 위반자에 대하여 과태료가 아닌 「식품위생법」(2009. 2. 26. 개정 전) 제77조 제3호 및 제5호를 적용하여야지 「제주특별자치도 식품접객업 운영기준에 관한 조례」(2009. 12. 30. 개정 전) 제5조에 따라 과태료를 부과하도록 하는 것은 잘못이라고 판단된다.[328]

---

327) 제주특별자치도법 제6조(다른 법률과의 관계 등) 제2항에 따르면, "이 법에 의하여 중앙행정기관의 장 등의 권한을 제주특별자치도지사의 권한으로 한 경우(이양되는 권한과 관련된 의무·원칙·기준 및 절차 등을 포함한다. 이하 같다) 제주특별자치도지사의 권한은 해당 법령에 규정된 중앙행정기관의 장 등의 권한으로 보아 해당법령을 적용한다."라고 하고 있다.

328) 「식품위생법」 2009. 2. 26. 전부개정 등으로 조문이 변경되었으나, 기본적인 내용은 변경되지 아니하였다.

<제주특별자치도법(2006. 2. 21)>

제326조(금연구역 지정) 도지사는 「국민건강증진법」 제9조 제4항의 규정에 의한 금연구역 외에 도조례가 정하는 바에 따라 별도의 금연구역을 지정·운영할 수 있다.

제327조(식품접객영업자에 대한 특례) 「식품위생법」 제21조 제1항(제3호의 식품접객업에 한한다) 및 제31조 제1항의 규정에서 보건복지부령이 정하도록 한 사항은 도조례로 정할 수 있다.

<국민건강증진법>

제9조(금연을 위한 조치) ④ 보건복지부령이 정하는 공중이 이용하는 시설의 소유자·점유자 또는 관리자는 당해 시설의 전체를 금연구역으로 지정하거나 당해 시설을 금연구역과 흡연구역으로 구분하여 지정하여야 한다. 이 경우 흡연구역을 지정하는 시설의 소유자·점유자 또는 관리자는 당해 흡연구역에 환기시설 및 칸막이를 설치하는 등 보건복지부령이 정하는 시설기준을 준수하여야 한다. <개정 1997.12.13, 2002.1.19, 2008.2.29, 2010.1.18>

제34조(과태료) ① 다음 각 호의 1에 해당하는 자는 300만 원 이하의 과태료에 처한다. <개정 1999.2.8, 2002.1.19>
  2. 제9조 제4항의 전단의 규정에 위반하여 공중이 이용하는 시설의 전체를 금연구역으로 지정하지 아니하거나 당해 시설을 금연구역과 흡연구역을 구분하여 지정하지 아니한 자

<식품위생법(2009. 2. 26. 개정 전)>

제21조(시설기준) ① 다음의 영업을 하고자 하는 자는 보건복지부령이 정하는 시설기준에 적합한 시설을 갖추어야 한다.
  1. 식품 또는 식품첨가물의 제조업·가공업·운반업·판매업 및 보존업
  2. 기구 또는 용기·포장의 제조업
  3. 식품접객업

제31조(영업자 등의 준수사항) ① 식품접객영업자 등 대통령령이 정하는 영업자 및 그 종업원은 영업의 위생적 관리 및 질서유지와 국민보건위생의 증진을 위하여 보건복지부령이 정하는 사항을 지켜야 한다.
  ② 식품접객영업자는 「청소년보호법」 제2조의 규정에 의한 청소년(이하 이 항에서 "청소년"이라 한다)에 대하여 다음 각 호의 행위를 하여서는 아니 된다.
  1. 청소년을 유흥접객원으로 고용하여 유흥행위를 하게 하는 행위
  2. 청소년보호법 제2조 제5호 가목(1)의 규정에 의한 청소년 출입·고용금지업소 또는 동 호 나목(1)의 규정에 의한 청소년고용금지업소에 청소년을 고용하는 행위
  3. 청소년보호법 제2조 제5호 가목(1)의 규정에 의한 청소년출입·고용금지업소에 청소년을 출입하게 하는 행위
  4. 청소년에게 주류를 제공하는 행위

제77조(벌칙) 다음 각 호의 1에 해당하는 자는 3년 이하의 징역 또는 3천만 원 이하의 벌금에 처한다.
  3. 제21조(제69조에서 준용하는 경우를 포함한다)의 규정에 의한 시설기준 또는 제22조 제3항의 규정에 의한 조건에 위반한 영업자
  5. 제29조 제1항 또는 제31조 제1항의 규정에 의한 영업자가 지켜야 할 사항을 지키지 아니한 자

<제주특별자치도 건강거리 지정 및 운영에 관한 조례>

제6조(건강거리 조성을 위한 조치) ① 법 제326조의 규정에 의하여 도지사가 지정하는 건강거리 시설의 소유자 또는 관리자는 당해 시설을 금연구역과 흡연구역으로 구분하여 관리하여야 한다. 이 경우 그 건강거리의 소유자 또는 관리자는 당해 구역 내에 금연구역과 흡연구역임을 알리는 표시를 하여야 한다.
  ② 흡연구역을 지정 관리하는 시설의 소유자 또는 관리자는 당해 흡연구역에 다음 각 호의 시설기준을 준수하여야 한다.
  1. 흡연구역은 시설의 규모나 특성을 고려하여 그 면적과 장소를 지정하되 구분된 공간으로 하여야 한다. 이 경우 공동으로 이용하는 시설인 사무실, 화장실, 복도, 계단, 시설 내 편의시설 등을 흡연구역으로 지정하여서는 아니 된다.
  2. 흡연구역에는 환풍기 등 환기시설과 흡연자의 편의를 위한 시설을 설치하여야 한다. 다만 자연환기가 가능한 경우에는 환기시설을 설치하지 아니할 수 있다.

제8조(과태료) ① 다음 각 호 어느 하나에 해당하는 자에 대해서는 100만 원 이하의 과태료에 처한다.
  1. 제6조 제1항 및 제2항의 규정에 위반한 자
  2. 제7조의 규정에 의하여 설치된 표지판 및 안내판을 훼손한 자

<제주특별자치도 식품접객업 운영기준에 관한 조례(2009. 12. 30. 개정 전)>

제3조(시설기준) 제주자치도 내에서 식품접객영업을 하고자 하는 자는 「식품위생법」 제21조 제1항의 규정에 의한 시설기준 이외에 별표 1의 시설을 추가로 갖추어야 한다.

제4조(영업자 등의 준수사항) 제주자치도 내 식품접객영업자 및 종업원은 영업의 위생적 관리 및 질서유지와 제주도민은 물론 관광객의 보건위생 증진을 위하여 「식품위생법」 제31조 제1항의 규정에 의한 영업자 등의 준수사항 이외에 별표 2의 준수사항을 지켜야 한다.

제5조(과태료) ① 다음 각 호 어느 하나에 해당하는 자에 대해서는 100만 원 이하의 과태료에 처한다.

　1. 제3조의 규정에 위반한 자

　2. 제4조의 규정에 위반한 자

VIII. 기 타

1. 제주특별자치도법상 벌칙과 관련된 문제는 무엇인가?

제주특별자치도법상에는 많은 의무부과가 있고, 또한 실효성 확보를 위하여 많은 벌칙이 규정되어 있다. 이러한 벌칙과 관련된 문제점은 다음과 같다.

첫째는, 다른 시·도와의 형평성 문제가 발생할 수 있다는 점이다. 제주특별자치도법과 개별법의 유사한 위반행위에 대하여 벌칙 부과 시 대부분 같으나, 차이가 있는 것도 있어 과연 제주특별자치도와 다른 시·도의 지역적 차이를 두어야 할 것인지 여부에 논란이 발생할 우려가 있다.

물론, 유사한 위반행위에 대하여 제주특별자치법과 개별법의 벌칙이 다른 것은 제주특별자치도법과 개별법 제정·개정 시기, 제주특별자치도의 환경에 대한 강화 정책, 행위 등의 범위 차이 등에 따른 것이라고 할 수 있다.

그러나 특별한 이유 없이 제주특별자치도와 다른 시·도가 다른 것은 납득하기 곤란하다 할 것이다.

예를 들면, 지하수 개발·이용허가 위반의 경우에는 제주특별자치도법 제358조 제2항 제4호에 따르면, 2년 이하의 징역 또는 2천만 원 이하의 벌금에 처하도록 되어 있는 데 반하여 「지하수법」 제37조 제1호에 따르면, 3년 이하의 징역 또는 2천만 원 이하의 벌금에 처하도록 되어 있고, 유통조절명령 위반의 경우에는 제주특별자치도법 제362조 제3항 제2호에 따르면, 5백만 원 이하의 과태료인 데 반하여 「농수산물유통 및 가격안정에 관한 법률」 제90조 제1항에 따르면, 1천만 원 이하의 과태료를 부과하도록 되어 있다.

둘째는, 대통령령 등의 기준 등을 도조례로 정한 경우 도조례에서 벌칙(과태료)을 규정하고 있다는 점이다. 대통령령이나 총리령·부령의 기준, 준수사항 등을 제주특별자치도법에서 도조례로 정할 수 있도록 한 경우에는 과태료를 정할 수 없다 할 것이다.

예를 들면, 제주특별자치도법 제327조에 따르면, 식품접객업자의 시설기준과 영업자 준수사항에 대하여 보건복지부령이 정하도록 한 사항을 도조례로 정할 수 있도록 되어 있어 「제주특별자치도 식품접객업 운영기준에 관한 조례」 제3조에서 시설기준을 정하고, 제5조에서 이를 위반한 자에 대하여 1천만 원 이하의 과태료를 부과하도록 하고 있는데 이는 잘못이라 할 것이다.

비슷한 예인지는 몰라도 제주특별자치도법 제338조에 따르면, 「영유아보육법」 제15조 (보육시설 설치기준)에서 보건복지부령으로 정하는 설치기준을 도조례로 정할 수 있도록 하고 있는데, 도조례로 설치기준을 정하였다면, 도조례에서 과태료를 부과할 수 있는 것 과는 달리, 보육시설 설치기준을 위반한 자에 대해서는 「영유아보육법」 제44조에서의 시정 및 변경 명령을 도조례에서 별도로 정하지 아니하고 있다. 그러나 도조례로 정하지 아니하면 시정 및 변경 명령을 내릴 수 없는 것은 아니고, 「영유아보육법」 제44조를 근거로 시정 및 변경 명령을 내릴 수 있는 것이다.

한편, 보건복지부령이 정할 수 있도록 한 사항을 도조례로 정하였다면, 보건복지부령이 도조례로 대체되는 것이고, 따라서 식품접객업자가 시설기준을 위반하는 때에는 「제주특별자치도 식품접객업 운영기준에 관한 조례」 제5조에 따라 100만 원 이하의 과태료를 부과(실제 도조례에 과태료를 정할 수도 없음)하여야 하는 것은 아니라, 「식품위생법」 제97조에 따라 3년 이하의 징역 또는 3천만 원 이하의 벌금에 처하도록 하여야 할 것이다.

셋째는, 벌칙이 없는 조항이 있어 실효성 확보가 곤란한 경우가 발생할 수 있다는 점이다.

예를 들면, 제주특별자치도법 제174조 제1항 후단의 휴양펜션업 변경등록, 제207조의 제주흑우 반출제한, 제295조 제3항의 관리보전지역 안에서 도조례가 정하는 방류수 수질 수준 이하가 되도록 처리시설 설치, 제312조 제1항의 지하수개발·이용 신고, 제325조 제3항의 차고지변경 신고 등의 경우에는 벌칙이 없어 실효성 확보가 곤란한 경우가 발생할 우려가 있다 할 것이다.

이러한 벌칙과 관련 문제점을 개선하는 방안으로는, 첫째는, 다른 시·도와 특별히 다르게 벌칙을 부과하여야 하는 것(예컨대 환경분야 등)을 제외하고는 원칙적으로 다른 시·도와 같이 벌칙을 일치시키는 것이 바람직하다 할 것이다.

둘째는, 대통령령이나 총리령·부령의 기준, 준수사항 등을 제주특별자치도법에서 도조례로 정할 수 있도록 한 경우에는 벌칙(과태료)을 도조례로 정하지 않고 개별법의 벌칙에 따라 처벌하도록 하여야 할 것이다.

셋째는, 벌칙이 없는 조항에 대하여 벌칙이 필요한지 여부 등을 검토하여 실효성 확보를 위하여 불가피하다면 벌칙 조항을 신설하여야 할 것이다.

2. 도조례 제정 시 중앙정부와의 사전협의 및 승인은 문제가 없는가?

개별법에서 조례에 위임할 때 일반적으로 사용하는 방식은 ① 아무런 조건 없이 조례로 정하도록 하든지, ② 대통령령 등의 범위 안에서 조례로 정하도록 하든지, ③ 중앙행정기관 등과 협의를 거치거나 승인(동의)을 얻은 후 조례로 정하도록 하는 것 등이 있다.

제주특별자치도법상 개별법의 대통령령이나 총리령・부령에 규정된 사항에 대하여 도조례로 정하도록 하거나 정할 수 있도록 하고 있어, 다른 법률보다 월등히 많이 도조례로 위임하고 있는 것이 중요한 특징의 하나라고 할 수 있다.

현재 제주특별자치도법에서 도조례로 위임하는 방식은 다음과 같다.

1) 아무런 조건 없이 도조례로 정하도록 하든지 정할 수 있도록 한 규정

제14조(자치조직권에 관한 특례) ① 「지방자치법」 제82조 제3항 및 제83조 제2항(「지방공무원법」 제2조 제2항 제1호의 일반직공무원을 제외한다), 제101조 제1항・제2항 단서(정수에 한하다) 및 제6항, 제102조 제1항・제2항(직급기준을 제외한다), 제104조 내지 제106조의 규정에 불구하고 제주자치도의 의회사무처에 두는 사무직원의 임용 및 절차, 부지사의 정수 및 사무분장에 관한 사항, 행정기구의 설치・운영기준, 지방공무원의 정원기준, 직속기관・사업소・출장소의 설치요건 및 하부 행정기구의 설치 등에 관하여 필요한 사항은 도조례로 정할 수 있다.
제22조(주민자치센터의 설치・운영) ③ 그 밖에 주민자치센터의 설치・운영과 주민자치위원회의 구성・운영 등에 관하여 필요한 사항은 도조례로 정한다.
제23조(주민투표에 관한 특례) ① 도지사는 「주민투표법」 제7조 제2항 제3호의 규정에 불구하고 도조례가 정하는 예산 이상이 소요되는 대규모 투자사업에 대해서는 주민투표에 부칠 수 있다.
 ② 「주민투표법」 제9조 제2항의 규정에 불구하고 주민투표청구권자 총수의 50분의 1 이상 5분의 1 이하의 범위 안에서 도조례로 정하는 수 이상의 서명으로 주민투표의 실시를 청구할 수 있다.

2) 대통령령 등의 범위 안에서 도조례로 정하도록 한 규정

제21조(행정시의 행정기구) 행정시에 소관 행정사무를 분장하기 위하여 필요한 행정기구를 도조례가 정하는 바에 따라 두되, 직급은 대통령령이 정하는 기준에 따라 도조례로 정한다.
제41조(도의회의원의 정수에 관한 특례) ① 도의회의원의 정수(제80조의 규정에 의한 교육의원 5인을 포함한다)는 「공직선거법」 제22조 제1항・제3항 및 제4항의 규정에 불구하고 41인 이내에서 제43조의 규정에 의한 도의회의원선거구획정위원회가 정하는 바에 따라 도조례로 정한다.
제55조(적격심사제) ⑥ 제1항 내지 제5항의 규정에 의한 적격심사의 구체적인 기준과 절차, 적격심사대상 직급별 또는 직위별 자질과 능력의 설정 및 평가 등에 관한 사항은 도인사위원회의 심의・의결을 거쳐 도조례로 정한다.

3) 중앙행정기관 등의 의견을 들은 후 도조례로 정하도록 한 규정

제114조(치안행정위원회의 구성) ⑦ 그 밖에 치안행정위원회의 구성·운영 등에 관하여 필요한 사항은 도조례로 정한다. 이 경우 제주자치도지방경찰청장의 의견을 들어야 한다.

4) 중앙행정기관 등과 협의를 거친 후 도조례로 정하도록 한 규정

제182조(외국교육기관 설립·운영에 관한 특례) ④ 외국교육기관의 설립기준, 설립승인 절차 및 그 밖에 설립에 필요한 사항은 도조례로 정한다. 다만, 외국대학의 설립기준에 관하여 도조례로 정할 때에는 미리 교육과학기술부장관과 협의하여야 한다.

제198조(의료인의 의료기관 비전속 진료허용에 관한 특례) ① 「의료법」 제30조 제1항의 규정에 불구하고 의료인은 의료기관을 개설하지 아니한 경우에도 제주자치도 내의 의료기관에서 의료행위를 할 수 있으며, 특정 의료기관에 소속한 경우에도 제주자치도 내의 다른 의료기관에서 의료행위를 할 수 있다. 다만, 제195조의 규정에 의하여 의료기관에 종사하는 외국의 의사·치과의사 면허소지자를 제외한다.

   ② 제1항의 규정에 의한 의료행위의 범위 등에 관하여 필요한 사항은 보건복지부장관과 협의를 거쳐 도조례로 정한다.

제207조(제주흑우의 보호·육성) ① 도지사는 제주흑우의 혈통을 보존하기 위한 시험·연구와 보호·육성 등에 관하여 필요한 조치를 할 수 있다.

   ② 제1항의 규정에 의한 제주흑우의 사육실태조사, 그 유전자원의 수집·보존·관리 및 반출의 제한 등에 관하여 필요한 사항은 도지사가 「축산법」 제5조 제3항의 규정에 의한 가축개량총괄기관의 장과의 협의를 거쳐 도조례로 정한다.

제325조의2(화물자동차 운수사업에 관한 특례) ③ 「화물자동차 운수사업법」 제3조 제7항에서 대통령령으로 정하도록 한 사항은 국토해양부장관과 협의를 거쳐 도조례로 정할 수 있다.

5) 중앙행정기관 등의 승인을 얻은 후 도조례로 정하도록 한 규정

제192조(의료기관 개설 등에 관한 특례) ① 「의료법」 제33조 제2항의 규정에 불구하고 외국인(「외국인투자촉진법」 제2조 제1항 제1호의 규정에 의한 외국인을 말한다. 이하 같다)이 설립한 법인은 도지사의 허가를 받아 제주자치도에 의료기관(이하 "외국의료기관"이라 한다)을 개설할 수 있다. 이 경우 의료기관의 종별은 「의료법」 제3조 제2항 제3호에 따른 종합병원·병원·치과병원·요양병원으로 한다. <개정 2007.4.11, 2009.1.30, 2009.3.25>

   ② 제1항의 규정에 의한 법인의 종류와 그 요건, 외국의료기관 개설요건에 관하여 필요한 사항은 도조례로 정한다. <개정 2009.3.25>

   ③ 제1항의 규정에 의하여 의료기관의 개설을 허가하고자 하거나 제2항의 규정에 의하여 도조례를 정하고자 하는 때에는 미리 보건의료정책심의위원회의 심의를 거쳐야 한다. 이 경우 도지사는 그 심의를 거치기 전에 보건복지부장관의 승인을 얻어야 한다.

   ☞ 정부안에서는 직접 조례로 정하도록 한 것을 국회 행자위에서 보건복지부 의견을 반영하여 '보건복지부장관의 승인' 조항을 추가함.

제206조(가축·수산물 및 식물의 도 외 반출입 방역) ① 도지사는 청정환경 유지를 위하여 유해 동·식물 또는 병해충의 예찰과 방제, 발생실태조사 등 필요한 시책을 강구하여야 한다.

   ② 도지사는 제주자치도의 청정지역 유지를 위하여 필요하다고 인정하는 경우에는 제주자치도 내외로 반출 또는 반입되는 가축·수산물 및 식물에 대하여 검사, 주사, 격리, 억류, 반출·반입 금지 등 필요한 조치를 할 수 있다.

   ③ 제2항의 규정에 의한 반출·반입 금지대상, 방역을 받아야 할 대상·방법·절차·필요한 조치 등에 관하여 필요한 사항은 농림수산식품부장관의 승인을 얻어 도조례로 정한다.

6) 도조례 기준을 제시한 규정

제5조(제주특별자치도의 책무) ② 제주특별자치도는 이 법에 따라 조례로 정하도록 하거나 정할 수 있도록 한 사항에 대해서는 이 법의 취지에 맞게 제주특별자치도조례(이하 "도조례"라 한다)를 제정・개정하거나 폐지하는 조치를 하여 야 한다.
제350조(조례제정사항의 최소 기준) ② 제326조, 제327조, 제327조의2부터 제327조의4까지 및 제328조부터 제342조까 지의 규정에 따라 도조례로 정할 수 있도록 한 경우 그에 따른 각종 행정처분 등의 규제기준이 관계 법령에 따른 기준 보다 완화되거나 지원 수준이 낮게 되어서는 아니 된다.

위에서 보는 바와 같이 현재 개별법의 규정에 불구하고 제주특별자치도법에서 도조례 로 정할 수 있도록 하고 있는 경우가 많으나, 일부의 경우에는 도조례를 정할 때 중앙부 처 등과 협의를 거치거나, 승인을 얻도록 하고 있다.

이렇게 규정하게 된 이유는 중앙행정기관의 입장에서는 제주특별자치도의 사안이 전국 으로 확대되어 부정적으로 영향을 미치거나 공익적 측면에서 부정적인 영향을 미칠 우려 가 높은 사안 등에 대하여 제주특별자치도를 통제하거나 간섭할 수 있는 여지를 두어 중앙 행정기관의 의견을 반영하려는 의미[329]이고, 제주특별자치도의 입장에서는 중앙부처 등의 권한을 이양받기 위하여 어쩔 수 없이 이러한 조건을 수용하였기 때문이라 할 것이다.

그러나 중앙부처 등의 협의를 거치거나 승인을 얻은 후 도조례를 정하는 경우[330]에는 다음과 같은 문제가 발생할 소지가 많다.

첫째, 협의를 거치도록 한 경우에는 협의를 거치지 아니하거나 협의를 거쳤으나 협의 한 대로 도조례를 제정・개정하지 아니한 경우와 승인을 얻도록 한 경우에는 승인을 얻 지 아니하고 도조례를 제정・개정한 때에는 도조례의 효력 문제가 발생한다는 것이다.

그러나 협의를 거치도록 하거나 승인을 얻은 후 도조례를 제정・개정하도록 하는 경우 와는 달리 단지 중앙부처의 장 등의 의견을 들은 후 도조례를 제정・개정하도록 하는 경우 에는 의견을 듣지 아니하고 조례를 제정한 경우 효력 문제가 발생한다고는 할 수 없다.[331]

둘째, 제주특별자치도의 의견과 중앙부처 등의 의견이 상충될 때에는 제주특별자치도

---

329) 사전협의나 승인은 한편으로는 지방자치단체에 대한 중앙정부의 통제의 수단이고, 다른 한편으로는 사무수행을 보다 원활하게 하기 위 한 협력수단이기도 한데, 통제수단의 의미가 강하다는 의미이다.

330) 중앙부처의 징 등과의 협의를 거쳐 제정한 조례로는 「제주특별자치도 관광사업특례 등에 관한 조례」(2009. 10. 7. 「제주특별자치도 관 광진흥 조례」 부칙 제2조 제1호에 따라 폐지됨), 「제주특별자치도 유어장・어업허가・기르는 어업 등에 관한 조례」(이 조례는 제주특별 자치도법 제176조 제2항에 따라 해양수산부장관과 협의를 거쳐 제정되었으나, 2007. 8. 3. 제주특별자치도법 개정으로 협의 조항이 삭 제됨), 「제주특별자치도 제주흑우 보호 및 육성에 관한 조례」 등이 있고, 승인을 얻어 제정한 조례로는 「제주특별자치도 보건의료특례 등에 관한 조례」 등이 있다.

331) 대법원 2006. 3. 10. 선고 2004추119 판결 등 참조.

의 의견을 반영하기 어렵게 되고, 지방자치단체 집행기관을 제약하는 등 도조례 제정·개정에 많은 한계가 존재하게 된다.

셋째, 중앙행정기관과 협의하여 도조례를 정하는 경우 도의원이 의원발의하여 제정·개정하는 경우에도 도지사가 중앙해정기관과 협의하여야 하므로 의원입법도 결과적으로 제약을 받게 되는 문제가 있다<참고 3>.

넷째, 현행「지방자치법」제172조에 따라 지방의회가 제정·개정한 도조례에 대해서는 주무부장관이 지방자치단체의 장에게 재의를 요구할 수 있도록 하고 있으므로 중앙부처 장관의 사전승인 등을 규정하는 것은 이중적인 조치로서 지방자치의 본질적 내용에 대한 침해소지가 있다.

다섯째, 다른 지방자치단체에 비하여 많은 자율과 책임, 창의성과 다양성을 바탕으로 고도의 자치권이 보장되도록 하기 위하여 제주특별자치도가 설치된 것임에도 불구하고, 사전협의나 승인을 얻도록 하는 것은 제주특별자치도 설치 취지, 즉 제주특별자치도법 제정 취지와는 상반되는 문제가 있다.

여섯째, 사전협의나 승인을 얻도록 하는 것은 조례의 제정·개정 절차가 복잡해지고 제정·개정 기간이 많이 소요되는 문제가 있다.

결국, 도조례로 정하도록 위임하면서 도조례 제정·개정 전에 중앙행정기관 등의 사전협의나 승인을 얻도록 하는 것은 자율성을 중요시하는 지방자치의 본질에 맞지 아니하고, 특히 제주특별자치도의 경우 고도의 자치권을 갖고 있고, 외교, 국방, 사법 등 국가존립사무를 제외한 사무에 대하여 이양하기로 되어 있으므로, 중앙정부의 간섭이나 관여는 되도록 하지 아니하는 것이 바람직하다 할 것이다.[332]

따라서 제주특별자치도법 제12조에 따르면, 외교, 국방, 사법 등 국가존립사무를 제외한 사무에 대한 모든 권한을 제주특별자치도의 지역 여건, 역량 및 재정능력 등을 고려하여 단계적으로 이양하겠다는 목표를 정하고 있고, 제주특별자치도 설치에는 실질적인 지방분권을 보장하는 취지도 있으므로, 가능한 한 조례 제정·개정 시 중앙부처 등의 협의나 승인 없이 하도록 하여 제주특별자치도의 자율과 책임하에 다양한 실험을 할 수 있도록 할 필요가 있다.

---

[332] 제주특별자치도가 일부 특례조항에 대해 조례를 제정할 때 중앙부처 장관의 승인을 받고 있어 특별자치도 지정의 기본 취지가 퇴색되고 있고, 더구나 제주도가 특별자치도 출범 이후 중앙부처에 관련조례의 제정 자율권을 수차례 요구하고 있으나 받아들여지지 않고 있어 참여정부의 특별자치도 지원 의지가 크게 후퇴하고 있는 것 아니냐는 비판도 제기되고 있다(제주일보 2007. 3. 14.).

이를 위하여 제주특별자치도에서는 제주특별자치도법 개정 시나 새로운 법률을 제정·개정할 때 이를 설명하고 설득하여 이러한 조항이 들어가지 못하도록 노력하여야 할 것이고, 설사 중앙정부에서 제주특별자치도에 조언하고 지원하는 것이 필요하다고 하더라도 중앙부처 등의 협의를 거치거나 승인을 얻은 후 도조례를 정하는 것이 아니라 중앙부처의 장 등의 의견을 들은 후 도조례를 제정·개정하도록 하는 방향으로 나가야 할 것이다.

한편, 최근에는 이러한 점을 인식하여 중앙부처장관의 사전협의나 승인에 대하여 삭제하려는 움직임이 나타나고 있다는 것이다.

종전에는 제주특별자치도법 제176조 제2항에 따라 유어장의 지정기준, 유어행위 등에 관하여 필요한 사항은 해양수산부장관과 협의를 거쳐 도조례로 정하도록 하였으나, 제1차 개정 제주특별자치도법(2007. 8. 3. 법률 제8586호로 개정된 것)에서는 해양수산부장관과의 협의 없이 도조례로 정하도록 변경되었다.

또한, 2007. 6. 5. 강창일 의원 등 14인이 발의한 제주특별자치도법 일부개정안(2008. 5. 29. 임기만료로 폐기)에서는 현행 의료기관을 개설하거나 의료기관의 개설요건을 도조례로 정하고자 할 때 보건복지부장관의 승인을 받은 후 보건의료정책심의위원회의 심의를 거치도록 규정하고 있으나, 지방자치단체 의결기관인 지방의회의 고유기능과 자치입법권을 침해하는 결과를 낳을 수 있는 등의 이유로 의료기관 개설을 하거나 개설요건 등 도조례로 정하고자 할 때 보건복지부장관의 승인절차를 삭제하려 하였다.

이에 대하여 주무부처인 보건복지부는 외국의료기관 개설 및 운영에 관한 사항은 국내 의료법에 대한 특례적 성격을 지니고 있고, 제주특별자치도의 조례 내용에 따라 국내 의료제도 전반에 미치는 영향이 클 우려가 있으므로 보건복지부와 사전 협의를 통한 승인절차가 필요하다고 하여 2007. 8. 3. 개정 제주특별자치도법에는 반영되지 아니하였다.

그러나 다른 한편에서는 이러한 움직임과는 반대로 중앙부처장관의 사전협의나 승인을 추가하는 경향이 있는 것도 또한 사실이다. 즉, 제1차 개정 제주특별자치도법(2007. 8. 3. 법률 제8586호로 개정된 것)에서는 제243조의2 제2항[333], 제253조의2 제2항[334], 제299조 제5항, 제325조의3 제3항[335] 등에서 중앙부처장관과 협의하여 도조례로 정하도록 하고 있다.

---

[333] 법규정 완화를 허용할 경우 건축물 안전·피난 등 국민 안전에 영향 초래 우려가 있으므로, 사전 건설교통부장관 협의조건으로 이양하였다고 한다(제주특별자치도, 제주특별자치 2단계 제도개선 확정내용, 2007. 7, 76쪽).

[334] 국민의 재산에 직접적인 영향을 초래할 수 있는 사항은 국민재산권 보호를 위해 건설교통부장관 협의조건으로 이양하였다고 한다(제주특별자치도, 제주특별자치도 2단계 제도개선 확정내용, 2007. 7, 82쪽).

[335] 국민의 권리제한 부분이 도조례에 포함되지 않도록 조례 제정 전 건설교통부장관 협의조건으로 이양하였다고 한다(제주특별자치도, 제주특별자치도 2단계 제도개선 확정내용, 2007. 7, 110쪽).

<대법원 2006. 3. 10. 선고 2004추119 판결(조례안재의결무효확인소송)>

[1] 문화재보호법 시행규칙 제18조의2 제2항 제2호 (다)목의 규정의 취지는 국가지정문화재의 보존에 영향을 미치는 행위에 대해서는 어디까지나 문화재청장이 그 허가권을 가지되 국가지정문화재의 보존에 관한 사항이 지역적으로 일률적이라고는 할 수 없으므로 지역적 특성을 고려하여 그 지역의 특성에 정통한 시·도지사와 협의하여 문화재청장의 판단에 따라 지역적 차이를 둘 수 있는 여지를 부여하였다고 봄이 상당하고, 따라서 위 규칙에서 말하는 시·도지사와의 '협의'는 궁극적으로 문화재청장의 동의를 말한다.

[2] 문화재보호법의 입법목적과 문화재의 보존·관리 및 활용은 원형유지라는 문화재보호의 기본원칙 등에 비추어, 건설공사 시 문화재보존의 영향 검토에 관한 문화재보호법 제74조 제2항 및 같은 법 시행령 제43조의2 제1항에서 정한 '문화재청장과 협의'가 '문화재청장의 동의'를 말한다.

[3] 문화재청장이 반대의견을 명백히 한 이 사건에서 국가지정문화재 중 왕릉, 고분묘인 경우에는 건설공사의 시행이 문화재보존에 영향을 미치는지의 여부를 검토하여야 하는 지역에서 아예 제외할 수 있도록 하는 것을 내용으로 한 이 사건 개정조례안 제14조의2 제1항 단서는 문화재청장과 협의를 거치지 아니한 것으로서 문화재보호법 제74조 제2항 및 그 시행령 제43조의2 제1항에 위배되어 위법하다고 할 것이다.

<대법원 1996. 10. 15. 선고 95추56 판결 경기도의회사무처설치 조례중개정조례안재의결무효확인)>

[1] 구지방자치법(1995. 8. 4. 법률 제4959호로 개정되기 전의 것) 제103조는 법문의 체계상 지방자치단체의 집행기관, 그중에서도 보조기관의 항목에 규정되어 있으나, 그 제목을 '지방자치단체의 공무원'이라고 하고 있고, 그 내용도 지방자치단체에 두는 공무원에 관한 규정이며 그 제3항에서 지방공무원의 임용과 시험, 자격, 보수, 복무, 신분보장, 징계, 교육훈련 등에 관해서는 따로 법률로 정한다고 규정하고 있는 점, 같은 법 제103조 제1항에 근거한 구지방자치단체의행정기구와정원기준등에관한규정(1995. 5. 16. 대통령령 제15647호로 개정되기 전의 것) 제13조에서도 의회사무처를 그 대통령령이 정한 기준에 의한 정원의 관리기관의 하나로 규정하고 있는 점, 중앙정부가 대통령령을 통하여 지방공무원의 정원을 관리함으로써 그 규모의 적정화와 운영의 합리화를 도모하려는 취지에 있어서 지방의회와 집행기관 사이에 차등을 둘 하등의 합리적인 이유가 없다는 점 등에 비추어 보면, 같은 법 제103조의 규정은 그 규정체계에도 불구하고 지방공무원에 관한 일반적인 규정으로서, 지방공무원으로 보하도록 규정한 지방의회의 사무직원(같은 법 제82조 제3항)에 대해서도 같은 법 제103조의 규정은 그대로 적용된다.

[2] 구지방자치법 제83조 제1항, 제103조 제1항, 구지방자치단체의행정기구와정원기준등에관한규정 제13조 제2항, 제14조 제1항, 제2항, 제15조 제1항, 제3항, 제16조 내지 제19조, 제21조 제1항, 제2항의 각 규정 내용을 종합하여 보면, 같은 법 제103조 소정의 정원은 구지방자치단체의행정기구와정원기준등에관한규정 제14조 제1항, 구지방자치단체의행정기구와정원기준등에관한규정 시행규칙 제3조의 규정에 의하여 산정된 지방자치단체에 두는 지방공무원의 총 정원을 의미하는 것임에 반하여 그 총 정원의 범위 내에서 의회사무처를 제외한 기관에 두는 종류별 정원의 총수는 구지방자치단체의행정기구와정원기준등에관한규정 제21조 제1항의 규정에 의하여 제정된 당해 지방자치단체의 조례로, 의회사무처에 두는 종류별, 직급별 사무직원의 정수는 같은 법 제83조 제1항의 규정에 의하여 제정된 조례로 각 정하여진다.

[3] 지방자치단체에 두는 지방공무원의 총 정원을 늘리는 것을 내용으로 하는 조례는 구지방자치법 제103조 제1항, 구지방자치단체의행정기구와정원기준등에관한규정 제14조 제2항의 규정에 의하여 미리 내무부장관의 승인을 받아야 한다.

[4] 이 사건 조례안의 내용은 법 제103조, 시행령 제14조 제1항, 시행규칙 제3조의 규정에 의하여 산정된 총 정원의 범위 내에서 의회사무처의 직원정수만을 증원하는 것이 아니라, 지방자치단체에 두는 지방공무원의 총 정원을 결과적으로 늘리는 것을 내용으로 하는 것으로 보아야 할 것인바, 그렇다면 피고가 이 사건 조례안을 의결함에 있어서는 법 제103조 제1항, 시행령 제14조 제2항의 규정에 따라 미리 내무부장관의 승인을 받아야 할 것인데, 이와 같은 절차를 거치지 아니한 채 이 사건 개정 조례안을 재의결한 것은 법 제103조, 시행령 제14조 제2항의 규정에 위반된다고 할 것이다.

<대법원 2004. 4. 23. 선고 2002추26 판결(조례안재의결무효확인)>

지방의회가 새로운 재정 부담을 수반하는 조례를 의결하고자 할 때에는 지방자치단체의 장의 의견을 들어야 한다고 규정하고 있는 지방자치법 제123조는 지방재정의 계획적이고 건전한 운영을 확보하기 위한 것으로서, 그 규정 취지가 지방의회가 지방자치단체의 장의 의견에 반드시 따라야 한다는 것이 아님은 물론이고 지방자치단체의 장 역시 지방자치법 제19조 제3항에 따라 지방의회가 의결한 조례에 대하여 재의를 요구할 수 있는 점 등에 비추어 보면, 피고가 지방자치법 제123조에 위반하여 원고의 의견을 듣지 아니하고 새로운 재정 부담을 수반하는 조례를 제정하였거나 재의결을 하였다고 하더라도 이를 가지고 곧바로 무효라고 할 수는 없는 것이다.

「문화재보호법」 제90조 제2항(문화재청장과 협의를 하여야 하는 조례의 범위) 관련

안건번호 07-0370 **회신일자** 2007-11-21

1. 질의요지

「문화재보호법」 제90조 제2항에 따르면, 행정기관은 문화재의 외곽경계의 외부지역에서 시행하려는 건설공사로서 시·도지사가 문화재청장과 협의하여 조례로 정하는 지역 안의 건설공사에 대하여는 그 공사에 대한 인·허가 등을 하기 전에 해당 건설공사의 시행이 문화재 보존에 영향을 미치는지 여부를 검토하여야 하는바, 이 지역범위를 정하는 조례를 도의회 의원이 발의하여 제·개정하려는 경우에도 문화재청장과 협의를 거쳐야 하는지?

2. 회답

「문화재보호법」 제90조 제2항에 따라 건설공사가 문화재보존에 영향을 미치는지 여부를 검토받아야 하는 지역의 범위를 정하는 조례는 도의회의원이 발의한 조례 제·개정안의 경우에도 문화재청장과 협의를 하여야 합니다.

3. 이유

○ 「문화재보호법」 제90조 제2항에 따르면, 행정기관은 문화재의 외곽경계의 외부지역에서 시행하려는 건설공사로서 시·도지사가 문화재청장과 협의하여 조례로 정하는 지역안의 건설공사에 대하여는 그 공사에 대한 인·허가 등을 하기 전에 해당 건설공사의 시행이 문화재 보존에 영향을 미치는지 여부를 검토하여야 한다고 규정하고 있습니다.

○ 이 규정의 입법연혁을 살펴보면, (구)건축법(1999. 2. 8. 법률 제5895호로 개정되기 전의 것) 제8조 제3항, (구)건축법 시행령(1999. 4. 30. 대통령령 제16248호로 개정되기 전의 것) 제8조 제4항 제3호에서 「문화재보호법」에 따른 보물 등 국토해양부장관이 문화관광부장관과 협의하여 지정하는 보물 등의 보호구역의 경계로부터 100미터 이내의 지역에 건축하는 건축물에 대하여는 건축허가를 하기 전에 특별시장, 광역시장 또는 도지사의 승인을 얻도록 하는 이른바 사전승인제도를 두고 있었다가 이 제도를 폐지하면서(위 같은 법 시행령 제8조 제4항 제3호 삭제) 이에 따른 문제점을 보완하기 위하여 문화재보존 영향검토제도를 채택함에 따라 마련된 규정입니다.

○ 「문화재보호법」이 건설공사가 문화재보존에 영향을 미치는지 여부를 검토받아야 하는 지역의 범위를 조례로 정하도록 하면서도 조례 제·개정안에 대하여 문화재청장과 협의를 거치도록 한 취지는, 문화재는 한번 훼손되면 복구하기 힘든 특성이 있어 현상 보존과 훼손의 방지가 매우 중요하고, 문화재의 보존 및 관리를 통하여 민족문화를 계승하고 국민의 문화적 향상을 도모하여야 하는 것은 국가의 의무이기도 하기 때문에 사전에 문화재보존을 그 주된 임무로 하는 전문기관인 문화재청장에게 조례의 내용을 사전에 검토하게 하려는 것이므로, 「문화재보호법」 제90조 제2항에서 말하는 문화재청장의 협의는 궁극적으로 문화재청장의 동의를 말하는 것이며(대법원 2006. 3. 10. 선고 2004추119 판결 참조), 이는 조례에 대한 사전적 통제절차라고 보아야 합니다.

○ 조례에 대한 사후적 통제절차로서 「지방자치법」 제107조에 따라 지방자치단체의 장에게 위법한 조례에 대한 재의요구권과 제소권이 있다고 하더라도, 이 제도만으로는 위법한 조례로부터 문화재를 보호하기에는 불충분하다고 보아 조례에 대한 사전적 통제절차를 둔 것이므로, 조례에 대한 사후적 통제절차가 존재한다는 이유로 협의가 필요한 조례 제·개정안의 범위를 사실상 사후적 통제권이 사용되지 않는 시·도지사가 발의한 조례 제·개정안으로 축소하여 해석할 수는 없습니다.

○ 한편, 지방의회에서 의결할 의안은 지방자치단체의 장이나 재적의원 5분의 1 이상 또는 의원 10명 이상의 연서로 발의하며(「지방자치법」 제66조 제1항), 위원회도 그 직무에 속하는 사항에 관하여 의안을 제출(같은 조 제2항)할 수 있도록 하여 그 발의 주체를 다원화하고 있으나, 일단 발의된 의안에 대하여는 의결절차나 의결되고 공포된 후의 효력에 관하여 발의주체가 누구인가에 따라 어떠한 차이도 두고 있지 않습니다.

○ 결국 「문화재보호법」 제90조 제2항에서 "시·도지사가 문화재청장과 협의하여 조례로 정하는 지역"의 의미는 조례의 제·개정안에 대하여는 그 발의권자가 누구인가와 상관없이 문화재청장과의 협의를 거쳐야 하되, 그 협의의 주체를 지방자치단체의 대표로서 지방자치단체의 의사를 표명하고 그 사무를 통할하는 집행기관이며 조례의 공포권자이기도 한 시·도지사로 정한 것입니다.

○ 따라서 건설공사가 문화재보존에 영향을 미치는지 여부를 검토 받아야 하는 지역의 범위를 정하는 조례는 시·도지사가 발의한 조례의 경우뿐만 아니라 도의회의원이 발의한 조례 제·개정안의 경우에도 문화재청장과 협의를 하여야 합니다.

3. 현재 제주특별자치도조례가 제정되어 있지 않은 상태에서 종전의 제주시나 서귀포시조례를 그대로 적용할 수 있는가?

「제주도 행정체제 등에 관한 특별법」(2009. 3. 25. 제2차 개정 제주특별자치도법 부칙으로 폐지되기 전의 것) 부칙 제4조 제6항에 따르면, 이 법 시행 당시 폐지 시·군의 조례·규칙은 제주도의 새로운 조례·규칙이 제정·시행될 때까지 제주도의 조례·규칙으로 보되, 종전에 당해 조례·규칙이 적용되던 지역에 한하여 각각 적용한다고 하고 있다.

한편, 제정 제주특별자치도법(2006. 2. 21. 법률 제7849호로 제정된 것) 부칙 제13조 제3항에 따르면, 이 법 시행 전에 종전의 제주도의 조례·규칙은 이 법에 의한 제주자치도의 조례·규칙이 새로 제정·시행될 때까지 계속 적용할 수 있다고 하고 있다.

이 조항들을 둔 취지는 「제주도 행정체제 등에 관한 특별법」(2009. 3. 25. 제2차 개정 제주특별자치도법 부칙으로 폐지되기 전의 것) 제3조 제1항에 따라 종전의 시·군(제주시, 서귀포시, 북제주군, 남제주군)이 폐지되고 제주도로 통합되게 되므로,[336] 종전의 시·군의 조례는 별도의 폐지절차 없이 당연히 폐지되는데, 2006. 7. 1.까지도 제주특별자치도조례가 만들어지지 아니하였음(실제 만들 수도 없을 것임)에도 종전의 시·군 조례를 당연히 폐지시키면 문제가 발생할 수 있으므로, 이에 대한 경과조치를 둔 것이다.

따라서 일단은 제주특별자치도조례가 만들어지지 아니하는 한 제주시조례나 서귀포시조례는 그대로 적용할 수 있으나, 행정시(하부행정기관)인 현재 제주시 전역에 적용할 수 있는 것이 아니라, 종전의 북제주군을 제외한 종전의 제주시 지역에만 적용된다 할 것이다.

그러나 현재 대부분 제주특별자치도조례가 만들어져 있고, 위원회 같은 경우에는 위원 구성이 힘든 등 적용할 수 있는 조례는 많지 아니하다 할 것이다.

참고로, 현재 제주특별자치도에 적용되고 있는 조례는 다음과 같다.

---

336) 제주특별자치도법에 따라 종전의 제주도와 시·군이 폐지된 것으로 오해하는 경우가 있으나, 종전의 4개 시·군이 폐지된 것은 2009. 3. 25. 제2차 개정 제주특별자치도법 부칙으로 폐지되기 전의 「제주도 행정체제 등에 관한 특별법」에 따른 것이고, 제주도가 폐지된 것은 제주특별자치도법에 따른 것이다.

```
1. 제주특별자치도조례
    제주특별자치도 ○○ 조례
2. 종전의 제주도조례
    1] 특별법 부칙 제15조에 따른 조례
        제주특별자치도 ○○ 조례
    2] 출범전 시.군통합 제주도조례, 출범전 제주도조례
        제주도 ○○ 조례
    3] 종전의 제주도조례
        제주도 ○○ 조례
3. 종전의 시.군조례
    [제주도 행정체제 등에 관한 특별법 부칙 제4조제6항]
    제주시(서귀포시, 북제주군, 남제주군) ○○ 조례
```

<제주도 행정체제 등에 관한 특별법(2009. 3. 25. 제2차 개정 제주특별자치도법 부칙으로 폐지되기 전의 것)>
부칙
제4조(일반적 경과조치) ⑥ 이 법 시행 당시 폐지 시·군의 조례·규칙은 제주도의 새로운 조례·규칙이 제정·시행될 때까지 제주도의 조례·규칙으로 보되, 종전에 당해 조례·규칙이 적용되던 지역에 한하여 각각 적용한다.

<제주특별자치도법>
부칙 <제7849호, 2006. 2. 21.>
제13조(종전의 제주도 폐지에 따른 일반적 경과조치) ③ 이 법 시행 전에 종전의 제주도의 조례·규칙은 이 법에 의한 제주자치도의 조례·규칙이 새로 제정·시행될 때까지 계속 적용할 수 있다.

4. 종전의 제주도의회에서 2006. 7. 1.부터 시행될 「제주도○○조례」를 제정할 수 있는가?

종전의 제주도의회에서 2006. 7. 1.부터 시행될 「제주도○○조례」를 제정할 수 있는가에 대하여 논란이 있다.

일부에서는 「제주도 행정체제 등에 관한 특별법」(2009. 3. 25. 제2차 개정 제주특별자치도법 부칙으로 폐지되기 전의 것)은 기초자치단체인 시·군을 폐지하여 도 단일 광역자치단체로 개편하는 것이므로 도 단일 광역체제로의 개편과 관련된 조례는 2006. 7. 1. 이전에 제주도의회에서 제정 또는 개정할 수 있으나(시행일은 2006. 7. 1.), 제주특별자치도 명칭을 사용할 수 없고 제주도 명칭을 사용하여야 한다고 주장한다.

그러나 다음과 같은 이유로 종전의 제주도의회에서 2006. 7. 1.부터 시행될 「제주도○○조례」를 제정할 수 없다고 판단된다.

첫째, 제정 제주특별자치도법(2006. 2. 21. 법률 제7849호로 제정된 것) 부칙 제15조 제2항 및 제3항에서 "이 법에서 조례로 정하거나 정할 수 있도록 한 사항"에 대해서만 종전의 제주도에서 제정할 수 있도록 하고 있다.

즉, 제정 제주특별자치도법(2006. 2. 21. 법률 제7849호로 제정된 것) 부칙 제15조 제2항 및 제3항에서는 이 법에서 조례로 정하거나 정할 수 있도록 한 사항에 대하여 이 법 시행 전에 종전의 제주도가 제정할 수 있도록 하고, 종전의 제주도에서 제정된 조례는 이 법에 의한 도조례로 보되, 그 조례는 2006년 7월 1일부터 시행하도록 하고 있다.

이는 제주특별자치도지사 및 도의회 구성을 한 후 조례를 제정함에 따른 문제점을 해소하기 위한 조치로, 종전의 제주도가 제주특별자치도법에 의한 조례를 제정할 수 있도록 하고, 이렇게 제정된 조례는 동법에 의한 조례, 즉 제주특별자치도조례로 보도록 하려는 것이다.

실제 이 규정에 따라 제주도의회에서 조례명칭을 "제주특별자치도 ○○조례"로 하여 제주도지사가 제주도조례로 공포하였다.

결국, 제주특별자치도법에서 조례로 정하거나 조례로 정할 수 있도록 사항을 제외한 사항에 대해서는 제주도의회에서 제정할 수 없다고 할 것이다.

둘째, 제주도와 제주특별자치도는 별도의 지방자치단체이기 때문에 2006. 7. 1.부터 제주도는 없어지고 제주특별자치도가 되므로, 종전의 제주도의회에서 2006. 7. 1.부터 시행되는 「제주도○○조례」를 제정하는 것은 모순이라고 할 것이다.

한편, 행정자치부(현 행정안전부)에서 2006. 7. 1. 이전에 제주도의회에서 시행일을 2006. 7. 1.부터 하는 제주도조례를 제정할 수 있다고 회신함에 따라, 제주도에서는 실제 2006. 7. 1. 시행으로 「제주도○○조례」를 제정하였다.

그러나 제주특별자치도법에서 규정되지 아니한 사항을 조례로 규정하는 것은 문제가 있다고 할 수 있다. 다만, 입법론적으로는 제주도와 제주특별자치도는 별개의 지방자치단체이지만, 제주특별자치도법과는 관련되지 아니하는 행정기구, 위임 등 제주특별자치도 출범을 위하여 불가피한 성격의 조례를 제주도의회에서 만들 수 있도록 하는 것도 검토할 필요가 있을 것이다.

<제주특별자치도법>
부칙 <제7849호, 2006. 2. 21.>
제15조(조례제정사항에 관한 경과조치) ① 이 법에 의하여 도조례로 정하도록 한 사항이나 종전의 대통령령 또는 부령으로 정하고 있는 사항에 대해서는 이 법에 의하여 도조례가 제정될 때까지는 종전의 규정에 의한다.
② 이 법에서 조례로 정하거나 정할 수 있도록 한 사항에 대하여 이 법 시행 전에 종전의 제주도가 제정할 수 있다.
③ 제2항의 규정에 따라 제정된 조례는 이 법에 의한 도조례로 보되, 그 조례는 2006년 7월 1일부터 시행한다.

---

5. 종전의 시·군조례를 당장 단순히 제주특별자치도조례로 제정할 필요가 있는가?

종전의 시·군조례를 제주특별자치도가 출범하였다고 하여 당장 단순히 제주특별자치도조례로 제정하여야 하는지 논란이 있다.

종전의 시·군조례를 당장 단순히 제주특별자치도조례로 제정하고 있는 이유는 첫째, 2006년 7월 1일 제주특별자치도 출범에 따라 종전의 시·군이 폐지되었으므로 제주특별자치도조례로 하루빨리 제정하여 새롭게 출발하여야 할 필요성은 있을 것이고, 둘째, 종전의 시·군에 대해서는 "불이익 배제의 원칙"을 적용하여 종전의 시·군이 누리던 혜택을 그대로 누릴 수 있도록 하며, 셋째, 유사한 기능을 수행하는 제도를 통합하기 위해서는 검토, 협의, 설득 등 많은 노력과 시간이 소요되므로 시간을 가지고 충분한 검토 후 통합하기 위한 것으로 볼 수 있다.

그러나 2006년 7월 1일 제주특별자치도 출범에 따라, 종전의 시·군이 폐지되고 제주특별자치도로 통합되어 제주특별자치도조례로 제정하여야 할 것이나, 종전의 시·군조례를 당장 단순히 제주특별자치도조례로 제정할 필요가 있는지에 대하여 다음과 같은 이유로 재검토가 필요할 것이다.

첫째, 제주특별자치도 출범과 동시에 제주특별자치도조례를 제정할 수 없기 때문에 「제주도 행정체제 등에 관한 특별법」(2009. 3. 25. 제2차 개정 제주특별자치도법 부칙으로 폐지되기 전의 것) 부칙 제4조 제6항에서 "이 법 시행 당시 폐지 시·군의 조례·규칙은 제주도의 새로운 조례·규칙이 제정·시행될 때까지 제주도의 조례·규칙으로 보되, 종전에 당해 조례·규칙이 적용되던 지역에 한하여 각각 적용한다."고 하여 당분간 종전의 시·군조례를 적용할 수 있도록 조치를 하고 있으므로 종전의 시·군조례를 적용하는 데 큰 문제가 없다면, 종전의 시·군조례를 당장 단순히 제주특별자치도조례로 제정할 필요성이 떨어진다.

둘째, 종전의 시·군에 대해서는 "불이익 배제의 원칙"을 적용하여 종전의 시·군이 누리던 혜택을 그대로 누릴 수 있도록 하기 위하여 종전의 시·군조례를 단순히 제주특별자치도조례로 제정하려고 하고 있으나, "불이익 배제의 원칙"을 종전의 시·군이 누리던 것을 그대로 하여야 한다면, 앞으로 통합을 하더라도 하나의 시·군에서 누리던 것은 박탈할 수 없으므로 하나의 시·군에만 계속 적용하든지 아니면 이를 모든 시·군(도전체)으로 확대하든지 하는 수밖에 없으므로, 하나의 시·군에만 계속 적용한다면 통합이라는 의미가 상실되고, 이를 모든 시·군(도 전체)으로 확대한다면 소요예산이 확대될 수밖에 없어 제주특별자치도가 예산확보에 어려움이 따르게 될 것이다.

결국, "불이익 배제의 원칙"을 어떻게 해석하여야 하느냐가 관건이 될 것인데, 불합리하게 종전의 시·군이 누리던 혜택을 박탈해서는 안 되지만 합리적인 이유가 있다면 조정할 수 있다는 의미로 해석하여야 하고, 또한, 개개의 조례나 사업에 한정해서 생각해서는 안 되고 전체 또는 그룹별로 넓게 보고 판단을 하지 아니하는 한 "확대"만 있지 "조정"이라는 것은 있을 수 없을 것이다.

따라서 충분한 검토를 거쳐 합리적인 이유와 타당성을 갖는 대안을 마련하고, 이를 토대로 도민에게 설명하고 설득하는 자세가 필요하다 할 것이다.

참고로, "불이익 배제의 원칙"을 이번에는 적용하고 다음번부터는 적용 안 할 것인지 등 언제까지 끌고 갈 것인지에 대해서도 진지하게 생각해 볼 필요가 있다.

셋째, 유사한 기능을 수행하는 제도를 통합하기 위해서는 시간을 가지고 충분한 검토후 통합하기 위하여 일단 시·군조례를 단순히 제주특별자치도조례로 제정하려고 하고 있으나, 이는 하나(셋 이하)의 시·군에서 누리던 것은 박탈할 수 없으므로 그것을 그대로 제주특별자치도조례로 제정하는 것은 일견 단순하게 보일 수 있겠지만 종전의 시·군조례를 적용할 때보다 제주특별자치도조례로 제정할 때 이로 인하여 혜택을 받지 못하는 도민에게는 일종의 상대적 박탈감을 안겨 줄 가능성이 있고, 앞으로 통합을 한다면 다시 조례를 개정하여야 하므로 이중작업이 될 소지가 많다 할 것이며, 폐지한다면 후속조치를 하기가 곤란해질 수 있다고 판단된다.

> **<제주도 행정체제 등에 관한 특별법**(2009. 3. 25. 제2차 개정 제주특별자치도법 부칙으로 폐지되기 전의 것)>
> 제15조(불이익 배제의 원칙) 이 법의 시행으로 인하여 제3조 제1항의 규정에 의하여 폐지되는 시·군이 누리던 행정상
> 또는 재정상의 이익이 상실되거나 그 지역주민에게 새로운 부담이 추가되어서는 아니 된다.
> 부칙
> 제4조(일반적 경과조치) ⑥ 이 법 시행 당시 폐지 시·군의 조례·규칙은 제주도의 새로운 조례·규칙이 제정·시행될
> 때까지 제주도의 조례·규칙으로 보되, 종전에 당해 조례·규칙이 적용되던 지역에 한하여 각각 적용한다.
>
> **<제주특별자치도법>**
> 부칙 <제7849호, 2006. 2. 21.>
> 제13조(종전의 제주도 폐지에 따른 일반적 경과조치) ③ 이 법 시행 전에 종전의 제주도의 조례·규칙은 이 법에 의한
> 제주자치도의 조례·규칙이 새로 제정·시행될 때까지 계속 적용할 수 있다.

6. 종전의 제주도 조례를 별도로 폐지하여야 하는가?

제주특별자치도법 제10조에 따라 제주특별자치도가 설치됨에 따라 같은 법 부칙 제4조
에 따라 종전의 제주도는 폐지되게 되어 있고, 종전의 제주도와 제주특별자치도는 별도의
지방자치단체이기 때문에 종전의 제주도의 조례는 제주특별자치도 출범과 동시에 별도의
폐지절차 없이 당연히 폐지된다고 할 것이다.

다만, 2006. 7. 1. 전까지도 제주특별자치도의 조례가 만들어지지 아니하였음에도[337] 종
전의 제주도 조례를 당연히 폐지시키면 문제가 발생할 수 있으므로, 제정 제주특별자치도
법 부칙 제13조 제3항에 따라 종전의 제주도의 조례는 제주특별자치도의 조례가 새로 제
정·시행될 때까지만 적용할 수 있도록 하고 있다.[338] 그렇다고 하여도 별도로 종전 제주
도 조례의 폐지절차를 거쳐야 하는 것이 아니라 새로 제주특별자치도의 조례가 제정되면
당연히 폐지되는 것이다.

한편, 현재 제주특별자치도에서는 제주특별자치도조례 부칙에 "다른 조례의 폐지"로
하여 종전의 제주도조례를 폐지하고 있는데,[339] 이는 조례 집행상 혼란을 방지하고 도민

---

337) 2006. 7. 1. 전에는 이론상 제주특별자치도조례를 제정할 수도 없다.

338) 「지방자치법」 제25조(지방자치단체를 나누거나 합하여 새로운 지방자치단체가 설치되거나 지방자치단체의 격이 변경되면 그 지방자치
단체의 장은 필요한 사항에 관하여 새로운 조례나 규칙이 제정·시행될 때까지 종래 그 지역에 시행되던 조례나 규칙을 계속 시행할
수 있다.)에도 이와 유사한 조항이 있다.

339) 종전 시·군조례는 2009. 3. 25. 제2차 개정 제주특별자치도법 부칙으로 폐지되기 전의 「제주도 행정체제 등에 관한 특별법」 부칙 제4
조 제6항에 따라 이 법 시행 당시 폐지 시·군의 조례·규칙은 제주도의 새로운 조례·규칙이 제정·시행될 때까지 제주도의 조례·
규칙으로 보도록 하고 있으나, 종전의 제주도조례와는 달리 제주도(제주특별자치도)의회에서 종전 시·군조례를 폐지하는 것은 맞지 아
니하다고 하여 제주특별자치도조례 부칙에 의하여 종전 시·군조례를 폐지하지 아니하고 있고(물론 제주특별자치도조례가 제정되는 순
간 폐지된다고 할 수 있다). 집행상 혼란을 방지하고 도민의 이해를 도모하기 위하여 폐지된(적용되지 아니하는) 시·군조례에 대하여
일괄적으로 도보에 공고하였다.

의 이해를 도모하기 위하여 명시적으로 폐지시키는 것이라고 할 수 있을 것이다.

<제주특별자치도법>

제10조(제주특별자치도의 설치 등) ① 정부의 직할하에 제주특별자치도(이하 "제주자치도"라 한다)를 설치한다.

부칙 <제7849호, 2006. 2. 21.>

제4조(종전 제주도의 폐지) 종전의 제주도는 이를 폐지한다.

제13조(종전의 제주도 폐지에 따른 일반적 경과조치) ③ 이 법 시행 전에 종전의 제주도의 조례·규칙은 이 법에 의한 제주자치도의 조례·규칙이 새로 제정·시행될 때까지 계속 적용할 수 있다.

---

7. 종전의 제주도의회에서 제정한 「제주특별자치도 ○○조례」는 2006. 7. 1. 이후에 다시 제정하여야 하는가?

제정 제주특별자치도법(2006. 2. 21. 법률 제7849호로 제정된 것) 부칙 제15조 제2항 및 제3항에 따라 제정한 「제주특별자치도 ○○조례」에 대하여 2006. 7. 1. 이후에 다시 제정하여야 하는지 아니면 개정하여야 하는지 논란이 있다.

제정 제주특별자치도법(2006. 2. 21. 법률 제7849호로 제정된 것) 부칙 제15조 제2항 및 제3항에서는 이 법에서 조례로 정하거나 정할 수 있도록 한 사항에 대하여 이 법 시행 전에 종전의 제주도가 제정할 수 있도록 하고, 종전의 제주도에서 제정된 조례는 이 법에 의한 도조례로 보되, 그 조례는 2006년 7월 1일부터 시행하도록 하고 있다.

이는 제주특별자치도지사 및 도의회 구성을 한 후 조례를 제정함에 따른 문제점을 해소하기 위한 조치로, 종전의 제주도가 동법에 의한 조례를 제정할 수 있도록 하고, 이렇게 제정된 조례는 동법에 의한 조례, 즉 제주특별자치도조례로 보도록 하려는 것이다.

결국, 제정 제주특별자치도법(2006. 2. 21. 법률 제7849호로 제정된 것) 부칙 제15조 제2항 및 제3항에 따라 「제주특별자치도 ○○조례」가 제정되어 있으나, 제정한 조례의 명칭은 「제주특별자치도 ○○조례」임에도 불구하고 이는 제주특별자치도조례가 아니라 제주특별자치도조례로 보는 것에 불과하고, 실제로도 제주도의회에서 의결되어 제주도지사가 "제주도조례"로 공포하였으므로, 2006. 7. 1. 이후 다시 "제주특별자치도조례"로 제정하여야 한다고 할 것이다.

그러나 종전의 제주도의회에서 제정한 「제주특별자치도 ○○조례」는 2006. 7. 1. 제주특별자치도가 출범하더라도 당장 다시 "제주특별자치도조례"로 제정할 필요가 없을 것이다.

왜냐하면, 단순히 "제주도조례"를 "제주특별자치도조례"로 개정하는 것은 입법경제상 문제가 있기 때문이다.

추후 "제주도조례"를 개정할 수요가 발생하는 경우에는 "제주특별자치도조례"로 제정하면 될 것이다.

<제주특별자치도법>
부칙 <제7849호, 2006. 2. 21.>
제15조(조례제정사항에 관한 경과조치) ① 이 법에 의하여 도조례로 정하도록 한 사항이나 종전의 대통령령 또는 부령으로 정하고 있는 사항에 대해서는 이 법에 의하여 도조례가 제정될 때까지는 종전의 규정에 의한다.
② 이 법에서 조례로 정하거나 정할 수 있도록 한 사항에 대하여 이 법 시행 전에 종전의 제주도가 제정할 수 있다.
③ 제2항의 규정에 따라 제정된 조례는 이 법에 의한 도조례로 보되, 그 조례는 2006년 7월 1일부터 시행한다.

---

8. 대통령령이나 부령을 도조례로 정할 수 있도록 되어 있는데, 내용과 똑같다면, 도조례를 제정할 필요가 있는가?

제주특별자치도법에는 대통령령이나 부령을 도조례로 정할 수 있도록 한 조항이 많이 있는데, 대통령령이나 부령과 똑같은 내용을 도조례로 제정하여야 하는지 논란이 있다.

대통령령이나 부령과 똑같은 내용을 도조례로 제정하여야 하는지에 대해서는 2가지 견해가 있을 것이다.

첫째는, 대통령령이나 부령과 똑같은 내용을 도조례로 제정할 필요가 없다는 견해로, 이 견해는 대통령령이나 부령과 똑같다면 도조례를 만들지 아니하면 대통령령이나 부령을 적용하게 되므로 입법경제상으로는 장점이 있으나, 제주특별자치도법 취지에는 미흡하다는 단점이 있다.

둘째는, 대통령령이나 부령과 똑같은 내용이라도 도조례로 제정하여야 한다는 견해로, 이 견해는 도조례로 일단 제정되면 대통령령이나 부령의 개정에 상관없이(독립하여) 도의회에서 의결하여 제주의 실정에 맞는 기준 등을 만들 수 있고, 제주특별자치도법에서 도조례로 위임한 취지를 살릴 수 있는 장점이 있으나, 도조례가 없더라도 대통령령이나 부령을 적용하여야 하므로 제주특별자치도에 아무런 혜택을 받을 수 없음에도 불구하고 도조례를 제정하는 것은 입법경제상 바람직하지 않다는 단점이 있다.

따라서 2가지 견해 모두 일리가 있으므로, 어느 것이 좋다고 판단하기는 곤란할 것이나,[340] 대통령령이나 부령과 똑같은 내용은 도조례로 제정할 것이 아니라, 충분한 연구검토를 한 후 대통령령이나 부령과는 다르고 제주에 맞는 도조례를 제정할 수 있거나,[341] 대통령령이나 부령이 개정되어 제주의 실정에 맞지 않는다든가 하는 등의 경우에 도조례를 제정하도록 하여야 할 것이다.

참고로, 「제주특별자치도 개발이익 환수에 관한 조례안」은 2006년 10월 도의회에 상정되었으나, 기존 법령 내용과 같다는 이유로 심의가 보류된 적이 있다.

한편, 대통령령이나 부령에서 정하도록 한 사항을 도조례로 정할 수 있도록 하여 도조례를 정할 때에 대통령령이나 부령에다 일부 내용을 추가하는 경우[342]가 있는데, 대통령령이나 부령의 개정에 도조례가 영향을 받기 때문에 도조례에 "대통령령이나 부령에 다음 몇 가지를(무엇을) 추가한다."라고 하는 입법방식은 사용하지 않아야 할 것이다.

9. 종전의 시장·군수 처분에 대하여 2006. 7. 1. 이후 제주특별자치도행정심판위원회에서 처리할 수 있는가?

「제주도 행정체제 등에 관한 특별법」(2009. 3. 25. 제2차 개정 제주특별자치도법 부칙으로 폐지되기 전의 것) 부칙 제4조 제4항에 따르면, 이 법 시행 전에 폐지 시·군의 시장 또는 군수나 그 소속기관의 장이 행한 처분 그 밖의 행위는 제주도지사나 그 소속기관의 장이 행한 처분 그 밖의 행위로 보도록 하고 있다.

한편, 제정 제주특별자치도법 부칙 제13조 제2항에 따르면, 이 법 시행 전에 종전의 제주도지사 또는 교육감이나 그 소속기관의 장이 행한 인가·허가 등의 행위 및 그에 대하여 행한 신고·신청 등의 행위는 각각 (제주특별자치)도지사나 그 소속기관의 장이 행한 행위 및 그에 대한 행위로 보도록 하고 있다.

또한, 제주특별자치도법, 「제주도 행정체제 등에 관한 특별법」(2009. 3. 25. 제2차 개정

---

340) 제주특별자치도에서도 2가지 견해 중 하나를 선택하는 경우 일관성을 갖고 추진할 필요가 있는데 그렇지 못하다.

341) 대통령령이나 부령으로 정하는 사항을 도조례로 정할 수 있도록 하는 경우에는 미리미리 이에 대한 준비를 하여야 하는데, 막연히 가져오면 좋을 것이라고 생각하고, 가져온 다음에 준비하는 것은 문제가 있다고 할 것이다.

342) 〈제주특별자치도 식품접객업 운영기준에 관한 조례〉
제4조(시설기준) 제주자치도 내에서 식품접객영업을 하고자 하는 자는 식품위생법 제21조 제1항의 규정에 의한 시설기준 이외에 별표 1의 시설을 추가로 갖추어야 한다.
제5조(영업자 등의 준수사항) 제주자치도 내 식품접객영업자 및 종업원은 영업의 위생적 관리 및 질서유지와 제주도민은 물론 관광객의 보건위생 증진을 위하여 「식품위생법」 제31조 제1항의 규정에 의한 영업자 등의 준수사항 이외에 별표 2의 준수사항을 지켜야 한다.

제주특별자치도법 부칙으로 폐지되기 전의 것) 및 「행정심판법」 어디에도 2006. 7. 1. 이전에 제기된 행정심판청구에 대하여 처분청 및 재결청이 바뀜에도 불구하고 종전의 행정심판위원회에서 처리하도록 하는 경과조치는 없다 할 것이다.

따라서 종전의 시장·군수의 처분은 2006. 7. 1.부터 제주특별자치도지사의 처분이 되고, 재결청은 「행정심판법」 제5조 제3항에 따라 각 소관 감독행정기관이 되므로, 2006. 7. 1. 이전에 청구되었으나 2006. 7. 1. 현재 처리되지 못하거나 2006. 7. 1. 이후에 청구되는 종전의 시장·군수의 처분에 대한 소관은 "제주특별자치도행정심판위원회"가 아니라 "국무총리행정심판위원회(현행 중앙행정심판위원회)"가 될 것이다.

결국, 행정심판위원회의 소관이 변경되므로, 「행정심판법」 제8조 제1항(현행 제12조 제1항)에 따라 심판청구서·관계서류 및 그 밖의 자료를 새로 재결할 권한을 가지게 된 행정청에 송부하도록 하여야 할 것이다.

실무적으로, 종전의 시장·군수 처분에 대하여 2006. 7. 1. 이후 제주시와 서귀포시에 청구되는 행정심판청구는 제주특별자치도가 승계하므로 제주시와 서귀포시에서는 곧바로 제주특별자치도로 이송 조치[「행정심판법」 제13조(현행 제17조)에 따라 당사자의 신청이나 직권에 의하여 행정심판위원회에서 피청구인 경정]하여야 할 것이다. 다만, 종전의 시장·군수 소속기관의 장이 한 처분에 대해서는 제주특별자치도지사 소속기관이 한 처분으로 보아 제주특별자치도 행정심판위원회에서 처리하여야 한다.

한편, 처분권한이 경찰서장에서 시장·군수로 변경됨에 따라 국무총리행정심판위원회(현행 중앙행정심판위원회)에서 시·도행정심판위원회로 이송한 행정심판사건들이 있었다.

입법론적으로는 2006. 7. 1. 이전에 제기된 행정심판청구에 대하여 재결청이 바뀜에도 불구하고 종전의 행정심판위원회에서 처리하도록 하는 경과조치를 두는 방안도 검토할 필요가 있다 할 것이다.

참고로, 행정심판법 개정으로 행정심판위원회가 폐지되거나 변경되는 경우에는 경과조치를 둔 사례가 있었다.

<제주도 행정체제 등에 관한 특별법(2009. 3. 25. 제2차 개정 제주특별자치도법 부칙으로 폐지되기 전의 것)>
부칙
제4조(일반적 경과조치) ④ 이 법 시행 전에 폐지 시·군의 시장 또는 군수나 그 소속기관의 장이 행한 처분 그 밖의 행위는 제주도지사나 그 소속기관의 장이 행한 처분 그 밖의 행위로 본다.

<제주특별자치도법>
부칙 <제7849호, 2006. 2. 21.>
제13조(종전의 제주도 폐지에 따른 일반적 경과조치) ② 이 법 시행 전에 종전의 제주도지사 또는 교육감이나 그 소속기관의 장이 행한 인가·허가 등의 행위 및 그에 대하여 행한 신고·신청 등의 행위는 각각 도지사나 그 소속기관의 장이 행한 행위 및 그에 대한 행위로 본다.

행정심판법 부칙 <제5000호, 1995. 12. 6.>
제2조(경과조치) ③ 중앙행정기관의 장인 재결청소속하의 위원회는 제6조 및 제6조의2의 개정규정에 불구하고 이 법 시행 전에 제기된 심판청구의 심리·의결을 하며, 그 심리·의결이 종료될 때까지 존속한다.

행정심판법 부칙 <제5600호, 1998. 12. 28.>
 ② (경과조치) 이 법 시행 당시 종전의 규정에 의한 국가특별지방행정기관인 재결청이 제5조 제5항의 개정규정에 의하여 재결청이 되지 아니하는 경우에는 이 법 시행 전에 제기된 심판청구의 재결이 종료될 때까지 그 국가특별지방행정기관을 당해 심판청구에 관한 재결청으로 본다.

10. 소송에 있어서 행정시장이 당사자능력을 가지고 있는가?

1) 행정시장의 민사소송에서의 당사자능력

제주특별자치도법 제15조에 따르면, 제주특별자치도에는 관할구역 안에 지방자치단체인 시와 군을 두지 아니하고 지방자치단체가 아닌 시(행정시)를 두도록 하고, 「제주도 행정체제 등에 관한 특별법」(2009. 3. 25. 제2차 개정 제주특별자치도법 부칙으로 폐지되기 전의 것) 부칙 제4조 제2항에 따르면, 이 법 시행 당시 폐지 시·군의 사무·재산은 제주도가 승계하도록 하고 있다.

종전의 시장·군수는 지방자치단체로 법인격이 있고 재산도 가지고 있었으나, 제주특별자치도의 행정시장은 지방자치단체의 장이 아니라 제주특별자치도 하부행정기관의 장에 불과하여 법인격이 없고, 재산도 행정시의 재산이 아니라 제주특별자치도의 재산이 된다 할 것이다.

한편, 「민법」 제34조에 따르면, 법인은 법률의 규정에 좇아 정관으로 정한 목적의 범위 내에서 권리와 의무의 주체가 된다고 되어 있으나, 제주특별자치도의 행정시는 법인격이 없고, 행정시장은 읍·면·동과 마찬가지로 제주특별자치도의 하부행정기관에 불과하며,

별도의 재산도 없으므로 민사소송의 당사자능력이 없다 할 것이다.

2006. 7. 1. 이후 종전의 시·군은 2006. 7. 1.부터 지방자치단체로서의 지위를 상실하게 되면서 민사소송에 있어 당사자능력도 없어지므로, 2006. 7. 1. 이전에 제기된 종전의 시·군의 소송은 제주특별자치도가 승계하고, 2006. 7. 1. 이후에는 제주특별자치도를 상대로 소송을 제기하여야 할 것이다.

<제주특별자치도법>
제15조(지방자치단체가 아닌 시 및 읍·면·동의 설치) ① 제주자치도는 「지방자치법」 제2조 제1항 및 제3조 제2항의 규정에 불구하고 그 관할구역 안에 지방자치단체인 시와 군을 두지 아니한다.

<제주도 행정체제 등에 관한 특별법(2009. 3. 25. 제2차 개정 제주특별자치도법 부칙으로 폐지되기 전의 것)>
부칙
제4조(일반적 경과조치) ② 이 법 시행 당시 폐지 시·군의 사무·재산은 제주도가 승계한다.

<대법원 2002. 3. 29. 선고 2001다83258 판결【소유권이전등기】>
  [1] 1949. 7. 4. 법률 제32호로 지방자치법이 제정되면서 읍·면은 지방자치단체로서 법인격을 가지고 있었지만 1961. 9. 1. 법률 제707호로 지방자치에관한임시조치법이 제정됨에 따라 군에 편입되어 독립적인 법인격을 갖는 지방자치단체로서의 지위를 상실함과 아울러 읍·면의 일체의 재산은 소속군에 귀속되었으므로, 그 이후부터는 읍·면은 지방자치단체의 하부 행정구역에 불과하여 민사소송에 있어 당사자능력을 인정할 수 없다.
  [2] 지방자치단체의 하부 행정구역에 불과하여 민사소송법상 당사자능력이 없는 읍을 상대로 한 채권자대위소송에서 정당한 당사자능력자로 당사자 표시를 정정케 하는 조치를 취함이 없이 피대위채권의 존부 또는 본안에 관하여 판단한 원심판결을 파기한 사례.

<대법원 1993.6.29. 선고 93다10576 판결【소유권이전등기말소】>
  광명시등시설치와군관할구역변경에관한법률에 의하면 제주도 남제주군 서귀읍과 중문면 일원을 관할구역으로 하여 서귀포시를 설치하고 위 법률은 1981. 7. 1.부터 시행되었는바, 남제주군이 토지를 취득하여 부동산소유권이전등기등에관한특별조치법에 의하여 소유권이전등기를 하기 위하여 보증서와 확인서까지 받아 놓은 것이라면 계쟁토지에 대한 남제주군의 권리는 구지방자치법(1988.4.6. 법률 제4004호로 전문 개정되기 전의 것)이 규정하는 재산에 해당하여 서귀포시가 이를 계승한다고 볼 것이고, 남제주군이 소유권이전등기를 하기 전에 남제주군의 서귀읍과 중문면을 관할구역으로 하는 서귀포시가 설치되었고, 그 후 남제주군이 소유권이전등기를 하였다면 그때에는 위 지방자치법에 의하여 계쟁토지가 서귀포시에 계승된다고 보는 것이 옳을 것이므로 아직 서귀포시 명의로 등기가 되어 있지 않다는 이유만으로는 그 말소등기의무를 부정할 수 없다.

---

2) 행정시장의 행정소송에서의 당사자능력

「제주도 행정체제 등에 관한 특별법」(2009. 3. 25. 제2차 개정 제주특별자치도법 부칙으로 폐지되기 전의 것) 부칙 제4조 제4항에 따르면, 이 법 시행 전에 폐지 시·군의 시장 또는 군수나 그 소속기관의 장이 행한 처분 그 밖의 행위는 제주특별자치도지사나 그 소속기관의 장이 행한 처분 그 밖의 행위로 보도록 하고 있고, 「행정소송법」 제13조에 따르면, 취소소송은 다른 법률에 특별한 규정이 없는 한 그 처분 등을 행한 행정청을 피고로 하되, 처분 등이 있은 뒤에 그 처분 등에 관계되는 권한이 다른 행정청에 승계된 때에는 이를 승계한 행정청을 피고로 하도록 하고 있으며, 같은 법 제14조 제6항에 따르면, 취소소송이 제기된 후에 그 처분 등에 관계되는 권한이 다른 행정청에 승계된 때에는 법원은 당사자의 신청 또는 직권에 의하여 피고를 경정하도록 하고 있다.

따라서 종전의 시장·군수의 처분 등에 대하여 2006. 7. 1. 이전에 행정소송이 제기되어 확정되지 아니한 사건은 2006. 7. 1.부터는 제주특별자치도지사의 처분 등이 되고, 법원이 당사자의 신청 또는 직권에 의하여 피고를 경정하여야 할 것이다.

다만, 2006. 7. 1. 이후부터는 행정시장은 개별법에 행정시장으로 되어 있거나 도지사로부터 위임받은 범위 안에서 처분 등을 행할 수 있고,「행정소송법」제2조 제2항에 따르면, 행정청에는 법령에 의하여 행정권한의 위임 또는 위탁을 받은 행정기관, 공공단체 및 그 기관 또는 사인이 포함되도록 하고 있어 행정시도 행정청에 포함된다 할 것이어서 민사소송과는 달리 행정소송의 당사자능력이 인정된다 할 것이다.

결국, 행정소송의 경우 2006. 7. 1. 이후에 개별법에 행정시장의 권한으로 되어있거나 도지사로부터 위임받은 범위 안에서는 행정시장이 당사자능력이 있다 할 것이지만, 이는 2006. 7. 1. 이후 새로운 처분 등에 해당하는 것이라 할 것이지, 2006. 7. 1. 이전에 행한 처분 등은 해당되지 아니하므로 종전의 시장·군수의 처분 등에 대한 소송을 행정시장이 승계하는 것은 아니라 할 것이다.

〈표 25〉 종전의 시장·군수와 행정시장에 대한 소송 시 당사자능력

구 분	당사자능력		2006. 7. 1. 이전에 제기된 소송사건의 2006. 7. 1. 이후 처리방법
	2006. 7. 1. 이전의 시·군	2006. 7. 1. 이후의 행정시	
민사소송	○	X	종전의 시장·군수의 사무 및 재산 등을 제주특별자치도지사가 승계하므로, 당사자 경정 등 필요
행정소송	○	○	

<行政소송법>

제13조(피고적격) ① 취소소송은 다른 법률에 특별한 규정이 없는 한 그 처분 등을 행한 행정청을 피고로 한다. 다만, 처분 등이 있은 뒤에 그 처분 등에 관계되는 권한이 다른 행정청에 승계된 때에는 이를 승계한 행정청을 피고로 한다.

② 제1항의 규정에 의한 행정청이 없게 된 때에는 그 처분 등에 관한 사무가 귀속되는 국가 또는 공공단체를 피고로 한다.

제14조(피고경정) ① 원고가 피고를 잘못 지정한 때에는 법원은 원고의 신청에 의하여 결정으로써 피고의 경정을 허가할 수 있다.

② 법원은 제1항의 규정에 의한 결정의 정본을 새로운 피고에게 송달하여야 한다.

③ 제1항의 규정에 의한 신청을 각하하는 결정에 대해서는 즉시 항고할 수 있다.

④ 제1항의 규정에 의한 결정이 있은 때에는 새로운 피고에 대한 소송은 처음에 소를 제기한 때에 제기된 것으로 본다.

⑤ 제1항의 규정에 의한 결정이 있은 때에는 종전의 피고에 대한 소송은 취하된 것으로 본다.

⑥ 취소소송이 제기된 후에 제13조 제1항 단서 또는 제13조 제2항에 해당하는 사유가 생긴 때에는 법원은 당사자의 신청 또는 직권에 의하여 피고를 경정한다. 이 경우에는 제4항 및 제5항의 규정을 준용한다.

제38조(준용규정) ① 제9조, 제10조, 제13조 내지 제17조, 제19조, 제22조 내지 제26조, 제29조 내지 제31조 및 제33조의 규정은 무효 등 확인소송의 경우에 준용한다.

② 제9조, 제10조, 제13조 내지 제19조, 제20조, 제25조 내지 제27조, 제29조 내지 제31조, 제33조 및 제34조의 규정은 부작위위법확인소송의 경우에 준용한다.

11. 종전의 시·군조례에 의하여 위촉된 시·군 고문변호사가 제주특별자치도 고문변호사로 승계되는가?

제주특별자치도조례가 제정되지 아니한 상태에서 종전의 시·군조례에 의하여 종전의 시·군에서 위촉한 고문변호사를 계속하여 제주특별자치도에서 위촉한 고문변호사로 볼 수 있는지 논란이 될 소지가 있다.

「제주도 행정체제 등에 관한 특별법」(2009. 3. 25. 제2차 개정 제주특별자치도법 부칙으로 폐지되기 전의 것) 부칙 제4조 제4항 및 제6항에 따르면, 이 법 시행 전에 폐지 시·군의 시장 또는 군수가 행한 처분 그 밖의 행위는 제주도지사가 행한 처분 그 밖의 행위로 보고, 이 법 시행 당시 폐지 시·군의 조례·규칙은 제주도의 새로운 조례·규칙이 제정·시행될 때까지 제주도의 조례·규칙으로 보되, 종전에 당해 조례·규칙이 적용되던 지역에 한하여 적용하도록 하고 있다.

한편, 제정 제주특별자치도법(2006. 2. 21. 법률 제7849호로 제정된 것) 부칙 제13조 제2항 및 제3항에 따르면, 이 법 시행 전에 종전의 제주도지사 또는 교육감이나 그 소속기관의 장이 행한 인가·허가 등의 행위 및 그에 대하여 행한 신고·신청 등의 행위는 각각 (제주특별자치)도지사나 그 소속기관의 장이 행한 행위 및 그에 대한 행위로 보고, 이 법 시행 전에 종전의 제주도의 조례·규칙은 제주특별자치도의 새로운 조례·규칙이 제정·

시행될 때까지 계속 적용할 수 있도록 하고 있다.

따라서 종전의 시·군의 조례에 의한 종전의 시장·군수의 행위는 제주특별자치도의 조례(물론 보도록 되어 있으므로 엄격한 의미에서는 제주특별자치도조례가 아님)에 의한 제주특별자치도지사의 행위라고 볼 수밖에 없고, 다만, 적용지역은 종전지역에 한하여 적용할 수밖에 없다.[343]

결국, 종전의 시·군의 조례에 의하여 위촉된 고문변호사도 제주특별자치도의 조례에 의하여 위촉된 고문변호사일 수밖에 없을 것이고, 다만, 종전의 지역 업무에 대하여 고문변호사로서의 역할을 수행할 수밖에 없을 것이다.

다만, 이렇게 할 경우 종전의 제주도에 둘 수 있는 고문변호사의 수를 초과할 수 있어 제주도 조례를 위반한 것이라고 주장할 수 있으나, 이는 「제주도 행정체제 등에 관한 특별법」(2009. 3. 25. 제2차 개정 제주특별자치도법 부칙으로 폐지되기 전의 것) 부칙 제4조 제4항 및 제6항의 규정에 의한 시·군 통폐합에 따른 일시적인 현상으로 제주특별자치도법에서 인정한 사항이고, 종전의 지역에 한하여 자문하여 제주도에 대한 자문이 아니므로 별문제는 되지 아니할 것이다.

<제주도 행정체제 등에 관한 특별법(2009. 3. 25. 제2차 개정 제주특별자치도법 부칙으로 폐지되기 전의 것)>
부칙
제4조(일반적 경과조치) ④ 이 법 시행 전에 폐지 시·군의 시장 또는 군수나 그 소속기관의 장이 행한 처분 그 밖의 행위는 제주도지사나 그 소속기관의 장이 행한 처분 그 밖의 행위로 본다.
　⑥ 이 법 시행 당시 폐지 시·군의 조례·규칙은 제주도의 새로운 조례·규칙이 제정·시행될 때까지 제주도의 조례·규칙으로 보되, 종전에 당해 조례·규칙이 적용되던 지역에 한하여 각각 적용한다.

<제주특별자치도법>
부칙 <제7849호, 2006. 2. 21.>
제13조(종전의 제주도 폐지에 따른 일반적 경과조치) ② 이 법 시행 전에 종전의 제주도지사 또는 교육감이나 그 소속기관의 장이 행한 인가·허가 등의 행위 및 그에 대하여 행한 신고·신청 등의 행위는 각각 도지사나 그 소속기관의 장이 행한 행위 및 그에 대한 행위로 본다.
　③ 이 법 시행 전에 종전의 제주도의 조례·규칙은 이 법에 의한 제주자치도의 조례·규칙이 새로 제정·시행될 때까지 계속 적용할 수 있다.

---

343) 2006. 10. 11. 「제주특별자치도 고문변호사 조례」를 제정하였고, 같은 조례 부칙 제3항에서 이 조례 시행 당시 종전의 규정에 의하여 위촉된 고문변호사는 이 조례에 의하여 위촉된 고문변호사로 보되, 그 임기는 종전 임기의 잔임기간으로 하였다.

12. 종전 시장·군수의 훈령·예규 등의 효력은 있는가?

제주특별자치도가 출범하면서 종전의 시장·군수가 발령한 훈령·예규 등에 대하여 효력이 있는지, 효력이 있다면 어떻게 적용하여야 하는지에 대하여 논란이 있다.

왜냐하면, 「제주도 행정체제 등에 관한 특별법」(2009. 3. 25. 제2차 개정 제주특별자치도법 부칙으로 폐지되기 전의 것) 부칙 제4조 제6항에는 이 법 시행 당시 폐지 시·군의 조례·규칙은 제주도의 새로운 조례·규칙이 제정·시행될 때까지 제주도의 조례·규칙으로 보되, 종전에 당해 조례·규칙이 적용되던 지역에 한하여 각각 적용한다고 되어 있고, 제정 제주특별자치도법(2006. 2. 21. 법률 제7849호로 제정된 것) 부칙 제13조 제3항에는 종전의 제주도의 조례·규칙은 제주특별자치도의 조례·규칙이 새로 제정·시행될 때까지 계속 적용한다고 되어 있어 종전 시·군의 조례·규칙에 대해서만 규정하고 있고, 종전의 시장·군수가 발령한 훈령·예규 등에 대하여 효력이 있는지 등에 대해서는 규정하지 아니하였기 때문이다.

종전의 시장·군수가 발령한 훈령·예규 등에 대하여 효력이 있는지 등에 대하여 두 가지 견해가 있을 수 있다.

첫 번째 견해는, 종전의 시장·군수가 발령한 훈령·예규 등은 제주특별자치도 훈령·예규 등으로 전면적으로 개편(신규제정, 폐지 등)하도록 하고, 종전의 시장·군수가 발령한 훈령·예규 등은 일괄 폐지하되 그 방법은 공문서로 시행 검토하는 것으로 하며, 종전의 시장·군수가 발령한 훈령·예규 등을 불가피하게 적용할 경우에는 제주특별자치도 법무담당부서와 미리 협의 후 결정하도록 하여야 한다는 주장이다.

이 견해는 계속 존치하여야 할 훈령·예규 등은 행정시가 일단 적용하면서 제주특별자치도의 관련부서와 협의하여 제주특별자치도 훈령·예규 등으로 제정·추진하고, 소위 존치할 필요가 없는 훈령·예규 등은 그 목록을 한꺼번에 공문서(공고 등)로 효력소멸을 알리는 방법으로 추진하면 된다는 것이다.

두 번째 견해는, 종전의 시·군이 없어지는 순간 그 훈령·예규 등은 이미 효력이 소멸되었으므로 별도 폐지 등의 절차를 이행할 필요가 없을 뿐만 아니라 당연히 그 훈령·예규 등에 의한 어떠한 집행도 불가능하다는 주장이다.

이 견해는 제주특별자치도가 출범하면서 종전의 시·군이 없어졌으므로 당연히 그 훈령·예규 등도 효력이 상실되어 집행할 수 없다고 하는 것이다.

결론적으로 현실적으로는 종전의 시장·군수가 발령한 훈령·예규 등을 적용할 필요가 있고, 「제주도 행정체제 등에 관한 특별법」(2009. 3. 25. 제2차 개정 제주특별자치도법 부칙으로 폐지되기 전의 것) 제4조 제4항에서 폐지 시장·군수가 행한 처분 그 밖의 행위는 제주도지사가 행한 처분 그 밖의 행위라고 하고 있는데, "처분 그 밖의 행위"는 "처분을 비롯한 모든 행위"를 의미하는 것이므로, 폐지된 시장·군수가 발령한 훈령·예규 등도 도지사가 발령한 훈령·예규 등으로 볼 수 있을 것이다. 다만, 그렇다고 하더라도 적용을 할 때에는 4개 시·군의 훈령·예규 등을 모두 제주특별자치도에 적용할 수는 없을 것이기 때문에 종전 시·군의 조례·규칙처럼 종전의 시·군에만 적용된다고 할 수밖에 없을 것이다.

따라서 종전 시장·군수가 발령한 훈령·예규 등의 근거(개별법에 있는지 여부), 필요성 등을 고려하여 제주특별자치도의 훈령·예규 등으로 제정 여부를 신속히 결정하여 제정하고, 제정을 할 필요가 없는 것은 적용을 하지 아니한다는 결정을 할 필요가 있다 할 것이다.

<제주도 행정체제 등에 관한 특별법(2009. 3. 25. 제2차 개정 제주특별자치도법 부칙으로 폐지되기 전의 것)>
제4조(일반적 경과조치) ④ 이 법 시행 전에 폐지 시·군의 시장 또는 군수나 그 소속기관의 장이 행한 처분 그 밖의 행위는 제주도지사나 그 소속기관의 장이 행한 처분 그 밖의 행위로 본다.
　⑥ 이 법 시행 당시 폐지 시·군의 조례·규칙은 제주도의 새로운 조례·규칙이 제정·시행될 때까지 제주도의 조례·규칙으로 보되, 종전에 당해 조례·규칙이 적용되던 지역에 한하여 각각 적용한다.

<제주특별자치도법>
부칙 <제7849호, 2006. 2. 21.>
제13조(종전의 제주도 폐지에 따른 일반적 경과조치) ② 이 법 시행 전에 종전의 제주도지사 또는 교육감이나 그 소속기관의 장이 행한 인가·허가 등의 행위 및 그에 대하여 행한 신고·신청 등의 행위는 각각 도지사나 그 소속기관의 장이 행한 행위 및 그에 대한 행위로 본다.
　③ 이 법 시행 전에 종전의 제주도의 조례·규칙은 이 법에 의한 제주자치도의 조례·규칙이 새로 제정·시행될 때까지 계속 적용할 수 있다.

13. 종전의 제주도지사가 입법 예고한 조례·규칙을 제주특별자치도 출범 이후 제주특별자치도지사가 다시 입법 예고하여야 하는가?

제주도지사가 제주특별자치도 출범을 위하여 조례·규칙에 대하여 입법예고를 실시하였으나, 제주특별자치도 출범 후 제주특별자치도지사가 다시 입법예고부터 하여야 하는

지에 대한 논란이 있다.

제정 제주특별자치도법(2006. 2. 21. 법률 제7849호로 제정된 것) 부칙 제13조 제2항 및 제38조 제1항에 따르면, 종전의 제주도지사가 한 행위는 제주특별자치도지사의 행위로 보도록 하고 있는데, 제주도지사의 "조례·규칙에 대한 입법예고 행위"도 당연히 여기에 포함된다 할 것이다.

또한, 조례·규칙에 대하여 불과 몇 개월 전에 입법예고를 하였고, 내용도 바뀌지 아니하였으므로, 처음부터 다시 절차를 거쳐야 할 실익도 거의 없다 할 것이다.

따라서 제주도지사가 한 조례·규칙에 대한 입법예고를 제주특별자치도지사가 다시 입법예고를 할 필요는 없다고 할 것이다. 다만, 제주특별자치도 출범에 따라 실·국·과 등의 변경과 정책에 변경이 있을 수 있으므로, 「법제업무운영규정」 제14조 제3항과 같이 입법예고 후 예고내용에 중요한 변경이 발생하거나 국민생활과 직접 관련되는 내용이 추가되는 경우에 한하여 입법예고를 다시 하여야 할 것이다.

<제주특별자치도법>
부칙 <제7849호, 2006. 2. 21.>
제13조(종전의 제주도 폐지에 따른 일반적 경과조치) ② 이 법 시행 전에 종전의 제주도지사 또는 교육감이나 그 소속기관의 장이 행한 인가·허가 등의 행위 및 그에 대하여 행한 신고·신청 등의 행위는 각각 도지사나 그 소속기관의 장이 행한 행위 및 그에 대한 행위로 본다.
제38조(행정처분 등에 관한 일반적 경과조치) ① 이 법 시행 당시 종전의 규정에 의한 행정기관의 장이나 그 소속기관의 장이 행한 처분·절차 그 밖의 행위는 이 법의 규정에 의한 행정기관의 장이나 그 소속기관의 장이 행한 처분·절차 그 밖의 행위로 보고, 종전의 규정에 의한 행정기관의 장이나 그 소속기관의 장에 대하여 행한 신청·신고 그 밖의 행위는 이 법의 규정에 의한 행정기관의 장이나 그 소속기관의 장에 대하여 행한 신청·신고 그 밖의 행위로 본다.

<법제업무운영규정>
제14조(법령안 입법예고) ② 법령안 주관기관의 장은 행정절차법 제41조 제1항 단서의 규정에 의하여 입법예고를 생략하고자 하거나 특별한 사정으로 인하여 입법예고기간을 20일 미만으로 단축하고자 하는 때에는 법제처장과 협의하여야 한다.
　③ 법령안 주관기관의 장은 입법예고 후 예고내용에 중요한 변경이 발생하거나 국민생활과 직접 관련되는 내용이 추가되는 경우에는 해당 부분에 대한 입법예고를 다시 하여야 한다. 이 경우 긴급히 처리되어야 하는 법령안에 대해서는 제2항의 규정을 준용한다.

14. 2006년 5월 중 제주도인사위원회에서 자치경찰공무원 신규임용공고를 하고 2006년 7월 이후 시험을 실시할 경우, 제주도인사위원회에서 행한 자치경찰공무원 공개경쟁시험에 의한 신규임용공고 행위가 2006년 7월 이후에 설치·운영되는 자치경찰인사위원회가 행한 행위로 간주되어 그 권한이 승계되는가?

제정 제주특별자치도법(2006. 2. 21. 법률 제7849호로 제정된 것) 부칙 제20조 제1항에 따르면, 도지사는 자치경찰공무원에 관한 규정에 불구하고 이 법 시행 전에 자치경찰의 원활한 실시에 필요한 최초 자치경찰공무원에 대한 신규임용과 그 교육훈련을 「지방공무원법」 및 「경찰공무원법」의 규정을 준용하여 행할 수 있다. 이 경우 그 자치경찰공무원의 임용일은 2006년 7월 1일로 본다고 하고 있다.

이 규정의 취지는 2006. 7. 1. 제주특별자치도 출범에 맞춰 자치경찰의 본격 실시를 위해서는 2006. 7. 1. 전에 자치경찰공무원을 신규 임용하고 교육시킬 필요가 있기 때문에 제주도지사에게 자치경찰공무원의 신규임용권과 교육훈련권을 주고 있는 것이다.

따라서 2006. 7. 1. 제주특별자치도 출범 이전에 자치경찰공무원에 대한 신규임용과 교육훈련을 다 마쳐 2006. 7. 1. 제주특별자치도 출범에 차질이 없게 하는 것이 제주특별자치도법 취지라 할 것이다.

다만, 부득이한 사유로 2006. 7. 1. 이전에 제주도지사가 자치경찰공무원의 신규임용과 교육훈련을 마치지 못할 경우도 발생할 수 있으나, 2006. 7. 1. 이후에는 제주특별자치도법 제128조의 규정에 의하여 신규임용권 등은 자치경찰인사위원회 소관 사항이 될 것이므로 제주도지사의 행위에 대하여 당연히 자치경찰인사위원회가 승계한다고 봄이 타당하다고 판단된다.

만약 자치경찰인사위원회에 승계되지 않는다면, 신규임용이 시험공고, 시험, 합격자 발표, 신규임용후보자명부 작성 등 최종 임용까지 상당한 시일이 걸리는데 제주도지사가 이 모든 절차를 마치지 못한다고 하여 2006. 7. 1. 이후에는 자치경찰인사위원회에서 처음부터 이 모든 절차를 다시 밟도록 하는 것은 불합리하고, 부칙에 경과조치를 둔 의미가 없다 할 것이다.

<제주특별자치도법>
부칙 <제7849호, 2006. 2. 21.>
제20조(자치경찰공무원의 신규임용과 교육훈련에 관한 경과조치) ① 도지사는 자치경찰공무원에 관한 규정에 불구하고 이 법 시행 전에 자치경찰의 원활한 실시에 필요한 최초 자치경찰공무원에 대한 신규임용과 그 교육훈련을 「지방공무원법」 및 「경찰공무원법」의 규정을 준용하여 행할 수 있다. 이 경우 그 자치경찰공무원의 임용일은 2006년 7월 1일로 본다.
② 제1항의 규정에 의하여 최초 자치경찰공무원을 신규 임용함에 있어서는 부칙 제10조의 규정을 적용한다.

15. 제주특별자치도법 부칙 제20조에 따라 자치경찰공무원을 임용함에 있어 7월 1일 이후에 임용되는 자치경찰공무원의 임용일을 7월 1일로 하여야 하는가?

제정 제주특별자치도법(2006. 2. 21. 법률 제7849호로 제정된 것) 부칙 제20조의 규정 취지는 제주특별자치도법 시행일인 2006. 7. 1. 이전에 자치경찰공무원을 채용하고 교육훈련을 시켜 자치경찰 도입에 만전을 기하도록 하되, 이렇게 임용된 자치경찰공무원의 임용일을 2006. 7. 1.로 명시하여 인사, 보수 등의 적용관계를 명확히 하고자 하는 것이다.

따라서 제정 제주특별자치도법(2006. 2. 21. 법률 제7849호로 제정된 것) 부칙 제20조에 의하여 제주도지사가 시험공고 등을 한 후 2006. 7. 1. 이전에 채용된 자치경찰공무원의 임용일을 2006. 7. 1.로 한다는 것이지, 제정 제주특별자치도법 부칙(2006. 2. 21. 법률 제7849호로 제정된 것) 제20조에 의하여 제주도지사가 시험공고 등을 한 후 2006. 7. 1. 이후에 채용된 자치경찰공무원의 임용일까지도 2006. 7. 1.로 한다는 것은 아님이 명백하다 할 것이다.

참고로, 공무원 임용일자는 "재직 중 공적이 특히 현저한 자가 공무로 사망한 때 그 사망 전일을 임용일자로 하여 추서하는 경우"와 "지방공무원법 제62조 제1항 제4호로 직권면직하는 때 휴직기간의 만료일 또는 휴직사유의 소멸일자를 임용일자로 하여 면직하는 경우"에 한하여 소급하여 임용(지방공무원임용령 제6조)할 수 있고, 또한 만약 2006. 7. 1. 이후에 채용된 자치경찰공무원의 임용일을 2006. 7. 1.로 하고자 하였다면 부칙의 "경과조치"가 아닌 "특례"를 두어야 했을 것이다.

<제주특별자치도법>
부칙 <제7849호, 2006. 2. 21.>
제20조(자치경찰공무원의 신규임용과 교육훈련에 관한 경과조치) ① 도지사는 자치경찰공무원에 관한 규정에 불구하고 이 법 시행 전에 자치경찰의 원활한 실시에 필요한 최초 자치경찰공무원에 대한 신규임용과 그 교육훈련을 「지방공무원법」 및 「경찰공무원법」의 규정을 준용하여 행할 수 있다. 이 경우 그 자치경찰공무원의 임용일은 2006년 7월 1일로 본다.
② 제1항의 규정에 의하여 최초 자치경찰공무원을 신규 임용함에 있어서는 부칙 제10조의 규정을 적용한다.

16. 제주도 조례인 「제주도○○조례」에 대하여 2006년 7월 1일 이후 규칙 제정과 관련하여

1) 「제주도○○조례」를 개정(형식은 제정)하지 않고 규칙을 제정할 수 있는가?

2006년 7월 1일 전에 「제주도○○조례」로 제정하였다면, 2006년 7월 1일 전에 규칙을 제정하여야 하는 것이 원칙이다. 왜냐하면, 지방자치단체가 변경되기 때문이다.

그러나 불가피하게 2006년 7월 1일 이후 규칙을 제정하는 경우도 발생할 수 있는데, 이 경우에는 「제주도○○조례」를 개정(형식은 제정)하지 않고 규칙을 제정할 수 있는지 여부가 논란이 될 수 있다.

한편, 제주도 조례는 제주특별자치도법에 따른 조례나 종전의 시·군조례와는 달리 제주특별자치도 조례로 보도록 하는 조항은 없으나, 제정 제주특별자치도법(2006. 2. 21. 법률 제7849호로 제정된 것) 부칙 제13조 제1항 및 제3항에 따르면, 이 법 시행 당시 종전의 규정에서 제주도, 제주도의 규칙 등을 인용하고 있는 경우에는 제주특별자치도, 제주특별자치도의 규칙을 인용한 것으로 보고, 제주도의 조례는 제주특별자치도의 조례가 제정될 때까지는 계속 적용할 수 있다고 되어 있다.

종전의 시·군의 조례·규칙과는 달리 종전의 제주도의 조례·규칙은 제주특별자치도의 조례·규칙으로 본다는 명시적인 규정은 없다.

따라서 "제주도 조례"를 "제주특별자치도 조례"로 볼 수 있다고 하더라도 "제주특별자치도 조례"로 변경된 것은 아닌 것이므로(법률에서 A를 B로 보도록 한 조항을 시행령 등에서 인용할 때에는 법률이 개정되지 아니하면 A를 인용하고 있음), "제주도 조례"를 "제주특별자치도 조례"로 제정한 후 "제주특별자치도 규칙"을 제정하는 것이 순리에 맞다고 판단된다.

그러나 "제주도 조례"를 "제주특별자치도 조례"로 제정한 후 "제주특별자치도 규칙"을 제정하라고 한다면, 너무나 많은 시간이 걸리고, 이에 따라 집행상 문제가 발생할 소지가 많으며, 경제적으로도 커다란 손실이고, 또한 실익도 없다고 판단되므로, 긴급한 사유가 존재하고, 규칙으로 정하지 아니하면 집행을 하기가 곤란하여 문제가 발생할 우려가 많은 경우 등 특별한 경우에 한하여 「제주도○○조례」를 「제주특별자치도○○조례」로 개정(형식은 제정)하지 않고 규칙을 제정해 줄 수는 있다 할 것이다. 다만, 이렇게 하는 경우에도 효력문제가 생길 수 있으므로 하루빨리 제주도조례를 제주특별자치도조례로 개정하여야 할 것이다.

2) 규칙을 제정할 수 있다면 "제주도 규칙"으로 하여야 하는지 아니면 "제주특별자도 규칙"으로 하여야 하는가?

2006년 7월 1일 전에 「제주도○○조례」로 제정하여 2006년 7월 1일 전에 규칙을 제정하는 경우 문제가 없겠지만, 2006년 7월 1일 이후 규칙을 제정하는 경우 "제주도 규칙"으로 할 것인지, "제주특별자치도 규칙"으로 할 것인지 논란이 있을 수 있으나, 제주특별자치도법 및 「제주도 행정체제 등에 관한 제주특별자치도법」(2009. 3. 25. 제2차 개정으로 폐지되기 전의 것)에 따라 2006년 7월 1일부터 "제주도"가 폐지되었으므로 조례가 "제주도 조례"로 되어 있다고 하더라도 "제주도 규칙"으로는 제정할 수 없고, "제주특별자치도 규칙"으로 만들 수밖에 없을 것이다.

3) 규칙 제명을 「제주도○○조례 시행규칙」으로 하여야 하는지 아니면 「제주특별자치도○○조례 시행규칙」으로 하여야 하는가?

2006년 7월 1일 이후 규칙을 제정하는 경우 "제주특별자치도 규칙"으로 하여야 한다고 하더라도, 규칙의 제명을 어떻게 하여야 하는지 논란이 될 수 있다.

규칙의 제명은 조례의 제명에 "시행규칙"을 붙이는 것이 일반적이므로, 규칙의 제명은 「제주도○○조례」을 인용하여 「제주도○○조례 시행규칙」(조례 제명이 "제주도"로 되어 있는데, "제주도"가 "제주특별자치도"로 보도록 되어 있다고 하더라도 바뀌기 전에는 시행규칙에서 이를 "제주특별자치도"로 할 수는 없을 것임)으로 하여야 할 것이다.

Ⅸ. 부 록

1. 제주특별자치도법 요약

Ⅰ. 추진배경

□ 제주도는 2002년부터 시행된 「제주국제자유도시특별법」에 의해 사람·상품·자본의 국제적 이동과 기업활동의 편의가 최대한 보장되도록 규제완화 및 국가적 지원의 특례가 인정되는 국제자유도시를 추진하여 왔으나

○ 법제도적 기반 취약, 정부예산 지원 미흡, 제주도의 자체역량 미흡 등으로 가시적인 성과를 나타내지 못하였음.

□ 참여정부가 출범하면서 지식정보화 사회와 세계화 추세에 효과적으로 대응하기 위해 독자성이 강한 제주도를 획기적이고 선진화된 분권모델로 삼는 한편, 규제완화 및 핵심산업 육성을 통해 국제자유도시로 지속적으로 발전할 수 있는 토대를 구축하기 위하여 제주특별자치도를 추진하게 되었음.

○ 이에 따라 정부는 '1국2체제'에 준하는 특별한 자치권을 제주도에 부여하고자 추진하여 왔으며, 이러한 분권과 정부권한 이양, 대폭적인 규제완화를 통하여 제주도를 동아시아 지역에서 홍콩, 싱가포르를 능가하는 국제자유도시로 육성하고자 하는 것임.

□ 전 노무현 대통령께서도 제주특별자치도에 대한 추진 의지를 수차례 밝히심에 따라 참여정부의 지방분권 과제로 채택되어 국가 정책사업으로 추진하게 되었음.

II. 추진경과

○ '04. 11. 30. 제주도, 특별자치도 추진계획을 마련하여 정부에 건의

○ '05. 5. 20. 정부혁신위, 관계장관회의를 거쳐 기본구상안 확정·발표

○ '05. 7. 25. 국무총리 산하에 추진기획단 발족

○ '05. 8. 30. 제주도, 기본계획(안) 마련·발표

○ '05. 8. ~ '05. 9. 기본계획(안) 관계부처 및 제주도와 협의 추진

○ '05. 10. 6, 10. 14. 제주특별자치도 추진실무위원회 및 추진위원회 개최

○ '05. 10. 21. ~ 10. 27. 제주특별자치도법안 관계부처 협의

○ '05. 10. 21. ~ 11. 16. 규제심사, 법제처 심사

○ '05. 11. 4. ~ 11. 14. 입법예고 실시

○ '05. 11. 7, 11. 17. 당정협의 개최

○ '05. 11. 9, 11. 11. 공청회 개최(제주, 서울)

○ '05. 11. 21. 국무회의 의결(제주특별자치도법 정부안 확정)

○ '05. 11. 22. 제주특별자치도법안 국회 제출

○ '06. 2. 9. 국회 본회의 의결(수정의결)

○ '06. 2. 21. 제주특별자치도법 공포('06. 7. 1. 시행)

○ '07. 8. 3. 제1차 개정 제주특별자치도법 공포

○ '09. 4. 1. 제2차 개정 제주특별자치도법 공포

○ '11. 5. 23. 제3차 개정 제주특별자치도법 공포

Ⅲ. 제주특별자치도법 체계

> ▶ 제주도를 자치입법, 조직 및 인사, 재정 등 자치행정 전 분야에 걸쳐 획기적인 자치권을 갖는 "자치모범도시"로 육성
> ▶ 이상적 자유시장 경제모델 구축과 핵심산업 육성으로 경쟁력 있는 국제자유도시 육성

자치권의 획기적 확대

○ 자치분권 강화로 선진적인 분권 모델 실현

- 자치사무 및 자치입법권 확대, 재정자주권 강화

- 교육·경찰자치 선도적 실시, 특별지방행정기관 정비

○ 자치역량 제고로 진정한 지방자치 실현

- 기관구성 및 조직·인사의 자율성 보장, 주민 참여제도 활성화

- 직무성과 중심의 인사시스템을 통한 공무원 경쟁력 강화

○ 자율성에 상응하는 자기책임성 강화

- 감사시스템의 강화, 주민 직접통제 강화

- 지방의회의 견제기능 활성화

핵심산업의 중점 육성

○ 규제완화 조치

- 핵심산업 육성과 관련된 규제 우선적 완화(1·2단계)

- 지속적 추진(3·4단계------)

○ 친환경적 관광·휴양지 건설

- 세계적 수준의 종합관광지 및 국제회의도시 조성

- 쇼핑관광 활성화 및 청정 제주 건설

○ 국제경쟁력을 갖춘 교육환경 조성

- 교과과정, 수업료 등 학교운영의 자율성 대폭 확대

- 투자여건 조성으로 국내·외 우수학교 유치

○ 특화된 양질의 의료서비스 모델 개발·육성

- 국내·외 우수 의료기관 유치 및 의료 인프라 확충

- 의료와 휴양이 결합된 새로운 의료서비스 모델 개발

○ 청정 1차산업 육성

　– 친환경 농업 육성 및 지역특성에 맞는 수산자원 관리체계 구축

○ 첨단산업 등이 비약적으로 발전할 수 있는 여건 확충

　– 신기술의 시범시행으로 첨단정보도시 구현

　– BT산업의 전략적 육성으로 건강·뷰티·바이오산업 기반구축

Ⅳ. 제주특별자치도법의 주요 내용

1. 고도의 자치권 부여

1	특별자치도의 설치

☐ 특별자치도를 새로운 광역자치단체로 설치(제10조)

○ 지방자치법 개정(제2조)

- 특별시·광역시·도 → 특별시·광역시·도·특별자치도로 개편

※ 제주특별자치도는 단순히 광역자치단체인 기존의 제주도가 그 명칭만 변경된 것이 아니라 자치단체의 성격이 바뀐 것임.

⇒ 제주특별자치도를 서울특별시와 같이 특수한 법적 지위를 갖는 자치단체로 규정 (지방자치법 제174조 제2항)

⇒ 제주특별자치도를 설치하여 실질적인 지방분권 보장, 행정규제의 폭넓은 완화, 국제적 기준의 적용 등을 통한 국제자유도시를 조성

※ 세종특별자치시 출범(2012. 7. 1.), 동남권특별자치도 등 추진

☐ 행정시의 설치(제15조)

○ 제주특별자치도에는 지방자치단체인 시와 군을 두지 않고, 지방자치단체가 아닌 시 (행정시: 하부행정기관) 설치

○ 행정시의 폐치·분합, 명칭 및 구역은 조례로 위임

○ 행정시에는 도시지역에 동, 그 밖의 지역에 읍·면 설치

- 행정시의 읍·면·동은 지방자치법상 읍·면·동과 같음.

2	자치입법권 강화

☐ 현행 헌법의 틀 속에서 조례제정 및 규율범위를 확대하여 자치입법권을 강화(권한 이양 및 각종 특례 부여)

☐ 조례제정 범위 실질적 확대(제7조 및 제12조)

○ 외교·국방 등 국가존립 사무를 제외한 모든 사무의 단계적 자치사무화, 우선 중앙 사무의 과감한 지방이양 및 조례위임 확대

○ 국무총리 소속하에 '제주특별자치도지원위원회'(심의기구)를 설치, 제주자치도 성과 평가, 재정자주권 제고, 권한이양, 행정규제자유화, 중앙행정기관의 장과 협의·조 정 등 지속적 수행

  - 사무기구(제주특별자치도지원위원회 사무처) 설치

  ※ 5년간 한시조직(2011. 6. 30.) → 제3차 개정(2014. 6. 30.까지 연장)

☐ 법률안 제출 요청권 부여(제9조)

○ 단순한 법률개정 건의보다 한 차원 높은 법률안 제출 요청권을 특별자치도에 부여: 지역정책 발의권 인정

  - 법률안(특별자치도) → (지방의회 재적 2/3 이상 찬성: 남용방지책) → 제주특별자 치도지원위원회 → 부처의 타당성 검토 → 2개월 이내 검토결과 지원위원회 통 보 → 심의결과 중앙행정기관의 장·도지사 통보

  ※ 중앙행정기관의 장은 타당하다고 인정하는 때에는 법률 반영에 적극 협력

  ⇒ 지역특성에 맞는 제도를 스스로 만들 수 있는 여건 마련

3	자치조직·인사 자율성 강화

☐ 행정시장의 사전예고제(제17조 - 제19조)

○ 행정시장의 사전예고제 도입(임의규정)

  - 도지사 후보자 등록 시 행정시별 각각 1인 예고

  - 후보자 등록신청 시, 사전예고자 명부 및 본인승낙서 함께 제출

  - 공무원 결격자는 사전예고자에서 제외

- 사전예고자 성명·직업·학력·경력 등 널리 공고

○ 행정시장 임명

- 사전예고자: 정무직지방공무원으로 임명, 임기 2년(연임 가능)

- 미예고, 사전예고자의 사망·사퇴·임기만료 등의 경우: 개방형 직위(일반직 또는 계약직지방공무원)

※ 행정시장은 도지사의 지휘·감독을 받아 소관 국가사무 및 지방자치단체의 사무를 맡아 처리하고 소속 직원을 지휘·감독

○ 정무직지방공무원인 행정시장의 퇴직: 도지사와 진퇴를 같이함.

- 지방공무원법상 퇴직사유+도지사의 재선거·보궐선거+도지사의 임기만료+도지사의 주민소환 확정·공표

※ 정무직지방공무원인 행정시장의 임기는 2년이지만, 일반직 및 계약직지방공무원인 행정시장의 임기는 2년 이상 5년 이내(개방형 직위)

□ 기관구성 방식 및 기구·정원관리 자율성 확대(제13조·제14조 및 제52조)

○ 법률이 정하는 바에 따라 기관(지방의회와 집행기관)구성을 달리 정할 수 있는 법적 근거 마련(기관 통합형, 절충형 등)

- 도지사는 도의회의 동의를 받아 행정안전부장관에게 주민투표의 실시 요청 가능

○ 총액인건비제도 적용 배제, 부지사의 정수 및 사무분장, 행정기구 설치, 정원책정, 직속기관·사업소·출장소의 설치요건, 하부 행정기구 설치 자율성 부여

- 다만, 보조기관·하부행정기관의 장 등 직급기준(대통령령) 존치

□ 공무원 경쟁력·전문성 제고를 위한 인사제도 강화(제49조 - 제51조 및 제60조 - 제63조)

○ 직군·직렬통합(2급 - 5급), 분야별 보직관리제도 도입, 직위분류제 단계적 실시 등을 통한 공무원의 전문성 강화

○ 개방형 직위 및 직위공모제 확대 등 공무원 충원시스템 개방

- 외국인·민간전문가 등 유연하고 탄력적인 인력 충원

○ 전국단위 인재 선발채용

- 5급·7급 및 연구·지도직 공개경쟁 신규임용시험

○ 지역인재 선발채용

　　- 도내지역 대학의 졸업자 또는 졸업예정자 중 우수인재를 추천받아 3년의 견습기
　　　간을 거쳐 7급 이하 지방직공무원으로 채용

　　※ 국가 견습직원과의 비교(① 직급 ② 견습직원 파면 ③ 정원초과 시 조치)

○ 외국어 능력자 등 우수인력 우대

○ 외국인 지방공무원 채용근거 마련(공권력 행사와 국가보안 및 기밀에 관계되는 분
　야 제외)

□ 능력과 성과중심의 인사관리 및 보상체계 개선(제53조 - 제59조)

○ 직무성과계약제 도입(4급 이상 일반직), 성과주의 연봉제의 획기적 개선(법령에 의한
　성과급적연봉제 적용대상공무원 외에 도조례에 따라 개방형 직위 및 공모직위에 임
　용된 자) 등 성과관리시스템 강화

○ 적격심사제도 도입(1급 - 3급)으로 능력·성과중심의 공직풍토 조성

　　- 적격심사: 도인사위원회

　　- 성과평가 연속 2년 최하위자 등 부적격자 직권면직 조치

○ 우수공무원 특별승급제·특별승진 및 성과상여금 확대 실시

□ 인사교류·파견제도 활성화 및 교육훈련의 내실화(제64조 및 제65조)

○ 중앙과의 인사교류 확대를 통한 직무능력 제고(정수의 5/100 범위 내)

○ 공무원 교육훈련 권한 조례위임, 교육의 자율성 확대

　　- 교육훈련기관장 개방형 직위화(임기 2년), 민간전문가의 교수채용 활성화로 교육·훈
　　　련의 전문성 강화

　　- 5급 이상 지방공무원에 대한 교육훈련 실시 가능

□ 인사 투명성 확보를 위한 임용 전 청문회 제도 도입(제44조)

○ 별정직으로 보하는 부지사(행정부지사를 제외한 부지사) 및 감사위원회 위원장의 자
　질검증을 위한 임용 전 인사청문회 실시

□ 책임성 확보를 위한 인사위원회 위상 강화(제50조)

○ 인사위원회 설치·운영 조례위임, 위원장을 공무원이 아닌 중립적 인사로 위촉(행정부지사 → 위원 중에서 호선)

− 위원 과반수는 학계·전문가·시민단체 등으로 위촉

□ 감사위원회의 설치(제66조 − 제71조)

○ 지방자치법 제171조(지방교육자치에 관한 법률 제3조에 따라 준용되는 경우 포함) 및 지방공무원법 제81조에 불구하고 감사대상 기관 및 그 기관에 속한 자의 제반 업무와 활동 등에 대하여 자치감사를 하기 위하여 도지사 소속하에 직무의 독립성이 보장되는 감사위원회 설치

− 위원장 1인을 포함한 7인 이내의 위원으로 구성

※ 3인은 도의회 추천자, 1명은 도교육감 추천자 위촉

− 위원장은 정무직지방공무원(대통령령)으로 의회동의를 얻어 임용하고, 임기는 3년

− 제주자치도 소속 공무원이 아닌 위원의 임기는 3년

○ 국회의 국정감사, 감사원감사 및 주민감사청구를 제외한 중앙행정기관 감사를 받지 않음·

− 본청, 교육청, 제주특별자치도로 이관되는 특별지방행정기관, 중앙행정기관이 감사를 의뢰하는 기관

※ 국가사무 및 국가의 보조를 받은 사업에 대한 감사

중앙행정기관의 장이 감사위원회에 의뢰 → 감사실시 → 의뢰 중앙행정기관의 장, 도지사 및 감사대상 기관에 감사결과 통보 → 의뢰 중앙행정기관의 장 재감사 의뢰 가능 → 특별한 사정이 없는 한 60일 이내 재감사 실시(중앙행정기관의 장이 추천하는 감사담당공무원 참여)

○ 감사위원회의 구성·운영과 감사위원회의 업무를 지원하기 위한 사무국의 직무·운영 등에 관한 사항은 조례로 위임

| 4 | 의정활동역량 강화 |

□ 지방의회 지급경비 자율화(제46조)

○ 의원에게 지급하는 경비의 종류 및 지급기준을 의정활동비심의위원회 심의를 거쳐 조례로 결정(의정활동비, 여비, 월정수당 등)

  ※ 의정비심의위원회

○ 지방의회 회기운영 자율화: 연간회의 총일수 조례로 규정(제3차 개정 시 삭제)

  ※ 지방자치법 개정(2006. 4. 28. 공포, 2006. 7. 1. 시행)으로 회의 총일수와 정례회 및 임시회의 회기는 당해 지방자치단체의 조례로 정하도록 하고 있음.

□ 도의회의원 정수와 선거구 특례(제41조 - 제43조)

○ 도의회의원 정수

  - 41인 이내(교육의원 5인 포함)에서 **도의회의원**선거구획정위원회가 정하는 바에 따라 도조례로 정함.

○ 도의회의원선거구획정위원회 설치

  - 도의회의원지역선거구의 공정한 획정을 위해 설치

□ 지방의회의 독립적 인사운영(제14조 제1항)

○ 의회사무처 직원 임용 및 절차를 조례로 위임하고, 전문위원, 별정·기능직에 대한 인사권을 의장에게 부여(일반직 현행 유지)

  - 다만, 보수·복무·신분보장·징계 등은 지방공무원법 적용

  ※ 의회직렬 신설 등 전 직원에 대한 인사권 부여문제는 단계적으로 추진

□ 정책자문위원제 도입(제45조)

○ 현행 전문위원제 및 '유급 보좌관제'의 미비점을 상호 보완할 수 있는 공동근무 형식의 '정책자문위원제' 도입 → 지방의원 의정활동 지원기능 강화

  - 상임위별 3명 이내 추가 배치, 계약직 또는 별정직 채용(5급 상당), 도의회의장이 임명

5	주민참여의 확대

□ 주민소환제 도입(제25조 - 제30조)

○ 소환대상: 선출직 공직자(단체장, 비례대표의원을 제외한 의회의원, 교육감, 교육의원)

○ 소환청구: 투표청구권자 주민수 이상의 서명으로 관할선거관리위원회에 청구

　　※ 주민소환투표청구권자 주민수

　　　　· 제주특별자치도지사와 제주특별자치도교육감: 주민소환투표청구권자 총수의
　　　　　100분의 10

　　　　· 제주특별자치도의회의원(비례대표의원 제외): 당해 도의회의원지역선거구 안
　　　　　의 주민소환투표청구권자 총수의 100분의 20

○ 소환제한: 관련 공직자 취임 1년 이내, 잔여임기 1년 미만, 동일인 1년 이내 재소환
　　　　　　금지 등 소환청구를 제한하여 남발 방지

○ 소환결정: 1/3 이상 투표 및 유효투표수 반수 이상 찬성

□ 주민의 직접참여제도 활성화(제23조 · 제24조 및 제78조)

○ 재정 주민투표제 도입(조례로 정하는 일정규모 이상 대규모 투자사업)

○ 주민 조례 제 · 개폐 청구요건 완화(100분의 1 이상 70분의 1 이하 → 110분의 1의
　범위에서 도조례로 정하는 수)

○ 예산편성과정 주민참여 제도화(공모방식 도입)

□ 주민자치센터 및 주민자치위원회 강화(제22조)

○ 읍 · 면 · 동에 주민자치센터 설치

　- 주민의 편의 및 복지 증진, 주민자치의 강화, 지역공동체의 형성에 관한 사항

○ 주민자치위원회 법정 기구화 등 제한된 범위 자치기능 부여

　- 주민자치센터 관할구역별로 설치

　- 주민자치센터 운영관련 사항 심의

○ 주민자치센터의 설치 · 운영과 주민자치위원회의 구성 · 운영에 대하여 도조례로 위임

6	재정자주권 강화

□ 지방세를 특별자치도세로 전환(제72조 - 제74조)

○ 지방세 전 세목에 대해 특별자치도세화, 재정자주권 확보

□ 국고지원방식의 개선(제75조 및 제76조)

○ 현행수준 유지를 위해 지방교부세(교육 포함) 특례규정 마련

   - 제주특별자치도가 차지하는 교부세의 일정비율을 법정화

   ※ 보통교부세 총액의 100분의 3

○ 균형발전특별회계에 별도 계정(제주특별자치도계정)을 신설하여 국가사무의 기능 이양분 및 국고보조사업에 대하여 지원

□ 지방채 발행의 완전 자율화(제77조)

○ 외채발행, 지방채발행 총액한도 초과분에 대해서도 중앙정부의 승인 없이 의회의결로 발행토록 개선

   - 지방채발행한도액 초과발행 시 의회의결 정족수 강화(재적의원 과반수 출석, 출석위원 3분의 2 이상 찬성)

□ 예산편성과정에 주민참여(제78조)

○ 주민참여를 공모방식 등에 의하고, 주민의 선정방법 및 절차참여과정 등에 관하여 필요한 사항은 도조례로 위임

   ※ 주민참여예산제

     · 자치단체의 예산편성과 심의에 주민이 참여할 수 있도록 하는 것

     · 브라질의 포르투알레그레시에서 처음 시작

     · 울산 북구·동구와 광주 북구 등 일부 자치단체에서 시행 중

     · 관계 법령: 「지방재정법」(2011. 3. 8. 공포, 2011. 9. 9. 시행)

      제39조(지방예산편성과정에 주민참여) ① 지방자치단체의 장은 대통령령이 정하는 바에 따라 지방예산편성과정에 주민이 참여할 수 있는 절차를 마련하여 시행하여야 한다. <개정 2011.3.8>

② 지방자치단체의 장은 제1항에 따라 예산편성과정에 참여한 주민의 의견을 수렴하여 그 의견서를 지방의회에 제출하는 예산안에 첨부할 수 있다. <신설 2011.3.8>

　[시행일 : 2011.9.9] 제39조

　☞ 다른 지방자치단체도 강제. 다만, 제주는 도조례인데 다른 시·도는 대통령령임.

7	교육자치제의 선도적 실시

□ 교육감·교육의원 주민직선(제80조·제81조 및 제91조)

○ 교육감·교육의원을 주민직선으로 선출하여 간선제도에 따른 비효율을 제거하고 주민 대표성을 확보

　※「지방교육자치에 관한 법률」의 개정(2006. 12. 20. 공포, 2007. 1. 1. 시행)으로 다른 시·도도 제주특별자치도와 마찬가지임.

□ 교육위원회를 도의회 상임위원회로 일원화(제79조 및 제80조)

○ 교육관련 심의·의결기관을 일원화함으로써 비합리적인 이중적 심의·의결 구조를 개선

　－ 도의회 내 상임위원회 설치(9인으로 구성)

　－ 정수의 1/2 이상 교육전문가(9인 중 5인)로 구성

　※「지방교육자치에 관한 법률」의 개정(2006. 12. 20. 공포)으로 다른 시·도도 2010. 9. 1.부터 제주특별자치도와 마찬가지임.

□ 교육청 개편(3 → 2개 기관) 등 교육자치 여건 조성(제98조 및 제101조 － 제103조)

○ 현행 3개 교육청을 행정시 단위로 통합·운영

　－ 교육청 관장 사무 확대: 고등학교 사무 이관(도교육청 → 지역교육청)

○ 교육장 임용 '공모제' 도입

○ 교육비특별회계 제도를 유지하면서 지방교육재정교부금 법정률 지원제도(도세총액에서 도조례가 정하는 비율의 금액)로 교육재정 자주권 강화

○ 지방채 발행 승인·중앙정부의 감사권한 배제 등

| 8 | '제주형 자치경찰제' 시범 실시 |

□ 현행 국가경찰조직 운영시스템은 그대로 유지하면서, 특별자치도지사 소속하에 자치경찰 설치(제105조 - 제109조·제113조 및 제114조)

○ 자치경찰과 국가경찰 상호 간 업무협조를 위하여 소속하에 치안행정위원회 설치
  - 위원장 1인과 당연직 위원 2인을 포함하여 법관·교수·지역주민 등 11인의 위원으로 구성
  ※ 경찰법 개정(2006. 7. 19. 공포·시행)으로 경찰법 제16조에 따른 치안행정협의회를 두지 아니하도록 됨.

□ 자치경찰조직(제107조 및 제109조)

○ 주민에 대한 책임·권한 소재를 명확히 하기 위하여 도 소속기관으로 자치경찰단을 두고, 단장은 자치총경으로 보함(필요 시 개방형 운영)
  ※ 자치경찰의 정치적 중립 보장을 위한 제도적 장치 마련 추진

○ 행정시에 자치경찰대를 폐지하여 자치경찰단으로 일원화: 제3차 개정

□ 자치경찰의 사무 및 권한(제108조)

○ 방범순찰, 교통안전 지도단속, 기초질서유지, 시설·행사 경비 등 주민생활 밀착 치안서비스
  ※ 국가경찰과 사무처리 협약 체결

○ 환경·식품·산림·공중위생 등 사법경찰관리 직무
  ※ 자치경찰 권한은 경찰관직무집행법을 준용하고 일반 범죄 수사권 없음 (국가경찰에 인계).

□ 자치경찰 재원조달(제122조)

○ 소요예산은 자치단체 재원으로 부담을 원칙으로 하되, 국가 지원 가능

□ 국가경찰에서 수행하고 있는 교통안전시설 관리 업무를 특별자치도로 이관 (제138조)

○ 교통안전시설 관리업무의 효율성과 민주성 향상

○ 교통안전시설에 관련된 사항을 심의하기 위하여 도지사 소속하에 민간전문가와 국가경찰 등이 참여하는 교통시설심의위원회 설치

9	특별지방행정기관 이관

□ 특별지방행정기관의 이관기준(제140조)

○ 관내 특별지방행정기관이 수행하는 사무 중 주민편의성 및 현지성이 요구되는 사무 등을 특별자치도에 이관

  - 이관 시 특별자치도의 행·재정상 여건 및 능력 등을 감안

□ 7개 특별지방행정기관 우선 이관(제141조)

○ 주민편의성 등이 요구되고, 도와 유사·중복되는 부분이 많은 사무를 취급하는 7개 기관 우선 이관

  ※ 7개 기관: 제주지방국토관리청, 제주지방중소기업청, 제주지방해양수산청, 제주환경출장소, 제주보훈지청, 제주지방노동위원회, 제주지방노동사무소

□ 이관에 따른 조치(제149조)

○ 도: 해당 공무원의 지방직공무원 임용 시 특별임용시험 면제, 행·재정적 지원 및 생활환경개선 등 지원

○ 중앙행정기관의 장: 인원의 이체 등 행·재정상 지원, 재정지원의 방법 및 규모 등이 포함된 지원계획을 수립하여 지원위원회 심의

□ 우선 이관 대상기관 이외의 특별지방행정기관 이관에 따른 조치(제150조)

○ 우선 이관 대상기관 이외의 특별지방행정기관에 대해서는 도지사의 요청 → 지원위원회의 관계 중앙행정기관 의견청취·심의 → 공고를 거쳐 이관

□ 특별지방행정기관 설치 금지(제151조)

○ 이 법 시행 후에는 도내에 중앙행정기관의 특별지방행정기관 원칙적으로 설치 금지

　　－ 불가피한 경우, 도의회의 동의와 도지사와 사전협의 후 설치

2. 핵심산업 육성

1	관광산업의 활성화

□ 출입국 관리제도를 개선하여 외국 방문객 적극 유치(제156조)

○ 외국인 관광객에 대한 No Visa 입국 확대

□ 자치를 바탕으로 관광산업의 국제경쟁력 제고(제169조 － 제173조)

○ 특별자치도 스스로의 노력으로 세계적 규모의 종합 관광·휴양지를 조성할 수 있는
　　여건 조성

　　－ 도 전역을 국제회의도시로 지정, 국제컨벤션산업 육성

　　－ 외국인 전용 카지노의 경쟁력 강화책 마련이 가능토록 설립 감독권 및 관광진흥
　　　　개발기금 운영권한 이양(제주관광진흥기금 신설)

　　※ 제주관광진흥기금의 용도: 「관광진흥개발기금법」 제5조에 따른 용도와 제주관
　　　　　　　　　　　　　광공사에 대한 출자·출연·보조

　　－ 관광호텔의 등급 심사제도 운영도 특별자치도로 이양

　　－ 우수관광사업체 지정·운영 근거 신설

　　－ 관광사업 종류의 신설, 관광종사원 교육 권한 등 특별자치도로 이양

○ '제주관광공사(지방공기업)'를 설립하여 사업추진의 핵심 주체로 활용

　　－ 관광산업 육성과 마케팅 활성화 등을 위해 국가공기업(한국관광공사 및 공항공
　　　　사 등)과 유기적 협조체제 구축

　　※ 상호 협의체를 구성하여 사업계획 사전협의 제도화 등

□ 관광객 유치 촉진을 위한 지원 강화(제177조)

○ 내국인 면세점(JDC) 쇼핑이 활성화되도록 이용제한 완화

○ 부가가치세 사후환급제 도입

□ 문화·스포츠 산업 활성화를 위한 권한이양(제179조의2, 제249조)

○ 공연물 등에 관한 연소자의 유해성 여부의 확인 및 외국인의 국내공연 추천(추천변경) 등 권한이양

○ 생활체육 활성화를 위하여 체육시설의 자율적 관리 강화

　　− 직장체육시설의 설치기준, 체육시설 개방 및 이용 기준, 체육시설업 관련 시설 및 등록 기준, 체육지도자의 배치 및 배치기준, 체육시설업의 안전위생 기준, 체육시설업자의 보험가입 의무 기준, 체육시설업자의 질서 위반에 따른 과태료에 관한 사항 등 도조례로 위임

　　※ 관광 3법 일괄이양: 제2차 개정

| 2 | 국제자유도시에 적합한 교육 서비스 제공 |

□ 초·중등 교육기관의 자율성을 경제자유구역 이상으로 신장(제182조·제186조 및 제187조)

○ 외국교육기관의 내국인 입학 비율 상향 조정 근거 마련

　　− 현행 5년간 30%, 5년 후 10% → 5년간 50%, 5년 후 50% 범위에서 외국교육기관 설립운영심의위원회가 조정하는 비율 이내

○ 외국교육기관의 설립 기준 및 설립승인 절차 등 도조례 위임

○ 초·중등 교육과정에서 외국어 강의, 국제 수준의 교과과정 운영 등이 가능토록 자율성 최대한 보장

　　− 교과용도서, 커리큘럼, 교원자격 등의 특례 인정으로 차별화된 교육수요 충족 및 투자자의 교육문제 해소

○ 국제고등학교 설립·운영

□ 외국의 유수 대학(원) 유치 여건 강화(제183조)

○ 외국대학에 국내 대학 내 외국대학(원)의 교육과정 설치 허용

○ 교지, 시설 및 수익용 기본재산 등 확보기준을 완화하여 대학 설립 희망자의 초기

비용 및 위험부담 경감

○ 토지 무상 임대, 연구비 및 장학금 등의 행·재정적 지원 강화

□ 국내대학 등에 대한 규제완화 및 각종 지원 강화(제184조)

○ 시설·교원 등 일정요건하에 학사학위 과정과 전문학사학위 과정을 함께 운영하는
  대학 설립 허용

○ 교육시설 설립 시 투자진흥지구로 지정 가능토록 제도 개선

○ 대학운영, 시설건축 자금지원 및 부지 공여 등 지원 확대

□ 학교법인의 설립 및 운영에 관한 권한이양(제96조의2)

○ 고등학교 이하 사립학교 설치·운영하는 학교법인의 설립허가, 학교법인 합병인가,
  정관변경 인가, 사립학교 변경 및 폐지 인가 등에 관한 권한을 도교육감에게 이양

□ 외국교육기관 유치 지원근거 마련(제7조)

○ 제주특별자치도지원위원회의 심의사항에 외국교육기관 유치 및 지원 사항을 추가

□ 영어교육도시의 조성(제189조의2 - 제189조의14)

○ 영어교육도시 대상 부지 공유재산 무상양여 허용

○ 영어교육도시 내 초·중등 국제학교 설립 근거 마련

○ 영어교육도시 국제학교 설립자격·기준 등 특례

3	특화된 양질의 의료서비스 모델 개발·육성

□ 의료서비스산업 관련 진입규제 완화(제192조 - 제196조)

○ 외국 영리법인이 의료기관을 설립할 수 있도록 규제완화

  ※ 건강보험 요양기관 당연지정제 특례 인정

○ 의료기관 개설은 도지사가 허가하되, 보건복지부장관의 사전 승인

○ 외국 영리법인의 개설요건 등을 충족하지 못하는 경우 보건의료정책심의위원회의
  심의를 거쳐 개설허가 취소 근거 마련

○ 외국병원의 내국인 진료 허용으로 해외 의료기관 유치 촉진

○ 외국인전용약국 개설

　－ 내국인을 대상으로 의약품의 조제 및 판매 금지. 다만, 외국 영리법인이 개설한
　　의료기관에서 처방전을 받은 내국인은 가능

○ 외국의 의사·치과의사·간호사·의료기사 약사 면허소지자에게 외국 영리 의료기
　관 종사 허용

□ 의료서비스산업 규제도 국제자유도시에 부합되도록 개선(제197조·제198조, 제200조의2)

○ 비전속 진료(의료인이 의료기관을 개설하지 아니하고 진료), 원격 진료 등 다양한 진
　료 서비스 형태 확대

○ 의료법인의 부대사업 범위 확대

　－「의료법」 제49조 제1항 각 호의 부대사업 외에 도조례로 정하는 부대사업 가능

○ 특수의료장비의 설치기준에 대한 권한이양

□ 의료관광(Medical Tourism)의 중심지로 육성(제7조, 제200조)

○ 제주특별자치도지원위원회의 심의사항에 외국의료기관 유치 및 설립 사항을 추가

○ 제주형 의료관광 산업 육성을 위한 모델 개발 및 지원체계 구축

　－ 마케팅·홍보 등에 관한 지원

□ 공공의료 서비스 확충(제190조 및 제191조)

○ 외국인 진료소 및 외국인지역응급의료센터 지정 제도를 운영하여 외국인 진료편의
　강화

　※ 현재는 외국인 전담 의료기관이 없는 실정

○ 의료기관 유치와 병행하여, 보건의료발전계획 수립 의무화

4	청정 1차 산업의 육성

□ 친환경농업 육성 등 독자적 관리체계 강화(제201조 － 제208조, 제244조)

○ 농림업 전 분야에 걸쳐 독자적인 육성체제로 전환

- 농·임·축·수산업의 수급 안정(생산조정, 출하조정, 품질검사 등), 농어촌지역의 지정(동의 주거지역 중 전부 또는 일부를 농어촌지역으로 지정), 친환경농업육성위원회 설치, 친환경농업육성실천계획의 수립, 농업진흥지역의 지정, 농지의 분할, 농지의 전용허가·협의, 여성농어업인관련시설의 운영비 지원, 농지전용허가 등의 제한 등 권한이양
- 정부의 밭농업직접지불·소득보조와 별도로 도지사도 시행할 수 있도록 규정 신설 및 지원근거 명시
- 산지전용 제한지역의 지정, 산지전용 허가·신고, 토사채취허가, 채석단지 지정·해제 등의 권한이양

○ 제주흑우의 유전자원관리, 반출제한 등 보호·육성 조항 신설

※ BT산업과 연계하여 지역특산품으로 육성

○ 반출·입 가축에 대한 방역강화 등 청정 축산환경 유지

○ 가축방역관 지정, 축사·선박·항공기 등의 소독 의무 권한이양

□ 지역특성에 맞는 수산자원 및 항만관리체계 구축(제209조 - 제214조)

○ 육상해수양식·종묘생산어업, 공유수면관리 및 매립권한 등 이양

○ 연안정비, 어장자원, 기르는 어업 등의 권한 도지사가 설정 운영

○ 연안관리지역계획, 지방어항의 지정 및 어항개발계획수립 시 사전 승인·협의절차 생략, 어항시설의 사용 또는 점용허가, 비관리청 어항시설 사업허가 등 권한이양

○ 제주특별자치도항만정책심의회 신설, 예선운영협의회 설치 및 운영 권한이양

| 5 | 첨단산업의 육성 |

□ 법인세 등 감면 대상사업 범위를 대폭 확대하여 첨단산업 활성화 지원(제주투자진흥지구 지정: 제217조)

○ 조세감면 대상사업에 IT·소프트웨어, BT, 요양시설 등 추가

○ 총사업비 요건도 500만 불 이상으로 완화하여 수혜대상 확대

□ IT, BT 등 첨단산업에 대한 국유·공유재산의 장기 임대 및 임대료 감면 기회 부여

(제220조)

○ 첨단산업용 국유·공유지 임대기간을 50년 이내로 설정(갱신 가능)

□ 외국인투자기업에 대한 지원 강화(제166조·제167조 및 제168조)

○ 외국인 주거 단지 조성으로 국내외 기업 적극 유치

   − 제주도에 소재지를 둔 무주택자인 외국인에 대해 주택을 특별공급

○ 외국인 자녀 전용 어린이집 설치

○ 고용규제를 경제자유구역 수준으로 완화

   ※ 국가유공자 의무고용, 고령자 의무고용 적용 특례 인정

3. 투자여건 조성 및 산업 인프라 확충

1	투자여건 조성 분야

□ 제주첨단과학기술단지의 조성 및 관리(제216조)

○ 국토해양부장관이 생물산업·정보통신산업 등 첨단지식산업의 육성과 관련기술의 연구촉진 및 전문인력 양성 등을 위하여 제주특별자치도지원위원회 심의를 거쳐 조성

○ 국토해양부장관이 사업시행자나 관리 위탁자로 제주국제자유도시개발센터를 지정 가능

□ 제주투자진흥지구 지정(제217조 및 제218조)

○ 도지사가 총사업비가 미합중국화폐 5백만 불 이상이고, 일정한 요건에 해당하는 투자를 유치하기 위하여 투자자가 희망하는 지역 등을 제주국제자유도시종합계획심의회의 심의를 거쳐 지정

○ 제주국제자유도시개발센터가 제주투자진흥지구 관리

□ 고용보조금 등 자금지원 및 국유·공유재산의 임대 및 매각(제219조, 제220조)

□ 선박등록특구의 지정(제221조)

□ 개발사업 승인제도(제229조 - 제231조)

○ 도조례로 정하는 개발사업을 시행하려는 자는 도지사의 시행승인을 얻도록 하되, 개발사업의 시행자가 국가나 제주국제자유도시개발센터인 경우 도지사의 의견 수렴 의무화

○ 개발사업의 착수기한은 개발사업의 시행승인을 얻은 날부터 1년 이내. 다만, 도지사는 사업착수기한의 연기가 불가피하다고 인정되는 경우 1년의 범위 내에서 1회에 한하여 연기 가능

○ 개발사업의 시행승인을 얻거나 의견을 들은 경우 관련 법률의 허가 등을 의제, 개발사업의 시행승인 고시가 있는 때에는 허가 등의 고시·공고 등을 의제

2	건설·교통 분야

□ 토지이용·관리체계의 자율성 전면 부여(제243조)

○ 광역도시계획, 도시관리계획, 공원녹지계획 등을 독자적으로 수립하도록 권한을 이양하고, 지역특성에 맞는 용도지구 도입

○ 용도지역·지구 안에서의 행위제한, 건폐율·용적률 기준, 개발행위 허가의 절차, 기준 규모 등 권한이양

□ 건축에 관한 자율적 관리권한 강화(제243조의2)

○ 「건축법」 적용의 완화 기준, 소규모 건축 신고 대상 기준, 건축신고·허가사항의 변경 등에 관한 사항 등 권한이양

□ 건축기술관리에 관한 자율적 관리권한 강화(제248조)

○ 건설업자 등에 대한 시정조치 권한과 건설자재·부재의 품질 확보를 위한 권한이양

□ 특별자치도 내 도로 관리도 특별자치도로 전면 이양(제251조)

○ 국도를 지방도로 전환(2007. 1. 1.)하고 담당기관을 특별자치도로 이관

○ 국가지원지방도의 조사·설계, 도로 표지 기준 수립, 점용료 징수업무, 접도구역의 관리도 이관

□ 개발사업이 신속 추진될 수 있도록 제도 개선(제233조·제234조·제252조 및 제253조)
○ 민간사업자, JDC 등에게도 제한적 토지수용권을 부여하여 투기 억제 및 토지 매수 신속화
○ 토지비축 제도를 확충하여 개발용 토지의 조기확보 및 공공사업의 원활한 추진 도모
  − 공유재산 처분·임대수입과 토지채권 발행금 등을 재원으로 토지특별회계 운영
○ 도시개발구역 지정, 택지개발예정지구 지정 및 실시계획 승인 등의 이양을 통하여 사업 추진기간 단축 추진
○ 도시개발사업 시행자 지정 권한이양 및 행정시장도 사업시행자로 지정 가능

□ 개발이익환수·공원녹지·도시경관·주택건설사업·건설업 및 골재채취 등 각종 건설규제도 일괄 이양하여 규제 철폐 여부·제도를 스스로 결정하도록 위임(제254조 − 제259조)

□ 핵심산업 추진을 위한 제주국제자유도시개발센터(JDC)의 기능 강화(제265조)
○ 관광·산업단지 조성과 연계한 주택사업 등 인프라 지원 기능 강화
○ 교육·의료·건강산업 육성 지원 등으로 기존 업무영역을 확대
  ※ JDC는 국토해양부 산하 준시장형 공기업

□ 교통정책 자율권 확대(제324조 − 제325조의5)
○ 여객자동차 운수사업, 자동차 관리에 관한 특례
○ 화물자동차 운임·요금 신고사항, 자가용화물자동차 사용 신고 대상, 도시교통정비 지역 및 교통권역의 지정 고시, 통행량의 분산, 감소를 위한 관리기준, 삭도·궤도 사업자에 관한 사항 및 자동차의 운행제한사항 지정 등 권한이양

| 3 | 환경분야 |

□ 풍력발전지구의 지정·육성 및 공공적 이용을 위한 근거 마련(제221조의5)
○ 친환경적 풍력자원을 공공적 목적과 이익을 위하여 개발할 수 있는 토대 마련

□ 환경교육 시범도 추진 도입(제291조의2)
○ 환경교육 시범도 지정 근거 및 국가의 행정적·재정적 지원
○ 환경교육계획 수립 및 체험 환경교육 실시

□ 제주자치도를 저탄소 녹색도시로 조성(제291조의3)

□ 국가가 통합적으로 수행해 온 환경관리 체계를 특별자치도로 원칙적 이양(제301조
   - 제306조, 제306조의2, 제350조)
○ 오·폐수 등 수질, 대기질, 폐기물, 하수처리시설 등 방류수수질기준, 가축분뇨 정
   화시설의 방류수 수질기준, 토양오염 대책·우려기준 등 관리체계 이양
○ 관리기준은 국가기준 이상으로 설정하여 권한이양에 따른 환경파괴 소지 차단
○ 관광단지 조성 시 폐기물처리시설 설치의무 완화

□ 친환경적 생태도시 구축체계 강화(제291조 - 제297조, 제310조 - 제323조)
○ 지하수법·먹는물관리법·온천법 규정을 포괄하여 지역특성에 맞는 지하수 자원
   종합적 관리체계 확립
   - 독자적인 지하수·온천개발 관련 인허가제도 시행
   - 수자원관리종합계획(10년 단위) 수립·시행 의무화
○ 지역특성에 맞는 환경보전계획 수립과 생물권보전지역 관리강화

□ 사전환경성 검토·환경영향평가는 고도자치의 기본 틀 내에서 실효성이 확보되도
   록 개선(제298조, 제299조, 제299조의2)
○ 사업시행자가 도지사인 경우에는, 현재와 같이 환경부 협의(의견조회) 절차를 존치
○ 민간 사업자인 경우에는, 환경부 협의(의견조회) 절차를 생략하는 대신, 환경영향평

가 전문기관 검토 절차를 신설·운용

○ 환경영향평가 협의 관련 사후관리권한 이양

○ 자연경관영향 협의권한 이양

| 4 | 보건복지 및 소비자보호 |

□ 사회복지 제도 운영에 관한 제반 권한은 원칙적으로 이양(제328조 – 제342조, 제342조의2 및 제350조)

○ 노인·장애인·아동복지, 보육 및 청소년수련시설의 대표자 자격요건 등 복지서비스 전반 이양 추진

○ 다만, 국민의 기본적 생활보장을 목적으로 하는 사회보장제도의 특성을 감안하여, 합리적 이양 원칙 설정 필요

　- 국가에서 관리하는 최소한의 기준(National minimum) 이상으로 관리토록 명문화

□ 보건 위생분야 제도개선을 통해 고도 자치의 '건강도시' 건설(제326조, 제327조 및 제327조의2 - 제327조의4)

○ 건강거리 지정 등도 전국 기준보다 강화되도록 근거규정 마련

○ 식품접객업 운영 기준이 전국 기준보다 완화되지 않도록 명문화

○ 공중위생영업의 종류별 시설 및 설비기준, 공중위생업소의 위생관리기준 권한이양

○ 공중화장실 및 자전거 이용 특례

□ 가격표시 명령 및 보고·검사, 위해물품 수거·파기 등의 명령, 사업자 물품·제조공정 등 검사, 위해물품 결함정보 보고, 소비자생활협동조합의 설립절차, 인가 등의 기준 권한이양(제343조의3 – 제343조의7)

| 5 | 기타 |

□ 신재생 에너지 사업을 위한 각종 권한이양 및 경유 자동차에 대한 LPG연료 사용허가(제221조의2, 제256조의2)

□ 벤처기업집적시설의 지정 기준 권한, 수·위탁기업 거래의 조정, 위반사항조치, 불
　공정행위에 대한 개선 권한 및 중소기업자의 기술개발제품 우선구매 요청권 이양
　(제215조의2 ― 제215조의4)

4. 추진체계

□ 특별자치도가 경쟁력 있는 국제자유도시로 발전·성공하기 위해서는 '06. 7. 1. 특별
　자치도 출범 이후에도 지속적이고 단계적인 추진·지원 필요
○ 제주도의 자치역량, 수용여건, 제도정착 정도 및 추진성과 등에 대한 상시적인 평가
　와 조정을 통해 특별자치도 추진의 속도와 폭을 조절할 필요
　⇒ 특별자치도 추진전략과 과정을 지속적으로 관리하고 지원하기 위해 국무총리를
　　위원장으로 하는 '제주특별자치도지원위원회' 설치(제7조)

□ 제주도가 특별자치도 추진으로 달성하고자 하는 성과목표를 제시하고 이에 관해 지
　원위원회와 제주도 간에 MOU를 체결함으로써 지원위를 통해 추진과정과 성과를
　관리(제7조 제1항)
○ 지원위는 지속적인 권한이양과 단계적 규제완화 조치 심의

〈 지원위원회의 구성 및 기능 〉

◇ 구 성: 재경·교육·행자·건교부 등 관계부처 장관 및 위촉위원
◇ 기 능
・ 특별자치도에 대한 지속적인 권한이양과 Negative System 도입 추진
・ 특별자치도의 제도개선에 관한 사항
・ 특별자치도 운영성과 평가에 관한 사항
・ 특별자치도에 대한 종합적인 지원 및 지도·감독에 관한 사항 등
* 국무조정실에 한시적(2014. 6. 30.까지)으로 사무처 설치(제8조 및 부칙 제2조)

---

2. 제주특별자치도법 관련 헌법재판소 결정례

① 제주시 등과 행정자치부장관 등 간의 권한쟁의

(2005. 12. 22. 2005헌라5 전원재판부)

【판시사항】

1. 국가정책에 참고하기 위해 중앙행정기관장의 요구에 의해 실시되는 주민투표법 제8조의 주민투표를 요구받지 않은 지방자치단체에게 주민투표실시에 관한 권한침해를 다툴 여지가 있는지 여부(소극)

2. 지방자치단체를 폐치·분합하는 입법이 이루어지기 전에 정책에 참고하기 위해 주민투표를 요구하고 실시하는 단계에서 폐치로 초래될 자치권침해를 다툴 수 있는지 여부(소극)

【결정요지】

1. 주민투표법 제8조는 국가정책의 수립에 참고하기 위한 주민투표에 대해 규정하고 있는데 규정의 문언으로 볼 때 중앙행정기관의 장은 실시 여부 및 구체적 실시구역에 관해 상당한 범위의 재량을 가진다고 볼 수 있다. 이를 감안할 때 중앙행정기관의 장으로부터 실시요구를 받은 지방자치단체 내지 지방자치단체장으로서는 주민투표 발의에 관한 결정권한, 의회의 의견표명을 비롯하여 투표시행에 관련되는 권한을 가지게 된다고 하더라도, 나아가 지방자치단체가 중앙행정기관장으로부터 제8조의 주민투표실시요구를 받지 않은 상태에서 일정한 경우 중앙행정기관에 실시요구를 해 줄 것을 요구할 수 있는 권한까지 가지고 있다고 보기는 어렵다. 그렇다면 피청구인 행정자치부장관이 청구인들에게 주민투표실시요구를 하지 않은 상태에서 청구인들

에게 실시권한이 발생하였다고 볼 수는 없으므로 그 권한의 발생을 전제로 하는 침해 여지도 없어서 이를 다투는 청구는 부적법하다.

2. 지방자치단체의 폐치는 국회의 입법에 의해 이루어지므로 앞으로 기초지방자치단체인 청구인들 시, 군이 필연적으로 폐치됨을 전제로 자치권한 침해를 다투는 청구는 아직 존재하지 않고, 입법자가 아닌 피청구인들에 의해 이루어질 수도 없는 행위를 대상으로 하므로 부적법하다.

재판관 주선회의 반대의견

지방자치법 제4조 제2항에서는 지방자치단체의 폐치·분합 시 지방의회의 의견을 듣도록 하고 있고, 주민투표법 제8조의 주민투표로 이를 대체할 수 있도록 하고 있다. 그렇다면 주민투표법 제8조에 의한 주민투표실시요구를 하고 이를 실시하는 이상 폐치되는 당사자인 청구인들이 배제되어서는 안 된다고 해석해야 하고, 4개 시, 군과 이해관계가 대립되는 당사자인 제주도에만 투표실시요구를 하고 4개 시, 군의 폐치를 계속 추진하는 것은 폐치가 검토되는 당사자인 청구인들의 제8조의 주민투표실시권한을 침해한 것이라고 보는 것이 사안의 실질에 부합한다.

【참조조문】

지방자치법 제4조(지방자치단체의 명칭과 구역) ① 지방자치단체의 명칭과 구역은 종전에 의하고 이를 변경하거나 지방자치단체를 폐치·분합할 때에는 법률로써 정하되, 시·군 및 자치구의 관할구역 경계변경은 대통령령으로 정한다.

② 제1항의 규정에 의하여 지방자치단체를 폐치·분합하거나 그 명칭 또는 구역을 변경할 때에는 관계지방자치단체의 의회(이하 "지방의회"라 한다)의 의견을 들어야 한다. 다만, 주민투표법 제8조의 규정에 의하여 주민투표를 실시한 경우에는 그러하지 아니하다.

③ 자치구가 아닌 구와 읍·면·동의 명칭과 구역은 종전에 의하고, 이를 폐치·분합할 때에는 행정자치부장관의 승인을 얻어 당해 지방자치단체의 조례로 정한다. 다만, 명칭과 구역의 변경은 당해 지방자치단체의 조례로 정하고, 그 결과를 특별시장·광역시장·도지사(이하 "시·도지사"라 한다)에게 보고하여야 한다.

④ 리의 구역은 자연의 촌락을 기준으로 하되, 그 명칭과 구역은 종전에 의하고 이를 변경하거나 폐치·분합할 때에는 당해 지방자치단체의 조례로 정한다.

⑤ 동·리에 있어서는 행정능률과 주민편의를 위하여 당해 지방자치단체의 조례가 정하는 바에 의하여 하나의 동·리를 2개 이상의 동·리로 운영하거나 2개 이상의 동·리를 하나의 동·리로 운영하는 등 행정운영상 동·리(이하 "행정동·리"라 한다)를 따로 둘 수 있다.

⑥ 제5항의 행정동·리에 당해 지방자치단체의 조례가 정하는 바에 의하여 하부조직을 둘 수 있다.

지방자치법 제13조의2(주민투표) ① 지방자치단체의 장은 주민에게 과도한 부담을 주거나 중대한 영향을 미치는 지방자치단체의 주요 결정사항 등에 대하여 주민투표에 붙일 수 있다.

② 주민투표의 대상·발의자·발의요건·기타 투표절차 등에 관해서는 따로 법률로 정한다.

주민투표법 제1조(목적) 이 법은 지방자치단체의 주요 결정사항에 관한 주민의 직접참여를 보장하기 위하여 지방자치법 제13조의2의 규정에 의한 주민투표의 대상·발의자·발의요건·투표절차 등에 관한 사항을 규정함으로써 지방자치행정의 민주성과 책임성을 제고하고 주민복리를 증진함을 목적으로 한다.

주민투표법 제8조(국가정책에 관한 주민투표) ① 중앙행정기관의 장은 지방자치단체의 폐치(廢置)·분합(分合) 또는 구역변경, 주요 시설의 설치 등 국가정책의 수립에 관하여 주민의 의견을 듣기 위하여 필요하다고 인정하는 때에는 주민투표의 실시구역을 정하여 관계 지방자치단체의 장에게 주민투표의 실시를 요구할 수 있다. 이 경우 중앙행정기관의 장은 미리 행정자치부장관과 협의하여야 한다.

② 지방자치단체의 장은 제1항의 규정에 의하여 주민투표의 실시를 요구받은 때에는 지체 없이 이를 공표하여야 하며, 공표일부터 30일 이내에 그 지방의회의 의견을 들어야 한다.

③ 제2항의 규정에 의하여 지방의회의 의견을 들은 지방자치단체의 장은 그 결과를 관계 중앙행정기관의 장에게 통지하여야 한다.

④ 제1항의 규정에 의한 주민투표에 관해서는 제7조, 제16조, 제24조 제1항·제5항·제6항, 제25조 및 제26조의 규정을 적용하지 아니한다.

【당 사 자】

청 구 인 1. 제주시 대표자 시장 김영훈

            2. 서귀포시 대표자 시장 강상주

            3. 남제주군 대표자 군수 강기권

               대리인 변호사 정주교

피청구인 1. 행정자치부장관

               대리인 변호사 배병호

            2. 제주도 대표자 도지사 김태환

               대리인 변호사 신창언 외 3인

【주 문】

이 사건 심판청구를 모두 각하한다.

【이 유】

1. 사건의 개요와 심판의 대상

가. 사건의 개요

(1) 행정자치부장관은 2005. 6. 21. 제주도지사에게 제주도 행정구조개편을 위한 주민투표실시를 요구하고, 제주도지사는 2005. 7. 5. 주민투표일은 2005. 7. 27.로, 주민투표안은 현행 도와 시·군의 자치계층 유지, 자치단체 장 및 지방의원 직접선출, 도와 시·군의 기능과 역할 조정을 내용으로 하는 안["현행유지안(점진적 대안)"]과, 도를 하나의 광역자치단체로 개편, 2개 시로 통합, 시장 임명, 시·군의회 폐지 및 도의회 확대를 내용으로 하는 안["단일광역자치안(혁신적 대안)"]의 두 가지 안으로, 투표실시구역은 제주도 전역, 투표형식은 위 두 가지 안 중 하나를 선택하는 방식으로 실시하는 것을 내용으로 하는 주민투표발의공고를 하였다.

(2) 이에 청구인들은 2005. 7. 8. 주위적으로, 피청구인 행정자치부장관의 위 주민투표요구행위와 피청구인 제주도지사의 위 주민투표발의공고행위가 청구인들의 자치권한을 침해할 현저한 위험이 있고, 주민투표법 제8조 제1항에서 나오는 청구인들의 주

민투표실시권한을 침해하였다고 주장하면서 그 확인 및 피청구인들의 위 행위들의 무효확인을, 예비적으로, 제주도 지역 내의 모든 기초지방자치단체의 폐치는 헌법 제117조 제1항, 지방자치법 제2조 제1항 및 같은 법 제10조 제1항에 근거한 청구인들의 존립과 자치권한을 본질적으로 침해하여 헌법에 위반된다고 주장하면서 그 확인을 구하는 이 사건 심판청구를 하였다.

나. 심판의 대상

이 사건 심판의 대상은 주위적으로, 피청구인 행정자치부장관의 위 주민투표요구행위와 제주도지사의 위 주민투표발의공고행위가 청구인들의 자치권한을 침해하거나 주민투표법 제8조 제1항에 따른 주민투표실시권한을 침해하는지, 나아가 무효인지 여부와 예비적으로, 제주도 내의 모든 기초지방자치단체의 폐치로 청구인들의 자치권한이 침해되는지 여부이다.

관계되는 법률규정의 내용은 다음과 같다.

지방자치법 제4조(지방자치단체의 명칭과 구역) ① 지방자치단체의 명칭과 구역은 종전에 의하고 이를 변경하거나 지방자치단체를 폐치·분합할 때에는 법률로써 정하되, 시·군 및 자치구의 관할구역 경계변경은 대통령령으로 정한다.

② 제1항의 규정에 의하여 지방자치단체를 폐치·분합하거나 그 명칭 또는 구역을 변경할 때에는 관계지방자치단체의 의회(이하 '지방의회'라 한다)의 의견을 들어야 한다. 다만, 주민투표법 제8조의 규정에 의하여 주민투표를 실시한 경우에는 그러하지 아니하다.

제13조의2(주민투표) ① 지방자치단체의 장은 주민에게 과도한 부담을 주거나 중대한 영향을 미치는 지방자치단체의 주요 결정사항 등에 대하여 주민투표에 붙일 수 있다.

② 주민투표의 대상·발의자·발의요건·기타 투표절차 등에 관해서는 따로 법률로 정한다.

주민투표법 제1조(목적) 이 법은 지방자치단체의 주요 결정사항에 관한 주민의 직접참여를 보장하기 위하여 지방자치법 제13조의2의 규정에 의한 주민투표의 대상·발의자·발의요건·투표절차 등에 관한 사항을 규정함으로써 지방자치행정의 민주성과 책임성을 제고하고 주민복리를 증진함을 목적으로 한다.

제8조(국가정책에 관한 주민투표) ① 중앙행정기관의 장은 지방자치단체의 폐치(廢置)·

분합(分合) 또는 구역변경, 주요 시설의 설치 등 국가정책의 수립에 관하여 주민의 의견을 듣기 위하여 필요하다고 인정하는 때에는 주민투표의 실시구역을 정하여 관계 지방자치 단체의 장에게 주민투표의 실시를 요구할 수 있다. 이 경우 중앙행정기관의 장은 미리 행정자치부장관과 협의하여야 한다.

② 지방자치단체의 장은 제1항의 규정에 의하여 주민투표의 실시를 요구받은 때에는 지체 없이 이를 공표하여야 하며, 공표일부터 30일 이내에 그 지방의회의 의견을 들어야 한다.

③ 제2항의 규정에 의하여 지방의회의 의견을 들은 지방자치단체의 장은 그 결과를 관계 중앙행정기관의 장에게 통지하여야 한다.

④ 제1항의 규정에 의한 주민투표에 관해서는 제7조, 제16조, 제24조 제1항·제5항·제6항, 제25조 및 제26조의 규정을 적용하지 아니한다.

2. 청구인들의 주장과 피청구인들의 답변

가. 청구인들의 주장

(1) 주민투표안 중 하나인 이른바 '혁신적 대안'은 청구인들 시·군의 폐치를 주된 내용으로 하는데 그 안이 채택되면 후속 입법을 통해 청구인들, 즉 제주도 내 기초지방자치단체들이 모두 폐치될 가능성이 높아 헌법과 지방자치법에 의해 부여된 청구인들의 자치권한이 본질적으로 침해될 현저한 위험이 있다.

지방자치제도를 통한 다원적 민주주의 실현과 권력통제를 위해서는 지방자치단체의 종류가 수직적으로도 다양한 계층구조로 되어야 한다. 지방자치단체의 종류를 광역단체와 기초단체의 두 가지 계층으로 이원화한 지방자치법 제2조 제1항은 이러한 취지를 반영한 것이며 이러한 이원적 계층구조는 헌법 제117조에 따른 지방자치의 제도적 보장의 본질적 내용을 이룬다. 기초자치단체를 모두 폐치하면 이와 같은 본질적 내용을 침해하게 되고, 기초자치단체의 자치기능과 자치사무보장도 침해하게 된다. 관계되는 이익을 비교·형량할 때 이는 비례의 원칙에도 부합하지 않으며 다른 지역의 기초단체와 비교할 때 평등의 원칙에도 위반된다.

(2) 제주도 내의 모든 기초자치단체들을 폐치하는 행위는 관계규정 해석상 불가능할 뿐아니라 그것이 가능한지 여부에 관계없이 주민투표법 제8조 제1항에 따른 주민투표

실시주체는 폐지대상으로 검토되는 기초자치단체인 청구인들이 되어야 한다.

나. 피청구인 행정자치부장관의 답변

(1) 제주도의 특성을 반영한 제주도 행정구조개편문제는 장기간 각종 개발계획수립 시마다 제기되어 왔는데 광역행정체제 강화나 단일자치구역으로의 개편은 여러 차례 제시된 안이다. 제주국제자유도시특별법도 제주도의 특성을 고려하여 제주도를 국제자유도시로 개발하는 것을 목적으로 한다. 제주도의 지리적 특성, 규모, 인구 등을 고려할 때 시·군 지방자치단체를 두는 것은 비효율적이다.

(2) 헌법 제117조 제2항과 지방자치법의 관계규정에 비추어 볼 때 지방자치단체의 종류는 입법정책에 속하는 사항으로서 변경될 수 있고, 우리나라 지방자치계층을 중층제로 하는 것은 지방자치제도의 본질적인 내용은 아니다.

(3) 주민투표법 제8조 제1항에 따라 중앙행정기관의 장이 요구하는 주민투표는 국가정책에 관한 것으로서 비구속형·자문형이다. 이 사건 사안은 도 전체에 관련되고, 제주도 내 4개 시·군이 각각 주민투표를 실시하면 투표일이나 홍보내용 등이 달라 주민투표 결과의 왜곡을 초래할 수도 있는 데 비해 제주도지사가 일괄적으로 실시하는 방안이 보다 효율적이고 주민의 의사를 정확하게 반영할 수 있어서 제주도지사에게 주민투표를 요구한 것이므로 이는 적법, 타당하다.

(4) 제주도의 개발방향과 제주도의 특성을 고려할 때 '혁신적 대안'의 내용에 따른 개편이 비례의 원칙에 위배되거나 평등원칙에 위배된다고 할 수 없다.

다. 피청구인 제주도의 답변

(1) 주민투표법 제8조의 주민투표실시권한은 지방자치단체의 장의 권한이고 이 사무는 국가사무로서 기관위임사무이므로 제주도는 이와 무관하다.

(2) 입법자는 지방자치제도의 종류 및 계층구조에 관해 광범위한 입법형성권을 가지므로 입법자가 당해 지역의 특성과 제반 여건, 주민의 의사 등을 종합적으로 고려하여 결정한 것이 현저히 합리성을 결여하지 않은 한 헌법에 반하지 않는다. '혁신적 대안'은 제주도의 특성을 고려한 것으로서 합리적 근거를 가지고 있다.

(3) '혁신적 대안'은 주민투표법 제8조 제1항의 "지방자치단체의 폐치·분합"에 해당되거나 적어도 " …… 등 국가정책의 수립"에 해당하며, 가사 지방자치법 제4조나 주민

투표법 제8조가 이 사건 주민투표의 근거가 될 수 없다 하더라도 지방자치단체의 계층구조 변경은 헌법 제117조 제2항에 따라 입법자의 권한범위에 속하는 것이고 이 사건 주민투표는 주민의 여론을 조사하는 성격을 가지므로 입법권과 행정권의 통상적 권한행사범위에 속한다.

(4) 주민투표법 제8조의 투표는 국가정책에 관한 주민투표로서 중앙행정기관의 장은 주민투표의 실시가 필요하다고 인정하는 지역을 재량에 따라 결정할 수 있으며, 제주도의 행정구조개편은 제주도 내 특정 시·군에 한정된 문제가 아니라 제주도 전체에 해당되는 사안이므로 제주도지사가 주민투표를 실시하도록 한 것이 재량권의 일탈·남용에 해당한다고 볼 수 없다.

3. 판 단

가. 주민투표법 제8조에 의한 주민투표실시사무의 성격

(1) 이와 관련하여 피청구인들은 같은 조항에 의한 주민투표의 발의공고(이하 같은 조항에 의한 주민투표를 '제8조의 주민투표', 제8조에 따른 피청구인들의 주민투표실시요구와 주민투표발의공고를 '이 사건 주민투표실시요구', '이 사건 주민투표실시'라고 한다)가 국가사무로서 기관위임사무이므로 이에 관한 권한은 지방자치단체들인 청구인들 또는 제주도와는 무관하다고 주장한다.

그러므로 제8조의 주민투표실시사무의 성격에 관해 살펴본다.

(2) 주민투표법은 지방자치단체의 주요 결정에 대한 주민의 직접참여를 보장하기 위하여 지방자치법 제13조의2 규정에 의한 주민투표의 대상·발의자·발의요건·투표절차 등에 관한 사항을 규정함을 목적으로 한다(주민투표법 제1조 참조).

주민투표대상이 되는 지방자치단체의 주요 결정사항은 주민투표법 제7조 제1항에서 규정하고 있는데, '주민에게 과도한 부담을 주거나 중대한 영향을 미치는 지방자치단체의 주요 결정사항으로서 그 지방자치단체의 조례로 정하는 사항'이라고 규정하고, 한편 같은 조 제2항 제2호에서는 국가 또는 다른 지방자치단체의 권한 또는 사무에 속하는 사항에 대해서는 주민투표에 부칠 수 없다고 규정하고 있다.

제8조의 주민투표는 국가정책에 관해 주민의 의견을 참고하기 위한 주민투표에 대한 규정인데, 위 같은 법 제7조의 주민투표와 달리 중앙행정기관장의 요구에 의해 실시되고

구속력이 없으며 절차적으로 이를 확정하거나 다투기 위한 근거규정들도 적용이 배제된다(제8조 제4항 참조).

한편 지방자치단체의 폐치·분합에 관해서는 지방자치법 제4조 제1항·제2항에서 이를 법률로 하도록 하고 관계 지방자치단체 의회의 의견을 듣도록 하되 다만 주민투표법 제8조의 주민투표를 실시한 경우 그렇지 않다고 규정하고 있다. 1994. 3. 16. 법률 제4741호로 개정되었을 때의 지방자치법 제13조의2 제1항은 "지방자치단체의 장은 지방자치단체의 폐치·분합 또는 주민에게 과도한 부담을 주거나 중대한 영향을 미치는 지방자치단체의 주요 결정사항 등에 대하여 주민투표에 부칠 수 있다."라고 규정하였는데 2004. 1. 29. 법률 제7128호로 개정 시 현행과 같이 지방자치단체의 폐치·분합에 관한 부분이 삭제되었다. 그 대신 주민투표법 제8조 제1항에서 이를 규정하였다. 즉 과거의 지방자치법에서는 지방자치단체의 폐치·분합 시 주민의 의견을 듣기 위한 주민투표는 지방자치단체장의 주도로 실시하게 규정하였으나 주민투표법을 제정하면서 이를 국가정책에 관한 주민투표로 예시하고 중앙행정기관의 장이 요구하였을 때 실시하도록 규정한 것이다.

제8조의 투표실시사무가 지방자치단체의 자치사무인지 국가가 위임하는 기관위임사무인지에 관해서는 다음과 같은 상반된 측면이 있다.

(3) 먼저 지방자치단체의 폐치·분합이라는 국가정책 수립에 참고하기 위한 투표이고, 중앙행정기관장의 요구에 의해 비로소 실시계기가 부여되며, 시행 여부와 투표구역에 관해서도 중앙행정기관장에게 재량이 있는 점, 비용을 국가가 부담하는 점(주민투표법 제27조 제1항 참조)은 이 투표사무가 국가사무라는 주장을 뒷받침한다고 할 수 있는 측면이다. 그러나 한편 투표할 사안이 국가정책으로서 국가사무에 대한 것이라 해서 주민의 의견수렴인 투표실시 자체까지 반드시 국가사무라고 볼 필연성은 없다. 주민투표법 제8조에서 국가정책에 관해서 주민의 의견을 참고하도록 하는 이유도 그 국가정책이 지방자치단체의 자치권 및 주민의 복리에 긴밀한 연관이 있어서 주민투표제도를 활용하여 주민의 의견을 듣고 또 지방의회의 의견도 반영할 수 있도록 하려는 것이므로 지방자치단체와 주민으로서도 이러한 제도를 통해 정확한 의사를 전달하는 데 깊은 이해관계를 가지고 있는 점, 그리고 지방자치단체의 폐치·분합에 관한 주민투표에 관련된 규정들의 위와 같은 연혁이나 주민투표법의 목적에 비추어보면 제8조의 주민투표실시사무도 자치사무의 성격을 가질 수 있다고 판단된다. 또한 같은 조항은 중앙행정기관장의 투표요구가 있더라도 지방자치단체 장

이 무조건 이를 따르도록 되어 있는 것이 아니라 발의 여부에 재량이 있고, 지방의회의 의견도 듣게 되어 있는 점도 위와 같은 판단을 뒷받침할 수 있는 측면들이다.

(4) 제8조의 주민투표실시사무에 자치사무로서의 성격이 없다고 단정할 수 없고, 또 자치사무인 경우 구체적으로는 지방자치단체장이 수행하는 사무라도 지방자치단체장이 아닌 지방자치단체가 권한쟁의의 당사자로서 그 침해 여부를 다투어야 하므로 이 점에 관해 적법성을 다투는 피청구인들의 주장은 받아들이지 않는다.

나. 주위적 청구에 대한 판단

(1) 청구인들은 피청구인 행정자치부장관이 이 사건 주민투표실시요구를 하면서 폐치·분합이 검토되는 당해 지방자치단체들인 청구인들에게 요구를 하지 않고 피청구인 제주도에 이 사건 주민투표실시요구를 한 것과 제주도가 이를 실시한 것은 청구인들의 투표실시권한을 침해한 것이라는 주장을 한다.

주민투표법 제8조가 국가정책 수립에 참고하기 위한 투표에 대해 규정함은 위에서 본 바와 같다. 같은 조 제1항은 지방자치단체의 폐치·분합을 국가정책 수립의 예로 들면서 이와 같은 정책수립에 관하여 "주민의 의견을 듣기 위하여 필요하다고 인정하는 때에는 주민투표의 실시구역을 정하여 관계 지방자치단체의 장에게 주민투표의 실시를 요구할 수 있다."고 규정하였는데, 이와 같은 문언으로 볼 때 중앙행정기관의 장은 제8조의 주민투표의 실시 여부 및 구체적 실시구역에 관해 상당한 범위의 재량을 가진다고 볼 수 있다. 이를 감안할 때, 실시요구를 받은 지방자치단체 내지 지방자치단체장으로서는 주민투표 발의에 관한 결정권한, 의회의 의견표명을 비롯하여 투표시행에 관련되는 권한을 가지게 된다고 하더라도, 나아가 지방자치단체가 중앙행정기관장으로부터 제8조의 주민투표실시요구를 받지 않은 상태에서 일정한 경우 중앙행정기관에 실시요구를 해 줄 것을 요구할 수 있는 권한까지 가지고 있다고 보기는 어렵다.

그렇다면 주민투표법 제8조의 주민투표실시가 자치사무인지 여부를 떠나 피청구인 행정자치부장관이 청구인들에게 주민투표실시요구를 하지 않은 상태에서 청구인들에게 실시권한이 발생하였다고 볼 수는 없다.

(2) 한편 이 사건의 경우 도 단위의 투표실시와 시·군 단위의 투표실시가 서로 배타적인 관계에 있어서 제주도에 의한 주민투표실시가 청구인들의 주민투표실시를 불가능하게 하는 효과를 가진다고 평가할 수 있어서 실질적으로 실시권한이 침해되었다

고 주장할 여지가 있는지를 본다.

현재 제주도는 도 단위 지방자치단체와 2개 시(제주시, 서귀포시), 2개 군(북제주군, 남제주군)의 지방자치단체들이 있다. 청구인들이 반대하고 있는 행정구조개편안, 즉 이른바 '혁신적 대안'은 기초지방자치단체들을 모두 폐치하여 도 단위 지방자치단체만을 남김으로써 지방자치단체를 단층화하고, 제주시와 북제주군을 통합하고, 서귀포시와 남제주군을 통합하여 두 개의 통합시를 만들되 그 행정을 담당하는 시장을 임명제로 하며, 시·군의 의회를 폐지하고 대신 도의회의 규모를 확대한다는 것이 요지이다.

그렇다면 투표대상 사안은 내용상 폐치될 4개 시·군이 모두 관련되는 한편 제주도 또한 권한과 사무의 확대, 의회규모 확대 등 폐치 자체는 아니지만 위 개편안의 내용에 깊이 관련되고, 폐치될 시·군 주민 전체는 제주도민 전체이기도 하다. 즉 4개 시·군의 폐치는 검토되는 제주도 개발안의 내용의 일부이며, 투표대상 사안은 4개 시·군 및 광역자치단체로서의 제주도가 유기적으로 연관되어 있다. 그렇다면 제주도 역시 주민투표법 제8조 제1항의 '관계 지방자치단체'에 해당된다고 볼 수 있다. 특히 주민투표법 제8조가 투표실시 여부뿐 아니라 실시구역에 관해서도 중앙행정기관장에게 재량을 부여하고 있고 절차적으로도 자치사무에 관한 제7조의 투표에 비할 때 엄격성이 요구되지 않으며, 투표결과는 국가정책의 참고자료에 불과함을 고려할 때 투표사안인 국가정책이나 관계지방자치단체를 엄격하게 해석하기 어렵다는 점도 위와 같은 해석을 뒷받침한다.

그렇다면 피청구인들에 의해 이루어진 이 사건 주민투표가 지방자치법 제4조 제2항 단서에 규정된 폐치·분합 시의 지방의회의 의견청취를 대체할 수 있는 주민투표에 해당하는지 여부를 떠나서, 적어도 주민투표법 제8조의 요건에 부합하지 않는다고 할 수는 없다. 즉, 투표대상인 국가정책사안이 단순히 제주도 내 4개 시·군의 폐치에 그치는 것이 아니라 제주도 전체의 행정구조개편과 개발에 관련된 문제여서 주민투표법 제8조의 해석상 제주도 또한 제8조 제1항에서 가리키는 '관계 지방자치단체'에 포함될 수 있다.

그리고 현실적으로 행정자치부장관이 다시 청구인들에게 주민투표를 요구할 의사가 있는지 여부는 사실의 문제로서 이 사건 주민투표실시 때문에 청구인들에 대한 주민투표 실시요구와 그 실시가 불가능하게 된 것도 아닌 이상 법적으로는 이를 배제하거나 불가능하게 하는 효과가 있다고 할 수도 없다. 그렇다면 이 사건 주민투표실시로 인해 청구인들의 제8조의 주민투표실시권한이 침해되었다고 볼 여지는 없다.

(3) 주위적 청구 중 피청구인 행정자치부장관의 이 사건 주민투표실시 요구행위와 피청

구인 제주도의 이 사건 주민투표실시행위가 청구인들의 자치권한을 침해할 위험이 있다는 주장 부분은 이러한 주민투표실시행위가 예비적 청구에서 가리키는 제주도 지역 내의 모든 기초지방자치단체의 폐치로 귀결됨을 전제로 한다. 그러나 제8조의 주민투표에 구속력이 없고 국가정책에 참고자료로 사용됨에 불과함은 앞에서 언급한 바와 같고, 나아가 지방자치단체의 폐치는 국회에 의한 입법으로 이루어져야 하므로 위와 같은 주민투표실시를 청구인들 시·군의 폐치와 동일시하거나 이를 필연적으로 초래하는 것이라고 간주할 수 없고, 현저한 위험을 인정하기에도 그 관련성이 너무 멀다.

(4) 그렇다면 피청구인 행정자치부장관의 이 사건 주민투표실시요구 및 피청구인 제주도의 이 사건 주민투표실시로 인해 청구인들의 제8조에 의한 주민투표실시권한 또는 지방자치권의 침해나 그 위험을 인정할 여지는 없다.

다. 예비적 청구에 대한 판단

청구인들은, 제주도 지역 내의 모든 기초지방자치단체의 폐치로 인해 헌법 제117조 제1항, 지방자치법 제2조 제1항 및 같은 법 제10조 제1항에 의하여 부여된 청구인들의 존립과 자치권한이 침해된다고 주장하면서 그 확인을 구한다.

지방자치단체의 폐치는 국회의 입법에 의해 이루어지고 주민투표법 제8조에 의한 주민투표실시만으로는 이러한 폐치의 위험성조차 인정할 수 없음은 위에서 본 바와 같다.

이 부분 청구는 아직 존재하지 않고, 피청구인들에 의해 이루어질 수도 없는 행위를 대상으로 하므로 부적법하다.

4. 결 론

따라서 청구인의 이 사건 심판청구는 모두 부적법하므로 이를 각하하기로 하여 주문과 같이 결정한다. 이 결정은 재판관 주선회의 아래 5.와 같은 반대의견이 있는 외에는 나머지 관여 재판관 전원의 일치된 의견에 의한 것이다.

5. 재판관 주선회의 반대의견

나는 주위적 청구 중 제8조의 '주민투표실시권한' 침해에 관한 청구에 대해서는 다수의견과 견해를 달리하여 이를 인용하여야 한다고 생각한다.

주민투표법 제8조 제1항에 따르면 중앙행정기관장은 투표실시 여부에 관해 재량을 가지는 것이 분명하다. 그러나 지방자치단체의 폐치·분합에 참고로 하기 위한 제8조의 주민투표실시요구를 하지 않는다면 모르되, 실시요구를 하는 이상 폐치·분합되는 당사자인 지방자치단체를 배제할 수는 없다는 것이 나의 생각이다.

현재 제주도는 도 단위 지방자치단체와 청구인들 시·군을 포함한 4개의 시·군 단위 지방자치단체들이 있다. 청구인들이 반대하는 이른바 "혁신적 대안"은 시·군 단위 지방자치단체들을 폐치하여 도 단위 지방자치단체만을 남김으로써 지방자치단체를 단층화한다는 것이 골자이다.

그렇다면 투표대상 사안에 대해서는 피청구인 제주도도 사무와 권한확대, 의회확대, 나아가 제주도의 향후의 전반적 개발방향 등 "혁신적 대안"의 내용에 관련되지만 폐치될 4개 시·군이 깊은 이해관계를 가지고 있음은 말할 것도 없으므로 제주도와 4개 시·군 모두 주민투표법 제8조 제1항의 "관계 지방자치단체"에 해당된다고 보아야 한다.

지방자치단체의 폐치·분합에 관하여 지방자치단체 및 그 주민의 의견을 반영하는 절차를 폐치·분합되는 당사자인 지방자치단체가 진행하게 하는 것은 그 나름의 특별한 의미가 있다. 또 투표발의 주체가 누구인가가에 따라 투표참여와 결과에 큰 영향이 있음은 말할 필요도 없다. 특히 제주도의 경우 도에서 4개 시·군의 폐치를 강력히 추진하는 입장이고 폐치가 검토되는 당사자인 청구인들은 이에 격렬히 반대하는 입장이므로 더욱 그러하다.

지방자치법 제4조 제2항은 본문에서 "제1항의 규정에 의하여 지방자치단체를 폐치·분합하거나 그 명칭 또는 구역을 변경할 때에는 관계지방자치단체의 의회(이하 '지방의회'라 한다)의 의견을 들어야 한다."라고 규정하여 폐치·분합되는 지방자치단체의 의회의견 청취를 필요적으로 하고 있고, 다만 단서에서 주민투표법 제8조의 주민투표를 실시한 경우 폐치·분합되는 지방자치단체 의회의 의견청취에 갈음할 수 있도록 하고 있는데, 두 조항의 상호관계를 고려할 때 지방자치단체 폐치·분합 시 투표실시요구를 하지 않는다면 모르되 실시요구를 하는 이상 폐치·분합되는 지방자치단체를 배제하고 그 권한을 승계할 당사자에게만 요구하는 것으로 위와 같은 절차를 모두 거친 것으로 된다고 볼 수는 없을 것이다. 지방자치제도의 보장이 곧 특정 자치단체의 존속을 보장한다는 것은 아니므로 지방자치단체를 폐지·분합하는 것은 가능하다. 그러나 그럴수록 지방자치권을 존중하기 위한 법정절차는 준수되어야 하므로 지방자치법 제4조 제2항에 따라 지방의회의 의견을 청취하거나 주민투표법 제8조의 주민투표를 거치는 것은 자치제도의 보장을 위해 필수적으로 거쳐야 할 법정 절차로 보아야 한다(1995. 3. 23. 94헌마175, 판례집 7-1, 438~462 참조).

그러므로 이 사건에서는 제주도와 청구인들을 포함한 4개 시·군 모두 주민투표법 제8조 제1항의 관계 지방자치단체로 보아야 하고 투표실시요구를 하고 이를 실시하는 이상 폐치되는 당사자인 청구인들이 배제되어서는 안 될 것인데, 이해관계가 대립되는 당사자인 제주도에만 투표실시요구를 하여 이를 실시하고 그 결과를 참고하였다는 외관을 갖추어 원래 의도한 정책을 계속 추진하는 것은 곧 폐치가 검토되는 당사자인 청구인들의 제8조의 주민투표실시권한을 침해한 것이라고 보는 것이 사안의 실질에 부합한다. 피청구인 행정자치부장관이 피청구인 제주도에만 주민투표실시요구를 하고 제주도가 이를 실시한 것은 청구인들 시·군의 폐치과정에서 청구인들 및 청구인들 시·군 소속 주민의 의견을 반영하기 위해 마련된 법정 절차를 회피하기 위한 것이라고 볼 수밖에 없고, 이는 곧 청구인들의 주민투표실시권한 침해를 의미한다.

민주주의의 가치는 결과보다는 절차에 있다. 이와 같은 절차가 용이하게 회피될 수 있다면 결과 그 자체의 정책적 타당성 유무를 떠나 지방자치제도 자체가 큰 훼손을 겪는다고 보지 않을 수 없다. 이와 같은 이유로 나는 다수의견에 반대한다.

재판관 윤영철(재판장) 권 성 김효종 김경일(주심) 송인준 주선회 전효숙 이공현 조대현

② 제주특별자치도의 설치 및 국제자유도시 조성을 위한 특별법안 제15조 제1항 등 위헌
  확인(2006. 4. 27. 2005헌마1190 전원재판부)

【판시사항】

1. 일정 지역 내의 지방자치단체인 시·군을 모두 폐지하여 지방자치단체의 중층구조
   를 단층화하는 것이 헌법상 지방자치제도의 보장에 위반되는지 여부(소극)

2. 제주도의 지방자치단체인 시·군을 모두 폐지하는 제주도 행정체제 등에 관한 특별
   법(2006. 1. 11. 법률 제7847호, 2006. 7. 1. 시행) 제3조 및 제주특별자치도 설치 및 국
   제자유도시 조성을 위한 특별법(2006. 2. 21. 법률 제7849호, 2006. 7. 1. 시행) 제15조
   제1항·제2항(위 규정 모두를 이하 '이 사건 법률조항'이라 한다)이 제주도민들의 선
   거권 및 피선거권의 참정권을 침해하는지 여부(소극)

3. 제주도의 지방자치단체인 시·군을 폐지하는 입법을 위해 제주도 전체의 주민투표
   를 실시한 것이 폐지되는 지방자치단체의 주민들의 청문권을 침해하는지 여부(소극)

【결정요지】

1. 헌법 제117조 제2항은 지방자치단체의 종류를 법률로 정하도록 규정하고 있을 뿐 지방
   자치단체의 종류 및 구조를 명시하고 있지 않으므로 이에 관한 사항은 기본적으로 입
   법자에게 위임된 것으로 볼 수 있다. 헌법상 지방자치제도 보장의 핵심영역 내지 본질
   적 부분이 특정 지방자치단체의 존속을 보장하는 것이 아니며 지방자치단체에 의한
   자치행정을 일반적으로 보장하는 것이므로, 현행법에 따른 지방자치단체의 중층구조
   또는 지방자치단체로서 특별시·광역시 및 도와 함께 시·군 및 구를 계속하여 존속하
   도록 할지 여부는 결국 입법자의 입법형성권의 범위에 들어가는 것으로 보아야 한다.
   같은 이유로 일정구역에 한하여 당해 지역 내의 지방자치단체인 시·군을 모두 폐지하
   여 중층구조를 단층화하는 것 역시 입법자의 선택범위에 들어가는 것이다.

2. 제주국제자유도시 조성은 단순한 산업발전을 위한 정책을 넘어 사람·상품·자본의
   국제적 이동과 기업활동의 편의가 최대한 보장되도록 규제를 완화하고 국제적 기준
   이 적용되는 지역적 단위를 설정하는 것이다(국제자유도시 조성특별법 제2조). 이를
   위해서는 기존의 법령을 개정하여 새로운 기준을 설정하는 것뿐 아니라 도시계획·
   교통·상하수도·주택 등 기반기설의 확충과 광범위한 개발계획의 시행이 이루어

져야 한다. 1도·2시·2군의 기존 제주도 행정체계로는 이와 같은 새로운 행정수요를 충족시키기 어렵다. 지방자치단체 간 재정력 격차로 인한 지역 간 불균형이 발생하기 쉽고, 기초자치단체와 광역자치단체의 중층행정계층에 따른 결재단계 등으로 의사결정비용이 크며, 업무상 갈등으로 말미암아 일관된 행정이 이루어지지 않을 가능성이 상존하기 때문이다. 따라서 새로운 행정수요에 따른 지방행정구조개편이 필요하며 이 사건 법률조항으로 자치단체인 시·군을 폐지하여 행정의 효율화를 달성하고 국제자유도시의 조성을 도모하려는 입법자의 판단이 부정확한 사실인식과 불합리한 예측을 근거로 한 것이라 할 수는 없다.

게다가 비록 기초자치단체의 폐지로 말미암아 주민들의 자치단체구성에 대한 참여기회가 일부 상실되었다 하더라도 그에 대한 보완책으로 광역자치단체 수준의 참여권이 확대되었고, 제주도가 중앙정부의 규율로부터 벗어나 폭넓은 자치권을 가지게 됨에 따라 실질적으로 주민들이 지역행정에 참여하여 영향을 미칠 수 있는 범위가 확대되었으므로, 주민들의 민주적 요구를 수용하는 지방자치제의 기능이 예전에 비하여 축소되었다고 볼 수도 없다.

따라서 이 사건 법률조항에 의하여 청구인들의 참정권인 선거권과 공무담임권이 제한된다 하더라도 그것이 현저히 자의적이고 불합리하여 기본권 제한의 입법적 한계를 벗어난 것이라고 할 수 없다.

3. 주민투표의 투표대상인 혁신적 대안은 단순히 4개 시·군을 폐지하는 것뿐 아니라 기존의 자치단체인 제주도를 폐지하고 새로운 제주특별자치도를 설치하며 그 권한과 사무의 확대, 의회규모 확대 등 완전히 새로운 행정체계를 구축하는 것을 포함하고 있다. 나아가 폐지될 시·군 주민 전체가 제주도민 전체이기도 한 점에서 제주도에 의하여 투표가 실시된다 하여도 투표의 실질에 있어 차이가 없고, 제주도 전역에서 투표가 행해진다 하더라도 투표결과 집계를 통해 전체 주민의 찬반비율뿐 아니라 개별 지역별 찬반비율 역시 확인할 수 있으므로 폐지되는 자치단체 주민들의 의사를 확인한다는 기능적인 면에서도 차이가 없다.

또한 자치단체의 폐지에 대한 이해관계자들의 참여, 즉 의견개진의 기회부여는 문제가 된 사항의 본질적 내용과 그 근거에 관하여 이해관계인에게 고지하고 그에 관한 의견의 진술기회를 부여함으로써 그 진술된 의견이 국회에 입법자료를 제공하는 기능을 하도록 하면 족하며, 입법자가 그 의견에 반드시 구속되는 것으로 볼 수는 없다.

따라서 제주도 전역에서 행해진 주민투표절차에 의하여 폐지되는 지방자치단체의 주민들의 청문권이 침해되었다고 볼 수 없다.

【심판대상조문】

제주도 행정체제 등에 관한 특별법(2006. 1. 11. 법률 제7847호, 2006. 7. 1. 시행) 제3조(제주시 등의 폐지) ① 제주도의 제주시·서귀포시·북제주군 및 남제주군을 각각 폐지한다.

② 제주도에는 지방자치법 제2조 제1항 및 제3조 제2항의 규정에 불구하고 관할구역 안에 지방자치단체인 시와 군을 두지 아니한다.

제주특별자치도 설치 및 국제자유도시 조성을 위한 특별법(2006. 2. 21. 법률, 제7849호, 2006. 7. 1. 시행) 제15조(지방자치단체가 아닌 시 및 읍·면·동의 설치) ① 제주자치도는 지방자치법 제2조 제1항 및 제3조 제2항의 규정에 불구하고 그 관할구역 안에 지방자치단체인 시와 군을 두지 아니한다.

② 제주자치도의 관할구역 안에 지방자치단체가 아닌 시(이하 "행정시"라 한다)를 두고, 행정시에는 도시의 형태를 갖춘 지역에는 동을, 그 밖의 지역에는 읍·면을 둔다.

③ 생 략

【참조조문】

헌법 제117조 제2항, 제120조 제2항, 제123조 제2항

【참조판례】

1. 헌재 1995. 3. 23. 94헌마175, 판례집 7-1, 438, 452
2. 헌재 2001. 2. 22. 2000헌마25, 판례집 13-1, 386, 412
3. 헌재 1995. 3. 23. 94헌마175, 판례집 7-1, 438, 451

【당사자】

청구인   김○훈 외 24인(청구인 명단은 별지와 같음)
      대리인 법무법인 이우
      담당변호사 이상경 외 7인
      변호사 정주교

【주 문】

청구인들의 심판청구를 기각한다.

【이 유】

1. 사건의 개요와 심판의 대상

가. 사건의 개요

제주도지사에 의하여 설치되어 운영 중이던 제주도행정개혁추진위원회는 현행 도와 시·군의 자치계층 유지, 자치단체장 및 지방의회 의원의 직접 선출, 도와 시·군의 기능과 역할 조정을 내용으로 하는 안("점진적 대안" 또는 "현행유지안"이라고 칭함)과, 도를 하나의 광역자치단체로 개편하고 제주시와 북제주군, 서귀포시와 남제주군을 통합한 2개 시 체제구축, 시장 임명, 시·군의회 폐지 및 도의회 확대를 내용으로 하는 안("혁신적 대안" 또는 "단일광역자치안"이라고 칭함)의 두 가지 안을 주민투표를 거쳐 최종 확정할 것을 결의하였다.

이에 따라 제주도지사는 행정자치부장관에게 제주도 전역에서 주민투표를 실시할 것을 건의하였고, 행정자치부장관이 이를 받아들여 다시 제주도지사에게 주민투표실시를 요구함에 따라 2005. 7. 27. 제주도행정구조개편을 위한 주민투표가 실시되었다. 그 결과 제주도 전체에서 36.7%의 투표율, 그중 혁신적 대안 57.0%, 현행유지안 43.0%로 혁신적 대안이 우세하게 나타났다.

이러한 주민투표의 결과에 따라 정부는 혁신안을 내용으로 하는 제주도 행정체제 등에 관한 특별법안과 제주특별자치도 설치 및 국제자유도시 조성을 위한 특별법을 국회에 제출하였고 모두 국회에서 가결되었다.

이에 제주도민 및 기초자치단체 소속공무원인 청구인들은 제주시, 서귀포시, 북제주군, 남제주군을 폐지하는 내용의 제주도 행정체제 등에 관한 특별법 제3조 및 제주특별자치도 설치 및 국제자유도시 조성을 위한 특별법 제15조 제1항·제2항에 의하여 선거권 등을 침해받는다고 주장하며 이 사건 헌법소원심판을 청구하였다.

나. 심판의 대상

따라서 이 사건 심판의 대상은 제주도 행정체제 등에 관한 특별법(2006. 1. 11. 법률 제7847호, 2006. 7. 1. 시행, 이하 '제주도행정특별법'이라 한다) 제3조 및 제주특별자치도 설치 및 국제자유도시 조성을 위한 특별법(2006. 2. 21. 법률 제7849호, 2006. 7. 1. 시행, 이하 '국제자유도시 조성특별법'이라 한다) 제15조 제1항·제2항(위 규정 모두를 이하 '이 사건 법률조항'이라 한다)의 위헌 여부이며 관련규정의 내용은 다음과 같다.

제주도 행정체제 등에 관한 특별법 제3조(제주시 등의 폐지) ① 제주도의 제주시·서귀포시·북제주군 및 남제주군을 각각 폐지한다.

② 제주도에는 지방자치법 제2조 제1항 및 제3조 제2항의 규정에 불구하고 관할구역 안에 지방자치단체인 시와 군을 두지 아니한다.

제주특별자치도 설치 및 국제자유도시 조성을 위한 특별법 제15조(지방자치단체가 아닌 시 및 읍·면·동의 설치) ① 제주자치도는 지방자치법 제2조 제1항 및 제3조 제2항의 규정에 불구하고 그 관할구역 안에 지방자치단체인 시와 군을 두지 아니한다.

② 제주자치도의 관할구역 안에 지방자치단체가 아닌 시(이하 "행정시"라 한다)를 두고, 행정시에는 도시의 형태를 갖춘 지역에는 동을, 그 밖의 지역에는 읍·면을 둔다.

③ 지방자치법의 규정 중 읍·면·동에 관한 사항은 행정시에 두는 읍·면·동에 대하여 적용한다. 다만, 행정시에 두는 읍·면·동의 폐치·분합은 지방자치법 제4조 제3항의 규정에 불구하고 행정자치부장관의 승인을 요하지 아니하되, 도지사는 그 결과를 행정자치부장관에게 보고하여야 한다.

2. 청구인들의 주장 및 관계기관의 의견

가. 청구인들의 주장

(1) 헌법이 보장하는 지방자치제도의 취지와 기능은 지역발전의 촉진, 다원적 민주주의의 실현, 기능적 권력통제라 할 수 있고 이를 위해서는 지방자치단체의 종류가 다양한 계층구조로 구성되는 것이 필요하다. 주민들은 대개 기초지방자치단체의 지역범위 내에서 생활을 영위하여 단일 광역지방자치단체 영역 내에서도 서로 이해관계를 달리할 수 있으므로 광역자치단체만으로는 풀뿌리 민주주의를 실현하기에 충분하지 않다. 따라서 제주도 지역의 모든 기초자치단체를 폐지하는 것은 해당 지역의 풀뿌리 민주주의의 형성과 발전에 불합리한 침해를 가하는 것으로서 지방자치제도의 제도적 본질을 침해·훼손하는 것이다.

(2) 이 사건 법률조항에 의하여 제주도 주민 전체가 기초지방자치단체 영역에서 참정권

을 박탈당하는 등 피해가 크다. 기초자치단체의 폐지에 대해서는 당해 시·군을 단위로 주민투표를 실시하여 스스로 자기결정을 내리도록 하는 것이 적절한 절차이며, 이미 행해진 제주도 단위의 주민투표에 비하여 이를 위해 소요되는 비용과 행정적 부담에 거의 차이가 없다. 그럼에도 불구하고 당해 시·군별로 주민투표를 실시하지 않고 입법을 한 것은 적법절차의 원칙에 위반된다.

(3) 이 사건 법률조항으로 인하여 청구인들은 해당 기초단체의 장이나 의회의원 직에 대한 선거권과 피선거권을 전면적으로 박탈당함에도 불구하고, 이에 대한 정당한 입법목적을 발견할 수 없다. 또한 국제자유도시의 건설·발전을 위해서는 오히려 기초자치단체에 고도의 자치권을 부여하는 것이 바람직하다는 점에서 과잉금지원칙과 본질적 내용 침해원칙에 위반된다. 그 밖에 청구인들은 불합리한 이유로 말미암아 제주도 이외의 다른 지역의 주민들에 비하여 차별을 받게 되므로 평등권을 침해받으며, 나아가 행복추구권 및 인간다운 생활권을 침해받는다.

나. 제주도지사 및 행정자치부장관의 의견요지

(1) 헌법상 지방자치제도의 보장은 지방자치단체에 의한 자치행정을 일반적으로 보장한다는 것일 뿐 특정자치단체의 존속을 보장한다는 것은 아니다. 우리 헌법상 지방자치단체의 종류와 계층구조에 관하여 입법자에게 광범위한 입법형성권이 부여되어 있고, 제주도의 자연적, 사회적, 행정적 특성 등을 고려하면 이 사건 법률조항이 자의적으로 위헌적인 입법이라 볼 수 없다.

(2) 지방자치법상 주민투표의 실시 여부는 중앙행정기관장의 재량에 속하는 사항이다. 제주도행정특별법 등에 의하면 기초자치단체와 함께 종전의 광역자치단체인 제주도도 같이 폐지되고 제주도 전체의 행정구조가 개편되므로, 그 입법을 위해 제주도 전체에서 주민투표를 실시하였더라도 적법절차원칙에 위반되는 것으로 볼 수 없다.

(3) 이 사건 법률조항은 청구인들의 참정권을 직접적으로 제약하는 것이 아니며 지방자치에 관한 제도의 변경으로 인하여 청구인들이 간접적, 반사적으로 영향을 받고 있을 뿐이다. 설사 참정권이 제한된다 하더라도 제주도를 단일 광역자치체제로 개편하는 것은 예산절감을 통해 지역경쟁력을 제고하고, 도시계획·교통·상수도·환경 등 광역행정 수행상의 애로를 해소하여 지역 간 균형발전을 도모하기 위한 것으로 헌법의 가치질서에 위배되거나 그 필요성에 대한 국회의 판단이 명백히 잘못된

것으로 볼 수 없으므로 합리적인 범위 안의 입법이라 할 수 있다. 따라서 이 사건 법률조항이 제주지역 주민들과 제주 이외 지역의 주민들을 구분하는 것에는 합리적 근거가 있다.

3. 판 단

가. 제한되는 기본권과 심사기준

(1) 이 사건 법률조항에 의하면 제주도의 제주시·서귀포시·북제주군 및 남제주군이 폐지되며 대신 그 지역에 지방자치단체가 아닌 시가 설치되므로 당해 지역의 지방 자치단체는 특별자치도인 제주도만이 존재하게 된다. 따라서 제주도민인 청구인들 은 지방자치단체인 시와 군의 장 및 의회의원선거에 후보자로 출마하거나 선거에 참여하여 투표할 수 없게 되므로 그러한 범위에서 헌법상의 기본권인 선거권과 공 무담임권을 제한받는다. 또한 제주도가 아닌 다른 지역의 경우 시·도뿐 아니라 시 ·군 및 구의 경우에도 자치단체로서 의회의 의원과 그 장을 주민들이 직접 선거에 의해 선출할 수 있으므로 제주도민들인 청구인들은 그에 비하여 선거권 및 피선거 권이 제약되는 불이익을 받아 평등권을 제한받는다고 볼 수 있다. 그 외에도 청구인 들은 적법절차원칙의 위반을 주장하나 이는 부적절한 절차에 의하여 입법이 이루어 짐으로써 헌법상 보장되는 청문권을 침해받았다는 주장으로 볼 수 있다.

청구인들은 그 밖에 행복추구권 및 인간다운 생활권의 침해를 주장한다. 그러나 제주 도 지역 지방자치제도의 개혁이 청구인들의 개별적인 행복추구 및 인간다운 생활의 향유 와 직접적으로 관련되어 있다고 볼 수 없고, 이러한 기본권들은 보충적인 성격을 가지는 것으로 선거권 및 피선거권, 평등권 등의 제한이 인정되는 이상 별도로 판단하지 않는다.

(2) 헌법 제117조 제2항은 지방자치단체의 종류를 법률로 정하도록 규정하고 있을 뿐 지방자치단체의 종류 및 구조를 명시하고 있지 않으므로 이에 관한 사항은 기본적 으로 입법자에게 위임된 것으로 볼 수 있다. 따라서 헌법상 지방자치제도의 보장은 특정 지방자치단체의 존속을 보장하는 것이 아니며 지방자치단체의 폐치·분합은 헌법적으로 허용될 수 있다. 우리 재판소도 '자치제도의 보장은 지방자치단체에 의 한 자치행정을 일반적으로 보장한다는 것뿐이고 특정자치단체의 존속을 보장한다 는 것은 아니며 지방자치단체의 폐치·분합에 있어 지방자치권의 존중은 법정절차

의 준수로 족하다'고 판시(헌재 1995. 3. 23. 94헌마175, 판례집 7 – 1, 438, 452)하여 이러한 취지를 분명히 하고 있다.

이와 같이 헌법상 지방자치제도 보장의 핵심영역 내지 본질적 부분이 지방자치단체에 의한 자치행정을 일반적으로 보장하는 것이라면, 현행법에 따른 지방자치단체의 중층구조 또는 지방자치단체로서 특별시·광역시 및 도와 함께 시·군 및 구를 계속하여 존속하도록 할지 여부는 결국 입법자의 입법형성권의 범위에 들어가는 것으로 보아야 한다. 같은 이유로 일정구역에 한하여 모든 자치단체를 전면적으로 폐지하거나 지방자치단체인 시·군이 수행해 온 자치사무를 국가의 사무로 이관하는 것이 아니라 당해 지역 내의 지방자치단체인 시·군을 모두 폐지하여 중층구조를 단층화하는 것 역시 입법자의 선택범위에 들어가는 것이다.

이와 같이 자치단체의 구조에 대한 개편을 입법자의 형성에 맡긴 헌법규정의 취지에 의하면, 이 사건 법률조항에 의하여 청구인들의 참정권과 평등권 등 기본권이 제한된다 하더라도 이것이 제주도 지역에서 중층으로 구성된 지방자치단체를 단층화하는 제도의 개편에 의하여 발생한 결과적인 것이라는 점에서, 그 위헌성 판단은 입법자의 판단이 현저히 자의적이어서 기본권 제한의 합리적인 재량의 한계를 벗어난 것인지 여부에 의하여 결정되어야 할 것이다.

나. 선거권, 피선거권 및 평등권의 침해 여부

(1) 제주도는 지정학적으로 중국, 일본의 주요 도시들과 인접해 있어 동북아시아의 중심이 될 수 있는 전략적 위치에 있으며, 뛰어난 자연환경 및 기후조건과 함께 국제수준의 편의시설 등을 갖추어 관광산업 등의 발전에 좋은 입지조건을 가지고 있다. 또한 도서지역으로서 국내 다른 지역과는 차별화된 법령 및 계획의 적용이 가능하다. 제주도의 이러한 지역적, 인문적 특성에 맞는 발전을 위해, 종래 많은 개발계획이 만들어졌고, 그 연장선에서 제주도를 국제적인 관광·휴양도시, 첨단지식산업도시 등의 복합적인 기능을 갖춘 국제자유도시로 육성·발전시키기 위한 구상이 이루어졌다. 이 사건 법률조항은 이와 같은 국제자유도시종합계획을 효율적으로 추진하기 위하여 행정체제를 개편하는 규정의 하나이다.

국가가 제주도 발전을 위한 계획을 세우고 이를 실행하는 것은 국토와 자원의 균형 있는 개발과 이용을 위해 필요한 계획을 세우고 지역 간의 균형 있는 발전을 위하여 지역

경제를 육성하는 헌법상의 임무(헌법 제120조 제2항, 제123조 제2항)를 수행하는 것이므로 공공복리를 위한 정당한 목적이 있을 것이라 할 수 있다.

(2) 제주국제자유도시 조성은 단순한 산업발전을 위한 정책을 넘어 사람·상품·자본의 국제적 이동과 기업활동의 편의가 최대한 보장되도록 규제를 완화하고 국제적 기준이 적용되는 지역적 단위를 설정하는 것이다(국제자유도시 조성특별법 제2조). 이를 위해서는 기존의 법령을 개정하여 새로운 기준을 설정하는 것뿐 아니라 도시계획·교통·상하수도·주택 등 기반기설의 확충과 광범위한 개발계획의 시행이 이루어져야 한다. 특히 국제기준에 맞는 각종 규제의 시행을 위해서는 무엇보다 제주도 전역에 통일된 규범이 일관된 해석을 통해 적용될 것이 요구되며, 각종 개발사업 역시 균형 있고 효율적인 시행을 위해서는 제주도 전체를 포괄하는 통합계획에 따라 이루어져야 한다.

도·2시·2군의 기존 제주도 행정체계로는 이와 같은 새로운 행정수요를 충족시키기 어렵다. 지방자치단체 간 재정력 격차로 인한 지역 간 불균형이 발생하기 쉽고, 기초자치단체와 광역자치단체의 중층행정계층에 따른 결재단계 등으로 의사결정비용이 크며, 업무상 갈등으로 말미암아 일관된 행정이 이루어지지 않을 가능성이 상존하기 때문이다. 따라서 새로운 행정수요에 따른 지방행정구조개편이 필요하게 된다.

제주도행정개혁추진위원회는 이를 위해 기존의 자치단체들을 유지하면서 상호 기능과 역할 및 구역을 개편·조정하는 점진적 방안과 단일광역자치구역을 설정하여 단층구조의 지방자치제를 구현하는 혁신적 방안의 두 가지 안을 제시하였다. 이들은 모두 새로운 행정수요를 충족시키기 위한 것으로서 방법상의 차이가 있을 뿐 행정의 효율화 등 문제를 해결할 수 있는 점에서 차이가 없다고 볼 수 있다. 따라서 후자의 방안에 의하여 이 사건 법률조항으로 자치단체인 시·군을 폐지하여 행정의 효율화를 달성하고 국제자유도시의 조성을 도모하려는 입법자의 판단이 부정확한 사실인식과 불합리한 예측을 근거로 한 것이라 할 수는 없다.

(3) 이 사건 법률조항에 의하여 자치단체인 시·군이 폐지되고 행정시가 설치되면 해당 지역의 지방의회가 해산되고 지역주민에 의하여 선출되는 자치단체장 대신 임명직 시장이 행정을 담당하게 되므로, 폐지된 자치단체의 경우 주민들이 그 구성에 참여할 기회가 사라지게 된다. 게다가 행정구역이 주민들의 생활권을 넘어 광역화되면 동일한 이해관계를 바탕으로 일상생활에서 발생하는 요구를 충족시키기 위한 주민

들의 적극적인 참여가 어렵게 된다. 따라서 이 사건 법률조항이 주민들의 직접적이고 구체적인 민주적 의사를 정책의 수립과 실행에 반영하는 지방자치제의 민주주의적 기능을 일부 훼손하는 것은 사실이다.

그러나 이와 같은 민주주의적 기능의 훼손에 대한 보완책으로, 입법자는 제주도의회의 의원정수에 대한 특례를 두어 조례에 의한 의원수 확대가 가능하게 하였고(제주도행정특별법 제12조) 다른 지방자치단체와는 달리 주민투표의 확대, 주민의 조례제정·개폐 청구권(국제자유도시 조성특별법 제23조, 제24조), 주민소환제(같은 법 제25조)를 규정하여 광역자치단체의 수준에서 이루어질 수 있는 주민참여의 방법과 범위를 확대하였다. 또한 자체적인 직군·직렬 통합신설 및 직위분류(같은 법 제49조, 제51조), 개방형 직위의 도입(같은 법 제50조 제5항), 인건비 예산에 관한 특례(같은 법 제52조)를 통해 인사제도 및 운영의 자율성을 향상시키는 등 자치인사권을 확대하였고, 지방재정과 지방교육에 관하여 특례를 두고 자치경찰을 설치하는 등 자치분권을 강화하였다. 또한 외국교육기관이나 의료기관의 설립에 관한 특례를 두는 등 환경, 교통, 보건복지 분야의 많은 사항을 도지사의 권한으로 이양하고 조례로 정하도록 함으로써 자율적인 행정이 가능하도록 하고 있다.

따라서 비록 기초자치단체의 폐지로 말미암아 주민들의 자치단체구성에 대한 참여기회가 일부 상실되었다 하더라도 광역자치단체 수준의 참여권이 확대되었고, 제주도가 중앙정부의 규율로부터 벗어나 폭넓은 자치권을 가지게 됨에 따라 실질적으로 주민들이 지역행정에 참여하여 영향을 미칠 수 있는 범위 역시 확대되었으므로, 주민들의 민주적 요구를 수용하는 지방자치제의 기능이 예전에 비하여 축소되었다고 볼 수만은 없다.

(4) 특히 공무담임권은 국민이 국가·공공단체의 구성원으로서 그 직무를 담당할 수 있는 권리로서 모든 국민이 누구나 그 능력과 적성에 따라 공직에 취임할 수 있는 균등한 기회를 보장함을 내용으로 한다(헌재 2001. 2. 22. 2000헌마25, 판례집 13-1, 386, 412). 따라서 비록 이 사건 법률조항에 의하여 자치단체인 시·군이 폐지되어 그 장이나 의회의원으로 출마할 수 없다 하더라도, 제주도에 행정시가 새로 설치되고 종래의 읍·면·동이 그대로 유지되므로(제주도행정특별법 부칙 제4조 제1항) 달리 그 구성원인 공직에 취임할 수 있는 균등한 기회가 제한되지 않는다면 이로써 공무담임권이 침해되는 것으로 볼 수는 없다.

게다가 행정시의 읍·면·동에는 주민자치센터를 설치하고 주민자치위원회를 두어 주민자치에 관한 사항을 처리하도록 하였고(제주도행정특별법 제10조, 제11조), 업무의 승계나 조례·규칙의 유지 등 각종 경과조치를 통하여 행정체제의 개편에 따른 행정상 또는 재정상의 불이익이 발생하거나 그 지역주민에게 새로운 부담이 추가되지 않도록 하였으므로(같은 법 제15조) 청구인들을 포함한 주민들에게 이 사건 법률조항에 의한 지방자치단체의 개편으로 말미암아 달리 실질적인 불이익이 있다고 보기도 어렵다.

따라서 이 사건 법률조항에 의하여 청구인들의 참정권인 선거권과 공무담임권이 제한된다 하더라도 그것이 현저히 자의적이고 불합리하여 기본권 제한의 입법적 한계를 벗어난 것이라고 할 수는 없다.

(6) 그 밖에 청구인들은 이 사건 법률조항에 의하여 다른 지역의 주민들에 비하여 지방자치단체의 장 및 의회의원에 대한 선거권 및 피선거권의 행사가 제약되는 불리한 취급을 받는다고 주장한다. 그러나 앞서 살펴본 바와 같이 제주도의 고유한 역사적·지리적 특성에 따른 개발과 국제자유도시의 조성을 위한 행정구조개편의 필요성에 의하여 지방자치단체인 시·군을 폐지하였고, 각종 보완제도에 의하여 실질적으로 주민참여의 범위가 축소되었다고 볼 수도 없으므로 그에 관한 입법자의 판단이 자의적이거나 불합리하다고 보기 어려운 이상, 다른 지역에 비하여 참정권의 행사에 다소 차이가 있다 하여도 이로써 청구인들이 평등권을 침해받는다고 할 수는 없다.

다. 청문권의 침해 여부

(1) 청구인들은 헌법상의 적법절차의 원칙에 의하면 자치단체인 시·군이 폐지될 경우 폐지되는 당해 지방자치단체에 의한 주민투표가 실시되어야 하며 입법자는 반드시 그 결과에 따라 입법하여야 함에도 불구하고, 제주도에 의하여 그 전역에서 실시된 투표결과에 따라 이 사건 법률조항이 규정되었으므로 청문권이 침해되었다고 주장한다.

그러나 주민투표의 투표대상인 혁신적 대안은 단순히 4개 시·군을 폐지하는 것뿐 아니라 기존의 자치단체인 제주도를 폐지하고 새로운 제주특별자치도를 설치하며 그 권한과 사무의 확대, 의회규모 확대 등 완전히 새로운 행정체계를 구축하는 것을 포함하고 있으므로, 제주도가 위 개편안의 내용과 밀접한 이해관계를 가지고 있지 않다고 할 수는 없다. 나아가 폐지될 시·군 주민 전체가 제주도민 전체이기도 한 점에서 제주도에 의하여 투표가 실시된다 하여도 투표의 실질에 있어 차이가 없고, 제주도 전역에서 투표가 행해진다 하더라도 투표결과 집계를 통해 전체 주민의 찬반비율뿐 아니라 개별 지역별 찬반비율 역시 확인할 수 있으므로 폐지되는 자치단체 주민들의 의사를 확인한다는 기능적인 면에서도 차이가 없다.

　따라서 자치단체와 그 주민이 자신의 이해관계와 관련하여 그 법적 지위를 확보하기 위하여 행정구조개편계획에 의견을 표명할 기회를 주어야 한다는 청문권의 요청에 제주도 전역에서의 투표가 부합하지 않는 것으로 볼 수는 없다.

　(2) 이에 대하여 설사 제주도에 의하여 그 전역에서 투표가 실시되는 것이 적법절차상의 청문권의 요청에 부합하는 것이라 하더라도, 그 결과 일부 폐지되는 지방자치단체에서 반대하는 의견이 더 많았다면 입법자는 이에 구속되므로 당해 지방자치단체를 폐지하는 이 사건 법률조항은 적법절차에 위반하여 청문권을 침해하는 것이라 주장하기도 한다.

　그러나 특히 지방자치단체의 폐지와 관련한 입법절차에 청문절차가 요구되는 것은 입법자가 공공복리를 이유로 지방자치단체의 폐지결정을 내리기 전에 일반적으로 상반되는 이익들 간의 형량이 선행되어야 하고 이러한 이익형량은 이해관계자들의 참여 없이는 적정하게 이루어질 수 없기 때문이다. 국회는 이러한 절차를 통하여 비로소 자신의 결정에 앞서 중요한 사항들에 관한 포괄적이고 신빙성 있는 지식을 얻게 되는 것이다. 그러므로 자치단체의 폐지에 대한 이해관계자들의 참여, 즉 의견개진의 기회부여는 문제가 된 사항의 본질적 내용과 그 근거에 관하여 이해관계인에게 고지하고 그에 관한 의견의 진술기회를 부여함으로써 그 진술된 의견이 국회에 입법자료를 제공하는 기능을 하도록 하면 족하며, 입법자가 그 의견에 반드시 구속되는 것으로 볼 수는 없다(헌재 1995. 3. 23. 94헌마175, 판례집 7 - 1, 438, 451 참조).

　만약 국회가 이러한 주민투표의 결과에 구속된다면 기본적인 지방자치제도의 형성을 입법자에게 맡겨 두고 지방자치단체의 종류를 법률로 정하도록 하고 있는 헌법의 취지와도 부합하지 않는다.

　(3) 이와 같이 이 사건 법률조항의 입법과 관련하여 제주도에 의하여 그 전역에서 주민투표를 행한 것으로도 헌법상의 적법절차원칙은 준수되었다고 볼 수 있고, 이로써 청구인들의 청문권이 침해되었다고 볼 수는 없다.

　4. 결 론

　그러므로 이 사건 법률조항으로 인하여 청구인들의 기본권이 침해되었다고 볼 수 없으므로 이 사건 심판청구를 기각하기로 하여 관여 재판관 전원의 일치된 의견으로 주문과 같이 결정한다.

　재판관　윤영철(재판장) 권　성 김경일 송인준 주선회 전효숙 이공현(주심) 조대현

3. 제주특별자치도법 관련 대법원 판례

① 대법원 2007. 12. 13. 선고 2006추52 판결 【조례안의결무효확인청구】

【판시사항】

[1] 지방자치단체가 주민의 권리제한 또는 의무부과에 관한 사항이나 벌칙에 해당하는 조례를 제정하는 경우 법률의 위임이 필요한지 여부(적극) 및 그러한 위임 없이 제정된 조례의 효력(무효)

[2] 조례로 규율하고자 하는 특정사항에 관하여 국가의 법령이 이미 존재하는 경우, 조례의 적법 요건

[3] 제주특별자치도에서 자동차대여사업을 하려는 사람의 영업활동을 제한하는 내용의 '제주특별자치도 여객자동차 운수사업에 관한 조례안' 조항이 그 수권법률인 '제주특별자치도 설치 및 국제자유도시 조성을 위한 특별법'이 조례로 정할 수 있도록 한 사항에 해당하지 아니하여 무효라고 한 사례

[4] 조례안재의결 무효확인소송에서 심리대상의 범위

【판결요지】

[1] 지방자치법 제22조, 제9조 제1항, 구 지방자치법(2007. 5. 11. 법률 제8423호로 전문 개정되기 전의 것) 제9조 제1항, 제15조, 행정규제기본법 제4조 제3항에 의하면 지방자치단체는 그 고유사무인 자치사무와 개별법령에 의하여 지방자치단체에 위임된 단체위임사무에 관하여 자치조례를 제정할 수 있지만 그 경우라도 주민의 권리제한 또는 의무부과에 관한 사항이나 벌칙은 법률의 위임이 있어야 하며, 기관위임사무에 관하여 제정되는 이른바 위임조례는 개별법령에서 일정한 사항을 조례로

정하도록 위임하고 있는 경우에 한하여 제정할 수 있으므로, 주민의 권리제한 또는 의무부과에 관한 사항이나 벌칙에 해당하는 조례를 제정할 경우에는 그 조례의 성질을 묻지 아니하고 법률의 위임이 있어야 하고 그러한 위임 없이 제정된 조례는 효력이 없다.

[2] 지방자치단체의 조례는 그것이 자치조례에 해당하는 것이라도 법령에 위반되지 않는 범위 안에서만 제정할 수 있어서 법령에 위반되는 조례는 그 효력이 없지만[지방자치법 제22조 및 위 구 지방자치법(2007. 5. 11. 법률 제8423호로 전문 개정되기 전의 것) 제15조], 조례가 규율하는 특정사항에 관하여 그것을 규율하는 국가의 법령이 이미 존재하는 경우에도 조례가 법령과 별도의 목적에 기하여 규율함을 의도하는 것으로서 그 적용에 의하여 법령의 규정이 의도하는 목적과 효과를 전혀 저해하는 바가 없는 때 또는 양자가 동일한 목적에서 출발한 것이라고 할지라도 국가의 법령이 반드시 그 규정에 의하여 전국에 걸쳐 일률적으로 동일한 내용을 규율하려는 취지가 아니고 각 지방자치단체가 그 지방의 실정에 맞게 별도로 규율하는 것을 용인하는 취지라고 해석되는 때에는 그 조례가 국가의 법령에 위배되는 것은 아니라고 보아야 한다.

[3] 제주특별자치도에서 자동차대여사업을 하고자 하는 사람의 영업활동을 제한하는 내용의 '제주특별자치도 여객자동차 운수사업에 관한 조례안' 제37조 제3항과 제4항은 그 수권규정인 '제주특별자치도 설치 및 국제자유도시 조성을 위한 특별법' 제324조 제2항이 조례로 정할 수 있도록 한 사항에 해당하지 아니하여 법률의 위임 없이 국민의 권리제한 또는 의무부과에 관한 사항을 규정한 것으로 무효라고 한 사례.

[4] 조례안재의결 무효확인소송에서의 심리대상은 지방의회에 재의를 요구할 당시 이의사항으로 지적되어 재의결에서 심의의 대상이 된 것에 국한된다.

【참조조문】

[1] 구 지방자치법(2007. 5. 11. 법률 제8423호로 전문 개정되기 전의 것) 제9조 제1항, 제15조(현행 제22조 참조), 행정규제기본법 제4조 제3항 / [2] 구 지방자치법(2007. 5. 11. 법률 제8423호로 전문 개정되기 전의 것) 제15조(현행 제22조 참조) / [3] 구 지방자치법(2007. 5. 11. 법률 제8423호로 전문 개정되기 전의 것) 제15조(현행 제22조 참조), 제주특별자치도 설치 및 국제자유도시 조성을 위한 특별법 제324조 제2항 / [4]

구 지방자치법(2007. 5. 11. 법률 제8423호로 전문 개정되기 전의 것) 제159조(현행 제107조 참조)

【참조판례】

[1][2] 대법원 2006. 10. 12. 선고 2006추38 판결(공2006하, 1919) / [1] 대법원 1999. 9. 17. 선고 99추30 판결(공1999하, 2226), 대법원 2000. 5. 30. 선고 99추85 판결(공2000하, 1547), 대법원 2004. 6. 11. 선고 2004추41 판결 / [2] 대법원 1997. 4. 25. 선고 96추244 판결(공 1997상, 1626), 대법원 2000. 11. 24. 선고 2000추29 판결(공2001상, 167) / [4] 대법원 1992. 7. 28. 선고 92추31 판결(공1992, 2575)

【전 문】

【원 고】 건설교통부장관 (소송대리인 법무법인 화우 담당변호사 강보현외 2인)

【피 고】 제주특별자치도의회 (소송대리인 법무법인 바른 담당변호사 김관중)

【주 문】

1. 피고가 2006. 5. 20.에 한 제주특별자치도 여객자동차 운수사업에 관한 조례안에 대한 재의결은 그 효력이 없다.
2. 소송비용은 피고가 부담한다.

【청구취지】 주문과 같다.

【이 유】

1. 이 사건 조례안의 재의결 및 그 내용의 요지

갑 제1, 2, 8 내지 13, 15 내지 17호증, 을 제1 내지 3호증의 각 기재에 변론 전체의 취지를 종합하면 다음의 사실을 인정할 수 있다.

가. 피고가 2006. 4. 20. 주문 기재 조례안(이하 '이 사건 조례안'이라 한다)을 의결하여 제주특별자치도지사에게 이송하였고, 제주특별자치도지사가 원고의 재의요구지시에 따라 이 사건 조례안의 일부 내용이 법령에 위반된다는 등의 이유로 피고에게 재의를 요구하였으나 피고는 2006. 6. 20. 이 사건 조례안을 원안대로 재의결함으로

써 이 사건 조례안이 확정되었다.

나. 이 사건 조례안은 제주특별자치도 설치 및 국제자유도시 조성을 위한 특별법(이하 '제주특별법'이라 한다)과 시행일을 같이 하고 있는바[제주특별법 부칙(2006. 2. 21.) 제1조, 이 사건 조례안 부칙 제1항], 제주특별법 제324조의 규정에서 위임된 사항의 시행에 필요한 사항을 규정함을 목적으로 제정되었다(이 사건 조례안 제1조)(제주특별법 제324조는 2007. 8. 3. 법률 제8586호로 개정된 바 있으나 개정 전후를 구분하지 아니하고 통칭하여 표시한다).

다. 이 사건 조례안은 자동차대여사업에 관하여 여객자동차 운수사업법 및 그 시행규칙과 일부 내용을 달리하고 있는바, 자동차대여사업의 등록기준을 강화하고(제36조), 일시적인 초과수요를 이유로 주사무소 및 영업소를 달리하여 하는 영업의 허용기간 및 대여사업용 자동차의 편도이용으로 인하여 주사무소 또는 영업소를 달리하여 반환된 차량에 대한 주차 및 영업의 허용기간을 단축하며(제37조 제3항), 제주특별자치도 이외의 곳에 등록된 자동차대여사업자 및 대여사업용 자동차에 대하여 제주특별자치도 내에서의 영업을 금지하고(제37조 제4항), 대여약관을 신고·변경신고하려는 자에 대하여 요금 원가계산 및 그 밖에 요금액의 산출기초를 기재한 서류(이하 '요금산출기초'라고 한다)를 첨부할 의무를 부과하며(제40조), 기존에 자동차대여사업을 제주도에 등록한 자에 대하여 이 사건 조례안에 의한 등록기준을 2007. 12. 31.까지 갖추도록 요구하고(부칙 제2항), 건설교통부 및 다른 시·도에 자동차대여사업등록을 하고 제주도 안에 영업소를 설치하여 영업을 하는 사업자에 대하여 이 사건 조례에 의한 등록기준을 갖추어 2007. 12. 31.까지 제주특별자치도 지사에게 등록하도록 요구하는(부칙 제3항) 등이 그 주요 내용이다.

2. 이 사건 조례안의 효력

가. 조례와 법령과의 관계

지방자치법 제22조, 제9조 제1항, 구 지방자치법(2007. 5. 11. 법률 제8423호로 전문 개정되기 전의 것) 제9조 제1항, 제15조, 행정규제법 제4조 제3항에 의하면 지방자치단체는 그 고유사무인 자치사무와 개별법령에 의하여 지방자치단체에 위임된 단체위임사무에 관하여 자치조례를 제정할 수 있지만 그 경우라도 주민의 권리제한 또는 의무부과에 관한 사항이나 벌칙은 법률의 위임이 있어야 하며 (대법원 2004. 6. 11. 선고 2004추41 판결, 대법원 2006. 10. 12. 선고 2006추38 판결 등 참조), 기관위임사무에 관하여 제정되는 이른바 위임조례는 개별법령에서 일정한 사항을 조례로 정하도록 위임하고 있는 경우에 한하여 제정할 수 있으므로(대법원 1999. 9. 17. 선고 99추30 판결, 대법원 2000. 5. 30. 선고 99추 85 판결 등 참조), 주민의 권리제한 또는 의무부과에 관한 사항이나 벌칙에 해당하는 조례를 제정할 경우에는 그 조례의 성질을 묻지 아니하고 법률의 위임이 있어야 하고 그러한 위임 없이 제정된 조례는 효력이 없다.

한편, 지방자치단체의 조례는 그것이 자치조례에 해당하는 것이라도 법령에 위반되지 않는 범위 안에서만 제정할 수 있어서 법령에 위반되는 조례는 그 효력이 없지만(지방자치법 제22조 및 위 구 지방자치법 제15조), 조례가 규율하는 특정사항에 관하여 그것을 규율하는 국가의 법령이 이미 존재하는 경우에도 조례가 법령과 별도의 목적에 기하여 규율함을 의도하는 것으로서 그 적용에 의하여 법령의 규정이 의도하는 목적과 효과를 전혀 저해하는 바가 없는 때, 또는 양자가 동일한 목적에서 출발한 것이라고 할지라도 국가의 법령이 반드시 그 규정에 의하여 전국에 걸쳐 일률적으로 동일한 내용을 규율하려는 취지가 아니고 각 지방자치단체가 그 지방의 실정에 맞게 별도로 규율하는 것을 용인하는 취지라고 해석되는 때에는 그 조례가 국가의 법령에 위반되는 것은 아니라고 보아야 할 것이다 (대법원 1997. 4. 25. 선고 96추244 판결, 대법원 2006. 10. 12. 선고 2006추38 판결 등 참조).

나. 이 사건 조례안 제37조 제4항, 부칙 제3항에 관한 판단

이 사건 조례안 제37조 제4항은 "제주특별자치도 이외의 지역에 등록된 자동차대여사업자 및 대여사업용 자동차는 제주특별자치도 안에서 영업을 하여서는 아니 된다."고 규정하고 있다. 위 조례안 조항은 제주특별자치도에서 자동차대여영업을 하고자 하는 자에 대하여 사업자 및 자동차를 제주특별자치도에 등록하여야 할 의무를 부과하고 제주특별자치도가 아닌 다른 곳에 등록을 한 사업자 및 자동차는 제주특별자치도에서 영업을 하지 못하도록 함으로써 헌법 제15조가 보장하는 영업장소의 제한을 받지 아니하고 자유롭게 영업할 자유를 제한하는 내용으로서 조례안의 적용을 받는 사람에 대하여 권리제한 또는 의무부과에 관한 사항을 규정하고 있다. 따라서 위 조례안 조항은 법률의 위임이 있어야 비로소 유효하게 된다.

물론, 고도의 자치권이 보장되는 제주특별자치도를 설치하여 실질적인 지방분권을 보

장함을 목적으로 하고(제주특별법 제1조) 중앙행정기관의 권한을 단계적으로 이양하여 자치사무를 확대하려는 취지(제주특별법 제12조 참조)를 가진 제주특별법이 시행됨에 따라, 기존에 여객자동차 운수사업법에 의하여 이미 시·도지사의 권한으로 되어 있던 자동차대여사업의 등록(여객자동차 운수사업법 제29조), 여객자동차터미널사업의 면허(여객자동차 운수사업법 제37조)에 더하여 위 사업들과 함께 여객자동차 운수사업의 한 종류인 여객자동차 운송사업의 면허에 관한 건설교통부장관의 권한이 제주특별자치도지사의 권한으로 이양되고(제주특별법 제324조 제1항), 자동차대여사업에 관한 여객자동차 운수사업법 규정에서 건설교통부령으로 정하도록 한 사항의 대부분을 도조례로 정할 수 있게 된 점(제주특별법 제324조 제2항) 등을 고려하면, 제주특별자치도에서의 자동차대여사업에 관한 업무는 자치사무로서의 성격을 강하게 띠게 되었다고 할 수 있다. 그러나 그렇다고 하더라도 위 조례안 조항은 위에서 본 바와 같이 권리제한 또는 의무부과에 관한 사항을 규정하고 있으므로 법률의 위임이 있어야만 그 효력이 있다는 점에는 변함이 없다. 그러므로 위 조례안 조항이 규정한 사항, 즉 영업구역에 관하여 조례로 규정하도록 위임한 법률규정이 있는지 여부에 관하여 본다.

제주특별법 제324조 제2항은 자동차대여사업에 관한 여객자동차 운수사업법 규정 중 제30조(등록기준), 제31조(대여사업용 자동차의 종류), 제32조 제2항(자동차대여약관)에서 건설교통부령으로 정하도록 한 사항을 도조례로 정할 수 있도록 규정하고 있다. 이 규정은 제주특별자치도가 설치됨에 따라 그에 관한 규율을 건설교통부령의 내용과 달리 제주특별자치도의 실정에 맞게 별도로 정하는 것을 용인하는 취지이다. 그런데 영업구역이 여객자동차 운수사업법 제31조, 제32조 제2항이 규정한 사항이 아님은 분명하고, 또 "자동차대여사업의 등록기준이 되는 자동차대수·보유차고면적·영업소 기타 필요한 사항은 건설교통부령으로 정한다."고 규정하고 있는 여객자동차 운수사업법 제30조는 등록기준에 관한 것으로서 위 '기타 필요한 사항'도 등록기준에 관하여 필요한 사항일 뿐 영업구역에 관한 것은 아니므로, 영업구역은 위 법 제30조가 규정한 사항이 아님도 또한 분명하다.

한편, 제주특별법 제324조 제2항은 여객자동차 운수사업법 제29조에서 건설교통부령으로 정하도록 한 사항과 같은 법 제35조에서 대통령령으로 정하도록 한 사항을 도조례로 정할 수 있도록 한 사항에서 제외하고 있으므로 위 두 사항에 관하여서는 제주특별자치도의 조례로써 별도의 규율을 하는 것을 위임하지 않은 취지로 해석된다. 그런데 여객자동차 운수사업법 제29조는 "자동차대여사업을 경영하고자 하는 자는 사업계획을 작성하여 건설교통부령이 정하는 바에 의하여 시·도지사에게 등록하여야 한다."고 규정하고 있고, 여기서 '건설교통부령이 정하는 바'란 등록절차에 관한 사항뿐 아니라 등록되는 자동차대여사업의 사업계획 및 업무의 범위와 내용에 관한 사항으로서 영업구역에 관한 규율 또한 포함하는 취지로 보이므로, 영업구역에 관하여는 건설교통부령에 의하여 전국적으로 통일적인 규율을 하고 제주특별자치도가 조례로써 별도의 규율을 함을 허용하지 않는 것이 제주특별법 제324조 제2항의 취지라고 이해된다.

그렇다면 달리 영업구역에 관하여 제주특별자치도의 조례로 규정하도록 위임한 법률의 근거가 발견되지 않는 이상 이 사건 조례안 제37조 제4항은 법률의 위임 없이 권리제한 또는 의무부과에 관한 사항을 규정한 것이어서 그 효력을 인정할 수 없다. 나아가 이 사건 조례안 부칙 제3항은 기존에 건설교통부 및 다른 시·도에서 등록을 하고 제주특별자치도 안에 영업소를 설치하여 영업을 하는 자동차대여사업자로 하여금 2007. 12. 31.까지 제주특별자치도에 등록하도록 함으로써 이 사건 조례안 제37조 제4항의 내용을 강제하는 규정으로, 위 제37조 제4항이 무효인 이상 위 부칙조항 역시 효력을 인정할 수 없다.

다. 이 사건 조례안 제37조 제3항에 관한 판단

이 사건 조례안 제37조 제3항은 "자동차대여사업자는 3일 이상 일시적인 초과수요를 이유로 주사무소 및 영업소를 달리하여 영업을 하여서는 아니 되며, 또한 대여사업용자동차의 편도이용으로 인하여 주사무소 또는 영업소를 달리하여 반환된 대여사업용자동차를 반환된 주사무소 또는 영업소에서 3일 이상 주차시키거나 영업을 하여서는 아니 된다."고 규정하고 있다.

위 조례안 조항은 조례안의 적용을 받는 사람의 영업활동을 제한하는 내용으로서 권리제한 또는 의무부과에 관한 사항을 규정하고 있는데, 그 규율내용이 제주특별자치법 제324조 제2항이 조례로써 정할 수 있도록 한 사항에 해당하지 아니하고 오히려 위 법률조항에서 조례로 정할 수 있는 범위에서 제외한 여객자동차 운수사업법 제29조가 건설교통부령으로 정하도록 한 사항에 해당하며 달리 수권규정을 발견할 수 없다.

따라서 위 조례안 조항도 법률의 위임 없는 것으로서 효력이 없다.

라. 이 사건 조례안 제36조 [별표 4], 제40조 제2항, 부칙 제2항에 관한 판단

(1) 조례안재의결 무효확인소송에서의 심리대상은 지방의회에 재의를 요구할 당시 이

의사항으로 지적되어 재의결에서 심의의 대상이 된 것에 국한된다(대법원 1992. 7. 28. 선고 92추31 판결 참조). 그런데 이 사건 조례안 제36조 [별표 4]에 대하여는 재의요구 당시 이의사항으로 지적되지 않았으므로(갑 제2호증) 이 부분은 심판대상이 아니다.

(2) 이 사건 조례안 제40조 제2항은 "제1항의 규정에 의한 대여약관에는 요금 원가계산 및 그 밖에 요금액의 산출기초를 기재한 서류를 첨부하여야 한다."고 규정하고 있다. 위 조례안 조항은 대여약관의 신고 또는 변경신고를 하고자 하는 자에 대하여 요금 산출기초를 제출할 의무를 부과하는 한편, 영업상의 정보를 공개하도록 한다는 면에서 영업의 자유를 제한하고 자유롭게 대여약관을 변경할 자유를 제한하는 규정이다.

원고는 위 조례안 조항이 법률의 위임 없이 제정된 것이라고 주장한다. 그러나 여객자동차 운수사업법 제32조 제2항은 대여약관의 기재사항 등에 관하여 필요한 사항을 건설교통부령으로 정하도록 하고 있고 제주특별법 제324조 제2항은 여객자동차 운수사업법 제32조 제2항에서 건설교통부령으로 정하도록 한 사항을 도조례로 정할 수 있도록 하고 있으므로 대여약관의 신고에 관한 이 사건 조례안 제40조 제2항은 위 법률 조항들에서 그 위임의 근거를 찾을 수 있다. 원고의 위 주장은 이유 없다.

원고는 또 이 사건 조례안 제40조 제2항은 행정규제의 폭넓은 완화라는 제주특별법의 입법목적에 반하고 헌법상 평등의 원칙에 반하며 영업의 자유와 재산권을 침해하여 무효라는 취지로 주장한다. 살피건대, 제주특별법 제324조 제2항은 대여약관에 관한 규율을 건설교통부령의 내용과 달리 제주특별자치도의 실정에 맞게 별도로 정하는 것을 용인하는 취지이다. 따라서 비록 건설교통부령인 여객자동차 운수사업법 시행규칙 제61조는 요금산출기초의 제출을 요구하지 않아 이 사건 조례안 제40조 제2항이 건설교통부령보다 권리제한이나 의무부과의 강도가 높기는 하지만 이는 제주특별법 제324조 제2항의 취지에 따라 별도의 규정이 허용되는 결과에 지나지 아니하고, 또 이로 인하여 다른 지역과의 사이에 다소 규율의 차이가 발생하기는 하나 그것이 자의적으로 불합리하다고는 할 수 없으므로 평등원칙에 위배된다고도 할 수 없으며, 행정규제가 상대적으로 강화된다고 하더라도 행정규제의 완화만이 제주특별법의 입법목적인 것도 아니고(제주특별법 제1조) 조례안의 모든 규정이 행정규제의 완화를 지향해야 하는 것도 아닐 뿐만 아니라 위 조례안 조항은 자동차대여요금의 합리화라는 또 다른 입법목적을 위한 것으로서 그 정당성을 인정할 수 있고 이를 위하여 요금산출기초를 제출하도록 한 것에 영업의 자유나 재산권을 입법재량을 넘어 과도하게 제한함으로써 위 자유나 권리를 침해하였다고는 할 수 없으며 제주특별법이나 여객자동차 운수사업법 및 그 시행규칙이 의도하는 목적과 효과를 저해한다고도 할 수 없다. 원고의 위 주장도 이유 없다.

　(3) 이 사건 조례안 부칙 제2항은 "여객자동차 운수사업법에 의하여 자동차대여사업을 제주도에 등록한 자는 이 조례에 의하여 등록한 것으로 보되, 2007. 12. 31.까지 이 조례에 의한 자동차대여사업의 등록기준을 갖추어야 한다."고 규정하고 있다.

　원고는 위 조례안 조항이 정한 유예기간이 지나치게 단기간이어서 기존사업자들의 이익을 과도하게 제약하고 법적 안정성을 위협하여 무효라고 주장하나, 위 조례안 시행일인 2006. 7. 1.부터 위 부칙 조항의 시한인 2007. 12. 31.까지 1년 6월의 유예기간을 허여한 것에 입법재량을 넘어 과도하게 기존사업자들의 권익을 침해한 위법이 있다고 보기는 어렵다. 원고의 위 주장도 이유 없다.

　3. 결 론

　이상에서 본 바와 같이 이 사건 조례안 제37조 제3, 4항, 부칙 제3항이 위법하여 이 사건 조례안의 일부가 효력이 없는 이상 이 사건 조례안에 대한 재의결은 전부 효력이 부인되어야 할 것이므로, 그 재의결의 효력 배제를 구하는 원고의 이 사건 청구는 이유 있어 인용하고, 소송비용은 패소자의 부담으로 하여 관여 대법관의 일치된 의견으로 주문과 같이 판결한다.

대법관 양승태(재판장) 고현철 김지형 전수안(주심)

② 대법원 2009. 9. 24. 선고 2009추53 판결 【조례안재의결무효확인】

【판시사항】

[1] 지방의회가 합의제 행정기관의 설치에 관한 조례안을 발의하여 이를 의결, 재의결 하는 것이 허용되는지 여부(소극)

[2] 지방의회가 집행기관의 인사권을 독자적으로 행사하거나 동등한 지위에서 합의하 여 행사할 수 있는지 및 그에 관하여 사전에 적극적으로 개입하는 것이 허용되는지 여부(소극)

[3] 제주특별자치도의회가 발의하여 의결 및 재의결한 '제주특별자치도 연구위원회 설 치 및 운영에 관한 조례안'은 그 일부가 법령에 위배되어 위법하므로, 그 조례안에 대한 재의결은 효력이 없다고 한 사례

【판결요지】

[1] 지방자치법상 지방자치단체의 집행기관과 지방의회는 서로 분립되어 각기 그 고유 권한을 행사하되 상호 견제의 범위 내에서 상대방의 권한 행사에 대한 관여가 허용 되나, 지방의회는 집행기관의 고유권한에 속하는 사항의 행사에 관하여는 견제의 범위 내에서 소극적 · 사후적으로 개입할 수 있을 뿐 사전에 적극적으로 개입하는 것은 허용되지 않는다. 이에 더하여, 지방자치법 제116조에 그 설치의 근거가 마련 된 합의제 행정기관은 지방자치단체의 장이 통할하여 관리 · 집행하는 지방자치단 체의 사무를 일부 분담하여 수행하는 기관으로서 그 사무를 독립하여 수행한다 할 지라도 이는 어디까지나 집행기관에 속하는 것이지 지방의회에 속한다거나 집행기 관이나 지방의회 어디에도 속하지 않는 독립된 제3의 기관에 해당하지 않는 점, 지 방자치단체의 행정기구와 정원기준 등에 관한 규정 제3조 제1항의 규정에 비추어 지방자치단체의 장은 집행기관에 속하는 행정기관 전반에 대하여 조직편성권을 가 진다고 해석되는 점을 종합해 보면, 지방자치단체의 장은 합의제 행정기관을 설치 할 고유의 권한을 가지며 이러한 고유권한에는 그 설치를 위한 조례안의 제안권이 포함된다고 봄이 상당하므로, 지방의회가 합의제 행정기관의 설치에 관한 조례안을 발의하여 이를 그대로 의결, 재의결하는 것은 지방자치단체장의 고유권한에 속하는 사항의 행사에 관하여 지방의회가 사전에 적극적으로 개입하는 것으로서 관련 법령

에 위반되어 허용되지 않는다.

[2] 지방의회가 집행기관의 인사권에 관하여 견제의 범위 내에서 소극적·사후적으로 개입하는 것은 허용되나, 집행기관의 인사권을 독자적으로 행사하거나 동등한 지위에서 합의하여 행사할 수는 없고, 그에 관하여 사전에 적극적으로 개입하는 것도 원칙적으로 허용되지 아니한다.

[3] 제주특별자치도의회가 발의하여 의결 및 재의결한 '제주특별자치도 연구위원회 설치 및 운영에 관한 조례안'은, 제주특별자치도지사의 고유권한에 속하는 사항과 인사권에 관하여 제주특별자치도의회가 사전에 적극적으로 개입한 것으로서 그 일부가 법령에 위배되어 위법하므로, 그 조례안에 대한 재의결은 효력이 없다고 한 사례

【참조조문】

[1] 지방자치법 제22조, 제39조, 제101조, 제103조, 제112조, 제116조 / [2] 지방자치법 제22조, 제39조, 제101조, 제103조, 제112조 / [3] 지방자치법 제22조, 제39조, 제101조, 제103조, 제112조, 제116조

【참조판례】

[1] 대법원 2001. 12. 11. 선고 2001추64 판결(공2002상, 308), 대법원 2005. 8. 19. 선고 2005추48 판결 / [2] 대법원 1994. 4. 26. 선고 93추175 판결

【전 문】

【원 고】 제주특별자치도지사 (소송대리인 법무법인 해오름 담당변호사 진영진외 2인)

【피 고】 제주특별자치도의회 (소송대리인 변호사 박석훈)

【주 문】

1. 피고가 2009. 2. 25.에 한 '제주특별자치도 연구위원회 설치 및 운영에 관한 조례안'에 대한 재의결은 효력이 없다.
2. 소송비용은 피고가 부담한다.

【이 유】

1. 이 사건 조례안의 재의결 및 그 내용

갑 제1호증의 1, 2, 갑 제2호증의 1, 2의 각 기재에 변론 전체의 취지를 종합하면, 다음의 사실을 인정할 수 있다.

가. 피고는 2008. 12. 24. 그 소속 의원이 발의한 '제주특별자치도 연구위원회 설치 및 운영에 관한 조례안'(이하 '이 사건 조례안'이라 한다)을 의결하여 원고에게 이송하였고, 이에 대하여 원고는 2009. 1. 9. 이 사건 조례안이 법령에 위반된다는 이유로 피고에게 그 재의를 요구하였으나, 피고는 2009. 2. 25. 이 사건 조례안을 그대로 재의결하였다.

나. 이 사건 조례안은 제주특별자치도의 전반적인 운영상황을 평가하고 합리적이고 현실적인 발전방안을 마련하기 위하여 지방자치법 제116조 및 같은 법 시행령 제79조에 따라 제주특별자치도 연구위원회(이하 '이 사건 연구위원회'라 한다)를 설치하고 그 운영 등에 관하여 필요한 사항을 정할 목적에서 제정된 것으로(제1조), 이 사건 연구위원회는 원고 소속 하에 두되 그 직무에 있어서는 독립된 지위를 가지고(제2조), 위원장 1명을 포함한 연구위원 11명으로 구성하되 위원장은 원고가 피고의 동의를 얻어 연구위원 중에서 임명하며(제3조 제1항), 연구위원은 원고가 위촉하되 그 중 5명은 피고가 추천하는 자를, 2명은 제주특별자치도 교육감이 추천하는 자를 위촉하고(제3조 제2항), 제주특별자치도의 위상 강화 방안, 의결기관과 집행기관의 통합형과 대립형 구조에 관한 검토, 기초자치단체 부활 여부에 관한 검토, 주민참여제도의 활성화 방안, 선진형 교육자치모형에 관한 검토, 자치경찰단에 관한 운영 개선 방안 등 제주특별자치도의 발전에 관한 사항을 그 연구범위로 하며(제7조), 사무국장·전문위원 등 소속 직원은 경력직·계약직·교육행정직 지방공무원으로 보하고(제14조), 사무국 소속 직원은 연구위원회 위원장의 추천을 받아 원고가 임명한다(제15조)는 것 등을 그 주요 내용으로 하고 있다.

2. 이 사건 조례안의 법령위반 여부

가. 이 사건 조례안이 원고의 조례안 제안권을 침해하는지 여부

지방자치법상 지방자치단체의 집행기관과 지방의회는 서로 분립되어 각기 그 고유권한을 행사하되 상호 견제의 범위 내에서 상대방의 권한 행사에 대한 관여가 허용되나, 지

방의회는 집행기관의 고유권한에 속하는 사항의 행사에 관하여는 견제의 범위 내에서 소극적·사후적으로 개입할 수 있을 뿐 사전에 적극적으로 개입하는 것은 허용되지 아니한다(대법원 2001. 12. 11. 선고 2001추64 판결 참조). 그리고 지방자치법 제101조, 제103조, 제112조, 제127조, 지방자치단체의 행정기구와 정원기준 등에 관한 규정(이하 '행정기구규정'이라 한다) 제5조, 제7조, 제36조 제2항의 각 규정을 종합하면, 지방자치법령은 지방자치단체의 장으로 하여금 지방자치단체의 대표자로서 당해 지방자치단체의 사무와 법령에 의하여 위임된 사무를 관리·집행하는 데 필요한 행정기구를 설치할 고유권한과 이를 위한 조례안의 제안권을 가지도록 하는 반면 지방의회로 하여금 지방자치단체장의 행정기구 설치권한을 견제하도록 하기 위하여 지방자치단체의 장이 조례안으로써 제안한 행정기구를 축소·통폐합할 권한을 가지도록 하고 있다(대법원 2005. 8. 19. 선고 2005추48 판결 참조).

이에 더하여, 지방자치법 제116조에 그 설치의 근거가 마련된 합의제 행정기관은 지방자치단체의 장이 통할하여 관리·집행하는 지방자치단체의 사무를 일부 분담하여 수행하는 기관으로서 그 사무를 독립하여 수행한다 할지라도 이는 어디까지나 집행기관에 속하는 것이지 지방의회에 속한다거나 집행기관이나 지방의회 어디에도 속하지 않는 독립된 제3의 기관에 해당하지 않는 점, 행정기구규정 제3조 제1항의 규정에 비추어 지방자치단체의 장은 집행기관에 속하는 행정기관 전반에 대하여 조직편성권을 가진다고 해석되는 점을 종합해 보면, 지방자치단체의 장은 합의제 행정기관을 설치할 고유의 권한을 가지며 이러한 고유권한에는 그 설치를 위한 조례안의 제안권이 포함된다고 봄이 상당하므로, 지방의회가 합의제 행정기관의 설치에 관한 조례안을 발의하여 이를 그대로 의결, 재의결하는 것은 지방자치단체장의 고유권한에 속하는 사항의 행사에 관하여 지방의회가 사전에 적극적으로 개입하는 것으로서 위 관련 법령에 위반되어 허용되지 아니한다.

위와 같은 법리와 앞서 본 사실관계에 비추어 보면, 피고가 지방자치법 제116조에 근거하여 원고 소속의 합의제 행정기관으로 이 사건 연구위원회를 설치하는 내용의 이 사건 조례안을 발의하여 의결하고 그에 대한 원고의 재의 요구에도 이를 그대로 재의결한 것은 원고의 고유권한에 속하는 사항의 행사에 관하여 사전에 적극적으로 개입하여 이를 침해한 것이므로 법령에 위반된다.

이에 관한 원고의 주장은 이유 있다.

나. 이 사건 조례안이 원고의 고유권한인 정책결정권을 침해하는지 여부

앞서 본 인정사실에 의하면, 이 사건 조례안에 의하여 설치·운영되는 이 사건 연구위원회는 제주특별자치도의 전반적인 운영상황을 평가하고 합리적이고 현실적인 발전방안을 마련하기 위한 연구업무를 수행하도록 되어 있으나, 그 업무는 제주특별자치도의 발전방안에 관한 정책을 결정하는 것이 아니라 그 방안에 관한 연구를 수행하는 데 불과하고, 그것도 원고에게 소속된 기관으로서 수행하는 것이며, 그 연구결과를 의결하여 원·피고와 제주특별자치도의 교육감에게 보고하도록 되어 있지만 그 의결이 구속력을 가지는 것도 아니다.

따라서 이 사건 조례안이 기관대립형 구조를 채택하고 있는 현행 지방자치의 원리에 반하여 이 사건 연구위원회에 제주특별자치도의 발전방안에 관한 정책결정권을 부여하거나 이로써 원고의 고유권한 행사에 관하여 사전에 적극적으로 개입하는 것이라고 보기는 어렵다. 이에 관한 원고의 주장은 받아들이지 않는다.

다. 이 사건 조례안이 원고의 인사권을 침해하는지 여부

지방의회가 집행기관의 인사권에 관하여 견제의 범위 내에서 소극적·사후적으로 개입하는 것은 허용되나, 집행기관의 인사권을 독자적으로 행사하거나 동등한 지위에서 합의하여 행사할 수는 없고, 그에 관하여 사전에 적극적으로 개입하는 것도 원칙적으로 허용되지 아니한다(대법원 1994. 4. 26. 선고 93추175 판결 등 참조). 이러한 법리와 앞서 본 사실관계에 비추어 보면, 이 사건 연구위원회는 원고에 소속된 합의제 행정기관으로 제주특별자치도의 사무에 속하는 제주특별자치도의 발전방안에 관한 연구업무를 수행하도록 되어 있으므로, 그 활동에 대한 궁극적인 책임을 지는 원고가 이 사건 연구위원회에 관한 인사권을 가짐은 분명하고, 따라서 이 사건 조례안 제3조 제2항에서 이 사건 연구위원회의 연구위원 11명 중 5명을 피고가 추천하는 자로 위촉하도록 규정한 것은 지방의회가 집행기관의 인사권에 사전에 적극적으로 개입하는 것으로서 위법하나, 이 사건 조례안 제3조 제1항에서 이 사건 연구위원회의 위원장 임명에 피고의 동의를 받도록 한 것은 피고가 원고의 인사권에 관하여 사후에 소극적으로 개입하는 것으로서 지방의회의 집행기관에 대한 견제권의 범위에 드는 적법한 규정이라고 볼 수 있다.

한편 지방자치단체의 일반집행기관인 지방자치단체의 장과 그 교육·학예에 관한 사무의 특별집행기관인 지방자치단체의 교육감은 각각 지방자치법 제105조와 지방교육자

치에 관한 법률 제20조에 근거하여 각자의 고유한 인사권을 가지고 있으므로 특별한 사정이 없는 한 조례로써 상호 그 인사권에 관여할 수 있도록 하는 것은 위법하다. 따라서 이 사건 조례안 제3조 제2항에서 이 사건 연구위원회의 연구위원 중 2명을 제주특별자치도 교육감이 추천하는 자로 위촉하도록 규정한 것은 원고의 인사권을 사실상 교육감과 공동으로 행사하도록 하여 그에 관한 교육감의 관여를 허용하는 것이고 원고가 스스로 이 사건 연구위원회의 특성을 고려하여 그러한 관여를 허용한 것도 아니므로, 위 규정은 관련 법령에 위배되어 위법하다.

그 밖에 이 사건 조례안 제15조에서 그 사무국 소속 직원을 이 사건 연구위원회 위원장의 추천을 받아 임명하도록 규정한 것은 원고가 그 추천받은 자를 반드시 임명하여야 하는 것은 아니고 그 임명 여부의 최종적인 결정 권한은 여전히 원고가 행사할 수 있다고 해석되는 점, 이 사건 연구위원회가 원고로부터 독립하여 그 사무를 수행할 필요가 있는 행정기관인 점에 비추어 원고의 고유한 인사권을 침해하는 위법한 규정이라고 보기는 어렵다.

그러므로 이 사건 조례안이 원고의 인사권을 침해한다는 원고의 주장은 이 사건 조례안 제3조 제2항 부분에 한하여 이유 있고, 그 나머지 부분은 이유 없다.

라. 이 사건 조례안이 합의제 행정기관의 설치 요건에 위반되는지 여부

이 사건 조례안에 규정된 이 사건 연구위원회의 설치 목적과 그 업무의 내용 및 성격에 비추어 보면, 이 사건 연구위원회의 연구업무는 고도의 전문지식이 요청되는 경우, 중립적이고 공정한 집행이 필요한 경우, 주민 의사의 반영과 이해관계의 조정이 필요한 경우로서 이를 독립하여 수행할 필요가 있다고 인정되고, 단순한 자문기관의 설치·운영을 통하여서는 그러한 연구업무의 독립적 수행을 확보하는 데 한계가 있을 수밖에 없으므로, 이 사건 연구위원회를 합의제 행정기관으로 설치하는 것이 지방자치법 제116조와 같은 법 시행령 제79조에 규정된 합의제 행정기관의 설치 요건에 위배된다고 볼 수 없다.

이에 관한 원고의 주장은 이유 없다.

마. 이 사건 조례안이 행정기구의 직급기준에 위반되는지 여부

앞서 인정한 사실관계와 관련 법령의 규정에 비추어 보면, 행정기구규정 제12조 제1항의 [별표 7]에서 그 보조·보좌기관의 직급기준을 정하고 있는 제주특별자치도의 감사위원회와 지방노동위원회는 이 사건 연구위원회와는 그 설치의 목적, 사무의 특성과 내용

등을 달리하는 합의제 행정기관이므로, 이 사건 연구위원회 소속 직원의 직급기준을 위 [별표 7]에서 정한 직급기준에 따라 정하여야 하는 것은 아니고, 달리 이 사건 조례안이 정하고 있는 이 사건 연구위원회 소속 직원의 직급기준이 지방공무원법 제2조에서 정하고 있는 지방공무원의 구분 요건에 위배된다고 볼 만한 사정도 없다.

이에 관한 원고의 주장은 이유 없다.

3. 결론

그렇다면, 이 사건 조례안은 그 일부가 법령에 위반되어 위법하고 이와 같은 경우 이 사건 조례안에 대한 재의결은 전부 그 효력이 부인되므로, 이 사건 조례안에 대한 재의결의 효력배제를 구하는 원고의 이 사건 청구는 이유 있어 이를 인용하고, 소송비용은 패소자인 피고가 부담하는 것으로 관여 대법관의 의견이 일치되어 주문과 같이 판결한다.

대법관 김능환(재판장) 김영란(주심) 이홍훈 차한성

4. 제주특별자치도법 관련 법제처 유권해석

① 제주특별자치도법 제91조(제주특별자치도도교육감 선거관리경비 부담 주체)

안건번호 06-0279 회신일자 2006. 12. 01.

1. 질의요지

제주특별자치도법 제91조 제3항은 제주특별자치도교육감 선거에 관하여 이 법에 정한 사항을 제외하고는 그 성질에 반하지 아니하는 범위 안에서 「공직선거법」의 시·도지사 선거에 관한 규정을 준용하도록 하고 있는바, 제주특별자치도교육감 선거관리경비의 납부주체에 대하여도 시·도지사선거에 관한 규정이 준용되어 제주특별자치도지사(일반회계의 관리주체)가 이를 납부하여야 하는지, 아니면 제주특별자치도교육감(교육비특별회계의 관리주체)이 납부하여야 하는지?

2. 회답

제주특별자치도교육감 선거관리경비의 납부주체에 대하여는 「공직선거법」의 시·도지사선거에 관한 규정이 준용되지 아니하므로 제주특별자치도교육감 선거관리경비는 제주특별자치도교육감(교육비특별회계의 관리주체)이 납부하여야 합니다.

3. 이유

○ 제주특별자치도법 제91조 제3항은 제주특별자치도교육감 선거에 관하여 동법에 정한
  사항을 제외하고는 그 성질에 반하지 아니하는 범위 안에서 「공직선거법」의 시·도
  지사선거에 관한 규정을 준용하도록 하고 있는바, 이는 제주특별자치도교육감 선출을
  종전의 학교운영위원회 위원으로 구성된 선거인단에 의한 간접선거 방식에서 교육행
  정에 있어서의 주민대표성 확보 등을 이유로 주민에 의한 직접선거 방식으로 전환하
  면서 동 선거에 관련된 제반 사항을 동법에 규정하는 대신에 선거방식이 가장 유사한
  「공직선거법」의 시·도지사선거에 관한 규정을 준용하려는 것입니다.

○ 위 조항은 「공직선거법」의 시·도지사선거에 관한 규정을 모두 준용하는 것이 아니
  라 제주특별자치도교육감 선거의 실시·관리 등 선거 자체에 관하여 준용한다는 의
  미라고 할 것인바, 선거관리경비는 다른 규정이 없으면 선거에서 선출되는 기관이
  납부하는 것이 원칙이고, 교육·학예에 관한 사무를 집행하는 기관의 선출에 필요
  한 경비도 교육·학예에 관한 경비에 해당한다 할 것이어서 교육비특별회계에서 부
  담할 경비에 속한다고 할 것이므로, 제주특별자치도교육감 선거관리경비의 납부주
  체에 대하여는 「공직선거법」의 시·도지사선거에 관한 규정이 준용되지 아니하고,
  제주특별자치도교육감 선거관리경비는 「지방교육자치에 관한 법률」 제176조 및 「
  교육감 및 교육위원선거관리규칙」 제62조 내지 제69조에 따라 교육비특별회계의 관
  리주체인 제주특별자치도교육감이 납부하는 것이 타당하다고 할 것입니다.

② 교육인적자원부 - 「지방공무원법」 제73조(조사·수사 개시 및 종료의 통보대상기관) 관련

안건번호 07-0101 회신일자 2007. 05. 04.

1. 질의요지

「지방공무원법」 제73조 제3항의 규정에 의하면, 감사원, 검찰·경찰 기타 수사기관은 조사나 수사를 개시한 때와 이를 종료한 때에는 소속기관의 장에게 당해 사실을 통보하도록 되어 있는바, 감사원, 검찰·경찰 등에서 제주도 교육청 소속 공무원에 대하여 조사나 수사를 개시하거나 이를 종료한 경우에 그 통보를 제주도 교육감에게 하여야 하는지, 「제주도특별자치도 설치 및 국제자유도시 조성을 위한 특별법」 제66조의 규정에 의하여 제주도지사 소속하에 설치된 감사위원회에 하여야 하는지?

2. 회답

감사원, 검찰·경찰 등에서 제주도 교육청 소속 공무원에 대하여 조사나 수사를 개시하거나 이를 종료한 경우에 그 사실을 제주특별자치도 교육감에게 통보하여야 합니다.

3. 이유

○ 「지방공무원법」 제73조 제3항의 규정에 의하면, 감사원과 검찰·경찰 기타 수사기관은 조사나 수사를 개시한 때와 이를 종료한 때에는 10일 내에 소속기관의 장에게 당해 사실을 통보하도록 되어 있고, 「제주특별자치도 설치 및 국제자유도시 조성을 위한 특별법」 제66조 제1항의 규정에 의하면, 「지방자치법」 제158조(「지방교육자치에 관한 법률」 제3조에 따라 준용하는 경우를 포함한다) 및 「지방공무원법」 제81조의 규정에도 불구하고, 제주특별자치도지사 소속하에 설치된 감사위원회는 감사대상 기관 및 그 기관에 속한 자의 제반업무와 활동 등을 조사·점검·확인·분석·검증하고 그 결과를 처리하는 행위(이하 "자치감사"라 한다)를 수행하며, 동법 제68조 제1항

의 규정에 의하면, 감사위원회는 특별한 사정이 없는 한 자치감사가 종료된 후 60일 이내에 제주특별자치도지사에게 자치감사의 결과를 보고하도록 되어 있습니다.

○ 「지방자치법」 제158조(「지방교육자치에 관한 법률」 제3조에 따라 준용되는 경우를 포함)는 행정자치부장관 및 교육인적자원부장관이 지방자치단체의 자치사무에 관하여 감사하도록 하는 규정이고, 「지방공무원법」 제81조는 교육인적자원부장관 또는 행정자치부장관은 시·도의 인사행정이 이 법에 의하여 운영되도록 지도·감독하고, 시·도지사는 당해 시·도의 관할구역안의 시·군·구의 인사행정이 이 법에 의하여 운영되도록 지도·감독하도록 하는 규정입니다. 그런데, 「제주특별자치도 설치 및 국제자유도시 조성을 위한 특별법」 제66조에서 이들 규정의 적용을 배제한 것은 자율과 책임을 바탕으로 한 실질적인 자치권을 보장하기 위하여 제주특별자치도에 대한 행정자치부장관 및 교육인적자원부장관의 감사권 및 지도·감독권을 제한하고, 이에 갈음하여 감사위원회에 자치감사권을 부여하기 위한 것으로, 감사위원회가 자치감사를 수행한다고 하여 감사에 관한 모든 권한을 독점적으로 부여받은 것은 아니라 할 것입니다.

○ 「지방공무원법」 제73조 제3항에서 감사원의 조사나 수사기관의 수사가 개시되거나 종료한 때 소속기관의 장에게 그 사실을 통보하도록 한 취지는 소속기관의 장에게 소속공무원에 대한 지휘·감독권의 발동을 촉구하고 소속공무원에 대한 징계 등의 사항을 효율적으로 처리할 수 있도록 하기 위함인바, 감사위원회의 자치감사에 징계에 관한 사항이 포함된다 하더라도 위에서 본 바와 같이 제주특별자치도 감사위원회가 제주특별자치도 소속하의 모든 기관의 상급기관이라고 할 수 없는 이상, 감사원, 검찰·경찰 기타 수사기관이 제주특별자치도 교육청 소속의 공무원에 대하여 수사를 개시하거나 종료한 때에는 「지방공무원법」 제73조 제3항에 따라 그 사실을 소속기관의 장인 제주특별자치도 교육감에게 통보하여야 할 것이고, 제주특별자치도 감사위원회의에 통보하여야 하는 것은 아닙니다.

③ 교육인적자원부 - 「제주특별자치도 설치 및 국제자유도시조성을 위한 특별법」 제
   66조(감사위원회의 직무) 관련

안건번호 07-0102 회신일자 2007. 05. 04.

1. 질의요지

「제주특별자치도 설치 및 국제자유도시 조성을 위한 특별법」 제66조 제1항의 규정에 의하면, 제주특별자치도 감사위원회는 「지방자치법」 제158조(「지방교육자치에 관한 법률」 제3조에 따라 준용되는 경우를 포함한다), 「지방공무원법」 제81조의 규정에 불구하고 감사대상 기관 및 그 기관에 속한 자의 제반업무와 활동 등을 조사·점검·확인·분석·검증하고 제68조의 규정에 의하여 그 결과를 처리하는 행위(이하 "자치감사"라 한다)를 수행할 수 있도록 되어 있는바, 제주특별자치도 감사위원회의 조사 및 감사권과는 별도로 제주특별자치도 교육청이 자체 조사 및 감사권을 행사할 수 있는지?

2. 회답

「제주특별자치도 설치 및 국제자유도시 조성을 위한 특별법」상 제주특별자치도 감사위원회의 조사 및 감사권과는 별도로 제주특별자치도 교육감은 자체 조사 및 감사권을 행사할 수 있습니다.

3. 이유

○ 「제주특별자치도 설치 및 국제자유도시 조성을 위한 특별법」 제66조 제1항의 규정에 의하면, 시·도의 인사행정에 대하여 행정자치부장관 및 교육인적자원부장관이 지도·감독할 수 있고, 자치사무에 관하여 감사할 수 있도록 하고 있는 「지방공무원법」 제81조의 규정 및 「지방자치법」 제158조(「지방교육자치에 관한 법률」 제3조에 따라 준용되는 경우를 포함)의 규정에도 불구하고, 제주특별자치도지사 소속하에 설치된 감사위원회는 감사대상 기관 및 그 기관에 속한 자의 제반업무와 활동 등을

조사·점검·확인·분석·검증하고 그 결과를 처리하는 행위(이하 "자치감사"라 한다)를 수행한다고 되어 있습니다.

○ 위 특별법 제66조의 취지는 제주특별자치도에 자율과 책임을 바탕으로 한 실질적인 자치권을 보장하기 위하여 지방자치단체에 대한 행정자치부장관 및 교육인적자원부장관의 감사·지도·감독권을 제한하고, 이에 갈음하여 직무상 독립적 지위를 가지는 감사위원회로 하여금 감사대상 기관 및 그 기관에 속한 자의 제반업무와 활동 등에 대하여 감사를 할 수 있도록 하는 것입니다.

○ 「지방교육자치에 관한 법률」 제27조의 규정에 의하면, 교육감은 소속 공무원을 지휘·감독하고 법령과 조례·교육규칙이 정하는 바에 따라 그 임용·교육훈련·복무·징계 등에 관한 사항을 처리하도록 되어 있는바, 교육감은 시·도의 교육·학예에 관한 사무의 집행기관으로서 교육·학예에 관한 제반사무를 관장할 뿐만 아니라 소속 공무원을 지휘·감독하고 법령과 조례·교육규칙이 정하는 바에 따라 그 임용·교육훈련·복무·징계 등에 관한 사항을 처리하는 것은 교육감의 당연한 권한행사의 일환이라 할 것이고, 「제주특별자치도 설치 및 국자제유도시 조성을 위한 특별법」에서도 제주특별자치도 교육감의 소속 직원에 대한 임용·교육훈련·복무·징계 등에 관한 사항을 처리하는 권한을 배제하는 규정을 두고 있지 아니합니다.

○ 더구나 「초·중등교육법」 제6조의 규정에 의하면, 공·사립학교는 교육감의 지도·감독을 받도록 하고 있으며, 「제주특별자치도 설치 및 국제자유도시 조성을 위한 특별법」에서 이를 배제하는 규정도 없습니다.

○ 이와 같이 「제주특별자치도 설치 및 국제자유도시 조성을 위한 특별법」은 제주특별자치도 감사위원회로 하여금 제주특별자치도지사 소속하에 설치되어, 감사대상기관 및 그 기관에 속한 자의 제반업무와 활동에 대하여 자치감사를 실시하고 있으나, 동법이 제주특별자치도 교육감이 법령과 조례가 정하는 바에 따라 소속 공무원에 대하여 당연히 행하는 조사 및 감사를 배제하는 것이라고 할 수 없습니다.

○ 따라서 제주특별자치도 감사위원회의 조사 및 감사권과 별도로 제주특별자치도 교육감은 자체 조사 및 감사권을 행사할 수 있습니다.

④ 제주특별자치도 ―「제주특별자치도 설치 및 국제자유도시 조성을 위한 특별법」제172조(카지노 영업개시 요건) 관련

안건번호 07-0283 회신일자 2007. 10. 01.

1. 질의요지

「제주특별자치도 설치 및 국제자유도시 조성을 위한 특별법」제172조 제1항 제1호에서는 카지노업 허가요건의 하나로서 관광사업에 투자하여야 하는 외국인투자의 금액이 5억 불 이상일 것을 정하고 있는바, (가) 이 법이 최소 5억불의 투자가 영업개시 전에 완료될 것을 영업개시 요건으로서 요구하고 있는지? (나) 영업개시 신고시점까지 5억 불의 투자완료를 조건부로 허가를 주었을 경우 사업자가 호텔건립 등 5억 불 미만의 투자만 이행하더라도 영업개시를 할 수 있는지?

2. 회답

가. 질의 가에 대하여

「제주특별자치도 설치 및 국제자유도시 조성을 위한 특별법」제172조 제1항에 따라 카지노업을 허가함에 있어,「제주특별자치도 설치 및 국제자유도시 조성을 위한 특별법」자체만으로는 카지노 영업개시 전에 같은 항 제1호에 따라 외국인 투자가 최소 5억 불 이상 이행되어야 할 것은 아닙니다.

나. 질의 나에 대하여

제주특별도지사가 카지노업 신청자에게 영업개시 신고시점까지 5억 불 투자완료를 조건으로 하여 허가를 하였을 경우에는 사업자는 영업개시를 위하여 호텔건립 등 5억 불의 투자를 이행하여야 할 것입니다.

3. 이유

가. 질의 가에 대하여

○ 「제주특별자치도 설치 및 국제자유도시 조성을 위한 특별법」(이하 '「제주특별자치도법」'이라 함) 제172조에서는 외국인투자의 촉진을 위한 「관광진흥법」 적용의 특례를 규정하고 있는바, 같은 조 제1항에서 도지사는 제주특별자치도에 대한 외국인투자(「외국인투자촉진법」 제2조 제1항 제4호에 따른 외국인투자를 말함)를 촉진하기 위하여 카지노업의 허가를 받고자 하는 자가 외국인투자를 하고자 하는 자로서 관광사업에 투자하고자 하는 외국인투자의 금액이 미합중국화폐 5억 불 이상일 것(제1호), 투자자금이 형의 확정판결에 따라 「범죄수익은닉의 규제 및 처벌 등에 관한 법률」 제2조 제4호에 따른 범죄수익 등에 해당하지 아니할 것(제2호), 투자자의 신용상태 등 대통령령이 정하는 사항을 충족할 것(제3호)이라는 요건을 전부 갖춘 경우에는, 「관광진흥법」 제21조의 규정에 불구하고 같은 법 제5조 제1항에 따른 카지노업(외국인전용의 카지노업에 한한다)의 허가를 할 수 있고, 이 경우 도지사는 필요한 경우 허가에 조건을 붙이거나 「제주특별자치도법」 제172조 제1항 제1호에 따른 외국인투자의 금액 등을 고려하여 2 이상의 카지노업 허가를 할 수 있도록 정하고 있습니다.

○ 그리고, 「제주특별자치도법」 제172조 제2항에서는 카지노업의 허가를 받고자 하는 자는 투자계획서 등 도조례가 정하는 서류를 갖추어 도지사에게 허가를 신청하여야 할 것을, 같은 조 제3항에서는 위 제1항에 따라 카지노업의 허가와 관련하여 영업의 장소 및 개시시기 등에 관하여 필요한 사항은 도조례로 정할 것을, 같은 조 제4항에

서는 위 제1항에 따라 카지노업의 허가를 받은 자는 영업을 개시하기 전까지 「관광진흥법」 제22조 제1항에 따른 시설 및 기구를 갖추어야 할 것을 각각 규정하고 있으며, 같은 조 제5항은 허가의 필요적 취소사유로서 제1항에 따른 허가를 받은 자가 제1항 제1호의 투자를 이행하지 아니하는 경우(제1호), 투자자금이 형의 확정판결에 따라 「범죄수익은닉의 규제 및 처벌 등에 관한 법률」 제2조 제4호에 따른 범죄수익 등에 해당하게 된 경우(제2호), 제1항 후단에 따른 허가조건을 위반한 경우(제3호)를 규정하고 있습니다.

○ 「제주특별자치도법」상의 카지노업 허가를 「관광진흥법」의 허가와 비교하면, 「제주특별자치도법」은 허가신청 당시 카지노업 시설 및 기구를 갖출 것을 요구하지는 않고, 다만, 영업을 개시하기 전까지 갖추도록 정하고 있는바(「제주특별자치도법」 제172조 제4항), 카지노 시설 및 기구를 반드시 허가 당시 갖출 필요 없이 허가 이후에 갖추어도 된다는 점에서 「관광진흥법」 제21조의 허가와는 다르고 같은 법 제24조의 조건부 허가와 유사하며, 다만, 일정금액 이상의 투자를 허가요건으로 한 점은 「관광진흥법」상의 허가 또는 사전허가에서는 찾아볼 수 없는 요건입니다.

○ 한편, 「제주특별자치도법」의 카지노업 허가는 「기업도시개발 특별법」 제30조와 비교하여 일정규모 이상의 금액을 투자할 것을 요구하고 있는 점에서 유사하지만, 「기업도시개발 특별법 시행령」 제38조에서와 같이 카지노업 허가신청시에 이미 일정액 이상을 투자할 것을 명시하지는 아니하고 있습니다.

○ 그런데, 「제주특별자치도법」이 외국인투자에 의한 카지노업에 대하여 특례를 인정한 취지는, 대규모 복합관광시설에 투자하는 외국인에게 카지노의 허가라는 인센티브를 제공하여 제주특별자치도의 관광시설 개발을 촉진함과 아울러 카지노산업의 선진화를 도모하려는 것입니다.

○ 「제주특별자치도법」상 카지노업 허가요건으로서의 투자가 영업개시 전에 완료되어야 할 것인지에 관하여 보면, 카지노업의 영업개시와 관련한 「제주특별자치도법」의 규정으로는 같은 법 제172조 제3항에서 영업의 장소 및 개시시기 등에 관하여 필요

한 사항은 도조례에 위임한다고 정한 것과, 같은 조 제4항에서 영업을 개시하기 전에 카지노 영업에 필요한 시설 및 기구를 갖추도록 정하고 있는바, 위 규정들로 보면 「제주특별자치도법」은 영업개시와 관련하여 일반적인 사항은 제주특별자치도의 자치입법재량에 맡기되, 다만, 법률 스스로 카지노 영업개시 전에 갖추도록 요구하는 것으로는 카지노 영업에 필요한 시설 및 기구만을 규정하고 있습니다.

○ 또한, 허가요건으로서의 투자에 관하여 허가 당시 일정액을 이미 투자가 되어야 한다거나 또는 투자의 이행이 언제까지 완료되어야 한다는 등에 대해 법령으로써 정한 바 없고, 「제주특별자치도법」 제172조 제5항으로 보더라도 투자를 불이행하였을 경우 허가를 취소하여야 하지만, 허가취소 시기에 관하여 특별히 규정하지 아니하고 있습니다.

○ 이러한 「제주특별자치도법」의 규정을 종합하면, 같은 법은 영업개시 전 카지노 시설 및 기구를 갖추어야 하는 것과 투자의 이행 여부를 구별하여 투자의 최종 이행에 대하여는 반드시 영업개시 전에 이루어져야 한다는 등의 시간적 제한을 두거나 영업개시와의 서로 밀접한 관계를 인정하였다고 볼 수 없고, 한편, 투자의 불이행을 카지노업 허가의 필요적인 취소사유로 정하였지만 그 시기를 정하지 않음으로 인해 투자가 완료되지 않은 상태에서 영업이 개시되고, 그 영업 중 허가가 취소되는 경우를 배제하지 않았다고 할 것입니다.

○ 다만, 영업개시 전 투자의 이행을 요구하는 것은 구체적인 영업개시시점의 결정과 관련된 사항인바, 「제주특별자치도법」은 구체적인 영업개시시기를 법률 스스로 정하는 대신, 제주특별자치도의 조례제정권(같은 법 제172조 제3항), 제주특별도지사의 사업계획서를 통한 허가요건 검토·허가 시 재량권 및 조건의 부과권한(같은 법 제172조 제1항) 인정 등을 통해 투자사업의 성격, 사업계획, 신용도, 외국인 투자의 촉진 필요성, 지역의 제반사정 등을 고려하여 제주특별자치도가 이를 정하도록 하였다고 볼 것입니다.

○ 그러므로, 「제주특별자치도법」상 카지노업과 관련한 외국인의 투자는 반드시 영업

개시 이전에 완료되어야 할 것은 아니고, 제주특별자치도가 투자의 완료시기를 조절할 수 있도록 되어 있다고 할 것입니다.

나. 질의 나에 대하여

○ 「제주특별자치도법」 제172조 제1항 후단에서는 제주특별자치도지사는 필요한 경우 허가에 조건을 붙이거나 같은 항 제1호에 따른 외국인투자의 금액 등을 고려하여 2 이상의 카지노업 허가를 할 수 있다고 규정하고 있으며, 같은 조 제5항 제3호에서는 위 제1항 후단에 따른 허가조건을 위반한 경우 허가를 취소하도록 정하고 있습니다.

○ 카지노업 허가가 성질상 예외적인 허가인 점, 「제주도특별자치도법」에서 제주특별자치도지사에게 허가에 관한 재량권을 부여하고 외국인의 관광산업 투자와 카지노업 허가의 밀접한 관련성을 인정한 점 등의 사정으로 볼 때 같은 법은 조건 기타 부관의 첨부 가능성을 인정하였다고 볼 것인바, 제주특별자치도지사가 영업개시 신고 시점까지 5억 불의 투자완료를 조건으로 카지노업 허가를 한 경우, 이는 같은 법 제172조 제1항 후단, 같은 조 제5항에서 허용하는 조건의 범위나 내용을 벗어나지 아니한 것이라 할 것입니다.

○ 한편, 부관부 행정처분에 있어서 그 부관의 내용은 적법하여야 하고 이행 가능하여야 하며, 비례의 원칙 및 평등의 원칙에 적합하고 행정처분의 본질적 효력을 해하지 않는 한도의 것이어야 합니다(대법원 2002. 9. 24. 선고 2000두5661 판결 참조).

○ 제주특별자치도지사가 영업개시 신고시점까지 5억 불의 투자완료를 조건으로 카지노업 허가를 한 경우, 그 조건이 적법한지 여부는 개별·구체적 사정을 종합하여야만 판단할 수 있을 것이나, 일응 「제주특별자치도법」상 카지노업 허가에 제주특별자치도지사의 넓은 재량이 인정되고, 그 금액이 법정 투자금액의 최소한이며, 영업개시 이전의 특정 시한을 정한 것으로는 볼 수 없는 점에 비추어 그러한 조건의 부과가 부관의 한계를 벗어났다고 보기는 어렵다고 할 것입니다.

○ 따라서 제주특별자치도지사가 위와 같은 조건을 붙인 경우 영업개시 전에 5억 불의 투자를 이행하여야 할 것이고, 5억 불 미만의 투자만 이행하였다면 영업개시를 할 수 없을 것입니다.

⑤ 제주특별자치도 －「제주특별자치도 설치 및 국제자유도시 조성을 위한 특별법」제 79조 및 제84조(교육위원회의 설치 여부 및 그 소관사항의 범위) 관련

안건번호 07-0332 회신일자 2007. 10. 17.

1. 질의요지

가. 제주특별자치도는 도의회에 「지방자치법」제56조에 따라 설치한 상임위원회와 구분하여 교육·과학·기술·체육 그 밖의 학예에 관한 소관사항을 심의·의결하기 위한 교육위원회를 설치하여야 하는지?

나. 제주특별자치도의회 교육위원회는 「제주특별자치도 설치 및 국제자유도시 조성을 위한 특별법」제84조 제1항에 따른 심의·의결사항에 제주특별자치도교육감의 소관사무 외에 교육·과학·기술·체육 그 밖의 학예와 관련된 제주특별자치도지사의 사무도 포함할 수 있는지?

2. 회답

가. 질의 가에 대하여

제주특별자치도는 도의회에 「지방자치법」제56조에 따라 설치하는 상임위원회와 구분하여 교육·과학·기술·체육 그 밖의 학예에 관한 소관사항을 심의·의결하기 위한 교육위원회를 설치하여야 합니다.

나. 질의 나에 대하여

제주특별자치도의회 교육위원회가 심의·의결하는 「제주특별자치도 설치 및 국제자유도시 조성을 위한 특별법」 제84조 제1항의 소관사항에는 교육감이 집행하는 제주특별자치도의 교육·과학·기술·체육 그 밖의 학예에 관한 사무만 포함됩니다.

3. 이유

가. 질의 가에 대하여

○ 「지방자치법」 제56조에 따르면, 지방의회는 조례로 정하는 바에 따라 소관 의안과 청원 등을 심사·처리하는 상임위원회와 특정한 안건을 일시적으로 심사·처리하기 위한 특별위원회 두 종류의 위원회를 둘 수 있고, 「제주특별자치도 설치 및 국제자유도시 조성을 위한 특별법」 제79조에 따르면, 제주특별자치도는 「지방자치법」 제56조의 규정에 불구하고 도의회에 교육·과학·기술·체육 그 밖의 학예(이하 "교육·학예"라 함)에 관한 소관사항을 심의·의결하기 위하여 상임위원회(이하 "교육위원회"라 함)를 두도록 하고 있습니다.

○ 그리고 「제주특별자치도 설치 및 국제자유도시 조성을 위한 특별법」 제6조 제1항에 따르면, 같은 법은 제주특별자치도의 조직·운영, 중앙행정기관의 권한 이양 및 규제완화 등에 있어서 다른 법률의 규정에 우선하여 적용하도록 하고 있습니다.

○ 따라서 제주특별자치도는 「제주특별자치도 설치 및 국제자유도시 조성을 위한 특별법」 제79조에 따라 도의회에 교육·학예에 관한 소관사항을 심의·의결하기 위한 교육위원회를 설치하여야 할 것입니다.

나. 질의 나에 대하여

○ 「제주특별자치도 설치 및 국제자유도시 조성을 위한 특별법」 제84조 제1항 및 제2

항에 따르면, 교육위원회는 제주특별자치도의 교육·과학·기술·체육 그 밖의 학예(이하 "교육·학예"라 함)에 관한 조례안(제1호), 예산안 및 결산(제2호), 특별부과금·사용료·수수료·분담금 및 가입금의 부과와 징수에 관한 사항(제3호), 기채안(제4호), 기금의 설치·운용에 관한 사항(제5호), 도조례로 정하는 중요재산의 취득·처분에 관한 사항(제6호), 도조례로 정하는 공공시설의 설치·관리 및 처분에 관한 사항(제7호), 법령과 조례에 규정된 것을 제외한 예산외 의무부담이나 권리의 포기에 관한 사항(제8호), 청원의 수리와 처리(제9호), 외국 지방자치단체와의 교류협력에 관한 사항(제10호), 그 밖에 법령과 도조례에 의하여 그 권한에 속하는 사항(제11호) 등을 심의·의결하도록 하고, 위 제5호 내지 제11호에 규정된 사항에 대하여 행한 교육위원회의 의결은 도의회 본회의 의결로 본다고 규정하고 있습니다.

○ 그리고 같은 법 제85조에 따르면, 도의회 및 교육위원회에서 심의·의결할 사항에 관한 의안은 도교육감, 도의회 재적위원 5분의 1 이상 또는 의원 10인 이상과 교육위원회 재적위원 3분의 1 이상이 연서로 발의하도록 하고 있고, 본회의의 의결로 보는 의안과 본회의에서 의결한 의안은 교육위원회 및 본회의에서 의결된 날부터 5일 이내에 도교육감에게 이송되도록 하고 있으며, 같은 법 제96조 제2항에 의해 적용되는 「지방교육자치에 관한 법률」 제18조에 따르면, 도교육감은 제주특별자치도의 교육·학예에 관한 집행기관입니다.

○ 위에서 본 바와 같이, 교육위원회가 심의·의결할 사항을 「제주특별자치도 설치 및 국제자유도시 조성을 위한 특별법」 제84조 제1항에서 정하고 있고, 교육위원회의 심의·의결사항에 대한 집행기관이 같은 법 제96조 제2항에 따라 도교육감이라는 점을 고려하면, 제주특별자치도의 사무 중에서 교육·학예와 연관되어 제주특별자치도지사가 집행하는 사무에 대하여는 교육위원회가 아닌 관련 상임위원회에서 심의·의결하여야 할 것이므로, 제주특별자치도의회 교육위원회가 심의·의결하는 같은 법 제84조 제1항의 소관사항에는 교육감이 집행하는 제주특별자치도의 교육·과학·기술·체육 그 밖의 학예에 관한 사무만 포함된다고 할 것입니다.

⑥ 제주특별자치도 - 「제주특별자치도 설치 및 국제자유도시 조성을 위한 특별법」 제 46조(도의원에게 지급하는 비용기준의 결정)

안건번호 07-0423 회신일자 2007. 12. 13.

1. 질의요지

「제주특별자치도 설치 및 국제자유도시 조성을 위한 특별법」 제46조 제1항에 따르면 도의원에게 지급하는 비용의 종류 및 그 지급기준은 도조례로 정한다고 되어 있는바, 가. 도조례를 제·개정하기 위하여 같은 조 제2항에 따른 의정활동비심의위원회의 심의·의결을 먼저 거치고 이에 따라 조례를 제·개정해야 하는지? 나. 의정활동비심의위원회에서 심의·의결한 사항이 도조례를 제·개정하는 기준으로 기속력을 가지는지, 아니면 도조례가 의정활동비심의위원회를 기속하므로 의정활동비심의위원회는 조례가 정한 범위 내에서만 비용의 종류와 지급기준을 정해야 하는지?

2. 회답

가. 질의 가에 대하여

「제주특별자치도 설치 및 국제자유도시 조성을 위한 특별법」 제46조에 따라 도의원에게 지급하는 비용의 종류 및 그 지급기준은 의정활동비심의위원회의 심의를 거친 후 이에 맞추어 도조례로 정하여야 합니다.

나. 질의 나에 대하여

「제주특별자치도 설치 및 국제자유도시 조성을 위한 특별법」 제46조에 따라 도의원에게 지급하는 비용의 종류 및 그 지급기준에 관하여 의정활동비심의위원회가 심의·의결한 사항은 도조례를 제·개정하는 기준으로 기속력을 가지므로 이에 따라 도의원에게 지급하는 비용의 종류 및 그 지급기준을 도조례로 정하여야 하며, 의정활동비심의위원회는 비용의 종류 및 지급기준을 정하는 기존의 도조례에 기속되지 않습니다.

3. 이유

가. 질의 가에 대하여

○ 「제주특별자치도 설치 및 국제자유도시 조성을 위한 특별법」(이하 "제주특별자치도법"이라 합니다) 제46조 제1항에 따르면, 「지방자치법」 제33조의 규정에 불구하고 도의원에게 지급하는 비용의 종류 및 그 지급기준은 도조례로 정하여야 하고, 같은 조 제2항에 따르면, 제1항의 규정에 의한 비용의 종류 및 지급기준을 심의·의결하기 위하여 도지사 소속 하에 의정활동비심의위원회를 두도록 하고 있습니다.

○ 한편 「지방자치법」 제33조 제1항에서는 지방의회 의원에게 지급하는 비용의 종류를 의정활동비와 여비 및 월정수당으로 정한 다음, 같은 조 제2항에서는 제1항에 따른 비용의 지급기준을 대통령령이 정하는 바에 따라 지방자치단체의 의정비심의위원회에서 결정하는 범위에서 지방자치단체의 조례로 정하도록 하고 있고, 같은 법 시행령 제33조 제1항에서는 의정활동비 등의 지급기준을 시행령에서 정하는 범위에서 의정비심의위원회가 해당 지방자치단체의 재정능력을 고려하여 결정한 금액 이내에서 조례로 정하도록 하고 있습니다.

○ 이렇게 「지방자치법」에서 지방의회의원에게 지급하는 비용에 대하여는 지방의회의 조례제정권이 지급금액에 한하여 제한적으로 인정되는 체제임에 비하여, 제주특별자치도법에서 비용의 종류 및 지급기준 모두를 도조례로 정하도록 특례를 둔 것은 자치입법권을 확대하려는 것입니다.

○ 제주특별자치법 제46조 제1항에서 「지방자치법」 제33조를 배제한 취지를 살펴보면, 첫째, 「지방자치법」 제33조 제1항에서와 같이 비용의 종류를 "법률로 직접" 정하지 않고 "도조례"로 정하도록 한 것은 제주특별자치도의 자치권을 강화하여 지방자치를 고도화하려는 것이고, 둘째, 제주특별자치도법 제46조 제2항에서 비용의 종류 및

지급기준에 관한 심의·의결기구로서 의정활동비심의위원회를 두도록 한 것은 도의회의 조례 정립과 관련하여 ① 비용의 종류에 대하여는 "법률" 자체의, ② 그 지급기준에 대하여는 "대통령령과 의정비심의위원회의 결정"에 기속받는(「지방자치법」 제33조 제2항) 대신 "의정활동비심의위원회의 심의·의결"에 기속되도록(제주특별자치도법 제46조 제2항) 하여 같은 조 제1항의 자치입법권의 확대에 대응되는 통제수단을 설정한 것으로 볼 수 있습니다.

○ 법문상으로도 제주특별자치도법 제46조 제2항에서는 "제1항의 규정에 의한 비용의 종류 및 지급기준을 심의·의결한다."고 하고 있으므로 도조례로 정하는 것과 의정활동비심의위원회에서 심의·의결하는 대상이 같은데, 만일 비용의 종류 및 지급기준을 정할 때 절차상 도조례가 먼저 제정되고 이에 따라 의정활동비심의위원회가 심의를 하여야 한다고 해석한다면 의정활동비심의위원회에서는 효력이 발생한 도조례를 사후승인하는 역할만을 하여 사실상 아무런 역할도 하지 못하는 유명무실한 기구가 되므로, 같은 조 제2항에서 독립적으로 의정활동비심의위원회를 두도록 한 실익이 없게 됩니다.

○ 제주특별자치도법이 제주특별자치도에 대하여 자치권을 넓게 인정하고자 한 법이라고 하더라도, 제주특별자치도의회가 타 지방자치단체의 의회와 달리 아무런 견제도 받지 않고 비용의 종류와 지급기준을 자유로이 정할 수 있어야 한다거나 「지방자치법」에 따른 의정비심의위원회와 달리 제주특별자치도법 제46조 제2항에 따른 의정활동비심의위원회를 유명무실의 기구로 해석하여야 할 합리적인 이유라거나 특별한 사정을 찾아볼 수 없으므로, 같은 항에 따른 의정활동비심의위원회는 도의원에게 지급하는 비용의 종류 및 지급기준을 정하는 사전심의기구로 보아야 합니다.

○ 따라서 도의원에게 지급하는 비용의 종류 및 기준은 의정활동비심의위원회의 심의를 거친 후 이에 맞추어 도조례로 정하여야 합니다.

나. 질의 나에 대하여

○ 제주특별자치도법 제46조 제2항에 따르면, "제1항의 규정에 의한 비용의 종류 및 지급기준을 심의·의결하기 위하여" 의정활동비심의위원회를 둔다고 하고 있으므로 비용의 종류 및 지급기준을 정하는 도조례는 의정활동비심의위원회에서 심의·의결한 사항에 따라야 하며, 만일 도조례 제·개정 시 심의·의결사항이 반영되지 않는다면 의정활동비심의위원회를 별도로 두고 있는 입법취지에 반하게 되는 것입니다.

○ 또한 지방자치법령에서 의정활동비 등의 종류와 그 기준이 모두 정해져 있고 의정비심의위원회는 법령에서 정해진 기준에 따라 금액을 정하는 것과는 달리, 제주특별자치도법에서는 의정활동비심의위원회가 그 종류 및 기준을 정하도록 되어 있으므로, 지방자치법령에서 정하고 있는 의정활동비의 종류 및 기준을 의정활동비심의위원회의 의결사항으로 대체하고자 한 것입니다.

○ 그런데 의정활동비심의위원회가 의정활동비 등의 종류 및 기준을 정할 때에 기존의 도조례에 정해져 있는 종류 및 기준에 기속된다면 의정활동비심의위원회는 사전심의기구로서 어떠한 역할도 할 수 없고, 조례가 개정되는 것에 맞추어 승인하는 기구에 그치게 될 것이며, 결국 다시 도의회가 자신이 받는 비용을 결정하게 되므로, 이는 제주특별자치도법 제46조 제2항의 사전심의기구로서의 의정활동비심의위원회를 둔 취지에 반하게 될 것입니다.

○ 따라서 도의회는 도조례로 도의원에게 지급하는 비용의 종류 및 그 지급기준을 정함에 있어서 의정활동비심의위원회가 정하는 비용의 종류 및 그 지급기준에 따라야 하나, 의정활동비심의위원회는 그 비용의 종류 및 지급기준을 심의·의결함에 있어서 기존의 도조례에 기속되지 않습니다.

⑦ 제주특별자치도법 제144조 제7호(해양수산사무 이관에 따른 특례) 관련

안건번호 07-0426 회신일자 2007. 12. 21.

1. 질의요지

제주특별자치도법 제144조에 따라 제주특별자치도에 위치한 지정항만에 대한 「항만법」 제9조 제1항의 항만공사 시행 권한이 해양수산부장관으로부터 제주특별자치도지사에게 이관되어 있는바, 「국가를 당사자로 하는 계약에 관한 법률」에 근거하여 항만공사가 진행되었던 지정항만에 대하여 제주특별자치도지사가 제주특별자치도법 시행(2006. 7. 1.) 이후 신규 항만공사를 위해 공사계약을 체결하여야 하는 경우, 「국가를 당사자로 하는 계약에 관한 법률」을 적용하여야 하는지, 아니면 「지방자치단체를 당사자로 하는 계약에 관한 법률」을 적용하여야 하는지?

2. 회답

제주특별자치도법 제144조에 따라 「항만법」 제9조 제1항에 따른 지정항만에 대한 항만공사 시행권한이 해양수산부장관으로부터 제주특별자치도지사에게 이관된 경우, 이관 이후 지정항만에 대한 신규 항만공사에 관하여는 「지방자치단체를 당사자로 하는 계약에 관한 법률」을 적용하여야 합니다.

3. 이유

○ 「항만법」 제9조 제1항에서는 항만시설의 신설·개축·유지·보수 및 준설(준설) 등에 관한 공사(이하 "항만공사"라 한다) 가운데 지정항만에 대한 항만공사는 해양수산부장관이 시행하고, 지방항만에 대한 항만공사는 시·도지사가 시행하나, 다만, 항만공사에 관하여 이 법 또는 다른 법률에 특별한 규정이 있으면 그 규정에 따르도록 정하고, 같은 조 제2항에서는 해양수산부장관이나 시·도지사가 아닌 자(이하 '비관리청'이라 함)가 관리청의 허가를 받아 항만공사를 하려는 때에는 관리청의 허

가를 받아야 한다고 규정하고 있으며, 같은 조 제3항에서는 관리청은 제2항에 따른 항만공사 시행허가를 받고자 하는 비관리청이 요건을 모두 갖춘 경우에는 이를 허가하도록 정하고 있습니다.

○ 한편, 「제주특별자치도의 설치 및 국제자유도시 조성을 위한 제주특별자치도법」(이하 '제주특별자치도법'이라 함) 제144조 제7호에서는 해양수산사무의 이관에 따른 특례를 규정하면서, 그중 하나로 위 「항만법」 제9조 제1항부터 제3항까지의 규정에 의한 해양수산부장관의 권한은 제주특별도지사의 권한으로 한다고 규정하고 있고, 아울러 제주특별자치도법 제6조에서는 이 법에 의하여 중앙행정기관의 장 등의 권한을 제주특별자치도지사의 권한으로 한 경우(이양되는 권한과 관련된 의무·원칙·기준 및 절차 등을 포함함) 제주특별자치도지사의 권한은 해당법령에 규정된 중앙행정기관의 장 등의 권한으로 보아 해당법령을 적용하고, 중앙행정기관의 장 등에 해당하는 사항을 제주특별자치도지사에 해당하는 것으로 한 경우에도 또한 같다고 규정하고 있습니다.

○ 제주특별자치도법에 의하여 중앙행정기관의 장의 권한이 제주특별자치도지사에게 이관된 경우, 그 중앙행정기관의 장의 권한에 속하는 사무는 제주특별자치도지사의 사무가 되고, 제주특별자치도지사는 자신의 권한과 책임 아래 그 사무를 처리하여야 하며, 그 시점은 달리 제주특별자치도법의 부칙에서 정하지 않는 한 제주특별자치도법의 시행 이후부터라 할 것입니다.

○ 따라서, 제주특별자치도법의 시행 이후 제주특별자치도 내의 지정항만에 관한 항만공사 시행권한은 행정안전부장관으로부터 제주특별자치도지사로 이관되었다고 할 것입니다.

○ 그리고, 국가가 그 사무의 비용을 부담한다고 하더라도 지방자치단체의 일반회계에 속하게 된 이상(「지방재정법」 제9조 제1항) 이는 국가와 지방자치단체 사이의 문제이고, 법률행위의 당사자 및 비용을 지출하는 주체가 제주특별자치도지사인 점이 달라진다고 볼 수 없습니다.

○ 그러므로,「항만법」제55조에 따라 제주특별자치도 내 지정항만에 대한 항만공사 비용을 국가가 부담한다고 보더라도, 제주특별자치도 내 지정항만의 항만공사 권한이 제주특별자치도지사에게 이관된 이상, 제주특별자치도법 시행 이후 지정항만에 대한 신규 항만공사의 계약당사자는 제주특별자치도지사이고,「지방자치단체를 당사자로 하는 계약에 관한 법률」이 적용되어야 할 것입니다.

⑧ 제주특별자치도법 제203조 제2항(농어촌지역에 대한 건강보험료 감면 대상 여부) 관련

안건번호 08-0113 회신일자 2008. 06. 13.

1. 질의요지

제주특별자치도법 제203조 제2항에 의하면, 제주특별자치도지사는 동(洞)의 주거지역을 농어촌지역으로 지정할 수 있는바, 이에 따라 동의 주거지역이 농어촌지역으로 지정된 경우, 그 지역을「국민건강보험법」제66조의2 및 같은 법 시행령 제43조의3에서 정한 보험료경감 대상지역으로서 "대통령령이 정하는 지역"으로 보아 그에 거주하는 농어업인들이 건강보험료를 경감받을 수 있는지?

2. 회답

제주특별자치도법 제203조 제2항에 따른 농어촌지역은「국민건강보험법」제66조의2 제1항 제1호 및 같은 법 시행령 제43조의3에서 보험료 경감대상으로 정하고 있는 농어촌으로는 볼 수 없어, 그 지역에 거주하는 농어업인들은 건강보험료를 경감받을 수 없다고 할 것입니다.

3. 이유

○ 제주특별자치도법(이하 "제주제주특별자치도법"이라 함) 제203조 제1항에서는 제주

특별자치도의 1. 읍·면의 전지역, 2. 동의 지역 중 「국토의 계획 및 이용에 관한 법률」 제36조 제1항 제1호에 의하여 지정된 주거지역·상업지역 및 공업지역을 제외한 지역의 하나에 해당하는 지역(이하 "농어촌지역"이라 함)은 「농업·농촌기본법」, 「농어촌정비법」, 「어촌·어항법」, 「농림어업인 삶의 질 향상 및 농산어촌지역 개발 촉진에 관한 제주특별자치도법」 및 그 밖의 다른 법령을 적용함에 있어서는 농촌·농어촌·어촌 및 농산어촌으로 본다고 규정하고 있고, 제주제주특별자치도법 제203조 제2항에서 제주특별자치도지사는 제1항 제2호에 불구하고 주거지역의 전부 또는 일부를 농어촌지역으로 지정할 수 있고, 이 경우 그 지정에 관하여 필요한 사항은 도조례로 정하도록 규정하고 있습니다.

○ 위 제주제주특별자치도법 제203조 제1항은 농어촌지역에 해당하는 지역 요건을 법률로써 직접 규정하고, 이에 해당할 경우 해당 개별법령의 규정 여하에 불구하고 농촌·농어촌·어촌 및 농산어촌으로 의제하여 그에 따라 해당 법령에서 정한 효과가 부여되도록 한 것이고(해당 법령의 범위에 관하여는 "그 밖의 다른 법령"이라고 규정하여 「농업·농촌기본법」 등에 특정하지는 아니함), 한편, 같은 조 제2항은 제1항 제2호에 규정된 지역에 해당하지 아니하는 동의 주거지역에 대하여도 제주특별자치도지사의 행위로써 "농어촌지역"으로 지정할 수 있도록 규정한 것입니다.

○ 한편, 「국민건강보험법」 제66조의2 제1항 제1호에 따르면, 도서·벽지·농어촌 등 대통령령이 정하는 지역에 거주하는 가입자 중 보건복지가족부령이 정하는 가입자에 대하여는 그 가입자 또는 그 가입자가 속한 세대의 보험료의 일부를 경감할 수 있는데, 같은 법 시행령 제43조의3에서는 위 "도서·벽지·농어촌 등 대통령령이 정하는 지역"이란 같은 조 제1항 내지 제3항의 어느 하나에 해당하는 지역이라고 정의하면서 그중 제2항으로 가. 군 및 도농복합 형태 시의 읍·면 지역, 나. 「농어촌주민의 보건복지증진을 위한 제주특별자치도법」 제2조 제1호 나목 및 같은 법 제33조에 해당하는 지역 중 어느 하나에 해당하는 지역을 규정하고 있습니다.

○ 그리고, 「농어촌주민의 보건복지증진을 위한 제주특별자치도법」 제2조 제1호에서는 "농어촌"이라 함은 「지방자치법」 제2조 제1항 제2호에 의한 시와 군의 지역 중

가. 읍·면의 전지역, 나. 동(洞)의 지역 중 「국토의 계획 및 이용에 관한 법률」 제36조 제1항 제1호에 따라 지정된 주거지역·상업지역 및 공업지역을 제외한 지역의 어느 하나에 해당하는 지역을 말한다고 규정하고 있습니다.

○ 위 제주제주특별자치도법 제203조 제2항에 따라 제주특별자치도지사가 동의 주거지역 중에서 농어촌지역으로 지정한 곳을 「국민건강보험법」 및 같은 법 시행령상으로 보험료가 경감되는 지역으로 볼 수 있는지 여부는 「국민건강보험법」과 제주제주특별자치도법의 각 규정 및 그 입법취지를 고려하고 전후의 관련 규정을 유기적·체계적으로 종합하여 판단해야 할 것입니다.

○ 제주제주특별자치도법은 행정규제의 폭넓은 완화 및 국제적 기준의 적용 등을 통하여 국제자유도시를 조성함으로써 국가발전에 이바지함을 목적으로 하고(같은 법 제1조), 농어촌지역에 관한 같은 법 제203조는 제13장 "국제자유도시의 여건조성", 제6절 "청정 1차 산업의 육성" 아래에 규정되어 있으며, 한편 같은 절속의 제201조 내지 제214조까지 규정들을 보면, 이들은 농업·임업·축산업·수산업의 경쟁력 강화와 농어업인의 안정적 소득보장 및 다른 산업과의 균형적 발전을 위해 농업·임업·축산업·수산업의 발전계획, 수급안정 및 생산자 소득보조 등 그 산업과 직접적으로 관련된 사항을 내용으로 하고 있다고 볼 것입니다.

○ 한편, 제주제주특별자치도법은 보건복지와 관련하여 제15장 "환경·교통·보건복지·안전", 제4절 "보건복지 및 소비자보호 등에 관한 특례"의 절을 별도로 규정하면서, 같은 법 제336조(농어촌주민의 보건복지증진에 관한 특례)를 비롯한 그 절 내의 조항에서 같은 법 제203조 제2항에 따른 농어촌지역의 건강보험료의 경감에 관한 사항을 규정하고 있지 않습니다.

○ 위와 같은 취지에서 본다면, 제주특별자치도지사가 주거지역의 전부 또는 일부를 농어촌지역으로 지정한다고 하더라도 모든 법률관계에서 이를 적용할 수는 없는 것이고, 제주제주특별자치도법에서 규율하고 있는 목적(행정규제의 폭넓은 완화 및 국제적 기준의 적용 등을 통한 국제자유도시의 조성) 범위 내에서 적용되어야 할 것

인바, 이와 같은 점을 고려하면, 같은 법 제203조 제1항에 따른 농어촌지역을, 다른 법령에서 농촌·농어촌·어촌 및 농산어촌으로 의제하기 위해서는 의제검토 대상 법령이 농촌·농어촌·어촌 및 농산어촌이 가지는 산업적인 기능과 관련하여 이를 규제하거나 지원하는 것이어야 할 것입니다.

○ 그러나, 「국민건강보험법」 및 같은 법 시행령은 농촌·농어촌·어촌 및 농산어촌이 가지는 산업적인 기능을 규제 또는 지원한다고 보기 어렵습니다.

○ 결국, 제주제주특별자치도법 제203조 제2항에 따른 농어촌지역은 「국민건강보험법」 제66조의2 제1항 제1호, 같은 법 시행령 제43조의3에서 보험료 경감대상으로 정하고 있는 농어촌으로는 볼 수 없다고 할 것으로, 그 지역에 거주하는 농어업인들은 건강보험료를 경감받을 수 없다고 할 것입니다.

⑨ 「제주특별자치도 설치 및 국제자유도시 조성을 위한 특별법」 제66조(감사위원회와 별도의 감찰권 행사가능 여부) 관련

안건번호 09-0045 회신일자 2009. 03. 24.

1. 질의요지

제주특별자치도가 「제주특별자치도 설치 및 국제자유도시 조성을 위한 특별법」(이하 "제주도특별법"이라 함) 제66조에 따른 감사위원회와는 별도로 제주특별자치도지사 소속 하에 감찰팀을 두어 소속 공무원에 대한 직무감찰업무를 수행하게 할 수 있는지?

2. 회답

제주특별자치도가 제주도특별법 제66조에 따른 감사위원회와는 별도로 제주특별자치도지사 소속 하에 감찰팀을 두어 소속 공무원에 대한 직무감찰업무를 수행하게 할 수 있습니다.

3. 이유

○ 제주도특별법 제66조 제1항에서는 「지방자치법」 제171조 및 「지방공무원법」 제81조에 불구하고 감사대상 기관 및 그 기관에 속한 자의 제반 업무와 활동 등을 조사·점검·확인·분석·검증하고 자치감사를 수행하기 위하여 제주특별자치도지사 소속 하에 그 직무에 있어서 독립된 지위를 가지는 감사위원회를 두도록 하고 있는바, 이 사안에서는 제주특별자치도가 제주도특별법 제66조에 따른 감사위원회와는 별도로 제주특별자치도지사 소속 하에 감찰팀을 두어 소속 공무원에 대한 직무감찰업무를 수행하게 할 수 있는지의 여부가 문제됩니다.

○ 우선, 제주도특별법 제66조 제1항에서 적용을 배제하고 있는 관련 규정을 살펴보면, 「지방자치법」 제171조에서는 행정안전부장관이나 시·도지사는 지방자치단체의 자치사무에 관하여 보고를 받거나 서류·장부 또는 회계를 감사할 수 있도록 하고 있으며, 「지방공무원법」 제81조에서는 교육과학기술부장관 또는 행정안전부장관은 시·도의 인사행정이 「지방공무원법」에 따라 운영되도록 지도·감독하고, 시·도지사는 해당 시·도의 관할 구역 시·군·구의 인사행정이 「지방공무원법」에 따라 운영되도록 지도·감독한다고 되어 있는바, 제주도특별법 제66조 제1항에서는 「지방자치법」 제171조 및 「지방공무원법」 제81조에 따른 교육과학기술부장관 또는 행정안전부장관의 시·도의 자치사무 감사 및 인사행정 감독권한을 배제하고 있는 것으로 보아야 할 것입니다.

○ 이에 따라 제주도특별법 제66조의 취지를 살펴보면, 해당 규정은 제주특별자치도에 자율과 책임, 창의성과 다양성을 바탕으로 고도의 자치권을 보장하기 위하여 교육과학기술부장관 또는 행정안전부장관 등 중앙행정기관의 감사 및 감독권한을 배제하는 대신 제주특별자치도지사 소속 하에 감사위원회를 두어 자치감사권을 부여함으로써 자체적으로 체계적·효율적인 감사를 수행할 수 있도록 하기 위한 것입니다.

○ 이러한 감사위원회의 성격과 업무범위에 대하여 살펴보면, 비록 제주도특별법 제66조부터 제68조까지의 규정에서는 감사위원회로 하여금 제주특별자치도 관할 감사

대상 기관 및 그 기관에 소속된 자의 제반업무와 활동 등에 대한 자치감사권을 행사하도록 하고 있기는 하나, 해당 감사위원회는 중앙행정기관의 감사 및 감독에 갈음하여 객관적이고 중립적인 감사 및 감독권한을 실질적으로 수행할 수 있도록 하기 위하여 그 직무에 있어서는 제주특별자치도지사로부터 독립된 지위를 갖는 합의제 행정기관으로서, 같은 법 제67조에서는 감사위원회가 자치감사계획을 수립하여 감사원, 교육과학기술부장관, 행정안전부장관 등에게 통보하도록 하고 있고, 같은 법 제71조에서는 중앙행정기관의 장은 제주특별자치도에 대하여 직접 감사를 실시할 수 없으며, 다만, 국가사무 및 국가의 보조를 받은 사업에 대한 감사가 필요하다고 인정하는 경우에만 감사위원회에 감사를 의뢰하도록 하고 있는 점에 비추어 볼 때, 감사위원회는 중앙행정기관의 감사 및 감독권한을 배제하는 대신 제주특별자치도지사로부터 독립하여 자체적으로 감사 및 감독권한을 행사할 수 있도록 설치된 기관으로서, 중앙행정기관과의 매개체적 역할 및 중앙행정기관의 감사업무를 대행하는 역할 등이 강조되고 있음을 알 수 있습니다.

○ 한편, 「지방자치법」 제105조에서는 지방자치단체의 장은 소속 직원을 지휘·감독하고 법령과 조례·규칙이 정하는 바에 따라 그 임면·교육훈련·복무·징계 등에 관한 사항을 처리하도록 하고 있고, 「지방공무원법」 제6조 제1항에서는 지방자치단체의 장은 「지방공무원법」에서 정하는 바에 따라 그 소속 공무원의 임명·휴직·면직과 징계를 하는 권한을 가진다고 하고 있는바, 지방자치단체의 장이 소속 공무원을 지휘·감독하고 법령과 조례·규칙이 정하는 바에 따라 그 임면·교육훈련·복무·징계 등에 관한 사항을 처리하는 것은 지방자치단체 장의 당연한 권한행사의 일환이라 할 것이고, 제주도특별법 제66조는 제주특별자치도지사의 소속 공무원에 대한 감사 및 감독권한까지 배제하기 위한 규정이 아니며, 해당 법률에서 이러한 제주특별자치도지사의 권한을 배제하는 규정도 두고 있지 않습니다.

○ 또한, 제주도특별법 제14조 제1항에서는 「지방자치법」 제112조 제1항 및 제2항(직급기준은 제외함)에 불구하고 제주특별자치도의 행정기구의 설치·운영기준, 지방공무원의 정원기준 및 하부 행정기구의 설치 등에 관하여 필요한 사항은 제주특별자치도조례로 정할 수 있도록 하고 있는바, 해당 규정은 직급기준을 제외한 제주특별

자치도의 행정기구의 설치·운영 및 공무원의 정원에 있어서 「지방자치법」 및 해당 위임에 따른 「지방자치단체의 행정기구와 정원기준 등에 관한 규정」에 따르지 않고 독자적으로 도조례에 따라 행정기구를 설치·운영할 수 있도록 한 규정이므로, 이에 따라 제주특별자치도는 감사위원회와는 별도로 제주특별자치도지사 소속 하에 감찰팀 등을 두어 직무감찰업무를 수행하도록 하는 내용을 도조례로 정할 수 있다 할 것이며, 이러한 제주특별자치도의 자치조직권 행사가 위법한 것으로 볼 수는 없다 할 것입니다.

○ 따라서 제주특별자치도는 제주도특별법 제66조에 따른 감사위원회와는 별도로 제주특별자치도지사 소속 하에 감찰팀을 두어 소속 공무원에 대한 직무감찰업무를 수행하도록 할 수 있다 할 것입니다.

⑩ 국토해양부 − 제주국제자유도시개발센터가 유원지 조성 사업을 시행함에 있어서 「국토의 계획 및 이용에 관한 법률」에 의한 토지수용규정에 따라 할 수 있는지(「제주특별자치도 설치 및 국제자유도시 조성을 위한 특별법」 제233조 등 관련)

안건번호 09-0346 회신일자 2009. 11. 27.

1. 질의요지

제주국제자유도시개발센터가 「제주특별자치도 설치 및 국제자유도시 조성을 위한 특별법」 제266조에 따라 국토해양부장관의 승인을 받은 개발센터시행계획에 의한 사업규모 500,000제곱미터 이상의 유원지 조성을 위한 도시계획시설사업에 대하여 같은 법 제229조에 따라 특별자치도지사의 의견을 듣고 시행하는 경우에 있어서 같은 법 제233조에 따라서만 해당 사업에 필요한 토지 등을 수용할 수 있는지, 아니면 「국토의 계획 및 이용에 관한 법률」 제95조에 의해서도 해당 사업에 필요한 토지 등을 수용할 수 있는지?

2. 회답

제주국제자유도시개발센터가 「제주특별자치도 설치 및 국제자유도시 조성을 위한 특별법」 제266조에 따라 국토해양부장관의 승인을 받은 개발센터시행계획에 의한 사업규모 500,000제곱미터 이상의 유원지 조성을 위한 도시계획시설사업에 대하여 같은 법 제229조에 따라 특별자치도지사의 의견을 듣고 시행하는 경우에 있어서는 같은 법 제233조에 따라서만 해당 사업에 필요한 토지 등을 수용할 수 있습니다.

3. 이유

「제주특별자치도 설치 및 국제자유도시 조성을 위한 특별법」(이하 "제주특별자치도법" 이라 함) 제6조 제1항에서는 같은 법은 규제완화 등에 있어서 다른 법률의 규정에 우선하여 적용하되 다른 법률에 특별한 규정이 있으면 그러하지 아니하다고 규정하고 있습니다.

그리고 제주특별자치도법 제230조 제1항에서는 개발사업을 시행하고자 하는 자가 같은 법 제229조에 따라 개발사업의 시행승인을 얻거나 의견을 들은 경우에는 같은 조 각 호의 허가·인가 등(이하 "허가 등"이라 함)을 받은 것으로 보며, 같은 항 제17호에서는 의제되는 허가 등의 하나로 「국토의 계획 및 이용에 관한 법률」(이하 "국토계획법"이라 함) 제86조에 따른 도시계획시설사업의 시행자의 지정 및 같은 법 제88조에 따른 실시계획의 인가를 규정하고 있고, 제주특별자치도법 제233조 제1항에서는 제주국제자유도시개발센터(이하 "개발센터"라 한다) 등의 사업시행자는 일정한 토지 소유 요건 및 동의 요건을 갖추고, 사업규모가 일정 면적 이상인 경우에는 개발사업에 필요한 토지·건물 또는 토지에 정착한 물건과 이에 관한 소유권 외의 권리(이하 "토지 등"이라 함)를 수용할 수 있다고 규정하고 있습니다.

또한, 제주특별자치도법 제266조에서는 개발센터는 종합계획에 따라 개발센터가 추진할 개발센터시행계획을 수립하여 국토해양부장관의 승인을 얻어야 하고, 개발센터는 승인받은 시행계획에 따라 국토계획법에 따른 도시계획시설사업의 시행자가 된다고 규정하고 있습니다.

한편, 국토계획법 제86조 제7항에서는 국가 등에 해당하지 아니하는 자가 같은 조 제5항에 따라 도시계획시설사업의 시행자로 지정을 받으려면 도시계획시설사업의 대상인 토지의 소유 면적 및 토지 소유자의 동의 비율에 관하여 일정한 요건을 갖추어야 한다고 하고 있고, 같은 법 제95조 제1항에서는 도시계획시설사업의 시행자는 도시계획시설사업에 필요한 토지 등을 수용할 수 있다고 규정하고 있습니다.

우선, 제주특별자치도법 제6조 제1항에서 같은 법은 규제완화 등에 있어서 다른 법률의 규정에 우선하여 적용하되, 다른 법률에 특별한 규정이 있는 경우에는 그러하지 아니하다고 규정하고 있어, 원칙적으로 제주특별자치도법이 국토계획법 등과의 관계에 있어서 특별법임을 밝히고 있습니다. 그러므로 제주특별자치도법에서 국토계획법의 내용과 달리 규정하고 있는 것에 대하여는 제주특별자치도법이 특별법으로서 우선 적용된다고 할 것입니다.

앞에서 살펴본 바와 같이, 국토계획법 제95조 제1항에서는 도시계획시설사업의 시행자는 그 사업에 필요한 토지 등을 수용할 수 있다고 규정하고 있는 반면, 제주특별자치도법 제233조 제1항에서는 개발센터 등의 사업시행자는 사업대상 토지의 3분의 2 이상을 소유하고 토지소유자 총수의 2분의 1 이상의 동의를 받고, 사업규모가 특별자치도조례로 정하는 일정 면적(2008. 11. 19. 공포·시행된 제주특별자치도조례에 따르면, 개발센터가 시행하는 개발사업의 경우 또는 유원지 조성사업: 500,000제곱미터) 이상인 경우에는 개발사업에 필요한 토지 등을 수용할 수 있다고 하고 있습니다. 이와 같이 수용할 수 있는 사업시행자 및 사업의 범위, 수용의 요건에 있어서 두개 법은 다르게 규정하고 있으므로 제주특별자치도법 제233조에 따른 일정 면적 이상의 사업에 대한 일정한 사업시행자의 사업시행과 관련하여 토지 등의 수용에 있어서는 제주특별자치도법이 국토계획법보다 우선 적용된다고 할 것입니다.

한편, 제주특별자치도법 제266조에서 개발센터가 승인받은 시행계획에 따라 국토계획법에 따른 도시계획시설사업의 시행자가 된다는 규정의 의미는 개발센터가 본래는 국토계획법에 따른 도시계획시설사업자나 도시계획시설사업 인가를 받은 자가 아니지만 국토계획법에 따른 도시계획시설사업의 시행자로서 해당 사업을 도시계획시설사업으로 보아

도시계획시설사업을 제주특별자치도법에 따른 개발사업으로 시행할 수 있다는 것이지, 토지 등에 대한 수용의 요건 및 절차를 제주특별자치도법에서 따로 정하고 있음에도 국토계획법에 따른 수용의 요건 및 절차를 따를 수 있다는 취지는 아닌 것입니다.

그리고 개발센터가 시행하는 개발사업 중 500,000제곱미터 이상인 사업으로 유원지시설 등의 도시계획시설사업인 경우 해당 사업에 필요한 토지 등의 수용을 국토계획법 제95조에 의해서도 할 수 있다고 한다면, 제주특별자치도법 제233조는 사문화되는 결과를 초래하게 됩니다.

따라서, 개발센터가 제주특별자치도법 제266조에 따라 국토해양부장관의 승인을 받은 개발센터시행계획에 의한 사업규모 500,000제곱미터 이상의 유원지 조성을 위한 도시계획시설사업에 대하여 같은 법 제229조에 따라 특별자치도지사의 의견을 듣고 시행하는 경우에 있어서는 같은 법 제233조에 따라서만 해당 사업에 필요한 토지 등을 수용할 수 있습니다.

⑪ 국토해양부 − 민·군 복합형 관광미항을 설치하기 위하여 절대보전지역의 지정을 변경할 수 있는지 여부(「제주특별자치도 설치 및 국제자유도시 조성을 위한 특별법」 제292조 제1항 관련)

안건번호 09-0372 회신일자 2009. 11. 27

1. 질의요지

「제주특별자치도 설치 및 국제자유도시 조성을 위한 특별법」 제292조 제1항에 따라 절대보전지역으로 지정된 지역에 민·군 복합형 관광미항을 설치하기 위하여 절대보전지역의 지정을 변경(면적 축소)할 수 있는지?

2. 회답

「제주특별자치도 설치 및 국제자유도시 조성을 위한 특별법」 제292조 제1항에 따라 절대보전지역으로 지정된 지역에서 그 지정을 변경하는 것이 공익에 부합하는지 등을 종합적으로 검토하여 그 정당성이나 객관성이 인정되는 경우에는 절대보전지역을 변경(면적 축소)할 수 있다고 할 것입니다.

3. 이유

「제주특별자치도 설치 및 국제자유도시 조성을 위한 특별법」(이하 "제주특별자치도법"이라 함) 제292조 제1항에서 제주특별자치도지사(이하 "도지사"라 함)는 도의회의 동의를 얻어 한라산·기생화산·해안 등으로서 자연경관이 뛰어난 지역, 수자원 및 문화재의 보전을 위하여 필요한 지역, 그 밖에 자연환경의 보전을 위하여 도조례로 정하는 지역을 자연환경의 고유한 특성을 보호하기 위한 지역(이하 "절대보전지역"이라 함)으로 지정할 수 있고, 이를 변경할 때에도 도의회의 동의를 얻어야 한다고 규정하고 있으며, 같은 조 제3항 각 호 외의 부분 본문에서는 절대보전지역 안에서는 그 지역 지정의 목적에 위배되는 건축물의 건축, 공작물 그 밖의 시설의 설치, 토지의 형질변경 등과 이와 유사한 행위를 할 수 없다고 규정되어 있는 한편, 그 단서 및 같은 항 각 호에서는 도지사의 허가를 받아 등산로, 산책로, 임도, 도로 및 공원시설 등을 설치할 수 있도록 하고 있습니다.

또한, "제주특별자치도법"에서 위임한 사항과 그 시행에 필요한 사항을 규정하고 있는 「제주특별자치도 보전지역 관리에 관한 조례」(이하 "보전지역관리조례"라 한다) 제3조에 따르면, 절대보전지역을 포함한 보전지역 등을 지정(변경을 포함한다)하고자 하는 때에는 주민의견을 듣도록 하면서 보전지역 등의 면적을 축소하는 경우 등에는 주민의견 청취 절차를 생략할 수 있도록 하고 있습니다.

먼저, 같은 법 제292조 제1항에서 도지사가 "절대보전지역"을 지정하거나 변경하는 행위는 해당 지역의 자연환경의 고유한 특성을 보호하고 체계적으로 관리하기 위한 것으로서, 도지사의 허가를 받는 경우 일정한 시설의 설치 등을 허용하고 있는 점에 비추어 보면 그 의미는 절대적으로 보전하여야 할 지역이라기보다는 그 보전을 위하여 비교적 보전의 가치가 높은 지역으로서 그 보전을 위하여 상대적으로 강한 규제를 적용할 필요가 있는 지역을 의미한다고 할 것입니다. 같은 법 제292조 제1항에서 명문으로 도지사는 도의회의 동의를 얻어 절대보전지역의 지정을 변경할 수 있도록 하고 있어, 이러한 지정의 변경을 통하여 어느 지역을 자연환경의 고유한 특성을 보호하기 위한 지역으로 추가로 지정하거나 그 필요성이 소멸하는 등의 경우에 이미 지정된 지역을 해제할 수 있다고 할 것입니다.

또한, 절대보전지역 또는 상대보전지역과 같은 보전지역을 지정하거나 변경하는 것은 제주특별자치도의 자연환경을 체계적으로 보전·관리하고, 자연환경의 고유한 특성을 보호하기 위한 것인데, 이는 해당 지역이 같은 법 제292조 제1항 각 호의 어느 하나에 해당하는 지역인지 등에 대하여 전문적·기술적 판단에 기초하여 행하여지는 일종의 행정계획으로서 재량행위(대법원 1997. 9. 26. 선고 96누10096 판결, 대법원 2005. 3. 10. 선고 2002두5474 판결 등 참조)라 할 것이고, 해당 법령에서 도지사가 이와 같은 보전구역을 지정하거나 변경함에 있어서 주민의견 청취나 의회의 동의를 얻도록 되어 있고, 따라서 도지사는 그러한 절차를 이행하여야 할 책무가 있다고 하더라도 원칙적으로 그 행위의 성질 자체가 바뀌는 것은 아닙니다.

이 사안과 관련하여, 제주특별자치도법 제292조 제1항에서 도지사는 도의회의 동의를 얻어 해안 등으로서 자연경관이 뛰어난 지역 등을 절대보전지역으로 지정할 수 있다고 하면서, 도의회의 동의를 얻어 절대보전지역의 지정을 변경할 수 있도록 하고 있고, 보전지역관리조례 제3조에서도 절대보전지역을 포함한 보전지역의 면적을 축소하는 경우 등에는 주민의견 청취 절차를 생략할 수 있도록 하고 있는 등 절대보전지역의 지정·변경 제도를 두고 있으므로, 도지사가 도의회의 동의를 얻어 절대보전지역의 지정을 변경할 수 있다 할 것입니다. 만약, 절대보전지역으로 지정되었다고 하여 그 지역이 영속적으로 절대보전지역으로 관리되어야 한다거나 그 지역을 절대로 변경할 수 없다고 한다면, 절대보전지역의 지정 변경제도를 둔 위 규정의 취지에 반한다고 할 것입니다.

다만, 도지사가 이와 같은 절대보전지역을 지정하거나 변경하는 재량권을 행사함에 있어서 제주특별자치도법에서 절대보전지역의 지정과 더불어 절대보전지역의 변경을 규정한 취지를 고려하고, 절대보전지역의 지정 또는 변경과 관련되는 공익과 사익은 물론 공익 상호 간에서 정당하게 비교형량하여야 할 제한이 있다고 할 것인바, 도지사는 절대보전지역을 축소하고 민·군 복합형 관광미항을 건설하는 것이 행정규제의 폭넓은 완화 및 국제적 기준의 적용 등을 통하여 국제자유도시를 조성함으로써 국가발전에 이바지함을 목적(제1조)으로 하는 제주특별자치도법의 취지에 부합하는지, 그 절대보전지역의 해제로 인하여 훼손되는 공익에 비하여 민·군 복합형 관광미항의 건설을 통하여 달성하게 될 공익이 현저한지 등을 종합적으로 검토하여 그 정당성이나 객관성이 인정되는 경우에는 절대보전지역을 변경(면적 축소)할 수 있다고 할 것입니다.

그렇다면, 도지사는 절대보전지역으로 지정된 지역에서 그 지정을 변경하는 것이 공익에 부합하는지 등을 종합적으로 검토하여 그 정당성이나 객관성이 인정되는 경우에는 절대보전지역을 변경(면적 축소)할 수 있다고 할 것입니다.

⑫ 제주특별자치도 - 절대보전지역의 지정을 변경하기 전에 그 지역을 매립예정지로 하여 공유수면매립기본계획을 수립할 수 있는지 여부(「공유수면매립법」 제4조 관련)

안건번호 09-0368 회신일자 2009. 12. 04.

1. 질의요지

절대보전지역에 민·군 복합형 관광미항을 설치하기 위하여 공유수면을 매립하려는 경우 제주특별자치도지사가 절대보전지역의 지정을 변경하기 전에 공유수면매립기본계획을 수립할 수 있는지?

2. 회답

절대보전지역에 민·군 복합형 관광미항을 설치하기 위하여 공유수면을 매립하려는 경우 제주특별자치도지사가 절대보전지역의 지정을 변경하기 전에도 공유수면매립기본계획을 수립할 수 있습니다.

3. 이유

「공유수면매립법」 제4조 제1항에 따르면, 국토해양부장관은 국토의 전체적인 기능 및 용도에 맞고 환경과 조화되도록 공유수면을 이용·관리하기 위하여 10년마다 「연안관리법」 제22조의 규정에 의한 중앙연안관리심의회의 심의를 거쳐 공유수면매립기본계획(이하 "매립기본계획"이라 함)을 수립하도록 하고 있고, 같은 법 제6조에 따르면, 매립기본계획은 「국토의 계획 및 이용에 관한 법률」에 따른 도시관리계획 등에 적합하고 환경과 조화되도록 수립하도록 하고 있습니다.

또한, 같은 법 제8조에 따르면, 국토해양부장관은 수립·고시된 매립기본계획에 대하여 5년마다 그 타당성 여부를 검토하고 매립예정지별 매립계획의 추가 또는 삭제 등에 해당하는 때에는 매립기본계획의 변경 등 필요한 조치를 하여야 하고(제1항), 공유수면의 매립과 관련한 산업의 발전, 국가 또는 지방자치단체의 계획변경, 그 밖의 주변여건의 변화 등으로 인하여 필요하다고 인정하는 경우에는 직권 또는 신청에 따라 매립기본계획을 수시로 변경할 수 있다(제2항)고 규정되어 있습니다.

한편, 「제주특별자치도 설치 및 국제자유도시 조성을 위한 특별법」(이하 "제주특별자치도법"이라 함) 제246조 제1항 및 제3항에 따르면, 「공유수면매립법」 제4조 제1항·제2항, 제5조 제2항, 제7조 제1항 및 제8조의 규정에 의한 국토해양부장관의 권한은 이를 도지사의 권한으로 한다고 규정하여 국토해양부장관의 매립기본계획의 수립과 관계 중앙행정기관의 장과의 협의, 매립기본계획의 고시, 매립기본계획의 변경 등의 권한을 도지사의 권한으로 하고 있고(제1항), 도지사는 「공유수면매립법」 제4조 제1항 및 제8조의 규정에 불구하고 「연안관리법」 제31조에 따른 지역연안관리심의회의 심의를 거쳐 매립기본계획을 수립·변경 또는 폐지하여야 한다(제3항)고 규정되어 있습니다.

위 관계 규정을 종합적으로 살펴보면, 매립기본계획은 국토의 전체적인 기능 및 용도에 맞고 환경과 조화되는 공유수면의 이용·관리를 목표로 하고, 그 목표를 달성하기 위하여 매립예정지의 위치와 규모, 매립예정지의 토지이용계획, 매립목적, 매립방법에 관한 사항, 매립·전후의 경제성비교에 관한 사항 등의 수단들을 연안관리심의회의 심의, 관계 중앙행정기관의 장과의 협의 및 시·도지사의 의견청취, 공유수면 매립 관련 조사 및 측량 등의 절차를 거쳐 조정하고 종합화한 일종의 행정계획에 해당한다 할 것입니다.

「공유수면매립법」 제4조 제1항 및 제6조 제2항에서 매립기본계획은 10년마다 수립하고, 매립예정지별 매립계획은 5년 단위로 작성하도록 하고 있는바, 매립기본계획은 장래에 대한 예측을 전제로 장래의 일정한 시점에 있어서 그 계획이 목표로 하는 바를 실현하기 위한 활동기준으로 설정된 것이고, 같은 법 제9조 및 제15조에 따라 매립면허를 받고 실시계획의 승인을 받아야 실질적으로 매립기본계획이 실행, 즉 공유수면의 매립이 이루어진다고 할 것입니다.

또한, 절대보전지역의 지정이 변경되기 전에 매립기본계획을 수립하더라도, 매립면허를 받고 실시계획의 승인을 받기 전에 절대보전지역의 지정이 변경되지 않는다면, 제주특별자치도법 제292조 제3항에 의하여 절대보전지역에서 공유수면의 매립을 할 수 없기 때문에, 절대보전지역에 실제로 공유수면을 매립하지 아니하는 한 절대보전지역에 「공유수면매립법」에 따라 매립기본계획을 수립하였다고 하여 위 규정에 위배되는 것은 아니라 할 것이고, 매립기본계획 수립 후 그 계획에 따라 실시계획의 승인이 있기 전까지 매립하고자 하는 예정지인 절대보전지역의 지정을 변경하는 것이 가능함에도 불구하고 매립기본계획의 수립 단계에서 공유수면 매립과 관련된 모든 요건을 갖추어야 한다면 장래 일정한 시점에서 공유수면매립을 통하여 실현하려는 정책목표에 관한 계획수립 자체가 어렵게 되는 문제점이 있다 할 것입니다.

한편, 「공유수면매립법」 제6조의2에 따르면, 수립·고시된 매립예정지별 매립계획에 대하여 그 고시일부터 5년 이내에 면허를 받지 아니한 경우에는 그 기간이 경과한 다음 날에 해당 매립계획이 해제된 것으로 보고 있고, 같은 법 제8조에서도 수립·고시된 매립기본계획에 대하여 5년마다 그 타당성 여부를 검토하고 매립기본계획의 변경 등 필요한 조치를 하도록 하고 있으며, 공유수면 매립과 관련한 주변 여건의 변화 등으로 인하여 필요하다고 인정되는 경우에는 매립기본계획을 수시로 변경할 수 있도록 하여 매립기본계획의 변경 가능성을 법적으로 인정하고 있는바, 매립기본계획 수립 후 절대보전지역의 지정이 변경되지 아니하여 매립기본계획대로 매립하는 것이 불가능 하는 등 예기치 못한 사정 변경이 있는 경우에는 그 매립기본계획을 변경하거나 폐지하는 것은 별론으로 하더라도, 절대보전지역의 지정이 변경되지 않았다는 이유로 매립기본계획의 수립 자체가 가능하지 않다고 할 수 없다 할 것입니다.

또한, 「공유수면매립법」 제16조 제1항에서 매립기본계획 수립 후에 매립면허를 받은 자가 같은 법 제15조에 따라 실시계획의 승인을 받은 경우에는 「사방사업법」 제20조의 규정에 의한 사방지의 지정 해제, 「산림자원의 조성 및 관리에 관한 법률」 제46조에 따른 보안림의 지정해제 등을 의제하고 있는 바와 같이 실시계획 승인 단계에서 다른 인·허가를 받은 것으로 보거나 지정해제 되는 것으로 보도록 규정한 취지에 비추어 보면, 공유수면매립 실시계획 승인에 앞서 절대보전지역의 지정해제가 선행되어야 함은 당연하나, 포괄적인 행정의 방향과 지침으로서의 매립기본계획의 수립에 앞서 반드시 절대보전지역이 먼저 해제되어야 하는 것은 아니라고 할 것입니다.

따라서, 절대보전지역에 민·군 복합형 관광미항을 설치하기 위하여 공유수면을 매립하려는 경우 제주특별자치도지사가 절대보전지역의 지정을 변경하기 전에도 그 변경을 전제로 공유수면매립기본계획을 수립할 수 있다고 할 것입니다.

⑬ 교육과학기술부 － 「제주특별자치도 설치 및 국제자유도시 조성을 위한 특별법 시행령」 제30조 제3항에 따른 '지정 절차 등'의 범위(「제주특별자치도 설치 및 국제자유도시 조성을 위한 특별법 시행령」 제30조 제3항 등 관련)

안건번호 11-0304 회신일자 2011. 07. 07.

1. 질의요지

「제주특별자치도 설치 및 국제자유도시 조성을 위한 특별법 시행령」 제30조 제3항은

'그 밖에 자율학교의 지정 절차 등에 관하여 필요한 사항은 제주자치도의 교육규칙으로 정한다.'고 규정하고 있는데, 여기서의 '지정 절차 등'의 범위는 단순히 지정 절차에 한정되는 것인지, 아니면 자율학교의 운영에 관한 사항 등을 포함하는 것인지?

2. 회답

「제주도특별자치도 설치 및 국제자유도시 조성을 위한 특별법 시행령」제30조 제3항에서는 '그 밖에 자율학교의 지정 절차 등에 관하여 필요한 사항은 제주자치도의 교육규칙으로 정한다.'고 규정하고 있는데, 여기서의 '지정 절차 등'의 범위는 지정 절차와 관련된 사항에 한정되며, 운영 등에 관한 사항은 포함되지 않습니다.

3. 이유

「제주특별자치도 설치 및 국제자유도시 조성을 위한 특별법」(이하 "제주특별법"이라고 함) 제186조는 「초·중등교육법」의 일부 규정을 적용하지 않는 자율학교를 지정할 수 있도록 하고 있고, 자율학교 지정과 자율학교로 지정된 학교의 운영에 대하여 구체적인 사항은 제주도특별법 시행령에서 규정하고 있습니다.

그런데, 제주특별법 시행령 제30조에서는 자율학교의 지정절차에 대하여 규정하면서 제3항에서 '그 밖에 자율학교의 지정 절차 등에 관하여 필요한 사항은 제주자치도의 교육규칙으로 정한다.'고 하고 있어 지정 절차 외에 자율학교의 운영 등에 대한 관한 기준도 제주특별법 시행령 제30조 제3항의 '지정 절차 등'에 포함되는 것인지 문제가 됩니다.

그러나 제주특별법 시행령 제30조 제1항에서는 초·중등학교가 자율학교로 지정받고자 하는 경우에 해당 학교의 장이 각 호의 사항이 기재된 서류를 교육감에게 제출하여야한다는 것을 규정하고 있고, 제2항에서는 교육감이 제1항에 따른 서류를 제출한 초·중등학교를 자율학교로 지정하고자 하는 경우에는 미리 자율학교심의위원회의 심의를 거쳐야한다고 규정하고 있어 제주특별법 시행령 제30조 제1항·제2항은 초·중등학교를 자율학교로 지정하기 위한 형식적·절차적인 사항을 규정하고 있는 것으로 보이는바, 제1항 및

제2항 외에 자율학교의 지정 절차 등에 관하여 필요한 사항을 제주차지도의 교육규칙으로 정하도록 한 제3항에서의 지정 절차 "등"에 포함되는 것은 지정 방법, 수단 등과 같은 형식적·절차적인 사항에 한정되는 것이지 자율학교 운영 등이라는 실제적인 내용까지 포함된다고 보기는 어렵습니다.

특히, 자율학교의 운영에 대해서는 제주특별법 시행령 제31조가 별도로 규정하고 있고, 위 제31조에서「초·중등교육법」과 달리 자율적으로 운영될 수 있는 자율학교 운영 전반에 관한 내용을 담고 있다는 점을 고려한다면 제주특별법 시행령 제30조는 조문의 제목에서 "자율학교의 지정절차"라고 표현된 것처럼 자율학교의 운영이 아닌 자율학교의 지정절차와 관련된 조항이라고 보아야 할 것입니다.

따라서, 제주특별법 시행령 제30조 제3항에서는 '그 밖에 자율학교의 지정 절차 등에 관하여 필요한 사항은 제주자치도의 교육규칙으로 정한다.'고 규정하고 있는데, 이때의 '지정 절차 등'의 범위는 지정 절차와 관련된 사항에 한정되며, 운영 등에 관한 사항은 포함되지 않습니다.

⑭ 제주특별자치도-「제주특별자치도 설치 및 국제자유도시 조성을 위한 특별법」에 따른 변경승인을 받지 않아도 되는 경미한 사항의 변경이 의제된 인·허가 등의 근거 법령에 따른 변경 인·허가 등을 받아야 하는 경우 그 법령에 따른 변경 인·허가 등을 받아야 하는지(「제주특별자치도 설치 및 국제자유도시 조성을 위한 특별법」 제230조 등 관련)

안건번호 11-0423 회신일자 2011.08.19

1. 질의요지

「제주특별자치도 설치 및 국제자유도시 조성을 위한 특별법」 제230조제1항에 따르면 개발사업의 시행승인을 얻은 경우에는 같은 항 각 호의 인·허가 등을 받은 것으로 의제되고, 같은 법 제229조제9항 단서에 따르면 이미 승인받은 개발사업의 내용을 변경하는 경우로서 도조례로 정하는 경미한 사항에 해당하면 변경승인을 받지 않아도 되는데, 이와 같은 경미한 사항의 변경에 해당하는 내용이 개발사업의 시행승인에 따라 의제된 인·허가 등의 개별법령에 의할 때에는 변경 인·허가 등을 받아야 하는 내용에 해당한다면 그 개별법령에 따른 변경 인·허가 등을 받아야 하는지?

2. 회답

「제주특별자치도 설치 및 국제자유도시 조성을 위한 특별법」 제230조제1항에 따르면 개발사업의 시행승인을 얻은 경우에는 같은 항 각 호의 인·허가 등을 받은 것으로 의제 되고, 같은 법 제229조제9항 단서에 따르면 이미 승인받은 개발사업의 내용을 변경하는 경우로서 도조례로 정하는 경미한 사항에 해당하면 변경승인을 받지 않아도 되는데, 이와 같은 경미한 사항의 변경에 해당하는 내용이 개발사업의 시행승인에 따라 의제된 인·허가 등의 개별법령에 의할 때에는 변경 인·허가 등을 받아야 하는 내용에 해당한다면 그 개별법령에 따른 변경 인·허가 등을 받아야 할 것입니다.

3. 이유

우선, 이러한 인·허가의제 제도는 하나의 목적사업을 위하여 주된 인·허가 외에 여러 가지 법령에서 규정하고 있는 관련 인·허가 등을 받아야 하는 경우에는 주된 인·허가를 받은 때에 관련 인·허가 등의 관계 행정기관과의 협의를 거치면 해당 관련 인·허가도 함께 받은 것으로 보도록 하는 법률상의 특례제도로서 사업을 시행하는 자 등의 편의를 위하여 각종 인·허가 등의 절차를 간소화하려는 취지로 마련된 것이고, 이는 개별 법률에 규정된 인·허가제도를 그 개별 법률의 규정과 다르게 정하는 것이므로 법률로 규정하여여 합니다.

한편, 당초 의제하는 법률에 따라 인·허가 등이 의제되었으나 해당 의제된 인·허가 등의 내용이 변경되는 경우 어떤 법률에 근거하여 처리되어야 하는지가 문제될 수 있는데, 그 변경이 의제하는 법령에서 처리될 수 있는 경우가 아니라면 인·허가 등이 의제된 이후의 사항에 대해서는 의제되는 법률에 따라야 할 것이고, 인·허가 등의 의제가 해당 법령에서 정하는 처분권한의 변경을 가져오는 것은 아니므로 비록 의제되는 법률에서의 처분권자가 당초 의제되는 인·허가 등에 대해서는 협의권한만을 행사했다 하더라도 이후의 의제된 인·허가 등의 관리는 처분권자가 처분한 것과 마찬가지로 관리할 수 있다고 할 것(법제처 2009. 5. 22. 회신 09-0426 해석례, 법제처 2010. 8. 23. 회신 10-0205 해석례 참조)입니다.

이 사안과 관련하여 「제주특별자치도 설치 및 국제자유도시 조성을 위한 특별법」(이하 "제주도특별법"이라고 함) 제230조제1항에서 제229조에 따른 개발사업의 시행승인을 얻거나 의견을 들은 경우에 각 호에 따른 인·허가 등을 받은 것으로 보면서 의제되는 사항의 관계행정기관의 장과 미리 협의를 하도록 하고(제229조제2항), 허가 등의 의제를 받으려는 자는 개발사업의 시행승인 신청을 하는 때에 해당 법률에서 정하는 관련 서류를 함께 제출하여야 한다(제229조제5항)고 규정하고 있는 것은 사업을 시행하는 자 등의 편의를 위하여 개발사업시행승인을 할 때에 관련되는 인·허가 등의 절차도 함께 처리하도록 일원화하는 한편, 함께 처리되는 인·허가 등의 실체적인 요건 등에 대하여 개별법상의 권한 및 책임과 전문성이 있는 소관 행정기관의 검토를 받게 하려는 것입니다.

그런데, 제주도특별법 제229조제9항 본문에서는 기존의 개발사업의 내용을 변경하고자 하는 경우에 개발사업의 시행승인과 마찬가지로 제1항부터 제5항까지 및 제8항을 준용하도록 하면서 같은 항 단서에서 도조례가 정하는 경미한 사항을 변경하고자 하는 경우에 그러하지 아니하다고 규정하고 있을 뿐, 인·허가 의제된 내용이 변경되는 경우 그에 대하여 같은 법 제230조와 같은 의제규정을 두거나 의제규정을 준용한다는 규정을 두지 않고 있고, 도조례가 정하는 경미한 사항의 변경으로서 개발사업 변경승인을 받지 않아도 되는 경우라면 그것이 의제된 인·허가의 변경사항에 해당되더라도 변경 인·허가 등을 받지 않아도 된다는 규정은 없으므로 당초 개발사업의 시행 승인시 의제된 인·허가 등의 개별법령에 따라 변경 인·허가 등을 받아야 할 사항이라면 각각의 개별법령에 따른 변경 인·허가 등을 받아야 할 것입니다.

만약, 위와 같은 규정이 없음에도 불구하고 이러한 경우 당초 개발사업 시행 승인시 각

각 의제된 인·허가의 변경까지 의제된다고 해석한다면 변경과 관련한 의제되는 인·허가의 실체적 요건 등에 관하여 관계 행정기관의 검토를 받을 수 없게 될 것인데, 이는 인·허가 의제제도의 취지에도 맞지 않는다고 할 것입니다.

아울러, 제주도특별법 제229조제9항의 단서에서는 단지 도조례가 정하는 경미한 사항을 변경하고자 하는 경우에는 변경승인을 받지 않아도 된다고 규정하고 있어 도조례에서 어떠한 사항을 경미한 사항으로 정할지가 사전적으로 특정되지 않은 상태라는 점과 제주도특별법령상 경미한 사항에 해당한다고 하여 바로 다른 법령에서 예정하고 있는 경미한 사항으로 볼 수 없다는 점 등을 고려하면, 도조례가 정한 경미한 사항의 변경으로서 제주도특별법 제229조에 따른 개발사업 시행 변경승인을 받지 않아도 되는 사항이라고 하여 의제된 인·허가 등의 개별법령에 따른 변경 인·허가 등을 받지 않아도 되는 사항으로 볼 수 있는 것은 아닙니다.

따라서, 제주도특별법 제230조제1항에 따르면 개발사업의 시행승인을 얻은 경우에는 같은 항 각 호의 인·허가 등을 받은 것으로 의제되고, 같은 법 제229조제9항 단서에 따라 이미 승인받은 개발사업의 내용을 변경하는 경우로서 도조례로 정하는 경미한 사항에 해당하면 변경승인을 받지 않아도 되는데, 이와 같은 경미한 사항의 변경에 해당하는 내용이 개발사업의 시행승인에 따라 의제된 인·허가 등의 개별법령에 의할 때에는 변경 인·허가 등을 받아야 하는 내용에 해당한다면 그 개별법령에 따른 변경 인·허가 등을 받아야 할 것입니다.

5. 제주특별자치도 설치 관련 법령정비 사항(법제처)

1) 배 경

○ 제주특별자치도법의 제정·시행(2006. 2. 21. 공포, 2006. 7. 1. 시행)
  - 광역지자체로서 "제주특별자치도" 설치
  - 제주특별자치도에 하부 행정기구인 "행정시" 설치(기초지자체 폐지)
○ 「지방자치법」 개정·시행(위 설치법과 동일 날짜)
  - 광역지자체 종류에 "특별자치도" 추가
  - 기초지자체인 시·군·구는 특별시·광역시·도에만 둠.
○ 제주특별자치도법은 기존 법령에 대해 의제조항을 둠.
  - 타 법령에서 지방자치단체, 시·도, 시·군·구를 인용하고 있는 경우에는 제주특별자치도를 포함하는 것으로 봄.
  - 시·도지사, 시장·군수, 시·도의회, 시·도 조례, 시·군 조례, 시·도지사 규칙, 시장·군수 규칙, 교육위원회·교육위원, 교육감, 지방세, 시·도세, 시·군세의 경우도 동일

2) 정비의 필요성

○ 의제조항을 둠으로써 일응 기존 법령의 적용상의 문제는 해결되었다고 볼 수 있음.
○ 그러나 법령 중에는 권한·사무·의무(이하 "권한"이라 함)를 시·도지사와 시장·군수 사이에 배분하고 있는 것도 있고, 시장·군수로 하여금 시·도지사에게 승인

을 받도록 하거나 보고를 하도록 하는 것도 있어 위의 의제조항만으로 명확하게 정리되지 않는 것도 있음.

○ 또 의제조항으로 적용상의 문제가 해결된 경우에도 광역지자체의 종류가 변경된 이상 관련 법령의 표현도 이에 맞게 정리하는 것이 바람직할 것임.

※ 현재의 법령은 광역지자체와 기초지자체의 2단계 지방자치제도를 상정하고 있다고 할 것인데, 특별자치도의 경우는 그중 하나를 폐지하여 1단계로 함으로써 복잡한 문제를 야기하는 것임.

3) 정비유형

(1) 단순 정리 사항

가. 시·도 또는 시·도지사의 경우

○ 법령에서 특별시·광역시·도 또는 특별시장·광역시장·도지사의 권한을 규정하고 있는 경우에는 특별한 사정이 없는 한 특별자치도 또는 특별자치도지사를 추가함.

예) 특별시·광역시·도(이하 "시·도"라 한다) ⇒ 특별시·광역시·도·특별자치도(이하 "시·도"라 한다)

특별시장·광역시장·도지사(이하 "시·도지사"라 한다) ⇒ 특별시장·광역시장·도지사·특별자치도지사(이하 "시·도지사"라 한다)

※ 대개는 약칭을 규정하고 있는 조항이 대상이 될 것이나, 약칭이 없는 경우에도 동일함.

나. 시·군 또는 시장·군수의 경우

○ 광역지자체 또는 그 장과의 관계를 규정함이 없이 법령에서 바로 기초지자체 또는 그 장의 권한으로 하고 있는 경우에는 특별한 사정이 없는 한 특별자치도 또는 특별자치도지사를 추가함.

※ 표현 방식

예) 특별자치도: 시·군·구(자치구를 말한다. 이하 같다) ⇒ 특별자치도·시·군·구

(구는 자치구를 말하며, 이하 "시・군・구"라 한다)

특별자치도지사: 시장・군수・구청장(자치구의 구청장을 말한다. 이하 같다) ⇒ 특별자
치도지사・시장・군수・구청장(구청장은 자치구의 구청장을 말하며,
이하 "시장・군수・구청장"이라 한다)

(2) 내용상의 판단을 요하는 사항

가. 시・도지사와 시장・군수 간에 권한이 배분되어 있는 경우
○ 시・도와 시・군 간에 또는 시・도지사와 시장・군수 간에 권한을 분배하고 있는
경우에는 양쪽 권한 모두를 특별자치도 또는 그 지사의 권한으로 규정해야 할 것임.
○ 시장・군수의 권한으로 하고 나서 시・도지사의 승인을 받도록 하거나 보고를 하도
록 하고 있는 경우 특별자치도에 대해서는 시장・군수에 준하여 특별자치도지사의
권한으로 하되, 특칙을 두어 승인이나 보고 규정의 적용에서 제외됨을 명시하는 편
이 좋을 것임(해석상 당연한 이야기이기는 하지만).
○ 특수한 형태로서 특별시・광역시와 도를 구분하여 특별시・광역시의 경우는 특별
시장・광역시장의 권한으로, 도의 경우에는 시장・군수의 권한으로 규정하고 있는
법령이 있는데, 이 경우 특별자치도에 대해서는 특별시・광역시의 경우와 동일하게
규정해야 할 것임.

나. 행정시장의 추가문제
○ 행정시장은 단순한 행정기구에 지나지 않으므로 원칙적으로 특별히 고려할 필요는
없음.
○ 그러나 주무부처가 특별한 정책적 판단에 의해 시장・군수・구청장에 준하여 행정
시장의 권한으로 하는 것은 무방함.
※ 특히 시・도와 시・군・구간에 권한이 분배되어 있는 경우, 제주도를 어떻게 취급할
것인지에 관해 반드시 주무부처의 의사를 확인함.
※ 법제처가 단순히 법령심사 차원에서 행정시장을 추가하는 것은 삼가야 할 것임.
　－ 제주도에서는 일단 법령에서는 특별자치도의 권한으로 해 주면 나머지는 자기들
이 판단해서 필요하면 도지사 규칙 등으로 권한을 위임(또는 내부위임)할 예정이

라고 하는데, 이와 같이 제주특별자치도의 판단에 맡기는 것이 제주특별자치도
설치법의 취지에 부합하는 것으로 보임.

(3) 기타 사항

○ 시·도 조례, 시·군 조례, 시·도지사 규칙, 시장·군수 규칙, 교육위원회·교육위
원, 교육감, 지방세, 시·도세, 시·군세의 경우는 위의 경우에 준하여 처리함.

(4) 정비 시 주의 사항

○ 일부 개정되는 법률의 경우에도 해당 조항을 정리함.
○ 하위법령의 경우는 법률이 정리된 다음에 정리함.
○ 단순 정리사항 외에는 구체적인 사안별로 판단하는 수밖에 없음.
○ "특별자치도" 또는 "특별자치도지사"라고만 표기함.<제주특별자치도(×), 제주특별
자치도지사(×)>
※ 현재에는 특별자치도가 제주도밖에 없으나 논리적으로는 추가로 설치될 수도 있을
것임.

※ 특별자치도와 관련하여 통일을 기할 사항이 있거나 의문사항이 있는 경우에는 미리
행정안전부 지방행정 담당 법제(심의)관과 협의하도록 함.

박영욱

1966년 충남 논산에서 태어나 논산 대건고등학교와 충남대학교 행정학과를 졸업하고, 1993년 제37회 행정고시에 합격하여 산림청 법무담당관실에서 3년 가까이 근무하다가 1997년 7월 법제처로 옮겼다.

법제처에서 행정관리담당관실, 일반행정심판담당관실 및 심판총괄과 사무관을 거쳐 2001년 서기관으로 승진하여 행정자치부(지방행정)와 법무부 담당 법제관실, 처장 비서관, 법제정보담당관을 지냈다.

제주특별자치도가 출범하기 전인 2006년 4월 11일부터 2007년 12월 2일까지 제주특별자치도에 파견되어 법제심의관실 T/F 팀장으로 조례·규칙 심사, 「제주특별자치도 설치 및 국제자유도시 조성을 위한 특별법」 및 개별법령 등에 대한 자문을 수행하였고, 명예 제주특별자치도민이 되었다.

2007년 12월 3일부터 2009년 12월 31일까지 법제처 사회문화법제국 농림수산식품부 담당 법제관으로 근무하였고, 2010년 1월 1일부터는 정치적 감각과 지방의회를 더 알고 싶어 국회 법제사법위원회 입법조사관으로 파견되어 「상법」(회사편), 「주택임대차보호법」 등을 담당하고 있다.

제주특별자치도법을 둘러싼 여러 논의들을 알기 쉽게 정리한 책

2011년판 쟁점으로 보는 제주특별자치도법

초 판 인 쇄 | 2011년 12월 1일
초 판 발 행 | 2011년 12월 1일

지 은 이 | 박영욱
펴 낸 이 | 채종준
펴 낸 곳 | 한국학술정보㈜
주 소 | 경기도 파주시 문발동 파주출판문화정보산업단지 513-5
전 화 | 031) 908-3181(대표)
팩 스 | 031) 908-3189
홈 페 이 지 | http://ebook.kstudy.com
E - m a i l | 출판사업부 publish@kstudy.com
등 록 | 제일산-115호(2000. 6. 19)

ISBN   978-89-268-2801-4 93350 (Paper Book)
          978-89-268-2802-1 98350 (e-Book)